LA CUISINIÈRE

DE

LA CAMPAGNE

ET DE LA VILLE

OU LA

NOUVELLE CUISINE ÉCONOMIQUE

CONTENANT

Indication des jours maigres,
Table des mets selon l'ordre de service,
Ustensiles, instruments et procédés nouveaux, avec figures.
Manière de servir et de découper à table, avec figures.
Service de la table par les domestiques, avec figures.
Cuisines Française, Anglaise, Allemande, Flamande, Polonaise
Russe, Italienne, Espagnole, Provençale, Gothique,
en nombre de quinze cents recettes
d'une exécution simple et facile.
Divers moyens et recettes d'économie domestique,
de conservation des viandes, poissons, légumes, fruits, œufs, etc.
Article détaillé sur la Pâtisserie, avec figures.
Moyens faciles de faire les glaces.
Des vins et des soins qu'ils exigent.
Propriétés sanitaires et digestives des aliments.
Table des mets par ordre alphabétique.

PAR L. E. AUDOT

SOIXANTE-SEIZIÈME ÉDITION

Mise au courant du Progrès annuel
400 Figures, dont 2 coloriées

PARIS
LIBRAIRIE AUDOT
RUE GARANCIÈRE SAINT-SULPICE, 8

—

1898

OUVRAGE ADMIS A L'EXPOSITION UNIVERSELLE DE 1867
Bibliothèque de l'enseignement donné dans la famille, la commune, etc.

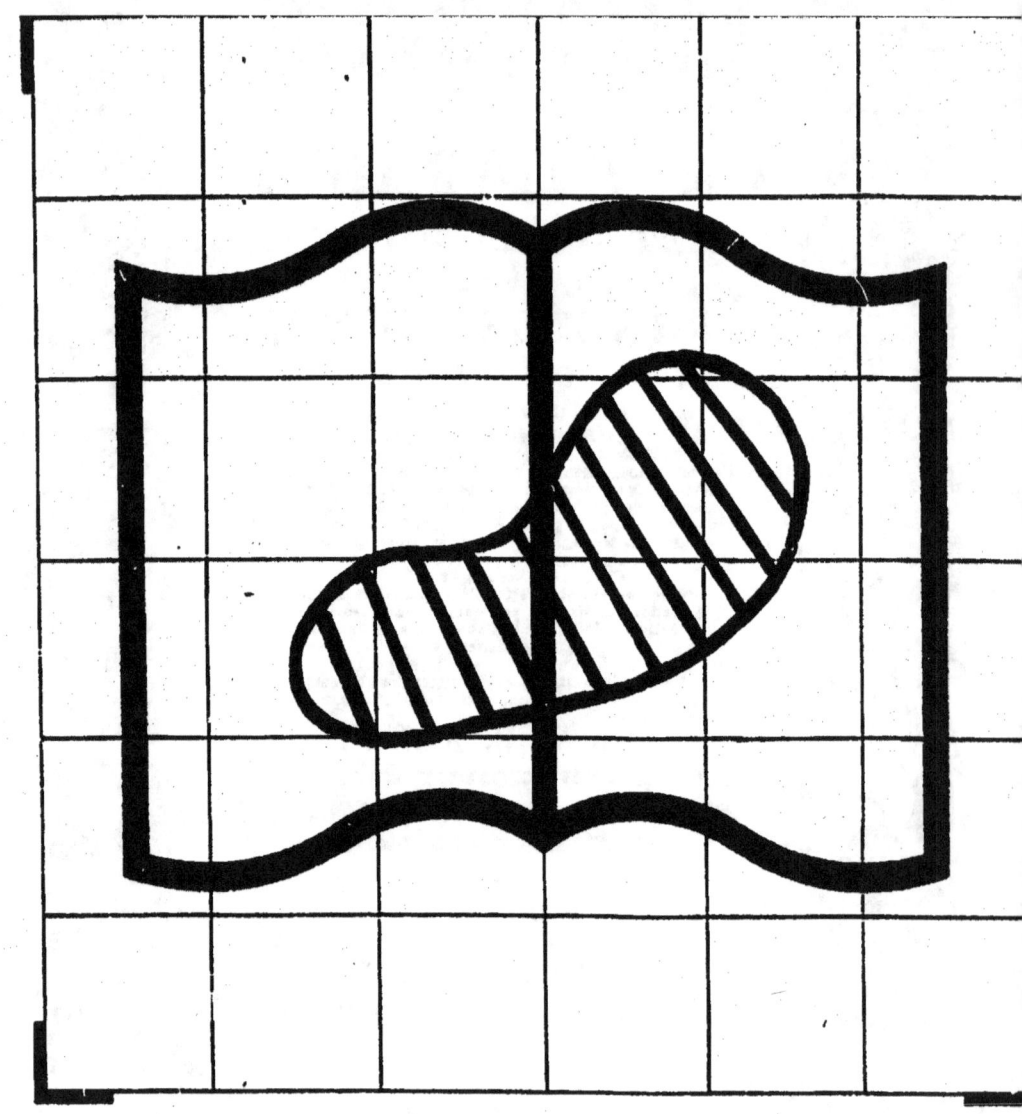

EXTRAIT DU CATALOGUE DE LA LIBRAIRIE AUDOT

Le Bon Cuisinier illustré, par Léon Souchay, chef de cuisine. Ouvrage complet recommandable aux personnes qui se destinent à l'art culinaire. Joli vol. in-8° de 800 pages, avec 300 figures dans le texte. Broché. 10 fr. Cartonné. 11 fr.

Cuisine italienne ou 100 recettes choisies, par F. Grandi. In-12. Prix. 2 fr. 25

130 recettes pour apprêter les œufs, par F. Grandi, franco. 1 fr. 50

Art de la conservation des substances alimentaires, par P. Quentin et Barbier-Duval. Ouvrage orné de gravures. Un vol. in-18 jésus, 180 pages. Prix. 2 fr.

Supplément à la Cuisinière de la Campagne et de la Ville. *Service de Table* à la française et à la russe. *Art de plier les serviettes*, etc., par Audot. Un vol. in-18 de 214 pages, 43 figures. 4ᵉ édition. 2 fr.

L'Art du Confiseur moderne, contenant les meilleurs procédés pour la fabrication en gros et en détail des dragées, desserts, pastillages, sucres candis, sirops, fruits confits, bonbons divers. — Clarification et cuite du sucre, etc., par M. Barbier-Duval, confiseur. 828 pages, 100 fig. 7 fr.

La Laiterie. Art de traiter le lait... le beurre et les principaux fromages français et étrangers, p... docteur ès sciences, etc. Médaille d'or 1865, grande méd... 1868, etc. 5ᵉ édition. 900 pages, 425 fig. et plans de laiterie. 1895... Broché, 7 fr. 50; cartonné. 8 fr.

Le Jardinier de la maison d'... Traité pratique, utile aux propriétaires et amateurs, par... Leroy, membre de la Société nationale d'horticulture de Fr... In-18, 540 p., 252 fig. 3 fr. 50

La Pâtissière de la Campagne et de la Ville. Ouvrage complet, par Pierre Quentin. 6ᵉ édition. Un v... in-18. 110 figures. 3 fr. 50

Office: L'Art de conserver et d'emm...ger les Fruits, pour dessécher et confire, et pour composer l... liqueurs, etc., par P. Quentin. 6ᵉ édition. Un volume in-18, illustré de nombreuses gravures. 2 fr.

Traité des aliments, leurs qualités, leurs effets, etc., par M. Gauthier et Chapusot. 2ᵉ édition. Un volume in-12. Figure. 2 fr.

Traité de la composition et de l'an...ement des jardins, 6ᵉ édition, par Audot. Deux volumes in-... figures. 25 fr.

Les Oiseaux de basse-cour,... ...ent et de produit, par A. Gobin. 3ᵉ édition. Un volume in-12. 3 fr. 50

Précis élémentaire de s... ...pratique, mûriers et vers à soie, par A. Gobin, médaill... ...oreuses figures. In-18. 3 fr. 50

Les Pigeons de volière, de... ...es, messagers, etc., par A. Gobin. Un volume in-18 jésus de 250 pa..., orné de 46 figures dans le texte. Prix. 3 fr.

Précis pratique de l'élevage des lapins, lièvres, léporides, en garenne et clapier, par A. Gobin. Un vol. in-18 jésus, orné de nombreuses figures. 2 fr.

L'Art du Taupier, ou Méthode amusante pour prendre les taupes, par Dralet. Publié par ordre du gouvernement. 17ᵉ édition. 1 fr. 50

La Pêche raisonnée et perfectionnée du pêcheur fabricateur. Cinquante pêches différentes, par J. Carpentier, vice-président de la Société des pêcheurs. 420 pages, 92 figures. 3 fr. 50

8° V
27141

Les contrefacteurs de tout ou partie de cet ouvrage, ou de son titre, seront poursuivis selon toute la rigueur de la loi.

Toutes les figures sont faites sur des dessins nouveaux qui sont la propriété des Éditeurs.

EXTRAIT DU CODE PÉNAL.

Art. 425. Toute édition d'écrits, de composition musicale, de dessin, de peinture ou de toute autre production, imprimée ou gravée EN ENTIER OU EN PARTIE, au mépris des lois et règlements relatifs à la propriété des auteurs, est une contrefaçon; et toute contrefaçon est un délit.

La Traduction est également interdite.

Paris. — Typ. de E. Plon, Nourrit et Cⁱᵉ, rue Garancière, 8.

SALADE DE ROMAINE.

SALADE DE CHICORÉE.

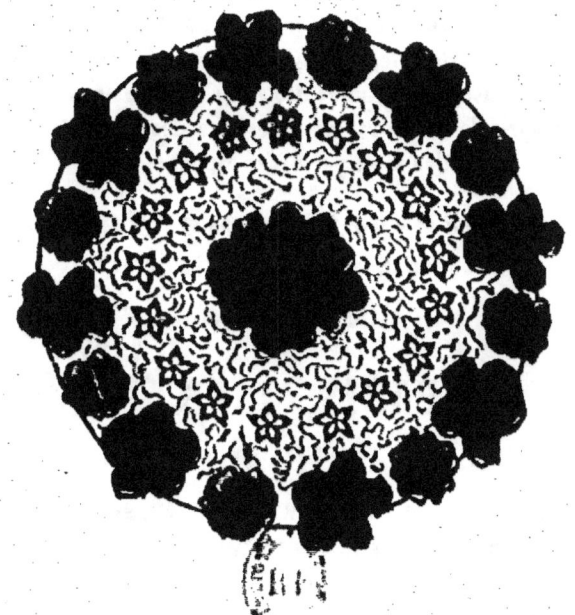

Voir, à la table, l'article *Salades*.

LA CUISINIÈRE
DE LA CAMPAGNE
ET DE LA VILLE,

OU

NOUVELLE CUISINE ÉCONOMIQUE

CONTENANT

Indication des jours maigres.
Table des mets selon l'ordre du service.
Ustensiles, instruments et procédés nouveaux, avec figures.
Service de la table par les domestiques, avec figures.
Manière de servir et de découper à table, avec figures.
Cuisines Française, Anglaise, Allemande, Flamande, Polonaise, Russe,
Espagnole, Provençale, Languedocienne, Italienne et Gothique,
au nombre de 1,500 recettes, d'une exécution simple et facile.
Divers moyens et recettes d'économie domestique, de conservation des
viandes, poissons, légumes, fruits, œufs, etc., etc.
Article détaillé sur la Pâtisserie, avec figures. Moyen facile de faire les glaces.
Des caves, des vins et des soins qu'ils exigent.
Propriétés sanitaires et digestives des aliments.
Table des mets par ordre alphabétique.

Soixante-seizième édition

MISE AU COURANT DU PROGRÈS ANNUEL.

400 FIGURES.

PARIS, 1898.
LIBRAIRIE AUDOT

LEBROC ET Cⁱᵉ, SUCCESSEURS, LIBRAIRES-ÉDITEURS
RUE CASSANCIÈRE SAINT-SULPICE, N° 8

—

Récompenses aux Expositions universelles
de 1878 et 1889.

CET OUVRAGE est remarqué pour sa concision en même temps que pour sa clarté. Ceux qui désirent des recettes plus expliquées, plus détaillées, ne pensent pas à l'embarras de tenir en même temps la casserole et le livre ouvert. C'est alors que l'on recherche la concision qui évite de lire une, deux ou trois pages pour une seule recette.

On doit penser aussi à la difficulté d'employer souvent les balances, et l'on doit s'habituer à doser juste au coup d'œil ou au goût les substances à employer. Rien, en effet, ne peut s'apprendre complètement sans avoir pratiqué quelque temps.

Fêtes et Galas mobiles.

Pâques, Ascension, Pentecôte, Fête-Dieu. — Jeudi, Dimanche Mardi Gras.

Jours de maigre fixes.

Les Vendredis et Samedis de l'année, excepté les Samedis depuis la veille de Noël jusqu'à la CHANDELEUR
(temps des couches de la Vierge).

Jours de maigre mobiles.

Dans plusieurs diocèses, les trois jours des Rogations. — Les Quatre-Temps. — Les Jours de Carême, excepté les Dimanche, Lundi, Mardi, Jeudi de chaque semaine, depuis le jeudi après les Cendres
jusqu'au Dimanche des Rameaux, selon les diocèses
et moyennant aumône.

L'archevêché de Reims et les évêchés suffragants,
Amiens, Beauvais, Soissons, Laon,
sont exemptés, depuis 1853, du maigre les samedis.

Cet ouvrage ne peut être imprimé ni traduit sans l'autorisation des éditeurs.

ORIGINE DU PRÉSENT OUVRAGE.

Depuis longtemps déjà il n'y a plus de bonne maison au monde qui n'ait adopté la cuisine française; les livres même qui servent de *guides* en pays étrangers sont presque entièrement remplis de recettes traduites des livres français.

Il était donc utile que les principes de la cuisine française moderne fussent fixés dans de bons ouvrages, et les méthodes dégagées des pratiques compliquées des anciennes formules. C'est un avantage dont, cependant, on n'a joui que depuis que Viart, cuisinier, et Fouret, restaurateur parisien, ont publié le *Cuisinier impérial*, qui a été copié mot à mot dans les livres d'Archambault et de Beauvilliers, oubliés maintenant.

Plus tard, Carême, le maître de tous, a donné des règles supérieures à ce qu'on avait pratiqué jusqu'alors.

Mais toutes les prescriptions de ces excellents ouvrages n'étaient pas, tant s'en faut, applicables à la pratique de la ménagère*, qui n'a pas à composer des dîners splendides, et qui cherche à allier, autant que possible, la simplicité avec le bien-être.

C'est à cette absence de *Livre populaire pratique* que le présent ouvrage a dû son existence, et je vais dire pourquoi il ne porte pas pour auteur le nom d'un artiste culinaire de profession.

Disciple zélé du célèbre auteur de l'*Almanach des Gour-*

---

* On en pourra juger par la fameuse recette de l'ex-*Cuisinier impérial*, qui prescrit de faire *rôtir vert* 12 canards (douze) *afin d'en tirer le jus* pour accommoder 15 œufs!!... et par cette autre pour *mands*, qui avait précédé Viart et Carême, et autant ami de l'horticulture que de la gastronomie, je passais une bonne partie de l'année à la campagne, obligé de diriger, dans un certain isolement, les préparations de mon dîner. Mais quoique n'étant pas étranger à cette agréable pratique, j'étais souvent embarrassé pour plus d'un mets, et n'avais d'autre ressource que les ouvrages du dix-huitième siècle, remplis de recettes mal expliquées et incomplètes, dans lesquelles le boucher était le grand fournisseur pour donner une succulence exagérée à de simples sauces.

Je dus, pour mon propre usage, refaire, simplifier et compléter les recettes de la bonne vieille *Cuisinière bourgeoise*, tant par mes expériences que par les conseils d'excellentes ménagères. Il est résulté de ces travaux continuels pendant dix ans, à la campagne comme à la ville

---

composer la *sauce espagnole* avec 2 noix de veau, 1 faisan, 4 perdrix, une noix de jambon, une bouteille de vin de Madère, etc.!!

Il paraît que certains auteurs n'ont pas encore perdu le goût de ces extravagances, car on lit dans un ouvrage publié en 186°, une recette où pour 2 *litres d'eau* on emploie, *dans la même marmite*, 1 kilog. de veau, une dinde ou 2 poules, un gigot de mouton et *du bouillon ordinaire* pour le remplissage. Le tout destiné à produire quelques tasses de ce qu'il appelle « un excellent bouillon »!!

En voici encore une de 186° pour la *sauce espagnole* : — 3 noix de veau, du lard, tranches de jambon, 1 faisan, 2 perdrix, une poule, 6 carottes, 5 ognons, 6 clous de girofle; MOUILLEZ AVEC DU BON CONSOMMÉ. Plus : madère sec, champagne ou bourgogne. (L'auteur ne dit pas s'il faut du chambertin.)

Autres extravagances : Recette indiquée comme MODÈLE dans un ouvrage publié en 186°. — 4 kilogr. de tranche de bœuf et une poule. Mouillez avec 10 litres de bouillon, ce qui suppose encore l'emploi de 4 kilogr. de bœuf : SOIT EN TOUT 8 KILOGRAMMES OU 16 LIVRES DE BŒUF POUR FAIRE UNE SAUCE espagnole. — *Maquereau aux groseilles*: Ayez du *velouté*, page..... A cette page on lit : Pour faire du *velouté*, prenez du jambon, des débris de veau, une grosse poule, etc. — Et cela au lieu de se servir simplement de ce que nous indiquons, nous,

un véritable manuel que j'eus, plus tard, la pensée de publier, ce qui a eu lieu en 1818, pendant que, toujours voué à la gastronomie, j'ajoutais à chaque instant de bonnes recettes et corrigeais les anciennes, en continuant par moi-même ou ayant sous mes yeux la manutention, et m'aidant des avis de plusieurs bons praticiens et praticiennes.

Ainsi l'ouvrage ne peut porter que mon nom, puisqu'il n'existerait pas sans les soins infinis que je lui ai donnés pendant tant d'années, et parce qu'aucune des personnes qui y ont contribué n'aurait su y mettre l'ensemble tel que je le comprenais.

Je l'ai présenté comme enseignant la *Cuisine de la Campagne*, par la raison que je n'y ai rien oublié de ce qui peut être nécessaire en particulier aux personnes qui habitent la campagne, MAIS SANS AVOIR OMIS AUCUNE DES BONNES PRESCRIPTIONS UTILES A LA VILLE.

J'ai même profité de mes voyages hors de France pour donner une idée du goût des gastronomes en divers pays, en faisant connaître l'usage de mets ignorés, et en donnant la facilité de rappeler à des voyageurs quelques-unes de leurs jouissances nationales.

On trouvera donc, à la suite des recettes de la cuisine de notre pays, un certain nombre de formules tirées des CUISINES ITALIENNE, ESPAGNOLE, ALLEMANDE, ANGLAISE, POLONAISE, etc.

Voilà pourquoi la modeste CUISINIÈRE DE LA CAMPAGNE a pris de l'extension, et s'est approprié plusieurs choses qui semblent, au premier coup d'œil, sortir de son cadre.

Du reste, on y trouvera l'art de confectionner un dîner de deux personnes, comme un dîner de vingt et plus, et les moyens à employer seront toujours simples, si on le veut, ainsi que la dépense sera minime. Néanmoins les mets pourront être distingués et la dépense proportionnée, *si l'on fait un choix raisonné dans la table des mets placée à la suite du présent avant-propos*, table qui n'existe dans aucun autre ouvrage, même dans les nombreuses imitations que l'on a faites de celui-ci pour chercher à en partager le succès [*].

[*] Avant sa publication, aucun n'avait porté le titre de *Cuisinière de la Campagne*. Cependant, aussitôt qu'il a été généralement répandu, on a changé le titre de plusieurs vieux manuels pour les décorer de ce mot *Campagne*, que l'on a regardé comme un talisman devant faire la fortune d'un livre, si médiocre qu'il fût. Il n'y a pas jusqu'à la vénérable *Cuisinière bourgeoise* qui ne soit devenue aussi campagnarde, de citadine qu'elle était depuis un siècle. Le *Cuisinier impérial* s'est fait aussi campagnard. Des imitateurs, plus ingénieux, ont affublé d'anciens ouvrages de titres nouveaux, ainsi que de la couverture ou du cartonnage usité de la *Cuisinière de la Campagne et de la Ville*, espérant profiter de l'erreur qui pouvait résulter du premier coup d'œil!... Ils ont encore pillé les cuisines étrangères, et autres, mais après les avoir rendues étranges par d'incroyables bévues.

Ces *artistes* ont décoré leurs PREMIÈRES éditions ou leurs vieux exemplaires invendus du titre de 10e, de 29e, 36e édition, etc.!!!

Un d'eux se permet de dire, pour vanter son *œuvre*, qu'il l'a puisée dans la Cuisinière de la Campagne et de la Ville!!

La première édition du présent ouvrage a paru réellement en 1818.

TABLE DES METS
SELON
L'ORDRE DU SERVICE

POTAGES

Au riz au gras. 124.
— au maigre. 124.
— au lait. 124.
Aux vermicelle et pâtes. 125.
Aux nouilles, 125.
A la semoule, à la fécule, au tapioca, etc. 125.
Au lait. 126. 138. 142.
A la Monaco. 126.
Aux jaunes d'œufs. 126.
Au macaroni. 127.
De diverses purées. 127.
A la purée de fèves. 174.
A la Chantilly. 128.
A la Crécy. 129.
A la Condé. 129.
Au céleri. 129.
Aux boulettes. 129.
Aux marrons. 130.
A la purée de vol. et gibier. 130.
A la Reine. 131.
D'écrevisses. 132.
De grenouilles. 133.
Aux moules. 133.
Au fromage. 135.
Aux choux. 135. 137.
De chasseur. 136.
Aux choux-fleurs. 136.
Aux petits pois. 137.
Aux herbes. 137. 567.
A l'ognon. 137.
Au riz, au vermicelle, à l'ognon. 138.
Au nid d'hirondelles. 144.
A la Motton. 143.
A la Parisienne. 144.
Aux petits ognons. 138.
A l'ognon et au lait. 138.
Au thé 138.
A la julienne. 138.
Printanier. 139.
Aux laitues et rom. 139.
A la chicorée. 139.
De haricots verts et blancs. 139.
Au potiron. 140.
Aux poireaux. 141.
Aux pommes de terre et oseille. 127. 130. 137. 141.
A la flamande. 143.
Aux navets. 127. 142.
Aux carottes. 127. 142.
Au melon. 142.
Aux concombres. 142.
Aux tomates. 143.
Aux riz, chou, fromage. 506.
A la farine. 591.
Au sagou. 591.
A la bière. 592.
Aux cerises, abricots, 592.
Panade. 127.
A la tortue. 131.
Bisque d'écrevisses. 132.
Bouille-baisse et Bourride. 134.
Risotto. 566.
Sévigné. 126.

PURÉES.

De pois. 173. De fèves. 174.
De haricots. 174.
De lentilles. 174.
D'ognons. 174.
De champignons. 175.
De céleri. 175.
De chicorée. 175.
D'oseille. 354.
De navets. 127.
De pommes de terre. 370.

RAGOUTS, GARNITURES, FARCES.

De foies. 176.
Salpicon. 176.
De crêtes et rognons. 176.
A la financière. 177.
De truffes. 177.
De champignons. 177.
Macédoines. 178.
Pomm. de terres frites. 373.
Fonds d'artichauts. 344.
Carottes. 363.
Ognons glacés. 178.
Petits œufs. 577.
Matelote vierge. 179.
Croûtons frits. 179.
Farce d'oseille. 354.
Hachis de viandes. 180.
— en boulettes. 180.
Godiveau pour boulettes, quenelles. 180.
Riz de veau. 209.
Cervelles. 210. 222.
Mauviettes. 265.
Ecrevisses. 328.

RELEVÉS DE POTAGE.

Bœuf bouilli entouré de persil en branches, de saucisses, de rissoles, de boulettes en godiveau, d'ognons glacés, d'une matelote vierge, d'un ragoût de choux ou de champignons, etc. *Voyez* ces articles.
Chapon au gros sel. 286.
— ou poule au riz. 287.
Bœuf à la mode. 191.
Aloyau à la broche. 187.
— d'aloyau, *idem*. 187.
— aux croûtons. 188.
— à la chicorée. 187.
— sauce tomate. 187.
Langue de bœuf. 192.
Galantine de veau. 206.
— d'agneau. 225.
— de volaille. 276.
— de perdrix. 259.
Longe ou carré de veau à la broche. 198.
— aux fines herbes. 198.
— à la bourgeoise. 199.
Épaule à la bourgeoise. 206.
Poitrine farcie. 200.
Tête de veau. 211.
— de veau en tortue. 212.
Gigot de mouton rôti. 214.
— cuit dans son jus. 215.
— à l'eau. 214.
— braisé. 214.
— à la languedocienne. 562.
Jambons. 234.

Porc frais à la broche. 227.
Hure de cochon. 229.
Fromage dit d'Italie. 233.
Terrine de volaille, de gibier. 483.
Dinde rôtie. 287.
— en daube. 289.
Pâté russe. 611.
Pâtés froids. 443.
— chauds. 456.

Poissons au court bouillon, tels que : saumon, 292, esturgeon, 294; turbot et barbue, 296; alose, 314; truite, 293; brochet, 322; bar, églefin. 295.
Carpe à la Chambord. 321.
Brochet. 322; saumon et truite à la broche. 293.
Matelotes. 318.

HORS-D'ŒUVRE.

Raifort, 593. 604. 108.
Huîtres. 310. Marinées. 107.
Thon mariné. 294.
Crevettes. 107.
Salades d'anchois. 316.
Canapé d'anchois. 316.
Sardines. 315.
Harengs marinés. 304. 305.
Olives. 107.
Saucissons en tranches. 232.
Langue fourrée. *id*. 232.
Cervelas fumé. *id*. 232.

Rillons de Tours. 240.
Pommes de terre en chemise. 374.
Œufs à la coque. 381.
Radis et raves. 348.
Artichauts poivrade. 348.
Melons. 380.
Beurres. 171.
Cornichons, Achards. 107.
Concombres en salade. 359.
Cerneaux. 108.
Figues fraîches. 380.

Voyez page 106, d'utiles détails sur les hors-d'œuvre.

ENTRÉES DIVERSES.

Dont plusieurs étaient autrefois appelées *hors-d'œuvre chauds*[*], pouvant servir pour DÉJEUNERS ordinaires.

Huîtres en coquilles. 311.
Petits pâtés. 460. 461.

Pieds à la Sainte-Menehould. 231.

---

[*] On distinguait autrefois les hors-d'œuvre en chauds et froids. Les hors-d'œuvre chauds, toujours sans sauce, étaient servis à côté des entrées sur des plats plus petits. On en a conservé ici la liste, qui peut servir pour composer des déjeuners ordinaires.

Dans un service bien fait, les hors-d'œuvre de cuisine chauds et les entremets légers, qui seraient susceptibles de perdre sur la table ce qu'ils auraient de friand, sont servis sur *assiettes volantes* et *passés* autour de la table aux convives; tels sont les fritures légères, les soufflés, etc. Les hors-d'œuvre froids sont servis sur des coquilles, des petits bateaux et petits *hors-d'œuvre* à ce destinés.

Pieds truffés. 231.
Langues fourrées. 232.
Saucisses. 240.
— à la provençale. 562.
Galantines en tranches. 206. 276.
Fromage d'Italie. 233.
— de cochon. 229.
Boudins. 237.
Grillades. 188. 189.
Andouillettes. 239.
Rissoles. 463.
Fraise de veau à la vinaigrette, frite. 209.
Cervelle de veau frite. 210.
Oreilles de veau, id. 213.
Friture mêlée. 575.
Tête de veau frite. 212.
Pieds de veau à la vinaigrette. 213.
Pieds de veau frits. 213.

Rognons de mouton à la brochette. 220.
Pieds de mouton frits. 223.
Harengs. 303.
Écrevisses, homards, langoustes, crabes. 313. 376.
Truffes au naturel. 349.
— au vin. 376.
— au gratin. 575.
Œufs à la coque. 381.
— brouillés. 384.
— mollets, pochés. 382.
— en caisses. 385.
Omelettes diverses. 388 à 393.
Aubergines sur le gril. 359.
— farcies. 359.
Champignons en caisse. 377.
— sur le gril. 377.
Pommes de terre sur le gril. 564.

AUTRES ENTRÉES DIVERSES.

Ragoût de foies. 176.
Salpicon. 176.
Financière. 177.
Hachis de viandes. 180.
— à la Toulousaine. 561.
Tagliatelli. 568.

Macaroni. 395. 568.
Ravioli. 469.
Lasagnes et brochet. 569.
Friture mêlée. 575.
Aspic. 151.

ENTRÉES DE PATISSERIE.

Pâté russe. 611.
Pâtés chauds. 456.

Pâtés froids. 443.
Vol-au-vent. 458.

On les appelle hors-d'œuvre d'office. (Voyez page 106, où on en détaille 30.) On a conservé dans cet ouvrage la dénomination de hors-d'œuvre à des mets tels que *harengs saurs, aubergines sur le gril, champignons sur le gril,* etc., qui ne peuvent guère être servis sur des plats comme entrées que dans des dîners très-simples, mais qui figurent très-bien dans des déjeuners.

Pâtés de gibier, volaille, poisson. 443 à 447.
Petits pâtés. 461.
Rissoles. 463.
Tourte ou pâté chaud. 459.
— aux épinards. 460.
— de morue et autres pâtés de poisson. V. Vol-au-vent. 458.
Les terrines, pains de viandes, timbales sont souvent servis comme entrée. 119. 453.

ENTRÉES DE BOEUF.

Boeuf desservi, bouilli ou rôti sur :
— sauce piquante. 158.
— à la d'Orléans. 159.
— au kari. 160.
— rémolade. 161.
— ravigote. 161.
— poivrade. 162.
— tartare. 162.
— aux cornichons. 162.
— au pauvre homme. 163.
— Robert. 163.
— magnonnaise. 163.
— tomate. 164.
— italienne. 164.
— espagnole. 148.
— provençale. 165.
— en ragoût de chou. 314.
— en persillade. 184.
— en miroton. 184.
— au gratin. 185.
— en grillades. 185.
— à la maître-d'hôtel. 185.
— en vinaigrette. 186.
— en hachis. 180. 561.
— en rissoles. 463.
— en roulade. 595.
Filet aux champignons. 188.
— à la chicorée. 188.
— en tourne-dos. 188.
— sauce tomate. 188.
Filet mariné. 606.
Bifteck aux pommes de terre. 189.
— au beurre d'anchois. 189.
— au cresson. 189.
Chateaubriand. 189.
Côte à la flamande. 190.
— sur divers ragoûts. 190.
Entre-côte de bœuf. 190.
— braisé. 190.
— dans son jus. 190.
— à la purée. 191.
— aux champignons. 191.
— à la marseillaise. 561.
Bœuf à la mode. 191.
Langue à l'écarlate. 192.
— piquée. 193.
— sauce hachée. 193.
— au gratin. 193.
Palais de bœuf à la ménagère. 194.
Queue panée. 194.
— en daube. 194.
— à la Saint-Lambert. 194.
Cervelle en matelote. 196.
— au beurre noir. 196.
— frite. 196.
Rognons au vin blanc. 195.
Foie sur le gril. 196.
Gras-double en fricassée de poulet. 197.

Gras-double grillé. 196.   Tripes. 197.
— à la tartare. 196.

ENTRÉES DE VEAU.

Carré aux fines herbes. 198.
— à la bourgeoise. 199.
Poitrine farcie. 200.
— aux petits pois. 201.
— à la poulette. 201.
Tendrons en matelote. 201.
— en chartreuse. 201.
Côtelettes papillotes. 201.
— à la milanaise. 571.
— à la bordelaise. 202.
— aux fines herbes. 202.
— sur le gril. 202.
— panées. 202.
Filets à la provençale. 203.
Fricandeau. 203.
Blanquette. 204.
Rouelle en escalopes. 204.
Croquettes de veau. 205.
Escalopes. 204. 588.
Veau en roulade. 595.
Quasi à la pèlerine. 205.
Épaule à la bourgeoise. 206.
Foie à la bourgeoise. 207.
— à la poêle. 207.
— en bifteck. 208.
— en papillotes. 208.
— haché. 208.
— à l'italienne. 571.
— à la provençale. 562.

Rognons. 209.
Fraise à la vinaigrette. 209.
— frite. 209.
Riz de veau en fricandeau. 209.
— en fricassée de poulet. 209.
Mou au blanc. 209.
— en matelote. 210.
Cœur au gratin. 210.
Cervelles en matelote. 210.
— à la poulette. 210.
— au beurre noir. 210.
— en salade. 210.
— frite. 210.
Queue à la rémolade. 211.
— à la flamande. 211.
Tête de veau entière. 211.
— au naturel. 211.
— frite. 212.
— en tortue. 212.
Oreilles à la sauce piquante, etc. 213. — frites. 213.
— au fromage. 570.
Langue à l'écarlate. 213.
Pieds à la poulette. 213.
— au naturel. 213.
— frits. 213.

ENTRÉES DE MOUTON.

Gigot rôti. 214.
— à l'eau. 214.
— braisé. 214.
— dans son jus. 215.
— à l'anglaise. 588.
Carré à la bourgeoise. 217.

Gigot à la provençale. 216.
Poitrine sur le gril. 217.
— à la chicorée. 217.
— aux laitues. 217.
— à la purée d'ognons. 217.

Poitrine à la purée d'oseille, etc. 217.
Côtelettes grillées. 218.
— sautées à la poêle. 218.
— à la jardinière. 219.
— à la bruxelloise. 218.
— à la Soubise. 219.
— à la chicorée. 219.
— sauce tomate. 219.
— aux champignons. 219.
— à la victime. 562.
— à la milanaise. 571.
Hachis. 180.
— aux œufs. 217.
Filets. 217.
Émincé aux cornichons. 216.
— au beurre d'anchois. 216.

Epaule rôtie. 219.
— en musette. 220.
Haricot de mouton, hochepot, navarin. 220.
Mouton aux haricots. 215.
— — verts. 220.
Rognons au vin. 221.
— à la brochette 220.
Langues en papillotes. 222.
— à la purée. 222.
— à la Saint-Lambert. 222.
Cervelles en matelotte. 222.
Queues à la braise. 222.
— grillées. 223.
Pieds de mouton à la poulette. — frits 223.
— au fromage. 224.

ENTRÉES D'AGNEAU ET DE CHEVREAU.

Agneau à la poulette. 224.
Quartier rôti. 224.
Agneau pascal. 225.
Filets à la béchamel. 226.
Epigramme d'agneau. 225.

Issues au petit lard. 226.
Tête d'agneau. 226.
Côtelettes à la milanaise. 571.

ENTRÉES DE COCHON.

Porc frais à la broche. 227.
Côtelettes à la sauce Robert. 227.
— sauce piquante. 227.
— à la ravigote. 227.
— à la sauce tomate. 227.
— sur farce d'oseille. 227.
Oreilles. 227.
Gâteau de foie. 241.
Rognons au vin blanc. 230.

Queues à la purée. 230.
Pieds à la Ste-Menehould 231.
Jambons. 233, 234, 235, 236.
— Jambonneau. 237.
Petit salé. 241.
Boudin noir. 237.
— blanc. 238.
Grillades. 183.
Saucisses-crépinettes. 240.
Saucisses provençales. 562.

ENTRÉES DE GIBIER.

Filets et côtelettes de chevreuil. 244.
Civet de chevreuil. 244.
Gigot *idem*. 245.
Chevreuil en daube. 245.
— aux champignons. 245.
— épaules. 245.
Civet de lièvre. 248.
Lièvre à la minute. 248.
— en daube. 247.
Terrine de lièvre. 249.
Levraut sauté. 249.
— à la St-Lambert. 249.
— au chasseur. 250.
Gibelotte de lapin. 250.
Matelote de lapin. 251.
Civet de lapin. 250.
Lapereau sauté. 251.
— au jambon. 252.
— à la Marengo. 212.
— à la poulette. 252.
— en papillote. 252.
— à la tartare. 253.
— en croquettes. 252.
— à l'anglaise. 589.
— aux petits pois. 251.
— à la crapaudine. 251.
— en blanquette. 251.
— frit. 251.
— en fricandeau. 251.
— à la Sainte-Menehould. 251.
— en timbale. 251.
— à l'estragon. 251.
— aux olives. 253.
— au père Douillet. 253.
Salmis de perdreaux. 254.
— de bécasses et bécassines.
Perdreau à la crapaudine. 254.
Chartreuse de perdreaux. 257.
Perdreau à la chipolata. 254.
— à l'anglaise. 255.
— grillé. 255.
— en papillotes. 255.
— en salade. 256.
— en magnonnaise. 256.
Perdrix aux choux. 256.
— à la catalane. 259.
— à l'estouffade. 258.
— purée de lentilles. 259.
— à la purée de pois. 259.
Faisan. 269.
Cailles grillées. 265.
Bécasses et bécassines farcies. — en salmis. 263.
Alouettes sautées. 265.
Grives et merles. 266.
Pigeons aux petits pois. 267.
— à la crapaudine. 268.
— farcis et glacés. 268.
— à la Sainte-Menehould. 267.
— en papillotes. 269.
— en compote. 269.
— frits. 270.
— à la St-Lambert. 269.
— à la ravigote. 270.
— aux champignons. 270.
— à la chicorée, aux laitues. 270.
Chartreuse de pigeons. 269.
Canard sauvage en salmis. 270.

ENTRÉES DE VOLAILLES.

Canard en salmis. 270.
— aux pois. 270.
— aux navets. 271.
— aux olives. 271.
— en daube. 271.
— à la purée. 271.
Oie en salmis. 272.
— en daube. 272.
— sauce Robert. 273.
— à la ravigote. 273.
— aux navets, ognons. 273.
— à la purée. 273.
Cuisses d'oie à la tartare, en magnonnaise à la rémolade. 273.
Blanquette de volaille. 275.
Capilotade de volaille. 275.
Marinade de volaille. 275.
Magnonnaise de volaille. 277.
Croquettes de volaille. 275.
Croustade de volaille. 277.
Purée de volaille. 278.
Terrine de volaille. 453.
Gâteau de riz et volaille. 277.
Fricassée de poulet. 280.
— en 20 minutes. 282.
— cuisses en papillotes. 282.
Poulet à la tartare. 282.
— sauté. 283.
— à l'estragon. 283.
— au fromage. 571.
Poulet (Pâté de) à la broche. 572.
Matelote de poulet et d'anguille. 283.
Poulet farci, 279.
— au beurre d'écrevisses. 284.
— grillé dans son jus. 284.
— à la Marengo. 284.
— à la diable. 285.
— à 5 clous. 285.
Poularde. 285.
Chapon au riz. 286.
— au gros sel. 286.
— aux pommes. 606.
Poule aux ognons. 286.
— au riz. 287.
— en fricassée de poulet. 287.
— en daube. 287.
— frite. 287.
Dinde en daube. 289.
Dindon dans son jus. 289.
Abatis de dindon en fricassée de poulet. 289.
— en hochepot. 290.

ENTRÉES DE POISSON.

Saumon aux câpres. 293.
— en papillotes. 293.
— à la genevoise. 293.
— à la maître-d'hôtel. 293.
— en magnonnaise. 293.
— salé, fumé. 293.
Escalope, de saumon. 293.
Salade de saumon. 293.
Thon. 294.
Bar, mulet. 295.
Turbot et barbue. 296.
— au gratin. 297.

1.

Turbot en salade, etc. 297.
Raie sauce blanche. 298.
— au beurre blanc. 298.
— au beurre noir. 298.
— à la maître-d'hôtel. 298.
— frite. 298.
— au fromage. 572.
Morue à la béchamel. 299.
— à la maître-d'hôtel. 299.
— au gratin. 300.
— au fromage. 299.
— aux câpres. 300.
— aux pommes de terre. 299.
— à la provençale. 563.
Brandade de morue. 563.
Merluche. 300.
Cabillaud à la hollandaise. 298.
Anguille de mer. 300.
Maquereau à la maître-d'hôtel. 301.
— au beurre noir. 301.
— à la sauce tomate. 302.
— à la tartare. 302.
— en magnonnaise. 302.
— au gratin. 302.
— aux groseilles. 302.
— filets sautés. 302.
— filets en papillottes. 302.
— à l'huile. 301.
— à la bretonne. 302.
— salé. 303.
— à l'italienne. 572.
Harengs frais à la sauce blanche. 303.
— à la maître-d'hôtel. 303.
— à la moutarde. 303.
— à la sauce tomate. 304.
— à la tartare. 304.

Harengs en magnonnaise. 304.
— frits. 304.
— au gratin. 304.
— au beurre noir. 304.
— saurs. 304.
— salés. 304.
— en caisse. 305.
— panés. 305.
Sole au gratin. 306.
— à la maître-d'hôtel ou Colbert. 306.
— à la tartare. 306.
— en magnonnaise. 306.
— normande. 307.
Limande, plie, carrelet. 309.
Merlans au gratin. 309.
— grillés. 309.
— aux fines herbes. 309.
— à la maître-d'hôtel. 310.
— aux câpres. 310.
— à la tartare. 310.
— en magnonnaise. 310.
— à l'italienne. 572.
Huîtres en coquille. 311.
Vive. 310.
Rougets en matelote, au gratin, grillés. 310.
Alose à l'oseille. 314.
— à la maître-d'hôtel. 315.
— à la sauce aux câpres. 314.
— à la hollandaise. 314.
Moules à la poulette. 313.
— à la béchamel. 313.
— à la marinière. 312.
Homards, crabes. 313.
Eperlans. 315.
Matelotes. 318.
Matelote vierge. 319.
Carpe grillée. 320.

SELON L'ORDRE DU SERVICE. 11

Carpe à l'étuvée. 320.
— à la Chambord. 321.
— à la provençale. 321.
— à la maître-d'hôtel. 321.
Barbeau et barbillon. 323.
Perche. 321.
Tanches aux fines herbes. 321.
— en matelote, à l'étuvée, à la poulette, frites. 322.
Truite à la genevoise. 294.
Brochet à la maître-d'hôtel. 323.
— à la broche. 322.
— aux câpres. 323.
— en matelote. 323.
— en fricassée de poulet. 323.

Lasagnes et brochet. 569.
Anguille à la tartare. 325.
— en matelote. 325.
— à la poulette. 326.
— à la minute. 325.
— marinée. 327.
— au soleil. 325.
Lamproie en étuvée, etc. 327.
Lotte. *idem* 327.
Grenouilles en fricassée de poulet et frites. 329.
Escargots. 330.
Ecrevisses à la marinière. 329.
Moules, écrevisses, homards en hachis. 574.
Waterzoo. 598.

ROTS.

Aloyau. 187.
Filet de bœuf. 187.
Langue de bœuf rôtie. 193.
Veau rôti. 198.
Carré de rognon de veau, morceau d'après, quasi. 198.
Veau cuit dans son jus. 199.
Foie de veau à la broche. 207.
Gigot de mouton. 214.
— à la provençale. 216.
— à la languedocienne. 562.
— à l'anglaise. 588.
Rôti aux hussards. 605.
Epaule de mouton lardée de persil. 219.

Agneau pascal. 225.
Cochon de lait. 227.
Porc frais : échinée et filet. 227.
Jambon à la broche. 236.
Hure de cochon. 280.
— de sanglier. 280.
Gigot de chevreuil. 245.
Lièvre. 246.
— à l'anglaise. 589.
Lapereau rôti. 250.
Faisan. 260.
Perdreaux. 253.
Pluviers. 262.
Vanneaux, gélinottes, ramiers. 262.
Bécasses et bécassines. 263.
Cailles. 26.

Alouettes. 265.
Grives et merles. 266.
Ortolans, guignards, bec-figues, etc. 266.
Pigeons. 267.
Canard. 270.
Sarcelle. 272.
Poule d'eau. 272.
Oie. 272.
Poulet. 279.
Pâté de poulet à la broche. 572.
Poularde. 285. 286.
Chapon. 285.
Dindon et dindonneau. 287. 290.
Dinde truffée. 288.
Galantine de volaille. 276.

ROTS DE POISSON *.

Saumon et truite au court bouillon. 292. 293.
Saumon à la broche. 293.
Turbot court bouillon. 296.
Alose. 314.
Sole frite. 306.
Carpe frite. 320.
Merlans frits. 309.
Brochet à la broche. 322.
— frit. 323.
Anguille à la broche. 324.
— frite, 326.
Lamproie frite. 327.
Eperlans frits. 315.
Goujons frits. 324.

ENTREMETS DIVERS.

Salades diverses. 349. 351.
— de volaille. 277.
Galantine de volaille. 276.
— de cochon de lait. 228.
Hure de cochon. 280.
Fondu. 393. 394.
Ramequins. 578. 596.
Plum-pudding. 428.
Macaroni. 395.
— en timbale. 395.
Pâté de foies gras. 418.
Dariole de Lodi. 395.

ENTREMETS DE POISSON.

Soles, limandes, carrelets et plies frits. 305. 309.
Merlans frits. 309.
Harengs frits. 304.

* On sert des poissons pour *rôts* les jours de maigre, mais ils sont servis aussi comme *seconds rôts* quand il y a déjà un rôti de viande, volaille ou gibier, et qu'il y a nécessité de varier. Quand les poissons sont servis comme *rôts*, ils doivent l'être sur des plats longs. Quand on les sert comme *entremets*, ils se dressent sur des plats ronds dits d'entremets.

SELON L'ORDRE DU SERVICE.

Anchois et sardines frits. 316. 315.
Merlans à l'italienne. 572.
Filets de soles en salade. 306.
Anguille frite. 326.
Eperlans frits. 315.
Goujons frits. 324.
Truite frite. 294.

Brochet en salade. 323.
Saumon en salade. 293.
Turbot en salade. 297.
Lamproie et lotte frites. 327.
Ecrevisses. 328.
Homards, crabes. 313.
Grenouilles frites. 329.

ENTREMETS DE LÉGUMES.

Purée de pois. 127. 173.
— de fèves. 174.
— de haricots. 127. 174.
— de lentilles. 127. 174.
— de pommes de terre. 127.
— de céleri. 175.
— d'ognons. 174.
— de potiron. 141.
— de champignons. 175.
Ragoût de champignons. 177.
— de truffes. 177.
— d'asperges. 600.
Macédoine de légumes. 178.
Petits pois. 330.
— à l'anglaise. 332.
— au lard. 333.
Fèves à la macédoine. 333.
— à la bourgeoise. 333.
— à la maître-d'hôtel. 333.
— à la poulette. 333.
Haricots verts. 334.
— à la maître-d'hôtel. 334.
— au beurre noir. 335.
— en salade. 335.
Haricots blancs à la maître-d'hôtel. 336.
— blancs au gras. 336.

Haricots au jus. 336.
— en salade. 337.
— rouges à l'étuvée. 337.
— à la provençale. 564.
Lentilles accommodées comme les haricots ci-dessus. 337.
— à la provençale. 564.
Choux farcis. 338.
— en chicorée. 339.
— en salade. 339.
— de Bruxelles. 339.
— à la crème. 339.
— rouges en quartiers. 339.
— aux pommes. 600.
— piqués. 340.
Petits choux rouges. 599.
Choucroute. 340.
— en 24 heures. 607.
Choux-fleurs à la sauce blanche. 342.
— à la sauce blonde. 342.
— au jus. 343.
— à la crème. 343.
— à la sauce tomate. 342.
— au beurre. 343.
— frits. 343.
— au fromage. 344.
— en salade. 343.
— au gratin. 344.

Artichauts à la sauce blanche. 345.
— à la sauce blonde. 345.
— au gras. 345.
— frits. Sur le gril. 345.
— en fricassée de poulet. 281.
— sautés. 347.
— à la provençale. 347.
— farcis. 347.
— à la barigoule. 347.
— à l'huile et à la poivrade. 348.
— au verjus en grain. 574.
Chicorée blanche au gras et au maigre. 349.
— cuite en salade. 349.
Poirée. 350.
Laitue au jus. 350.
— farcie. 350.
— en chicorée. 350.
Salades de laitue au lard, au thon, aux œufs, en magnonnaise, à la crème. 350. 352.
Romaine accommodée comme la laitue. 351.
Cardons au gras et au maigre. 353.
— au gratin. 353.
Céleri. 354.
— en rémolade. 354.
— frit. 354.
Purée ou farce d'oseille. 354.
— en beignets. 355.
Epinards au gras et au maigre. 355.
Tourte d'épinards. 460.
Ognons à la crème. 355.
— à l'étuvée. 356.
Poireaux en hachis. 356.
Asperges à la sauce blanche. 356. — à la crème. 357.

Asperges à la sauce blonde. 357.
— aux petits pois. 357.
— à l'huile. 357.
— frites. 357.
— à la Pompadour. 358.
— à la parmesane. 574.
Concombres à la maitre-d'hôtel. 358.
— à la poulette. 359.
— farcis. 359.
— à la béchamel. 359.
— frits. 359.
Aubergines farcies. 359.
Tomates farcies 360.
Potiron, giraumon. 360.
— à la parmesane. 574.
— au four. 574.
Zucchetti farcis. 575.
Purée de navets. 362.
Navets à la moutarde. 362.
— aux pommes de terre. 362.
— au jus. 362.
— au sucre. 361.
— à la poulette. 361.
— à la béchamel. 361.
— glacés. 362.
Carottes au gras et au maigre. 363.
— à la maitre-d'hôtel. 363
— frites. 363.
— à la flamande. 363.
— à la poulette. 364.
— aux fines herbes. 364.
Betteraves. 364.
Salsifis frits. 365.
— à la sauce blanche. 365.
— à la sauce blonde. 365.
— au jus. 365.
— à la poulette. 365.
— en salade. 365.
Patates. 366.

SELON L'ORDRE DU SERVICE.

Pommes de terre à la maî-
tre-d'hôtel. 367.
— à la parisienne. 368.
— à la barigoule. 564.
— à la polonaise. 608.
— à l'anglaise. 368.
— à la sauce blanche. 369.
— à la sauce blonde. 369.
— à la crème. 369.
— au lard. 369.
— au vin. 370.
— à l'italienne. 368.
— à la lyonnaise. 370.
— à la provençale. 370.
— en purée. 370.
— Cerfeuil bulbeux. 366.
— farcies. 371.
— en galette. 372.
— en pyramide. 372.

Pommes de terre frites. 373.
— sautées au beurre. 373.
— sur le gril. 564.
— à l'allemande. 596.
— en salade. 374.
— duchesses. 375.
Boulettes aux pommes de terre. 374.
Topinambours. 375.
Truffes au naturel. 375
— au vin. 376.
Champignons. 376.
— en fricassée de poulet. 377.
— en caisse. 377.
— à la provençale. 566.
Croûte aux champignons. 377.

ENTREMETS D'OEUFS.

OEufs mollets et pochés à différentes sauces. 382.
— au miroir. 381.
— aux asperges. 381.
— en matelote. 383.
— aux fines herbes. 383.
— brouillés. 384.
— au verjus. 384.
— aux petits pois. 384.
— à la tripe. 384.
— à l'aurore. 385.
— en caisse. 385.
— frits. 383.
— au beurre noir. 385.
— en filets. 576.
— au fromage. 577.
— en fricassée. 576.
— en croûte de fromage. 577.
— à l'ail. 577.
— à l'ardennaise. 388.
Petits œufs. 577.

Omelette aux fines herbes. 388.
— à la Célestine. 389.
— de toutes couleurs. 389.
— au thon mariné. 391.
— au lard et jambon. 390.
— aux rognons. 388.
— au fromage d'Italie. 388.
— aux asperges. 388.
— aux truffes. 388.
— aux champignons. 388.
— sur une farce d'oseille, de laitue ou chicorée. 389.
— au fromage. 390.
— au macaroni. 391.
— aux écrevisses. 391.
— aux macarons. au pain. 392.
— aux ognons. 389.
Macédoine d'omelettes. 390.

ENTREMETS DE PATISSERIE ET PATÉS.

Pâté russe. 611.
Pâtés froids. 443 à 446.
Galette 463.
Galette lorraine. 464.
Gâteau de Pithiviers. 462.
— de pommes. 467.
— de Madeleine. 476.
— savarin. 471.
— nantais. 473.
Baba. 470.
Petits choux. 473.

Tourtes de fruits et confitures. 465. à 467.
Cakes. 433.
Cake ou gâteau de groseilles vertes. 434.
Plum-cake. 433.
Tourte de frangipane. 468.
Flan. 465. 468.
Brioche. 469.
Meringues. 482.

ENTREMETS SUCRÉS.

Plum-pudding. 428.
Pudding à la pâte. 429.
— au pain et beurre. 429.
— à la moelle. 429.
— au riz. 430.
— aux amandes. 430.
— aux pommes. 431.
— de groseilles vertes. 434.
— de fruits. 436.
— de cabinet. 431.
— de mûres. 436.
Pâté de groseilles vertes. 436.
Cake ordinaire (gâteau anglais). 433.
— de groseilles vertes. 435.
Roussettes. 405.
Bugnes. 407.
Nœuds languedociens. 406.
OEufs aux macarons. 392.
— à l'eau. 386.
— au lait. 386.
— à la neige. 386.
— en gâteau. 387.

OEufs en surprise. 418.
Omelette au sucre. 392.
— au lait. 392.
— aux pommes. 392.
— aux confitures. 393.
— soufflée. 393.
— au rhum. 393.
Poires à l'allemande. 400.
Croûtes aux fruits. 400.
— au madère, etc. 401.
Soupe aux cerises. 402.
Charlotte de pommes. 397.
— russe aux pommes. 397.
Pommes meringuées. 399.
— au beurre. 398.
— au riz. 398.
— flambantes. 399.
Beignets de pommes, abricots, pêches. 403.
— de céleri. 403.
— de fraises et framboises. 404.
— de bouillie. 404.
— de pommes de terre. 404.

SELON L'ORDRE DU SERVICE.

Beignets soufflés : pets de nonne. 404.
— de riz. 410.
— d'hosties. 578.
— de feuilles de vigne. 578.
— d'épinards. 579.
Carottes en entremets sucré. 367.
Soufflé de riz. 411.
— de pommes de terre. 412.
— au chocolat. 412.
— aux macarons, au café et à la fleur d'oranger. 412.
Trois calottes. 413.
Tôt fait. 413.
Pain perdu. 407.
Soupe dorée. 408.
Crêpes. 403.
— anglaises (Pancakes). 434.
Croquettes de riz. 432.
— de pommes. 432.
Gâteau de pommes de terre. 371.
— de riz. 409.
— de semoule. 409.
— d'amandes. 410.
— à la Stanley. 477.
Bœuf allemand. 477.
Rissoles de confitures. 40.
Bouillie renversée. 411.
Potiron au kirsch. 411.
Crème au chocolat. 415.
— à la vanille. 414.

Crème au citron, à l'orange. 414.
— au café. 415.
— à la fleur d'oranger. 416.
— à la rose. 416.
— bachique. 417.
— au céleri. 417.
— au thé. 415.
— au caramel. 415.
— renversée. 415.
— sambaglione. 417.
— à l'espagnole. 586.
— frite. 404.
Blanc-manger. 418.
Jus de groseilles vertes au four. 436.
Gelée de groseilles et framboises. 420.
— de groseilles vertes. 435.
— de fleurs d'oranger. 420.
— au rhum. 419.
— au kirschwasser. 419.
— à l'anisette. 419.
— au noyau. 419.
— au marasquin. 419.
— à la vanille. 419.
— aux fraises. 420.
— aux 4 fruits. 420.
— en macédoine de fruits. 421.
— rubanée. 421.
Fromage bavarois. 422.
Île flottante. 433.

DESSERT [*].

Fromage fouetté à la crème. 423.
Crème fouettée. 423.

Charlotte russe. 426.
Baba. 470.
Gâteaux feuilletés, etc. 455.

[*] Beaucoup de personnes servent au dessert des pâtisseries qui sont entremets dans le service de cérémonie.

Brioches. 469.
Échaudés. 482.
Croquignoles. 480.
Gâteau de Madeleine. 476.
Biscuit de Savoie. 474.
— en caisse et à la cuillère. 475.
— de Reims. 436. de mer. 476.
Génoise. 476.
Gaufres. 471.
Nougat. 480.
Croquembouche. 495.
Massepains. 479.
Macarons. 479.
Pastilles de fleurs d'oranger, etc. 488.
Meringues. 482.
Pains d'épices. 484.
Fruits de toutes sortes.
Compote de pommes. 490.
— de poires. 491.
— de poires crues. 491.
— de coings. 492.
— de prunes. 493.
— d'abricots. 493.
— de pêches. 493.
— de cerises. 494.
— de raisin ou verjus. 494.
Compote de groseilles. 494.
— de fraises et framboises. 495.
— de marrons. 495.
Tranches de pêches au sucre. 493.
Prunes confites entières dans une gelée. 512.
Pêches, prunes et autres fruits glacés. 514.
Pâte d'abricots. 504.
— de coings. 502.
Oranges glacées. 495.
Salade d'oranges. 493.
Groseilles perlées. 495.
— entières. 494.
— épépinées de Bar. 506.
Gelées, Marmelade et Confitures de groseilles, cerises, framboises, abricots, prunes, raisins, pommes, coings, épine-vinette. 500. etc.
Gelée des 4 fruits. 504.
Raisiné. 512.
Abricots, pêches, prunes, poires et cerises à l'eau-de-vie. 518

Les USTENSILES et INSTRUMENTS mentionnés dans cet ouvrage se trouvent dans toutes les bonnes maisons de quincaillerie et d'articles de ménage.

La Maison CARNET SAUSSIER, rue Montmartre, 26, expédie partout les COMESTIBLES de différentes espèces.

M. FABRE, commissionnaire breveté à la halle au poisson, a le dépôt des HUITRES FINES d'Ostende, Dunkerque, armoricaines, Marennes, etc., etc., rue Mondétour, 9, Halles centrales.

USTENSILES ET APPAREILS.

Dans une cuisine, le meuble le plus essentiel est, sans contredit, le fourneau : ce qui indique souvent l'importance de la maison et qui devient presque un objet de luxe ; il devra être pourvu d'une étuve, d'une chaudière à eau bouillante, d'une grillade, d'un chauffe-assiettes, d'un four à rôtir et d'un réchaud à charbon de bois.

Ce fourneau, dont nous donnons la figure, contient cinq trous, dont deux susceptibles d'agrandissement par le moyen des cercles ; la plaque de dessus, étant en fonte et très-chaude, permet de placer autant de casseroles que l'on désire.

On peut faire disposer le foyer à brûler du bois ou du charbon de terre, selon son goût.

Fourneau portatif. A foyer, B plaque du fourneau ; la fumée et la chaleur, s'étendant dessous, tournent autour 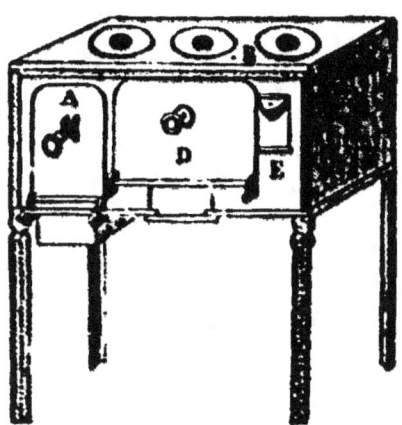 du fourneau, échauffent en passant le réservoir d'eau E, et le four D, pour ressortir derrière. La plaque B s'échauffe si puissamment que l'on peut y faire autant de mets qu'il peut y tenir de casseroles. Dans le four, on fait des tartes et autres pâtisseries ; on emploie à volonté le bois ou le charbon de terre. Cet appareil échauffe très-bien la cuisine ; ce fourneau doit être en fonte, sans emploi de tôle près du foyer.

Fourneau potager. Un fourneau très-répandu dans le commerce est le fourneau potager, avec carreaux en faïence ; il est le plus simple de tous, et facile à transporter ; son prix modique le fait rechercher des petites ménagères.

Cuisinière en fonte. Voici un modèle de cuisinière en fonte pour petit ménage, qui offre aussi bien des avantages ; il peut servir à deux fins, c'est-à-dire de poêle et de fourneau de cuisine. Il est composé de cinq trous, et d'une porte à rôtir. A l'intérieur un four, une étuve, un réservoir à eau chaude.

On peut également disposer le foyer à l'usage du bois, ou du charbon de terre.

Jumelle à socle, en fonte, pouvant servir à l'usage d'une personne.

Fourneau parisien, en fonte, pour une personne seule et pouvant servir au déjeuner du matin, etc.

Ces deux fourneaux, tenant peu de place, sont portatifs.

On peut employer comme chauffage du charbon ou de la braise.

Fourneaux à gaz. Foyer mobile en fonte. Fourneau à gaz, à queue, non émaillé pour la cuisine.

Voici deux fourneaux bien employés par les personnes qui se servent du gaz.

Le premier est composé de deux trous sur lesquels on peut placer une marmite et, selon les besoins, une casserole. En employant ce fourneau, on peut faire un excellent pot-au-feu ; la facilité avec laquelle on peut ralentir le feu, au moyen des robinets, en assure le succès ; il en résulte une grande économie.

Le second, qui est rond, peut servir pour le déjeuner du matin, pour de petites quantités, soit comme aliments, tisanes ou autres. L'avantage de ces fourneaux est d'avoir du feu instantanément.

On fait aujourd'hui des grillades alimentées par le gaz, ainsi que des rôtisseuses. La grillade est une caisse en métal munie d'un tube garni de trous en quantité suffisante, semblable au fourneau à gaz, qu'on emploie dans les grandes cuisines.

Fourneau économique à un ou plusieurs brûleurs alimentés par l'huile de pétrole, muni de sa marmite, d'un caléfacteur et d'un réchauffeur. Cet appareil, représenté page 22, est alimenté par l'huile de pétrole. Après avoir allumé les brûleurs dudit fourneau, et fait bouillir le contenu de la marmite, ce qui a lieu en trente ou quarante minutes, on éteint les becs sauf un seul, dont on baisse le feu. La chaleur de ce dernier est entièrement utilisée par le conservateur de chaleur qui entoure la marmite et empêche la déperdition du calorique. Elle est suffisante pour maintenir une ébullition très-régulière, sans aucune surveillance, pendant quatre heures et plus au besoin.

Au moment de servir on augmente la flamme en tournant le bouton communiquant à la mèche pour déterminer une forte ébullition.

Le chauffage par ce procédé ne revient qu'à deux ou trois centimes par litre de bouillon.

Au-dessus de la marmite on peut placer un premier compartiment muni intérieurement d'un tube y amenant la vapeur produite dans la marmite inférieure. Cette vapeur, ayant la température de 100 degrés, cuit : haricots secs ou frais, pommes de terre, etc., aussi vite que si ces légumes étaient placés directement sur le feu.

Sur le caléfecteur, on peut aussi placer un deuxième compartiment sans tube de vapeur, dans lequel on fait réchauffer les plats de la veille. Le fond de ce compartiment est chauffé par la vapeur, qui remplit ainsi le rôle de bain-marie.

Pot-au-feu.

Le pot-au-feu est certainement la base de la cuisine française, et nous devons faire connaître à nos lecteurs les nouveaux moyens employés pour obtenir le meilleur bouillon ou consommé.

Nous n'avons pas besoin de rappeler que la première règle à obtenir pour arriver à un bon résultat est de donner au feu la plus grande régularité.

Ce chauffage n'est jamais obtenu par le moyen traditionnel, qui consiste à placer la marmite auprès de la cheminée ou sur la grille d'un fourneau à charbon de bois.

Nous recommandons le nouveau fourneau portatif, fabriqué par M. BESNARD (ancienne maison MARIS-BESNARD), à Paris.

Gril se plaçant sur le fourneau à pétrole. Pour cuire une côtelette ou un bifteck, on se sert du gril circulaire, que l'on place directement sur le fourneau au lieu du four.

On peut également faire rôtir du pain pour café au lait ou chocolat sans que la flamme donne aucun mauvais goût. Ce résultat est obtenu par la bonne construction de ces petits fourneaux à pétrole qui, au moyen de courants d'air bien établis, 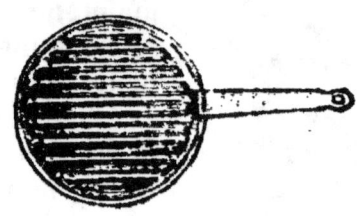 brûlent complètement tous les gaz contenus dans l'huile de pétrole.

 Le couvercle du gril sert à concentrer la chaleur sur la pièce à cuire.

Four à rôtir avec son fourneau à huile de pétrole, fabriqué par M. BESNARD, dont nous avons parlé à l'article *pot-au-feu*. On peut adapter un four en métal à double enveloppe, formant matelas d'air chaud, dans lequel on peut faire cuire en une heure, sur un plat ovale, une pièce de viande : gigot, poulet, dinde, roastbeef de trois à quatre kilog.

On place simplement le four sur le dessus du fourneau allumé ; on met dans le plat la pièce de viande à cuire, avec de la graisse ou du beurre et très-peu d'eau.

Au bout de quelques minutes le dessous de la viande est doré à point, et l'on peut la retourner pour faire dorer sur ses différentes faces. On ajoute ensuite quelques cuillerées d'eau, après avoir réglé le feu selon la grosseur du morceau à cuire.

Garde-manger. On en fait de plusieurs formes, à cage ronde ou carrée, faite en toile métallique, posée sur coffre en bois, ou sur montants en fer ; ils sont garnis à l'intérieur de plusieurs étagères. Le garde-manger forme boîte peut être placé dans une encoignure; celui dont nous donnons la figure est plus moderne. A son extrémité se trouve un anneau pour le suspendre à un crochet; il est muni de deux tablettes.

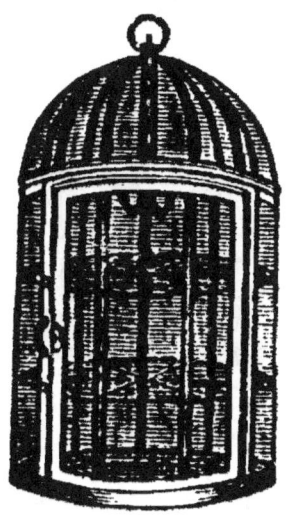

A sa partie supérieure se trouve un croc où l'on peut y suspendre plusieurs morceaux de viande crue, volaille, gibier, etc. On devra de préférence placer le garde-manger dans un courant d'air.

Four de campagne pour pâtisseries et entremets.

Seau à charbon couché avec pelle.

Nouveau four allumeur mobile. Cet appareil est destiné à faire cuire, avec peu de feu, sur tous les fourneaux de cuisine, tous les mets qui ne peuvent être cuits convenablement que dans les fours.

Il se compose de trois pièces :

1° Une *étuve* en tôle, que l'on place sur un fourneau pour y concentrer la chaleur qui se dégage du foyer, chaleur dont on règle l'intensité au moyen de la soupape placée dans le tuyau de tirage disposé au-dessus de l'étuve ;

2° Une *brique*, ou une plaque métal-  lique indispensable pour empêcher l'action directe du feu au-dessous de l'ustensile de cuisine, évitant ainsi que les aliments ne brûlent ou ne s'attachent au fond ;

3° Un *support* ou grille en fer pour supporter la brique. Il peut aussi servir de gril ordinaire et à faire chauffer les plats et les assiettes.

Manière de s'en servir.

Remplissez le foyer de charbon, qui s'allumera très-vite en recouvrant le fourneau avec l'étuve, dont vous laisserez la soupape ouverte ; puis, lorsque le charbon sera complètement embrasé, retirez l'étuve pour mettre sur le foyer le support, la brique et la casserole qui contient le mets à faire cuire ; recouvrez le tout avec l'étuve en tenant la soupape ouverte jusqu'à l'ébullition ; ensuite, réglez la chaleur en fermant plus ou moins la soupape, et laissez s'achever doucement la cuisson.

Pour les mets qui nécessitent d'être cuits avec une chaleur vive, comme les omelettes soufflées, les crèmes et les gratins, lorsque vous avez mis votre mets sur le four, fermez la soupape jusqu'à ce qu'il soit cuit ; puis, pour activer la chaleur, vous l'ouvrez pour dorer et gratiner votre plat.

Il suffit, pour surveiller le degré de cuisson, de soulever l'étuve de temps en temps.

Pour la cuisson de tous les mets, il est indispensable de toujours mettre sur le foyer le support et la brique avant d'y mettre la casserole et la couvrir de l'étuve.

Il est indispensable aussi, lorsqu'on emploie du charbon de bois ordinaire, de le recouvrir de cendres lorsqu'il est bien allumé, afin d'en modérer l'ardeur en en ralentissant la combustion.

Crémaillère tournante. Un montant A de 2 centimètres de force supporte, renforcé par l'arc-boutant B, la traverse C en fer méplat. Sur cette traverse ou potence on accroche à des crochets mobiles en fer, de 15 à 25 centim., des chau-

26 USTENSILES

drons ou marmites à anse, soit un seul ou deux à côté l'un

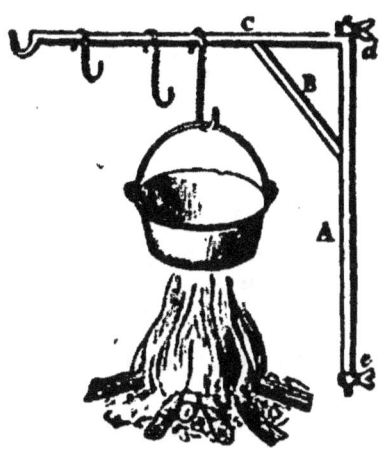

de l'autre. Avec les pincettes, on attire en avant cette potence, et on y pose ou on en enlève les chaudrons sans s'avancer ou se baisser dans la cheminée pour atteindre la crémaillère d'ancien usage. La barre montante A tourne dans les pentures *d e*, scellées dans l'intérieur de la cheminée. Sa longueur devra être proportionnée à la hauteur du manteau, si la cheminée est petite. Si elle est élevée, une hauteur de 60 centim. environ suffit.

Allume-feu. Cet appareil est préférable à tout ce qui s'est fait jusqu'à ce jour pour allumer le charbon de bois dans les cuisines.

Une grille se trouve placée à moitié de l'appareil intérieurement. On introduit quelques morceaux de charbon, jusqu'au tiers du tuyau, par l'ouverture d'en haut. On enflamme un ou plusieurs morceaux de papier chiffonné sous le cône, en ayant soin de laisser passer un peu d'air en dessous.

La flamme, passant à travers la grille, met en ignition quelques charbons, et le tirage seul allume le reste sans le secours du soufflet.

On verse ensuite dans le fourneau.

l'entilateur pour faire prendre promptement le feu des fourneaux. Un tube de tôle a de 30 centim. de long et de 7 de diamètre est muni d'un autre tube en entonnoir renversé *b* de 18 centim. d'ouverture. On le pose sur un fourneau où l'on a allumé, sur le charbon, des copeaux ou un peu de braise. Un courant d'air s'établit par les trous inférieurs et souffle le feu de manière qu'il s'allume très-vite.

Le *tournebroche portatif* se place devant le feu, ou s'adapte, à volonté, aux cuisinières ordinaires. Une fois en mouvement, la ménagère n'a plus à s'occuper que d'arroser, mais le rôti ne brûlera pas, car il a soin de l'avertir par une sonnerie quand elle doit venir remonter son mouvement.

Rôtissoire à bout sphérique étamée. Ce modèle a la propriété de concentrer la chaleur.

Rôtissoire automatique. En donnant la description de la rôtissoire automatique avec l'instruction nécessaire pour s'en servir, nous ne saurions trop la recommander à nos nombreux lecteurs; en ayant fait usage, nous pouvons en garantir l'excellent avantage.

Instruction.
Ficeler la pièce à rôtir, l'accrocher sans secousse à la chaînette, approcher l'appareil tout contre le foyer bien embrasé et laisser tourner.

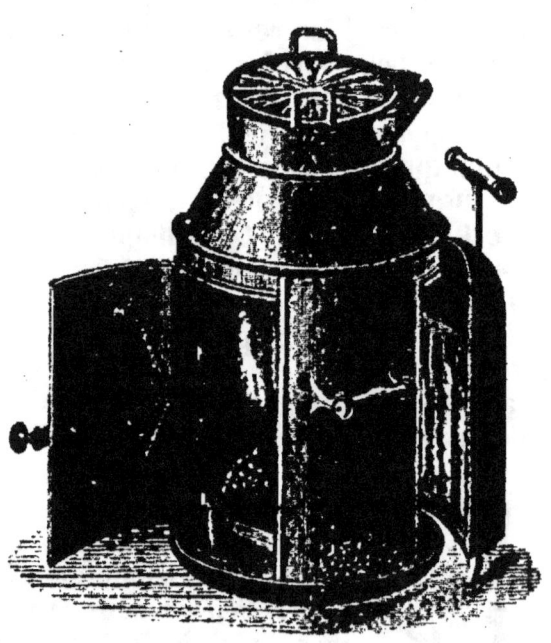

Laisser la porte ouverte pour avoir un meilleur rôti; fermer la porte si l'on veut cuire plus vite. La porte ouverte donne aussi plus de force au courant d'air, et par conséquent plus de vitesse à la roue.

Pour rôtir une petite pièce, tourner la partie supérieure de l'appareil de façon à mettre le godet d'arrosage à droite.

Pour rôtir une grosse pièce, tourner à gauche.

la chaîne de suspension étant excentrée par rapport à l'axe de la rôtissoire, il s'ensuit que la pièce à rôtir tourne dans un plan plus ou moins rapproché du foyer, ce qui permet de laisser constante la distance du rôti au foyer.

Rôtissoire à four. Un rôti fait au four sur un plat, cuit dans le jus et la graisse, ce qui nuit à sa bonne qualité. La *rôtissoire à four* se compose d'une lèchefrite creuse au milieu pour puiser le jus et supportant 2 montants pour porter la broche. On enfourne cet appareil dans les fours si communs actuellement.

La *Coquille à rôtir*, à présent si connue, n'est ici que pour recommander de ne se servir que de celles en terre revêtue de tôle et dont l'âtre est profond, parce qu'elles offrent la ressource de mettre autant de charbon que la pièce en nécessite, sans obliger à en remettre. On peut mettre chauffer des plats pleins ou vides ou des assiettes sur la plate-forme.

Cuisinière à griller. Elle se compose d'un bâtis en fer-blanc A, avec un fond B que l'on glisse dans les coulisses C, pour faire l'office du fond d'une cuisinière ordinaire. Trois tringles de fer D sont garnies chacune de 6 brochettes où l'on enfile les grillades. Ces tringles sont mobiles; elles s'enfilent dans les côtés montants de la cuisinière; elles ont des trous aux deux bouts EE, dans chacun desquels on introduit une fiche G. Le jus des grillades tombe dans le bas de la cuisinière, d'où on le fait sortir par la petite gouttière P. — On voit d'après cette description que la cuisinière à griller peut se placer devant un feu fait, sans le déranger, ou bien devant la *coquille à rôtir*.

Gril-rôtissoire Gosteau, nouveau modèle. Cet appareil permet de griller et rôtir les viandes d'une manière parfaite sans odeur ni fumée.

On doit se servir de braise ou de charbon de bois que

Nouveau modèle.

l'on allume sur la toile métallique, on l'étale sur toute la surface, on ne doit placer l'objet que l'on veut faire cuire que lorsqu'on n'a plus besoin de toucher au feu.

On doit s'abstenir de fendre les poissons si gros qu'ils soient; ils doivent cuire dans leur entier.

Autres *Grils*. On en fait tous les jours de nouveaux, que

l'on trouve dans les bazars. Celui de la fig. C a paru le dernier, et il est préféré aux autres à cause de sa lèche-frite et de sa meilleure confection.

Côtelettier fumivore. On a fait bien des appareils pour opérer la cuisson des grillades. Celui-ci est le meilleur. De plus, il est renfermé dans une petite cheminée portative qui conduit la fumée où l'on veut. On descend la trappe B, et les grillades, tenues chaudes partout, cuisent parfaitement sur la braisette placée sous le gril.

Le *Rôtisseur* pour les pommes de terre et marrons est exécuté en tôle et tiges de fer. Dans la cage A on place les pommes de terre ou marrons; on l'introduit dans le tambour de tôle B; on abaisse le crochet C pour le retenir; on accroche le manche à la crémaillère, sinon l'on pose le rôtisseur sur le feu. De temps en temps, on fait tourner la cage avec les pincettes, au moyen de la poignée qui est au bout. La cuisson est bientôt opérée. A côté de l'endroit où il est attaché, sont pratiqués 2 trous de 6 millimètres servant à l'évaporation de la vapeur des pommes de terre. On donne au tambour 16 centimèt. de diamètre et 27 de long.

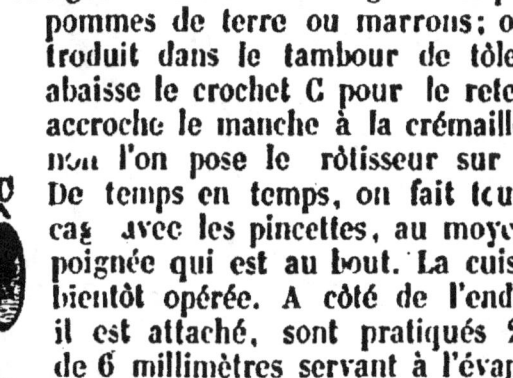

Poêle à marrons avec couvercle, pour les faire griller à petit feu sur les charbons.

Grille-marrons en tôle, de 22 centimètres en carré et 4 d'épaisseur, avec un couvercle à charnière. On met les marrons dedans, on le pose debout devant le feu de la cheminée, on le retourne et secoue de temps en temps, pour faire cuire également les marrons.

Les marrons cuisent bien dans un brûloir à café.

Salière de cuisine à quatre compartiments.

Boîte à café ou à farine.

Brûloir à café avec capote. Ce brûloir est un de ceux le plus employés; on trouve ce modèle dans toutes les grandes quincailleries pour articles de ménage.

Brûloir à café en tôle, destiné à profiter d'un feu un peu flambant dans la cheminée. C'est le plus simple des brûloirs à café. Il a 15 centim. de diamètre, et le manche en a 45. Il exige d'être secoué continuellement.

Brûloir à café, plus compliqué que ceux ci-dessus, mais aussi beaucoup plus parfait. Le récipient qui contient le café est *arrondi en tous sens*, ce qui permet au café de se présenter plus également à la surface chauffante. Le couvercle qui se pose dessus permet aussi un chauffage égal, sans perte de combustible. (Voy. page 658, l'article *Café*.)

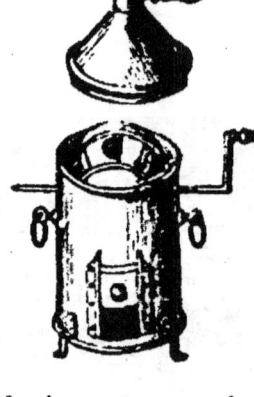

Gaufrier tournant. Sur un fourneau quelconque A, on pose la plaque mobile ronde *b* où se trouvent des échancrures *c*, sur lesquelles on pose le gaufrier *d*, ajusté à ces échancrures. Au moyen des deux manches, on tourne plus facilement que l'on ne fait avec le gaufrier ordinaire.

Poêle à frire sans queue, pour servir sur un fourneau. On les fait, le plus souvent, ovales. Il suffit d'un bon feu au milieu.

 *Porte-plat* en fil de fer étamé pour porter les plats chauds de la cuisine sur la table de la salle à manger.

Spatule à friture, plate, en forme de pelle à feu, plus commode qu'une écumoire pour enlever les fritures aplaties.

Spatule à crêpes, servant à les retourner et enlever. Longueur, 38 c. dont 13 pour la spatule.

Fer à glacer les crèmes. Ce fer est en tôle, et l'on y place des charbons ardents; il est rond, et prend bien mieux la forme des plats que la pelle rougie au feu dont on se sert habituellement. Largeur 10 centim., queue 26, manche 10.

Petit Seau couvert, en zinc, servant à réunir les eaux sales dans les appartements, pour les porter au dehors sans qu'elles incommodent par la vue ou l'odeur.

Lavette en fil et en forme de pinceau, pour éviter de tremper ses mains dans l'eau chaude en lavant la vaisselle.

Vaissellier, pour égoutter la vaisselle à mesure qu'on la lave, et dont la figure fait bien comprendre la forme.

Presse-jus. Les médecins ordonnent pour la nourriture des personnes faibles, des *jus de viandes.* — L'instrument qui sert à extraire ces jus se compose, comme dans la figure ci-contre, de 2 palettes de bois dur de 3 c. d'épaisseur, qui sont taillées en mâchoires, entre lesquelles on place un morceau plus petit de chair et de 2 centim. d'épaisseur. On presse avec les manches, en retournant les morceaux de manière à ne rien laisser. On recommence avec le reste de la viande,

soit un grand bifteck ou autre tranche de chair sans graisse. On pressera de manière que le jus coule par l'angle A dans une tasse échauffée par un bain-marie, et l'on consommera *de suite*, soit seul, soit en y trempant de la mie de pain.

Nouveau presse-jus. Le presse-jus nouveau modèle est en fonte, émaillée à l'intérieur. La pression a lieu au moyen d'une vis qui exprime une plus grande quantité de jus que l'ancien modèle.

Séchoir, composé de 2 châssis en bois, à charnières, pour étendre à la cuisine les linges et torchons. Le même peut servir dans un cabinet de toilette.

Planche à couteaux pour les nettoyer en les passant sur la planche du dessous

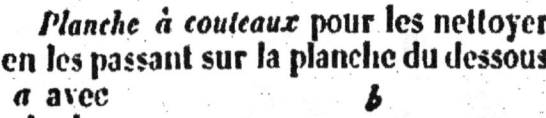

a avec de la terre pourrie en pou-

dre, sorte de terre qui vient d'Angleterre, et ensuite sur un cuir collé à la planche supérieure en *b*. La terre pourrie se

renferme entre les 2 planches, et le tout se suspend à un clou. Longueur, 40 centim. sans le manche; largeur de la planche du bas, 10; celle du haut et cuir 6. On en a fait de 60 c. Le tout en bois blanc.

Hachoir. On en fait à 2, 3 et 4 lames de 33 centim. de longueur et 4 ½ de largeur sur 3 centim. de cintre. Les

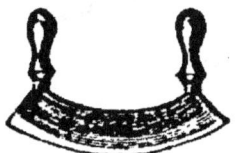 

lames se démontent très-facilement pour les affûter. Ils hachent très-bien les herbages et la viande cuite, mais non la viande crue. La clef qui est gravée à côté sert à démonter les écrous lorsqu'on veut affûter les lames.

Autre *Hachoir* simple dont la lame a 27 centim. sur 5. La *planchette* à rebords qui est à son côté, et sert à hacher, a 45 centim. sur 40 en bois tendre.

Égouttoir en fer-blanc s'accrochant près de la cheminée et servant à suspendre l'écumoire, la cuillère à pot, etc.

Terrine à goulot. Il est à désirer que partout on fabrique les terrines de cuisine d'une forme élevée et portant un goulot comme le dessin ci-contre. On abandonne à Paris les anciennes terrines vertes pour ces jolis vases en faïence blanche et jaune.

Cuisson des aliments à la vapeur.

La description de la marmite destinée à cette cuisson fera comprendre son utilité. Elle est en fer-blanc et peu coûteuse. Le récipient A, percé de trous de 5 millim., descend à moitié dans la marmite B, que l'on emplit d'eau jusqu'à 5 centim. du récipient. On fait bouillir, et la vapeur qui s'élève cuit les légumes placés dans le récipient. Le tout se recouvre du couvercle C.

Si dans le récipient on met un bon chou, parsemé de sel dans les feuilles, il est cuit trois fois plus vite que dans l'eau, et n'a pas d'âcreté. Il a un goût si prononcé et si agréable, qu'un peu de beurre suffit pour l'assaisonner. En général tous les *légumes verts* cuits ainsi sont bien plus savoureux et sans âcreté. Les potirons y sont excellents; mais c'est surtout dans les pays où les eaux sont saumâtres ou chargées de dépôts calcaires que ce moyen de cuisson est précieux. Les artichauts seront placés les feuilles (rognées) en bas. Les plum-puddings y cuisent très-vite. *Voy.* Marmite pour conserves, p. 640.

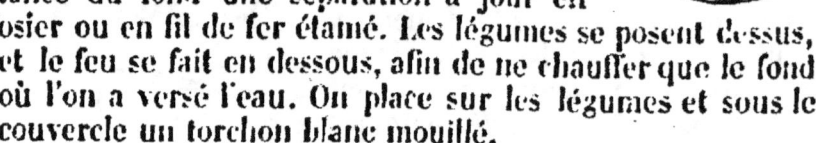

On peut remplacer cet ustensile par une marmite en fer, en plaçant à quelque distance du fond une séparation à jour en osier ou en fil de fer étamé. Les légumes se posent dessus, et le feu se fait en dessous, afin de ne chauffer que le fond où l'on a versé l'eau. On place sur les légumes et sous le couvercle un torchon blanc mouillé.

 *Glaçoire.* On la remplit à moitié de sucre en poudre et on la secoue, de côté, sur les tartes de fruits, beignets, gaufres, etc.

Fourchette à 2 dents pour manier les pièces dans la friture.

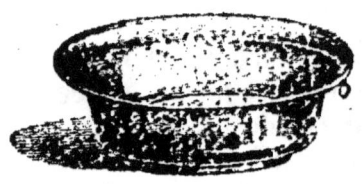 *Plats creux en fer battu.* Un grand appréciateur de notre livre, M. P. W., nous signale les avantages de la vapeur d'eau non comprimée pour réchauffer les aliments, ou même faire cuire œufs sur le plat, œufs brouillés, crèmes, etc.

Emploi de ces plats.

Pour réchauffer une assiette d'aliments, mettez dans un plat creux de 22 centim. un verre d'eau, placez l'assiette dessus, et le vase sur un feu modéré; pour faire réchauffer une plus grande quantité d'aliments, il y a des plats de 25 centim. où l'on mettra un verre et demi d'eau, et d'autres de 28 centim. où l'on devra mettre deux verres d'eau. La pratique fera prendre les plats de la grandeur proportionnée à la quantité d'aliments; on pourra les laisser chauffer aussi longtemps que l'on voudra sans crainte qu'ils ne brûlent ou perdent leur saveur primitive.

 *Marmite droite* en cuivre rouge étamé en dedans à l'usage du pot-au-feu.

Braisière ou *Daubière* en cuivre étamé, sur le couvercle de laquelle on peut placer du feu. La daubière *en terre* pour ce qui doit être fait à petit feu, est préférable.

 *Casserole* en fonte à l'usage des ménagères, pour ragoûts ou rôtis dans leur jus.

Marmite en fonte servant à faire pot-au-feu et soupe aux choux, etc.

Casserole cuivre rouge étamé.

 *Casserole à sauter* cuivre rouge étamé.

Fontaine à mains pour cuisine.

Mortier en marbre pour piler le sucre, le pain sec ainsi que d'autres substances employées en cuisine.

ET APPAREILS.

Casserole à lait bordée cuivre rouge étamé.

Casserole longue servant à braiser, ou cuire des viandes de formes allongées, telles que : aloyau, filet de bœuf, langues, volailles, etc.

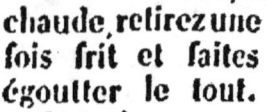

Casserole à friture avec panier en fil de fer. On place dans le panier ce qu'on désire faire frire; ensuite, on le met dans la friture chaude, retirez une fois frit et faites égoutter le tout.

Boite à asperges. On en fait en fer battu et en cuivre.

Poissonnière. Cet ustensile se fait en cuivre étamé, et, plus économiquement, mais non moins utilement, en fer étamé. On y place le poisson sur la feuille à 2 anses que l'on descend ensuite au fond de la poissonnière d'où on l'enlève à volonté. Le poisson y est cuit dans son entier, sans aucun déchirement.

Daitière à queue.

Turbotière. Cet appareil est fabriqué pour les turbots et se fait de même métal que la poissonnière; son emploi et la manière de s'en servir sont les mêmes.

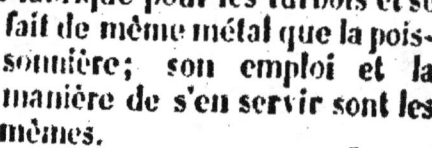

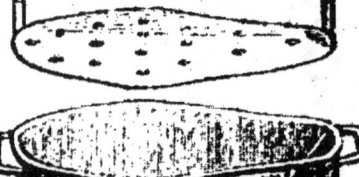

Poêlon d'office, en cuivre rouge et manche de même métal, pour faire, en petit, le même usage que la bassine à confiture : la cuisson du sucre, le pralinage de fleur d'oranger, etc. On leur donne

15 à 18 centim. de diamètre et 8 à 9 de haut. On en fait de plus petits pour les pastilles.

Moules dits *à charlottes*, en cuivre étamé ou fer étamé,

servant à faire les charlottes, les gâteaux de riz, de semoule, de pommes de terre, les pommes au riz. L'un est uni et l'autre à couvercle. On les met au four ou bien on place le premier sur le fourneau avec un couvercle de tôle et feu dessus. Ils servent aussi pour *timbales*. On y fait aussi des biscuits de Savoie. On fait des *moules à cylindre* au milieu, formant

un creux, pour divers gâteaux, gelées et aspics, et portant toutes sortes de façons et cannelures.

Passe-sauce. On l'emploie aussi pour le bouillon.

Boîte à colonne. Elle contient une quinzaine de tubes de plusieurs dimensions qui servent pour la pâtisserie ainsi que pour la cuisine, pour couper la pâte, les légumes et les viandes cuites.

Couvercle de casserole, rond ou ovale, en tôle et à rebord, sur lequel on met du feu pour les choses que l'on veut faire cuire feu dessus et dessous. *Il évite souvent d'employer les fours.*

Main, en fer-blanc, pour manier la farine, des graines, etc.

Tasse de fer-blanc de la contenance d'un demi-litre, dont il est bon d'avoir quelques-unes dans une cuisine pour contenir ou transvaser toutes sortes de liquides.

Pocheuse pour les œufs. Un plateau en fer-blanc *a*, de 17 centim. de diamètre, supporté par 3 petits pieds *b*, de 3 centim. de haut, est percé de 4 ouvertures *c* de 6 centim.; dans les ouvertures se placent de petits godets *d*, percés de 31 trous de 2 millim. On plonge cet appareil dans une casserole, et l'on y verse de l'eau de manière à le couvrir de 2 doigts de hauteur. L'eau étant

bouillante, on casse sur chaque godet un œuf qui en prend la forme régulière; lorsqu'il est cuit, on retire le godet par son anneau, on verse un nouvel œuf et on recommence. On peut faire des pocheuses à deux et trois godets.

La *Boule à riz* se met dans la marmite où l'on fait le bouillon, une heure avant de servir, pour faire cuire du riz ou des pâtes. On doit avoir le soin de ne mettre que ce qu'il faut pour que la boule se trouve pleine quand le riz ou la pâte auront renflé. On peut aussi la faire fabriquer en fer-blanc Une autre, nouvelle, en fil de fer étamé,

à claire-voie, sera préférée, parce qu'elle est plus légère et permet de voir à travers.

Boudinière, en fer-blanc, de 8 centim. d'ouverture, servant à entonner le sang et les ingrédients dans le boyau. Elle sert aussi à entonner les saucisses.

Attelet ou brochette en fer pour *atteler* ou attacher une pièce à la broche.

Brochettes ou *Attelets* en argent.

Quand on les garnit de ris, foies, truffes, champignons, filets de volaille, crêtes, etc., on en orne les grosses pièces de relevés; et elles prennent le nom d'*attercaux*.

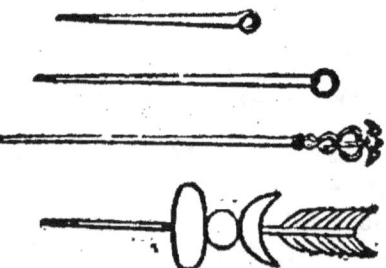

USTENSILES

Petit moulin à julienne, en fer-blanc, expédiant assez vite et taillant les racines en filets, qui tombent dans un tiroir placé dans la boîte.

Moulin à poivre. Si l'on achète le poivre *noir* ou *blanc*, en grains, et qu'on le pulvérise soi-même, on peut être certain qu'il n'est pas falsifié. Il moud très-fin, si on serre la vis à point. On ne moud qu'à mesure de l'emploi, ce qui fait jouir de tout l'arome du poivre. Il peut servir à faire les 4 *épices*. La muscade seule exige une *Râpe-muscade*, petit instrument de fer-blanc, très-expéditif. La râpe est en *a*, où l'on place la muscade.

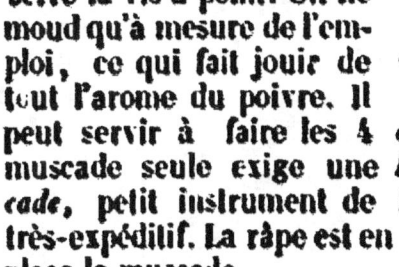

Couteau avec lequel on ouvre les boîtes de fer-blanc qui renferment des conserves de pois, haricots, homards, sardines, etc. La lame qui coupe est soutenue par une patte transversale sur le bord de la boîte.

Panier à bouteilles, en fil de fer galvanisé, moins volumineux et plus commode que celui en osier. On ne le remplit que d'un seul rang de bouteilles, de 4 ou de 6.

Pince à champagne avec laquelle on coupe le fil de fer des bouteilles. Elle est fixée dans un manche à couteau, et la lame a 3 centimètres.

Tire-bouchon anglais. On en fait usage à table, devant soi, avec peu de mouvement et sans effort, au moyen du tourniquet qui est indispensable.

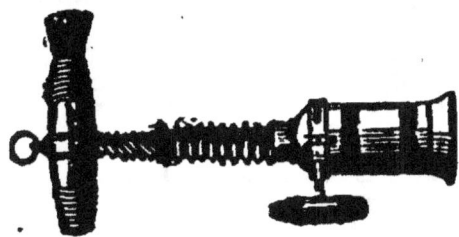

Voy. les Vins pour d'autres tire-bouchons.

Le *Panier à vin* sert à monter les bouteilles dans la position où elles sont à la cave même, c'est-à-dire sans troubler le vin.

Un autre *panier à vin* est encore plus utile, puisqu'il permet de ne pas dresser la bouteille, même sur la table, où on la sert dans son panier.

Moulin à café. Ce moulin est le plus répandu, il a l'avantage d'être à la portée de tous. On serre la vis à volonté; par ce moyen on obtient du café très-fin.

Couteau à ouvrir les huitres, breveté s. g. d. g., de M. Bansard, inventeur et fabricant, 75, rue Oberkampf. Une instruction détaillée jointe à chaque instrument permet de couper la charnière et le nœud intérieur sans produire aucune brisure ni perdre nulle partie d'eau.

Ces avantages nous font recommander ce modèle, en fonte très-solide.

Couteau ordinaire pour ouvrir les huitres. La lame, arrondie, ne doit avoir que 7 à 8 centim. sur 23 millimètres.

Fourchette coupante pour détacher les *huitres* et les manger, car elles doivent être servies encore attachées en dessous.

Coupe-julienne. Cet instrument, en bois, se place sur une terrine où on le retient avec le pouce passé dans le petit trou. On engage une carotte ou autre racine dans l'ouverture de la planchette à coulisse B, que l'on fait passer sur les couteaux A, où elle se divise et tombe en filaments réguliers dans la terrine. On épargne ainsi beaucoup de temps, et l'ouvrage est parfait.

Presse-purée. On verse les légumes cuits dans le cylindre A, en fer-blanc, par l'ouverture *b*; on presse avec le fouloir D; la purée se fait avec promptitude, passe par les nombreux trous du cylindre A, et tombe dans la terrine placée au-dessous.

Autre *Presse-purée* flamand, moins expéditif, mais qui peut servir pour de petites portions. Il a 15 centim. de haut et 11 de large sur 3 de courbe dans le bas.

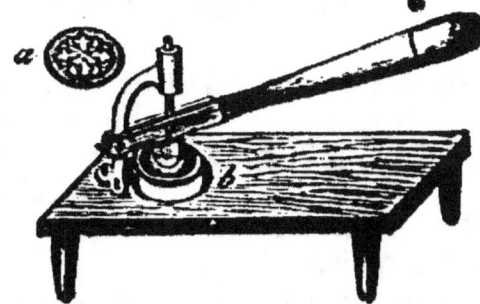

Taille-légumes. Un moule d'acier *a* placé sous la presse en *b*, et par-dessus des *ronds* de carottes ou navets, les découpe à l'instant en figures de diverses formes et grandeurs, selon le disque de rechange

dont on se sert. On en voit plusieurs dans les figures ci-contre, de grandeur naturelle. Les plus petites se mettent dans la *julienne*, et les plus grandes servent pour *bords de plats*, où elles font l'admiration des convives. Il a été imaginé par M. Parod, à qui on doit plusieurs autres instruments utiles.

Le *coupe-julienne* taille les racines en filets avec une très-grande facilité et une grande promptitude, au moyen de petites tiges *a* qui entrent dans les petits carreaux *b*, en faisant agir les branches par la poignée *c*. Dans son *taille-légumes*, M. Parod ajoute une pièce de rechange qui sert de coupe-julienne.

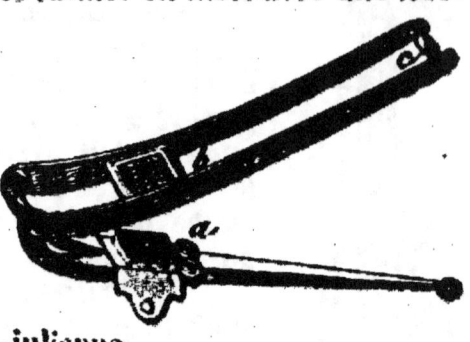

Couteau à désosser, servant aussi à émincer des chairs, des foies, etc. Il doit avoir sa place dans toutes les cuisines, où il manque souvent.

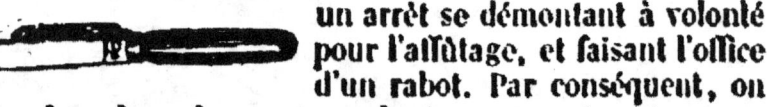

Couteau à peler. A la lame est attaché, sur son tranchant, un arrêt se démontant à volonté pour l'affûtage, et faisant l'office d'un rabot. Par conséquent, on enlève la pelure des pommes de terre, navets, etc., sans ôter de chair.

Couteau à tourner les racines. Ce couteau, de 23 centim.,

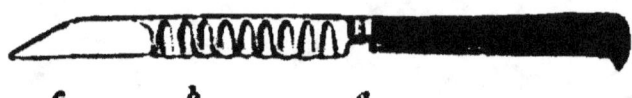

c   b   a

compris le manche, qui en a 10, est à 2 fins. Avec le bout de la lame *b* en *c* on enlève les parties qui nuisent à la

forme que l'on veut donner. Avec la partie de *a* en *b*, qui a 9 cannelures, chacune de 5 à 6 millim. de largeur, on tourne autour des racines pour les canneler et leur donner les dessins que l'on imaginera, tels que ceux des 4 figures ci-dessus et autres pris dans des carottes, des navets ou des pommes de terre. On fait aussi des cannelures aux champignons.

Quant à celle-ci, elle est taillée dans une pomme de terre et peut servir à leur donner une forme qui causera de la surprise, soit pour la friture, soit pour servir en salade.

Cuillerons de deux formes différentes pour enlever avec leurs petites cuillères d'acier *a, b*, des olives *c* ou des olives

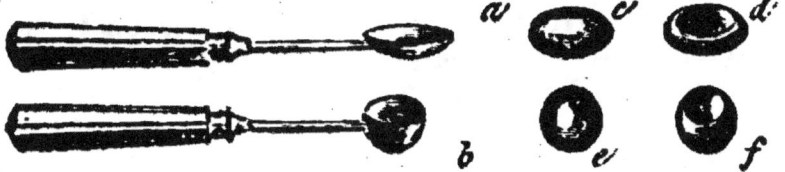

creusées *d*, ou bien, avec le cuilleron *b*, des boulettes *e* ou de petites coques *f*, prises dans des pommes de terre, des navets ou des carottes. Ils ont chacun 14 centim., compris le manche, qui en a 9. La boule a de 15 à 20 millim. et l'olive 25 à 30 sur 12.

Taille-racines. Avec l'instrument dont voici la figure, on coupe les pommes de terre en spirale ; ce qui leur donne une figure singulière et agréable *d*. Lorsqu'on l'a enfoncé

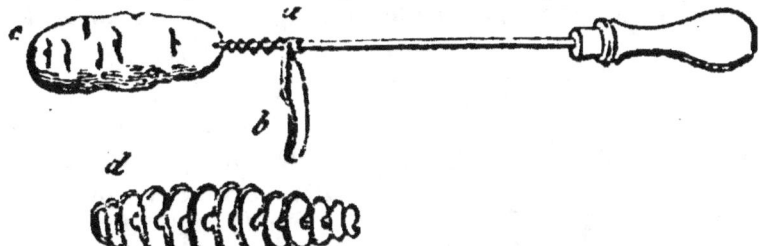

dans la pomme *c*, en tournant à droite, et que tout est découpé, on tourne à gauche pour retirer le couteau *b*, qui se dévisse en *a*, et laisse la pomme de terre *d* libre.

Voici un autre instrument qui taille en torsades des

navets et des pommes de terre pour garnitures de plats.

Le manche est mobile, et on le sépare du fer toutes les fois que l'on a fait une torsade. La longueur de cet instrument est de 20 à 22 centim., sans
compter le manche. Il est de l'invention de M. Parod.

Fleurs-racines. On a admiré, dans une exposition des produits de l'horticulture, à Paris, une large et riche corbeille de fleurs, composée d'anémones, de renoncules, de roses et de boutons, etc.; et pourtant nous étions en hiver.

Voici une rose blanche très-bien imitée avec un navet; une carotte jaune aurait produit une renoncule; une betterave rouge aurait joué le rôle d'une rose de Provins, et l'on aurait pu varier ainsi, selon la diversité des couleurs, des carottes et des betteraves.

Voici trois autres fleurs non encore épanouies, et représentées par des radis roses, dont les nuances du dehors au dedans ont figuré des couleurs variées. La figure de droite représente une de ces *fleurs-racines* coupée par le milieu,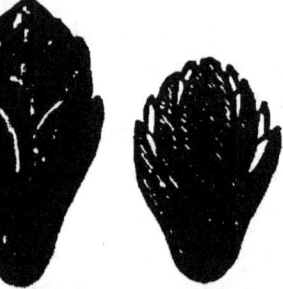
de manière à faire comprendre les incisions qui servent à imiter des pétales. La difficulté n'est pas grande, puisque, aussitôt l'incision faite, le pétale s'écarte naturellement; un second coup de couteau est nécessaire seulement dans les fleurs larges, où l'écartement naturel ne serait pas suffisant.

   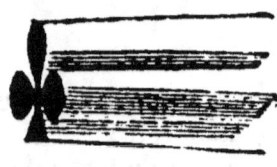  

Ces fleurs étant taillées, on les fiche au bout de petits rameaux de branchages verts.

Croûtons faits avec des emporte-pièce destinés à découper des tranches de mie de pain, pour bordures de plats d'entrée. On les fait frire dans l'huile, et on leur donne plus ou moins de chaleur pour les rendre blonds ou bruns. Ces croutons, de 2 à 3 centim. de hauteur, se collent sur le bord du plat au moyen d'une pâte faite avec du blanc d'œuf, de la farine et un peu de sucre.

La *Seringue à massepains* sert aussi à donner des formes variées au beurre de hors-d'œuvre. Dans le cylindre de fer-blanc *a*, de 45 millim., se place à son extrémité *b* un des ronds de fer-blanc figurés à côté, lequel est retenu par un petit rebord. Ces ronds

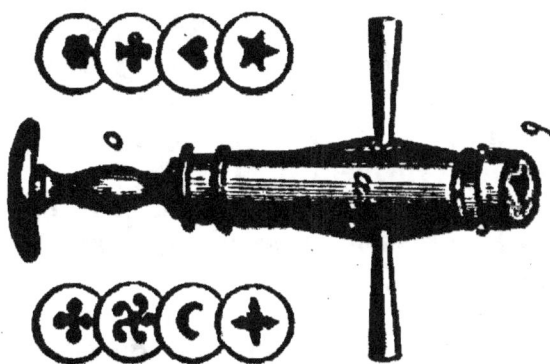

ou plaques sont creusés à jour selon une figure à volonté dont on voit des exemples variés. On met du beurre un peu amolli dans le cylindre, on le pousse avec le piston *c*, et il sort sous la forme de la plaque que l'on aura choisie. Si on fait une plaque avec quantité de petits trous comme une passoire à café, on aura le *beurre frisé*. Si, à mesure que le beurre ou la pâte sortiront du moule, on coupe avec un couteau, on aura une étoile, un cœur, etc.

Voici une seringue à beurre plus simple, en usage en Belgique, et qui n'a pas de pièces de rechange. Il en sort par 40 trous des filets de beurre dont l'effet, sur un hors-d'œuvre,

est gracieux et étonnant pour les personnes qui ne connaissent pas le procédé. Le tube *a* n'a que 35 millim. de diamètre, ainsi que le piston *b*.

Moule à beurre. Sorte de petite cuillère carrée en bois dont le carré est cannelé en travers et cintré. Le nombre des cannelures doit être de 10. On

enlève avec cette partie une lame de beurre qui se trouve ainsi rayée ou cannelée et qui décore très-bien le hors-d'œuvre. Avec ces lames on compose des fleurs en Belgique, où il est fort en usage. Il est aussi de fabrication belge.

Autre *Moule-beurre*. On connaît des moules pour produire de petits pains de beurre plats; celui dont voici la figure donne au beurre la forme d'un cygne qui se tient debout sur l'eau dans le hors-d'œuvre. Il faut ajouter pour cela du beurre à plat sous son pied pour le faire tenir droit.

J'ai apporté un de ces moules d'Angleterre, où j'en ai vu depuis 8 centim. de hauteur jusqu'à 30; le cygne se tenait fort bien sur l'eau, ce qui formait un très-joli ornement sur la table.

Si l'on cache dans leur pied, sur le devant, un petit morceau de fer, et qu'on leur présente une mie de pain où on aura caché un aimant, on les fera manœuvrer sur l'eau, à la grande surprise des personnes qui ne connaissent pas ce tour de physique. — Cet objet me donne l'idée de citer ici deux autres objets de surprise.

Moyen de faire marcher sur la table des écrevisses qui paraissent cuites. Au milieu d'un buisson d'écrevisses on en placera quelques-unes vivantes, sur lesquelles on aura étendu, avec un pinceau, de l'acide sulfurique mêlé à beaucoup d'eau; il ne faut que quelques gouttes d'acide, et l'on pourra en faire l'essai pour trouver la quantité nécessaire, afin que le test de l'écrevisse puisse rougir sans que l'eau acidulée pénètre à l'intérieur.

Moyen de faire un œuf gros comme douze. Séparez les jaunes et les blancs de 12 œufs. Ayez une très-petite vessie bien lavée, séchée et relavée en plusieurs fois, de manière qu'il ne lui reste aucune odeur; versez-y les 12 jaunes, liez-la en lui donnant une forme bien ronde, et plongez-la dans l'eau bouillante pour faire prendre les jaunes. Mettez les blancs dans une vessie plus grande, et la boule de jaunes dégagée de sa vessie; elle se soutiendra naturellement au milieu des blancs; liez-la et faites cuire aussi les blancs. Otez la vessie et coupez cet œuf énorme en 4 sur une salade.

Planche sur laquelle on peut servir les grands *poissons* quand on n'a pas de plats assez longs ou assez larges. Il y en a de carrées pour les turbots. 4 petits pieds la supportent. On la couvre d'une serviette pliée que l'on fait déborder de manière à cacher l'épaisseur de la planche.

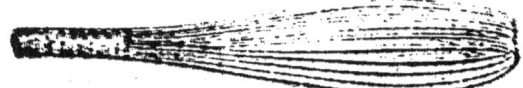

Fouet en fil de laiton.

Fouetteuse américaine pour battre rapidement les œufs en neige, pour biscuits, ainsi que pour crèmes.

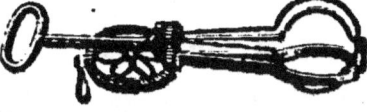

Un autre est fait d'un manche de bois creusé à un bout. On introduit 10 bouts de fil de fer étamé de la force n° 11 et de 51 centim. de long, que l'on recourbe au milieu de manière à former une sorte de ballon allongé (comme la figure), qui

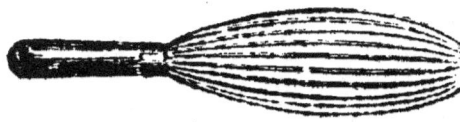

se trouve ainsi être composé de 20 brins. On remplit le creux dans le manche avec une cheville de bois qui serre les brins.

Vide-citron en bois. On l'entre dans une moitié de citron, on lui imprime un mouvement circulaire, et de suite le jus

s'en écoule. Il a 18 centim. : 11 pour le manche et 7 pour la tête, cannelée profondément, comme on peut le voir dans la figure en étoile représentant l'instrument vu par le bout.

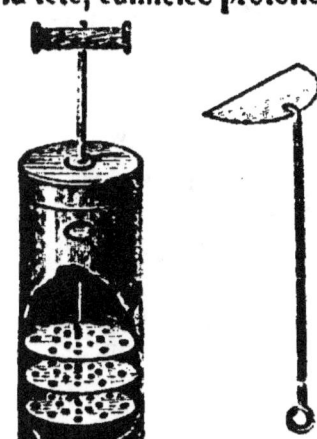

Batteur français. Avec cet ustensile, on peut faire des œufs à la neige, des crèmes fouettées, des sauces mayonnaises, du beurre et même des glaces.

En 20 secondes, une omelette est battue dans la perfection et est rendue très-légère.

En 40 secondes, vous avez des blancs d'œufs à couper au couteau.

En 3 minutes, vous avez du beurre frais délicieux, même avec de la crème achetée dans les fermes de Paris.

Avec un demi-litre de cette crème, qui coûte 60 centimes, vous pouvez faire 130 grammes de beurre excellent.

La spatule sert à retirer de l'appareil les blancs d'œufs, beurre, etc., qui ne peuvent se verser.

l'*ide-pomme* ou *Colonne* en fer-blanc. On enfonce le petit  bout dans le cœur de la pomme, jusqu'au centre, puis on recommence du côté opposé, afin de pas la faire crever. On en fait de plusieurs forces.

Le *cylindre à infusions* est une sorte d'étui C en fer-blanc, percé d'une multitude de petits trous très-fins comme une passoire à bouillon; on le remplit de ce qu'on veut faire infuser, soit thé ou autres plantes pour tisanes, et on le plonge dans l'eau bouillante. Il évite de passer les boissons. Il y a un couvercle à chaque bout, B, D, pour que l'on puisse le nettoyer; et un petit anneau E pour l'enlever de la bouilloire.

Cafetières. La plus usitée est celle à filtre, qui se trouve partout. On verse le café en poudre dans le cylindre *a*, fermé dans le bas par un filtre, et que l'on pose sur la cafetière *b*; on ferme le cylindre par la passoire *c* sur laquelle on verse de l'eau bouillante qui arrive doucement sur le café, passe à travers, et descend dans la cafetière *b*, où il arrive tout à fait sans ébullition. On repasse de nouvelle eau bouillante sur le marc, et cette eau sert, en la faisant bouillir de nouveau, à donner plus de force à d'autre café.

Cafetière moderne. Cette cafetière remplace avantageusement le modèle ci-dessus; le café étant long à filtrer,  sa qualité lui est supérieure. Sa forme est celle d'une verseuse, ce qui permet de la servir sur la table.

l'*erseuse unie*, bec droit en métal. On a inventé une foule d'appareils à esprit-de-vin pour faire du café sur la table même où l'on doit le consommer. Voici celui qui s'est fait une réputation.

Le café se fait sous les yeux des convives et sert à les récréer.

Manière de s'en servir :

Versez l'eau dans la cloche en verre, jusqu'au numéro qui indique la quantité de tasses que l'on veut faire (ayant soin que la cafetière soit hermétiquement fermée). — On retire le bouchon du goulot, l'eau descend immédiatement dans le récipient inférieur. — Aussitôt l'eau descendue, on rebouche le goulot et l'on verse dans la cloche autant de mesures de café que l'on veut faire de tasses. On verse un peu d'eau sur la poudre pour l'imbiber, et l'on place le couvercle sur la cloche.

Cette préparation faite, on pose la cafetière sur le feu pour faire bouillir l'eau; quand elle est en ébullition, elle remonte dans la cloche et vient infuser le café.

Aussitôt que l'eau ne monte plus, on retire la lampe de dessous la cafetière; le café redescend immédiatement; on replace la lampe, il remonte de nouveau; on peut ainsi faire infuser deux ou trois fois, selon que l'on désire le café plus ou moins fort.

 Lorsque le café est descendu pour la dernière fois, on découvre la cloche, et, en posant le couvercle sur la table, on a soin d'ouvrir son bouton.

Casserole garde-lait. Dans celle-ci,

on a, sur une casserole ordinaire, soudé un rebord évasé, assez haut pour contenir autant de lait que la casserole même. Le lait monte dans cet évasement où il se refroidit et s'arrête sans déborder.

Ébulophile, autre *garde-lait* en fer-blanc que l'on plonge tout simplement à moitié dans le lait, et qui produit le même effet que le couvercle ci-dessus. Il a 10 à 12 centim. de haut et 8 à 9 au bas du cône, lequel est vide et laisse monter le lait ou autre liquide par le trou supérieur où il se refroidit et retombe en nappe.

Lactomètre. Tube de verre propre à mesurer la quantité de crème fournie par le lait. Il est divisé en 100 parties. On verse le lait jusqu'à 0, et on plonge le tube dans un vase d'eau pour le tenir moins sensible aux influences du chaud et du froid. Quelques heures après on voit à quel degré la crème s'est séparée du lait, et ce degré indique juste la quantité de crème. Si elle s'est séparée à 12, le lait contient 12 pour cent ou $\frac{1}{8}$ de crème (une très-bonne qualité donne 12 à 15). Son peu de richesse en crème proviendrait soit d'une nourriture peu substantielle, soit d'un mélange avec de l'eau. Le lactomètre est préférable aux *aréomètres*, *galactomètres* et autres instruments, qui n'indiquent que la densité du lait, laquelle peut être modifiée par une foule de moyens qui l'épaississent et altèrent sa qualité. (Il se vend chez M. Salleron, rue Pavée, 24, au Marais, Paris.)

On peut faire l'expérience dans une simple fiole allongée sur laquelle on colle, dans toute sa longueur, une bande de papier où l'on a tiré une ligne et indiqué les divisions de 0 à 100 degrés. Il suffira seulement de marquer ceux du haut de 0 à 20 et que le diamètre soit égal du haut en bas.

Le bon lait de vache doit être blanc, opaque, passer facilement à travers un linge fin, et n'y laisser aucun dépôt de corps étrangers qui auraient servi à le falsifier.

Baratte à beurre. Si l'on

veut faire le beurre avec une grande promptitude, on aura la *baratte mécanique* de M. Lavoisy, laquelle débite très-vite et sans fatigue. Il y en a de plusieurs grandeurs.

Râpe à sucre plate. On les fait ordinairement arrondies en 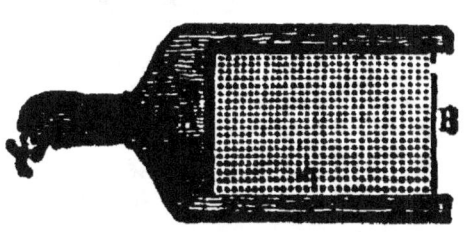 demi-cercle, de manière qu'une partie du sucre seulement frotte la râpe. Sur celle-ci, qui est plate et large, un gros morceau de sucre porte dans toute sa surface et fait 4 fois plus d'ouvrage. C'est une planchette de 15 millim. d'épaisseur, fendue en deux et évidée en carré pour faire entrer une demi-feuille de fer-blanc, ce qui donne environ 24 centim. d'A en B sur 15. Elle est percée de trous à 6 millim. de distance. En B, une petite traverse soutient par-dessous la plaque de fer-blanc qui va, à nu, jusqu'au bord.

On peut fabriquer partout de l'EAU DE SELTZ sans employer une mécanique compliquée et très-coûteuse. Le GAZOGÈNE BRIET en donne d'excellente, et l'on évite de boire des sels que des charlatans vendent pour mêler à l'eau même, chose très-malfaisante.

C'est donc un service à rendre que d'indiquer un appareil simple, d'un prix qui ne dépasse pas 15 fr., et qui peut être mis en usage sans inconvénient. M. MONDOLLOT fils, rue du Château-d'Eau, 72, en fabrique de 3, 4 et 5 litres et entourés de glaces.

Avec ce même appareil, on peut fabriquer du vin mousseux, de la limonade gazeuse, de la *soda-water*, etc.. Pour la *limonade* gazeuse, on fait macérer le jus d'un citron avec le quart de son zeste et 200 gram. de sucre, on passe, on en remplit une petite carafe, on verse dans les verres à mesure, et l'eau de Seltz par-dessus. On fait de même pour les jus de groseille, framboise, orange, etc., ou des sirops. Si on veut produire du *vin mousseux*, on le versera dans l'appareil, en y joignant 30 grammes de sucre candi en poudre par litre de vin. Pour faire de la *soda-water*, on ajoutera à l'eau de la carafe 2 grammes et demi de bicarbonate de soude. Pour *eau de* bicarbonate de soude; elle est préférable pour son effet, dans cet état, à l'eau naturelle de Vichy.

Il est important de ne faire usage que de *bicarbonate* en bon état, tenu fermé et très-séchement.

Le *Siphon* PICNOX est destiné à faire couler dans les verres, *sans perte* de gaz, le vin de Champagne et tous les liquides gazeux.

Filtre mobile de M. MONDOLLOT, bouteille en pierre poreuse : on la plonge, vide, dans un seau d'eau plus ou moins bourbeuse ou dans l'eau de citerne; elle s'y remplit de l'eau qui passe à travers les pores de la pierre et devient claire.

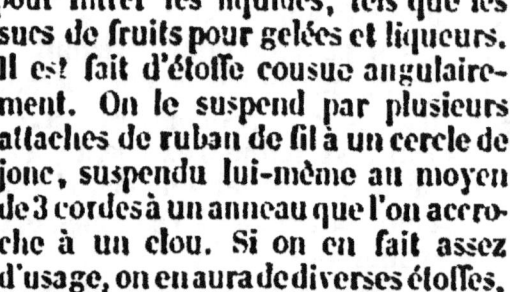

Chausse pour filtrer les liquides, tels que les sucs de fruits pour gelées et liqueurs. Il est fait d'étoffe cousue angulairement. On le suspend par plusieurs attaches de ruban de fil à un cercle de jonc, suspendu lui-même au moyen de 3 cordes à un anneau que l'on accroche à un clou. Si on en fait assez d'usage, on en aura de diverses étoffes, selon la nature plus ou moins épaisse des liquides à filtrer, telles que de futaine, flanelle, molleton, drap et même de feutre.

Filtre en papier. Prenez une feuille de papier gris de belle pâte, *non collée;* pliez-la en deux dans sa longueur A, puis marquez le milieu B par un pli, et étendez-la. Faites de petits plis comme il est marqué en C; la moitié étant plissée, retournez la feuille pour en faire autant de l'autre moitié : ce qui donnera une espèce d'éventail comme la figure E. Plus les plis seront fins, et meilleur sera le filtre. Coupez les angles *ff*

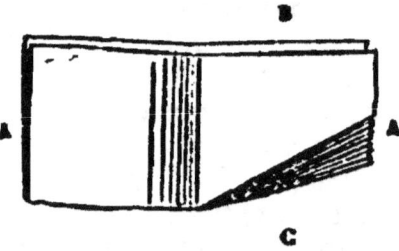

avec des ciseaux, ouvrez cette espèce de cornet par le milieu en conservant les plis, entrez-le dans un entonnoir, de manière que la pointe s'insinue le plus possible dans le goulot, et versez le liquide à filtrer dans l'intérieur, assez doucement pour ne pas le crever. Ce filtre est surtout nécessaire pour la lie de vin et les liquides difficiles à passer ; mais quand il ne s'agit que de passer des liquides assez limpides, je conseillerai le moyen que j'ai imaginé, qui est un petit flocon de coton introduit dans le goulot de l'entonnoir et plus ou moins serré.

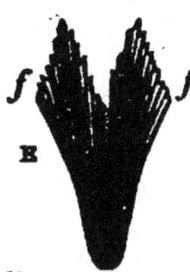

Papillotes ou *Manchettes* de papier pour côtelettes, bouts de cuisses, ailes, etc. (fig. A). On leur donne 7 cent. de haut sur 2 et demi de grosseur, et elles font un effet gracieux quand on y enfile les bouts des os des côtelettes. Pour les fabriquer, on coupe une bande de papier à lettre blanc ou de couleur, mais mince, de 22 cent. sur 4 et demi ; on la plie en 2 dans toute la longueur, ce qui lui donne 22 cent. sur 2 $\frac{1}{4}$, puis encore en 2, ce qui lui donne 11 centim. sur 2 $\frac{1}{4}$. On tire alors une ligne au crayon à 13 millim. du bord, puis on coupe depuis le milieu jusqu'à cette ligne, avec des ciseaux, d'un bout à l'autre, des lanières d'un peu plus d'un millimètre de large, de sorte qu'en dépliant la bande, elle se trouvera découpée en lanières, comme on le voit dans la fig. B (qui n'en donne qu'un fragment).

On plie ensuite cette bande de manière à arrondir les lanières comme on le voit dans la figure C (qui n'est aussi qu'un fragment). On peut fixer ainsi la bande avec quelques petits morceaux de pain à cacheter blanc ou de la gomme, pour la monter ensuite plus facilement. On la roule en spirale sur un petit bâton rond de 13 millim. de grosseur, et on la fixe en bas en *d* par un peu de colle, on l'ébarbe et on y colle, si on veut, une petite bordure de papier de couleur ou doré. On en fait de plus grandes pour manches de gigots, et aussi de plus compliquées, mais qu'il serait impossible d'expliquer par des dessins, quoique la façon n'en soit pas difficile ; mais il faut les voir.

Caisse ronde faite sur un moule à charlotte. On a présenté le papier sur l'ouverture du moule pour en prendre l'empreinte, et on a coupé le papier à la rondeur nécessaire. La forme circulaire étant tracée par le bord du moule, on a plissé le tour avec la lame d'un couteau et les doigts. Dans cet état on place le dessous du moule dans la caisse de papier, 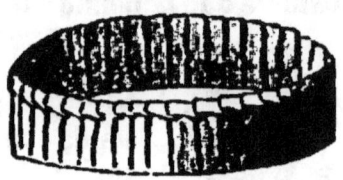 et, avec un autre moule ou une casserole dans laquelle le premier moule peut entrer juste, on achève de serrer les plis solidement. On rabat ensuite un centimètre du bord du papier, ce qui complète la solidité de la caisse. On en fait de plus petites pour la petite pâtisserie. Pour donner la forme à celles-ci, on prend un coupe-pâte ou un verre à boire.

Papillote pour côtelettes de veau et autres pièces. On

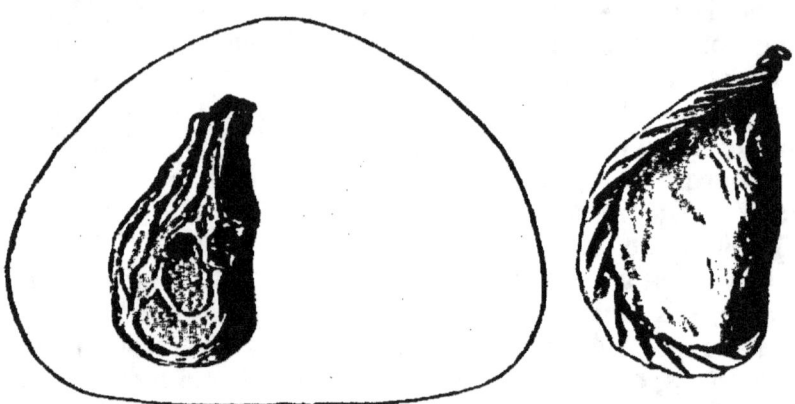

donnera au papier, bien encollé pour ne pas laisser pénétrer les jus, la forme ci-dessus. On posera la côtelette sur un côté et on remploiera tout autour, comme dans la seconde figure, en commençant au gros bout. Le papier doit déborder tout autour de 4 à 5 centimètres.

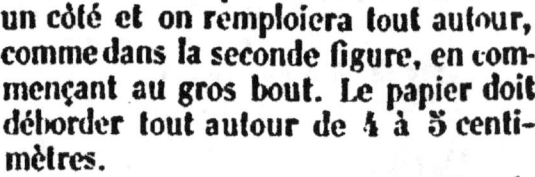

Le *Chauffe-assiettes* est en tôle, de près d'un mètre de haut. A l'étage inférieur on place de la braise ou de la cendre chaude, ce qui suffit pour chauffer les assiettes que l'on place sur les deux autres étages.

On fabrique en fil de fer étamé beaucoup d'ustensiles de cuisine et autres dont le nombre augmente tous les

56 USTENSILES

jours, entre autres un *Chauffe-assiettes* pour 5 ou 6 et qui se pose devant le feu.

En même matière on fait un *Grille-pain* pour placer devant le feu. A mesure que les tartines sont grillées, on les pose sur la partie horizontale.

Chauffe-assiettes Gosteau. Cet appareil peut contenir 12 assiettes placées verticalement, et ne nécessite pas un feu exprès, ce qui est à considérer. On le place au-dessus d'un foyer quelconque avec quelques restants de charbon, on obtient en 5 minutes les 12 assiettes chaudes. On peut se procurer le modèle avec chaufferette. Cet appareil sert également à chauffer le linge.

Armoire chaude en tôle, placée au-dessus d'un poêle, et autour de laquelle on fait circuler la fumée. Les mets, les assiettes, le linge, la boisson des malades s'y maintiennent chauds sans soin ni dépense.

Le *Réchaud* dont voici la figure est ovale en dessus et rond en dessous pour un plat rond. Le réchaud à esprit-de-vin se retourne aussi à volonté.

Des deux *Coquetières* en fer-blanc ci-après, sur la 1re figure on pose des œufs, on la plonge dans une casserole pleine d'eau bouil-

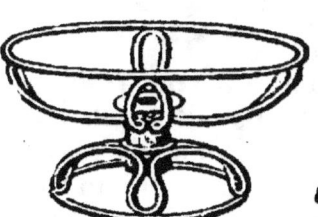
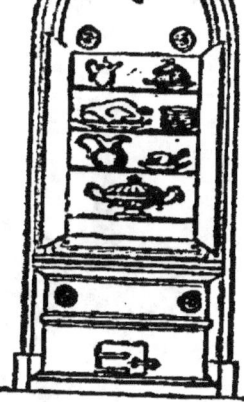
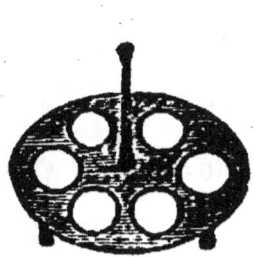

lante, on la couvre et retire aussitôt du feu; en 5 minutes ils sont *en lait* et ne cuisent guère plus. On en fabrique aussi en fil de fer étamé. — Mais comme la casserole n'est pas une chose élégante sur une table, on a pensé à renfermer le même appareil dans une sorte de boîte en fer-blanc (2e figure).

La *Coquetière à la vapeur,* représentée ci-contre, est un ustensile avec lequel on opère sur la table en quelques minutes. On commence par verser dans l'urne *a* 2 cuillerées à bouche pleines d'eau; on y descend le support *b* qui contient les œufs, on couvre du couvercle *c.* On allume sous l'urne la petite lampe à esprit-de-vin *d,* qui en est remplie (environ une cuillerée pour six œufs). Quand l'esprit-de-vin est brûlé, les œufs sont cuits par la vapeur de l'eau. On trouve de ces coquetières pour 1, 4, 7 à 12 œufs. On peut aussi l'employer à cuire à l'eau comme la coquetière ci-dessus.

Note. Quand on plonge un œuf dans l'eau bouillante, le blanc qui touche à la coque durcit, ce qui retarde et rend imparfaite la cuisson intérieure. Le mieux est de mettre cuire à l'*eau froide* et retirer au premier bouillon, puis laisser plus ou moins longtemps dans l'eau.

Coquetier en plaqué ou argent pour servir les œufs sur la table; c'est une importation anglaise.

Porte-écrevisses. Cet ustensile sert à attacher les *écrevisses* et en former un buisson; il se compose de trois rangs formés en étagère; sa hauteur varie entre 20 centim. de largeur et 30 de haut. Ces étagères sont faites de façon à pouvoir se démonter; on peut par ce moyen en diminuer le nombre.

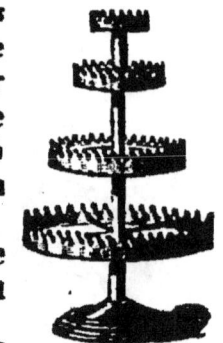

On masque l'intérieur de la charpente de fer-blanc avec de la verdure, soit persil ou cresson.

Une fois le buisson fait, pour éviter qu'il

ne se renverse, on délaye de la farine avec du blanc d'œuf que l'on place sous le pied afin de l'assujettir dans le plat.

Porte-menu contenant la liste des mets du repas sur une carte encadrée en bois ou en plaqué.

Ravier d'une forme très-élégante, en porcelaine, cristal, plaqué ou argent.

Petite Salière avec séparation au milieu pour le poivre, et dont on place une entre deux convives.

Ménagère ou **Porte-sauce** à 6 burettes, pour huile, vinaigre, sel, moutarde, poivre, épices, en bois ou plaqué.

Porte-bouteilles à vins de liqueurs. Trois sortes, dont le madère.

Porte-confitures en plaqué, pots en cristal, pour servir à la fois 3 sortes de confitures.

Couteau-scie pour couper les viandes.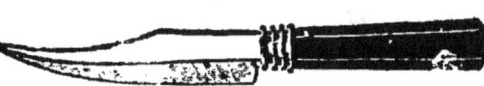

Le *couteau-cisaille* est destiné aux volailles. En même temps qu'il opère la dissection des chairs, il sert aussi,

au moyen d'une seconde lame, à trancher sans difficulté
les jointures d'os,
si embarrassantes
dans les canards et
les oies.

Les Anglais avaient déjà appliqué au même objet l'usage
d'un instrument que l'on pourrait appeler le *sécateur de
table*, et qu'ils nomment le *disjointeur de gibier*. Il peut, en
effet, servir à disséquer les
parties difficiles du gibier.
Un sécateur à la lame et
croissant allongés en tient
lieu.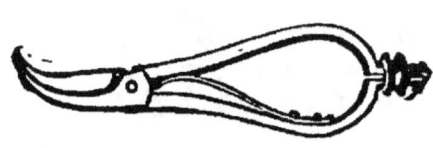

Couteau à jambon. La lame porte 20 cent. sur 6 au plus
large. Cet instrument
à lame très-mince
coupe facilement le
jambon, le filet de
bœuf, les hures, ga-
lantines et toutes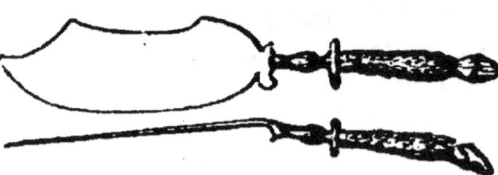
viandes désossées dont on sert des tranches minces sur sa
large lame. Cette lame a une courbe de 17 millim. à sa
naissance selon la seconde figure, ce qui en facilite l'usage.

Fourchette à légumes. Le couvert de table en argent sera
toujours le plus confortable et le plus usité dans les classes
aisées; pourtant l'on se sert beaucoup maintenant, même
dans les châteaux et maisons de campagne, d'orfévrerie
argentée; il faut éviter l'emploi du métal jaune comme
s'oxydant fréquemment; l'alliage dit alfénide complétement
blanc lui est très-préférable. Voici un modèle de fourchette
à légumes, qui est
très-agréable surtout
pour les petits pois,
haricots, etc. (Entre-
mets.)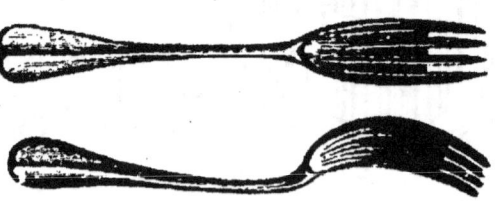

*Manche à gigot à
pression élastique, s. g . d. g.* Les anciens manches à gigot
ont l'inconvénient de briser l'os;
dans celui-ci, la pression se fait
par le manche au moyen d'une
bague intérieure en caoutchouc préparé, qui serre égale-

ment l'os sans jamais le briser. Le prix en est très-peu élevé.

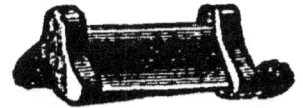

Porte-couteau en cristal.

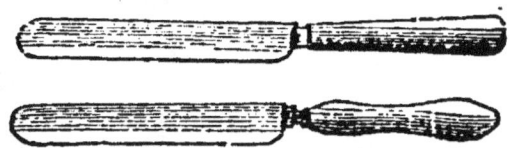

Couteaux de table.

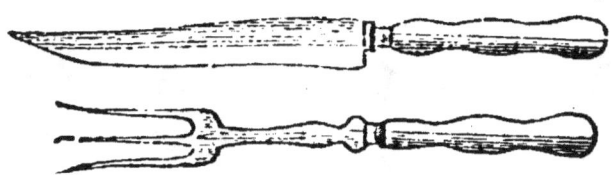

Service à découper.

Truelle pour servir les tranches de *pâtisserie*.

Manche à gigot. En plaqué. Il est très-répandu. On en fait aussi en acier.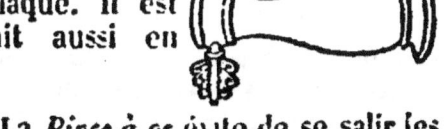

 La **Pince à os** évite de se salir les doigts en saisissant les os que l'on a à sucer ou les fortes arêtes de poisson. Elle n'est pas moins utile pour manger les artichauts et les asperges. On peut la faire en acier sur le modèle d'une pince à sucre.

Ciseaux à raisin pour diviser les grappes. Ils sont garnis en argent.

Le **Casse-noix** et *noisettes*, beaucoup  plus commode que l'ancien, sera très-agréable aux dames.

Boîte de hors-d'œuvre. La pelle, fig. 1, est pour servir le thon; la cuillère à jour, fig. 2, pour les olives; fig. 3, pour le beurre; et la fourchette, fig. 4, pour les cornichons.

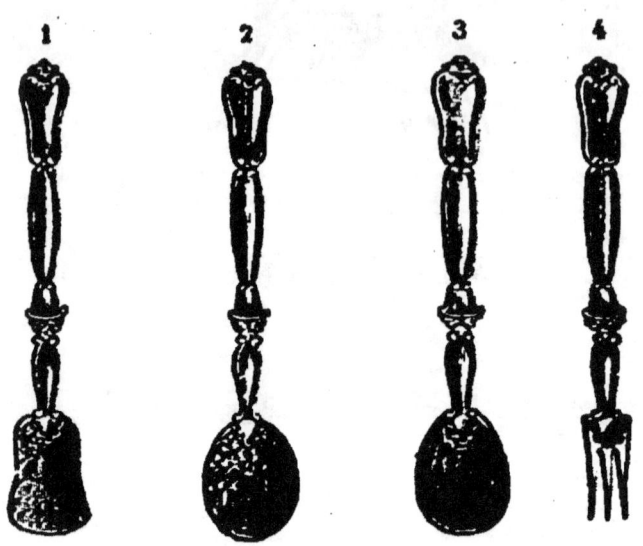

Pince à asperges pour les servir à table sans se brûler les

Truelle à servir le poisson.

doigts. En bois, en plaqué, en argent.

Moulin à café pour la table, contenant 30 grammes de café. Depuis longtemps déjà on a inventé la cafetière à immersions de toutes sortes pour faire son café à table. Le petit rentier n'a pas toujours une domestique; à moins donc d'apporter sur la table le vulgaire moulin en bois, il n'avait pas d'autres ressources que d'aller moudre son café à la cuisine. Pour obvier à cet inconvénient, un industriel a établi tout récemment de petits moulins à café très-coquets dont nous donnons la figure ci-contre; ils sont en métal nickelé ou

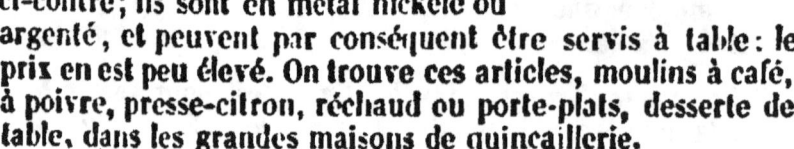

argenté, et peuvent par conséquent être servis à table: le prix en est peu élevé. On trouve ces articles, moulins à café, à poivre, presse-citron, réchaud ou porte-plats, desserte de table, dans les grandes maisons de quincaillerie.

Moulins à poivre pour la table et la cuisine, avec broyeur en acier fondu et trempé, se réglant et se nettoyant facilement. Sans parler des falsifications ou des mélanges qu'on introduit dans le poivre, il est reconnu qu'il perd de sa saveur lorsqu'il n'est pas employé au moment du broyage; c'est pour en conserver toutes les propriétés qu'ont été créés depuis quelques années de petits moulins à poivre pour la table et la cuisine, de formes très-élégantes; quelques-uns, il est vrai, ne fonctionnent pas toujours bien, car il arrive que le poivre étant un corps gras, les dents se bouchent facilement, et il est quelquefois besoin de le décrasser; c'est pour éviter cet inconvénient que nous faisons remarquer ce modèle, qui est disposé de façon à être nettoyé facilement. Ce petit moulin donne du poivre de toute grosseur instantanément.

Presse-citrons, en cuivre émaillé à l'intérieur. Jusqu'à ce jour nous n'avions à vous recommander que l'espèce de tenaille en bois ou en fonte de fer garnie de porcelaine qui injectait le jus du citron dans tous les sens, car il n'est pas convenable de presser un citron avec les mains, que ce dernier nettoie parfaitement. MM. Piel et Boutin ont inventé un presse-citrons que M. E. Lambert, à Paris, a établi en porcelaine de la forme ci-contre; il est monté à vis au milieu du corps, de façon à introduire un citron coupé d'un bout ou par moitié; c'est avec la clef à vis qui la surmonte que la pression s'opère, le jus coule limpide en dessous. Lorsqu'on en a pris la quantité nécessaire, il est bon de desserrer un peu la vis, afin de ne pas laisser le citron en pression, car le jus s'écoulerait continuellement, ou alors mettre le presse-citrons dans une soucoupe.

Le citron ainsi renfermé hermétiquement se conserve plusieurs jours, et lorsqu'il a été pressé à fond, vous retirez le zeste, qui est intact et qui dans la cuisine peut encore servir. Ce petit appareil est très-recommandable par sa simplicité, la propreté, l'économie, et évite les taches de citron qui sont si désastreuses; la modicité de son prix permettra à beaucoup de monde de l'avoir sur sa table.

Planche à poisson avec sa truelle.
Cette planche se fait ordinairement en bois ou en porcelaine; elle sert à mettre les poissons afin de les égoutter avant de les dresser sur le plat; il faut avoir soin de la couvrir d'une serviette.

La truelle est en fer battu ou en cuivre étamé; elle sert à retirer le poisson une fois cuit; on peut éviter de s'en servir quand on fait cuire dans une poissonnière munie de grille.

Cloche unie, plaqué argent, servant à tenir les entrées et entremets chauds.

Suspension de salle à manger. Aujourd'hui il est indispensable d'avoir dans sa salle à manger une lampe à contre-poids; elle se fait plus ou moins riche, selon l'ameublement de la pièce. Le prix relativement réduit auquel on est parvenu à fabriquer cet article, en a généralisé l'emploi. Nous donnons ci-contre le dessin d'un des derniers types créés, qui se fait avec ou sans bougies, selon la grandeur de la pièce.

Ce modèle sort de la maison MARIS et BESNARD, à Paris.

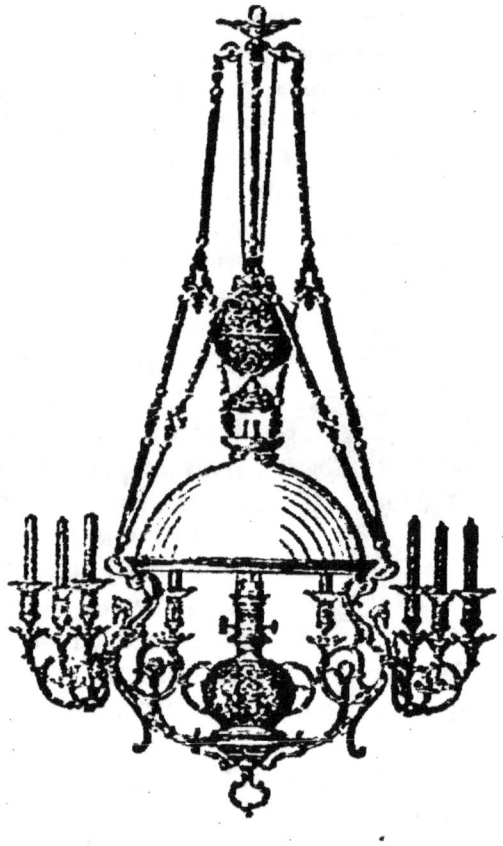

DESSERTE DE TABLE

Desserte de table. Chacun connaît l'inconvénient qu'offrent les os, les arêtes et les épluchures qu'on ne sait où placer en mangeant; c'est dans le but de recevoir ces débris de la table et de les séparer des aliments que la *desserte* a été

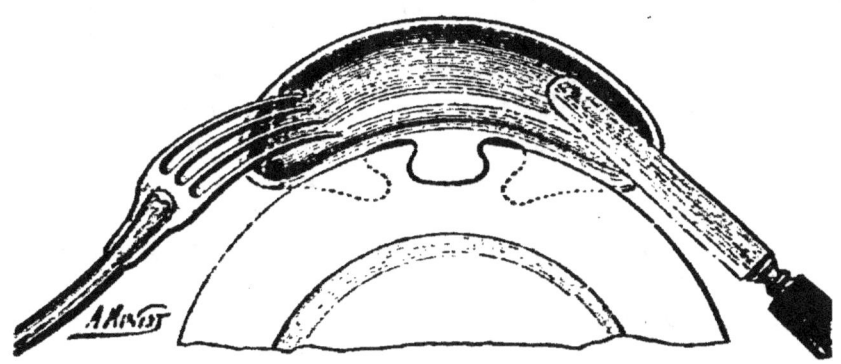

créée, elle s'adapte aux assiettes et se retire avec la plus grande facilité; elle peut également servir à supporter le couteau et la fourchette. Dans certains cas, elle peut être utilisée à recevoir les sauces qu'on veut éviter de mêler avec les aliments imbibés d'eau, tels que : asperges, artichauts, etc.

La *desserte* est certainement un accessoire indispensable à table, où elle économise le changement continuel d'assiettes, et surtout permet de manger proprement; elle est établie pour être accessible à toutes les bourses, car son prix est peu élevé.

Porte-plats réchaud à rallonges pour plats ronds et ovales,

avec boîte pour l'emploi du combustible Stocker, se trouvant chez tous les quincailliers.

Les anciens réchauds, de formes assez matérielles autre-

USTENSILES ET APPAREILS.

fois, qu'on chauffait avec de la bougie, donnaient une odeur désagréable, ou avec de l'alcool coûtaient fort cher, et dont la chaleur concentrée faisait souvent bouillir l'esprit-de-vin qui se renversait tout enflammé sur la nappe, sont avantageusement remplacés aujourd'hui par le porte-plats, réchaud à roulettes dont nous donnons ci-contre un spécimen.

Ce porte-plat qui, lorsqu'il est fermé, est rond, assez grand pour recevoir toute espèce de plats, est bordé de façon qu'en poussant le plat il se trouve maintenu par ce bord indispensable aussi pour ne pas se couper les doigts, comme cela arrive avec les porte-plats sans bords.

Celui que nous vous recommandons est à coulisse et s'allonge comme une table, de manière à recevoir des plats ovales de toutes dimensions. Il devient réchaud lorsqu'il est muni d'un coffret dans lequel on place une tablette allumée de charbon Stocker qui brûle comme de l'amadou sans fumée, ni odeur; il coûte très-peu, et on le trouve chez tous les quincailliers.

L'avantage est d'avoir trois objets réunis en un seul.

Cet article n'est fabriqué qu'en cuivre nickelé ou argenté.

Corbeille pour servir le pain et les gâteaux à thé. On la fabrique en tôle vernie ou en plaqué.

Porte-tartines grillées en plaqué.

Brosse à miettes pour les balayer de la table après le 2ᵉ service. On les fait tomber pour les emporter dans la *basquette*, gravée au-dessous, dans laquelle on emporte aussi les fourchettes, couteaux, etc. En tôle vernie ou en plaqué.

Attelet en forme de poignard, en argent, pour servir dans les soirées les quartiers d'orange ou autres fruits susceptibles de poisser les doigts ou les gants. L'idée en a été donnée par l'illustre tragédienne Rachel.

TROUSSAGE ET BRIDAGE DES VOLAILLES ET GIBIERS

On trousse pour ENTRÉE et pour RÔT. J'indiquerai d'abord les opérations pour *Rôt*.

Le *canard* et l'*oie* seront troussés comme dans la fig. A. On commence par couper le cou au niveau des épaules, mais en en détachant la peau, que l'on conserve tenant au corps et que l'on renverse en dessous, comme on le voit en *z*, fig. A, et dans

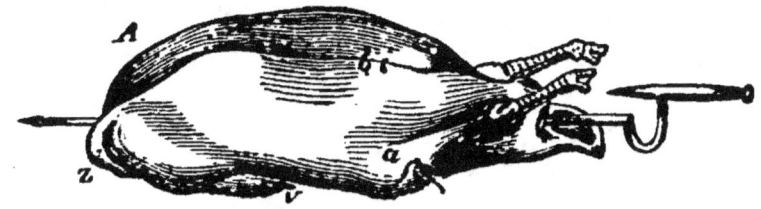

les fig. C, B, pour couvrir l'ouverture du cou et faire servir cette peau qui devient croquante. Les ailes se remploient comme en *V* sans les attacher. Elles tiennent seules. Les cuisses seront bridées en passant l'aiguille à brider garnie de ficelle en *a*, fig. A et B, dans la chair de la cuisse droite, ensuite à travers les chairs du plastron de *a* en *b*, puis on repartira de là pour passer dans la cuisse gauche, toujours en traversant les chairs *au-dessus des os*, mais sous la peau, et on reviendra après avoir passé en *c*, fig. C, au point *a*, fig. A B, où l'on fait un nœud. La pièce étant rôtie, on défait le nœud et on retire d'un coup toute la ficelle. On attache ensemble les 2 pattes à la broche avec une ficelle.

Il faut bien remarquer cette manière de brider les cuisses, car la même est employée dans toutes les autres volailles dont on va parler.

Poulet, poularde, chapon, dindon pour *rôt*. On a vu à l'article du canard la manière de brider les cuisses pour rôt, qui est la même pour les autres volailles, comme on le voit dans la fig. B en *a* et

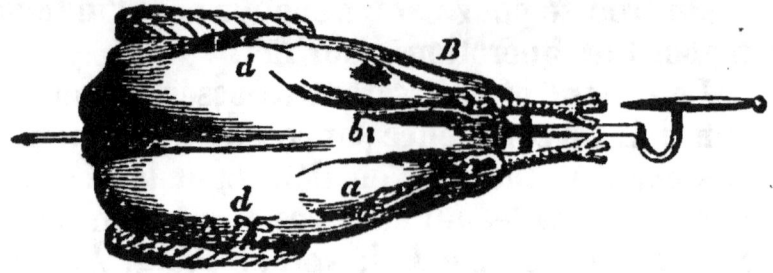

en *b*. On va tâcher de faire comprendre le bridage des ailes, fig. C. On commence par traverser à la

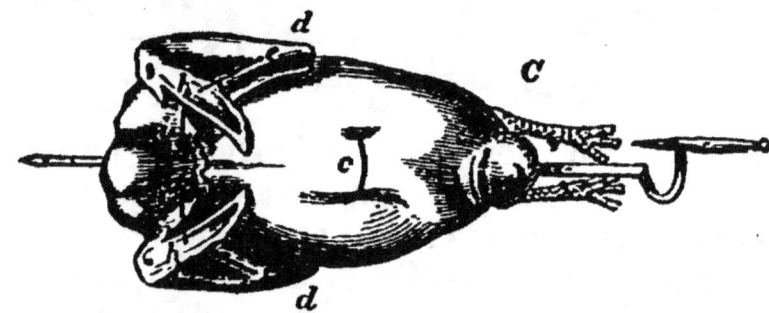

grosse extrémité des cuisses qui vont jusqu'en *d*, prenant l'aile en *e*, puis dans l'aileron en *h*, puis en *i*, repassant de l'autre côté en *i h e* et *d*, pour finir en *d n*, fig. B. On a enlevé le cou et remployé la peau comme il vient d'être dit pour le canard et l'oie. On attache les pattes à la broche avec de la ficelle pour maintenir la pièce.

Pigeon. On trousse, fig. D, comme il vient d'être dit pour le poulet, mais on simplifie la liga-

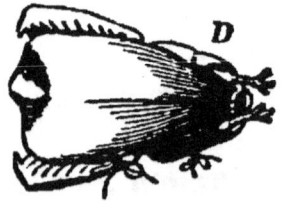
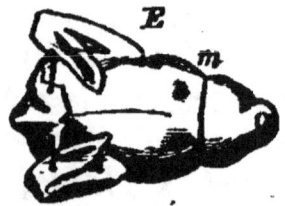

ture vers les cuisses en faisant passer la ficelle derrière le dos en *m*, fig. E.

Le *perdreau* se trousse comme le pigeon. Sur 3 on en barde 2 et on pique celui du milieu. Il en est de même des bécasses.

La *bécasse* et la *bécassine* sont troussées comme la fig. H, sans aucun bridage de ficelle. On retranche les ailerons et on enlève les yeux. Les ailes tiennent seules, les cuisses sont retenues au moyen du croisement de leur jointure avec les pattes repliées sur les cuisses, comme on le voit dans  la figure, au moyen du long bec de l'oiseau enfilé à travers le corps et les cuisses comme une brochette. Quand l'oiseau est ainsi troussé, ne le piquez pas, bardez-le, comme on le voit dans la fig. M, en faisant quelques incisions sur la barde

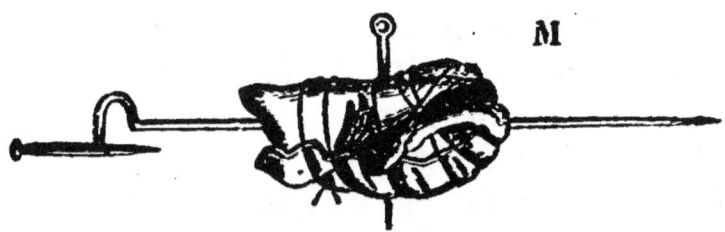

pour la mieux faire obéir. Cette barde est retenue au moyen d'une ficelle que l'on enlève au moment de servir. On sert avec la barde. Les pigeons, perdreaux, bécasses et autres oiseaux de même grosseur sont embrochés en long quand on a de la place sur la broche; mais quand il faut serrer, on les embroche en travers du corps.

Les *petits oiseaux*, qui ne peuvent être embrochés, sont enfilés dans des brochettes plates de fer de 4 millim. de largeur et de 6 millim. pour les oiseaux plus gros, tels que grives, merles, bécassines, etc. Tous sont bardés. On prend d'abord la barde que l'on enfile par son bord dans la brochette, puis on enfile l'oiseau en travers, on le recouvre de la barde que l'on enfile par l'autre

bord, et ainsi de suite. On passe 2 fils dans la longueur pour les empêcher de tourner et tenir les bardes, et, de 6 en 6, un fil en travers. On attache 2 de ces brochettes, dos à dos, à la broche, par les 2 bouts, avec de gros fil.

Troussage POUR ENTRÉE. L'opération pour les ailes est la même qu'aux pièces ci-dessus expliquées.

Pour *rôt*, on voit dans les figures A B C que les pattes sont étendues. Elles se tiennent droites au moyen d'un petit coup de couteau que l'on a donné sur les nerfs à côté de la jointure de la patte au-dessus et au-dessous, sans quoi la patte se reploierait à la cuisson.

Pour *entrée*, on voit, fig. F, que les pattes sont reployées et retenues par une bride de *l* en *u* et qui traverse le dessous des cuisses et l'intérieur du corps. — On rentre toujours le croupion en dedans avec le pouce. —

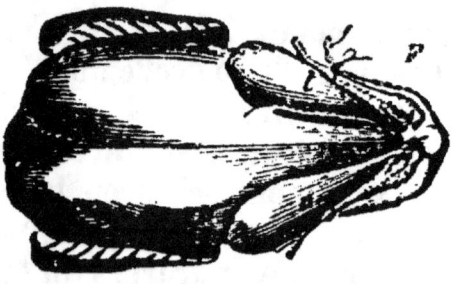

Les ailes se troussent et brident comme pour *rôt*, fig. C.

Au pigeon, pour *entrée*, on ne bride pas les pattes : on les retrousse en dedans, sous la peau, depuis leur naissance, et on fait sortir les pattes en *p*, fig. G. Les ailes comme pour rôt. On rentre le croupion. C'est là ce qu'on appelle *trousser en poule*, ou *les pattes en dedans*.

Les cuisses et pattes de l'oie et du canard se trousseront pour *entrée* comme le pigeon, fig. G, le croupion rentré en dedans.

Lapin, lièvre. La figure fait voir suffisamment la bridure. On rompt les os des cuisses en donnant un seul coup avec le dos d'un fort couteau de

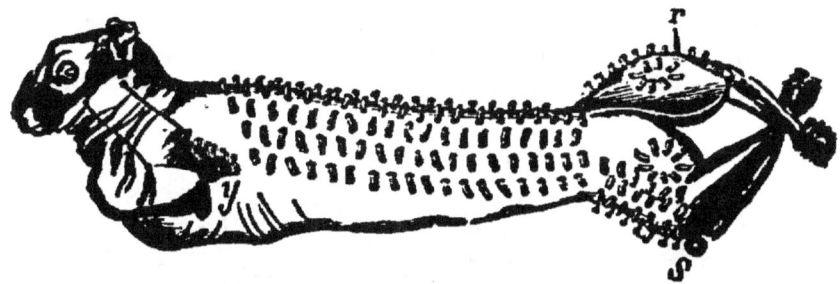

cuisine. Les cuisses, de *r* en *s*, sont traversées par un attelet. Les épaules, dont on a supprimé les pattes, sont rentrées dans des incisions entre les côtes de la poitrine à l'endroit où l'on voit un *y*. On fait tenir la tête au moyen de brides que l'on voit dans la figure. On a laissé une partie des pattes de derrière pour rendre la pièce plus maniable et faciliter son attache sur la broche, mais, au moment de servir, on les coupe et on garnit les manches des os de ces cuisses avec des papillotes.

Léporide[1]. Le léporide est un hybride ou mulet du lièvre et de la lapine domestique, et tient, au point de vue gastronomique, le milieu pour la tendreté entre les deux espèces.

* *Précis pratique de l'Élevage des lapins, lièvres et léporides en garenne et clapier*, par A. GOBIN. Se trouve à la librairie Audot.

INSTRUCTION
SUR LES VIANDES, VOLAILLE, GIBIER, POISSON
ET LEUR DISSECTION A TABLE.

Du Couteau et de la Fourchette à découper à table. Sans un bon couteau, il est impossible de rien présenter qui ait bonne mine et satisfasse les yeux à table. On aura donc un couteau à découper de bonne qualité, bien affilé et mince pour enlever les tranches de chair. Il est nécessaire aussi d'avoir près de soi un couteau ordinaire de table, dont la lame soit forte, pour attaquer les joints où le grand couteau ne pourrait agir et s'ébrécherait. — Une fourchette d'acier à 3 dents n'est pas moins nécessaire pour résister à a rencontre des os, et même le *disjointeur* de la page 59.

DU BŒUF.

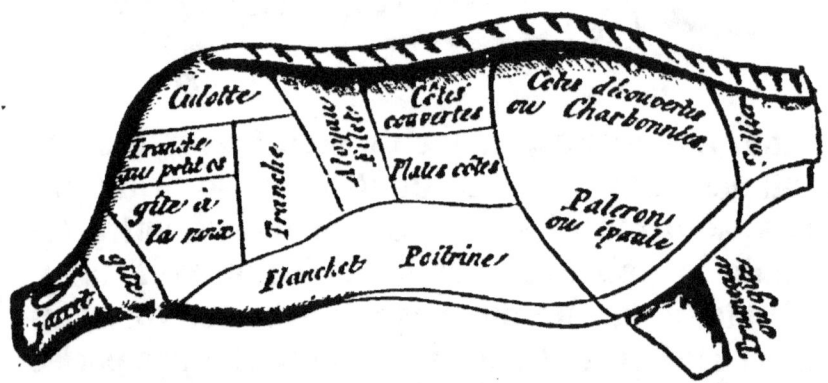

Lorsque l'on veut découper de la culotte ou de la tranche bouillies, on commence par en séparer les os et les nerfs : on reconnaît ensuite le fil, et alors on coupe par tranches transversales. Chaque morceau doit être offert avec un peu de graisse. Quant au *bœuf à la mode*, comme il doit être piqué suivant le fil de la viande, tout l'art consiste à le couper de façon que chaque morceau offre les lardons en travers.

Le bœuf offre dans son aloyau bien mortifié un rôti recommandable. On distingue dans l'aloyau le filet et la partie dite *dure*, parce qu'elle est moins tendre en effet, mais aussi elle est plus juteuse et plus nourrissante. On en fait le *faux-filet*, que l'on tranche en bifteck. On le

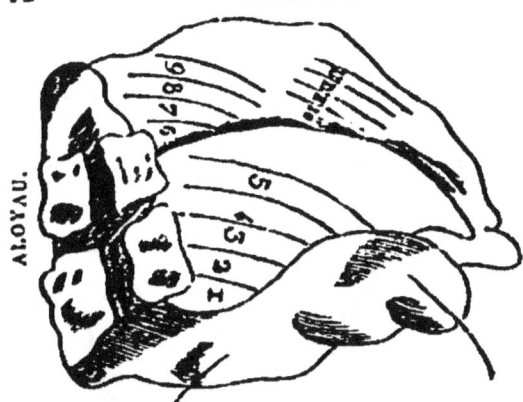

découpe ainsi qu'il est indiqué sur la figure et en suivant l'ordre des numéros. Le filet, bien piqué, se coupe alors en travers et par tranches égales ; celles du milieu sont toujours les plus délicates.

DU VEAU.

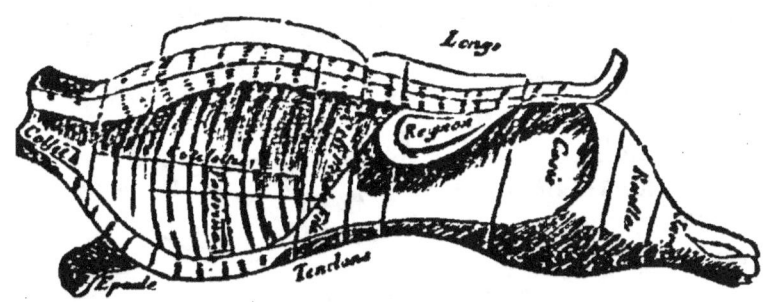

Pour découper un carré de veau, on commence par détacher le filet et le rognon, que l'on coupe par portions égales ; on découpe ensuite chaque côte autour de laquelle il reste encore assez de chair. Pour rendre cette dissection plus facile, on a le soin de faire donner par le boucher des coups de couperet à chaque jointure.

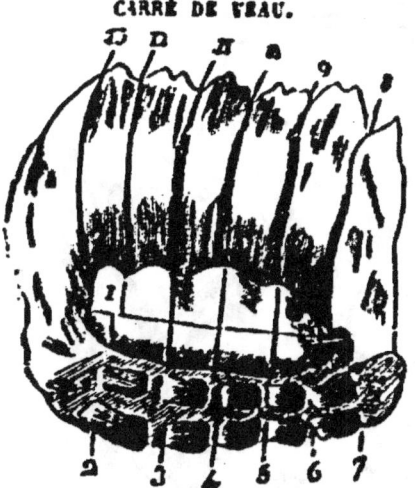

La tête de veau est de toutes ses parties celle qui exige le plus de méthode pour la diviser. On la mange ordinairement au naturel avec une sauce piquante ou simplement du vinaigre. Lorsqu'on la sert sur la table, elle doit être enveloppée de sa peau seulement ; les os du crâne doivent être enlevés. On coupe les bajoues, les tempes et les oreilles, on sert avec la cuillère les yeux et la cervelle, de laquelle on donne une petite portion avec chaque morceau : ceux que l'on estime le plus sont les yeux, les tempes, les bajoues et les oreilles. La langue est ordinairement panée, mise sur le gril, et servie avec une sauce. On prend ensuite les parties inférieures de la mâchoire. La tête de veau doit être divisée promptement, car son principal mérite est d'être mangée chaude. Elle fait honneur sur une table bien servie.

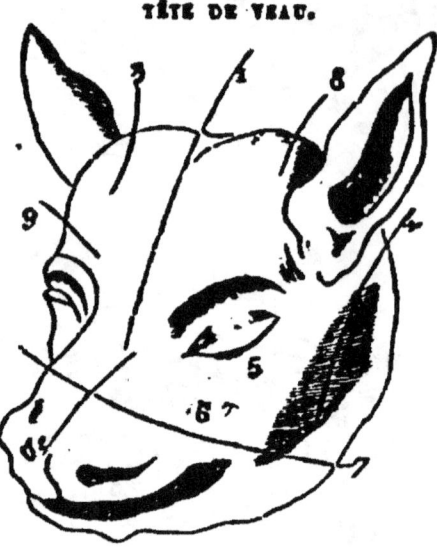

TÊTE DE VEAU.

Quant à la noix, aux rouelles, aux fricandeaux, aux ris de veau, etc., tous ces morceaux se servent presque à la cuillère.

Le foie de veau est très-facile à diviser; il suffit d'observer qu'il est bien que les lardons dont on le pique soient coupés en travers.

DU MOUTON.

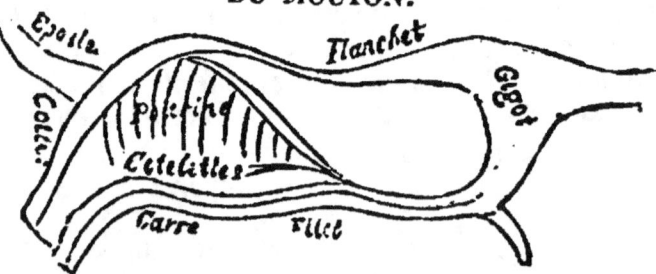

GIGOT DE MOUTON.

La dissection du carré de mouton est la même que celle du carré de veau ci-dessus. Quant au gigot, la manière de le découper est d'autant plus essentielle qu'elle contribue singulièrement à sa délicatesse. Il faut le couper horizontalement, en tranches extrêmement minces.

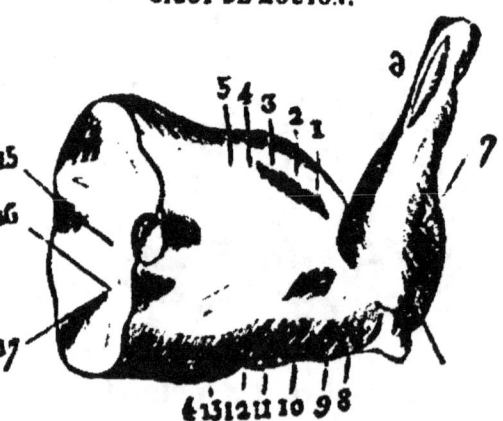

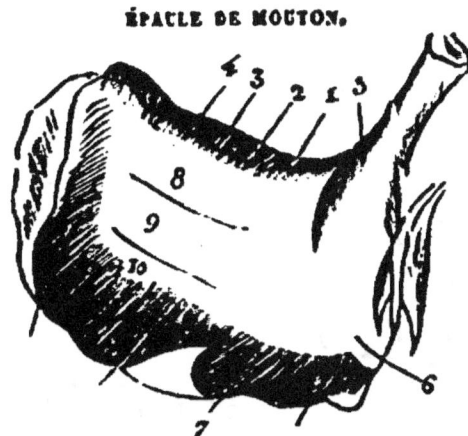

ÉPAULE DE MOUTON.

et d'une épaisseur seulement suffisante à leur soutien : on pique alors le reste d'outre en outre pour en faire sortir le jus, qu'on mêle avec celui d'un citron, poivre et sel, dont on arrose chaque tranche.

La manière de diviser une épaule est à peu près la même que celle du gigot. Les parties les plus délicates sont les plus voisines des os, telles que celles marquées 8 à 10.

DE L'AGNEAU ET DU CHEVREAU.

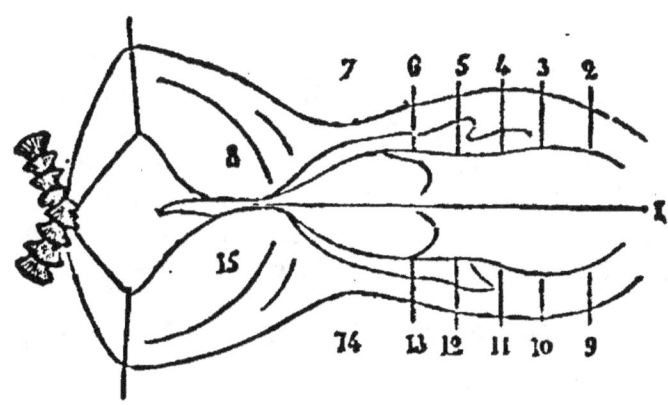

L'agneau se sert presque entier à la broche, c'est-à-dire que le quartier se compose de toutes les côtes de la partie postérieure, qui comprend les gigots, les cuisses retroussées et fixées comme celles des lièvres et lapins. Voyez page 70. Quelquefois on le sert avec une sauce relevée ; mais il est plutôt alors entrée que rôti.

Pour le découper, on le divise en 2 parties égales, en coupant depuis l'extrémité antérieure notée 1 jusqu'à la queue, en passant le couteau entre la jonction des côtes dans l'épine du dos. Le quartier ainsi coupé dans sa longueur, on le divise par côtelettes ou par doubles côtelettes, suivant la quantité des convives. On sépare ensuite les gigots, que l'on coupe par tranches ; les morceaux les plus recherchés sont les côtelettes. Tout ce qui vient d'être dit de l'agneau convient au quartier de chevreau ; les parties les plus estimées sont les tranches de gigot.

DU COCHON.

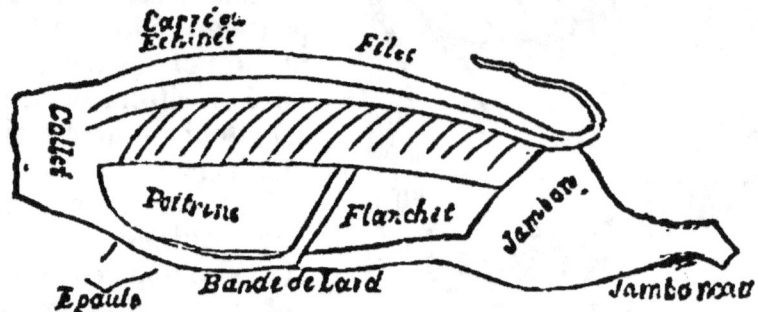

Voyez, pour la dissection de l'échinée, celle du carré de veau.

Quant au jambon *salé* et *fumé*, qui offre un relevé distingué ou un rôt s'il est servi chaud, on le coupe par tranches perpendiculaires, en commençant par l'extrémité opposée au manche, que l'on tient de la main gauche, et n'enfonçant le couteau que jusqu'au milieu de sa grosseur ; ensuite on coupe horizontalement au bas de toutes ces tranches pour les séparer ; de cette façon, chaque morceau offre à volonté du gras et du maigre. On laisse la première tranche, que l'on rapproche à l'endroit où l'on a fini de couper, et l'on recouvre le tout avec la couenne, qui le maintient frais.

Le cochon de lait, à la fin de l'été, offre un rôti recommandable ; mais à peine est-il sur la table, qu'il faut pro-

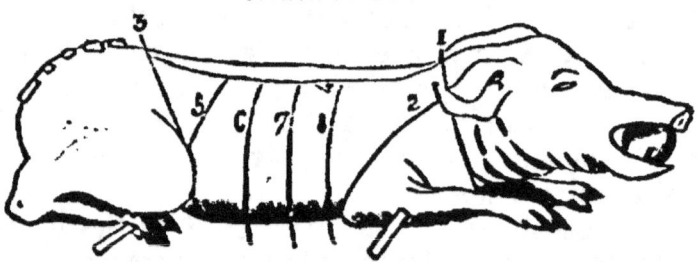

COCHON DE LAIT.

céder à sa dissection : car, s'il n'est pas mangé brûlant, il perd tout son prix, et la peau, dont le mérite est d'être croquante, se ramollit et ne flatte plus autant. Pour le découper convenablement, il faut un couteau à lame mince et bien aiguisée ; on commence par séparer la tête du tronc, ensuite on enlève la peau du dos, puis celle des flancs, des cuisses et du ventre, en la coupant en carrés; à cette peau on a le soin de laisser un peu de chair. C'est là, en y comprenant la tête, ce que quelques amateurs estiment le plus délicat dans ce rôti. Ce qui reste ne peut être mangé qu'en ragoût avec une sauce qui en relève la saveur. Quelques personnes le servent en blanquette. On le sert quelquefois en rentrant les pattes dans des incisions sous la peau, comme au lièvre. Celles de derrière se retroussent à l'envers pour venir entrer dans les incisions à l'arrière des cuisses.

DU SANGLIER.

Outre le filet et les côtes, le sanglier n'offre guère sur nos tables que sa hure, que l'on mange en entremets, froide, désossée et cuite à peu près comme le jambon. On le coupe par tranches que l'on prend de part en part, en commençant au-dessus des défenses et en remontant.

POULARDE, CHAPON, POULET.

La dissection de ces trois pièces est semblable.

On lève successivement les 4 membres, en commençant par la cuisse et l'aile du même côté, les sot-l'y-laisse et les blancs; on rompt ensuite le croupion et on coupe horizontalement la carcasse. On divise chaque cuisse en 2, chaque aile en 3 morceaux, la carcasse et le croupion doivent en faire 6 bien distincts, les blancs restent entiers. On dispose chaque morceau dans le plat de manière qu'on puisse les voir tous, et on les fait circuler. Tout cela doit être fait le plus lestement possible, afin d'empêcher le refroidissement de la pièce.

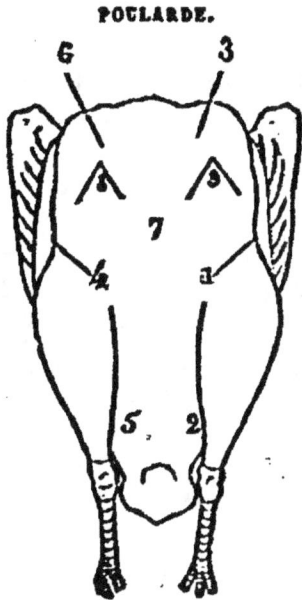
POULARDE.

Ceux qui enlèvent toute la chair sur la volaille entière par tranches, sans détacher les os, font une exception, et sont, souvent, de vrais *massacres*.

Le *sot-l'y-laisse* est un morceau placé sous la cuisse, à la naissance de l'aile, dont la chair est moins blanche et très-délicate.

DE LA DINDE.

On découpe une dinde de 2 manières. La première consiste à enlever séparément les cuisses, que l'on met en réserve pour être mangées froides avec une rémolade; ensuite les ailes, que l'on coupe en morceaux; après cela on lève les sot-l'y-laisse et les blancs, on rompt l'estomac, la carcasse et le croupion. Ces 3 parties sont les plus délicates.

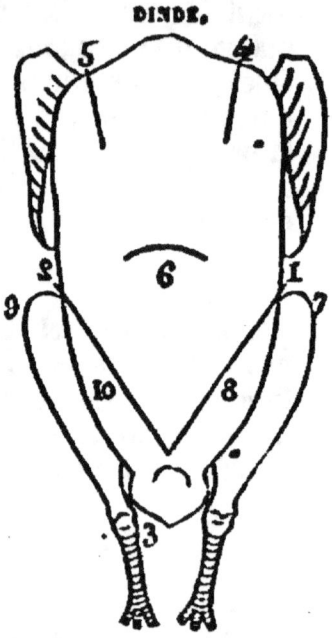

La seconde manière consiste à lever d'abord les ailes, ensuite rompre le dos au-dessus du croupion, dégager les cuisses et enlever la partie du derrière à laquelle adhèrent les cuisses, et qui forme alors capuchon; on la met en réserve: on découpe ensuite le devant, que l'on mange tout chaud.

De quelque façon qu'une dinde soit farcie, on sert une portion de la farce avec chaque morceau.

OIE ET CANARD.

Ces deux espèces de gibier se découpent de la même manière. On coupe en aiguillettes, que l'on prend sur la chair de l'estomac et des ailes, et que l'on prolonge jusqu'au croupion. On doit encore lever les aiguillettes ou filets sur la chair des cuisses; mais ceci n'a lieu que lorsque les premières ne suffisent pas, et on doit en lever 6 à 8. Toutes ces aiguillettes, mangées avec un jus de citron, un peu de moutarde, sel et poivre, sont délicates et d'une saveur très-agréable. Ce n'est qu'après avoir fait le plus d'aiguillettes possible que l'on détache les membres sur lesquels reste encore de la chair. Dans tout dîner d'étiquette, il est impossible de faire figurer une oie.

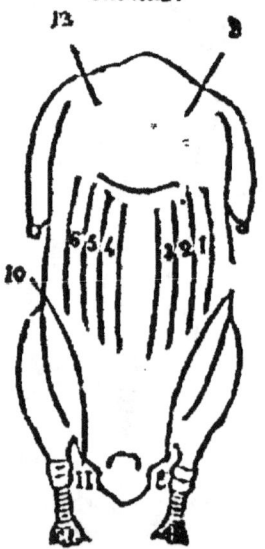

DU PIGEON.

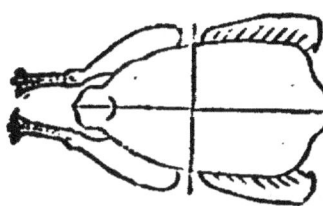

En compote, on le sert à la cuillère en offrant la culotte aux dames comme la portion la plus estimée. A la broche, on le coupe en 4 parties, à chacune desquelles reste un membre.

LIÈVRE, LÉPORIDE ET LAPIN.

Ces trois gibiers se divisent de la même manière. On ne met guère à la broche que les *trois-quarts*, qui tiennent le milieu entre les levrauts et les doyens. La partie antérieure devient un civet, et le derrière paraît rôti, après

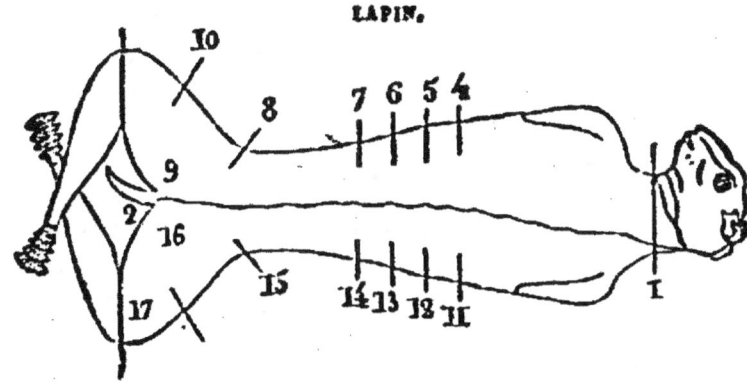

avoir été piqué fin. La dissection consiste à lever le râble, en filant le couteau depuis l'extrémité antérieure jusqu'au croupion, de chaque côté de l'épine du dos, et ensuite en coulant la lame depuis la convexité des côtes jusqu'à

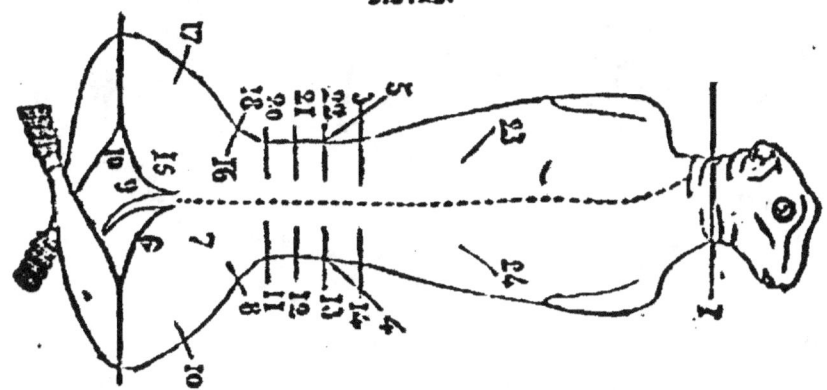

l'épine du dos, pour le bien détacher. Cette partie est la plus délicate ; on la divise en tranches. Le filet qui est sous le râble, quoique très-mince, est un morceau exquis. On coupe ensuite transversalement les côtes de 2 en 2 ; elles sont encore un morceau agréable. On lève aussi le morceau du chasseur, ce qui consiste à détacher la queue avec une portion de chair : c'est ce dernier qui a le plus de fumet et que recherchent les amateurs. On coupe enfin la partie supérieure et charnue des cuisses.

Le FAISAN se découpe comme la poularde.

BÉCASSE ET BÉCASSINE.

La bécasse, qui, après le faisan, est un des rôtis les plus honorables, est toujours dressée sur des rôties arrosées de jus de citron, et destinées à recevoir ses précieuses déjections. On la découpe comme un poulet. On lève les 4 membres et l'estomac. Quelquefois, après l'avoir découpée sur table, on l'envoie à la cuisine pour faire de suite un salmis. La bécassine, beaucoup plus petite que la bécasse, se sert ordinairement entière à chaque convive.

PERDREAUX, PERDRIX.

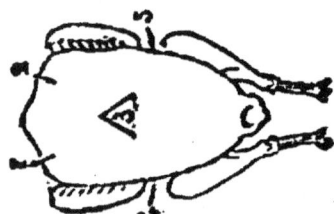

On coupe la perdrix comme le poulet. L'aile est le morceau des dames, et la cuisse est celui des amateurs.

DU TURBOT, DE LA BARBUE.

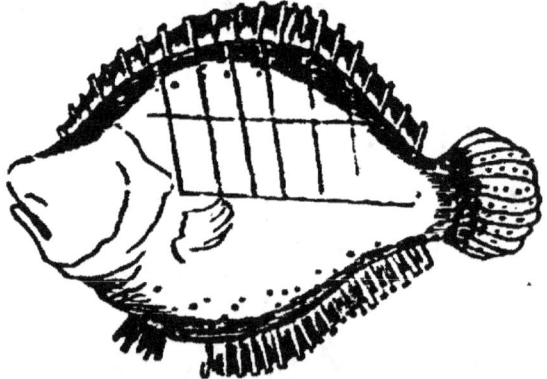

Ils forment un relevé des plus recherchés, et tiennent quelquefois la place d'un rôt. Il faut les servir à la truelle. On tire une ligne sur le milieu du poisson et une seconde s'il est gros; on la divise par d'autres transversales qui vont jusqu'aux barbes. On lève avec la truelle les morceaux coupés entre ces lignes; on sert ainsi le ventre, qui est le plus délicat : lorsqu'il est épuisé, on lève l'arête et l'on sert le dos de la même manière. La Barbue est encore plus recherchée par sa qualité. Son contour présente une forme plus ovale. On prépare de même ces deux poissons. Voyez TURBOT et BARBUE (*Relevé*).

DU BARBEAU.

Le Barbeau figure au court-bouillon lorsqu'il est d'une belle grosseur. On le divise en tirant une ligne sur son dos, depuis la naissance de la tête jusqu'à la queue ; on coupe

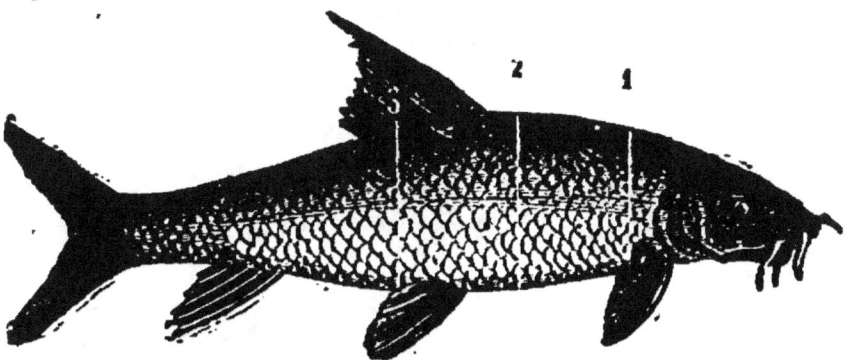

cette ligne par d'autres transversales, et on sert ainsi les morceaux qu'elles ont formés. — Dans tous les poissons, les morceaux du dos sont les plus délicats.

DE LA CARPE.

On coupe la tête ; on tire une ligne du haut à la queue, on la divise par d'autres transversales, on sert aux convives les carrés qui se trouvent entre les lignes et que l'on lève avec une truelle d'argent.

DU BROCHET.

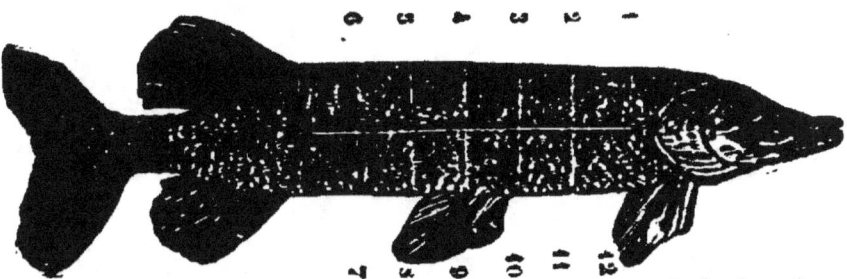

Les gros se servent au court-bouillon ou à la broche.

On commence par couper la tête, ainsi que ce qui l'avoisine. On tire une ligne de la tête à 2 doigts de la queue, et profondément; on divise chaque côté en tranches, de manière que chacune ait un peu du ventre et du dos. Lorsqu'un côté est servi, on le retourne proprement, et l'on procède pour le second côté comme pour le premier.

DE LA TRUITE ET DU SAUMON.

Une TRUITE d'une grosseur convenable est un relevé des plus distingués. Elle se sert aussi à la truelle, et

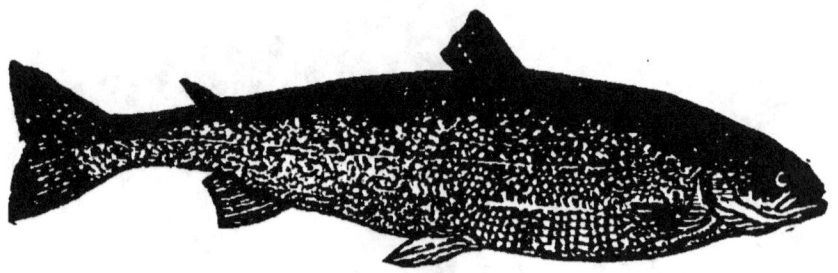

comme le brochet. Il en est de même du SAUMON.

On sert les chairs de la SOLE et de beaucoup d'autres poissons, tels que ceux dont les articles vont suivre, d'après les principes indiqués pour les gros poissons ci-dessus.

DE L'ESTURGEON.

L'Esturgeon est célèbre à cause de sa grosseur et de la bonté de sa chair. On le pêche dans la mer, dans les grands fleuves et les lacs qui s'y déchargent. De ses œufs, *aussi nombreux que les grains de sable de la mer*, on fait le caviar, fort estimé des peuples du Nord et de la Turquie, à qui on le laisse sans regret. Sa vésicule aérienne fournit beaucoup de cette colle de poisson qui soutient nos crèmes d'entremets. Sa chair est ferme et permet de le faire cuire à la broche. Elle ressemble dans quelques parties à la chair du bœuf, et dans d'autres à celle du veau. Il n'a ni écailles ni arêtes : son corps est cuirassé de plaques osseuses, comme on le voit dans la figure. Ceux qui remontent les grands fleuves deviennent gras et plus délicats.

DU ROUGET-GRONDIN.

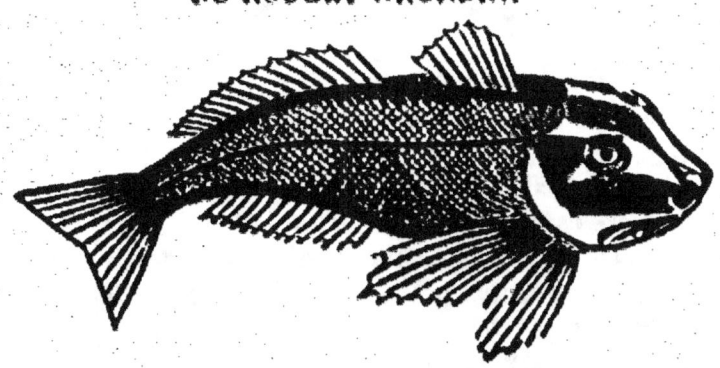

Le Grondin, Rouget-Grondin, Trigle-Grondin, est un de ces poissons que l'on appelle rougets à cause de leur couleur. Celui-ci se distingue par sa grosseur et par une tête monstrueuse qui le fait ressembler au dauphin de la fable et des ornements artistiques. C'est un beau poisson, dont on apporte de toutes grandeurs. Le court-bouillon est l'apprêt qui lui convient le mieux. Pour le servir, on enlève avec précaution ses écailles et la cuirasse de sa tête ; on masque la difformité qui en résulte par du persil en branches. Il a peu d'arêtes.

DE L'ÉGLEFIN.

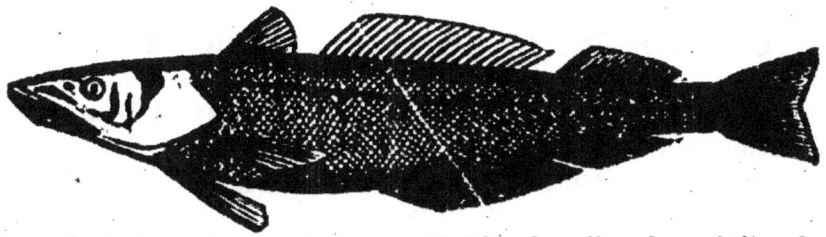

L'Églefin a des qualités semblables à celles du cabillaud, et beaucoup de ressemblance par sa personne. Sa tête cependant est plus pointue, son œil plus grand et ses écailles plus petites; sa couleur est légèrement nuancée d'un bleu ardoisé, et il porte, comme l'indique la gravure, une raie sur le côté.

DU BAR.

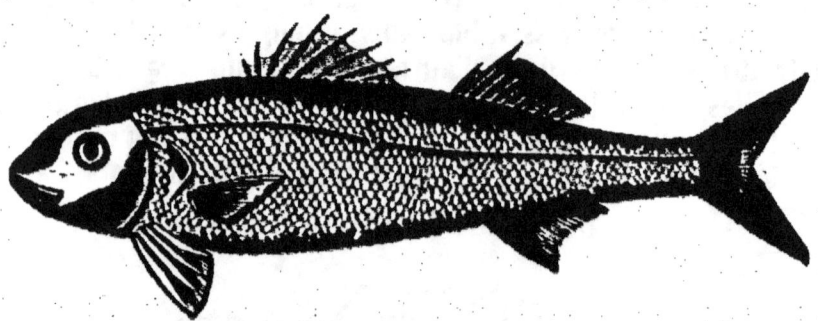

Le Bar, Loup ou Loubine, doit son nom de Loup à sa voracité. Il est heureusement fort abondant toute l'année sur nos côtes, car c'est un poisson très-excellent et bien supérieur au cabillaud, avec lequel il a des rapports de forme, et à l'églefin. Ses écailles sont plus larges, et son corsage tire au rouge. Les petits marinés et grillés forment un mets très-friand. Le bar a eu l'honneur d'être recherché et payé des prix exagérés chez les Lucullus de l'ancienne Rome, surtout quand il avait 2 mètres de longueur.

DU MULET.

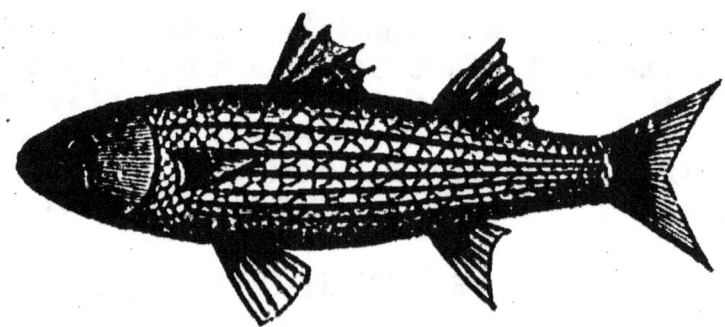

Le Mulet ou Barbet-Surmulet n'est pas aussi gros que le bar. Il a une chair très-bonne, mais il varie en qualité selon les côtes où on le pêche. Cependant il est considéré comme inférieur au bar.

C'est à ce poisson que se rapporte l'anecdote suivante :

« Peu de jours après l'arrivée de Tibère à Capri, comme il cherchait la solitude, un pêcheur lui apporta à l'improviste un grand surmulet. Tibère, effrayé de la hardiesse de ce pêcheur, qui était venu le trouver par le derrière de l'île, en grimpant sur des rochers escarpés, ordonna qu'on lui frottât le visage avec son poisson. Le patient se félicitant alors de ne lui avoir pas offert un très-grand homard qu'il avait pris, il lui fit déchirer la figure avec les piquants de ce crustacé. »

Le Rouget-Barbet, Mule ou Mulet-Barbet, ne se fait pas remarquer par sa grosseur, car il n'a que 20 à 25 centimètres, mais c'est un excellent poisson, à chair blanche et de bon goût, quoique cependant sa qualité n'égale pas celle du rouget de la Méditerranée.

On le reconnaît au milieu de tous les poissons rouges à sa couleur d'un rouge rosé.

Le nom de *bécasse de mer* lui est donné parce qu'il y a des cuisiniers qui ne le vident pas. Dans ce cas, on retire seulement les ouïes, on écaille avec précaution, on lave, essuie, et on met mariner une heure avec un peu de sel, de gros poivre et d'huile. On le pose, une demi-heure avant de servir, sur une feuille de papier placée sur un gril huilé aussi. Au bout d'un quart d'heure on le retourne en le posant sur un autre papier, s'il est en mauvais état, et on le sert sur une bonne maître-d'hôtel.

DE LA DORADE.

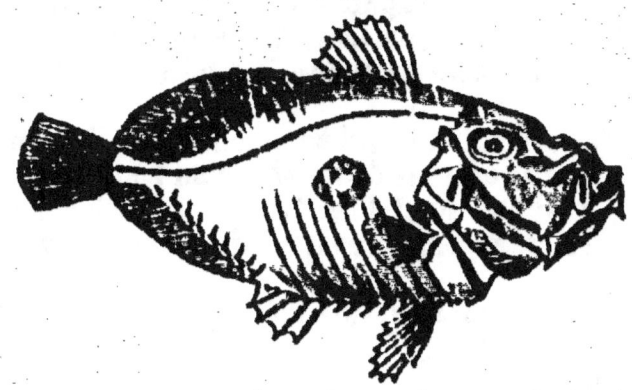

La Dorade, Spare-Dorade, est un poisson qui par sa délicatesse, relevée d'une haute et très-agréable saveur, a conservé une réputation qui remonte à une assez haute antiquité. Cependant il était si peu commun à Paris, qu'aucun ouvrage de cuisine n'en parle. Les chemins de fer nous l'amènent; car il meurt aussitôt sorti de l'eau et doit être transporté avec rapidité. Il fraye au printemps à l'embouchure des rivières, et l'on en pêche beaucoup; mais peu en hiver, parce qu'il se tient au fond de l'eau. Son habit est brocardé d'or et d'argent. Il arrive à un mètre de longueur. On l'accommode comme les autres gros poissons, au court-bouillon ou simplement à l'eau de sel, si on veut lui conserver le goût exquis qui lui est propre; mais on le préfère grillé après marinade à l'huile, sel et branches de persil, quand il n'est pas trop gros.

SERVICE DE LA TABLE.

Le jour où l'on reçoit ses convives, la salle à manger doit être nettoyée avec un soin tout particulier, et le couvert mis toujours une heure ou deux d'avance, afin de pouvoir parer à tous les retards et omissions.

Nous n'avons pas besoin de dire que l'on aura commencé par disposer la table en sorte que chaque convive puisse avoir une place suffisante : 60 centimètres sont l'espace nécessaire à une personne à table*. Ainsi pour douze personnes, la table devra avoir près de 7 mètres de tour, parce l'on gagne aux 2 bouts. Il n'est pas possible de placer convenablement 4 entrées et des hors-d'œuvre sur une table de moins de 1 mètre 60 à 2 mètres de large.

Le sol des salles étant ordinairement froid, il est nécessaire de garnir le dessous de la table d'un tapis de laine ou de nattes. Il est bon aussi de prévenir les besoins des personnes délicates en leur préparant de petits tabourets ou

---

* Ceci en temps de mode naturelle. En temps de robes *ballonnées*, il faut compter sur 1 mètre pour chaque dame. Tel fonctionnaire admet à sa table 80 invités hommes, mais seulement 60 personnes lorsque des dames sont admises.

des chaufferettes que l'on aura soin de choisir sans odeur, telles que celles à eau chaude.

Nous ne saurions trop recommander l'usage des lampes astrales suspendues au plafond : la lumière qu'elles donnent se répand plus également, et l'on n'a pas à craindre de voir renverser une lampe à pied ou un chandelier, ce qui est un malheur, aussi bien que la chute de la salière, toutes les fois du moins que la chute a lieu dans le plat.

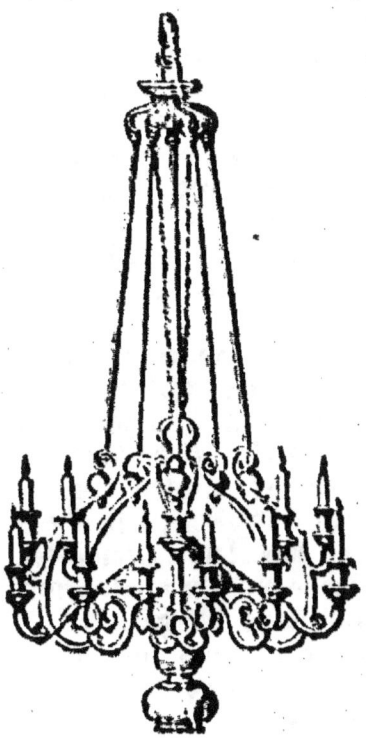

Mais si la table est longue, que la réunion ne soit pas intime, ou que la lampe astrale ne soit pas entourée d'une girandole à bougies comme dans la figure ci-contre, on devra ajouter des flambeaux aux bouts de la table.

Si l'on se met à table dans une saison où la nuit doive arriver pendant qu'on y sera, on devra fermer les volets et allumer avant de servir, pour ne pas occasionner de dérangement quand une fois on sera installé.

Les vins doivent être montés à l'avance, quand la saison le permet, et on devra les placer et marquer de manière à éviter les méprises dans l'ordre où ils doivent être servis. Voy. *De l'emploi des vins à table, Supplément à la Cuisinière.*

Les bouteilles seront nettoyées de tout sable, mais non de leur effet de vieillesse ; celles dont le goulot est goudronné seront dégoudronnées à l'avance.

S'il y a dans la maison des carafes pour servir le vin d'ordinaire, on les remplira et on aura soin de les placer sur la table de manière à les opposer aux carafes d'eau, et chacune d'elles sur un porte-bouteille. Un soin que les domestiques devront s'habituer à avoir, c'est de remplir les carafes d'eau comme celles de vin, ou changer les bouteilles à mesure qu'elles se videront, et en cela le maître ou la maîtresse de la maison ne doivent pas épargner leur surveillance, car il est toujours désagréable pour un convive de faire ces sortes de réclamations.

On n'étale plus sur la table un napperon, depuis que l'on a adopté l'usage de la brosse à miettes.

La cuillère sera placée à droite de l'assiette et le couteau à côté, sur le porte-couteau ; la fourchette se place à gauche. La serviette est pliée avec goût, et le pain placé dans son pli. Si l'on n'est pas à même d'avoir des petits pains de luxe, qui figurent si bien dans les dîners priés, en se servant même des plus petits, on ne donnera, du moins, que des morceaux de grosseur médiocre. Dans ces repas, l'abondance des mets fait que l'on consomme peu de pain[*]. Plusieurs couverts de rechange, la grande fourchette et les couteaux à découper seront placés aussi en bon ordre vers le milieu de la table et à la portée de la personne qui fait les honneurs, pour découper et servir les mets. Tous ces objets doivent concourir, avec les autres pièces, à la décoration de la table. Les autres articles seront espacés convenablement. Dans les services ordinaires, les assiettes à soupe seront placées en une pile entre la soupière et le couvert du maître, un peu à gauche.

Près de chaque assiette on placera d'avance le verre ordinaire, un verre à pied pour le vin de Bordeaux, un autre verre à pied plus petit pour le vin de Madère, le verre à vin de Champagne[**]. Pour ces vins, la bouteille se passe de main en main, et chacun se sert soi-même, après l'avoir reçue de celles du maître de la maison, s'il n'y a pas de domestique pour servir. On apportait autrefois les verres à champagne dans une corbeille près du maître, qui faisait sauter le bouchon. C'était un usage fort gai.

Le couvert sera mis en conséquence du repas que l'on se propose de donner ; nous allons entrer à ce sujet dans quelques détails sur le menu et le service.

Le *menu*, c'est la composition du repas qu'un maître de maison doit, autant que possible, avoir préparé d'avance,

---

[*] Dans plus d'une maison, on change de fourchette et de couteau à chaque plat. Tout le monde n'est pas disposé à adopter cet usage, mais au moins devra-t-on changer quand on aura mangé du poisson. — Dans les maisons bien ordonnées, on sert de suite les *relevés*, et les domestiques portent les soupières sur une table de service où ils en font la distribution dans les assiettes qu'ils passent à chaque convive. — Les rôtis et toutes grosses pièces, après avoir figuré entiers sur la table à manger, se découpent aussi sur cette table de service, et sont remis dans les plats et présentés à chaque convive successivement par les domestiques.

Pour plus de détails, voir le *Supplément à la Cuisinière*, comprenant l'Art de plier les serviettes, Service de table, etc., l'espace manquant dans le présent volume.

[**] Spécialité de Cristaux, maison Nicolas, à Baccarat (Meurthe).

afin que sa cuisinière ne soit pas prise au dépourvu, qu'elle ait pu s'approvisionner des viandes que le temps doit attendrir et porter à leur point de perfection, qu'elle ait pu faire ses marinades, piquer ses pièces, apprêter ses sauces. L'usage est établi, pour tous dîners où les convives sont nombreux, de dresser des listes de menu, que l'on distribue, une pour deux convives; elles sont écrites sur une carte blanche, ou gravées, telles qu'on en exécute de charmantes avec *monogramme*, chez M. Stern.

Par SERVICE on entend le nombre des plats servis ensemble.

Un repas à *un service* comprend tout ce qui doit être servi, depuis le potage, s'il y en a, jusqu'au dessert; c'est le repas qui a lieu quand on ne doit pas avoir la possibilité de se faire servir en temps et lieu à son aise : c'est encore le repas de nuit, au milieu du bal. De ce que les services s'y trouvent mêlés et forment une espèce d'ambiguïté qui ne permet pas de définir si l'on est aux entrées ou à l'entremets, on l'a appelé *ambigu*. (Voyez page 100.)

Le déjeuner est ordinairement un repas à un service, où l'on peut cependant remplacer quelques plats.

Le repas à trois services, dit A LA FRANÇAISE, se compose :

PREMIER SERVICE, les *Entrées* : du potage, du relevé de potage, des entrées et hors-d'œuvre.

Le *Relevé* est le bœuf bouilli, ou autre grosse pièce qui remplace le potage dès qu'il est servi dans les assiettes. Certaines grosses entrées peuvent servir de relevés ; on les entoure d'une garniture, ce qui les distingue des rôtis.

Les *Entrées* sont des plats plus ou moins solides de viandes, gibier, volaille, poisson, presque tous avec sauce, ragoûts ou purées.

Les *Hors-d'œuvre* sont des mets appétissants et légers : huîtres, thon mariné, anchois, crevettes, sardines, radis, beurre, etc. On distinguait autrefois : 1° les *hors-d'œuvre d'office*, préparés d'avance et servis froids dans des *coquilles à hors-d'œuvre*, 2° les *hors-d'œuvre de cuisine* chauds, et qui, présentement, ne se distinguent plus sur la table des *plats* proprement dits. Voir *Assiettes volantes*, p. 3.

Voyez, pages 1 et suivantes, la liste des relevés, entrées et hors-d'œuvre.

La figure ci-après fait voir la disposition des plats pour un repas de 8 à 12 couverts. Ils doivent être placés avant l'entrée des convives, et c'est là le cas où il faut que la cuisinière s'entende avec le maître, pour savoir si tout le monde est arrivé, afin que les mets ne refroidissent pas.

Le potage se place au milieu : aussitôt servi, la soupière est remplacée par le relevé, qui, si ce n'est pas tout simplement le bœuf avec du persil autour, doit être une pièce qui marque par son importance au milieu des entrées. On commence par distribuer aux convives les hors-d'œuvre pendant que le relevé s'apprête, puis on continue dans cet ordre : poisson, volaille, gibier; les entrées froides après les chaudes, ou le contraire, selon l'ordre du maître.

Quatre entrées, n° 2, 3, 4, 5, et 4 hors-d'œuvre, n° 6, peuvent suffire à une table de 8 à 12 couverts.

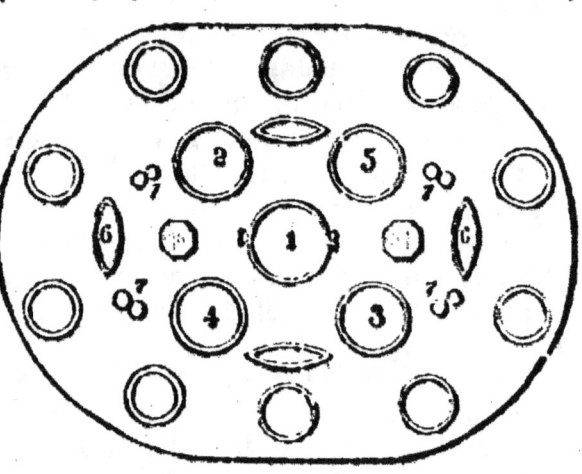

Ces plats doivent être choisis de manière à contenter tous les goûts et doivent être en harmonie les uns avec les autres par leur nature comme par la couleur de leurs sauces : ainsi nous supposons au n° 1 un poisson au court-bouillon; au n° 2 un civet de lièvre ou un salmis quelconque; au n° 3 une sole aux tomates; au n° 4 une fricassée de poulets, et au n° 5 un fricandeau à l'oseille. Les 4 hors-d'œuvre seront radis, anchois, beurre, olives, ou cornichons. Le n° 7 indique les salières-poivrières.

Si l'on a des *réchauds*, on les placera sous les plats qui exigent d'être conservés chauds. Des réchauds seront placés aussi sous les entrées froides, pour la symétrie, mais on ne les chauffera pas.

Les réchauds seront chauffés par de grosses bougies courtes; on les enlève sans les souffler (ce qui donnerait de l'odeur) lorsqu'on remplace les plats chauds par des froids.

Pour 4 à 6 personnes on n'emploiera que 2 entrées avec le relevé de potage et 4 hors-d'œuvre. Les entrées et le relevé se placeront sur une ligne, flanqués des hors-d'œuvre.

On devra toujours, autant que possible, quand on n'aura

pas à servir une table de plus de 25 à 30 couverts, éviter les répétitions de mets. On ne permettra que la répétition des hors-d'œuvre *.

Tout ce que nous indiquons et avons fait graver pour l'arrangement d'une table de 12 couverts peut servir jusqu'à 16 quand le contenu des plats est suffisant. Lorsque le nombre est plus grand, au lieu d'ajouter 2 entrées qui seraient nécessaires pour garnir la table, on pourra prendre le parti économique suivant : supprimer le plat du milieu, dont la place serait remplie par une corbeille de fleurs et de fruits, ajouter aux 2 bouts de la table des plats (ovales) portant, l'un un relevé, et l'autre un plat qui ne serait entamé qu'à l'entremets, s'il n'y a pas nécessité d'y toucher au premier service. Si l'on veut garnir plus, on aura aux flancs du milieu 2 autres pièces devant rester, si on veut aussi, pour l'entremets. On pourra même, comme il va être dit au *repas à 2 services*, placer à l'avance des pièces de dessert.

Autrefois on se servait pour des repas de 12 personnes ou plus d'un *dormant* ou *surtout de table*. La table se trouvait garnie en partie et exigeait moins de plats ; il y avait donc économie, quoiqu'un surtout fût un ornement composé d'un fond de glace ou miroir entouré d'une balustrade de cuivre argenté. On le posait dès le premier service, et on le couvrait de figures en porcelaine, d'ornements en carton et en pastillage et de friandises de dessert. Il y avait économie, même dans ce cas, pour beaucoup de personnes, quand la dépense était une fois faite.

Deuxième service, l'*Entremets*. Il se compose du rôt, des entremets chauds et froids et des salades.

Les entremets sont plus légers que les entrées et se composent de poissons frits (en seconds rôts), pâtisseries, légumes, œufs, crèmes et autres entremets sucrés.

On dessert les relevés, les entrées, on laisse les bouteilles de vin d'ordinaire, car ceux d'entremets doivent être *passés* ** par les domestiques, ou offerts par le maître quand ils sont précieux.

---

* On ne verra pas ici, comme dans plusieurs autres ouvrages, des listes de menus que l'on trouve toujours difficilement moyen de suivre à la lettre. Nous croyons remplacer cette méthode avec avantage dans la table des mets (page 1).

** Passer. Distribution des plats autour de la table par les serviteurs en offrant à chaque convive, à *sa gauche*, et nommant l'objet ou le vin. Pour les vins, on offre à *droite* en disant : vin de Bordeaux, vin de

On place le second service, en se servant de plats moins grands que pour l'entrée. On laisse les hors-d'œuvre, qui ne seront enlevés qu'au moment où l'on attaquera les entremets sucrés.

On offre d'abord le rôti aussitôt qu'il est découpé, puis la salade, les légumes, les fritures, et enfin les entremets sucrés. La salade peut être assaisonnée hors de table (après y avoir figuré à sa place) par un domestique habile.

Dans la figure ci-jointe, on a placé 4 entremets.

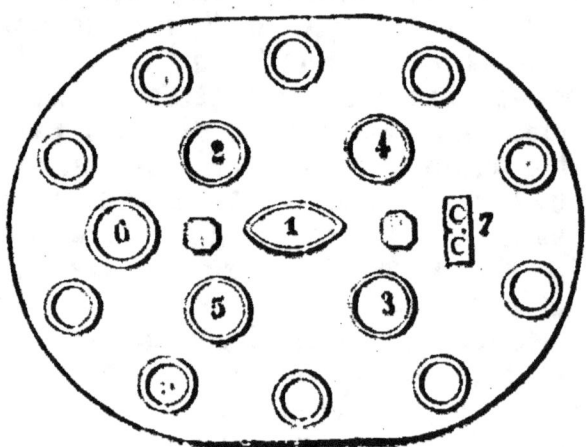

Le n° 1, plat de rôt, filet d'aloyau, volaille ou gibier rôti, le n° 2, un macaroni en timbale; le n° 3, un buisson d'écrevisses; le n° 4, des légumes selon la saison; le n° 5, une friture, ou bien une gelée ou une crème; au n° 6, la salade, et l'huilier au n° 7 *.

Dans une table préparée pour un plus grand nombre de personnes, il y aura 2 plats de rôt : l'un d'une grosse pièce de viande rôtie, de volaille ou de gibier, et l'autre de poissons frits, de pâtés, jambon avec gelée, galantine; les entremets devront être variés comme il a été dit.

Troisième service, le *Dessert*, tout composé de choses plus ou moins friandes et de vins délicats.

Avant de le servir, on suivra exactement l'ordre qui va être indiqué pour emporter le second service. — Enlever les salières et les hors-d'œuvre comme nous l'avons dit plus haut, les couteaux et fourchettes. — Balayer avec une brosse à miettes ou une serviette les miettes de pain que

---

Bourgogne, et non : Bordeaux et Bourgogne. De même : Bœuf, et non : *bouilli*; — Poulet, Poularde, et non : *volaille*.

Le service se fait de telle manière qu'un domestique marche d'un côté de la table et un autre en sens inverse. — On aura bien soin qu'ils s'entendent pour qu'en passant les mets on n'offre jamais deux fois à un convive, et surtout qu'on n'en oublie aucun.

* Nous laissons ici l'huilier pour le service intime, mais il ne se pose plus sur table dans le cas de cérémonie. On le remplace par un entremets, ou une pièce qui restera pour le dessert.

l'on fait tomber dans une corbeille. — Apporter à chaque convive une assiette de dessert plus petite que les autres et sur laquelle on a placé à l'avance le couvert de dessert *. — Alors seulement on enlève les plats et réchauds, et ensuite on apporte le dessert.

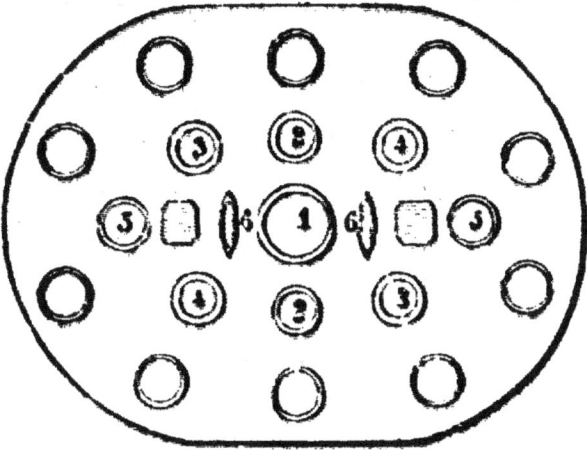

Sur les tables de 8 à 12 couverts **, on place au milieu une pièce plus grande que les autres, telle qu'une pâtisserie ou un fromage à la Chantilly; aux deux extrémités sont des vases de cristal couverts qui contiennent les fruits à l'eau-de-vie et les confitures; les autres assiettes sont garnies des richesses de l'art ou de la saison, mariées avec goût, et toujours sans répétitions apparentes.

Une assiette doit avoir son assiette correspondante, non en droite ligne, mais *diagonalement*: ainsi les n°s 3 pourront contenir des fruits, les n°s 4 des biscuits et des pâtisseries; les n°s 2 pourront contenir du fromage et des 4 mendiants; les n°s 5 des compotes, et les n°s 6 des sucriers.

Une table plus grande sera servie d'après les mêmes principes: aux deux bouts, il faudra des pièces plus grandes que les assiettes ordinaires.

* Quand on a ce charmant couvert de dessert, voici la manière d'en faire usage, afin d'éviter l'embarras de l'apprêter quand on est à table. On arrange sur chacune des assiettes, en les croisant, la cuillère et la fourchette, le couteau d'argent et celui d'acier, et l'on pose ses assiettes ainsi préparées sur l'étagère, ou sur une table ou une console, en les superposant sur les bords, suivant cet arrangement:

On garnit les assiettes de fruits avec des feuilles vertes ou artificielles. On pose les fruits dessus, et on en place encore entre chaque lit pour consolider la pyramide, de manière à poser jusqu'à 9 fruits assez gros. On les arrange aussi avec de la mousse verte, lavée et séchée, ou même teinte; dans ce cas, chaque fruit doit être placé de manière que l'on ne voie ni la queue ni l'ombilic. Un charmant usage est d'entremêler dans les assiettes ou dans les corbeilles de fruits de petits bouquets que l'on offre aux dames au dessert.

** Sur toutes ces tables nous avons laissé des blancs qui sont les places des flambeaux et girandoles, si l'on n'a pas de lampe suspendue. Il sera facile de placer les entremets un peu plus loin s'il n'y a pas de flambeaux.

Cloche à fromage cristal. On aura soin de mettre un couteau dans l'assiette au fromage aussitôt que la cloche de cristal qui le couvre aura été enlevée *. On le sert le premier, ensuite les marrons, le fromage mousseux, les pâtisseries, les fruits, les compotes, les petits-fours et les sucreries. Il faut avoir soin de placer près de la maîtresse de la maison une assiette contenant de petites cuillères, qu'elle distribue en servant les crèmes, les fromages à la crème, confitures, etc.

REPAS A DEUX SERVICES.

Ce que nous venons de décrire est le *service français*, depuis longtemps pratiqué. Ce service est encore le plus beau et le plus riche, mais il est aussi le plus coûteux et le plus difficile sur les tables splendides. Présentement on le modifie, en le simplifiant, sans le priver d'une certaine élégance, et en évitant le travail complet de 3 services.

Le *service actuel* à la française peut être appelé *Repas à deux services.*

On en prendra une idée suffisante dans l'explication de la table gravée ci-après. Il sera facile à chacun de modifier et diminuer ce que nous indiquons, selon la dépense qu'il veut faire **. On l'a dessinée en grand pour mieux faire comprendre les détails.

Le potage est distribué dans les assiettes sur la table de service, et passé à chaque convive. La soupière ne se pose plus sur la table; cependant le plat qui en tient la place prend le titre de relevé, figuré ici n° 1. S'il y a une corbeille de milieu sur la table, on placera le relevé comme il va être indiqué sur la figure suivante, représentant une table plus nombreuse. La table ne contenant que 3 réchauds, c'est-à-dire trois plats principaux, le plat n° 1 est placé *en travers* de la table. S'il y avait 5 plats, c'est-à-dire 4 plats vers les angles, le n° 1 devrait être placé *en long*, afin de garnir la table plus régulièrement.

* En cérémonie les fromages salés, que l'on appelle plaisamment « biscuits des buveurs », ne se posent pas sur la table : on les *passe* à chaque convive, toujours accompagnés de beurre.
** Des détails plus complets sur le service font partie du *Supplément à la Cuisinière.*

Repas à deux services.

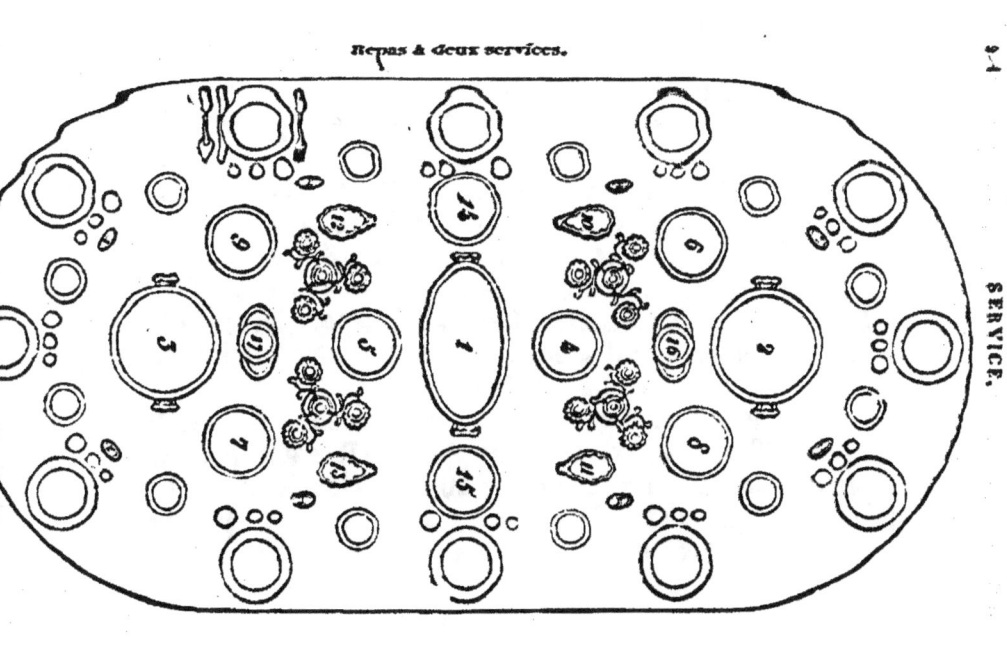

Les n° 2, 3 sont des réchauds pour porter les entrées, qui seront remplacées plus tard par des entremets, et enfin, au dessert, par des assiettes montées. Les n° 4, 5 sont des compotiers couverts en cristal pour confitures ou fruits à l'eau-de-vie; 6, 7, des compotes; 8, 9, des fruits; 10, 11, 12, 13, des hors-d'œuvre ou raviers qui seront remplacés, au dessert, par des assiettes de petits fours. On les placera aux 2 bouts de la table si on préfère poser, à l'avance à leurs places, indiquées ici, des plats de dessert. — Quatre candélabres à 3 bougies éclairent la table; cet article peut être modifié selon le matériel de la maison.

On comprendra par cet exposé l'économie du système, puisque l'on n'aura à faire figurer que 3 plats pour 12 convives.

Quelques mets plus légers pourront être passés en *extra* ou *assiettes volantes*. Aux n° 14, 15 on peut placer, dès l'entrée, à l'un une pâtisserie et à l'autre une salade, qui resteront pour figurer à l'entremets. N° 16, 17, sucriers.

Entre chaque convive est une carafe, d'un côté pour l'eau et de l'autre pour le vin ordinaire. Entre l'assiette et le service sont placés 3 verres, pour le vin ordinaire, le bordeaux et le madère. Des salières-poivrières très-petites et jumelles sont assez nombreuses pour qu'il y en ait une à la portée de chaque convive.

On a gravé, dans la figure ci-après, la disposition d'un couvert pour 20 à 30 convives. Vingt-six assiettes sont posées, et quelque latitude a été donnée aux articles de la table; mais on comprendra qu'avec moins de couverts on pourra les resserrer. Avec des couverts de plus on pourra s'étendre sans que les distances soient très-sensiblement changées.

On ne place d'assiettes étagères sur les flancs, ou côtés de la table, que quand on en a 4, et alors elles seront aux n° 19, 20, 21, 22; car il faut éviter autant que possible de placer deux grandes pièces à côté l'une de l'autre.

La pose définitive du dessert nécessitera le resserrement ou l'éloignement de quelques assiettes.

Si l'on voulait faire usage de plus de 4 entrées, on placerait les 2 relevés en *bouts de table*, et des entrées à la place où sont ici les relevés.

On pourrait ajouter, vers l'alignement des coquilles de hors-d'œuvre, 4 candélabres à 3 bougies.

On peut servir toutes les assiettes de dessert en assiettes montées, ce qui fait bien mieux ressortir l'aspect de la

Repas à 2 services de 20 à 30 couverts.

On place les réchauds à bougie, dont 2 ovales, 1, 2 pour les relevés; 3, 4, 5, 6 pour les entrées.

Au n° 1 sera placé un relevé qui, à l'entremets, sera remplacé par un rôt, au dessert par une assiette montée. Sur le n° 2, un pâté au jambon, qui pourra, en n'y touchant pas à l'entrée, rester pour l'entremets, et sera enfin remplacé, comme le n° 1, par une assiette montée.

Les réchauds 3, 4, 5, 6, contiendront des entrées, remplacées ensuite par des entremets, et au dessert par des assiettes montées. Les n°° 7, 8, 9, 10, des corbeilles en porcelaine portant des fruits. Les n°° 11, 12, 13, 14, des assiettes montées ou des compotiers; 15, 16, des compotiers en cristal pour confitures ou fruits à l'eau-de-vie; 17, 18, des fruits glacés; 19, 20, 21, 22, des assiettes de petits fours; 23, 24, des sucriers contenant du sucre en poudre, avec cuillères à jour. Aux n°° 25 et 26 on peut placer des corbeilles de fleurs, des assiettes étagères si on n'en a que 2, ou au moins des assiettes montées. S'il y a des corbeilles aux n°° 25, 26, on mettra entre le 18 et le 16 une assiette montée, et on repoussera le sucrier : on fera de même entre 15 et 17.

SERVICE.

table. Autrement on les place seulement dans les endroits les plus apparents : aux n°° 1, 2, 17, 18, si on en a 4, et aux n°° 1, 2, 19, 20, 21, 22, si on en a 6.

Ce genre de service est très-usité dans les maisons de campagne et dans les châteaux où l'on a moins de personnes au fait des soins à donner autour de la table. Une fois le couvert mis, les maîtres ont bien moins à surveiller pour le placement compliqué du troisième service.

S'il y a peu de plats, on les fait plus fournis, et même on les *double*, puisque, le dîner alors étant nombreux en convives, on fait venir de la cuisine, à mesure du besoin, des suppléments aux mêmes plats, tenus chauds dans les casseroles. On les apporte sur la petite table de service pour être *passés* autour de la table à chaque convive. Des difficultés et du travail sont ainsi épargnés.

Cette dernière table peut servir pour 30 couverts ; elle ne porte que 4 entrées et 2 relevés. Il serait impossible de la garnir avec moins de 8 entrées et autant d'entremets, selon l'ancien système.

La disposition des plats peut être suivie pour l'ordonnance d'un AMBIGU, à l'exception de la nature des mets, où l'on ne doit pas comprendre la plupart du chaud et les entremets de légumes.

Pour qu'il n'y ait pas confusion dans les noms relativement aux *assiettes montées* et aux *assiettes étagères*, que l'on appelle aussi assiettes montées, voici les dessins de ces pièces. La *fig.* A représente une assiette montée sur laquelle on place des articles de dessert. Elle correspond avec le compotier monté, *fig.* D. On pose quelquefois dessus une assiette. Les assiettes montées à plusieurs étages, *fig.* B C, que quelques maîtres d'hôtel nomment aussi *girandoles*, sont ordinairement à 2 étages et quelquefois à 3, comme la *fig.* B. On doit plutôt les appeler *assiettes étagères*.

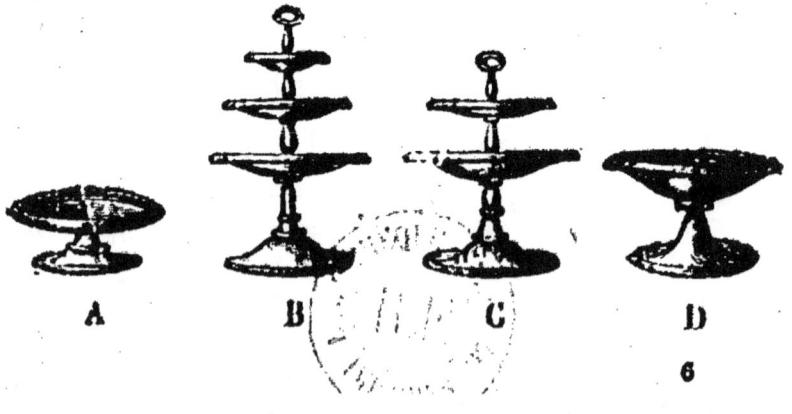

A   B   C   D

On aura soin de remettre à mesure chacun à leur place les articles qui seront dérangés par les convives pendant le repas, ce qui romprait la symétrie, et on aura soin aussi de remplacer les couteaux ou couverts de service qui auraient été emportés. Le dessert ne doit être enlevé, ni aucun des ustensiles qui y auront servi, avant que les convives aient quitté la table; aussi les maîtres doivent-ils avoir l'attention de lever la séance aussitôt que le repas est réellement terminé, afin que les domestiques puissent vaquer à la suite de leurs occupations dans la maison. Il est, du reste, inconvenant de prolonger outre mesure la séance à table, car beaucoup de personnes s'en trouveraient gênées.

La maîtresse aura donné ses ordres pour ce qui doit faire la part des domestiques dans la desserte, car elle sait qu'elle doit éviter de quitter ses convives.

Il faut que pendant le dîner, si les siéges ont été dérangés dans le salon, un domestique ait soin d'aller les replacer, d'entretenir le feu et établir les lumières.

Le dîner fini, on passe dans le salon, où les tasses, le sucrier avec la pincette d'argent, les petites cuillères et le porte-liqueurs ou le coffret dit *cave à liqueurs* doivent être préparés à l'avance et pendant le dessert pour le CAFÉ. Cette noire liqueur sera apportée brûlante, dans une cafetière, accompagnée d'un pot de crème nouvelle non bouillie ni même chauffée. Les domestiques se retirent aussitôt ce service fait, et n'ont pas à s'occuper de la distribution du café et des liqueurs. C'est un soin que prend la maîtresse de la maison, et elle trouve toujours parmi les convives des aides de camp de bonne volonté.

Une heure après le café, les domestiques porteront dans le salon et offriront eux-mêmes à chaque convive, en commençant toujours par les dames et les personnes âgées, des verres d'eau sucrée qu'ils auront apprêtés d'avance.

SOIRÉES. S'il y a une soirée invitée, nombreuse et même dansante, elle commencera bientôt, et demande des préparatifs raisonnés. Voici un aperçu de ce que l'on peut préparer pour une quarantaine de personnes. Un litre de sirop de groseille et autant d'orgeat. On mêlera, dans une cruche, chaque sirop avec au moins 4 fois autant d'eau, à mesure de l'emploi. Ces boissons peuvent être remplacées par de la limonade, de l'orangeade, du jus de groseille frais ou conservé, du vinaigre framboisé, le tout servi dans des verres de soirée, plus étroits que ceux de table et aux deux tiers pleins.

On aura soin de servir les boissons plus ou moins froides, suivant la saison, et d'avoir, dans l'hiver, sur les plateaux, quelques verres d'orgeat tiède. Dans l'été, on sert sur une soucoupe de petits morceaux de glace bien pure, que l'on a divisés au moyen d'un poinçon et d'un marteau. Les distributions se font entre chaque contredanse, ou, si l'on ne danse pas, dans un temps proportionné aux besoins que l'on suppose aux invités selon la température.

On sert encore, comme restaurant, la soirée déjà avancée, et dans des verres semblables, du café à la crème *froid*, sucré.

On aura préparé 3 ou 4 bouteilles de punch, que l'on distribuera à partir du milieu de la soirée, et dont on fera deux ou trois distributions. On le porte, bien chaud, dans les verres *à pied*, remplis aux trois quarts, sur des plateaux.

On a soin qu'un plateau suive de près les distributions de liquides pour reprendre les verres vides.

S'il y a des glaces, que l'on compte par deux demi-glaces pour chaque invité, on en servira une moitié vers le premier tiers de la soirée, et l'autre une heure après, ou plus, selon sa longueur présumée.

Pour les pâtisseries, il est difficile d'établir des règles, puisque leur nature dépend des ressources particulières du lieu où l'on est. On peut compter sur 2 ou 3 livres de petits-fours, une brioche en couronne, un baba, un autre gâteau coupé, une ou deux douzaines de gaufres légères dites à l'italienne, et des sandwichs vers la fin de la soirée. Le tout servi dans des assiettes placées sur des plateaux de soirées.

Si la soirée se prolonge dans la nuit et qu'il n'y ait pas de souper, on aura une collation servie dans la salle à manger, ou autre pièce voisine du salon. On y trouvera des potages de riz et de vermicelle au gras ou au lait, et des pâtisseries d'entremets. On sert aussi des bouillons qui, dans ce cas, prennent le nom de *consommés*. Des tasses de chocolat peuvent y être servies. On y offre du vin de Bordeaux et même du champagne.

On doit comprendre que, pour de plus petites soirées, on modifiera tout cela pour le choix et l'abondance. Le goût et l'intelligence des maîtresses de maison suppléeront à tout, et les raisons d'argent aideront pour le plus comme pour le moins. Il y a des maisons et des pays où l'on accueille très-bien ce qui n'est pas reçu ailleurs ; il en est ainsi des *bavaroises*.

Les *mousses* sont un objet de rafraîchissement des plus distingués, mais qui sont le produit de l'art du glacier. On les sert dans des verres à sorbets, larges et à pied ou à anses, et surtout le plus froid qu'il sera possible [*]. On pourrait les remplacer par des *crèmes mousseuses* que l'on aromatiserait à plusieurs goûts et couleurs pour varier.

On peut encore faire circuler des fruits frais ou confits, des quartiers d'oranges glacées, et telles sucreries que l'on voudra. « Est toujours bienvenu qui apporte », dit-on.

Dans une soirée ordinaire on sert quelques-uns des rafraîchissements ci-dessus. Un *thé* avec pâtisseries est servi dans le salon de la même manière que le café, aux deux tiers de la soirée.

Le *repas à un service*, ou *ambigu*, pourra se composer de pièces froides et de pièces chaudes. Les grosses pièces se placeront sur les bouts et sur le milieu des côtés de la table, et les autres alterneront autour. Dans un pareil repas, soit de nuit, soit de jour, il n'est pas nécessaire d'y placer des légumes, car on leur fait peu d'accueil. Les sauces ne sont pas d'un usage commode quand les convives ne sont pas tous placés d'une manière fixe, et il en est ainsi dans un repas de nuit. La nuit, les gelées et autres entremets sucrés doivent au contraire se trouver en majorité. Les fruits et autres assiettes de dessert se placent au milieu de la table.

Le *Déjeuner* sera servi d'après les principes adoptés pour les autres repas. On n'est pas dans l'usage de mettre de nappe sur la table, quand il se fait en famille.

On pose à chaque place une assiette, un couteau et une fourchette.

Le déjeuner se compose de *mets froids*, tels que rôtis, pâtés, poissons au court-bouillon ou salés, des pièces de charcuterie ; légumes froids, tels qu'artichauts et asperges

---

[*] Les mousses des glaciers sont faites ainsi : Dans demi-litre de crème on fait bouillir une gousse de vanille ; on laisse refroidir ; on passe ; on joint 253 gram. de sucre, 8 jaunes d'œufs, 2 blancs, demi-litre de crème fraîche. On bat, comme les fromages mousseux, sur une terrine pleine de glace concassée. On met la mousse à mesure dans les verres, que l'on place pendant 2 heures dans une *cave de glacier*, grand vase dont le fond à compartiments est sur la glace et qui en porte aussi sur son couvercle à rebord. On en fait au chocolat, au café, etc.

à l'huile, salades, melons, fromages, fruits et tourtes de fruits, compotes ; et de *mets chauds*, tels que côtelettes de veau, de mouton, de cochon, bifteks, rognons, ainsi que les hors-d'œuvre et *entrées diverses* indiqués pages 3, 4.
— On bannit ordinairement des déjeuners les mets avec sauce, on sert tout au plus une maître-d'hôtel sous les bifteks ou les rognons. — On sert tout à la fois, le déjeuner étant un petit *ambigu*.

Le café, le chocolat, le thé, sont apportés à la fin du déjeuner devant la maîtresse, qui en fait les honneurs. A cet effet les domestiques ont posé devant chaque convive, sur une assiette, un bol et une cuillère. Le sucrier est présenté par eux si le nombre des convives est grand, autrement on le passe de main en main. — Si on fait usage de liqueur, elle est servie sur la table à la fin du déjeuner.

On terminera cet article par des observations qui pourront être utiles à quelques personnes encore trop peu expérimentées.

Les domestiques doivent avoir une bonne tenue (les femmes en tablier blanc), la plus parfaite propreté, éviter de faire du bruit en marchant, rester étrangers à ce qui se dit et qui ne concerne pas leur service, ne répondre qu'à ce qu'on leur demande et sans parler trop haut, afin de ne pas troubler les conversations. On ne saurait trop leur recommander d'avoir un ton doux et poli.

Un bon usage, peu coûteux, est de faire porter aux gens du service de la table des gants de coton blanc, et d'avoir soin qu'ils en aient de rechange en cas d'accident.

Il serait superflu de dire que les maîtres doivent employer toute leur bienveillance et leur attention pour faire les honneurs à leurs convives de manière qu'ils ne manquent de rien, sans cependant les solliciter avec trop d'insistance pour leur faire accepter ce qu'ils semblent refuser. L'amphitryon doit savoir deviner ce qui convient à chacun ; il doit avoir soin que tous les mets aient été offerts de manière que personne n'éprouve de regret en quittant la table.

La place d'honneur est due aux fonctions sociales élevées, elle l'est aux étrangers ; les grands parents doivent être placés le plus près possible du centre de la table.

La première place d'honneur pour les dames est à la droite du maître de la maison, comme celle des hommes est au côté droit de la maîtresse (la seconde à la gauche) ; les autres suivent celles-là dans le même sens. Le même ordre a lieu dans le service, surtout quand on offre le potage ; car il serait embarrassant de le suivre scrupuleusement pendant toute la durée du repas.

Le haut bout de la table est celui qui est opposé à la porte principale d'entrée.

L'un et l'autre des maîtres prendra à son bras (et non plus par la main comme autrefois) le convive qui devra occuper sa droite pour passer du salon à la table.

Si l'on n'a pas désigné par des cartes nominatives les places des convives en méditant à l'avance sur leurs rapports de goûts ou d'affection, ce qui contribue à l'agrément de chacun comme à la gaieté générale, le maître et la maîtresse invitent les personnes qui doivent siéger près d'eux, puis ils engagent chacun à se choisir à l'avance des voisins. C'est ce dont il faudrait que les invités fussent prévenus quelques moments d'avance. Souvent le maître ou sa dame les assortissent eux-mêmes, en disant : Monsieur... donnez le bras à Madame...

La maîtresse surveillera d'avance le feu du salon, qui souvent est oublié pendant le dîner, de manière que les convives sont gelés en y arrivant. Ce n'est pas trop, dans la saison très-froide, de l'allumer dès midi.

Dans les maisons où une économie bien entendue est pratiquée, c'est la maîtresse qui soigne les tasses et les verres à liqueur ; elle doit le faire pour épargner à des gens de service les accidents qui peuvent arriver et leur occasionner le chagrin de briser des objets quelquefois précieux.

Le dessert doit être préparé sur une table, dans une pièce voisine, dans l'ordre même où il devra être servi, afin que les domestiques puissent le transporter sur la table sans avoir à s'occuper de cet ordre qui en fait le charme. Il en aura été de même de ceux des entremets préparés par les soins de la maîtresse, et encore des hors-d'œuvre. Il est d'usage à présent d'avoir un dressoir-buffet dans la salle à manger pour poser les objets.

La place du domestique est derrière le maître ou la maîtresse de la maison, prêt à exécuter leurs ordres : il aura l'œil sur les convives pour prévenir leurs besoins et portera sur son bras une serviette pour essuyer ce qui nécessiterait ce soin. — Il aura soin de ne rien offrir sans le présenter sur une assiette, et de toujours saisir un verre par le pied afin que ses doigts ne touchent pas à l'intérieur.

La cuillère et les assiettes seront enlevées par lui chaque fois qu'un convive aura fini, et portées à mesure sur la petite table ou la servante. Il n'en prendra pas plusieurs à la fois, car, outre la malpropreté et les accidents qui peuvent en résulter, il faut qu'il ait les deux bras libres pour remettre immédiatement une assiette propre en remplacement de celle qu'il enlève, car un convive ne doit pas rester sans une assiette devant lui. Si le maître l'envoie porter une assiette chargée à un convive, il la met à sa place, après avoir enlevé l'assiette vide. Si on le charge de verser les vins fins, il les offrira, en nommant ces vins par leur nom, à chaque convive, et n'en versera qu'une quantité raisonnable dans chaque verre, sans le remplir plus qu'aux deux tiers. Je dis les vins *fins*, car les bouteilles de vin d'ordinaire doivent être assez multipliées sur la table pour que chacun en ait une à sa portée sans être obligé de déranger ses voisins ou de trop multiplier le travail des domestiques.

Avant d'enlever aucun des plats du premier service, on doit avoir placé devant les convives les assiettes du second.

A la fin d'un repas on sert à chaque convive un bol, dans lequel on a placé un verre à boire à moitié plein d'eau aromatisée avec de l'eau de menthe. Cela s'appelle un *rince-bouche*. Les convives qui ne tiennent pas aux égards que l'on doit à une société se rincent la bouche devant tout le monde, et éclaboussent leurs voisins. Nous avons parlé de cet article, *avec tous les détails qu'il mérite*, dans le *Supplément à la Cuisinière*. — Au reste, l'usage se perd quelque peu, et on le reporte après les crevettes ou les écrevisses, au moins pour les doigts.

SERVICE DIT A LA RUSSE.

La table n'a pas 2 mètres de large; elle est ornée de corbeilles de fleurs, couverte par le dessert complet et par les hors-d'œuvre, p. 105. On distribue des cartes du menu.

Aucun des plats ne paraît sur la table. Les mets sont découpés ou divisés et passés à mesure qu'ils arrivent.

Tout le reste a lieu comme dans le repas à deux services. On peut servir tout ce que l'on veut, vieux ou neuf.

Le SERVICE DEMI-RUSSE consiste à faire paraître sur table seulement 2 plats de bouts de table, à l'entrée comme à l'entremets, à peu près comme le *repas à 2 services*.

GASTRONOMIE INTIME.

A tout cet appareil nous prendrons le plaisir d'opposer le tableau du dîner chéri du vrai gastronome, d'un repas positif, sans mise en scène. La table n'éloignera les convives que du diamètre nécessaire au service. Le dressoir contiendra le dessert prêt à passer sur la table.

Autour des convives seront placées, une pour deux, des *servantes* munies de bouteilles, d'assiettes de rechange et d'autres articles utiles. Ces servantes, que l'on a abandonnées sans raison, sont fidèles, discrètes, et l'on peut se livrer devant elles aux conversations les plus *confidentielles*.

Le timbre ou la sonnette sont là pour appeler à temps les serviteurs aux instants où ils seront indispensables.

La table sera ornée de tout ce qui pourra plaire aux yeux, au goût et à l'odorat, à-compte sur l'entremets et le dessert.

Il ne s'agit plus ici ni de maître d'hôtel ni de serviteurs circulant autour de la table pendant le cours du dîner. Le menu n'est plus un ordre du jour qui doive être suivi et calculé à la minute de manière que le maître d'hôtel sache que, commencé à telle heure, le dîner doit finir à telle heure et tant de minutes. L'amphitryon a dit à sa cuisinière, personne de mérite décorée du grand cordon bleu : Nous mangerons le potage à six heures, nous serons trois quarts d'heure à déguster les entrées, et nous attendrons un peu, s'il le faut, le rôti, qui devra être à son point vers six heures trois quarts.

Loin de surcharger la table d'une exhibition luxueuse de mets, vous ne servirez que deux plats à la fois ; je sonnerai quand il faudra venir en remplacer un. Les mets ou hors-d'œuvre chauds qui ne devront point attendre seront immédiatement distribués. Généralement, on attendra les mets quand il le faudra plutôt que de leur laisser perdre leur *actualité*.

Les convives seront peu nombreux.

Nous aurons bien l'agrément des carafes d'eau et de vin d'ordinaire à côté de nous sur la table, mais les bouteilles de vins fins seront sur la même table ou à portée, débouchées à l'avance et le bouchon seulement posé à l'orifice du goulot. Le nectar coulera à volonté, sans l'assistance d'une main étrangère.

Le café et les liqueurs seront servis à table. Cet usage

Service à la russe.

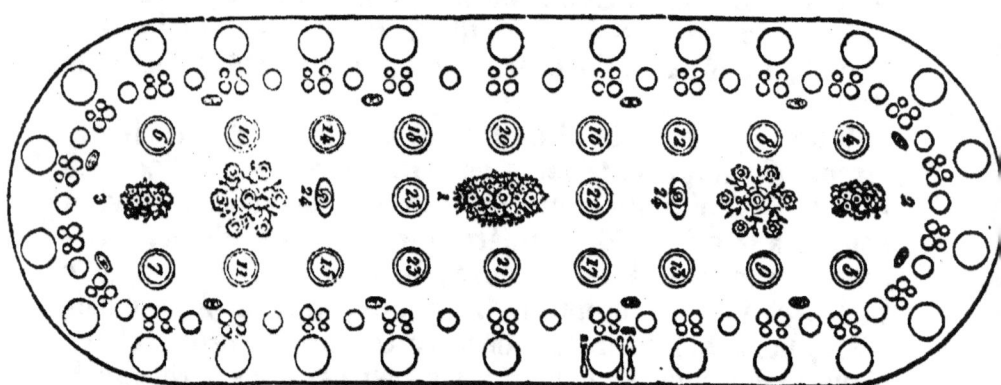

Plan du service à la russe. 1, 2, 3 sont des corbeilles à fleurs ou à fruits; aux n°² 2, 3, on peut placer, au lieu de corbeilles, des assiettes-étagères ou autres objets élevés; 4, 5, 6, 7 contiennent des fruits; 8, 9, 10, 11, des bonbons ou autres sucreries; les n°² 12, 13, 14, 15, des compotes; 16, 17, 18, 19, des petits-fours; 20, 21, des fruits glacés, oranges au caramel, etc.; on pose aux n°² 22, 23 des compotiers couverts en cristal pour confitures ou fruits à l'eau-de-vie. Le n° 24, des moutardiers.

prolongera le dîner, mais tout bon gastronome doit s'en réjouir et être persuadé que son poste est dans la salle à manger, et non dans le salon. Libre à lui de faire sans conséquence les évolutions qu'il voudra.

À ce repas de gastronomie intime, on servira les fromages : roquefort, gruyère, etc., à l'entremets. Il en résultera que l'on pourra en faire usage avant les entremets sucrés; car il est tout à fait dénué de raison que l'on quitte les entremets sucrés pour revenir à un mets de saveur salée, et retourner aux fruits et sucreries du dessert.

Comme il n'y aura pas d'écuyer tranchant, l'amphitryon saura servir et découper; mais il aura su aussi placer convenablement les amis qui lui serviront d'aides de camp pour faire les honneurs de la table.

L'amphytrion, s'il a plus de soins à donner, aura aussi plus de gloire et de véritable bonheur.

Le cliquetis des verres qui se choquent est banni des tables cérémonieuses. Le bruit des santés que se portent de joyeux convives sera doux aux gastronomes de tout sexe que l'amitié rassemble. Les préjugés du siècle ne feront pas oublier la joie des festins de nos pères, et, dans de doux épanchements, on boira à la cordialité et à la véritable fraternité.

Beurrier cristal. Des hors-d'œuvre de même que l'on a toujours aimé « à faire bonne chère avec peu d'argent », on n'est pas fâché non plus de bien garnir sa table avec le moins de plats possible. Les *hors-d'œuvre* servis dans les coquilles faites pour cet usage, et que l'on peut appeler hors-d'œuvriers, remplissent parfaitement ce but.

On ne pratique pas assez en France l'usage italien des hors-d'œuvre de charcuterie; on emploie en Italie beaucoup de SAUCISSONS de tous genres *coupés obliquement* par tranches minces et servis sur des hors-d'œuvriers. Des tranches de LANGUE fourrée rendent le même service, ainsi que des tranches excessivement minces de JAMBON cru, selon la méthode anglaise.

Les POISSONS SALÉS fournissent une grande ressource.

Outre les ANCHOIS, on sert aussi des SARDINES dont on a enlevé les écailles et que l'on entoure de persil. Les Nantais font passer les fraîches (salées cependant) un moment au feu. On aime à les manger avec des tartines minces et beurrées. Ces TARTINES donnent l'occasion de fournir sur la table un plat de plus, lequel est économique.

Les HARENGS SAURS marinés forment un excellent hors-d'œuvre. Des filets de HARENG PEC (marinés, de Hollande et récemment préparés) se servent entourés de persil et arrosés d'huile.

Le SAUMON fumé coupé mince et auquel on a *fait voir* le feu du gril est un hors-d'œuvre très-distingué, bordé de persil.

Les CREVETTES seront servies sur un lit de persil.

On arrange aussi en coquille des chairs de jeunes HOMARDS en filets minces que l'on couvre d'une magnonnaise avec feuilles de persil et d'estragon hachées très-fin.

On fait une coquille MACÉDOINE avec du thon, des filets d'anchois ou de harengs saurs, des chairs de homard, des queues épluchées de crevettes, olives sans noyau, cornichons betteraves. On coupe le tout par morceaux, on y mêle une magnonnaise et on dresse avec ordre les filets de homard autour.

Un *entourage* de tranches minces de *citron*, coupées chacune en deux, dont on festonne les bords des coquilles, est un joli ornement pour les hors-d'œuvre, surtout sur une coquille de tranches de THON baignées d'un peu d'huile.

Les HUITRES MARINÉES sont tirées du baril, lavées et servies sur une sauce d'échalotes hachées fin, vinaigre, poivre, huile, jaunes d'œufs durs écrasés.

On connaît l'emploi des OLIVES, que l'on sert dans de l'eau où elles baignent pour ne pas noircir, celui des CORNICHONS et ACHARDS sur leur vinaigre.

Les ACHARDS de l'Inde, du nom de l'inventeur qui en faisait le commerce dans l'Inde, sont un mélange de fruits et légumes. En plantes du jardin potager, on tourne et découpe à l'emporte-pièce (voyez pages 42 et 54) ou autrement : des choux-navets, céleri-rave, navets, radis blancs et rouges, de très-petites carottes entières, fonds d'artichauts et très-petits artichauts entiers, jeunes épis de maïs, petits haricots verts, pointes d'asperges, petites pommes de choux de Bruxelles, filets de feuilles de choux rouges. — En fleurs et fruits : boutons de fleurs de câprier, de fleurs de grenadier, de rosier ; de petites oranges et des citrons verts éclaircis des arbres, petits abricots et petites pommes ; des amandes vertes entières et des amandes pelées, de petites noix vertes et des noix fraîches pelées ; de petits piments verts et rouges, de petits champignons, cornichons et petites courges à peine défleuries, enfin tout ce qu'on jugera devoir employer en ce genre.

Le tout, bien épluché et découpé, sera blanchi un moment à l'eau bouillante, égoutté 20 minutes, replacé dans un bocal rempli de vinaigre, où on les laissera tremper 24 heures. On les égouttera de nouveau pour les remplir de la sauce indienne ci-après.

On met macérer dans trois litres de vinaigre 90 gram. poivre en grains; moutarde en grains, 60 gram.; curcuma ou safran des Indes, 250 gram.; gingembre pilé, 125 gram.; coriandre, 30 gram.; piment, 10 gram. La macération durera 8 jours, après quoi on passera et on tordra dans un linge serré, puis on filtrera au papier. On ajoutera un litre d'huile d'olive pour 3 de ce mélange, et on y plongera les achards, qui devront y baigner. On expose le vase au soleil pendant plusieurs jours, puis on les garde pour servir au besoin.

Pour la variété des couleurs, nous indiquerons le Chou Rouge, qui plaît à beaucoup de personnes. Il faut découper finement la partie mince des feuilles, les mettre mariner avec du sel, les retourner, au bout de deux jours les égoutter et verser dessus du vinaigre en les assaisonnant de clous de girofle, petits ognons, même du piment, si on veut. On les conserve ainsi.

On coupe par tranches minces de jeunes CONCOMBRES, de gros cornichons frais, de très-jeunes *courges* ou potirons, que l'on fait macérer dans cette marinade, et on la remplace par un peu d'huile.

De petits ARTICHAUTS font un hors-d'œuvre. On les pare, on les sert entiers s'ils sont petits, et coupés par quartiers s'ils sont gros, sur des feuilles de vigne. On sert une petite saucière où est une vinaigrette.

Le RAIFORT ratissé en copeaux minces est servi pour assaisonner le bœuf bouilli.

Les CERNEAUX sont servis sur un peu de verjus et assaisonnés de gros sel au moment de servir.

Les FIGUES bien mûres sont posées comme tout autre fruit sur des feuilles de vigne, ainsi que les MÛRES.

Tout le monde sait arranger les RADIS, ce hors-d'œuvre si commun. (Voy. page 45 ses découpures.)

On ne sert jamais de radis sans BEURRE. (Voy. à la page 47 la figure d'un cygne en beurre qui fait un effet charmant; voy. aussi page 46.) Les tabletiers vendent des moules qui représentent divers sujets. On fait bouillir ces moules dans l'eau et ensuite on les maintient toujours dans l'eau froide tout le temps qu'on en a besoin; on met le beurre sur une moitié du moule, on applique l'autre, on presse, on enlève les bords qui dépassent, on démoule et on conserve les pains dans l'eau très-froide.

On prépare et on conserve au vinaigre des BETTERAVES cuites à l'eau. On les choisit petites, rouges et jaunes, pour varier; on les coupe par tranches dans les bocaux.

On sert aussi des tranches de CÉLERI-RAVE cuites, coupées égales avec un emporte-pièce et assaisonnées comme salade. On y mêle, si l'on veut, des filets d'anchois ou de thon, on orne de jaune d'œuf en miettes.

Des BIGARREAUX, des *guignes*, des *cerises*, conservés naturellement avec un bout de queue dans du vinaigre et un peu d'estragon, garnissent très-bien un hors-d'œuvrier.

DANS L'ÉTÉ, si on a de la glace, on en met sur les hors-d'œuvre de beurre, sur ceux de crevettes. On divise facilement les gros morceaux de glace au moyen d'un poinçon et d'un marteau.

TERMES DE CUISINE.

Abaisse : En aplatissant la pâte avec un rouleau on fait une abaisse.

Amalgamer : Mélanger parfaitement plusieurs substances.

Ambigu : Voyez *Repas à un service*, p. 88-100.

Assiette : On appelait autrefois assiettes, en cuisine, les petites entrées et hors-d'œuvre, dont la quantité n'excède pas ce que peut contenir une assiette. Au dessert, on dit assiette de fruits, de fromages, marrons, biscuits, etc., qui se servent sur une assiette. Voyez *Assiettes volantes*, page 3.

Attelets : voyez *Brochettes*.

Bains-maris* : Se dit des viandes ou autres substances qu'on fait cuire dans un vase plongé dans l'eau bouillante, pour qu'elles n'éprouvent pas l'action immédiate du feu, qui les ferait brûler ou cuire trop vite.

Barder : Couper des tranches de lard minces, et les attacher avec de la ficelle sur le ventre des volailles que l'on met à la broche.

Blanchir : Mettre diverses substances dans l'eau bouillante, avec ou sans sel, pour leur faire faire quelques bouillons et enlever leur âcreté.

Bouquet : Se dit du persil et de la ciboule qu'on lie en paquet, et qu'on met dans les ragoûts pour en relever la saveur. On appelle *bouquet garni* celui où l'on joint au persil et à la ciboule du thym, une gousse d'ail et du laurier en sage proportion. On le retire en servant, en même temps que l'on retire ce qui ne doit par rester dans la sauce, les

---

* Autrefois on faisait certaines préparations pharmaceutiques sur un bain d'eau de mer (*maris*, de la mer), d'où on a dit aux maris. Ainsi on doit écrire *bain-maris*.

clous de girofle, les gousses d'ail, petits os, etc.

Braiser : Faire cuire doucement sur le fourneau. Voyez le mot *Braise*, page 108.

Brider : Passer une ficelle afin de retenir les membres d'une volaille. Voyez page 66.

Brochettes ou *attelets* : Pour la cuisine, ces brochettes sont en fer ou en bois ; pour la table, elles sont en argent. Ce sont de petites lames de 16 à 24 cent., plates et pointues, qui ont un anneau au gros bout. A la cuisine, elles servent à retenir le rôti à la broche ; à table, on y enfile les petits poissons par la tête : les éperlans frits, par exemple. Voyez les figures, p. 39.

Caramel : Mettez du sucre en poudre dans un ustensile de cuivre, remuez et faites fondre doucement pour qu'il ne prenne pas d'amertume. On s'en sert pour colorer les sauces, le dessus des fricandeaux au moyen de la barbe d'une plume, les compotes et entremets, même le bouillon quand on n'a pas d'ognons brûlés ou de la liqueur appelée *colorine* que vendent les épiciers.

Ciseler : Faire des incisions obliques sur la chair du poisson que l'on veut faire frire ou griller, afin qu'il cuise mieux et ne se déchire pas.

Concasser : Diviser grossièrement dans un mortier ou par tout autre moyen.

Cuillères de cuisine : Il faut se servir toujours de cuillères de bois pour travailler les mets, parce que le métal les saisit par le refroidissement. Le métal a aussi l'inconvénient d'être attaqué par certains acides et de produire quelquefois du noir.

Cuisson : Manière de cuire. — Se dit aussi du liquide résultant de la cuisson qui a été faite dans de l'eau, du vin, du bouillon, du jus, etc.

Culinaire : Du latin culina, cuisine, art culinaire, ou du cuisinier.

Décanter : Tirer à clair un liquide pour le séparer de ce qu'il a déposé.

Décoction : Faire cuire, en bouillant, pour extraire la substance de ce que l'on soumet à cette opération. Si on ne faisait que verser l'eau bouillante sur ce dont on veut avoir la substance, c'est une *infusion*.

Dégorger : On fait dégorger les viandes pour les débarrasser du sang qu'elles contiennent, et rendre la chair plus blanche. Ce moyen consiste à les metttre tremper une demi-heure ou une heure dans l'eau froide.

Désosser : Oter les os de la volaille ou du gibier, ou les arêtes des poissons. Cette opération demande de l'adresse et beaucoup d'usage.

Dormant ou surtout de table : Décoration que l'on plaçait au milieu de la table et qui restait jusqu'à la fin du repas.

Dresser : Disposer les pièces et les morceaux sur le plat que l'on va servir sur la table.

Échauder : Faire tremper dans l'eau très-chaude un animal dont on veut enlever la plume ou ratisser et enlever le poil.

Émincer : C'est faire des tranches minces des viandes.

Émonder : Nettoyer; on émonde les amandes en les jetant dans l'eau bouillante pour attendrir leur peau, que l'on enlève avec les doigts.

Entrée, entremets : voyez pages 88, 90.

Escalopes : Petites tranches rondes et minces de viandes tendres, ou de chair de poisson, battues et aplaties, que l'on dispose en couronne sur un plat, de manière à poser à moitié les unes sur les autres, et à former comme un *escalier*.

Étamine : C'est un morceau de laine qui sert à passer des coulis, etc. On y supplée par un torchon humecté. On le tient à deux par les coins, et si on est seul, on l'attache à deux clous au mur et on tient les deux autres coins de la main gauche, tandis que de la main droite on fait passer avec une cuillère. Voyez *Passer*.

Étouffer, étuver : C'est faire cuire dans un vaisseau bien clos, pour empêcher l'évaporation.

Filet : Le filet est, en général, la partie la plus tendre d'une volaille, d'une pièce de gibier ou de viande. Dans le bœuf, le filet tient à l'aloyau; c'est la même partie sur la longe du veau, la selle du mouton et l'échine du cochon. Il en est de même dans le gibier à poil. Dans les volailles, c'est toute la partie blanche; dans les faisans, perdreaux, cailles, grives, etc., c'est la chair de l'estomac. — Le filet mignon dans le veau, le mouton et le gibier à poil, est la même partie qu'on appelle filet d'aloyau dans le bœuf. — Dans le poisson, c'est la chair des carpes, merlans, soles, etc., sans arêtes ni peau; dans les poissons plus gros, la chair découpée en filets plus ou moins gros.

Flamber : C'est faire passer de la volaille ou du gibier à plumes sur un feu clair ou sur la flamme, pour en brûler le duvet, après qu'ils ont été plumés. Le feu de charbon est préférable, pour ne pas noircir les pièces par la fumée.

Foncer : Mettre dans le fond d'une casserole du jambon ou veau en tranches, ou des bardes de lard.

Fontaine : Trou que l'on fait au milieu d'un tas de farine que l'on va délayer et pétrir avec ce que l'on place dans la fontaine.

Frémir : État voisin de l'ébullition dans les liquides.

Glacer : C'est étendre sur des viandes ou volailles piquées, toutes chaudes et prêtes à servir, les sauces ou coulis réduits à une consistance assez épaisse et que l'on nomme *glace*; on l'emploie au moyen d'une plume ou d'un pinceau. — En pâtisserie, c'est saupoudrer les pièces de sucre et les remettre au four pour que la glace se forme. On saupoudre avec du sucre en poudre fine renfermé dans une boîte de fer-blanc dont le dessus est percé d'une quantité de petits trous et nommée *glaçoire*, figure page 35. — En office, c'est faire une croûte de sucre luisant sur les fruits.

Habiller : Brider une volaille. Voyez *Trousser*.

Hors-d'œuvre : voyez pages 3, 88, 106.

Infusion : voyez *Décoction*.

Limoner les poissons : tanches, lottes, lamproies; en enlever le limon ou les écailles avec un couteau, après les avoir mis échauder un instant à l'eau près de bouillir dans une marmite à couvercle.

Lit : On dit faire des lits, lorsqu'on coupe des substances en tranches minces, entre lesquelles on en met quelques autres, ou des assaisonnements.

Macérer : Faire infuser à froid, dans un liquide, quelque substance pour en extraire les principes.

Mariner : Une *marinade* est un assaisonnement préparatoire que l'on fait subir aux substances crues pour leur donner plus de saveur. A chaque article on a indiqué la marinade qui lui convient. Il faut battre avec un rouleau ou un couperet les grosses pièces de viande quand elles ne doivent mariner que quelques heures.

Marquer : Déposer et arranger dans la casserole les objets qui doivent y cuire.

Masquer : Couvrir un mets dressé sur le plat avec une sauce consistante. Couvrir de sucre.

Mètre, centimètre, millimètre. J'emploie ces mesures toutes les fois que cela est nécessaire. Je joins ici une figure représentant jusqu'à 8 centimètres, 3 pouces, à l'usage des personnes qui n'auraient pas de mesure sous la main et qui pourront prendre une idée des proportions indiquées. 27 millimètres répondent à un pouce.

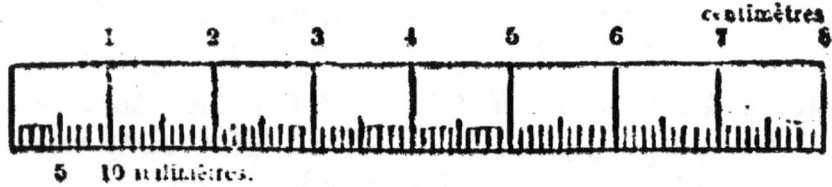

Menu : La liste du repas que l'on veut préparer.
Mijoter : Cuire lentement et à petit feu.
Miroton : du mot italien *mirondone*, en couronne. Tranches de bœuf cuit servies sur un ragoût d'ognons, ou formant une vinaigrette.
Mitonner : Faire tremper et bouillir longtemps à petit feu.
Mouiller : Mettre de l'eau, du bouillon, ou autre liquide, pendant la cuisson. *Mouillement* est le nom de ces liquides.
Paner : C'est saupoudrer de mie de pain bien fine les viandes ou autres choses qu'on fait cuire sur le gril ou au four. Voy. *Panure*.
Parer : On dit *parer les viandes*; c'est en ôter les peaux, nerfs et graisses superflus.
Passer, faire revenir sur le feu des viandes ou autres dans la casserole avec beurre, huile ou lard *fortement chauffé*. On retire le beurre pour le remplacer par d'autre si on doit faire un roux.
— On *passe* à l'*étamine*, au *tamis*, ou à la *passoire*, des coulis, purées, des jus, des sucs de fruits, des crèmes, etc. Les petites passoires de fer-blanc, à petits trous, que l'on fait à présent, remplacent

l'étamine et le tamis. Il faut en avoir pour le *gras* (passoires à bouillon) et pour le *maigre*, les sucs de fruits, les crèmes, etc. Celles en toile métallique s'engorgent ou se rouillent.

Pétales : La partie seule des fleurs, dégagée de tout ce qui est vert ou qui peut être amer.

Petit-four : Petits pains de Milan, croquettes, macarons et massepains, petits soufflés, biscuits à la cuillère, enfin tout ce qui est petite pâtisserie sèche. La Patissière de la campagne et de la ville enseigne à les faire avec facilité.

*Pièces montées** : Ce sont les pièces de pâtisserie composées de différentes sortes, telles que rochers, édifices, temples, croquenbouches. On y emploie le pastillage et la pâte d'amandes.

Pinceau à glacer : Paquet composé d'une trentaine de petites plumes de 10 à 12 centimètres, que l'on réunit après avoir arraché les deux tiers des barbes inférieures, pour dorer la pâtisserie.

Piquer : On taille du lard plus ou moins gros et selon l'emploi auquel on le destine, car il est évident que les lardons seront plus gros pour un filet de bœuf ou une noix de veau que pour des filets de volaille ou de perdreau. Après avoir paré la viande que l'on veut piquer, on couvre d'un linge blanc la paume de la main gauche et l'on pose la viande dessus; de la droite on tient la lardoire que l'on fait entrer superficiellement au n° 1, de manière qu'elle ressorte au n° 1 du haut; on y place le lardon, que l'on fait passer en le faisant ressortir également par les deux bouts. Faites la même opération à côté de ce premier lardon, et ainsi de suite dans la largeur du filet. On établit ensuite un second rang en piquant au n° 2, en

---

* *Art de filer et couler le sucre*, librairie Lebroc et Cⁱᵉ.

arrière du premier, de manière que la lardoire ressorte au n° 2 du haut, dans l'entre-deux des deux bouts de lardons déjà posés. On recommence

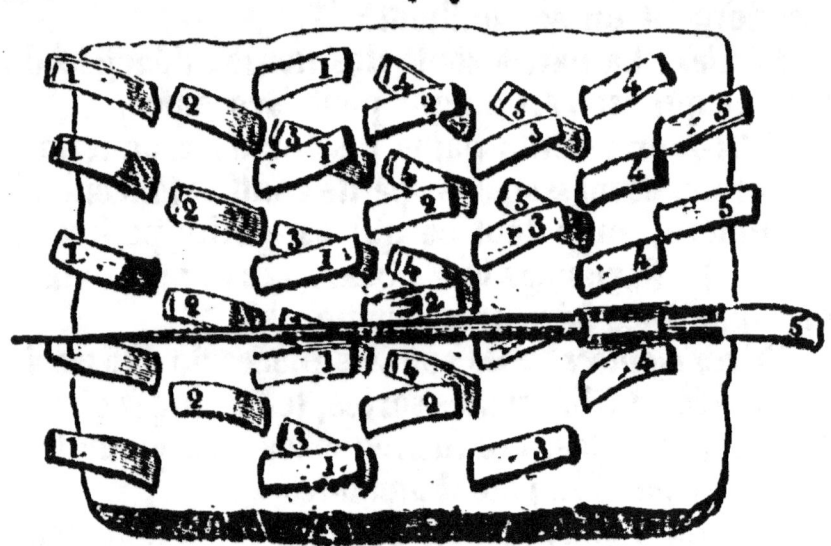

un autre degré, et l'on couvre ainsi d'un bout à l'autre toute la pièce, selon les numéros indiqués sur la figure. D'un lardon, un tiers doit être sous la chair et un tiers sortant à chaque bout. Plus on rapproche les lardons l'un de l'autre, et plus la piqûre est parfaite. Il est essentiel de piquer, autant que possible, dans le sens du fil de la viande, en exceptant cependant les volailles entières, le gibier à poil et à plume, que l'on destine à la broche et que l'on est dans l'usage de piquer en travers.

Plafond : Plaque de métal, depuis la grandeur d'une assiette jusqu'à 40 et 50 centimètres, avec un rebord formé d'un gros fil de fer; on en fait en tôle de fer et en cuivre, ronds ou carrés. Ils servent à poser les pâtisseries pour les faire cuire au four.

Pocher : On poche des œufs en les cassant dans l'eau ou le bouillon. On poche des boulettes de godiveau et des quenelles dans l'eau bouillante pour les faire cuire. Voir la *Pocheuse*, page 39.

Poids et mesures : Ceux qui ont fait la loi ont eu tort de ne pas indiquer, comme autrefois, des divisions qui portassent des noms faciles à retenir, tels que les *livres* et les *onces*. Obligé de suivre l'usage, en employant les grammes au lieu des onces, j'ai cependant conservé quelquefois la *livre*, mot utile et qui restera comme celui de *sou* dans la monnaie. En effet, on trouve plutôt le mot livre que le nombre de 500 gram. et même que demi-kilog. De même *quart* et *quarteron* que 125 gram. On se souviendra d'ailleurs avec peu de peine que chaque fois que l'on dit 30 gram., c'est l'équivalent d'une *once*, — 60, de 2 onces, — 100, de 3 onces, car en cuisine on n'est pas astreint à l'exactitude pharmaceutique.

Le *verre* que j'indique pour les liquides est celui de table, qui contient 2 décilitres, — 5 pour un litre.

Voici, au surplus, la table de comparaison plus juste des anciens poids avec les nouveaux :

1 once	31 gram.	10 onces	306 gram.	3 liv.	1 kil.	468
2	61	11	337	4	1	958
3	92	12	367	5	2	447
4	122	13	397	6	2	937
5	153	14	428	7	3	426
6	184	15	459	8	3	916
7	214	16	490	9	4	406
8	245	1 livre	490	10	4	895
9	275	2	979			

La livre se divisait en 16 onces, — l'once en 8 gros, — le gros en 72 grains. — Le kilogramme, poids d'un litre d'eau, se divise en 1,000 grammes, et répond à un peu plus de 2 livr.

Le setier de Paris se divisait en 12 boisseaux

anciens. — Le boisseau ancien contenait 13 litres. — Le boisseau nouveau se compose de 10 litres ou *déca*litre. (*Déca*, 10.)

Hecto veut dire 100. Ainsi un *hecto*litre se compose de 100 litres, un *hecto*gramme de 100 grammes. — *Kilo* veut dire 1,000. — *Déci* veut dire dixième; ainsi un *déci*gramme est la dixième partie d'un gramme, un *déci*litre la dixième partie d'un litre. — *Centi* veut dire centième : *centi*gramme, centième partie d'un gramme.

Puits : Creux restant au milieu de morceaux arrangés en couronne sur un plat. C'est encore le creux, ou vide, au milieu d'un moule à pâtisserie.

Refaire : Se dit de la volaille ou gibier qu'on met dans une casserole sur le feu, en les retournant jusqu'à ce que la chair renfle.

Revenir : voyez *Passer*.

Sauter : Faire cuire vivement, en sautant de temps en temps dans une poêle, ou dans une *sauteuse* ou *sautoir* (casserole large et basse de bords). Quand l'assaisonnement y est, on ne fait plus que remuer avec la fourchette.

Tamis : Instrument de cuisine pour passer le bouillon et les sauces, et les débarrasser des petits os, de l'écume, etc. On le remplace avec avantage par une fine passoire en fer-blanc.

Timbale : Moule en cuivre, de la forme d'une casserole; toutes les fois que l'on y fait cuire quelque chose qui conserve la forme du moule, c'est une timbale : macaroni en timbale, pâté en timbale. Un *moule à charlotte* est une timbale. Voy. les fig. p. 38.

Tourner une sauce : C'est la mêler et tourner avec une cuillère de bois pour l'empêcher de déposer et de s'attacher. — On tourne avec un couteau un navet, une carotte, pour leur donner une forme convenable. Voyez page 43.

Travailler : Sauce travaillée, c'est-à-dire que l'on a fait réduire au point nécessaire.

Trousser une volaille : Rapprocher du corps et ficeler les ailes et les cuisses, afin de l'arrondir en la mettant à la broche. Voy. les fig., p. 66 à 70.

Zeste : Pellicule mince de l'écorce du citron et de l'orange; c'est la partie jaune et odorante.

POTAGES *.

Pot-au-feu.

De tout ce que les savants ont dit sur la confection du pot-au-feu, on doit conclure que la pratique des ménagères y est parfaitement conforme, et qu'elles ont su choisir par la pratique ce qui convient le mieux pour la bonne réussite. — Meilleurs morceaux : gîte à la noix, tranche, culotte, même le paleron.

La viande de bœuf la plus saine fait le meilleur bouillon. Le veau n'est bon qu'en cas de maladie, car il blanchit et affadit le bouillon. Mettez la viande dans l'eau encore froide avec le sel. Le feu doit être assez lent pour que le bouillon ne bouille pas avant que l'écume ait monté et ait été enlevée complétement; ajoutez carottes, navets, panais, poireaux, céleri, racine de persil, une feuille de laurier, 1 ou 2 clous de girofle et gousse d'ail; un ognon brûlé, ou un caramel, ou de la *colorine*, pour donner de la couleur. On fait bouillir (*frémir*) doucement jusqu'à ce que la viande soit cuite.

Après la quantité et la qualité de la viande, ce qui contribue le plus à faire de bon bouillon, c'est d'avoir attention qu'il *frémisse* à petit feu sans

---

* En Italie on sert avec le potage une assiettée de fromage râpé, dont chacun peut mêler une cuillerée dans sa soupe. On y mêle aussi un peu de persil haché avant de la servir.

discontinuer un seul moment. Il faut 5 à 6 heures en tout pour faire un bon pot-au-feu. La proportion est de 3 livres de viande pour 4 litres d'eau. Quand le pot-au-feu est fait, versez-en le bouillon tout bouillant sur le pain taillé dans la soupière en le passant au tamis ou à la passoire. On évitera de faire bouillir le pain avec le bouillon, ce qui ôte la qualité du bouillon. On sert sur une assiette les racines et les poireaux quand il n'y a pas de cérémonie.

Les vieilles perdrix et toutes sortes de volailles de basse-cour ajoutées au bœuf sont aussi très-propres à faire de bon bouillon. Un morceau de poitrine et même d'autre partie du mouton relève son goût et peut être servi le lendemain sur le gril. Les os de débris concassés et ceux restant des rôtis donnent du liant et de la saveur. On ne risque que de perdre un peu de sa limpidité.

Les sucs que la viande contient font le bon bouillon; ils ne se dissolvent que lentement et à feu doux : si on fait bouillir avec force, on n'en profite pas. La meilleure méthode pour obtenir un bon résultat est de faire bouillir

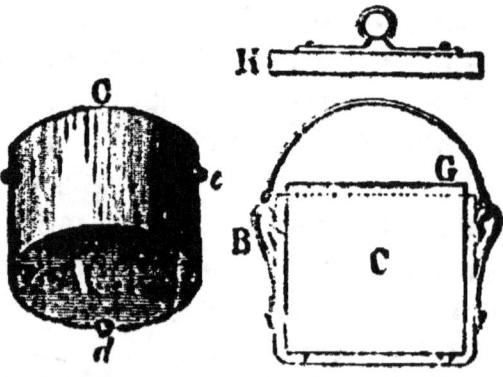

au bain-marie, et il est facile d'y parvenir si on se sert d'une marmite de cuivre B à couvercle H, à laquelle on fait adapter un double fond mobile. Ce double fond, ou vase en fer-blanc C, doit avoir la forme de la marmite, et sera soutenu par 3 petits pieds d de 15 à 18 millimètres de hauteur par-dessous, et 3 autres pieds e autour du bord extérieur pour le retenir au milieu de la marmite et laisser circuler l'eau du bain-marie. On aura soin que le double fond, qui contient par conséquent tout ce qui constitue le pot-au-feu, soit élevé d'un centimètre au-dessus du bord de la marmite G, afin que l'eau n'y entre pas.

Dans les temps chauds on doit faire bouillir le bouillon chaque jour pour le conserver. Le chou mis au pot-au-feu en change la nature et en empêche la conservation. Le riz lui ôte un peu de sa limpidité, et ne permet pas de le conserver aussi longtemps.

Dans les dîners où le nombre des convives oblige à 2 potages, l'un doit être d'un bouillon clair et l'autre avec liaison ou purée.

Extrait de viande, procédé Liebig.

Pour obtenir d'excellent bouillon (sans avoir de viande à manger), faites bouillir dans un litre et demi d'eau un peu de légumes, et une livre d'os (500 grammes); au moment de servir passez et ajoutez une cuillerée à thé d'extrait de viande.

Consommé de l'impératrice Marie-Louise.

Deux litres d'eau, 1 kilo de tranche maigre de bœuf, demi-poule à moitié rôtie et rissolée *, 2 carottes, 2 ognons, 2 poireaux, bouquet garni, 2 clous de girofle. Cuit pendant 8 heures, dégraissez et servez.

Marmite américaine en étain pur **. Couper la viande par morceaux de la grosseur d'une noix, mettre aussi dans la marmite les ingrédients nécessaires, légumes, sel, etc., dans la même proportion que dans un pot-au-feu ordinaire. N'ajouter aucun liquide. Plonger l'appareil dans un vase d'eau bouillante dont le niveau sera maintenu à la hauteur du 2e cercle. Continuer l'ébullition pendant 5 ou 6 heures.

* Carême recommande de faire rôtir à moitié et colorer à la broche une poule destinée au bouillon, afin de lui donner plus de saveur et de couleur. — Cet illustre cuisinier servait autant de potages avec leur couleur naturelle qu'avec tout ce qui a été inventé pour en donner une factice au bouillon.

** On trouve la marmite américaine dans les bonnes maisons de quincaillerie et d'articles de ménage.

La partie liquide que l'on trouve alors séparée de la viande constitue un consommé chargé au plus haut degré de principes nutritifs et dont la digestion est des plus faciles. Nous en préconisons l'usage pour les malades et les convalescents.

Bouillon de mou de veau pour les malades dont la poitrine est attaquée.

Ayez un mou de veau frais du jour, lavez-le, coupez-le en gros dés et le faites cuire dans un litre et demi d'eau jusqu'à réduction d'un tiers. Ajoutez-y 4 figues grasses, 6 jujubes, 6 dattes et 15 grammes de raisin sec, donnez encore 10 minutes d'ébullition, passez-le comme on fait du bouillon ordinaire et servez-en une tasse le matin et une le soir, 3 heures après avoir mangé.

Bouillon de poulet pour les malades.

Prenez le quart d'un poulet maigre, que vous faites bouillir une heure dans un litre d'eau avec quelques feuilles de laitue et cerfeuil, et quelques grains de sel, s'il n'est pas ordonné comme laxatif.

Le *Bouillon de veau* se fait dans les mêmes proportions, avec de la rouelle.

Bouillon fait en une heure.

Coupez en petits morceaux 1 demi-kilo de bœuf que vous mettez dans une casserole avec carottes, ognons, un peu de lard, un demi-verre d'eau; laissez le tout mijoter et suer un quart d'heure, jusqu'à ce qu'il commence à s'attacher à la casserole; versez alors un demi-litre d'eau bouillante, mettez un peu de sel, faites bouillir 3 quarts d'heure et passez à la passoire en pressant. — *Bouillon à la minute.* Faites bouillir de l'eau, mettez-y du jus de viande rôtie, salez.

Croûte au pot.

Prenez des croûtes de pain bien cuit, ou faites

griller des tranches de pain; mettez-les au fond d'une casserole avec un peu de bouillon sur un feu doux, laissez tarir et gratiner; détachez-les de la casserole avec du bouillon, dressez dans la soupière; versez le bouillon.

Riz au gras et au maigre.

On préfère celui de la Caroline. — Lavez à 3 eaux 4 cuillerées combles de riz pour 6 personnes. Mettez-le dans une casserole avec 2 verres de bouillon, pour crever à très-petit feu. A mesure qu'il crève, remettez du bouillon, mais sans le remuer, car il s'attacherait au fond de la casserole. Quand il est crevé au point voulu, versez-le dans la soupière après avoir ajouté la quantité de bouillon chaud nécessaire (environ un litre et demi en tout). — Si on le fait au maigre, on emploie de l'eau, sel, poivre, du beurre au moment de servir, et une liaison de jaunes d'œufs. — Au lait, on ajoute un peu de sel, du sucre, et on lie, si on veut, avec 2 jaunes d'œufs.

Pilau ou riz à la turque.

Coupez 6 gros ognons, une carotte rouge, passez au beurre avec persil entier, sel, poivre, girofle, muscade; mouillez avec 3 cuillerées à pot d'eau bouillante, ajoutez un peu de safran pour colorer, laissez bouillir doucement une heure, passez au tamis. Lavez une livre de riz, mouillez-le avec votre sauce, ajoutez un fort morceau de beurre et poivre; laissez crever. Beurrez le fond d'une casserole et mettez-y votre pilau, que vous faites épaissir sur un feu très-doux, et servez en place de potage. — *Autre.* Lavez du riz et le faites crever à moitié dans du bouillon, joignez un peu de safran et piment en poudre, beurre, moelle de

POTAGES.

bœuf fondue, du jus; mêlez et servez épais sur un plat creux, avec du consommé à part et du bouillon.

Vermicelle et petites pâtes d'Italie.

Jetez-les dans l'eau bouillante, si c'est en maigre; ajoutez sel, poivre blanc. Faites bouillir. Quand la pâte est cuite, retirez sur le bord du fourneau, *et n'ajoutez qu'alors le beurre;* liez, si vous voulez, avec des jaunes d'œufs, et mêlez-y une purée.

En gras, vous vous servez de bouillon pour les faire cuire, et vous pouvez ajouter une purée de légumes. — Pour les petites pâtes d'Italie de formes diverses, il faut faire cuire environ 3 quarts d'heure et ne pas aller jusqu'à les déformer, ce qui en ôterait l'agrément.

Vermicelle aux petits pois.

Un potage clair au vermicelle étant préparé, ajoutez-y, au moment de servir, de petits pois cuits et préparés comme pour entremets.

Nouilles.

Elles se composent d'une pâte faite avec demi-litre de farine, 6 jaunes d'œufs et 2 blancs, sel, persil haché très-fin, muscade râpée, poivre, de l'eau assez pour faire une pâte solide que vous étendez très-mince et que vous coupez en filets. Versez-les peu à peu dans du bouillon bouillant, gras ou maigre, ou dans du lait, dans lesquels ils devront cuire une demi-heure. Il faut les saupoudrer de farine pour qu'elles ne se collent pas. On peut supprimer le persil. Voyez *Tagliati.*

Potages de semoule, fécule, tapioca, sagou, salep.

Répandez la semoule et le tapioca en pluie en tournant dans le bouillon ou le lait bouillant. La fécule comme les farines seront délayées dans un peu de bouillon ou de lait, à froid, puis mêlées ensuite au bouillon bouillant en tournant. En 5 ou 10 minutes elles seront cuites; le sagou demande une heure. Lavez-le. On sucre si on veut ce qui est au lait. Si c'est à l'eau, on sale ou l'on sucre, et on met le beurre au moment de servir. On fait ces potages clairs. Le vrai tapioca renfle beaucoup.

Potage au lait, lié d'œufs.

Faites bouillir le lait et y ajoutez un peu de sel et du sucre; au moment de servir, ajoutez une liaison de 4 jaunes d'œufs pour un litre; faites prendre sur le feu en tournant avec une cuillère de bois, sans laisser bouillir; quand le lait s'épaissit et s'attache à la cuillère, versez sur le pain taillé mince dans la croûte.

Potage à la Monaco.

Faites de jolies tranches minces de mie de pain, égales en forme et en grandeur; faites-les griller, jaune pâle, sur un feu doux; poudrez-les de sucre fin; mettez-les dans la soupière et baignez-les de lait bouillant avec un grain de sel. Liez, si vous voulez, de jaunes d'œufs comme le précédent.

Potage aux jaunes d'œufs. — Sévigné.

Délayez dans un demi-litre de bouillon 8 jaunes d'œufs; passez, versez dans un moule et faites prendre un bain-maris. Étant pris, levez de cette espèce de crème avec une petite écumoire par lames comme si c'étaient des soupes, et les faites baigner dans la soupière où l'on a versé le bouillon chaud. — Peut remplacer le *potage Sévigné*, qui ne contient de plus que de la purée de volaille jointe aux œufs.

Panade royale ou à la Reine.

Prenez de la mie de pain et mettez-la dans la casserole avec assez d'eau pour qu'elle baigne : sel, et poivre. Faites mijoter une heure; passez; ajoutez un bon morceau de beurre, liez, si vous voulez, des jaunes d'œufs délayés avec de la crème; et servez sans laisser bouillir.

Potage au macaroni.

Jetez du macaroni dans du bouillon bouillant, faites-le cuire, et saupoudrez ce potage de fromage râpé un peu avant de servir, ou bien faites-le cuire à grande eau, (Voy. *Cuisine italienne*), en potage à la napolitaine.

Potages de purée de pois, haricots, lentilles, carottes, navets, pommes de terre, choux, etc.

On sait que les légumes secs se mettent à l'eau froide et les verts quand l'eau bout.

Ils se font tous comme le potage aux pois, que nous allons donner : Mettez vos pois dans une marmite, avec eau sel, ognons, carottes, un bouquet de poireaux et céleri, du lard (si vous voulez faire en gras). Vos légumes étant cuits, écrasez-les, passez dans une passoire; dressez votre potage, trempez-le avec du bouillon dans lequel vos légumes ont cuit, et la purée dessus. S'il est épais en purée, on trempera son potage sur des croûtons passés au beurre ou des tranches de pain extrêmement minces coupées en filets, car la purée les tremperait difficilement. Un potage de purée de *fèves*, vertes ou conservées tout écalées, est très-savoureux. On peut faire encore de cette manière des *potages à toutes sortes de purées en vert*,

Purée de pois secs perfectionnée.

Mettez dans une marmite un litre de pois concassés avec de l'eau froide, un peu de sel et de beurre; ajoutez un peu de maigre de jambon ou de petit salé; faites mijoter 2 heures. Retirez le jambon et passez la purée à la passoire, joignez-la au bouillon de cuisson, faites-la mijoter encore une heure, ajoutez du beurre au moment de servir, goûtez l'assaisonnement et versez-la dans la soupière. Si vous voulez lui rendre la verdeur des pois verts, vous y mêlez du vert d'épinards passé fin.

Bouillon maigre.

Il se composera de l'eau dans laquelle on aura fait cuire ce que l'on aura en haricots, pois, lentilles, laitues, carottes, navets, panais, céleri, poireaux, ognons, avec du sel. On fera cuire à grande eau et on pourra donner du corps au bouillon en y joignant la purée faite de tout ou d'une partie de ces légumes. — *Autre.* Mettez dès le matin une marmite au feu avec eau, sel, gros pois secs, navets, carottes, panais, céleri, choux, persil, ognons piqués de clous de girofle. Quand le tout est bien cuit, passez en exprimant fortement.

Potage à la Chantilly.

C'est une purée de lentilles à la reine, que l'on mêle à du bouillon, et que l'on verse sur des croûtons frits comme aux *potages de purées*.

Potages de purée de lentilles à l'oseille.

Après avoir préparé votre purée, vous la mêlez à une poignée d'oseille passée au beurre. Passez le tout, remettez-le un moment sur le feu pour lier, en y mêlant un morceau de beurre; ajoutez-y le bouillon où les lentilles ont cuit, et versez sur les croûtons.

Potage à la Crécy.

Ce potage, à la mode, se compose de carottes *très-rouges* en purée avec navets, un ognon et un poireau. Si on veut le faire plus fin, on fera fondre ces légumes à la casserole avec du beurre et un morceau de sucre; mouillez-les de bouillon, passez-les à la passoire, faites cuire encore sans bouillir pour lui donner une belle couleur rougeâtre : au moment de servir, trempez-y des croûtons passés au beurre, ou coupés dans des tranches minces grillées.

Potage à la Condé.

Faites cuire des haricots rouges avec sel, 2 ou 3 ognons; passez en purée et mouillez avec le bouillon de la cuisson; ajoutez du beurre. Servez avec croûtons comme ci-dessus.

Potage au céleri.

Lavez et coupez par petits morceaux du céleri-rave en assez grande quantité et des pommes de terre pour épaissir; faites cuire avec eau, sel, muscade; passez en purée et trempez votre potage.

Potage aux boulettes et aux pois.

Tout le monde ne fait pas des boulettes ou quenelles, mais tous les pâtissiers en vendent à la livre. Faites cuire dans du bouillon gras ou maigre des pois verts; quand ils sont cuits, servez-les en potages avec des boulettes coupées par petits morceaux au lieu de pain, ce qui sera fin et distingué.

Autre potage aux boulettes.

Cassez dans une terrine 2 œufs, ajoutez 30 grammes de beurre frais, sel, poivre blanc, fines herbes; tournez le tout en y mêlant de la farine, jusqu'à consistance de pâte; farinez la table et formez avec la pâte des boulettes comme des olives, faites-les frire au beurre dans une casserole; mettez-les au fond de la soupière et versez dessus du bouillon gras ou maigre.

Potage aux boulettes à l'italienne.

Faites des boulettes (page 180), dans la farce desquelles vous introduisez du fromage parmesan ou gruyère râpé, et employez-les comme celles ci-dessus.

Potage aux boulettes de pommes de terre.

Faites cuire à l'eau des pommes de terre jaunes, mettez-les en purée, réunissez-les à des blancs de volaille hachés, pilez et ajoutez l'un après l'autre quelques jaunes d'œufs crus, une cuillerée de crème, sel, poivre blanc; le tout bien pilé, passez-le dans une passoire fine, faites-en des boulettes que vous pochez, jetez à mesure dans le bouillon. Voyez *Quenelles* et *Boulettes*.

Potage aux marrons ou châtaignes.

Otez les peaux; faites cuire à l'eau ou bouillon avec sel, mettez en purée. Versez dans une casserole où vous avez fait frire un ognon; faites bouillir. Le meilleur usage est de détremper leur pâte avec du lait. On vend de la farine de marrons, bonne pour faire cette bouillie.

Potage à la purée de gibier ou de volaille.

On retire les chairs de débris, que l'on pile avec de la mie de pain; on délaye avec leur bouillon, et l'on passe à la fine passoire. Trempez le pain avec le bouillon et versez la purée par-dessus, avec de très-petits croûtons coupés dans des tranches de pain grillé.

Potage à la Reine.

Se fait de même, mais avec des chairs tendres de volaille ou de veau, et du riz cuit que l'on pile avec du consommé; on ajoute de la crème.

Potage à la reine Margot.

Purée de volaille, lait, feuille de laurier, amandes et beurre.

Mock-Turtle, dite aussi Soupe à la tortue.

Faites cuire à moitié dans de l'eau et du sel un morceau de tête de veau, la partie supérieure, toute blanchie et préparée. Ensuite coupez-la en petits dés, joignez-y un bouquet de persil, thym, marjolaine, basilic, ognons piqués de 2 clous de girofle, laurier, puis des champignons, du maigre de jambon en petits dés, poivre, muscade râpée; faites revenir tout cela, moins le bouquet, dans du beurre, retirez de la casserole et faites un roux : remettez ce que vous avez préparé ci-dessus et ajoutez la quantité d'eau nécessaire pour votre soupe, qui doit être épaisse comme un coulis et sans pain. Faites bouillir environ 2 heures. Ajoutez encore, si vous voulez, du vin de Madère, du jus, des godiveaux en petites boulettes, des jaunes d'œufs durs entiers, du jus de citron, poivre de Cayenne, et sel si le jambon n'a pas salé assez. On sert le tout ensemble, après avoir retiré le bouquet et les ognons; mais on peut n'employer qu'une partie de tous ces ingrédients, chacun suivant son goût. — Ce potage est restaurant, et le poivre de Cayenne ou piment que l'on y emploie, si on veut, et en quantité, lui donne un montant qui le fait rechercher beaucoup en Angleterre. Il faut le servir bouillant, et à chaque personne dans un bol, où il refroidira moins que sur l'assiette. Il convient en gastronomie intime, et serait mal placé dans la cérémonie. On peut aussi, à courte sauce, le servir comme *ragoût*.

Garbure, potage gascon gratiné.

Si la garbure est *aux laitues*, vous les faites blanchir, les ficelez et les faites cuire dans une casserole foncée de bardes de lard, carottes, ognons, clous de girofle; mouillez de bouillon ou d'eau; étant cuites, vous les déliez, les coupez en 2 dans leur longueur et les dressez sur un plat très-creux par lits, entremêlées de tranches de pain et saupoudrées de gros poivre; arrosez du bouillon de leur cuisson; faites gratiner sur le feu très-doux et couvert. Ce potage est épais, mais on sert du bouillon gras à part. — La garbure *aux choux* se fait de même; on place au milieu une cuisse ou une aile d'oie de desserte avec une tranche de jambon cru ou de petites saucisses. On sert l'oie sur la garbure, et le jambon coupé par filets et les saucisses autour du plat. A l'*italienne*, on entremêle les tranches de fromage râpé.

Potage à la bisque d'écrevisses.

Lavez à plusieurs eaux 50 petites écrevisses, retirez-en la nageoire du milieu de la queue et le boyau noir qui y tient, et les faites cuire dans une casserole avec un peu d'eau et du sel. Étant cuites, mettez de côté les chairs des queues et pattes; pilez le reste très-fin dans un mortier, et y ajoutez 125 grammes de bon beurre en continuant à piler. Mettez cette pâte dans une casserole avec un peu d'eau; faites bouillir, et passez à la fine passoire en faisant sortir soigneusement le beurre. Remettez ce coulis dans la casserole avec de belles croûtes de pain dorées (environ la croûte d'une flûte à soupe d'une demi-livre). Lorsque ce pain est cuit, vous passez le tout en purée. Faites bouillir à la casserole avec bouillon gras ou bouillon de poisson. Passez au beurre de petits croûtons coupés en dés, dressez-les dans la soupière, versez dessus votre bouillon, et arrangez en dessus les queues et les pattes.

On peut, au lieu de croûtons, employer vermicelle, semoule, etc. De toutes façons, il faut toujours que les pattes et queues mijotent 5 minutes dans le bouillon.

Potage de grenouilles.

On n'emploie que les cuisses, dont on enlève la peau; faites-les dégorger une demi-heure dans l'eau fraîche, mettez-les dans une marmite avec assez d'eau pour le potage, carottes, poireaux, navets, panais, un peu de céleri, un ognon brûlé, sel, un morceau de lard; faites cuire doucement 4 à 5 heures, et servez-vous-en comme de bouillon gras. Pour maigre, mettez du beurre au lieu de lard, un moment avant de servir.

Potage aux moules et autres coquillages.

Épluchez et lavez-les, mettez-les dans la casserole avec un verre d'eau où vous les faites cuire 5 minutes. Vous en tirez le jus, que vous versez dans une autre casserole où vous avez fait frire un ognon haché; ajoutez de l'eau, sel, poivre, persil haché, beurre, les moules : faites bouillir et trempez votre potage. On peut employer de même divers autres coquillages, tels que clovisses, etc.

Bouille-baisse.

Pour 8 ou 10 personnes on choisira 3 kilos de poissons, tels que merlan, sole, carpe vive, etc., et 24 ou 30 moules, 6 ognons coupés en 4, 2 tomates passées, 2 feuilles de laurier sèches, 2 tranches de citron, du zeste d'orange sec, 4 clous de girofle, le tout dans un nouet, sel, poivre, un peu de safran, une bonne pincée de persil haché fin, demi-litre de vin blanc; mettez le tout dans une casserole, après avoir bien lavé, écaillé, nettoyé et coupé en tranches le poisson. On y ajoute demi-litre d'huile fine et de l'eau pour recouvrir le tout; on allume un feu vif et on laisse bouillir fortement pendant 40 minutes. On coupe des tranches de pain, 2 ou 3 par personne, on enlève le poisson de la casserole, et après avoir retiré le nouet, on le met à part sur un plat et l'on vide tout le reste sur les tranches, que l'on sert de suite en potage, ou le tout ensemble.

Bourride.

Même proportion et même procédé que pour le bouille-baisse. On ajoute seulement un peu d'eau. On fait un beurre d'ail, 1 ou 2 cuillerées par personne; on le met dans un poêlon. On mouille les tranches de pain avec le bouillon du poisson. On fait glisser un jaune d'œuf par personne dans le beurre d'ail, que l'on place sur un feu vif; on le tourne sans cesse jusqu'à ce qu'il forme crème, on le verse sur les tranches de pain et l'on sert.

Ces recettes ont été données par un Marseillais.

Bouillon ou coulis de poisson.

Faites fondre à la casserole un bon morceau de beurre, et y mettez revenir et prendre couleur des carottes et ognons par tranches; mouillez avec de l'eau et ajoutez des chairs bien nettoyées de poisson avec sel, poivre, muscade, un bouquet garni. Le poisson étant bien cuit, passez ce bouillon dans une passoire, et vous en servez pour potage ou sauces. On se sert de toutes sortes de poissons d'eau douce, de cuisses de grenouilles ou de chairs d'écrevisses, ou même de poissons de mer bien frais, à chair qui ne soit ni huileuse, ni grasse, ni de goût trop fort. Les merlans, soles, limandes, carrelets, anguilles de mer, sont excellents, ainsi que quelques moules avec leur eau. Voyez *Waterzoo*, et *Bouille-baisse*, page 134.

Potage au fromage.

Faites un bon bouillon de soupe à l'ognon ou au chou. Râpez du fromage, que vous mettez dans le fond de la soupière, et un lit de pain coupé mince, un lit de fromage sur le pain, et ainsi de suite, même un lit de chou. Avant de verser le bouillon dans la soupière, vous y mêlez, si vous voulez, deux verres de crème bouillante. Il ne faut pas saler le bouillon ou très-peu, à cause du fromage *.

Soupe aux choux.

Mettez la marmite au feu avec l'eau et le lard **, le petit salé ou autre viande; quand tout cela a bouilli une heure, vous ajoutez un chou, des carottes, navets, poireaux, céleri, ognon piqué

* Le meilleur fromage à employer dans les potages est celui de parmesan. On peut lui associer le gruyère par moitié, mais le gruyère seul se mêle moins bien au bouillon. On doit avoir dans chaque cuisine, outre la râpe à sucre, une autre râpe semblable pour le fromage. Un morceau de fromage parmesan se conserve longtemps dans du sel ou enveloppé dans un linge légèrement huilé.

** Les débris de viandes et d'os, soit venant de la boucherie, soit restant des rôtis, sont d'un utile emploi et peuvent constituer à eux seuls d'assez bon bouillon. Ils seront excellents pour une soupe aux choux. A cet effet on les mettra à la marmite et on les fera d'un clou de girofle, sel, et, si vous voulez, un cervelas; il faut en tout 4 heures. Si on met des pommes de terre, il ne faut les ajouter qu'une demi-heure avant de servir. Le chou entier, les carottes, navets, viande, lard et cervelas seront servis sur un plat après la soupe. — La meilleure se fait avec du mouton et peu de lard. Alors écumez.

En maigre. Faites blanchir un chou, égouttez; mettez-le dans la marmite quand l'eau est bouillante, avec carottes, navets, poireaux, ognon piqué d'un clou de girofle, céleri, sel et poivre; une heure avant de servir, ajoutez quelques pommes de terre et ensuite du beurre. — *Aux choux et au lait.* Faites de même, avec moitié moins d'eau; au moment de servir, ajoutez-y moitié lait bouillant, trempez et servez.

Soupe de chasseur.

Elle consiste à ajouter à la soupe aux choux *un lapin* de garenne coupé en 4 ou 5, mis plus ou moins tard, suivant sa tendreté.

Potage aux choux-fleurs.

Épluchez de petits choux-fleurs, coupez par morceaux, faites revenir à la casserole avec beurre jusqu'à ce qu'ils soient bien roux; mouillez-les avec l'eau de cuisson de choux-fleurs ou moitié bouillon, et assaisonnez. Faites griller des tranches minces de pain, que vous trempez dans votre

---

bouillir une heure ou deux, après quoi on passera le bouillon afin de le nettoyer des petits os et débris, on remettra le bouillon dans la marmite et on ajoutera le chou, etc.

Pour enlever l'âcreté au chou, s'il n'est pas de nature tendre, faites-le macérer quatre heures dans l'eau fraîche. Ou bien faites blanchir.

potage; laisser mijoter jusqu'à ce que le tout soit fondu ensemble comme une purée. Servez.

Potage aux petits choux.

Ayez un bouillon quelconque, gras ou maigre, de légumes ou même de choux; passez-le, faites-le bouillir et y faites cuire des petits choux de-Bruxelles, doucement, sans les déformer. Versez-les dans la soupière sur des petits croûtons frits coupés en dés ou séchés au four.

Potage aux petits pois.

Faites-les cuire à l'eau bouillante avec du sel; la cuisson faite, ajoutez du beurre * et versez sur des croûtons que vous avez passés dans la casserole avec du beurre et du sucre, ou sur des tranches de pain. On aura un potage plus savoureux si on a commencé par faire revenir dans du beurre une poignée d'oseille, laitue, cerfeuil hachés avant de verser l'eau dans la casserole et d'y mettre les pois.

Potage aux herbes.

Hachez une poignée d'oseille, cerfeuil, belle-dame, laitue, que vous faites cuire avec du beurre et du sel. La cuisson faite, mettez du bouillon maigre ou de l'eau, laissez jeter quelques bouillons et trempez. Liez de jaunes d'œufs au moment de servir.

Potage à l'ognon.

Faites fondre du beurre ou de bonne graisse, et faites-y roussir un ognon haché bien menu. Lors-

---

* Toutes les fois que l'on emploie du BEURRE DANS UN POTAGE ou dans une sauce, on ne doit l'y mettre qu'au moment de servir, car il perdrait son goût, excepté celui qui sert à faire revenir les légumes de juliennes, etc., comme préparation. — Le CITRON ne doit jamais non plus bouillir dans les sauces.

qu'il est à moitié roux, ajoutez une forte pincée de farine, que vous laissez frire avec l'ognon jusqu'à ce qu'il ait acquis le dernier degré de rousseur; mettez la quantité d'eau nécessaire pour votre bouillon, sel, poivre; faites bouillir 5 minutes; passez le bouillon, et trempez votre soupe avec de la croûte colorée, et peu de mie.

Riz ou Vermicelle à l'ognon.

Comme le précédent, mais vous laissez cuire l'ognon pour le passer et y jeter ensuite le riz qui doit y crever entièrement, ou le vermicelle.

Potage aux petits ognons.

Épulchez et faites blanchir 5 minutes une demi-assiettée de petits ognons, sautez-les à la casserole avec du beurre et du sucre; mouillez de bouillon, ajoutez du poivre et trempez de croûtons passés au beurre.

Potage à l'ognon et au lait.

Faites frire un ognon dans le beurre; lorsqu'il sera blond, versez du lait, salez, poivrez peu : versez sur les tranches de pain. On ajoute si l'on veut une liaison de jaunes d'œufs.

Soupe au thé pour le déjeuner.

Beurrez des tranches de pain dont vous foncez une soupière, sucrez; versez dessus un verre d'une forte infusion de thé, et le double de lait.

Potage à la julienne.

Prenez carottes, navets, panais, poireaux, pieds de céleri, ognon, que vous coupez en petits filets; de la laitue, cerfeuil, poirée, un peu hachés; des pois verts ou petites fèves; faites cuire à moitié avec du beurre ou de la graisse; mouillez ensuite de bouillon gras ou d'eau, achevez de cuire : *dégraisez*; ajoutez une purée quelconque; salez, poivrez et trempez avec peu de pain ou servez sans pain. — Si on coupe les légumes en *dés* et que l'on ajoute une purée de lentilles, la julienne devient un *potage à la Faubonne*. Si on n'emploie que carottes, navets, céleri, on aura une *Brunoise*.

Julienne passée.

On passe au presse-purée ou à la passoire tout ce qu'on a préparé pour la julienne. On trempe avec de très-petits croûtons taillés dans des tranches minces de pain grillé ou des croûtons frits.

Julienne au riz.

Votre julienne préparée, vous y faites crever du riz au lieu d'y mettre du pain.

Potage printanier.

Faites-le comme celui à la Julienne, et vous y ajoutez des pointes d'asperges. petits pois, petits radis et petits ognons, un petit morceau de sucre pour ôter l'âcreté. Couvrez le potage avec ces légumes.

Potage aux laitues ou romaines.

Faites blanchir 2 laitues, ficelez-les, faites-les cuire dans du bouillon; trempez le potage avec du bouillon; servez vos laitues ou *romaines* dessus.

Potage à la chicorée.

Coupez mince des chicorées frisées sans leurs cotons, passez-les au beurre et ne laissez pas roussir; mouillez avec de l'eau, sel, poivre, muscade; faites bouillir 3 quarts d'heure, liez de jaunes d'œufs et versez sur le pain.

Potage de haricots verts et blancs.

Préparez un bouillon avec purée de haricots

nouveaux. Coupez les haricots verts en petits losanges, faites-les blanchir au point d'être assez cuits, rafraîchissez-les à l'eau froide et les égouttez. Versez-les dans le bouillon en même temps que le beurre nécessaire, et servez ce potage accompagné d'une assiette dans laquelle sont de petits croûtons passés au beurre.

Soupes de la bonne ménagère.

On prendra les os des pièces desservies, des carcasses de volailles, enfin ce qu'on aura. On les mettra au pot comme on ferait pour le pot-au-feu avec mêmes assaisonnements et légumes. Trois heures avant de servir, on retirera la moitié du bouillon, que l'on gardera pour le lendemain, et l'on ajoutera à ce qui reste un chou qui donnera une soupe au chou pour le jour même.

Le lendemain, on coupera comme pour julienne 2 pieds de céleri, 2 feuilles de chou, 3 ou 4 poireaux (plus ou moins; ceci pour 6 personnes); on les fera revenir au beurre ou avec de la graisse dans une casserole. Quand ces légumes seront bien revenus et à moitié cuits, on versera dans la casserole le bouillon mis à part la veille, en y ajoutant 3 ou 4 grosses pommes de terre jaunes entières. Quand tout sera cuit, on trempera son potage. Les pommes de terre mises entières seront écrasées au moment de tremper, ce qui sera plus facile que si elles étaient en morceaux.

Ce potage succulent, quoique fait avec économie, est préféré à la julienne, dont les carottes ne plaisent pas à tout le monde.

Potage au potiron.

Faites cuire du potiron coupé en petits morceaux, avec de l'eau et du sel; étant cuit, jetez l'eau, mettez-y du lait suffisamment, avec un morceau de sucre; faites bouillir et le retirez dans le moment; prenez la soupière, arrangez dedans du pain tranché très-mince; mouillez avec du lait du potiron, pour le faire tremper; tenez-le sur de la cendre chaude, sans qu'il bouille; en servant, mettez-y le restant du lait et du potiron.

Potage de potiron en purée.

Coupez-le par morceaux, et le mettez dans l'eau bouillante pendant 5 minutes, avec du sel; retirez-le et jetez l'eau, écrasez-le; faites fondre du beurre dans une casserole, mettez-y votre potiron revenir un moment. Ayez dans la soupière des croûtons passés au beurre et du sucre : versez-y du lait bouillant, joignez-y votre potiron; mettez le tout, et servez après avoir laissé mitonner si vous voulez. On peut mettre moitié pommes de terre cuites et pas de pain, ou de la semoule au lieu de pain, ou encore des tranches très-minces de pain.

Potage aux poireaux.

Faites frire dans du beurre 7 ou 8 poireaux coupés par petits morceaux; mettez de l'eau, sel, poivre, pommes de terre jaunes par morceaux, si vous ne trempez pas avec du pain : faites bien cuire.

Potage aux pommes de terre et à l'oseille.

Mettez dans une casserole beurre ou graisse, oseille, laitue ou romaine; quand le tout est revenu, mettez de l'eau et des pommes de terre jaunes coupées par morceaux; salez, poivrez; faites bien cuire; servez sans pain.

Potage aux navets à la flamande.

Mettez dans de l'eau moitié navets et moitié pommes de terre coupés par tranches, 2 croûtes de pain, poivre, sel; faites bouillir et cuire; passez à la passoire; faites faire un bouillon et ajoutez une forte poignée de cerfeuil haché, du beurre, et servez.

Potage aux navets et aux pois.

Coupez en petits dés des navets, passez-les sur le feu dans du beurre en les remuant avec une cuillère jusqu'à ce qu'ils aient pris une belle couleur blonde; joignez-les à des pois verts que vous avez fait cuire avec eau et sel ou mieux dans du bouillon; faites mijoter le tout, et trempez votre potage de préférence avec des croûtons en petits dés frits ou grillés.

Potage aux navets et au lait.

Faites cuire des navets dans de l'eau et du sel, mettez-les en purée, retirez l'eau, remplacez-la par du lait; ajoutez beurre, sel et poivre blanc.

Potage aux carottes.

Mettez dans de l'eau des carottes et des pommes de terre, un gros ognon, un peu de céleri, du sel; faites bien cuire, passez à la passoire, ajoutez du beurre ou de la graisse, et servez.

Potage au melon.

Faites bouillir et cuire la chair d'un melon moyen, coupé par morceaux, dans un litre d'eau; versez le melon et le bouillon dans une casserole où vous avez fait frire un ognon, salez, poivrez, trempez, et servez.

Potage aux concombres.

Otez la peau et les graines; coupez par tranches, que vous mettez dans une casserole avec un peu de sel pour faire jeter leur eau; égouttez-les et les mettez à la casserole avec un peu de beurre; sautez-les; ajoutez une poignée d'oseille un peu hachée, une pincée de cerfeuil; mouillez de bouillon gras ou maigre ou d'eau avec beurre, sel, poivre; faites bouillir un quart d'heure, liez si vous voulez de jaunes d'œufs, et trempez.

Potage aux tomates.

Quand vous avez fait revenir dans le beurre deux gros ognons, ajoutez-y trois ou quatre tomates dont vous avez enlevé la peau et coupées par morceaux; faites cuire dix minutes. Mouillez avec bouillon maigre ou gras. — Autrement on peut, à un potage, ajouter une purée de tomates.

Potage à la Colbert.

Faites cuire à l'eau et sel des légumes selon la saison, tels que carottes, navets, pois, haricots verts, asperges, choux-fleurs, choux de Bruxelles. On les coupe par petits fragments comme pour julienne, en donnant une bonne forme à chacun. Quand ils sont cuits chacun à son point, on les sert assez clair-semés dans du bouillon, avec un œuf poché dans le bouillon pour chaque convive, et pas de pain.

Potage à la Motton.

Prenez carottes, navets, poireaux, ognons et céleri, épluchez ces légumes, lavez-les et coupez-les en julienne; passez-les au beurre. Lorsque le tout est coloré d'un beau rouge, mouillez avec de l'eau de cuisson de haricots tiré à clair; ajoutez un peu de sel et de poivre, et faites cuire 4 heures à petit feu. Au moment de servir, ajoutez un bon morceau de beurre et versez dans la soupière où vous aurez mis de la croûte de pain coupée en julienne; et servez immédiatement.

Potage à la parisienne.

Prenez deux bonnes poignées d'oseille, une laitue et une pincée de cerfeuil; épluchez et lavez bien toutes ces herbes, hachez-les grossièrement et les mettez dans une casserole avec un bon morceau de beurre; placez la casserole sur le feu, et quand ces herbes auront frit 5 minutes, mouillez avec de l'eau en quantité suffisante pour votre potage; ajoutez du sel et un peu de gros poivre. Coupez par filets un peu de croûte du dessus du pain, que vous mettez dans une soupière avec quatre jaunes d'œufs et 125 grammes de beurre, le tout bien frais. Quand votre potage aura bouilli trois quarts d'heure, versez-le peu à peu dans la soupière en remuant avec une cuillère de bois les jaunes et le beurre pour les empêcher de tourner; vous servirez bien chaud.

Potage aux nids d'hirondelles.

Article de luxe donné ici comme curiosité. — Faites tremper 8 à 10 heures 6 nids d'hirondelles de Chine afin de les ramollir; égouttez et faites mijoter 2 heures au bain-maris, dans du bouillon bien blanc de poulet. Vous n'avez qu'à en tremper le potage avec un consommé succulent, afin de donner du goût *à cette matière inerte*, produit du frai abondant de certains poissons, et ramassé sur le bord des lacs par les oiseaux, qui en construisent leurs nids, comme ils font en France avec de la terre. — Chaque nid ne coûte que 15 francs, et un seul suffit par personne.

SAUCES.

Sur les grandes et petites sauces.

Les *grandes sauces* des cuisiniers se composent de : l'espagnole, le velouté, l'allemande, la béchamel. Ce sont de véritables *mères sauces*, car elles forment la base de toutes les sauces qui peuvent être employées en cuisine, et doivent être préparées dès la veille.

Cela fait comprendre comment il est possible de confectionner un dîner nombreux en mets, puisque, de la combinaison de ces 4 sauces et de quelques additions, on peut établir en peu de temps la quantité de sauces, dites *petites sauces*, qui sont employées sous les mets et présentées réellement sur table. On les conserve le temps nécessaire dans de petites casseroles au bain-marie.

Cette méthode simplifie singulièrement le travail d'une grande cuisine, et donne au chef le moyen de préparer les pièces, les ragoûts, les rôts, les entremets.

Les *grandes sauces* se nommaient autrefois *coulis*, mot dont les cuisiniers se servent peu à présent. Ces 4 grandes sauces remplissent 25 pages dans l'ouvrage de Carême. On les donne ici simplifiées. La ménagère qui voudra rendre un dîner plus succulent saura bien préparer un jus, une espagnole ou un velouté qui lui convienne pour améliorer les sauces qu'elle aura en vue.

Des épices qui entrent dans les sauces.

Celles qui sont dites 4 *épices* en renferment 5 :

cannelle, muscade, poivre noir, 10 grammes de chacun; piment de la Jamaïque, 5 grammes; girofle, 5 grammes. Le tout en poudre.

Le *poivre* blanc des cuisines est la même graine que le poivre noir, dont on a enlevé la surface noire par macération pendant 6 semaines dans l'eau; ce qui lui a ôté un peu de son âcreté. On emploie le blanc dans les sauces que l'on veut tenir blanches et que le poivre noir ternirait.

Le poivre ou PIMENT DE LA JAMAÏQUE (*myrtus pimenta*), PIMENT DOUX, est une graine de la grosseur et couleur à peu près du poivre noir. On lui trouve à la fois le goût de la muscade, de la cannelle et du girofle. Il n'est peut-être pas assez usité.

De la cannelle. Rien n'est si commun dans la médecine populaire, dit le docteur Mérat, que le vin sucré chaud et la cannelle pour chasser une maladie à son début, surtout dans les pays de montagnes. Les Anglais ont mis cette composition à la mode pour étancher la sueur des danseurs, ce qui réussit mieux que les boissons aqueuses et délayantes. On en met une petite pincée en poudre dans un verre de vin chaud sucré. Il y en a 2 espèces, celle de Ceylan, qui est préférable, et celle de Chine ou d'autres pays.

Le *macis* est l'enveloppe de la noix muscade, dont il a les propriétés, et que l'on emploie pour donner plus de saveur aux liqueurs. Il n'est pas aussi usité en cuisine qu'il mériterait de l'être. On l'emploie cependant dans la cuisson du jambon, dans les sauces où il entre du piment, et où l'on cherche une haute saveur.

Le *gingembre* est une racine qui vient des Indes, de la Chine et des Antilles. Il a un goût âcre, brûlant, aromatique comme le poivre, mais moins caustique. Les Anglais en emploient beaucoup. Ils en font du *vin* et de la *bière de gingembre*. Les peuples du Nord en font des confitures que l'on dit excellentes. Mise en poudre, on l'employait comme épice dans l'ancienne cuisine, ce qui a lieu rarement à présent.

Piment. Il y en a deux : celui de la Jamaïque, et le *piment des jardins* (*capsicum annuum*), appelé aussi piment rouge ou enragé, poivre de Guinée, d'Inde, de Cayenne, originaire de l'Inde, mais cultivé dans nos jardins. Les capsules qui enveloppent la graine ont une saveur brûlante, et la graine elle-même en a une excessive. On l'emploie réduite en poudre pour donner à des ragoûts une saveur très-prononcée; c'est le vrai *piment des Anglais,* qui en font en effet un grand usage. Employé dans les sauces noires ou piquantes, il leur donne une saveur forte que le poivre ordinaire, à si haute dose que ce soit, ne peut produire. On en compose le *kari indien* par l'addition d'autant de safran, le tout réduit en *poudre* et conservé en flacon.

On pense bien qu'une telle substance est très-irritante et échauffante. Elle excite surtout les voies urinaires. Le *poivre* noir ou blanc et celui dit *de la Jamaïque* participent, ainsi que toutes les épices, de ces propriétés, mais avec moins d'effet. Elles activent beaucoup l'opération de la digestion.

Les cuisiniers mêlent souvent ensemble le piment de Cayenne et celui de la Jamaïque, tous deux sous le nom de piment.

De la rocambole.

On voit citée dans les livres la rocambole, et

peu de personnes savent ce que c'est. — La rocambole est une espèce d'ail plus doux que l'ail ordinaire; on la cultive peu en France, et l'on en trouve rarement dans les marchés. Il faut en excepter la Provence, où l'on en reçoit beaucoup de Gênes, et où on lui donne le nom d'*ail rouge*.

Thym et laurier en poudre.

Faites sécher complétement les parties de ces plantes que vous devez employer, écrasez-les et les passez au tamis fermé. Vous vous servez d'une pincée de cette poudre pour les sauces dont vous ne pourriez retirer les débris.

Persil et céleri pour les sauces en hiver.

Faites-en sécher, en septembre, les racines, et les conservez. On en met un petit morceau dans les sauces quand ces plantes ont disparu

Sauce espagnole. (Sauce brune.)

Beurrez le fond de la casserole; mettez-y des débris maigres de veau et jambon, de volaille, lapins de garenne, perdrix, enfin ce que vous aurez; ajoutez un ognon et un clou de girofle, une carotte par morceaux. Posez la casserole couverte sur un feu doux pour faire suer la viande jusqu'à ce qu'elle soit à glace et d'un blond foncé; ajoutez une ou 2 cuillerées de farine; mêlez le tout, mouillez de bouillon chaud, de manière que ce coulis ne soit ni trop clair ni trop épais; ajoutez un bouquet garni, salez; faites cuire 4 heures au bord du fourneau, dégraissez, écumez, passez à la fine passoire pour vous en servir à perfectionner des sauces. On peut la remplacer par la sauce blonde, au jus et colorée, page 145, mais faite plus claire.

SAUCES.

Velouté. (Pour entrées blondes.)

Mettez dans une casserole un peu de beurre, carottes, oignons, tranches de jambon maigre, rognures de viandes, de volailles, même une poule s'il faut beaucoup de velouté, bouquet garni, une ciboule entière à part, demi-litre ou un litre d'eau; faites partir et suer sur un bon fourneau. Le mouillement étant réduit, piquez les morceaux et la poule pour faire sortir le jus, remplissez la casserole d'eau froide, sel, 1 ou 2 clous de girofle, 12 ou 15 champignons sans vinaigre, écumez quand l'eau va bouillir, et faites cuire à petit feu 4 heures. Passez et tirez à clair dans une casserole que vous mettez sur le feu; au moment de l'ébullition, ajoutez du roux blanc d'une main et tournez de l'autre de manière à former un coulis d'épaisseur convenable. Laissez encore cuire une heure au bord du fourneau, dégraissez, passez, et conservez pour perfectionner les sauces. Voyez *Sauce blonde*, p. 157.

Sauce allemande.

Versez une partie du même velouté réduit à point dans une casserole où vous aurez mis une liaison de 4 ou 5 jaunes d'œufs, un peu de beurre et de muscade râpée, placez-la sur le feu, remuez avec promptitude, faites jeter une vingtaine de bouillons pour que l'œuf soit bien cuit et la sauce bien liée. Elle peut servir à masquer des légumes et des poissons. (Voy. *Allemande* pour *sole*.)

Sauce suprême.

Faites un petit consommé de volaille avec des parures quelconques, passez-le et le tirez à clair; faites un petit roux blanc que vous mouillez avec ce consommé; faites réduire votre sauce à point. Au moment de la servir vous y ajoutez un bon jus de citron, un morceau de beurre; tournez bien votre sauce avec la cuillère à ragoût. On peut, si l'on veut, y ajouter un peu de persil haché que préalablement on aura fait blanchir.

Jus.

Foncez une casserole de tranches d'ognons, placez dessus des débris de graisse et lard, et ensuite ce que vous aurez de parures ou rognures de côtelettes, filet de bœuf, abatis de volailles, gibier, jarret ou pied de veau, et couenne de lard; quelques moitiés de carottes, bouquet garni, ail, girofle, une petite cuillerée à pot d'eau; couvrez la casserole et faites suer à feu vif. Quand vous jugerez que les viandes ont rendu leur jus et que le tout commence à s'attacher un peu, diminuez le feu pour donner le temps de prendre couleur avec l'ognon. Quand la graisse est claire, enlevez-la entièrement et versez une cuillerée à pot d'eau chaude; au bout de 5 minutes, ajoutez l'eau chaude nécessaire pour faire le jus; ne dérangez rien dans la casserole. Achevez de cuire, laissez reposer au bord du fourneau, dégraissez encore et passez à travers une fine passoire posée sur une serviette; 2 à 3 heures suffisent en tout. — Voy. à l'article *Galantine* le moyen d'éclaircir parfaitement les jus pour gelées.

La *glace de viande* est un jus réduit rendu plus consistant par la matière gélatineuse des viandes (gelée de veau, etc.). Le maigre donne la couleur et la saveur. Les jus de rôtis, les fonds de daubes, dégraissés et réduits à consistance convenable, se conservent en terrine pour donner du goût aux ragoûts.

Aspics.

Sur les tables où l'on recherche la variété, on voit servir des gelées faites en moules et renversées, que l'on pourrait prendre pour des gelées sucrées d'entremets, si l'on n'apercevait à travers leur transparence des ornements inusités dans ces dernières.

Beaucoup de gastronomes se privent de ce mets parce que sa confection n'est pas généralement connue, ou parce que les livres qui en font mention indiquent des moyens trop compliqués. Cependant les soins qu'il demande ne sont pas plus embarrassants que ceux qu'exigent d'autres préparations usitées dans toutes les maisons dirigées par des personnes qui aiment la variété.

Il s'agit de faire une gelée avec du jus, comme il est dit à l'article précédent. Les cuisiniers appellent cette gelée *aspic* et s'en servent, à chaud, pour améliorer les sauces. Mais son emploi le plus marquant est de la faire prendre en moule comme il va être dit.

Ce moule, plus bas que celui qui sert aux biscuits de Savoie, a toujours au milieu un cylindre creux. C'est le même qui sert aux gelées sucrées d'entremets. On en fait en fer battu qui sont très-ornés.

On commence par couler au fond de son moule la hauteur d'un centimètre ou plus de gelée, suivant sa forme, puis on la fait prendre légèrement au froid. On place alors dessus, en formant des dessins avec goût, ce que l'on aura des objets suivants : filets de blancs de volaille, de lapereaux, pigeonneaux, de ris de veau, cervelles, langues à l'écarlate ou fourrée, chairs de poissons de bon goût, gibier tendre, crêtes de coq, truffes si l'on veut, le tout cuit, assaisonné et égoutté, œufs durs, feuilles de persil, petits cornichons bien verts. Par-dessus cette décoration on place, avec une petite cuillère, des fragments de gelée pour tout consolider, sans rien déranger; puis on y verse doucement un peu de gelée à peine fondue, de la hauteur de 2 ou 3 centimètres, et on fait prendre au froid. On recommencera autant de cercles de décoration que l'on voudra, en ayant soin de ne pas placer en hauteur des filets trop longs qui puissent faire diviser et fendre la gelée en démoulant. On placera aussi les filets et décors de manière qu'ils ne touchent pas aux parois du moule.

Si l'on veut faire ce travail avec promptitude et décorer de plusieurs rangées de filets, on profitera pour cela d'un temps très-froid, ou bien on emploiera de la glace dans une terrine sous le moule et même sur un couvercle, afin de faire prendre la gelée à mesure et consolider la rangée de filets que l'on aura placée pour pouvoir en mettre une autre au-dessus. Mais on réussira bien aussi en temps ordinaire, en portant son moule dans une cave assez froide pour consolider la couche de gelée en une demi-heure. On aura soin de n'employer la gelée chaque fois qu'à peine posée sur le feu ou de l'eau chaude, afin de la faire fondre presque à moitié sans chauffer. L'emploi de morceaux gros ou petits de gelée non fondue aidera encore très-bien, et l'aspic prendra très-vite. — Au 1er juillet, avec 20 degrés de chaleur, nous avons fort bien réussi de cette manière. — Si le temps est chaud, on emploie plus de pied de veau; mais, à la vérité, c'est aux dépens de la qualité. Il en est de même pour les gelées d'entremets, qui exigent plus de colle de poisson. —

Lorsque l'instant de servir est arrivé, plongez le moule dans de l'eau assez chaude pour en saisir les parois en quelques secondes, retournez-le sur un plat, et il pourra encore se conserver en lieu froid.

Coulis d'écrevisses, crevettes, homards.

Pilez-en les chairs cuites; passez en purée dans une petite casserole avec une cuillerée de velouté et une de bouillon; mêlez, en ajoutant un morceau de beurre, un peu de poivre et muscade.

Roux : manière de le faire.

On fait fondre à la casserole du beurre, auquel on joint une cuillerée, plus ou moins, de farine, selon que l'on veut faire la sauce épaisse; quand cette farine a pris le ton de rousseur, on ajoute ce qui doit compléter la sauce, et qui est indiqué à chaque article. On fait plus ou moins roussir, selon la couleur que l'on veut donner à son ragoût; on fait un *roux blanc* en ne le laissant pas roussir du tout. Quand le roux doit servir à des viandes *revenues* à la casserole, on supprime le beurre qui a servi à faire revenir; ou bien on passe le roux, qui, autrement, serait épais et mal lié*.

Roux permanent.

Faites fondre dans une casserole une demi-livre

---

* Partout où il est indiqué de prendre de la farine pour *finir* les mets, on peut employer de la fécule de pommes de terre. Les sauces y gagnent de la consistance, et on évite quelquefois de faire réduire, ce qui peut être cause qu'une sauce est trop salée. Il ne faut pas que cette sauce, ainsi liée, reste trop longtemps au feu, sans quoi elle redeviendrait claire. — Pour *dégraisser* une sauce, il faut retirer la casserole sur le bord du fourneau et y jeter quelques gouttes d'eau froide; on voit aussitôt la graisse se séparer de la sauce, et on l'enlève avec une cuillère.

On appelle *Fines herbes* : cerfeuil, estragon, civette ou ciboule, cresson alénois, pour *sauces froides*, et pour emploi *à chaud* : persil, ciboule, ognon ou échalote; le tout haché très-fin.

de beurre, et y ajoutez autant de farine qu'il en peut boire, de manière à faire une pâte un peu liquide. Faites cuire sur la cendre chaude jusqu'à ce qu'il ait acquis une belle couleur blonde. Mettez-le dans une terrine, où il peut se conserver 6 mois.

Des liaisons.

Cassez vos œufs avec précaution pour n'en pas crever le jaune (il est essentiel qu'ils soient frais). Séparez les blancs des jaunes, en transvasant ceux-ci d'une coquille dans l'autre, jusqu'à ce qu'ils restent nets; jetez les germes qui sont restés; délayez les jaunes avec un peu d'eau fraîche; ajoutez gros comme une noix de beurre, et délayez le tout avec 2 ou 3 cuillerées de ce que vous devez servir, soit sauce ou potage. Remuez jusqu'à ce que ce mélange soit parfait; versez ensuite peu à peu, et en tournant toujours, dans votre sauce *hors du feu;* remettez-la un moment sur le feu en tournant pour la faire épaissir un peu et sans bouillir; servez.

Béchamel.

Faites fondre un morceau de beurre; délayez-y une cuillerée de farine, sel, poivre blanc; mouillez d'un verre de lait bouillant, peu à peu, en tournant toujours; ajoutez du persil haché fin; faites bouillir, tournez encore et faites-y réchauffer ce que vous voulez servir. Pour la faire plus distinguée, mettez dans une casserole du beurre, ognons en tranches, carotte, bouquet de persil, champignons; passez sur le feu; mouillez avec du lait bouillant, peu à peu et en tournant toujours, sel, poivre blanc, muscade; tournez jusqu'à ce qu'il bouille; laissez cuire très-doucement 3 quarts d'heure, passez dans une passoire ; faites dans une casserole un roux blanc avec 3 cuillerées de farine, versez-y le bouillon de lait, faites bouillir 3 minutes.

Béchamel grasse.

Coupez en petits dés du lard, une carotte, un navet, 2 ognons, graisse de veau ; passez le tout à la casserole ; mouillez de bouillon (non coloré) sans laisser prendre couleur ; ajoutez sel, poivre blanc, muscade, girofle, thym, laurier, persil ; laissez cuire une heure, dégraissez, passez au tamis ; faites dans une casserole un roux blanc avec du beurre et 3 cuillerées de farine, versez le bouillon : faites bouillir 3 minutes et servez. — En ajoutant à du *velouté*, réduit à point, de la crème double, peu à peu et par intervalles, on produira une béchamel d'une qualité supérieure.

Sauce à la crème.

Mettez à la casserole 125 gram. de beurre, une cuillerée de farine, une bonne pincée de persil et une de ciboule hachés, sel, gros poivre, muscade râpée, un verre de crème ou de lait ; mettez sur le feu, tournez et faites bouillir un quart d'heure : servez-vous-en pour *pommes de terre, turbot, cabillaud, morue*, etc.

Sauces blanche et aux câpres.

Ce qui fait la bonne sauce blanche, c'est la qualité du beurre et l'emploi du moins possible de farine. Mettez dans une casserole gros comme un œuf de beurre, sel et poivre blanc ; quand il est fondu, une cuillerée à bouche de farine, mêlez et versez peu à peu, en tournant toujours, presque un verre d'eau bouillante. Quand le tout est délayé, retirez du feu, ajoutez un jaune d'œuf un peu battu avec un filet de vinaigre, et servez. Si on n'emploie pas de jaune d'œuf, on mettra en place gros comme une noix de beurre, sans remettre au feu. Si on la voyait tourner, on la relierait avec quelques gouttes d'eau qu'on y tournerait. — Pour servir au poisson, elle convient aussi en ajoutant des câpres ou des cornichons hachés, mais point de vinaigre ni d'œuf.

Sauce blanquette.

Mettez dans une casserole gros comme un œuf de beurre ; aussitôt fondu, mêlez-y, en tournant toujours, une bonne cuillerée de farine ; ne laissez pas roussir, versez, *peu à peu*, en continuant à tourner, 2 verres d'eau bouillante ; salez, poivrez, ajoutez du persil et ciboules hachés, si vous en voulez, sinon vous mettez un bouquet garni. Placez vos morceaux de veau ou volaille, faites partir à feu doux ; faites cuire le temps nécessaire à chaque article. — On fera cuire dans cette sauce des viandes qui la rendront succulente, et, par conséquent, l'addition de jaunes d'œufs serait inutile. Les quantités indiquées ci-dessus sont bonnes pour une livre et demie de veau qui exigera 3 heures de cuisson à feu très-doux. — On pourra ajouter de petits ognons, des champignons ou des fonds d'artichauts que l'on ne mettra dans le ragoût qu'une heure avant de servir. — Si on compose la blanquette de viandes déjà cuites et de champignons, ognons, artichauts, on les fera cuire pendant une demi-heure dans la blanquette avant d'y introduire les morceaux.

Si on trouvait la sauce trop claire, on détremperait un peu de farine dans un peu d'eau froide, puis, peu à peu, dans plusieurs cuillerées de la sauce que l'on mêlerait au tout. — Pour en faire une *sauce à la poulette*, on liera la sauce avec des jaunes d'œufs.

Sauce blonde.

Faites exactement comme la sauce blanche, mais avec du bouillon au lieu d'eau. C'est un véritable coulis blond, délicat, facile à faire et qui peut servir dans des ragoûts, vol-au-vent, etc., au lieu de sauce *espagnole*, en la faisant plus épaisse et la colorant avec jus et colorine. On peut encore servir sous cette sauce tout ce qui se mange à la sauce blanche. Si on la fait très-blonde et bien nourrie de bon jus, elle tient lieu de *velouté*.

Sauce aux huîtres ou aux moules.

Faites blanchir à l'eau bouillante des huîtres ou des moules en y ajoutant leur eau : elles cuisent avec quelques bouillons ; égouttez-les et les mêlez à une sauce blanche avec un jus de citron. Servez sur des poissons grillés ou au court-bouillon.

Maître-d'hôtel.

Mettez sur un plat un morceau de beurre, avec persil haché bien menu, sel, poivre, muscade, et, si vous voulez, un peu de fine ciboule ; maniez le tout jusqu'à ce qu'il soit bien mêlé, et y amalgamez un jus de citron, verjus ou filet de vinaigre.

Sauce hollandaise.

Mettez du bon beurre frais dans une casserole et le faites fondre à petit feu ; mêlez-y beaucoup de sel fin, battez-le légèrement avec une fourchette et le servez chaud dans une saucière. C'est la véritable sauce hollandaise. Elle sert pour le poisson que l'on entoure de pommes de terre longues cuites dans le court-bouillon du même poisson.

Sauce hollandaise jaune.

Mettez dans un bol un quart (125 grammes) de beurre frais, trois jaunes d'œufs frais, du sel blanc et une bonne cuillerée à bouche de vinaigre, que l'on aurait fait infuser pendant quatre heures, un ou deux grammes de macis, selon que l'on voudra faire la sauce plus ou moins relevée. Posez ce bol sur une casserole d'eau bouillante de manière que la sauce chauffe bien et que l'eau du bain-marie ne puisse y rentrer, tournez-la jusqu'à ce qu'elle paraisse aussi épaisse qu'une forte bouillie, et servez-la dans une saucière avec un poisson cuit au court-bouillon.

Cette sauce est douce, suave, légère et très-agréable.

Beurre noir.

Mettez du beurre dans une poêle et le faites fondre et cuire au point de noircir, sans qu'il soit brûlé. Mettez à ce moment le persil en branche pour frire, versez le tout sur le poisson; versez du vinaigre dans la poêle; aussitôt chaud, versez-le aussi sur le poisson et servez de suite.

Sauce piquante.

Mettez dans une casserole un bon verre de vinaigre, thym, laurier, une gousse d'ail, échalote, poivre; faites réduire aux 2 tiers. Ajoutez du bouillon, jus, coulis, enfin de ce que vous aurez; passez au tamis. — *Autre.* Lorsqu'elle est passée, faites fondre à la casserole du beurre que vous liez doucement avec de la farine sans roussir; versez-y la sauce, à laquelle vous ajoutez des fines herbes hachées. Faites bouillir et servez sur des côtelettes, des viandes réchauffées, etc.

Sauce à la d'Orléans.

Mettez dans la casserole 4 cuillerées de vinaigre, poivre, échalotes hachées, beurre, faites réduire et ajoutez un roux foncé que vous avez fait à part. Au moment de servir, vous ajoutez 4 cornichons hachés, une petite carotte cuite et 3 blancs d'œufs durs coupés en très-petits dés, les filets de 3 anchois coupés par morceaux très-fins, une cuillerée de câpres; faites chauffer un instant et servez sous un canard, du bœuf ou du veau réchauffés, etc.

Sauce Madère.

Mettez dans une casserole 7 ou 8 décilitres d'espagnole (page 148), liée avec 3 décilitres de blond de veau; fond de volailles clair ou consommé; réduisez vivement cette sauce d'un tiers de son volume en la travaillant, et, sur la fin de la réduction, additionnez-lui peu à peu un verre de madère sec; puis passez à l'étamine.

Cette sauce se sert pour bifteck à la Châteaubriand, poulet sauté ou pâté chaud de quenelles.

Sauce Béarnaise.

1° Hachez 6 à 8 échalotes, que vous mettez dans une casserole, avec le quart d'un verre de vinaigre; posez sur le feu jusqu'à réduction des trois quarts; passez cette essence que vous tenez de côté.

2° Dans une casserole, mettez 6 jaunes d'œufs, 150 grammes de beurre, poivre et muscade; placez-la sur feu modéré (ou au bain-maris), et travaillez la sauce tout doucement pour lier le tout ensemble, après quoi vous lui additionnez à peu près son même volume de glace de viande fondue. Finissez la sauce en lui ajoutant l'essence d'échalotes, et le jus d'un citron si besoin est. Observez que, pendant le travail, la sauce ne doit pas bouillir; sans quoi elle tournerait. Si cela arrivait, on ajouterait un peu d'eau froide, de même si elle était trop épaisse.

Observation. — Cette sauce peut se faire sans glace de viande; dans ce cas, on doit y mettre le sel nécessaire. Goûter et suivre exactement la recette ci-dessus.

La sauce béarnaise se sert avec toutes sortes de poissons, bouillis, grillés, bifteck, et aussi avec les œufs mollets (5 minutes).

Sauce faute de beurre.

Mettez dans une petite casserole 3 jaunes d'œufs, 6 cuillerées d'huile, sel, poivre, muscade, faites chauffer au bain-maris très-doux, tournez pour lier le tout.

Sauce froide pour le poisson.

Faites blanchir et pilez ensuite persil, cerfeuil, estragon, civette, pimprenelle : passez au tamis, ajoutez 2 jaunes d'œufs durs pilés; mêlez le tout et versez peu à peu 4 cuillerées d'huile, 2 de vinaigre, 2 de moutarde, servez dans une saucière.

Bread-sauce ou sauce au pain pour le gibier,
sauce anglaise. Prononcez *bred*.

Il faut mettre dans une casserole, sur le feu, de la mie de pain avec assez de lait pour produire une panade un peu claire; ensuite la passer, y ajouter une trentaine de grains de poivre noir, du sel, faire faire un bouillon, et, au moment de servir, y incorporer gros comme un œuf de beurre. Servir dans une saucière.

Sauce indienne au kari.

Mêlez dans une casserole gros comme un œuf

de beurre, une cuillerée à café de piment mêlé de safran, que l'on nomme *kari*, muscade, 2 cuillerées de farine; mouillez de bouillon; laissez réduire; passez au tamis, ajoutez un peu de beurre, et servez.

Sauce à la rémolade.

Mettez dans une saucière une échalote, cerfeuil, ciboule, une pointe d'ail, le tout haché très-fin, sel, poivre; délayez avec de la moutarde, de l'huile et du vinaigre, versez peu à peu en tournant*.

Sauce à la ravigote.

Prenez une poignée de fourniture telle que cerfeuil, pimprenelle, estragon, cresson alénois; hachez le tout très-fin; mettez dans une casserole du bouillon, avec sel, poivre, vinaigre : faites bouillir un moment, ajoutez un morceau de beurre manié de farine, et remuez jusqu'à ce qu'il soit fondu.

Ravigote froide.

Prenez cresson alénois, cerfeuil, pimprenelle, estragon, civette, échalotes, ail, feuilles tendres de céleri, basilic, câpres, anchois, ce que vous voudrez de tout cela, que vous hacherez fin; ajoutez un jaune d'œuf cru, un peu d'huile, en tournant comme une magnonnaise, et de temps en temps un peu de vinaigre; continuez jusqu'à consistance de sauce. Ajoutez de la moutarde si vous voulez votre ravigote forte.

Sauce aux anchois.

Nettoyez dans du vinaigre les filets des anchois,

---

* Toutes les fois que l'on prépare une sauce froide où il entre de l'huile, on doit la verser peu à peu en tournant. Ces sauces se lient mieux et deviennent plus épaisses quand le temps est froid.

hachez-les fin et les jetez sur une sauce blonde que vous avez faite; ajoutez poivre, muscade; faites bouillir un moment, passez; ajoutez un jus de citron, et servez.

Sauce aux écrevisses, crevettes, homards.

Prenez-en les chairs cuites, divisez-les ainsi que les œufs, que vous mettez, au moment de servir, dans une sauce blanche avec du beurre, page 171, si vous voulez, ou du coulis, 153, ou du velouté, 149. Bonne pour le poisson.

Sauce poivrade.

Mettez dans une petite terrine du vinaigre, échalotes, thym, laurier, persil, ciboule, une bonne pincée de poivre; faites d'ailleurs un roux que vous mouillez avec jus ou bouillon; versez-y les assaisonnements ci-dessus et laissez bouillir un quart d'heure; passez à la fine passoire.

Sauce à la tartare.

Mettez dans une terrine 2 ou 3 échalotes, cerfeuil, estragon, le tout haché très-fin, avec moutarde, sel, poivre, et un filet de vinaigre; ajoutez de l'huile, peu à peu et en tournant toujours. Si votre sauce se liait trop, ajoutez un peu de vinaigre : goûtez-la; et si elle est trop salée, remettez un peu de moutarde et d'huile. Cette sauce se fait à froid. Une sauce magnonnaise dans laquelle on incorpore de la moutarde devient aussi une très-bonne tartare, plus douce que la tartare ordinaire.

Sauce hachée aux cornichons.

Mettez dans une casserole un morceau de beurre, une poignée de fines herbes hachées : faites revenir, ajoutez une pincée de farine, tournez et liez, ajoutez des cornichons hachés, sel, poivre; mouillez avec bouillon, faites lier sur le feu, et servez.

Sauce au verjus.

Mettez dans une casserole 2 ou 3 cuillerées de verjus, autant de bouillon, sel, poivre, échalote hachée; que la sauce soit claire; faites-la chauffer, et vous en servez pour les choses grillées.

Sauce anglaise aux groseilles.

Faites blanchir à l'eau de sel demi-litre de groseilles vertes à moitié mûres; retirez-les quand elles s'écrasent sous le doigt. Faites-les chauffer dans du bouillon et du jus, liez de fécule avec un peu de vert d'épinards. Servez sous un maquereau cuit au court-bouillon.

Sauce au pauvre homme.

Hachez 5 ou 6 échalotes et du persil; mettez-les à la casserole avec bouillon ou eau, une cuillerée de vinaigre, sel, poivre; faites bouillir jusqu'à ce que les échalotes soient cuites. On se sert de cette sauce pour réchauffer des restes de rôti ou de bouilli.

Sauce Robert.

Hachez très-fin 2 ou 3 ognons, et leur faites prendre couleur dans du beurre en les remuant; ajoutez une cuillerée de farine et remuez encore; mouillez d'un verre de bouillon, peu de sel, poivre; faites cuire. Au moment de servir, mêlez-y une cuillerée de vinaigre et de moutarde. Faites réchauffer dans cette sauce des restes de porc frais rôti coupés en tranches, de dindon, d'oie ou des côtelettes. Ornez le plat de cornichons en lames.

Sauce magnonnaise.

Mettez dans une petite terrine un jaune d'œuf

(2 dans l'été), poivre, sel, fines herbes, quelques gouttes de vinaigre, tournez et mêlez bien; ajoutez de bonne huile d'*olive*, goutte à goutte, toujours en tournant, et aussi de temps en temps du vinaigre. La sauce étant prise, et d'une quantité suffisante, ajoutez du vinaigre si cela est nécessaire en tournant toujours. Cette sauce est très-délicate, mais il faut avoir de la patience, car elle prend un quart d'heure pour la bien faire et bien tourner. Elle sert à masquer des volailles froides et poissons. Elle prend plus de consistance si on emploie des œufs de canes, et si, en été, on pose la terrine sur de la glace pilée.

Vert d'épinards pour donner de la couleur aux sauces et purées vertes.

Pilez 3 bonnes poignées d'épinards : pressez pour en avoir le jus, que vous mettez dans une petite casserole sur le feu sans bouillir; quand il est près de bouillir, retirez et posez sur un tamis où restera le vert d'épinards. Se conserve avec du sucre.

Sauce tomate.

Faites cuire des tomates en une demi-heure, avec poivre et sel, demi-gousse d'ail, demi-feuille de laurier, thym, persil, ognon; passez le tout dans une passoire : mettez du beurre dans la casserole, liez-y avec la cuillère une demi-cuillerée de farine, versez doucement la purée passée des tomates, faites lier sur le feu et servez.

Sauce italienne.

Mettez dans une casserole un peu de persil, une échalote, champignons, le tout haché très-fin, un bouquet, un verre de vin blanc : faites réduire; ajoutez sel, poivre, une cuillerée d'huile; faites bouillir encore; ajoutez bouillon et jus selon ce qu'il faut de sauce; achevez de cuire et finissez par un morceau de beurre. On aura joint, à volonté, demi-gousse d'ail et clou de girofle.

Sauce génevoise.

Elle sert pour le poisson ou des restes de poisson. Faites un roux que vous mouillez avec la cuisson du poisson et que vous faites cuire, du vin rouge s'il n'y en a pas eu dans la cuisson; passez au tamis, mettez un morceau de bon beurre et des feuilles de persil haché. Ajoutez des champignons et une échalote hachés très-fin.

Sauce aux truffes à la Périgueux.

Hachez très-fin des truffes, champignons, une demi-gousse d'ail, persil, ciboules, que vous passez sur le feu avec un peu d'huile; mouillez de bouillon, un verre de vin blanc, sel, poivre; faites cuire, dégraissez, et vous en servez.

Sauce à la provençale.

Mettez dans une casserole 2 cuillerées d'huile fine, de l'échalote et champignons hachés, de l'ail; passez le tout sur le feu; mettez-y une pincée de farine, et mouillez ensuite avec bouillon et vin blanc, sel, poivre, un bouquet garni; faites bouillir cette sauce à petit feu une demi-heure; dégraissez-la, et ne laissez d'huile que ce qu'il fallait pour qu'elle soit perlée et légère; ôtez le bouquet et l'ail.

Salmis.

On ne fait de salmis qu'avec du gibier. Le canard domestique s'en accommode cependant aussi. Mettez dans une casserole un morceau de beurre avec de la farine, laissez-le fondre sans roussir; ajoutez-y un demi-verre de bouillon, autant de vin rouge, 2 échalotes entières, afin de pouvoir les retirer avant de servir, un bouquet garni que l'on retirera aussi, poivre, peu de sel; laissez bouillir une demi-heure. Levez les membres et l'estomac de vos pièces de gibier; mettez-les chauffer dans cette sauce sans bouillir; ajoutez moitié du jus d'un citron. Garnissez le fond du plat de tranches de pain grillé; dressez dessus votre gibier; arrosez avec la sauce et servez. — *Autre salmis.* Levez les membres et l'estomac des pièces de gibier. Pilez dans un mortier le reste des chairs. A mesure que vous pilez, délayez avec un peu de bouillon; lorsque vous en aurez mis la quantité d'un verre, vous passez le tout. Mettez du beurre et une cuillerée de farine dans la casserole, remuez, versez le coulis, un demi-verre de bon vin rouge, 2 échalotes et un bouquet garni, qui seront ensuite retirés; laissez bouillir une demi-heure; ajoutez 2 cuillerées d'huile d'olive et le jus d'un citron; faites-y chauffer sans bouillir les membres du gibier. Faites frire au beurre de petites tranches de pain dont vous garnissez le fond du plat; le bord peut se garnir de tranches de citron, dont l'écorce a été dentelée avec un couteau. Si le salmis est de perdrix, on peut se servir en novembre et décembre d'oranges (amères) au lieu de citrons. Placez ensuite les membres sur les tranches de pain, les ailes et l'estomac en dessus; arrosez avec la sauce et servez.

Salmis froid d'oie ou canard.

Il se fait sur la table. Découpez la pièce, posez les membres sur une assiette, écrasez le foie avec une fourchette dans le jus qui est sur le plat; ajoutez deux ou trois cuillerées d'huile d'olive, le jus d'un citron, poivre, sel; mêlez bien cette sauce, et servez-en aux convives avec le rôti.

Chaud-froid.

C'est un salmis froid de membres et de filets de volaille ou de gibier à plume, dressés avec soin en pyramide, laquelle on recouvre ou masque d'une sauce qui prend en gelée.

Sauce chaud-froid de volaille.

Ayez des parures de volaille et de veau, marquez un blond; quand il est cuit, prenez-en le jus pour le lier avec farine et beurre, ce qui fait un velouté, que vous faites bien dégraisser, après quoi vous lui additionnez un tiers de sa quantité d'aspic, puis faites réduire le tout en le travaillant sur le feu; lorsque vous voyez que cette sauce masque légèrement la cuillère avec laquelle vous remuez, retirez-la du feu, liez-la avec deux ou trois jaunes d'œufs (ou bien seulement deux cuillerées de crème double), passez-la et faites refroidir; à un moment donné, avant que ce soit complétement pris, vous masquez de cette sauce, un par un, vos morceaux de volaille, que vous tiendrez ensuite au frais ou à la glace jusqu'au moment où vous les dresserez pour le service. On reconnaît le caractère de cette sauce dans le goût et dans la vue; elle doit être bien couchée sur chaque morceau, sans plis, et être luisante; si l'on doit garnir son chaud-froid avec des champignons, on pourra mettre les parures dans le blond.

Chaud-froid de faisans, perdreaux, cailles, bécasses, etc.

Toutes ces sortes de gibier doivent être rôties; après refroidissement on les découpe soigneusement en enlevant la peau et parant chaque morceau avec ses parures, on fait un fumet, en les mettant dans une casserole avec demi-verre de vin blanc, ou mieux avec 2 petits verres de madère sec; mettez sur feu doux, faites réduire le madère, après quoi vous mouillez à couvert ces parures avec du jus ou bon bouillon, pour les laisser cuire et par ce moyen en tirer le fumet ou essence, qui sert à faire la sauce.

Sauce chaud-froid de gibier à plumes.

Mettez dans une casserole de la sauce espagnole (p. 148) en quantité proportionnée aux morceaux préparés; additionnez le fumet et mettez en réduction sur feu doux; dégraissez bien surtout, c'est un point essentiel; après réduction vous ajoutez dans la sauce de l'aspic ou gelée de viande (p. 150, 151); faites refroidir, et, lorsqu'elle commence à être un peu consistante, vous masquez chaque morceau en le trempant d'un seul coup pour que la couche soit uniforme; tenez au frais jusqu'au moment du service; dressez avec goût et envoyez : un chaud-froid peut être garni soit de truffes, champignons, crêtes, rognons; ou dressez le chauf-froid dans une bordure d'aspic (p. 154); le tout doit être assaisonné de haut goût.

Si vous manquez de sauce espagnole prête, faites une quantité de roux bien proportionnée, mouillez-le avec du bouillon ou jus; faites-le dépouiller sur le coin du fourneau.

Cela fait, on procédera de tous points comme il est dit ci-dessus; si l'on a des épluchures de truffes ou des tournures de champignons, on peut en ajouter au fumet.

Braise ou daube.

Garnissez une braisière, ou une daubière, de

bardes de lard et un pied de veau découpé ou, à défaut, un bon morceau de couenne de lard demi-salé, pour rendre la sauce gélatineuse, sel, poivre, bouquet de persil, ciboules, thym, laurier, clous de girofle, ognons et carottes; mettez sur cet assaisonnement la pièce que vous voulez faire cuire, et ajoutez un verre de vin blanc, un demi-verre d'eau-de-vie, un verre d'eau ou de bouillon; faites cuire à petit feu pendant plusieurs heures, couvert d'un papier beurré, et couvrez bien hermétiquement votre casserole avec son couvercle, afin qu'il n'y ait point d'évaporation. Ces proportions sont pour une dinde ou une oie.

Poêle.

Coupez en dés un peu de jambon maigre et du lard gras, coupez de même 2 carottes et 2 ognons, ajoutez un bouquet garni et assaisonnement; placez le tout au fond de la casserole, et par-dessus une volaille entourée de bardes de lard et de tranches de citron, sans peau ni pepins, attachées avec une ficelle, mouillez de 2 cuillerées à pot de bouillon et faites cuire. Cette volaille, pour entrée, sera servie sur telle sauce que l'on voudra, améliorée du jus de la cuisson passé à la fine passoire.

Emploi du vin dans les sauces.

On doit préparer et faire réduire les sauces avec moitié seulement du vin que l'on a jugé à propos d'y employer, et ne verser le reste que quand elles sont déjà avancées. Alors on les fait encore réduire, mais cette seconde partie du vin leur conserve davantage l'esprit volatil et leur donne aussi plus de saveur.

Blanc.

Mettez dans une casserole ou une marmite

125 gram. de saindoux, 250 gram. de graisse de rognon de bœuf ou de lard coupé en dés, ognons, carottes, bouquet garni, 2 racines de persil, 3 clous de girofle, ail, sel, gros poivre; passez le tout sur un bon feu sans laisser roussir, mouillez d'eau chaude dans laquelle vous avez délayé quelques cuillerées de farine, un peu de vinaigre, et faites cuire dans ce *blanc* des *têtes, fraise* et *pieds de veau* ou *de mouton, palais de bœuf*, etc. — *Autre plus simple*. Délayez quelques cuillerées de farine dans de l'eau, ajoutez les assaisonnements ci-dessus, mouillez avec la quantité d'eau bouillante nécessaire pour que les pièces baignent, le tout proportionné à chacune.

Eau d'ail pour les sauces.

Épluchez une gousse d'ail, l'émincez et l'écrasez, puis mettez-la dans un peu d'eau pour lui donner le goût; passez au tamis et servez-vous-en pour les sauces.

Beurre d'anchois.

Maniez avec autant de beurre les chairs de 6 anchois pilées.

Essence d'anchois.

Prenez 12 anchois que vous nettoyez de leurs arêtes en conservant leur jus; faites-les bouillir doucement dans un verre d'eau jusqu'à dissolution; passez-les et versez dans une petite bouteille. On en met quelques gouttes dans les sauces pour poisson, soit à la cuisine, soit sur la table. Elle se conserve assez longtemps.

Essence d'assaisonnement.

Mettez *dans un poêlon de terre* un demi-litre de bon vin blanc, 2 cuillerées de vinaigre, 120 gram.

de sel, une de poivre en g ains, 4 clous de girofle, une pincée de muscade, 30 gram. de morilles, 4 feuilles de laurier, 10 échalotes écrasées, ce que vous voudrez d'ail, une poignée de persil, une cuillerée à café de coriandre, 4 tranches de carottes et un oignon coupé, 2 branches de thym, 6 de cerfeuil, 2 de céleri, 2 d'estragon, faites bouillir, puis tenez sur la cendre chaude sans bouillir pendant 7 à 8 heures le poêlon bien clos, passez en pressant dans un linge, et divisez cette essence dans de petites bouteilles pour en faire usage d'une très-petite quantité chaque fois que vous aurez besoin de relever le goût d'un mets sans avoir l'embarras d'aller chercher tous ces ingrédients.

Beurre de Montpellier.

Faites blanchir à l'eau bouillante une forte poignée de fournitures, telles que ciboules ou ciboulettes, cerfeuil, estragon; égouttez; pilez dans un mortier avec les filets de 4 anchois, 8 jaunes d'œufs durs, 2 ou 3 cornichons, pointe d'ail, câpres, peu de sel, poivre, muscade râpée, 100 gramm. beurre fin; ajoutez filet de vinaigre ou jus de citron et de bonne huile à mesure que vous broyez le tout, pour en faire un beurre solide d'un goût fin et relevé. Donnez une couleur olive clair avec du vert d'épinards, et tenez au frais pour servir à décorer et soutenir les *pièces froides*, entières ou composées de volailles ou poissons.

Beurre d'écrevisses et crevettes.

Lavez et faites-les cuire avec de l'eau et du sel; ôtez, si vous voulez, les queues et les pattes pour vous servir à autre chose. Pilez fin les coquilles, ajoutez 125 gram. de beurre; pilez encore, et mettez bouillir ensuite sur le feu avec un peu d'eau pendant une demi-heure. Mettez de l'eau froide au fond d'un vase, étendez un torchon dessus, et versez-y votre coulis, dont il faut faire passer tout le beurre. Ce beurre étant figé sur l'eau, vous l'enlevez, et vous en servez pour ce que vous voulez.

Beurre d'ail.

Prenez 2 grosses gousses d'ail, que vous pilez jusqu'à ce qu'elles soient réduites en pâte; mêlez-les, en continuant de piler, avec gros comme un œuf de beurre. Vous mettrez de ce beurre dans les sauces que vous jugerez à propos. Les personnes qui aiment le goût de l'ail en assaisonnent les viandes rôties ou grillées qu'on leur sert à table.

Beurre de hors-d'œuvre.

Il doit être servi dans les coquilles ou raviers s'il est façonné, et dans un *beurrier* s'il est servi en masse. On a indiqué, page 46, les façons à lui donner. Le beurre se détériore un peu si on le couvre d'eau pour le conserver.

Beurre de noisettes. Pétrissez votre beurre avec persil, ciboulette, estragon, hachés menu, et des noisettes réduites en pâte dans un mortier; vous obtenez ainsi un hors-d'œuvre très-délicat.

Beurre frisé. A un crampon de fer dans la muraille, attachez 2 coins d'une serviette forte; faites un nœud avec les autres coins, de manière à y passer un bâton; mettez dans cette serviette une demi-livre de beurre et tordez fortement au-dessus d'un plat où le beurre tombera par filets très-menus et très-jolis pour servir sur un hors-d'œuvre.

PURÉES.

Nota. Toutes les purées se servent sous un plat de viande et sont alors entrées. — Quand elles sont servies seules, en entremets, on doit, si on veut de la cérémonie, les entourer de croûtons passés au beurre.

Purée de pois verts. (Entremets.)

Prenez 2 litres de pois verts, mettez-les dans l'eau bouillante, et faites-les cuire avec persil, ciboule et sel, passez votre purée, assaisonnez-la de beurre, de jus; faites chauffer et servez.

On fait de la purée avec les cosses de pois verts. Faites cuire à l'eau bouillante : faites égoutter, passez en pressant fortement dans la passoire, et assaisonnez comme la purée ordinaire ou mêlez avec la purée de pois.

Purée de pois secs. (Entremets.)

Prenez un litre de pois; mettez-les tremper dans de l'eau tiède et les y laissez du jour au lendemain; mettez-les ensuite en tas, et laissez-les le même temps en les tenant humides, ce qui les fera germer. *Cette opération les attendrit* et les rend sucrés. Versez-les dans une marmite, avec eau, une livre de lard, 2 carottes, 2 ognons, clous de girofle, bouquet de persil, ciboules, thym et laurier; quand vos pois seront cuits, passez-les; mettez votre purée dans une casserole, en la mouillant un peu du même bouillon, et faites-la cuire; qu'elle soit de bon goût et d'un bon sel pour la servir.

Purée de pois cassés. (Entremets.)

Ce sont des pois que l'on vend concassés et dépouillés de leur parchemin; lavez-les, mettez-les dans une casserole avec environ autant d'eau froide, du sel, gros comme une noix de beurre, thym, laurier; faites crever à petit feu et mouillez, s'il est nécessaire, avec de l'eau ou du bouillon chaud. Quand votre purée est faite, mettez-y du jus et de la graisse, ou bien de l'ognon haché fin et frit dans du beurre. Verdissez-la avec du vert d'épinards. Servez sous des saucisses.

Purée de fèves. (Entremets.)

Prenez de grosses fèves, dérobez-les : faites bouillir de l'eau dans une casserole, ajoutez un peu de sel : jetez vos fèves dans l'eau un quart d'heure : égouttez et mettez dans de l'eau froide pour qu'elles soient vertes : égouttez une seconde fois; mettez un morceau de beurre dans une casserole avec sel, poivre, une cuillerée de farine, ajoutez vos fèves, et mouillez de bouillon ou d'eau : mettez un bouquet de persil et de ciboules : finissez de cuire, et passez en purée; ajoutez un morceau de beurre, et servez. — On fait des potages très-savoureux avec la purée de fèves.

Purée de haricots. (Entremets.)

Elle se fait comme celle de pois secs, mais sans les faire germer.

Purée de lentilles. (Entremets.)

Se fait comme celle aux pois secs, excepté qu'il faut y verser plus de mouillement, parce qu'elle doit bouillir plus longtemps pour qu'elle rougisse.

Purée d'ognons à la Soubise. (Entremets.)

Faites-les blanchir 10 minutes à l'eau bouillante si vous voulez leur ôter l'âcreté qui les rend indigestes, et qui fait tourner la crème dont on les assaisonne; pelez et coupez-les en deux; mettez-les dans la casserole avec un bon morceau de beurre très-frais; faites aller doucement pour que la purée se conserve blanche. Les ognons étant bien cuits, mettez du sel, une bonne cuillerée de farine, et éclaircissez avec de bonne crème. Il ne faut pas de bouillon. Mettez gros comme une noix de sucre. Au moment de servir, passez-la et la servez avec tout ce que vous voudrez.

Purée de champignons.

Sautez à froid dans un peu d'eau et un jus de citron des champignons épluchés, égouttez-les, hachez-les très-fin, mettez-les dans une casserole où vous aurez fait fondre du beurre avec un jus de citron, et les y faites passer jusqu'à ce que le beurre tourne en huile; ajoutez un roux fait à part, du coulis et du jus; faites réduire pour que la purée soit épaisse; passez-les en purée.

Purée de céleri. (Entremets.)

Pelez et lavez de grosses racines de céleri; faites cuire à l'eau et sel, passez. Mettez du beurre frais dans une casserole; mettez-y la purée, du sel, une cuillerée de farine et de la crème, ou bien du bouillon et du jus, gros comme une noisette de sucre, et servez.

Purée de chicorée. (Entremets.)

Employez-la tendre et apprêtez comme la purée de céleri.

Voyez à l'article LÉGUMES différentes *purées*.

Perfectionnement des purées.

Toutes les fois que l'on fera des purées, on leur donnera un velouté très-agréable en y ajoutant, avant de les passer, de la mie de pain blanc léger. On obtient encore un bon effet en ajoutant, au lieu de pain, une ou 2 cuillerées de farine délayée en pâte légère dans un peu de bouillon du potage.

Un très-petit morceau de sucre est encore d'un effet excellent.

RAGOUTS et GARNITURES.

Ragoût de foies. (Entrée.)

Otez l'amer à des foies de volailles et laissez-les entiers; faites-les blanchir un instant à l'eau bouillante, et mettez-les ensuite dans une casserole avec du jus ou du bouillon, un demi-verre de vin blanc, un bouquet de persil, ciboule, une demi-gousse d'ail, sel, poivre; faites-les bouillir un quart d'heure; dégraissez avec soin, enlevez le bouquet, liez la sauce avec de la farine et servez.

Salpicon. (Entrée.)

Faites un roux bien blond et le mouillez de bouillon et d'un verre de vin blanc; ajoutez un bouquet garni, sel, poivre; faites cuire et réduire cette sauce. Mettez pour composer le ragoût, par portions à peu près égales, ce que vous aurez de chairs fines de volaille, gibier, foies gras ou autres de volailles, jambon, langues, le tout cuit et de desserte, petites boulettes de godiveau, champignons, fonds d'artichauts, aussi de desserte et coupés en dés. Faites mijoter et prendre goût; retirez le bouquet, liez la sauce avec de la farine. On en garnit des vol-au-vent, petits pâtés, etc.

Crêtes et rognons de coq. (Garniture et entrée.)

Parez les crêtes en coupant les 2 extrémités, ce qui donne la facilité de dégorger le sang; mettez-les dans un petit torchon avec une demi-poignée de gros sel de cuisine, plongez le torchon une minute dans l'eau bouillante et frottez-le avec les crêtes comme si vous vouliez savonner. Ce frottement et le gros sel enlèvent la petite peau qui couvre les crêtes; mettez-les à mesure dans l'eau fraîche dégorger au moins une demi-journée. Pour les faire cuire, on les met dans une petite casserole avec bouillon, jus de citron, un peu de beurre; aux trois quarts cuites, vous y joignez les *rognons de coq,* les *ris d'agneau* ou de *veau,* que vous avez fait dégorger avec les crêtes. Ainsi préparées, on les emploie comme la financière.

Financière et *Toulouse.* (Garniture et entrée.)

Si vous mêlez les crêtes et rognons ci-dessus avec des quenelles, des champignons, des truffes par tranches, des fonds d'artichauts par petits morceaux, des ris de veau ou des foies de volailles, le tout cuit à point, et que vous prépariez tout cela comme il est dit pour le *salpicon* ci-dessus, ou en fricassée de poulet, cela s'appelle une *financière;* vous pouvez la servir seule avec des croûtons autour ou en garnir un vol-au-vent, un poulet cuit au blanc, une fricassée de poulet, ou autres entrées. C'est à peu près le ragoût dit *Toulouse.*

Ragoût de truffes. (Entremets.)

Lavez et brossez des truffes à plusieurs eaux; pelez-les, coupez-les par tranches; mettez-les dans une casserole avec assez de jus pour qu'elles y baignent, du vin rouge, un peu de sel, gros comme une noix de sucre; faites cuire. Au moment de servir, liez la sauce avec de la fécule, et servez seul pour entremets chaud ou pour garniture.

Ragoût de champignons. (Entremets.)

Quand ils seront épluchés comme il est dit à l'article *Champignons,* mettez dans une casserole du beurre, une cuillerée de vinaigre; persil et ciboules hachés fin, sel, muscade; mettez vos champignons dans cette sauce, qui ne doit pas être longue, les champignons rendant beaucoup d'eau; laissez bouillir et cuire doucement; avec une liaison de jaunes d'œufs.

Macédoine de légumes, dites Jardinière.

Prenez autant de carottes que de navets, que vous tournez en forme d'amandes; épluchez de petits ognons, et mettez le tout dans une casserole avec du beurre; faites prendre couleur doucement, mouillez avec bouillon et jus; ajoutez des champignons, et de plus des haricots verts ou blancs en vert, de petites fèves, des choux de Bruxelles, ces derniers légumes blanchis; des pointes d'asperges, etc., selon la saison; gros comme une noix de sucre; faites cuire doucement. Au moment de servir, liez la sauce avec de la farine, et servez seul ou pour garnir un plat. En maigre, elle se prépare avec du beurre, au lieu de jus, et du bouillon maigre. L'essentiel est que chaque article soit cuit ou blanchi à l'avance, selon son espèce.

Ognons glacés pour garniture.

Prenez 15 ognons moyens, épluchez-les sans entamer la tête, afin qu'ils se conservent entiers; mettez-les l'un à côté de l'autre dans une casserole où vous avez fait fondre du beurre; ajoutez 15 gramm. de sucre, sel, un verre de bouillon; faites cuire à petit feu. Quand ils sont près d'être cuits, le mouillement doit être réduit à la glace. Etant cuits et bien colorés, dressez-les autour d'une pièce de bœuf ou de quelque entrée, délayez le fond de la casserole avec un peu de bouillon, versez sur les ognons.

Petits ognons glacés.

Mettez dans la casserole une bonne cuillerée de

sucre en poudre, et le faites fondre à feu doux en caramel; mettez-y 2 ou 3 douzaines de très-petits ognons que vous y faites cuire, en ajoutant une cuillerée d'eau, toujours à feu doux, pendant une heure environ. — Ajouter ces ognons à un poulet ou à des perdreaux sautés.

Sauce matelote vierge. (Garniture.)

Épluchez 12 à 18 petits ognons blancs, autant de champignons : sautez le tout dans un bon morceau de beurre sans prendre couleur, ajoutez 2 cuillerées de farine, poivre blanc, sel, muscade râpée; mouillez avec bouillon et vin blanc; laissez cuire doucement; liez de 3 jaunes d'œufs, et jus de citron ou vinaigre.

Croûtons passés au beurre. (Garniture.)

Coupez de la mie de pain de 4 millimètres d'épaisseur et de la forme que vous voulez, soit en larmes, en crêtes de coq, étoiles, croissants, en ronds, en petits bouchons. Jetez-les dans le beurre bien chaud, saupoudrez-les légèrement de sel fin, retournez quand ils ont de la couleur, et les saupoudrez encore. Étant frits suffisamment, vous les retirez, les égouttez sur un linge et les faites servir au besoin. Pour les faire tenir sur le bord du plat, vous faites une colle d'un peu de blanc d'œuf battu et de farine. Pour *potage* vous les coupez en petits dés et les y mettez au moment de servir, ou même vous les servez sur une assiette à part pour que chacun en fasse usage s'il en désire. — On peut les remplacer dans les potages par des tranches de pain grillé coupées en très-petits dés.

FARCES et HACHIS.

Hachis de viande. (Entrée.)

Prenez telle viande, volaille ou gibier que vous aurez, cuite à la broche ou autrement; ajoutez de la chair à saucisses; hachez le tout très-fin, et assaisonnez avec persil, ciboules; mettez votre viande dans une casserole, et passez-la au feu avec un morceau de beurre et une pincée de farine; mouillez de bouillon, et laissez mijoter une demi-heure sur un feu doux. On peut ajouter de la mie de pain.

Fricadelles ou Boulettes de hachis. (Entrée.)

Avec le hachis ci-dessus, auquel on aura ajouté 1 ou 2 œufs entiers battus, on fait des boulettes que l'on roule d'abord sur un peu de blanc d'œuf battu, ensuite sur de la farine, et que l'on fait frire dans du beurre ou graisse à la casserole. On les sert sur une sauce blonde ou tomate.

Farce de Godiveau à Quenelles ou Boulettes de pâtissier.

Hachez fin un quart (125 gram.) de chair très-tendre de veau, volaille ou gibier à plumes, cuite ou crue, débarrassée de nerfs et peaux. Hachez 250 gram. de graisse de rognons de veau ou de bœuf, en retirant la membrane qui la couvre, et mêlez bien le tout en y joignant sel, poivre blanc, muscade, un peu de persil et ciboulette, un rien de laurier et thym. Versez ces hachis pour les piler assez vivement dans un mortier de bois ou de marbre (ou même dans une forte terrine arrondie au fond, en se servant d'une cuillère à pot en bois, ou du *presse-purée* flamand, page 42). Ajoutez peu à peu, en pilant, 2 œufs brouillés, blancs et jaunes.

Le blanc de l'œuf donne de la consistance aux boulettes, car si on veut seulement une farce de godiveau pour artichauts ou autres, le blanc est inutile. Quand ces chairs seront parfaitement écrasées et unies au point de ne plus distinguer, s'il se peut, l'une de l'autre, on répandra un peu de farine sur la table et l'on y façonnera des boulettes de la forme et de la grosseur que l'on désirera.

Ces boulettes étant faites, il ne s'agit plus que de les pocher et faire cuire pour les employer dans les ragoûts *. On les jettera avec précaution dans une casserole où l'on aura fait bouillir assez d'eau salée, ou de bouillon, de manière qu'elles y baignent très à l'aise, sans se briser. Après quelques minutes d'ébullition on retirera la casserole sur le bord du fourneau, où elles devront mijoter encore 10 minutes. On les retirera doucement, et on les fera égoutter.

On peut, en pilant, ajouter un peu de jus de viande, bouillon ou eau, si cela est nécessaire pour manier la farce. Le tout doit être fait à froid, surtout dans les chaleurs, où l'on éprouve une difficulté que l'on ne peut vaincre qu'en pilant dans un lieu très-frais, et même en mêlant un peu de glace, s'il est possible, au lieu d'eau.

Farce à quenelles de poisson. Hachez 125 gram. de chair de poisson crue ou cuite, pilez-la dans le mortier ou broyez-la dans une terrine avec une forte cuillère de bois. Faites tremper dans du lait de la mie de pain mollet (*mie légère*), pressez-la et la mettez dans une casserole avec du beurre gros comme une noix. Desséchez cette panade en

* Pour se rendre compte de la qualité et de l'assaisonnement de la farce, on en poche une boulette qui peut être goûtée au bout de 2 minutes d'ébullition ; selon cet essai, il sera encore temps de corriger la farce.

la remuant sur un feu doux et y ajoutant 2 jaunes d'œufs durs, jusqu'à ce qu'elle soit liée sans attacher aux doigts. Ayez en poids autant de beurre qu'il y a de poisson, et moitié autant de cette panade. Mêlez et broyez complétement le tout dans le mortier ou la terrine. Après avoir assaisonné de sel, poivre blanc, muscade râpée, mêlez à tout cela successivement, en broyant, un œuf entier et 2 jaunes. Finissez comme à la recette précédente. — On peut, au lieu de poisson, employer ce même procédé pour des quenelles en gras à la chair de veau ou de volaille : elles seront légères. Dans ce cas, on remplace le beurre par la graisse.

On emploie en poissons : brochet, carpe, anguille, turbot, ou autres de chair analogue, et de goût modéré. La chair de merlan peut être soutenue par une autre plus consistante, telle que l'anguille de mer. On peut encore ajouter des truffes ou des champignons cuits et bien broyés.

Toutes ces quenelles, d'une exécution facile, servent à garnir des *ragoûts, matelotes, tourtes d'entrée, petits pâtés, boudins Richelieu*, etc.

Quenelles frites. Trempez-les dans de l'œuf battu, panez-les 3 fois, faites frire et servez avec persil.

Farce à papillotes.

Hachez fin 250 gram. de lard gras, ajoutez 125 gr. de beurre, 4 cuillerées d'huile, 2 d'échalotes et 4 de champignons hachés. Passez le tout au feu 5 minutes; ajoutez 2 cuillerées de persil haché, et passez encore 2 minutes avec sel, poivre, épices. Gardez au frais pour grillades de côtelettes et autres en papillotes.

Autre, connue sous le nom de *Durcelle* ou *Duxelle*. Hachez par portions égales persil, champignons; mettez en casserole avec beurre, lard râpé, remuez, mouillez de vin blanc, poivre, muscade, peu de sel; faites réduire presque à glace; ajoutez du jus. Gardez comme la précédente.

Les Mirepoix et Matignon sont des garnitures de légumes, lard, jambon cuits et réduits à glace, qui servent à donner du goût à des pièces de volaille ou de gibier dont on les enveloppe pour les faire cuire à la broche dans du papier beurré. Ces préparations ne sont guère en usage que dans les grandes cuisines.

Chiffonnade. Petits ronds de feuilles de laitue et d'oseille, taillés à l'emporte-pièce, blanchis et mêlés dans la soupière.

GRILLADES. (Hors-d'œuvre.)

Prenez de la rouelle de veau, ou de la tranche de bœuf, ou du *gigot de mouton*, ou du *cochon*; coupez-les de la largeur de 4 doigts, et de l'épaisseur d'un doigt; faites mariner avec un peu d'huile, poivre, persil, ciboules, échalotes, le tout haché, et faites cuire à moitié dans une casserole; prenez une caisse de papier frottée partout avec de l'huile, mettez les grillades dedans avec tout leur assaisonnement, un peu de chapelure et du sel; couvrez d'une feuille de papier et faites cuire à petit feu sur le gril; la cuisson faite, versez un filet de vinaigre, servez avec la caisse.

BŒUF.

La chair du *Bœuf* est fine, douce, d'un rouge agréable et légèrement marbrée de veines blanches; si la graisse est d'un blanc jaunâtre, c'est un signe de jeunesse et de bon état. — La viande d'une bonne jeune vache grasse vaut autant que celle d'un bon bœuf, et vaut mieux que celle d'un vieux bœuf imparfaitement engraissé. Un jeune taureau, même, vaut un bœuf sous ce rapport. Il ne faut donc se méfier que des animaux *vieux* ou *maigres*. — Les morceaux de bœuf à préférer pour pot-au-feu sont la culotte, la tranche, le gîte à la noix.

CHEVAL, ANE ET MULET.

Ces animaux n'étant pas élevés en vue de l'alimentation, leur chair a besoin de mariner trois ou quatre jours dans de l'eau-de-vie ou du vin de Madère. Toutes les recettes indiquées pour le bœuf peuvent servir, en ayant soin d'augmenter d'un tiers le temps de la cuisson.

Bœuf bouilli en persillade. (Entrée.)

Coupez votre bœuf par tranches égales et minces. Prenez un moule ou une casserole : dressez en couronne vos morceaux les uns sur les autres avec puits au milieu; assaisonnez de sel et poivre; mouillez d'une cuillerée de jus ou de bouillon : faites chauffer. Ensuite faites une sauce au jus, ou bouillon, dans laquelle vous mettez bouillir pendant 5 minutes des fines herbes : ajoutez un filet de vinaigre, renversez votre bœuf sur le plat, et versez la sauce au milieu.

Bœuf en mirotons. (Entrée.)

Prenez des ognons, que vous coupez par tranches; passez-les sur le feu avec un morceau de beurre jusqu'à ce qu'ils soient presque cuits; ajoutez une pincée de farine, et remuez jusqu'à ce qu'elle soit d'une belle couleur; mouillez avec bouillon, vin blanc, sel, poivre; faites bouillir jusqu'à ce que l'ognon soit cuit, et qu'il ne reste plus de sauce; mettez du bœuf bouilli par tranches appelées *mirotons* (voyez p. 115); faites cuire pour qu'il prenne le goût de l'ognon; on ajoute, si on veut, de la moutarde ou un filet de vinaigre.

Bœuf bouilli et desservi. (Entrée.)

Il se sert encore à toutes sortes de sauces, piquante, au pauvre homme, tomate, aux cornichons, Robert, en blanquette ou poulette, en matelote, rémolade, en rissoles, etc. On peut le garnir de pommes de terre frites.

Bœuf bouilli au gratin. (Entrée.)

Faites revenir dans une poêle du lard de poitrine, coupé par petits morceaux : quand il est revenu, foncez-en un plat qui aille au feu, saupoudrez-le de chapelure et mettez dessus des champignons en petites tranches minces, ognons et persil hachés, une pointe d'ail hachée, sel, poivre, épices; arrangez dessus vos tranches de bœuf, couvrez-les de champignons, ognons, persil et chapelure comme le dessous, mouillez de bouillon, faites cuire à petit feu et gratinez ensuite par un feu plus vif et du feu sur le couvercle, ou servez à longue sauce sans gratiner, selon le goût. On peut remplacer le lard par du beurre ou de la graisse, le bouillon par de l'eau. On peut aussi ajouter un petit verre de rhum ou demi-verre de bon vin blanc, le tout selon la dépense que l'on veut faire.

Bœuf bouilli en grillades. (Entrée.)

Faites revenir à la poêle du lard et des saucisses; quand ils sont de bonne couleur, faites-y chauffer des tranches de bouilli, dégraissez, ajoutez 2 cuillerées de bouillon et filet de vinaigre.

Bœuf bouilli à la maître-d'hôtel. (Entrée.)

Coupez-le par tranches que vous faites réchauffer dans un peu de bouillon. Egouttez-les et mettez dessus du beurre manié avec du persil, un filet de vinaigre ou jus de citron.

Vinaigrette décorée. (Entrée.)

Coupez par tranches minces, dressez sur un plat, décorez de filets d'anchois ou harengs saurs, blancs et jaunes d'œufs durs, cerfeuil, ciboule et autres fournitures hachées, tranches de cornichons; assaisonnez de poivre ou épices, huile en abondance, vinaigre, et servez sans la retourner.

Bœuf fumé à la façon de Hambourg.

Désossez une culotte de bœuf mortifiée à point, frottez-la d'un peu de salpêtre; puis après, avec 3 poignées de sel fin, mettez dans une terrine arrondie au fond le sel restant de celui qui a servi à frotter, et de plus, 60 gram. de cassonade, 2 gros ognons blancs et 2 carottes coupés en tranches, une petite gousse d'ail, une feuille de laurier en morceaux, un peu de thym, 2 clous de girofle, une pincée de poivre en grains et du macis concassé; mêlez tout cet assaisonnement et en répandez moitié sur le fond de la terrine. Placez-y la culotte le côté gras en dessous, étalez dessus le reste de l'assaisonnement; couvrez la terrine d'une serviette, et par-dessus un plat qui entre et ferme complétement pour éviter tout contact de l'air qui nuirait au bon goût du bœuf. Placez le tout dans un lieu sec et frais. Six ou sept jours après, vous découvrez et retournez la pièce sens dessus dessous en y conservant de même les assaisonnements. Au bout de pareil temps, il faudra le retirer, l'égoutter et le suspendre jusqu'au lendemain. Bridez-le un peu serré et l'accrochez dans la cheminée pour le fumer et le sécher. Changez-le de bout après quatre ou cinq jours et le laissez encore autant. On l'emploiera alors, après l'avoir fait dégorger pendant une heure dans l'eau tiède, et on le fera cuire 4 ou 5 heures dans une marmite pleine d'eau, avec ognons, carottes, bouquet garni, en faisant mijoter doucement comme un pot-au-feu. Servez-le sur une choucroute ou bien garni de carottes, pommes de terre cuites à l'eau avec sel, sucre et beurre.

Aloyau. (Rôt et relevé.)

Quand il est tendre, on le fait cuire ordinairement à la broche. Parez-le en supprimant la graisse et les peaux; faites-le mariner comme le filet ci-dessous, embrochez-le et le faites cuire une heure et demie ou 2, selon sa grosseur. On le sert dans son jus avec une sauce faite de ce jus, filet de vinaigre, échalotes, sel et poivre, servie dans une saucière; ou une sauce préparée ainsi : faites un petit roux, que vous mouillez de bouillon ou d'eau et jus; ajoutez poivre, sel, échalotes, cornichons, persil, le tout haché très-fin, filet de vinaigre.

Il ne faut jamais piquer l'intérieur de gros lard, car les ouvertures font perdre le jus. — On fait un *pot-au-feu* aux choux avec le bout de l'aloyau, qui ne contient que des parties dures et graisseuses.

Filet de bœuf à la broche. (Rôt et relevé.)

Le filet de bœuf est la partie tendre de l'aloyau. Parez, lardez, pas trop fin, pour que les lardons résistent à la cuisson; faites mariner au moins 12 heures avec de bonne huile, poivre, sel, persil, laurier, tranches d'ognon : embrochez, la partie lardée couverte de papier beurré; faites cuire à feu vif de manière à le saisir; retirez le papier quelques moments avant de servir, débrochez, un peu saignant; servez avec une sauce faite du jus de votre filet, filet de vinaigre, échalotes, sel et poivre, dans une saucière, ou bien avec la sauce indiquée ci-dessus. — On peut le servir en *entrée* sur *ragoût de chicorée* ou sur *sauce tomate*.

Tourne-dos. (Entrée.)

Coupez par tranches les restes d'un filet de bœuf : faites-les chauffer sans bouillir avec du jus ou bouillon. Faites des croûtons de même grandeur, auxquels vous faites prendre couleur en les sautant dans le beurre. Dressez en couronne sur le plat : un filet, un croûton, et versez au milieu une sauce piquante, ou ravigote, ou poivrade, liée.

Manière de réchauffer les rôtis.

La meilleure manière de réchauffer les morceaux de rôti est de les envelopper dans une feuille de papier beurrée et de les rembrocher pour le temps seulement de réchauffer : ils restent aussi tendres que le premier jour; si le morceau est trop petit, mettez-le sur le gril. On peut saupoudrer les morceaux de fines herbes.

Filets sautés aux champignons. (Entrée.)

Votre filet étant paré, coupez-en autant de tranches qu'il vous en faut, aplatissez-les légèrement avec la batte, puis assaisonnez-les de sel et poivre, placez-les avec un morceau de beurre dans un plat à sauter, faites-les roidir sur un feu vif et retournez-les afin qu'ils prennent une belle couleur et qu'ils cuisent des deux côtés. Lorsqu'ils sont cuits, dressez-les sur un plat et tenez-les chaudement; mettez ensuite dans votre plat à sauter, des champignons préparés, un peu de glace de viande et une cuillerée d'espagnole. Faites mijoter le tout un instant, ajoutez ensuite un jus de citron et un peu de beurre fin ; mêlez bien le tout sans bouillir, puis masquez vos filets avec, et servez.

Bifstecks. (Entrée.)

Coupez du filet de bœuf en tranches d'un doigt d'épaisseur, aplatissez avec le couperet; parez en ôtant les tours et les peaux; faites mariner dans le beurre tiède, sel et poivre; faites griller à feu vif, sans sel, qui en ferait sortir et couler le jus en cuisant; ne retournez qu'une fois et servez peu cuit, avec beurre manié de persil, sel, poivre, un filet de verjus ou du jus de citron. — Pour faire des *bifstecks aux pommes de terre,* on les prépare comme les précédents, et on y ajoute des pommes de terre frites au beurre ; *au beurre d'anchois,* on y ajoute un beurre d'anchois; *au cresson,* on ajoute du cresson assaisonné de vinaigre et de sel.

Bifsteck à la Chateaubriand. (Entrée.)

Donnez à un bifteck le double ou le triple de l'épaisseur ordinaire, faites-le griller avec soin, et vous avez produit ce bifteck très à la mode. Son triomphe est surtout quand il a 5 à 6 centimètres, parce qu'il garde toute sa tendreté à l'intérieur.

Poupielles. (Entrée.)

Ancienne cuisine. — Ce sont des tranches de viande coupées en longueur et aplaties. On les garnit d'une farce, on les roule en poupées et on les fait cuire, ou comme des filets de bœuf aux champignons, ou sur le gril.

Côte de bœuf à la flamande. (Entrée.)

Cuite dans une braise, comme l'entre-côte ci-après, à cause de son peu de tendreté, on la sert entourée de sa garniture, ou sur un ragoût de laitues accommodées avec la sauce de la cuisson, ou sur un ragoût de choux, de navets, de champignons, une macédoine de légumes, sauce tomate, piquante, Robert, etc. Au reste sa place est plutôt dans le pot-au-feu.

Entre-côte de bœuf. (Entrée.)

Retirez-en les nerfs; coupez-le de l'épaisseur de 2 travers de doigt; aplatissez, saupoudrez de sel et poivre; mettez sur le gril à feu vif : lorsqu'il sera cuit, servez avec une sauce à la maître-d'hôtel et des pommes de terre frites, ou une sauce piquante quelconque.

Entre-côte braisé. (Entrée.)

Faites-le revenir dans la casserole avec du lard de poitrine par morceaux : retirez-le; faites un roux; après quoi vous remettez l'entre-côte et le lard, épices, sel, ognons, carottes, bouquet garni, eau-de-vie; laissez cuire 5 heures à petit feu, dégraissez et servez. (Voy. Entre-côte de bœuf à la marseillaise.)

Beaucoup des parties du *bœuf,* du *veau* et du *mouton,* même du *cochon,* peuvent se servir de cette manière.

Entre-côte dans son jus. (Entrée.)

Faites fondre un morceau de beurre gros comme moitié d'un œuf dans la casserole, mettez-y votre entre-côte désossé et faites-le revenir à feu vif; ajoutez un demi-verre d'eau ou de bouillon, sel et poivre, bouquet garni, eau-de-vie, et faites cuire à petit feu.

Entre-côte à la purée. (Entrée.)

Étant un peu mortifié, aplatissez-le et le battez et parez ; mettez-le sur un plat pour mariner 24 heures avec tranches d'ognons, persil, thym, laurier, sel, poivre, muscade, un peu d'eau-de-vie. Une demi-heure avant de servir, mettez-le sur un morceau de beurre dans une casserole à sauter ; et faites partir à bon feu, avec feu dessus ; retournez-le, arrosez-le d'un peu de sa marinade, servez-le sur une purée d'ognons ou autre.

Entre-côte aux champignons. (Entrée.)

Dégagé du superflu de la graisse et des parties dures qui l'entourent, mettez-le dans la casserole sur le feu avec du beurre gros comme un petit œuf : faites prendre couleur de chaque côté et ensuite retirez-le. Mettez dans la même casserole une cuillerée de farine, faites roussir, mouillez d'eau chaude et d'un petit verre d'eau-de-vie*, sel, poivre ; remettez l'entre-côte cuire 3 ou 4 heures, ajoutez-y des champignons, achevez de cuire ; cinq minutes avant de servir joignez, si vous voulez, des olives sans le noyau.

Bœuf à la mode. (Entrée.)

Prenez de préférence le milieu de la culotte ou tranche grasse ; lardez de gros lard ; mettez-le dans une casserole avec quelques couennes de lard, une moitié de pied de veau, un ognon, une carotte, un bouquet de fines herbes, laurier,

* Dans ces sortes de ragoûts rien n'est supérieur à une cuillerée de vin de Madère : dans une cuisine bourgeoise une bouteille de 5 ou 6 francs durera au moins un an, et ce n'est pas une dépense exagérée. (Voyez Sauce madère, page 159.)

thym, ail, clous de girofle, sel et poivre; versez sur le tout un verre d'eau, un demi-verre de vin blanc ou une cuillerée d'eau-de-vie, et faites cuire jusqu'à ce que votre viande soit très-tendre; ensuite dégraissez, passez le jus au tamis et servez. Il faut 6 heures pour cuire un bœuf à la mode; il doit être fait à petit feu et bien étouffé.

Langue de bœuf à l'écarlate. (Entrée.)

Prenez une langue de bœuf, enlevez le cornet; la langue étant bien dégarnie, vous la faites griller sur de la braise bien ardente, afin d'en enlever la peau dure. Il faut faire attention qu'elle ne prenne pas le goût de fumée. Enlevez bien toute la peau, en la remettant plusieurs fois sur la braise; mettez-la dans un vase de terre qui ferme bien; frottez-la de poivre et d'un peu de salpêtre; mettez un bon lit de sel blanc dessous et la couvrez de sel, après l'avoir roulée dans ce sel afin qu'elle se sale bien. Mettez autour quelques clous de girofle, très-peu de thym et de laurier. Au bout de 24 heures, vous la frottez encore de nouveau de sel, et vous en remettez dessus et dessous tous les jours, à mesure qu'il fond, jusqu'à ce que la langue baigne. Laissez la langue dans cette espèce de saumure au moins 12 à 15 jours et jusqu'à 6 semaines, en la retournant tous les jours sans y toucher avec les doigts. Alors on la fait cuire ou on la fait sécher 3 jours à la cheminée, fourrée dans un boyau.

Lorsqu'on la fait cuire, on la fait dégorger 2 heures, et on la met dans une marmite pleine d'eau, avec quelques ognons, 2 clous de girofle, peu de thym, laurier, ni poivre ni sel. Faites cuire doucement 6 ou 7 heures; faites-la refroidir dans la cuisson, et ensuite faites-la égoutter. On la sert entière pour *entrée froide*. Il faut avoir soin de la faire cuire doucement, afin que la cuisson ne la réduise pas, et que la langue ne se ressale pas.

Langue de bœuf sauce hachée. (Entrée.)

Faites-la dégorger 24 heures à l'eau fraîche, en la changeant plusieurs fois d'eau; plongez-la dans l'eau bouillante pour la blanchir, ratissez-la pour enlever la peau et la parer, piquez-la de gros lardons assaisonnés de poivre, sel, muscade, persil et échalotes hachés; faites-la cuire 5 heures dans une *braise*, page 168. Retirez-la, fendez-la en long sans la séparer, dressez-la sur le plat, dégraissez la cuisson, passez-la, mouillez-en un roux, faites réduire, joignez-y un peu d'échalotes, persil, champignons, cornichons, hachés fin, poivre; faites bouillir 5 minutes, servez. — La même peut se servir avec une *sauce blonde* aux câpres, une sauce *aux tomates* et autres.

Langue de bœuf piquée et rôtie. (Rôt.)

Préparée comme pour la braise, faites-la cuire avec 2 cuillerées de bouillon, tranches de lard, bouquet garni, un ou 2 ognons piqués de girofle. Étant aux trois quarts cuite, retirez-la, faites-la refroidir, piquez de gros lard dans l'intérieur, et dessus. Mettez-la ensuite à la broche une heure. Servez une sauce piquante dans une saucière.

Langue de bœuf au gratin. (Entrée.)

Coupez en tranches très-minces une langue de bœuf cuite à la broche ou à la braise; prenez le plat que vous devez servir, mettez dans le fond un peu de bouillon, un filet de vinaigre, cornichons, persil, ciboules, échalotes, un peu de cerfeuil, le tout haché très-fin; sel, gros poivre, de la chapelure de pain; arrangez dessus les tranches de langue; assaisonnez le dessus comme vous avez fait dessous, et finissez par la chapelure : mettez le plat sur un fourneau à petit feu; faites bouillir jusqu'à ce qu'il se fasse un gratin au fond du plat; en servant, délayez-le d'un peu de bouillon.

Des restes de langue cuite à la braise ou à la broche seront coupés par tranches et panés *à la Sainte-Menehould*, servis sur une sauce à volonté, *en papillotes* comme les côtelettes de veau; on peut même les mettre *en matelote, en hochepot*, les réchauffer et servir sur toutes sortes de ragoûts et purées.

Palais de bœuf à la ménagère. (Entrée.)

Faites dégorger, ratissez-les, enlevez-en la peau dure et noire; si elle ne s'enlevait pas très-bien, faites-les tremper un moment dans l'eau bouillante. Lavez à plusieurs eaux chaudes et ensuite à l'eau fraîche; coupez par morceaux de la largeur de 3 doigts. Faites cuire doucement 6 ou 7 heures dans un blanc (voyez page 169). Faites égoutter sur un linge, dressez en couronne, et versez dans le milieu telle sauce que vous voudrez, piquante, tomate, poulette, aux câpres, Robert, etc. Ces palais, coupés en gros dés, font bien dans toutes sortes de ragoûts, même à la financière. — On en fait aussi des *croquettes* : coupés en petits dés, faites-les revenir dans une sauce blonde épaisse, faites-en de petits tas sur un couvercle, laissez refroidir, panez-les 2 fois et faites frire.

Queue de bœuf panée et grillée. (Entrée.)

Cuite dans le pot-au-feu et refroidie, faites fondre du beurre, assaisonnez-la de sel et poivre, trempez-la dans le beurre et panez-la : trempez encore une fois dans le beurre et repanez. Faites griller, et servez sur une sauce piquante, tartare, etc.

Autres. Préparez-la comme un pot-au-feu, mais en ne la laissant dans l'eau, où elle doit baigner, que le temps de l'écumer. Faites-la cuire ensuite *en daube,* coupée par morceaux aux joints. Servie avec les légumes en purée, c'est une *Saint-Lambert.* On l'accommode aussi en *hochepot.*

Rognon de bœuf. (Entrée.)

Fendez-le en deux, enlevez *la chaîne* nerveuse qui est dure, coupez en tranches minces, mettez 3 minutes à l'eau bouillante avec pincée de sel et hors du feu; égouttez, essuyez. Faites fondre du beurre à la casserole ou à la poêle, mettez-y les rognons 5 minutes, retirez du feu, saupoudrez-les de presque une cuillerée de farine, remuez, versez-y un verre de vin blanc de préférence, *bouilli à part,* persil haché, sel, poivre; remettez sur le feu pour lier avec gros comme une noix de beurre; opérez promptement pour ne point faire durcir. — Le blanchiment à l'eau bouillante fait perdre aux rognons le goût d'urine qui déplaît tant. — Ceux de cochon et de mouton se font de même.

Rognons sautés aux champignons. (Entrée.)

Émincez un rognon de bœuf (après en avoir ôté le centre, qui est un peu dur); mettez un morceau de beurre dans une poêle et faites-y sauter les rognons pendant 2 minutes; assaisonnez-les de sel et poivre; singer * ensuite d'un peu de farine, ou mettez-y un peu d'espagnole; ajoutez quelques champignons préparés, et mouillez avec un peu de

---

* Singer signifie jeter quelques pincées de farine sur des substances, que l'on mouille ensuite en les faisant cuire.

vin blanc et de bouillon; ajoutez ensuite une pincée de persil haché; faites réduire la sauce à son point, et servez dessus.

Cervelle de bœuf. (Entrée.)

On s'en sert à défaut de celle de veau, qui est plus blanche et de meilleure qualité. Il faut la mettre dans de l'eau tiède, où on la débarrasse du sang et de la légère peau qui l'enveloppe. Faites-la dégorger 1 heure ou 2 à l'eau froide; faites-la cuire dans un court-bouillon composé d'assez d'eau pour que la cervelle baigne, d'un quart de verre de vinaigre, sel, poivre, girofle, feuille de laurier, thym, ail, persil, céleri vert, tranches de carotte : 3 quarts d'heure suffisent pour la cuisson. — Ainsi cuite, on la partage en deux; on la sert sur le plat, où l'on verse une sauce *au beurre noir*, et on l'orne de persil frit. — Pour *matelote*, faites revenir de petits ognons dans du beurre, retirez-les de belle couleur, faites dans la casserole un roux avec une cuillerée de farine, mouillez de bouillon ou d'eau; liez bien, remettez les ognons, des champignons si vous en avez, poivre, sel, la cervelle; faites mijoter une demi-heure. — Partagée en 10 ou 12, vous la trempez dans une pâte et faites *frire*. On peut encore la servir sur une *sauce piquante, ravigote,* etc.

Foie de bœuf sur le gril. (Entrée.)

Coupez par tranches minces, mettez sur le gril, saupoudrez de sel et poivre, retournez; qu'elles soient très-peu cuites : servez deux tranches l'une sur l'autre, et mettez entre chacune une boulette de beurre manié de persil.

Gras-double. (Entrée.)

Ratissez, nettoyez avec beaucoup de soin et

lavez à plusieurs eaux bouillantes des morceaux de gras-double (panse de bœuf), gras, bien épais; faites ensuite dégorger dans l'eau fraîche, et cuire 6 heures à l'eau avec tranches d'ognons, ail, clous de girofle, sel et quelques cuillerées de farine.

En fricassée de poulet. Coupez en petits carrés, mettez du beurre dans une casserole, une cuillerée de farine, mouillez d'un peu de bouillon ou d'eau, faites-y bouillir vos morceaux 10 minutes; liez la sauce avec 2 jaunes d'œufs, un morceau de beurre et jus de citron, et servez. On peut ajouter des champignons cuits à l'avance.

Grillé. Coupez-le de 4 doigts de longueur sur 2 de large; passez-le dans un peu de beurre fondu, sel, poivre, persil haché; panez de mie de pain; faites griller de belle couleur, et dressez en couronne sur le plat avec sauce tartare ou Robert.

Tripes ou intestins de bœuf. (Entrée.)

Grattez et nettoyez à plusieurs eaux; faites blanchir à l'eau bouillante et mettez dégorger 24 heures dans l'eau froide, qu'il faudra changer plusieurs fois. — *A la façon de Caen.* Foncez une braisière ou daubière de tranches de carotte, ognons, un peu de lard, bouquet garni, clous de girofle, 4 gousses d'ail, gros poivre, du pied de bœuf par morceaux; égouttez les tripes et les saupoudrez de sel, muscade; mettez-les dans la terrine avec du jarret de jambon dans le milieu, remplissez-la juste; baignez de vin blanc et d'un peu d'eau, couvrez de bardes. Posez le couvercle et le fermez avec de la pâte, faites cuire à four doux 6 à 7 heures. Servez chaud sur un plat avec la sauce de la cuisson dégraissée et liée de fécule.

A la façon de Coutances. Coupez-les en rubans

de 20 cent. sur 5, et les étendez sur de pareils rubans de lard très-mince saupoudrés de fines herbes, poivre, épices; roulez ces deux pièces l'une sur l'autre et les fixez avec du fil. On en met un pour chaque convive. Mettez-les cuire 3 à 4 heures dans une casserole où ils doivent baigner dans du bouillon avec des ognons, carottes, bouquet garni, sel, poivre, épices, clous de girofle. Servez-les roulés, les fils enlevés, avec sauce faite de la cuisson dégraissée et liée de fécule.

Tetine de vache. (Entrée.)

Lavez-la et la faites dégorger 2 heures à l'eau froide, faites-la blanchir un quart d'heure à l'eau bouillante, laissez refroidir et faites cuire, et assaisonnez comme le gras-double ci-dessus.

VEAU.

Le veau de 6 semaines ou 2 mois est le plus estimé. Plus jeune, il n'a ni goût ni saveur; plus âgé, il n'est pas si délicat. Il est meilleur depuis mai jusqu'en septembre. Choisir la chair la plus blanche, sans trop de graisse.

Veau rôti.

Les parties qui servent à la broche sont la *longe*, composée du *carré avec son rognon*, et le morceau qui y tient ou *morceau d'après*, moins recherché; on peut aussi servir le *quasi*. Le veau se sert très-cuit. Saupoudrez de sel, roulez le bout de la longe jusqu'au rognon, liez-le avec une ficelle et embrochez.

Veau à la broche aux fines herbes. (Entrée.)

Prenez un des morceaux indiqués ci-dessus : lardez-le de gros lardons assaisonnés de sel, poivre et fines herbes : mettez-le dans une terrine pour le faire mariner 3 heures avec persil, ciboules, champignons, une feuille de laurier, thym, 2 échalotes, le tout haché très-fin; poivre, muscade râpée et un peu d'huile; quand il aura pris goût, embrochez-le : mettez par-dessus tout son assaisonnement, et l'enveloppez de 2 feuilles de papier blanc bien beurrées; faites-le cuire à petit feu. La cuisson faite, ôtez le papier, enlevez avec un couteau toutes les petites herbes qui tiennent après le papier et la viande, pour les mettre dans une casserole avec un peu de son jus, un filet de vinaigre, un petit morceau de beurre manié avec une pincée de farine, un peu de sel, poivre; faites lier sur le feu pour servir dessous le carré.

Veau à la bourgeoise. (Entrée.)

Prenez un morceau de veau, tel que le carré, sans rognon; le morceau d'après, le quasi, ou un morceau d'épaule. Faites-le revenir dans la casserole et prendre une couleur blonde, avec des morceaux de lard de poitrine et un peu de beurre. Mouillez d'un demi-verre d'eau, ajoutez un bouquet garni, 2 ou 3 carottes et autant d'ognons, un navet, poivre, sel; faites cuire 2 ou 3 heures, dégraissez la sauce et servez-la sous le veau avec les carottes et le lard pour garniture.

Veau cuit dans son jus. (Entrée et Rôt.)

Prenez un des morceaux de l'article ci-dessus, piquez-le s'il ne paraît pas assez gras, mettez-le dans une casserole avec un bon morceau de beurre et lui faites prendre couleur; ajoutez sel, poivre, une demi-feuille de laurier; faites cuire 2 ou 3 heures à feu doux; dégraissez la sauce en y joignant le fond de glace de la casserole délayé de 3 cuillerées d'eau, et servez comme rôti. — Si vous voulez servir comme *entrée*, vous liez la sauce avec de la fécule et vous servez sur *sauce tomate, purée d'oseille*, de *chicorée* ou de *céleri*.

Veau de desserte. (Entrée.)

Coupez minces des morceaux de veau rôti. Mettez dans la casserole du beurre, une cuillerée de farine, faites roussir légèrement, mouillez de bouillon ou d'eau; ajoutez persil et civette ou ciboule hachés, une pointe d'estragon, sel, poivre; faites bouillir 10 minutes, mettez-y réchauffer les morceaux de veau et servez.

Ragoût de veau au roux. (Entrée.)

Coupez de la poitrine par morceaux de 3 doigts en carré, faites-leur prendre couleur avec du beurre à la casserole, retirez-les. Faites dans la même casserole un roux léger avec 2 cuillerées de farine, versez-y 2 verres d'eau ou du bouillon; mettez le veau, une carotte, ognon piqué d'un clou de girofle, un bouquet garni, sel, poivre, un rien de sucre, de petits ognons passés au beurre à part, des champignons. Quand le tout est cuit, dégraissez et servez.

Poitrine farcie. (Entrée.)

Prenez une poitrine couverte partout de sa peau ou membrane, détachez-la de la chair jusqu'au bout du tendron; mettez dessus une farce ou un godiveau; couvrez la farce avec la peau; cousez tout autour avec du fil et une aiguille; mettez cuire avec bardes de lard, demi-verre d'eau, sel, poivre, un bouquet de persil; la cuisson faite, prenez le fond de la sauce, que vous dégraissez; passez au tamis; mettez une pincée de farine; faites réduire. Ainsi cuite, vous pouvez la servir sur différents ragoûts de légumes. Si vous la faites cuire à la broche, ôtez les tendrons; servez sur une sauce ou ragoût.

Tendrons de poitrine de veau. (Entrée.)

Ce sont les cartilages de la poitrine de veau.

Aux petits pois. Coupez de la poitrine de veau par petits morceaux; passez sur le feu avec beurre, pincée de farine, sel et poivre; ajoutez un verre d'eau, un bouquet de persil; laissez cuire une heure et demie, et mettez des pois moyens : quand ils sont cuits, dégraissez et servez.

A la Marengo. Coupez de même que ci-dessus et faites comme pour le *poulet.* Voy. Poulet à la Marengo.

A la poulette. Voyez *Blanquette,* page 156.

En matelote. Mettez du beurre dans la casserole et les y faites revenir; retirez-les; faites un roux que vous mouillez d'un verre d'eau, bouillon et autant de vin, sel, poivre, clous de girofle, ail, bouquet garni; remettez les tendrons; quand ils sont presque cuits, ajoutez de petits ognons roussis dans le beurre et des champignons; achevez de cuire à gros bouillons, retirez le bouquet, les clous et l'ail, dégraissez et servez.

En chartreuse. Ayant sauté des tendrons au beurre, vous les arrangez comme la *chartreuse de perdrix,* mais en les y plaçant en couronne.

Côtelettes de veau en papillotes. (Entrée.)

Garnissez-les des 2 côtés d'une farce de mie de pain, petit lard, persil, ciboules, champignons, le tout haché fin; sel, poivre; recouvrez d'une mince barde de lard; enveloppez avec soin d'un bon papier beurré coupé en forme de cœur large; faites cuire sur le gril 3 quarts d'heure à petit feu, et servez avec le papier. Elles seront beaucoup plus tendres si vous les avez fait mariner un jour ou 2 dans une cuillerée et demie d'huile pour 2 côtelettes. — On peut ajouter des truffes tant dans la farce qu'en lames ou tranches minces.

Côtelettes à la bordelaise. (Entrée.)

Parez-les, assaisonnez de sel, poivre et muscade; faites un peu de farce avec lard, chair de veau, mie de pain, échalotes, persil, le tout haché très-fin, poivre et sel; battez bien cette farce avec un œuf cru et couvrez-en chaque côtelette, dorez-les avec de l'œuf battu, panez de mie de pain, posez-les sur une tourtière beurrée, faites cuire feu dessus et dessous, dressez-les sur le plat; mettez un peu de bouillon et un filet de vinaigre dans la tourtière pour en faire la sauce dont vous couvrez les côtelettes.

Côtelettes de veau aux fines herbes. (Entrée.)

Des côtelettes de veau étant parées, beurrez un plat à sauter dans lequel vous les placez; assaisonnez-les de sel, poivre et pointe de muscade râpée; placez la casserole sur un feu vif; et faites prendre belle couleur à vos côtelettes des deux côtés; mouillez ensuite avec un peu de bouillon et un verre de vin blanc, laissez cuire à petit feu, retournez-les; puis 10 minutes avant de servir, ajoutez-y persil et échalotes hachés bien fin, puis un jus de citron, et servez à courte sauce.

Côtelettes de veau sur le gril. (Entrée.)

On ne doit faire cuire sur le gril que des côtelettes de veau de petite proportion, et on les traite exactement comme les biftecks, page 189. — Si on veut les paner, on les passe dans le beurre tiède, on sale et poivre et on les enduit de panure. On les sert au naturel ou sur une sauce à volonté.

Filets de veau à la provençale. (Entrée.)

Prenez du veau cuit à la broche et froid, coupez-le en filets minces; faites une sauce avec un morceau de beurre manié de farine, un demi-verre d'huile, persil, ciboules, échalotes, le tout haché; sel, poivre; faites lier la sauce sur le feu; pressez-y un jus de citron; mettez-y les filets de veau chauffer sans qu'ils bouillent; servez.

Fricandeau. (Entrée.)

Employez une rouelle de veau dont vous piquez d'un côté la superficie de lardons fins très-serrés; foncez une casserole de carottes, ognons, bouquet garni, 2 clous de girofle, débris de lard; placez-y votre fricandeau, mouillez-le d'un peu de bouillon, en ayant soin d'arroser le dessus de temps en temps avec le fond de sa cuisson : il prendra une belle couleur blonde. La cuisson achevée, 2 ou 3 heures, vous passez le fond ou sauce, que vous versez dans une petite casserole; dégraissez, faites réduire à la glace, ajoutez une goutte de caramel, un peu de fécule de pommes de terre que vous aurez délayée avec un peu d'eau, dorez-en le fricandeau. Servez le reste dessous, si vous devez le servir seul; sinon servez-vous-en pour assaisonner le ragoût de chicorée ou d'oseille, sur lequel vous le servirez. Servez aussi sur une sauce tomate.

Rouelle de veau en thon. (Entrée.)

Enlevez l'os du milieu, et battez votre rouelle de veau, piquez-la de filets d'anchois; assaisonnez-la de sel et poivre, puis mettez-la dans une terrine, et versez dessus un verre de vinaigre; laissez-la ainsi mariner pendant 8 heures; ensuite essuyez-la avec un torchon, farinez-la et la mettez dans une poêle à frire avec un peu d'huile d'olive; faites cuire à petit feu et de belle couleur des deux côtés. Lorsqu'elle est cuite, dressez-la sur un plat, ajoutez le jus d'un citron dans la cuisson, battez vivement avec le fouet, puis masquez votre rouelle avec, et servez de suite.

Escalopes de rouelle de veau. (Entrée.)

Coupez de la rouelle de veau en tranches de 5 ou 6 centimètres (3 doigts) de large et d'un centimètre d'épaisseur; parez, enlevez les nerfs, aplatissez avec le couperet. Faites chauffer du beurre sur un feu assez vif dans une casserole large à sauter; quand il est bien chaud, mettez-y vos tranches à côté l'une de l'autre. Quand elles sont roidies d'un côté, retournez de l'autre : elles seront bientôt cuites; retirez le beurre, mettez un peu de jus et de bouillon, fines herbes, assaisonnement à volonté, achevez de cuire : une demi-heure en tout. Dressez-les en couronne et en *escalier* sur le plat, et au milieu telle sauce ou garniture que vous voudrez, ou seules.

Blanquette de veau. (Entrée.)

Les détails donnés page 156 suffisent pour faire la blanquette de veau. On fera bien de blanchir un moment les morceaux à l'eau chaude, si le veau n'est pas bien blanc.

Noix de veau. (Entrée.)

La *noix* se trouve dans la chair du cuissot coupée en long. — La *rouelle*, c'est la même chair coupée en travers. Ces morceaux, peu succulents, ont besoin d'accompagnement, tels que le fricandeau et le veau à la bourgeoise.

Croquettes de noix de veau. (Entrée.)

Faites fondre un fort morceau de beurre à la casserole, mettez-y 2 cuillerées de farine et tournez sans roussir; ajoutez sel, poivre et muscade, champignons et persil hachés; faites revenir un peu : mouillez avec un peu de crème et 4 cuillerées de bouillon ou du jus de la noix. Que cette sauce soit épaisse comme de la bouillie. Prenez de la noix de veau cuite de la veille, coupez-la en petits dés, ainsi que la graisse de la noix; joignez-les à votre sauce. Laissez refroidir, et faites-en des boulettes que vous panez : trempez-les toutes panées dans de l'œuf, jaune et blanc, et repanez une seconde fois. Faites frire, et servez garni de persil frit.

Quasi de veau à la pèlerine. (Entrée.)

Piquez-le, si vous voulez, de gros lard, ficelez-le de manière à lui donner une bonne tournure, mettez-le sur un feu doux avec de l'huile d'olive; faites dorer des 2 côtés; mouillez d'un peu d'eau, avec sel, feuille de laurier : faites cuire 3 ou 4 heures. Pendant ce temps, faites glacer dans du beurre et un peu de sucre 12 gros ognons; mouillez-les, quand ils sont d'une belle couleur, avec un peu du jus du quasi et un peu de bon vin rouge : ajoutez 12 ou 18 champignons entiers, faites mijoter et cuire. Au moment de servir, dégraissez, et liez le jus du quasi avec de la fécule; glacez-le avec cette glace, et mettez le reste avec les ognons et les champignons que vous servez autour.

Épaule de veau à la bourgeoise. (Entrée.)

Désossez une épaule de veau, assaisonnez-la de sel, poivre, muscade; roulez-la en lui donnant une belle forme oblongue, et faites-la cuire comme le veau à la bourgeoise, page 199.

Galantine de veau. (Relevé.)

Désossez une belle épaule de veau, enlevez une partie des chairs de la noix, que vous coupez en forme de lardons; ajoutez autant, et de même dimension, du lard, du jambon, de la langue à l'écarlate que l'on achète par morceaux chez les charcutiers. Vous avez préparé un bon godiveau pâtissier (p. 180). Étendez l'épaule, assaisonnez-la de sel, poivre, muscade; étalez une légère couche de godiveau dessus; couchez-y la moitié de vos lardons de jambon, de veau et de lard, quelques truffes si vous voulez, puis une autre couche de godiveau et le restant des lardons; roulez le tout et ficelez; enveloppez-la dans un linge et ficelez la de nouveau comme une grosse carotte de tabac. Foncez une daubière de bardes de lard et couennes, carottes, ognons, un bouquet garni de clous de girofle. Placez-y la galantine, joignez-y le désossement de votre épaule, un peu de sel, mouillez de bouillon, demi-litre de vin blanc; faites cuire quatre heures à petit feu. Égouttez la galantine et ne la déballez que froide.

Pour faire la gelée, vous passez la cuisson et la dégraissez : fouettez 2 blancs d'œufs dans une casserole; versez-y à mesure votre cuisson, posez la casserole sur un bon feu, toujours en fouettant doucement jusqu'au moment de l'ébullition; retirez-la au bord du fourneau, couvrez-la, mettez un feu ardent sur le couvercle, faites bouillir le plus doucement possible; le blanc étant presque cuit, ajoutez un jus de citron qui servira à clarifier. Tendez une serviette sur 4 pieds d'une chaise renversée avec une terrine dessous, et y versez doucement cette gelée; lorsqu'elle sera refroidie, vous en décorez le plat à servir. Ce procédé, qui lui donne la transparence d'une topaze, peut être employé pour clarifier toute espèce de jus et de consommé.

Foie de veau à la broche. (Entrée.)

Lardez de gros lard, faites-le mariner 4 heures avec persil, ciboules, laurier, thym, sel, 2 cuillerées d'huile; tirez-le de sa marinade, enveloppez-le d'une *voile* ou *toilette* de porc ou d'un papier beurré; faites cuire environ 5 quarts d'heure; servez-le au naturel avec une sauce faite du jus du foie, échalotes hachées, 2 cuillerées de bouillon, sel, poivre et fines herbes dans une saucière.

Foie de veau à la bourgeoise. (Entrée.)

Piquez-le de gros lardons; faites-le revenir de tous côtés dans un peu de beurre chaud; retirez le foie et supprimez le beurre; faites un roux avec de nouveau beurre; mettez-y le foie avec un verre de vin pour un foie entier, sel, poivre, épices, bouquet garni; faites cuire 2 ou 3 heures à petit feu; remuez pour ne pas laisser attacher; dégraissez la sauce et servez.

Foie de veau à la poêle. (Entrée.)

Coupez du foie de veau par tranches, et le mettez dans une poêle avec persil et ciboules hachés, un morceau de beurre; passez sur le feu, et mettez-y une cuillerée de farine; mouillez avec bouillon, une cuillerée de vinaigre ou un demi-verre de vin, sel, poivre et épices ; laissez cuire 10 minutes en tout, et servez.

Foie de veau en biftecks. (Entrée.)

Coupez du foie par tranches d'un doigt d'épaisseur ; faites revenir des 2 côtés 5 minutes dans le beurre, et saupoudrez de sel ; dressez sur un plat chaud, et couvrez de boulettes de beurre manié de persil, ciboule, sel, poivre ; mettez un jus de citron ou filet de vinaigre.

Foie de veau en papillotes. (Entrée.)

Coupez du foie de veau de l'épaisseur d'un doigt et le mettez mariner avec un peu d'huile, sel, poivre, muscade, fines herbes. Coupez du papier solide pour papillotes et le huilez ; posez une mince tranche de lard, des fines herbes, la tranche de foie, fines herbes et lard ; reployez, faites griller, et servez aussitôt que les papillotes ont pris une belle couleur des deux côtés.

Foie de veau haché. (Entrée.)

Prenez 1 kilo de foie, 250 gram. de rouelle de veau, autant de filet de bœuf, autant de porc frais, 125 grammes de lard râpé, gros comme une noix de moelle de bœuf, un ognon, une gousse d'ail, persil, ciboule, cerfeuil, un clou de girofle râpé et un peu de muscade, poivre, épices, sel ; mêlez et hachez le tout ; ajoutez 250 grammes de chair à saucisses. Enveloppez d'un voile ou toilette de porc ; donnez une forme arrondie. Placez sur une tourtière beurrée et sous le four de campagne ; il faut 2 heures de cuisson : servez sur le plat avec une sauce faite d'un roux et du jus de la cuisson. On peut encore le paner au lieu de l'envelopper, ou bien faire cuire ce hachis dans un moule ou dans un pâté, et au four.

Rognon de veau. (Entrée.)

Celui qui a rôti avec le carré s'emploie par filets minces dans une omelette. Cru, il s'accommode comme le rognon de bœuf (p. 195), mais n'exige pas d'être blanchi.

Fraise de veau à la vinaigrette. (Entrée.)

Faites-la blanchir un quart d'heure à l'eau bouillante, et la retirez dans l'eau fraîche; coupez par morceaux, que vous faites cuire 2 heures dans un blanc (page 169) : égouttez et servez chaud, entouré de persil vert, avec une sauce à l'huile, vinaigre, poivre, sel, fines herbes hachées très-fin dans une saucière. — *Frite.* Cuite comme ci-dessus, trempez-la dans la pâte, faites cuire et servez couronnée de persil frit. On la prépare encore en fricassée de poulet avec jus de citron.

Ris de veau. (Entrée.)

Glande délicate qui se trouve sous la gorge du veau. Mettez-les dégorger au moins une heure à l'eau tiède, et blanchir ensuite à l'eau bouillante jusqu'à ce que la lardoire passe à travers sans les déchirer. Parez, piquez-les de lardons, aplatissez-les, faites-les cuire une heure en fricandeau et servez-les sur telle sauce ou farce que vous voudrez; ou bien, préparez-les par morceaux ou fricassée de poulet. On les fait cuire aussi entre deux bardes de lard, et on les coupe pour garnitures ou ragoûts.

Mou de veau au blanc. (Entrée.)

Faites dégorger un mou de veau en changeant d'eau plusieurs fois; faites-le blanchir; remettez-le à l'eau froide, et coupez-le en petits morceaux; mettez-le ensuite dans une casserole avec un morceau de beurre, une pincée de farine; ayez soin que votre beurre ne prenne point de couleur; mouillez avec bouillon, poivre, sel, persil, ciboules, thym et laurier; quand il est à moitié cuit, ajoutez petits ognons et champignons; au moment de servir, liez la sauce avec des jaunes d'œufs, et ajoutez un filet de vinaigre.

Mou de veau en matelote. (Entrée.)

Faites dégorger comme le précédent, et cuire à moitié dans l'eau avec sel, poivre, vinaigre, ognon; faites revenir du lard et de petits ognons dans une casserole avec une cuillerée de farine pour faire un roux; mettez un verre de vin et autant d'eau, bouquet garni; mettez-y le mou et achevez de cuire, dégraissez et servez.

Cœur de veau. (Entrée.)

Préparez-le comme le *bœuf à la mode*.

Cervelles de veau. (Entrée.)

On les prépare comme celles de bœufs, p. 196. Le *blanc*, page 169, convient mieux pour leur cuisson, qui se fait en 20 minutes. On les assaisonne de même au *beurre noir, matelote, ravigote*, etc. De plus, mettez-les *à la poulette* : étant cuites, faites fondre du beurre où vous délayez une cuillerée de farine, et mettez aussitôt un verre d'eau, sel, muscade, petits ognons et champignons que vous avez fait blanchir et que vous laisserez cuire une heure : mettez les cervelles, faites cuire encore 10 minutes; servez avec une liaison de jaunes d'œufs et jus de citron. On décore, si on veut, avec des tranches de pain découpées et passées au beurre. — *Pour salade*. Dressez-les sur un plat et sur des laitues ornées d'œufs, et couvrez, au moment de servir, d'une magnonnaise. On les fait encore, par morceaux, *frire* en pâte, et leur desserte produit une délicieuse *omelette*.

Queues de veau à la rémolade. (Entrée.)

Faites cuire des queues de veau dans une casserole avec de l'eau, un bouquet garni, sel, poivre, vin ou vinaigre; mettez-les égoutter, et trempez-les dans de l'œuf battu; panez de mie de pain; trempez-les dans l'huile, et repanez; faites griller de belle couleur, en les arrosant légèrement d'huile; servez sur une rémolade.

Queues de veau à la flamande. (Entrée.)

Coupez un chou en quatre et faites-le blanchir un quart d'heure; ayez 2 queues de veau, un morceau de petit lard coupé en tranches tenant à la couenne; ficelez le lard et le chou, que vous mettez cuire avec les queues, eau ou bouillon, un bouquet de fines herbes, sel, gros poivre; dressez sur le plat avec le petit lard les choux, et servez.

Tête de veau au naturel. (Relevé et Entrée.)

Si elle n'a pas été dégorgée par le marchand, il faut la faire dégorger à l'eau froide, 24 heures en hiver, 6 en été, en changeant l'eau. Désossez-la entièrement, mettez-la à l'eau froide sur le feu, et faites-la bouillir 10 minutes; égoutez et faites rafraîchir à grande eau, égouttez-la quand elle est froide. Détaillez-la par morceaux de 10 centimètres carrés, nettoyez-les et parez-les, frottez-les de jus de citron ou d'un peu d'acide tartrique, enveloppez le tout dans un linge noué, faites-la cuire dans un blanc (page 169) en la faisant partir vivement, puis ensuite mijoter 3 ou 4 heures. Servez-la bien chaude sur un plat, arrangée avec ordre en pyramide, les oreilles entières, mais découpées finement, et la cervelle entière que l'on a retirée après 20 minutes de cuisson et tenue chaude. On l'orne de persil en branches, et l'on sert dans une saucière une vinaigrette composée d'échalote, estragon, cerfeuil, cornichons, le tout haché, poivre, sel, vinaigre. On ne sert pas de tête entière, à cause de la difficulté du découpage à table. Une moitié suffit ordinairement, avec ou sans cervelle.

Tête de veau en tortue. (Relevé et Entrée.)

Préparez-la et faites cuire comme la précédente. Disposez un bon ragoût à la financière (page 177), pour lequel vous aurez fait réduire, dans le coulis blond, un verre de vin de Madère sec, un peu de piment ou poivre de Cayenne; on ajoute à ce ragoût, indépendamment de la financière, des jaunes d'œufs durcis, des cornichons tournés en olives, des quenelles de godiveau et la langue coupée en morceaux, ainsi que la cervelle; vous égouttez bien vos morceaux de tête et les dressez le plus possible en pyramide; masquez-les de votre ragoût, garnissez le plat de 12 écrevisses et 12 croûtons frits au beurre, et servez bien chaud. On doit toujours l'accompagner de ragoût dans une saucière pour suppléer à ce qui n'aurait pas pu tenir sur le plat.

Tête de veau frite. (Entrée.)

Les restes d'une tête de veau se font frire par morceaux après les avoir trempés dans la pâte.

Oreilles de veau. (Entrée.)

Prenez des oreilles, que vous préparez comme celles de l'article Tête de veau. Étant cuites de même et égouttées, vous ciselez les bouts, que vous renversez en arrière. On les sert sur une sauce au beurre d'écrevisses, une sauce piquante ou à la ravigote, une purée de pois verts, etc.

Frites. Cuites comme ci-dessus, laissez-les refroidir, coupez-les en deux, et garnissez-les, si vous voulez, d'une farce à quenelles; unissez bien cette farce avec un couteau trempé dans l'eau chaude. Trempez ces oreilles farcies ou non dans de l'œuf battu, blanc et jaune; roulez-les dans de la mie de pain, et faites frire. Servez en buisson avec persil frit.

Langues de veau. (Entrée.)

Les langues de veau peuvent s'accommoder comme celles de bœuf.

Pieds de veau. (Entrée.)

Il faut les désosser du gros os, les fendre, faire blanchir à l'eau bouillante et cuire dans un blanc (page 169); servez-les avec branches de persil autour et une sauce *vinaigrette* à part, comme pour la tête de veau ci-dessus. — *A la poulette.* Cuits de même et découpés, vous les servez sous une sauce comme celle des pieds de mouton. — *Frits.* Cuits, refroidis et découpés, trempez-les dans de l'œuf battu, panez-les 2 fois et les faites frire; servez sur une serviette avec persil frit.

MOUTON.

Il faut le choisir d'une chair noire, gras en dedans, et le laisser mortifier pour qu'il soit tendre.

Gigot rôti. (Rôt.)

Pour que le gigot rôti soit excellent, il faut qu'il soit bien mortifié pendant quelques jours, plus ou moins, selon la saison; battez-le bien pour l'attendrir davantage; faites-le mariner 1 jour ou 2 avec de l'huile, poivre, ognon, persil; lardez une gousse d'ail près du manche et d'autres en filets dans les chairs, si on l'aime; embrochez-le et faites-le cuire à un feu très-vif, de manière qu'il soit saisi; tournez-le souvent et arrosez avec son jus et la marinade; laissez-le cuire une heure et demie.

Gigot dit à l'eau. (Entrée.)

Désossez-le si vous voulez. Il faut qu'il soit mortifié. Mettez-le dans une casserole avec un peu de beurre, sur un feu doux, prendre couleur des deux côtés; mouillez avec un peu d'eau; mettez 3 gousses d'ail, 4 ou 5 gros ognons entiers et 2 carottes; faites cuire ainsi 5 ou 6 heures très-doucement; mettez du sel, point de poivre ni autre assaisonnement. Servez-le seul. Dégraissez la sauce et la liez avec un peu de fécule; vous en glacez le gigot. Servez dessous chicorée, haricots ou marrons, etc.

Gigot braisé ou de 7 heures. (Entrée et Relevé.)

Otez l'os du quasi et celui du milieu du gigot, sans le déchirer; ficelez; donnez un coup de couteau dans la jointure pour replier le manche, dont vous coupez le bout, afin qu'il tienne moins de place. Mettez-le dans une daubière ou braisière, avec 6 ognons, 4 carottes, un gros bouquet de persil bien garni de plantes aromatiques, sel, épices, les os que vous avez retirés du gigot et d'autres débris de viande que vous auriez, 2 bardes de lard, un grand morceau de couenne ou bien un pied de veau pour rendre la sauce gélatineuse, un verre de bouillon ou d'eau et un verre de vin blanc. Quand il a commencé à bouillir, vous le menez doucement avec du feu, s'il se peut, sur le couvercle. Quand il est cuit, vous le servez avec son jus dégraissé et passé au tamis. Pour lui donner meilleur coup d'œil, vous le glacez avec son jus, que vous avez fait réduire à part dans une petite casserole.

Gigot dans son jus. (Entrée et Relevé.)

Désossé et replié comme celui de 7 heures, vous le faites revenir dans la casserole avec un peu de beurre; faites-lui prendre couleur comme s'il sortait de la broche. Assaisonnez-le de sel, d'épices et d'un bouquet garni; laissez-le mijoter, en le retournant de temps à autre jusqu'à ce qu'il soit cuit, et le servez avec son jus sur des haricots, ou des pommes de terre. Les pommes de terre épluchées crues peuvent se faire frire avec la graisse du gigot quand il est près de sa cuisson.

Gigot à la russe. (Relevé.)

Choisissez un gigot de bonne qualité, battez-le et le parez convenablement, salez-le légèrement; puis placez-le sur une plaque à rôtir; mettez-le au four pour le faire cuire aux trois quarts; retirez-le ensuite et le mettez sur un plat allant au feu, arrosez-le avec un cinquième de bon cognac, placez le plat sur un feu doux, et quand l'eau-de-vie est chaude, mettez-y le feu en retournant et arrosant le gigot le temps qu'elle brûle, ajoutez ensuite un peu de glace de viande et un peu de jus du gigot, laissez mijoter un instant; puis dressez sur le plat; dégraissez la sauce, masquez votre gigot avec et servez.

Gigot à la du Fresnel. (Relevé.)

Battez le gigot, piquez-le avec 6 gousses d'ail coupées en deux, salées et poivrées; lardez-le de part en part avec du maigre de jambon de l'épaisseur d'un doigt. Mettez le gigot dans une casserole où il y ait un demi-litre de bouillon, un peu de bon jus; ajoutez-y sel, poivre, laurier, muscade, un grand verre à bordeaux de cognac. Faites cuire à feu doux.

Faites un beurre d'anchois avec 12 anchois et 200 grammes de beurre. Il doit être fait au moment où le gigot est cuit.

Retirez le gigot momentanément de la casserole. Passez la sauce dans laquelle il a été cuit et dégraissez-la, mettez-la sur le feu de nouveau dans la casserole avec le beurre d'anchois. Remettez le gigot dans la casserole et laissez-le sur des cendres chaudes jusqu'au moment de servir. Mettez le gigot sur le plat et saucez-le avec sa sauce.

Gigot à la provençale. (Rôt.)

Lardez un gigot de 12 gousses d'ail, et 12 anchois en filets; faites-le rôtir à la broche et le servez sur le ragoût suivant. Épluchez plein un litre de gousses d'ail, faites-les blanchir à plusieurs bouillons; lorsqu'elles seront presque cuites, retirez-les et les jetez dans l'eau fraîche : égouttez-les. Mettez dans une casserole un verre de bouillon et du jus, jetez-y l'ail, faites réduire et servez sous le gigot. (Voy. Gigot de mouton à l'ail.

Émincés de mouton. (Entrée.)

Prenez du gigot cuit à la broche, coupez la chair très-mince et de 5 centim. de largeur : faites un roux, mouillez avec un peu de bouillon, sel, poivre;

faites réduire votre sauce; ajoutez un morceau de beurre et des cornichons coupés en tranches; mettez vos émincés dans la sauce, et faites chauffer sans bouillir. Si vous n'avez pas mis de cornichons, répandez-y du persil haché au moment de servir. Pour la faire au *beurre d'anchois,* ajoutez à la sauce du beurre d'anchois.

Selle de mouton. (Entrée.)

Pièce entre les côtes et le gigot. S'accommode comme le gigot.

Hachis de mouton aux œufs frits. (Entrée.)

Vous faites un hachis de mouton et le décorez de croûtons frits et d'œufs frits sur une sauce tomate ou autre.

Filet de mouton aux légumes. (Entrée.)

Prenez un carré de mouton, ôtez les os et piquez-le de menu lard; faites-le cuire à la broche; servez dessous un ragoût de légumes comme : épinards, chicorée, farce d'oseille, choux-fleurs, haricots verts ou blancs, pommes de terre.

Carré à la bourgeoise. (Entrée.)

Appropriez un carré de mouton, que vous faites revenir à la casserole et prendre couleur; ajoutez un verre d'eau, du vin blanc, persil, ciboules, une gousse d'ail, 2 clous de girofle, sel, poivre; la cuisson faite, passez la sauce, dégraissez-la et la faites réduire; mettez-y un morceau de beurre manié de farine, persil haché; faites-la lier sur le feu, mettez un jus de citron ou filet de vinaigre, et servez sur le carré.

Poitrine de mouton grillée. (Entrée.)

Faites cuire une poitrine de mouton dans une casserole avec eau, sel, poivre, persil, ciboules, thym et laurier : quand elle est cuite, passez-la à l'huile avec persil, ciboules hachées, sel, poivre; panez de mie de pain, mettez sur le gril, et servez avec une sauce piquante. Au lieu de la faire cuire ainsi, vous pouvez la faire cuire dans le pot-au-feu et la paner et griller de la même façon.

On peut la servir sur un *ragoût de chicorée*, de *laitues*, de *purée d'ognons*, de *purée d'oseille*, sauces tomate, tartare, etc., et diverses purées.

Côtelettes de mouton grillées. (Entrée.)

Faites-les mariner, si vous voulez, et les mettez griller avec les mêmes soins que les biftecks, page 189.

Côtelettes de mouton panées. (Entrée.)

Parez vos côtelettes; passez-les au beurre tiède avec sel et poivre; panez-les de mie de pain, faites-les cuire sur le gril à un feu doux; dressez-les en couronne sur le plat, et servez-les seules ou avec une maître-d'hôtel. Voyez *Panure*.

Côtelettes à la bruxelloise. (Entrée.)

Parez, aplatissez des côtelettes du filet sans os, enveloppez-les d'une couche mince de chair à saucisses, avec un peu de truffe hachée fin, et de toilette de porc. Faites griller peu cuit.

Côtelettes de mouton sautées à la poêle. (Entrée.)

Vous les faites cuire à petit feu dans une poêle avec un morceau de beurre; quand la cuisson est faite, faites-les égoutter de leur graisse; laissez dans votre poêle une demi-cuillerée de graisse, et ajoutez quelques cuillerées de bouillon, échalotes, fines herbes, le tout haché; sel, poivre, cornichons coupés en filets : faites bouillir; dressez vos côtelettes, et servez la sauce dessus avec filet de vinaigre.

Côtelettes à la jardinière. (Entrée.)

Parez et ne laissez que la noix à des côtelettes bien mortifiées; faites fondre un peu de beurre dans un plat qui aille au feu; rangez-y vos côtelettes, assaisonnez-les de sel, poivre, et placez dessus un rond de papier beurré. Posez votre plat sur un bon fourneau; vos côtelettes cuites d'un côté, faites-les cuire de l'autre, égouttez le beurre, mettez dans le plat une petite cuillerée de jus ou de bouillon, pour détacher ce qui tient au plat; arrosez-en vos côtelettes, que vous dressez en couronne, et servez dans le milieu une *macédoine de légumes,* page 178.

Les *côtelettes de mouton,* cuites comme les précédentes ou sautées à la poêle, peuvent servir encore comme *entrée* sur un *ragoût de chicorée,* une *sauce tomate,* un *ragoût de champignons,* un *ragoût de laitues,* en les glaçant avec leurs jus; à la *maître-d'hôtel,* ou comme les biftecks sur *une sauce provençale,* etc. — En *matelote,* voy. *Lapin,* p. 251, mais sans poisson.

Autres façons. (Entrées.) On les fait griller et on les sert en couronne sur une purée d'ognons *à la Soubise.* — On peut aussi les larder, les faire cuire avec bouillon et bouquet garni, réduire la sauce et les faire glacer dans la casserole; les servir sur purée d'oseille ou de pommes de terre au milieu. — Grillées, on les sert sur une purée de pommes de terre au lait.

Épaule de mouton.

Elle peut se servir cuite et préparée selon les différentes manières indiquées pour le gigot. — Pour *rôtis,* on la pique avec du persil en branches, au lieu de lard, et on les met à la broche en l'arrosant.

Épaule de mouton en musette. (Entrée.)

On la désosse, en laissant le bout du manche, on la pique de gros lardons assaisonnés de sel, poivre. On la ficelle afin de lui donner une forme ronde comme une assiette. Il ne faut pas la rouler. Étant ficelée, on lui fait prendre couleur; et on la fait cuire exactement comme le gigot à l'eau : 5 heures de temps. Étant cuite, on la dégraisse; on lie la sauce et on glace l'épaule. On la sert seule ou garnie de tout ce qu'on veut.

Haricot de mouton ou *Hochepot.* (Entrée.)

Faites revenir dans du beurre de l'épaule, de la poitrine ou des côtelettes de mouton coupées par morceaux; retirez-les et faites un roux; quand il est de belle couleur, mouillez d'eau; ajoutez sel, poivre, bouquet garni, une gousse d'ail; remettez votre viande; quand elle est presque cuite, ayez des navets, passez-les au beurre dans la poêle jusqu'à ce qu'ils soient d'une couleur jaune un peu foncée, mettez-les alors dans votre hochepot; laissez-les cuire une demi-heure, dégraissez la sauce et servez. On peut le faire aussi avec des pommes de terre ou des carottes au lieu de navets. — Le hochepot se servait autrefois avec des haricots. — Nouveau nom actuel : *Navarin.*

Mouton aux haricots verts. (Entrée.)

Préparez le mouton comme ci-dessus, et, au lieu de navets, mettez des haricots verts cuits à l'eau.

Rognons dits *à la brochette.* (Entrée.)

Ouvrez vos rognons par le milieu, et passez en

travers une petite brochette; assaisonnez-les de sel, de poivre, huile, et faites-les cuire sur le gril; quand ils sont cuits, ôtez les brochettes, dressez-les dans un plat, et servez dessous une maître-d'hôtel. Les rognons ont une peau que l'on enlève aisément quand ils ont trempé 5 minutes dans l'eau froide. Ceux de couleur chocolat sont les meilleurs.

Rognons de mouton à la tartare. (Entrée.)

Enlevez la peau légère qui les recouvre, fendez-les selon l'usage, faites-les mariner 2 ou 3 heures avec huile, persil en branche, sel, un peu de gros poivre. Égouttez-les, trempez-les dans du beurre fondu, panez-les, enfilez-les chacun dans une petite brochette de bois, faites-les griller sur le côté fendu, retournez-les au bout de 10 minutes; servez-les chauds sur une sauce tartare.

Rognons de mouton panés. (Entrée.)

Apprêtez-les selon l'usage en les fixant par une brochette, panez-les, faites-les griller et les servez sur une maître-d'hôtel.

Rognons dits *au vin de Champagne* (Entrée.)

Coupez vos rognons en une quinzaine de tranches chacun, et les accommodez comme il est indiqué pour les rognons de bœuf (page 195). Le vin de Champagne est inutile : on peut en employer d'autre, s'il est bon.

Langues de mouton. (Entrée.)

Après les avoir fait dégorger 1 heure ou 2 à l'eau froide, mettez-les à l'eau bouillante jusqu'à ce que vous puissiez enlever la peau dure qui les recouvre. Coupez et supprimez le cornet, fendez-les en deux dans leur longueur.

Langues de mouton en papillotes. (Entrée.)

Préparées comme ci-dessus et cuites ensuite dans une braise (page 168), ou dans le pot-au-feu s'il n'y en a qu'une ou deux, retirez-les et égouttez : hachez des fines herbes et champignons, que vous passez au beurre avec du lard haché fin, sel et épices ; ajoutez-y les langues, puis faites refroidir dans une terrine. Garnissez ensuite vos langues de cet assaisonnement, enveloppez-les chacune d'un papier huilé coupé en cœur et replié tout autour : faites griller doucement en arrosant avec un peu d'huile.

Langues de mouton à la purée. (Entrée.)

Cuites comme ci-dessus, vous pouvez les servir sur une purée de lentilles, de pois ou d'épinards, que vous mouillez avec le fond de la cuisson. De même sur une sauce tomate. Ou bien *à la Saint-Lambert,* sur une purée de légumes avec lesquels elles ont cuit, que vous mêlez avec une cuillerée de farine et du jus de la cuisson.

Cervelles de mouton. (Entrée.)

Elles s'accommodent comme celles de bœuf et de veau.

Queues à la braise. (Entrée.)

Parez 6 belles queues, foncez une casserole de carottes, ognons, émincés de jambon, un bouquet garni, 2 clous de girofle ; mettez-y vos queues ; mouillez moitié vin blanc et moitié eau, un peu de sel, les parures des queues et autres viandes si vous en avez, très-peu de sel, faites cuire 4 heures, feu dessus et dessous ; passez la cuisson, dégraissez-la ; faites-la réduire à glace, égouttez sur un linge vos queues, dressez-les sur de l'oseille, de la chicorée ou purée quelconque, ou une sauce tomate, etc., glacez vos queues et servez bien chaudement.

Queues grillées. (Entrée.)

Cuites comme les précédentes, mettez-les à la presse, entre 2 couvercles de casserole, avec un poids dessus pour les dresser et aplatir : lorsqu'elles sont froides, panez-les et trempez-les dans de l'œuf battu, du sel, et les panez une seconde fois : mettez-les sur le gril à petit feu en les arrosant de temps en temps d'un peu de beurre fondu. Étant d'une belle couleur, dressez-les sur une petite sauce piquante un peu claire ou une sauce tartare.

Pieds de mouton à la poulette. (Entrée.)

Étant échaudés, blanchis, et épluchés de leurs poils, sans en oublier une petite touffe cachée dans la séparation du pied, otez le grand os, mettez-les cuire 5 heures environ dans un blanc (p. 169), jusqu'à ce que les os se détachent facilement ; mêlez dans une casserole un morceau de beurre, une cuillerée de farine, mouillez de bouillon, mettez les pieds, par morceaux, avec champignons si vous voulez, petits ognons, persil et ciboule hachés, sel, poivre, muscade; laissez mijoter une demi-heure ; et, au moment de servir, liez votre sauce de jaunes d'œufs, et filet de vinaigre.

Pieds de mouton frits. (Entrée.)

Cuits à l'eau et désossés comme les précédents, faites-les mijoter une heure dans une marinade composée avec sel, poivre, ail, vinaigre, un peu de bouillon, beurre manié de farine, laurier et clous de girofle; faites-les refroidir; trempez-les dans de l'œuf battu; panez de mie de pain: faites frire. On peut encore les faire frire dans une pâte.

Pieds de mouton au fromage. (Entrée.)

Mettez dans une casserole des pieds de mouton préparés comme pour poulette, coupez-les en deux; passez-les sur le feu avec beurre, champignons, persil, ciboules hachés; mouillez avec bouillon; mettez du sel, poivre; faites cuire et réduire à peu de sauce; mettez un filet de vinaigre; dressez sur le plat; couvrez avec une farce de godiveau de l'épaisseur de 5 francs; unissez avec de l'œuf battu; panez moitié de pain et moitié de fromage de Gruyère; faites prendre couleur au four de campagne et servez.

AGNEAU ET CHEVREAU.

L'agneau et le chevreau s'accommodent de la même manière. La plupart des indications pour le mouton peuvent aussi servir pour le chevreau et l'agneau.

Agneau à la poulette. (Entrée.)

Faites blanchir un quartier d'agneau; mettez un morceau de beurre dans la casserole avec une cuillerée de farine; quand votre farine est délayée avec le beurre, versez 2 ou 3 verres d'eau bouillante, peu à peu, afin qu'elle se lie bien avec le beurre; quand vous voyez qu'elle est assez claire, mettez votre agneau, poivre, sel, bouquet garni, petits ognons; faites cuire; une demi-heure avant de servir ajoutez des champignons; dégraissez la sauce, liez-la d'un jaune d'œuf et servez.

Quartier pané et rôti. (Relevé.)

Piquez-le de petit lard du côté de la peau, couvrez-le de papier beurré pour le mettre à la broche. Quand il est presque cuit, vous le retirez du feu, le déballez et le saupoudrez de sel et persil haché très-menu; approchez ensuite d'un feu très-vif pour lui donner de la couleur, et servez avec une maître-d'hôtel introduite sous l'épaule au moyen d'une incision.

Agneau pascal. (Rôt.)

Vous le faites rôtir entier. Désossez le collet jusqu'aux épaules; bridez-les ainsi que les cuisses, que vous cachez; ficelez le tout et servez-vous d'attelets ou brochettes pour le faire tenir à la broche, afin de l'attacher et non le percer; couvrez-le de bardes de lard et de papier beurré, que vous retirez aux trois quarts cuit, pour donner de la couleur.

Galantine d'agneau. (Relevé.)

Désossez un agneau entier : prenez une partie des chairs des gigots et autant de panne de cochon, de la mie de pain trempée dans du lait et bien égouttée; hachez et pilez le tout pour en faire une farce, dans laquelle vous mettrez 2 œufs, poivre, sel, un peu des quatre épices. Du reste, procédez comme pour la galantine de veau; mais une bonne heure de moins pour la cuisson.

Épigramme d'agneau. (Entrée.)

Procurez-vous un quartier de devant d'agneau; détachez-en l'épaule, que vous ferez rôtir; faites cuire la poitrine dans une braise; lorsqu'elle sera cuite, mettez-la à la presse entre 2 couvercles de casserole avec un poids pour l'aplatir; taillez les côtelettes et les parez, disposez-les dans une sauteuse; saupoudrez-les d'un peu de sel et arrosez d'un peu de beurre fondu; la poitrine d'agneau étant froide, vous la détaillez en morceaux de manière à imiter des côtelettes. Panez-les une fois, trempez-les dans des œufs battus, assaisonnez de sel, poivre, un peu de beurre fondu : panez une seconde fois. Coupez en émincé les chairs de l'épaule, faites-en une petite blanquette; joignez-y, si vous voulez, quelques champignons. Au moment de servir, vous faites frire à friture neuve vos petites poitrines; vous avez fait cuire vos côtelettes dans la sauteuse, dressez en couronne, entremêlez d'une poitrine et d'une côtelette votre blanquette dans le milieu. Ce plat peut aussi en faire trois séparés.

Filets à la béchamel. (Entrée.)

Faites une béchamel (page 154); quand vous êtes prêt à servir, mettez-y de l'agneau rôti coupé en petits morceaux minces, faites-les chauffer sans bouillir, et servez.

Tête d'agneau. (Entrée.)

Désossez-la comme la tête de veau, et la faites blanchir et cuire de même; égouttez-la et la servez au naturel pour manger à l'huile, ou sur une sauce tomate, aux champignons, à l'italienne, etc.

Issues d'agneau au petit lard. (Entrée.)

On entend par *issues* la tête, le foie, le cœur, le mou et les pieds. Désossez la mâchoire supérieure de la tête, coupez le bout du mufle, faites dégorger le tout et blanchir à l'eau bouillante; faites cuire avec un peu de bouillon; ajoutez un peu de petit lard coupé en gros dés, un bouquet garni de thym, laurier, persil; mettez dans une casserole chauffer, sans bouillir, persil, ciboules, estragon, le tout haché; 2 cuillerées de bouillon, une de vinaigre, poivre, sel, muscade râpée, un peu d'huile; égouttez et dressez la tête. la cervelle à découvert, tout le reste des issues autour et le petit lard; passez la sauce et la servez dans une saucière.

COCHON

La meilleure chair de cochon est celle qui est ferme et rougeâtre, sans mauvais goût et sans taches de ladrerie, qui sont des marques blanches dont elle est parsemée. La chair de cochon est meilleure lorsqu'il a 7 ou 8 mois; mais il faut préférer la panne et le lard de celui qui a environ 15 mois. Le cochon vieux est dur et coriace.

Porc frais, Échinée, Côtelettes.

Faites mariner 3 jours, si vous voulez, une échinée avec huile, sel, poivre, persil, ognon, laurier, girofle; faites cuire à la broche (rôt) et servez sur ravigote chaude ou faites rôtir à la casserole en le faisant revenir avec beurre, ajoutez un ognon; ou servez sur un ragoût d'ognons comme les mirotons, 184. (Entrée.) Les *côtelettes*, préparées de même ou cuites à la poêle ou sur le gril, se servent sur une sauce Robert avec des cornichons en tranches, ou une sauce piquante, ravigote, tomate, une farce d'oseille, etc. — On sert les restes du porc rôti en *blanquette*.

Oreille de cochon. (Entrée.)

Échaudez-les et les nettoyez, mettez-les cuire avec un litre de lentilles et de l'eau, ognons, carotte. On les sert sur les lentilles, ou bien sur de la purée. On les fait cuire aussi dans une braise, et on les sert sur des *purées de pois, haricots, sauce tomate, piquante*, etc. Cuites de même, on les fait frire comme celles de veau.

Cochon de lait à la broche. (Rôt.)

On le tue comme le cochon. Il faut qu'il saigne abondamment pour que sa chair soit blanche. Mettez dans l'eau, assez chaude pour y tenir la main, et l'agitez jusqu'à ce que vous voyiez que le poil se détache. Mettez-le sur la table, frottez-le et le trempez souvent dans l'eau jusqu'à ce qu'il soit bien net de tout poil. Otez-lui les sabots, videz-le en conservant les rognons. Garnissez son intérieur d'un bon morceau de beurre manié de fines herbes, ognons piqués de girofle, échalotes, poivre, sel; son foie haché avec lard, champignons. Troussez-le, selon la figure page 75, en retenant les cuisses par des attelets; mettez-le à la broche; et lorsqu'il est bien chaud, arrosez-le 5 ou 6 fois d'eau que vous aurez mise dans la lèchefrite avec une poignée de sel. Retirez cette eau, et l'arrosez alors souvent avec de l'huile, pour que la peau soit croquante, et servez chaud et bien vite sortant de la broche avec une rémolade dans une saucière, ou 2 citrons entiers. Ornez-le d'une pomme rouge dans la gueule. Il faut 2 heures de broche. Ne sert qu'en usage intime.

En Périgord, on l'arrose ainsi : on fait rougir le bout des pincettes; on prend avec ces pincettes un morceau de lard gras garni de chaque côté d'un morceau de papier, pour éviter que le lard ne touche au fer, et on promène cet appareil au-dessus du cochon pour l'arroser du lard fondant. Ce procédé en rend la peau plus croquante et plus friande.

Galantine de cochon de lait. (Gros entremets.)

Votre cochon de lait étant échaudé et blanchi comme le précédent, vous le désossez, à l'exception de la tête et des 4 pieds, sans rien détacher de la peau, même la queue; vous prenez une partie des chairs, autant de rouelle de veau et autant de lard gras; hachez le tout et le pilez; assaisonnez de sel, poivre, épices, une mie de pain trempée dans du lait et bien égouttée, 3 jaunes d'œufs et un œuf entier; disposez des lardons de même dimension, de lard, de jambon, des filets de lapin si vous en avez; le foie du cochon de lait détaillé en émincés, commencez par mettre une couche de farce sur votre cochon de lait, une couche des ingrédients dont nous venons de parler, une couche de farce, ainsi de suite; roulez et rassemblez votre cochon de lait en lui faisant reprendre sa forme, cousez l'ouverture que vous avez faite pour le désosser; emmaillottez-le dans un linge, les pieds et la queue comme s'il était vivant, et, du reste, procédez comme à la galantine de veau (page 206).

Fromage de cochon. (Déjeuner.)

Désossez et levez les chairs d'une tête de cochon, que vous coupez en filets, ainsi que les oreilles et la langue; conservez les couennes en morceaux larges et les ficelez à part. Faites mariner le tout, 3 jours au moins, dans une terrine avec sel, très-peu de salpêtre en poudre, poivre, épices, un peu de thym, laurier, sauge pilée, persil, échalotes hachés, le zeste et le jus d'un citron. Retirez de la marinade, enveloppez tous les morceaux dans un linge et faites cuire dans une marmite où ils baigneront dans un bouillon composé d'eau, vin blanc, ognons, carottes, 4 clous de girofle, bouquet garni, les os de la tête, sel; faites cuire de 5 à 6 heures ou plus, selon sa tendreté, retirez du feu, faites égoutter. Foncez et garnissez avec soin un moule ou une casserole avec les couennes, placez avec ordre au milieu les chairs, les oreilles et la langue, le tout par filets entremêlés. Ajoutez, si vous voulez, une farce faites des débris, et aussi des filets de volaille. Couvrez le tout d'un couvercle qui entre juste dans le moule et sur lequel il faut placer, pendant que les chairs sont encore chaudes, un poids de plusieurs kilogrammes, afin de presser fortement et remplir tous les vides. L'appareil étant refroidi, on le démoule en faisant chauffer un moment le contour dans de l'eau bouillante. On sert le fromage en le masquant de chapelure et persil haché et entouré de persil en branches. Le bouillon fait une bonne soupe. Il faut que ce mets soit fort d'assaisonnement.

La *hure de cochon de sanglier* se prépare de même, mais il aura fallu conserver la peau ou couenne *entière* de manière à lui servir d'enveloppe avec la forme naturelle. On y ajoute, pour remplir, un kilo de lard et autant de porc frais. La couenne étant remplie et la forme donnée, on enveloppe d'un linge, on ficelle et on fait cuire, comme il vient d'être dit, 8 heures au moins.

Rognons de cochon au vin blanc. (Entrée.)

Comme ceux de bœuf (p. 195). *Grillés,* ils ont une odeur désagréable.

Queues de cochon à la purée de lentilles. (Entrée.)

Faites-les saler pendant 8 jours si vous pouvez, mettez-les dans une petite marmite avec lentilles, carotte, ognon, petit bouquet garni, eau, sel si vos queues n'ont pas été dans la saumure; faites cuire, passez les lentilles en purée, que vous faites un peu réduire sur le feu pour qu'elle ne soit ni trop claire ni trop épaisse; dressez les queues coupées toutes de même longueur sur la purée.

Pieds à la Sainte-Menehould. (Entrée.)

Quand ils sont échaudés et appropriés, fendez-les en long; enveloppez-les l'un après l'autre et séparément dans une bande de toile, que vous serrez bien et liez par les bouts; mettez-les dans une marmite avec du sel, un gros bouquet garni, basilic, 3 gousses d'ail; emplissez d'eau froide; fixez au fond de la marmite avec une brochette de bois en travers; écumez et remplissez d'eau bouillante; faites cuire 5 heures; laissez refroidir à moitié et défaites la bande; trempez les pieds dans l'huile, panez; grillez ensuite à feu vif.

Pieds de cochon truffés. (Entrée.)

Faites cuire dans une petite marmite des pieds de cochon fendus en 2, pendant au moins 6 à 7 heures, bien assaisonnés de sel, poivre, girofle, carotte, ognon, bouquet garni. Étant un peu refroidis, vous en séparez tous les os; hachez et pilez un peu de blanc de volaille, si vous en avez, ou bien du veau cuit à la broche, autant de tetine de veau cuite et refroidie, autant de mie de pain cuite dans du bouillon et refroidie, parure de truffes, poivre, sel, muscade, 2 ou 4 jaunes d'œufs crus et un peu de crème. Étendez des morceaux de toilette de cochon sur la table, mettez-y une petite couche de la farce ci-dessus, un peu des pieds de cochon, et ainsi de suite; ployez en forme de saucisses plates de 18 cent. sur 7; trempez-les dans du beurre fondu; panez-les et les faites cuire sur le gril à petit feu, d'une belle couleur, et servez bien chaud. — On les fait plus simplement en employant de la chair à saucisses au lieu de la farce délicate qui vient d'être indiquée.

Langue fumée et fourrée. (Hors-d'œuvre.)

Otez le plus gros du cornet, échaudez-la pour ôter la première peau, lavez-la à l'eau fraîche; mettez-la dans une terrine avec sel et salpêtre, 2 litres d'eau, basilic, laurier, genièvre, thym; chargez-la et la mettez au frais 8 jours, retirez, égouttez, fourrez dans un boyau, fumez-la dans la cheminée pendant 3 jours, faites cuire comme un jambon, et servez froid. Lorsqu'elle est égouttée, frottez-la de caramel pour la vernir.

Cervelas et saucissons. (Hors-d'œuvre.)

Les *cervelas* sont faits pour un emploi prochain, les *saucissons* pour être conservés. Les premiers sont composés de *chair* dite *à saucisses*, avec ou sans ail, et on les fait cuire 3 heures dans l'eau, où ils doivent baigner, avec sel, bouquet de persil, thym, laurier, sauge, ail, carottes, ognons; servez froid, ou servez-vous-en sur de la choucroute ou des choux, où leur cuisson peut s'opérer. A Lyon, on ne fait guère que des cervelas. Les saucissons du Midi, dits de Lyon, se fabriquent à Arles principalement.

Saucissons du Midi dits de Lyon.

Il faut avoir 2 kilogr. de chair maigre de porc, en donnant la préférence à l'échinée; 1 kilog. de filet de bœuf débarrassé des parties dures et nerveuses : hachez fin et pilez ces viandes. Ajoutez 1 kilog. de lard coupé en dés; mêlez le tout en l'assaisonnant de 300 gram. de sel, 20 gram. de poivre moulu, autant de gros poivre et 5 gram. de poivre en grain, 50 gram. de salpêtre : mêlez le tout et laissez mariner 24 heures. Ayez de gros boyaux gras de cochon, grattés et lavés à plusieurs eaux; entonnez dedans le hachis, foulez-le avec un rouleau pour qu'il ne reste aucun vide : arrêtez-les à chaque bout et les ficelez dans leur longueur comme une carotte de tabac. Mettez-les dans une grande terrine avec du sel, un peu de salpêtre ; pressez-les avec un objet lourd ; laissez-les 8 jours et les pendez ensuite dans la cheminée afin de les sécher et qu'ils deviennent blancs ; resserrez leurs liens de ficelle, frottez et barbouillez-les de lie de vin bouillie avec thym, sauge, laurier ; séchez-les, enveloppez-les de papier et les mettez dans une boîte entourés et couverts de cendre : conservez-les dans un endroit sec et tempéré, pour être consommés crus.

Fromage dit d'Italie. (Relevé.)

Hachez ensemble 1 kilo et demi de foie de veau ou de cochon, 1 kilo de lard, 250 gram. de panne ; persil, ciboule, sel, poivre, épices, thym, laurier, sauge, ail hachés à part. Couvrez le fond d'une casserole ou d'un moule de bardes minces de lard ou d'une toilette de cochon ; couvrez le fond de 3 doigts de farce, puis des lardons, et ainsi de suite jusqu'à ce que le moule soit plein ; couvrez de bardes et faites cuire 3 heures au four ; laissez refroidir, puis échauffez le tour pour le retirer entier. Parez-le, décorez-le, si vous voulez, de saindoux, de gelée, fines herbes, jaunes d'œufs hachés, etc.

Jambon salé et fumé.

Mettez dans une terrine, thym, laurier, sauge, grains de genièvre et ce qui est indiqué page 241 pour faire la saumure du *petit salé*. Parez le jambon, frottez-le de salpêtre en poudre si vous voulez faire rougir sa chair, mais ce sera au risque de la rendre dure, car le salpêtre a cette propriété.

Arrangez-le dans la terrine (ou le saloir si on a plus d'un jambon); versez dessus la saumure jusqu'à ce que le jambon y baigne, chargez-le d'un poids lourd, laissez-le un mois. Retirez-le, faites-le égoutter, pendez-le dans la cheminée pour le sécher et le fumer; brûlez au-dessous, doucement, des herbes aromatiques, surtout des branches de genièvre ver' retirez-le lorsqu'il est sec et assez fumé, frottez-le avec de la lie de vin et un peu de vinaigre pour en éloigner les mouches, accrochez-le dans un lieu sec jusqu'à ce que vous en fassiez usage.

Jambon; sa cuisson. (Entrée et Rôt.)

Mettez-le dessaler 24 heures à grande eau, nouez-le dans un linge; placez-le dans une marmite avec thym, laurier, ail, 12 ognons, 6 clous de girofle, carottes, persil, céleri, 30 gram. de salpêtre pour faire rougir sa chair : mouillez-le d'eau, et, si vous voulez, d'une bonne bouteille de vin blanc; qu'il baigne. Sondez avec une lardoire; si elle entre facilement, il est cuit. Retirez du feu et laissez refroidir à moitié : enlevez-le ; ôtez l'os du milieu sans l'endommager, en laissant le bout du manche pour mettre une manchette. Placez le jambon dans une terrine creuse et un poids dessus pour qu'il prenne une forme ronde. Levez la couenne; chapelez-le, décorez-le avec des ronds de carottes et de cornichons, et de la gelée autour. Son bouillon fera une bonne soupe si on n'a pas employé de salpêtre, qui d'ailleurs le fait durcir.

Autre décoration. Quand il est cuit, enlevez la couenne du dessus en rond, mais en conservant celle qui couvre les côtés tout autour. Si la graisse est blanche, vous la décorez de différents dessins, sinon vous la couvrez d'une légère couche de saindoux. Ces dessins se forment avec de la nonpareille, dont on arrange les couleurs avec goût, et que l'on accompagne de fines herbes. On trace aussi des parties de ces dessins avec du caramel que l'on couche au moyen d'un pinceau léger ou d'une plume *.

Jambon servi chaud. (Relevé et Entrée.)

Quand il est dessalé et cuit comme ci-dessus, on le met un instant au four doux pour sécher sa surface, après l'avoir paré. On le sert alors sur un plat d'épinards entourés de croûtons, ce qui le fait richement ressortir, et forme un beau relevé de potage, surtout si on a glacé la surface avec une bonne espagnole ou un coulis réduit à glace. On peut aussi le servir sur un ragoût de carottes, de pointes d'asperges, de petits pois, de choux de Bruxelles, de choux rouges, et aussi sur de la choucroute.

On sert encore un jambon chaud *à l'italienne* sur un lit de macaroni cuit à grande eau et sel, assaisonné de parmesan, que l'on y mêle avec beurre et poivre blanc.

---

* La faveur publique semble acquise aux jambons anglais, dits d'York, puis à ceux de Westphalie, lesquels passent par Mayence, où on n'en fait pas. Ceux-là se servent crus ou à demi cuits, chose qui ne convient pas à tout le monde. Les jambons des Basses-Pyrénées, qui nous sont envoyés de Bayonne, très-goûtés par les gastronomes, se mangent complétement cuits. — Quand les porcs sont en bons pays, bien nourris de glands, etc., leurs jambons sont savoureux. Nos jambons de ménage, de 7 à 8 mois d'âge, et même plus, méritent encore notre estime, sans qu'on ait ajouté au sel, comme en Westphalie, un dixième de sucre brut et un peu d'eau. Ce sucre peut adoucir l'âcreté du sel. Du reste, les aromates et procédés sont à peu près les mêmes partout.

Jambon salé et fumé rôti. (Relevé et Entrée.)

On le fera cuire 3 *heures* seulement, selon le procédé ordinaire ci-dessus, procédé qui demande de 4 à 5 heures, selon l'ancienneté ou la nouveauté du jambon. Au bout de 3 heures donc, on le retirera; on le laissera refroidir; on le posera sur 2 grandes feuilles de papier solide et huilé, qui serviront à l'envelopper garni de tranches minces de carottes, ognons, échalotes, thym, 2 demi-feuilles de laurier, persil en branches, girofle, poivre, muscade. Enveloppez-le encore de 3 feuilles de papier enduites légèrement de pâte, ce qui les collera ensemble. Faites cuire encore 2 heures à un four doux. Développez, nettoyez et servez votre jambon sur tel ragoût de légumes que vous voudrez. Ce jambon a achevé de cuire, ainsi renfermé, à la vapeur, et il y a acquis une saveur délicieuse. Il est recommandé par Carême.

Jambon à l'anglaise. (Relevé et entrée.)

Dessalé comme les précédents, faites-le cuire aux trois quarts. Refroidi dans la terrine, ôtez-en la couenne : enveloppez-le d'une abaisse de pâte brisée comme pour pâté, posez-le sur une tourtière, dorez, mettez au four, faites-le presque cuire, retirez-le, entonnez par un trou un petit verre de vin de Madère, remettez au four une demi-heure. Ornez le manche d'une papillote, et servez avec une sauce faite de jus et d'un peu de madère.

Jambon frais à la broche. (Rôt et Relevé.)

Levez la couenne, et laissez-le couvert de sa graisse; faites-le mariner 2 ou 3 jours avec sel, poivre, huile d'olive, un bouquet de sauge et une demi-bouteille de très-bon vin blanc. Mettez-le 2 heures à la broche, et l'arrosez beaucoup avec sa marinade. Étant cuit, vous le servez avec une sauce faite de jus, échalotes hachées et moitié de sa marinade. Si c'est comme rôt, servez-la dans une saucière, et sous le jambon si c'est comme relevé. — Ceci ne convient qu'à un petit jambon.

Jambonneau. (Relevé et Entrée.)

On le détache du jambon, on le fait dessaler 24 heures comme un jambon. On l'enveloppe d'un linge ficelé, on le fait cuire à la marmite ainsi que nous l'indiquons pour un jambon. (Page 234.) On le retire, et on arrange de nouveau le linge et la ficelle pour lui conserver une bonne forme. Quand il est froid on le déballe, on enlève la croûte qui forme le dessus de la couenne, on le couvre de chapelure et on orne son os d'une élégante manchette de papier.

Boudin noir. (Entrée.)

La préparation des boyaux exige le plus grand soin; il faut les retourner avec une petite tringle de fer dont le bout soit pointu et recourbé en crochet, ce qui donnera la facilité de les bien nettoyer. Lavez-les dans l'eau tiède et les brossez avec une brosse douce de chiendent. Recommencez jusqu'à ce que la dernière eau soit pure. Aussitôt que l'on a recueilli le sang, il faut y verser 2 ou 3 cuillerées de vinaigre et le remuer. Ne le laissez pas refroidir avant de l'employer.

Faites blanchir 2 litres d'ognons, hachez-les, mettez-les cuire dans une casserole avec 250 gr. de saindoux; ajoutez 1 kilo et demi de panne dont vous avez enlevé les fibres et que vous coupez en dés, 3 litres de sang, demi-litre de crème double, persil haché fin, poivre, sel, épices; le tout bien mêlé : goûtez si le mélange est d'un bon sel. Entonnez-le dans les boyaux, que vous aurez soufflés pour vous assurer s'ils ne sont pas troués ; ficelez vos bouts de boudins de la longueur que vous voudrez, l'usage est de 20 à 25 centimètres ; piquez-les un peu avec une épingle, ce qui les préserve de crever en cuisant ; ayez de l'eau prête à bouillir dans un chaudron sur le feu, coulez-y vos boudins, laissez-les dans cet état cuire en entretenant le feu sans qu'ils bouillent. Si en les piquant il ne sort pas de sang, ils sont cuits. Alors vous les sortez de l'eau et les égouttez sur un linge ; frottez-les de suite avec une couenne de lard un peu grasse, ce qui leur donne un beau vernis. Lorsqu'ils sont froids et que vous voulez les servir, vous les piquez avec la pointe d'un couteau et les faites griller à un feu qui ne soit pas trop vif.

Si l'on y mêle de la marmelade de pommes sans sucre, on a l'excellent *boudin de Nancy*.

Boudin blanc. (Entrée.)

Pelez et coupez en dés une vingtaine d'ognons blancs, faites-les blanchir à l'eau bouillante et bien égoutter, faites-les cuire dans une casserole avec 250 gram. de saindoux ; hachez et pilez de la panne, autant de chair d'une volaille cuite à la broche, autant de mie de pain bien mitonnée avec de la crème et desséchée ; délayez le tout avec 6 jaunes d'œufs crus, sel et gros poivre, mignonnette, un quart de litre de bonne crème ; versez tout cela dans la casserole où sont les ognons. Le mélange étant bien fait, vous entonnez dans les boyaux et terminez pour la cuisson comme les précédents. Lorsqu'ils seront froids et que vous voudrez les faire cuire, vous beurrerez une feuille de papier que vous poserez sur le gril, vos boudins dessus, que vous aurez piqués un peu ; faites-les cuire à feu doux.

Boudin à la Richelieu. (Entrée.)

Prenez de la farce faite pour quenelles ou autres chairs blanches de volaille (p. 180) tenue ferme. Roulez de cette farce en forme de bouts de boudin de 15 centimètres. Faites-les pocher au bouillon comme les quenelles. Panez-les à froid avec double panure. (Voy. *Panure.*) Faites-les griller doucement. Si on veut qu'ils soient plus « Richelieu », on y mêle un hachis de truffes. On peut les envelopper de toilette de porc, comme les saucisses, et paner par-dessus, sans les pocher. Servez seuls ou sur sauce aux truffes.

Andouilles. (Déjeuners.)

Dédoublez la panse, ratissez et nettoyez des boyaux les plus charnus du cochon, faites-les dégorger à l'eau fraîche 12 heures en été, 24 en hiver. Égouttez, réservez les boyaux convenables pour fourrer les andouilles ; coupez le reste par filets de 20 à 25 cent. de long ; ajoutez de longs filets de lard entrelardé, sel, poivre, épices, échalotes et persil hachés ; faites mariner le tout 6 heures. Enfilez par un bout, avec une aiguille à brides de la ficelle, un morceau de boyau, un de panse, un de lard, et mettez-en de chacun autant qu'il en faut pour remplir le boyau sans être serré ; liez-le au deux bouts, mettez cuire 4 heures à petit feu dans une petite marmite avec moitié eau et moitié lait, carottes, ognons, girofle, bouquet garni, peu de sel. Laissez-les presque refroidir dans leur cuisson ; retirez, égouttez, ciselez et faites griller à feu doux. Elles ne se gardent que peu de jours. — Une *andouillette* est une petite andouille. — Les célèbres *andouillettes de Troyes* sont faites de fraise et de tetine de veau cuites, puis passées au beurre avec champignons, persil, échalotes, vin blanc, sel, poivre, épices, bon jus, jaunes d'œufs crus. On les fait cuire dans moitié bouillon et moitié vin blanc, puis griller. — On fait encore des andouilles de diverses sortes de viande et de gibier, en employant de la fraise de veau au lieu de boyaux de cochon.

Saucisses-crépinettes. (Entrée.)

Prenez de la chair de porc et autant de lard, hachez cette viande le plus fin possible; assaisonnez de poivre, sel, épices. Ployez de petits tas de cette chair dans de la *toilette* ou *coiffe* de porc frais, en leur donnant une forme plate-oblongue; faites-les cuire sur le gril à feu pas trop vif. Ainsi cuites, on les sert sur de la choucroute. On peut encore les faire cuire dans la poêle; on les dresse sur le plat, on met un peu de vin blanc réduire dans la poêle où ont cuit les saucisses, et on les en arrose. Les petites *saucisses longues* se font de même, la chair hachée plus fin, avec truffes si l'on veut, et dans des boyaux de mouton. Dans les crépinettes on met aussi des truffes, en tranches ou hachées. (Voy. *Saucisses à la provençale.*)

Rillons de Tours. (Entrée.)

Prenez du porc frais très-entrelardé, et le coupez par morceaux de la grosseur du pouce au plus; mettez tous ces morceaux avec une petite quantité d'eau salée dans un chaudron sur un feu clair et ardent. L'eau s'évapore; entretenez le feu; remuez continuellement, et comprimez le plus possible les morceaux avec l'écumoire, jusqu'à complète évaporation de l'eau, et que les rillons soient bien cuits et d'une teinte brune. Enlevez les morceaux et les faites égoutter pour les servir.

Gâteau de foie de cochon. (Entrée.)

Prenez 750 grammes de panne, hachez-la le plus fin possible; hachez aussi 1 kilo de foie très-fin; hachez très-fin une échalote, un ognon, une petite gousse d'ail, champignons, la moitié d'une feuille de laurier et un peu de thym; mêlez avec votre foie et la panne, assaisonnez de sel et d'épices. Beurrez le tour d'un moule ou casserole, placez dans le fond et autour de la coiffe de porc et des bardes de lard bien minces; ajoutez votre hachis, et faites cuire une heure et demie sous le four.

Petit salé.

Aussitôt le cochon tué et refroidi, on met à part ce qu'on destine à faire du petit salé et dont on ne veut pas faire du lard ferme; ordinairement on prend la poitrine et le dessous du ventre. Si le cochon est petit et pas trop gras, on peut le mettre entièrement en petit salé. Coupez-le par morceaux carrés, que vous mettez dans une *muire* ou *saumure* faite de cette façon : remplissez d'eau une marmite de fonte ou autre, d'une grandeur proportionnée à la quantité de petit salé, et la placez devant le feu; lorsqu'elle bout, vous y mettez du sel peu à peu, et le laissez dissoudre. Pour savoir la quantité nécessaire, vous avez mis d'avance un œuf dans cette eau bouillante; lorsqu'il monte dessus et s'y soutient de lui-même, l'eau est assez salée. Retirez la muire du feu; laissez-la refroidir dans la marmite si elle est en fonte, et versez-la dans des terrines si elle est en cuivre : car le vert-de-gris qui se formerait serait très-dangereux. Ne la versez dans le saloir que quand elle est froide, autrement elle lui donnerait un mauvais goût. Vous mettez alors vos morceaux de petit lard dans la muire; il faut qu'ils y baignent entièrement, et avoir soin d'en faire assez pour éviter l'inconvénient de s'y reprendre à deux fois. On fait enfoncer le lard, et on le retient au fond de l'eau au moyen de très-gros cailloux bien propres. Couvrez bien soigneusement le saloir, de manière que l'air ne puisse pénétrer. Au bout de quinze jours vous pouvez commencer à vous en servir; et il se conservera aussi longtemps que l'on voudra, si on a soin de n'y pas toucher avec les doigts et de recouvrir parfaitement le saloir. Tirez les morceaux avec une fourchette, et prenez garde à ne pas piquer les autres; car les trous pourraient occasionner de la corruption et faire tout gâter. Dans les temps chauds il faut le tenir au frais, dans un endroit sec; au moyen de toutes ces précautions, la conservation doit être parfaite.

S'il arrivait que le petit salé prit mauvais goût, ce ne pourrait être que parce que le saloir aurait renfermé des substances qui le lui auraient laissé; le saloir serait alors purifié de son mauvais goût, mais le lard l'aurait pris. Il faut alors le retirer avec de petites pelles ou de larges cuillères de bois, sans l'endommager, ni toucher avec les mains. Prenez-le légèrement, mettez-le dans une terrine, et le couvrez; faites bouillir la muire doucement dans une marmite, et écumez jusqu'à ce qu'il ne vienne plus aucune écume, et que la muire soit limpide; faites refroidir comme la première fois, et remettez le petit salé et la muire dans le saloir, après l'avoir fait sécher parfaitement. La muire n'est pas perdue; on peut s'en servir, après l'avoir écumée et purifiée, pour saler le pain. On peut aussi la réduire de nouveau en sel, en l'écumant et faisant évaporer l'eau.

Faites cuire ce petit salé tout simplement dans de l'eau, et *il renflera de moitié;* différence très-grande avec celui que l'on fait par d'autres procédés, et qui diminue en cuisant. Aussi nous recommandons particulièrement cette recette. Quand il y a un peu de temps qu'il est dans la muire, il prend une belle teinte, à peu près comme celle du jambon, et il a un goût supérieur à tous les autres petits salés. Toute espèce d'aromates que l'on pourrait y ajouter est inutile. On le sert comme *entrée,* seul ou avec choux et choucroute, ou sur une purée quelconque. Il renfle davantage cuit seul à l'eau qu'avec choux ou choucroute.

Lardons et tranches de lard dessalés.

Pour les personnes qui ne prisent pas le sel, on fera dessaler dans l'eau froide pendant une heure les tranches de petit lard ou les lardons destinés aux ragoûts, grillades et autres préparations à la poêle ou à la casserole, même aux potages.

GIBIER. VENAISON.

On appelle *venaison* les Cerf, Biche, Daim, Chevreuil et leurs faons, ainsi que le Sanglier et son Marcassin. Les 3 premiers sont d'un âge gastronomique jusqu'à 3 ans : ensuite leur qualité est plus que douteuse et ils exigent, passé la première jeunesse, d'être très-mortifiés et cuits longtemps. Leurs parties tendres s'arrangent comme le chevreuil, dont ils n'ont pas les qualités.

Le sanglier est le porc à l'état sauvage; aussi en fait-on, dans ses diverses parties, le même usage, surtout quand il n'est pas trop vieux, ce qui exige alors, comme aux autres venaisons, un long temps de mortification et de cuisson. Il faut excepter cependant les jambons, côtelettes et filets, qui s'apprêtent, si l'on veut, comme ceux du chevreuil. On trouve à l'article *Cochon* ce qui concerne la *hure* de sanglier. Il faut recommander de supprimer les animelles aussitôt que l'animal est tué, leur forte odeur étant nuisible.

Le *marcassin*, fils du sanglier, est tendre et délicat, selon son degré de jeunesse, on en fait usage comme du mouton et même de l'agneau.

Pour ces différents gibiers (hors les très-jeunes) la *daube* convient à toutes les grosses pièces avec cuisson de 7 à 8 heures. C'est aussi ce qui s'applique à l'*ourson*, autre gibier aussi peu commun que peu délicat.

CHEVREUIL.

C'est un abus de faire mariner le chevreuil jusqu'à une semaine dans une forte marinade vinaigrée. Cependant on peut, pour ceux qui veulent que le chevreuil ait un goût plus prononcé, le faire mariner de 1 à 4 jours avec huile, sel, épices, ognons en tranches, thym et bon vin rouge (ou vinaigre si on préfère), en le retournant de temps en temps.

Filets et côtelettes de chevreuil. (Entrée.)

Piquez de lard après les avoir parés et marinés: faites cuire avec 2 cuillerées de bouillon, ognons, bouquet, tranches de carottes; la cuisson finie, laissez-les glacer dans leur fond; servez dessus une sauce poivrade.

Civet de chevreuil. (Entrée.)

On met en civet les épaules et la poitrine marinées, coupées en morceaux, comme on fait pour le lièvre ci-après, sauf le sang et le foie. Servez en couronne, la sauce noire et adoucie de sucre, gros comme une aveline.

Gigot de chevreuil. (Rôt.)

Parez un gigot de chevreuil, et le piquez de lard fin; faites-le mariner comme il est dit ci-dessus. Mettez une heure et demie à la broche, et arrosez avec sa marinade. On fait une sauce poivrade, où l'on emploie un peu de sa marinade. On la sert dans une saucière, et on orne d'une papillote le manche du gigot. Si on veut, on conserve le pied avec sa peau enveloppé de papier huilé que l'on développe pour le servir.

Émincé de chevreuil. (Entrée.)

Cuit à la broche et desservi, préparez-le par tranches minces comme le bœuf au gratin (page 185), mais sans chapelure et sans gratiner.

Chevreuil en daube ou braise. (Entrée.)

Si on l'aime mariné, il faut ne le laisser que 24 heures et le faire cuire dans une braise environ 5 heures : faites réduire la sauce et passez-la.

Épaules de chevreuil roulées. (Entrée.)

Désossez les épaules d'un chevreuil et enlevez un peu de leur chair pour en faire une farce; hachez-la avec autant de lard, ajoutez-y une petite panade faite de mie de pain trempée d'un peu de bouillon et bien desséchée, pilez le tout, mettez un œuf, puis pilez, un autre œuf et pilez encore avec poivre, muscade, sel, persil et échalotes hachées, le tout bien amalgamé. Étendez les épaules, que vous saupoudrez d'un peu de sel, poivre, une couche de la farce, quelques filets de jambon et des truffes si on en a, roulez les épaules et les ficelez comme deux gros saucissons en fermant bien les 2 bouts. Placez-les dans une casserole sur des carottes, ognons, bouquet garni, les débris du désossement, demi-bouteille de vin blanc, un peu de sel, 2 clous de girofle, 2 gousses d'ail; couvrez d'un papier beurré et faites cuire 2 heures, feu dessus et dessous; tirez au clair le fond de la cuisson, faites un roux blond et le mouillez avec ce fond, ajoutez-y des champignons et faites-les cuire, versez sur le plat; déficelez les épaules et les dressez sur ce petit ragoût en les glaçant de leur sauce, servez chaud.

LIÈVRE.

Ceux qui vivent dans les montagnes et dans les plaines sèches sont bien meilleurs que ceux qui se nourrissent dans des lieux bas et marécageux.

On distingue les levrauts, en tâtant les pattes de devant au dessus du joint en dehors, à une petite tumeur grosse comme une lentille. Il en est de même pour le lapereau de garenne. Pour reconnaître s'il a bon fumet, il faut, en le flairant au ventre, sentir une odeur aromatique. (Voyez *Conservation du gibier en été*.)

Lièvre ou levraut à la broche. (Rôt.)

Mettez à la broche entier ou la partie du derrière d'un lièvre, après l'avoir frotté de son sang pour lui donner un beau vernis et l'avoir piqué de lard fin; arrosez très-souvent; quand il est cuit, servez avec une sauce noire faite de son jus, de son sang, de son foie revenu à la casserole et écrasé : vinaigre, sel, poivre et ciboule; passez cette sauce. Pour faciliter le piquage, on le flambera sur la braise comme la volaille, en l'y présentant sur un gril. Il faut une heure de cuisson, plus ou moins, selon la grosseur. Vous pouvez faire un civet de la partie de devant qui vous reste. On peut le servir aussi bardé.

Lièvre mariné à la broche. (Rôt.)

Dépouillez et videz-le, réservez le sang et le foie, enlevez la seconde peau de dessus les filets et les cuisses, piquez-le de lard fin, faites-le mariner avec un peu de vinaigre mêlé d'un peu d'eau, ognons en tranches, thym, laurier, branches de persil, poivre, peu de sel, un peu de beurre; le tout étant passé sur le feu et refroidi, versez cette marinade sur votre lièvre : le lendemain vous l'égouttez et le mettez cuire à la broche en l'arrosant avec un peu de sa marinade. Faites un petit roux que vous mouillez avec le restant de la marinade et ce qui est dans la lèchefrite. Faites un peu frire le foie dans la poêle avec un peu de beurre, écrasez-le et le délayez avec le sang du lièvre; au moment de servir vous liez la sauce avec ce mélange, passez le tout, faites chauffer votre sauce, goûtez si elle est d'un bon sel, débrochez et dressez le lièvre, garnissez le bout des cuisses de papillotes (voyez page 54), et servez accompagné de la sauce dans une saucière.

Lièvre aux champignons. (Entrée.)

Cuit à la broche et desservi, préparez-le, par tranches, comme le bœuf au gratin (page 185), mais sans chapelure et sans gratiner.

Lièvre désossé en daube. (Entrée.)

Désossez entièrement un lièvre, et le piquez de gros lard assaisonné d'épices; roulez-le de manière à placer les chairs minces dessous le râble, et qu'il forme une espèce de ballon, que vous ficelez. Mettez-le dans une casserole avec ognons, carottes, bouquet garni, que vous ficelez avec les os du lièvre; couvrez de bardes de lard, et mouillez de 2 verres de vin blanc et autant de bouillon, sel, un rond de papier beurré par-dessus : faites cuire. Vous le servez froid ou chaud sur le jus de la cuisson dégraissé et passé au tamis.

Civet de lièvre. (Entrée.)

On met souvent le train de derrière à la broche et le devant en civet. On fait 2 morceaux de chaque épaule et 4 du reste, 2 de la tête; recueillez le sang et gardez le foie. Faites colorer à la casserole des lardons de petit lard : 125 grammes avec presque autant de beurre; ajoutez les morceaux de lièvre pour raffermir et bien prendre couleur; saupoudrez d'une bonne cuillerée de farine, mêlez, ajoutez un verre de vin rouge, autant de bouillon ou eau (ou tout eau et une cuillerée de vinaigre), peu de sel, poivre, épices, bouquet garni, quelques grains de genièvre mûr, 2 échalotes hachées. A moitié de la cuisson ajoutez 12 petits ognons colorés dans une casserole avec un peu de beurre et de sucre; faites cuire. Cinq minutes avant de servir, mettez le foie, sans l'amer, et retirez-le pour servir à faire plus tard la sauce du derrière à rôtir. Versez-y le sang pour lier la sauce; servez en bon ordre sur le plat.

Lièvre à la minute. (Entrée.)

Prenez un lièvre encore chaud, dépecez-le comme pour un civet. Recueillez le sang, mettez-le dans un chaudron avec le lièvre, 125 gram. de lard coupé en morceaux, un gros bouquet garni, un ognon, peu de sel, force poivre, un litre et demi de bon vin rouge très-spiritueux. Accrochez le chaudron à la crémaillère sur un feu clair et de bois sec; qu'il entoure le chaudron, et qu'au premier bouillon le vin s'enflamme. Quand il a cessé de brûler, roulez légèrement 185 grammes de beurre dans de la farine, ajoutez-le à votre lièvre et laissez diminuer la sauce. Il ne faut qu'une demi-heure en tout. On peut ajouter de l'eau-de-vie au vin pour le faire brûler.

Lièvre haché en terrine. (Entrée.)

Le lièvre doit être frais tué. Désossez-le; ayez demi-kilo de rouelle de veau, demi-kilo de porc frais maigre, et un peu de gras de bœuf, persil, ciboule, thym, laurier, ail, poivre et girofle; hachez le tout très-menu; garnissez une terrine à pâté, dont le couvercle ferme bien, avec des bardes de lard, qui la couvrent entièrement; placez-y votre hachis mêlé de 250 grammes de lard en morceaux, versez dessus un verre d'eau-de-vie, couvrez de bardes de lard, mettez le couvercle, que vous fermez soigneusement avec de la pâte, et faites cuire 4 heures au four.

Levraut à la Saint-Lambert. (Entrée.)

Vous le préparez comme le lapereau à la Saint-Lambert, mais vous le faites revenir dans le beurre avant de mettre le bouillon et les légumes.

Levraut sauté ou à la minute. (Entrée.)

Dépouillez et videz un jeune levraut; coupez-le par morceaux et le mettez dans une poêle ou dans une casserole avec un morceau de beurre, sel, poivre, épices; sautez-le jusqu'à ce qu'il soit cuit de belle couleur; ajoutez champignons, échalotes et persil hachés, une cuillerée de farine; mêlez et mouillez avec du vin blanc et un peu de bouillon, ou du bouillon seulement, et de l'eau, faute de bouillon; retirez du feu quand il commence à bouillir; servez à courte sauce.

Levraut ou lapereau au chasseur. (Entrée.)

Prenez seulement le train de derrière, que vous faites mariner pendant 6 à 12 heures dans un jus de citron, huile, poivre, sel, laurier, thym. Faites revenir dans une large casserole de petits lardons avec du beurre; mettez-y cuire le lapin, sans le dépecer, en l'appuyant souvent, pour qu'il cuise également. A moitié de la cuisson, ajoutez demi-verre de bouillon, une cuillerée d'eau-de-vie, et la marinade un peu avant de servir.

LÉPORIDE, LAPIN.

Si vous employez un lapin domestique, videz-le aussitôt tué et garnissez l'intérieur de thym, laurier, sauge, basilic, poivre et sel, que vous retirez ensuite. Vous ferez bien aussi de le faire mariner par morceaux avant de l'employer.

Lapin ou lapereau rôti.

Procédez comme pour le lièvre. — Pour *rôtir au four*, entier ou en trois pièces, piquez-le, mettez-le sur un plat avec un peu de beurre, recouvrez les chairs de fines herbes, enfournez.

Gibelotte de lapin. (Entrée.)

Comme le civet, mais n'employez que du vin blanc et bouillon. Ajoutez à volonté champignons, fonds d'artichauts ou boulettes de godiveau.

Civet de lapin. (Entrée.)

Se fait comme un civet de lièvre, sauf le foie et le sang que l'on y laisse.

Matelote de lapin. (Entrée.)

Préparez une anguille comme pour *Tartare*. (Voy. *Anguille à la tartare*); coupez-la par tronçons. Disposez un jeune lapin comme pour une gibelotte : faites prendre couleur dans du beurre à 12 petits ognons, retirez-les et y faites revenir le lapin; ajoutez une cuillerée de farine, sautez, mouillez de vin blanc et bouillon, joignez l'anguille, les ognons, des champignons, bouquet garni, gousse d'ail, poivre, sel, muscade. Faites bouillir à grand feu; la sauce étant à son point, ôtez le bouquet, l'ail, et servez avec croûtons frits autour.

Lapereau à la Marengo. (Entrée.)

Coupez comme pour une gibelotte, égouttez et épongez le sang, supprimez la tête et le cou, et procédez comme pour le poulet à la Marengo.

Fricassée de lapereau à la Saint-Lambert. (Entrée.)

Coupez-le en morceaux : mettez-le cuire dans du bouillon, qu'il baigne; assaisonnez de sel, poivre, muscade et épices; garnissez de 2 carottes, 4 ognons, 2 navets, 3 pieds de céleri et un bouquet garni; les légumes étant cuits, retirez-les, passez-les en purée; quand le lapereau est cuit, passez le fond au tamis, faites-en une sauce un peu épaisse et mouillez votre purée de cette sauce; dressez votre lapereau et le masquez avec la purée.

Lapereau sauté, voir Levraut, 249. — *Aux petits pois*, — *A la crapaudine*, voir Pigeons, 268. — *En blanquette*, — *Frit*, voir Veau, 204. — *En fricandeau*, voir Fricandeau, 203. — *A la Sainte-Menehould*, voir Pigeons, 268, et accommoder de même des membres de lapin. — *En timbale*, voir Timbale et employer du lapin désossé, cuit ou cru. —

A l'estragon, râble et cuisses, voir Poulet, 283. — *En chartreuse*, 257.

Lapereau au jambon. (Entrée.)

Coupez un lapereau en morceaux; faites revenir et cuire avec des tranches de jambon, un verre de vin blanc, un bouquet de persil et ciboules, bouillon, poivre; prenez le fond de la sauce, que vous passez au tamis; dégraissez, liez-la avec de la fécule, et servez.

Lapereau à la poulette. (Entrée.)

Coupez un lapereau en morceaux; faites-le dégorger demi-heure à l'eau tiède salée; passez-le sur le feu avec un morceau de beurre, mettez une cuillerée de farine, sautez-le, ajoutez un verre de vin blanc, bouillon, sel, poivre, bouquet de persil et ciboule, champignons; faites cuire et réduire à courte sauce; mettez une liaison de jaunes d'œufs; faites lier sur le feu, et servez.

Lapereaux en papillotes. (Entrée.)

Prenez de jeunes lapins bien tendres, coupez-les par membres, et mettez-les mariner quelques heures avec persil, ciboule, champignons, pointe d'ail, le tout haché; sel, poivre, de l'huile; enveloppez chaque morceau d'une partie de cet assaisonnement, avec une petite barde de lard, dans du papier blanc; graissez bien le papier en dedans avec du beurre, faites cuire sur le gril à très-petit feu, et servez tout chaud avec le papier.

Croquettes de lapereau. (Entrée.)

Faites rôtir un jeune lapereau; étant froid, coupez les chairs en petits dés; ayez aussi de la tetine de veau cuite, que vous coupez en dés, ou d'autre graisse de veau; il en faut le tiers de ce qu'il y a de chair; faites une sauce comme pour les croquettes de veau (page 205), et procédez de même.

Lapereau à la tartare. (Entrée.)

Désossez un lapereau; coupez-le en morceaux, que vous faites mariner avec de l'huile, poivre, persil, ciboules, échalotes, le tout haché; panez de mie de pain; faites cuire sur le gril; arrosez de temps en temps avec le restant de la marinade; servez sur une sauce à la tartare.

Lapin au père Douillet. (Entrée.)

Coupez un lapin en 6 morceaux, les meilleurs (les autres seront mis de côté pour accommoder à volonté). Faites-les revenir à la casserole avec un peu de beurre et de larges lardons. Quand ils sont raffermis, versez dessus un verre de vin blanc, autant de bouillon ou d'eau, sel, poivre, bouquet de persil, ciboule, 2 échalotes, demi-feuille de laurier, 2 clous de girofle, une carotte, moitié d'un panais coupés en tranches; faites cuire. Dégraissez la sauce, passez-la, liez-la d'un peu de fécule, et servez.

Lapereau aux olives. (Entrée.)

Il s'accommode comme le canard (page 271).

GIBIER A PLUMES *.

DE LA PERDRIX ET DU PERDREAU.

La perdrix rouge, aux pattes rouges, est plus estimée que la grise, dont le bec et les pattes tirent au noir. Les jeunes ou *perdreaux* sont plus tendres. On les connaît

* Élevage, acclimatation. *Traité des oiseaux de basse-cour* (librairie Audot).

à l'aile, dont la première plume est pointue, et aux jeunes et courtes plumes qu'ils ont sous les ailes ; dans les rouges, à un peu de blanc que n'ont pas les vieux. On les connaît encore au bec, que l'on pince en soulevant et suspendant la perdrix : s'il ploie, elle est jeune. Il n'y a pas de règles à établir pour le temps qu'il faut les attendre : les uns aiment les perdreaux frais, beaucoup d'autres les préfèrent avancés. — La *bartavelle*, autre espèce plus grosse et encore plus délicate que la rouge, qui elle-même est supérieure à la grise, a les pattes, le bec et la poitrine rouges. On ne la connaît guère en France que dans les Pyrénées, où même elle est rare.

Perdreau à la broche. (Rôt.)

Plumez, videz, piquez fin, et faites cuire à la broche. Il est important de saisir le point de cuisson, car un perdreau trop cuit n'a plus de saveur. Une feuille verte, ou deux sèches, du cerisier de *Sainte-Lucie* ou *Mahaleb*, mises dans l'intérieur pendant la cuisson, lui donnent un excellent fumet. L'usage est, sur 2 perdreaux, de barder l'un et de piquer l'autre.

Salmis de perdreaux. (Entrée.)

Voyez les Salmis, page 165.

Perdreaux à la crapaudine. (Entrée.)

Se préparent comme les pigeons à la crapaudine.

Perdreaux à la chipolata. (Entrée.)

Faites prendre couleur à du lard coupé en dés : retirez-le. Faites un roux, dans lequel vous faites revenir des membres de perdreaux ; mouillez avec bouillon ou eau et vin blanc ; mettez champignons, le lard, petits ognons passés au beurre, saucisses (dont vous aurez fait 3 d'une seule en les nouant avec du fil, et que vous aurez fait revenir sur le gril, déficelées ensuite, et dont vous aurez ôté la peau : c'est ce que l'on nomme *chipolata*); ajoutez des marrons grillés ou des truffes : faites cuire le tout ensemble avec un bouquet garni. Étant dégraissé et réduit à point, servez avec croûtons frits autour*.

Perdreaux à l'anglaise. (Entrée.)

Étant vidés et flambés, troussez les pattes, et fendez-les par le dos d'un bout à l'autre, sans les séparer du côté du ventre; aplatissez-les légèrement avec le plat du couperet, et les mettez mariner avec sel, poivre, laurier, ail, branches de persil et de l'huile. Faites-les griller à feu vif ; retournez-les. Servez-les sous une maître-d'hôtel, avec jus de citron.

Vous pouvez servir les mêmes avec une *rémolade* ou une *poivrade*.

Perdreaux panés et grillés. (Entrée.)

Préparez comme les précédents, mais en séparant les deux moitiés, vous pouvez les paner, griller, et servir avec *rémolade* ou *poivrade*.

Perdreaux en papillotes. (Entrée.)

Séparez-les en deux et les faites revenir dans le beurre où sont revenus les perdreaux; ajoutez un peu de farine, sel, épices; mouillez de bouillon et vin blanc; faites cuire et réduire cette sauce, et en versez sur les moitiés de perdreaux, que vous garnissez dessus et dessous d'une légère barde de lard. Enveloppez-les de papier huilé, et faites-les griller environ 20 minutes sur un feu doux.

* Il faut faire attention, chaque fois que l'on met plusieurs articles dans le même ragoût, tels que petits ognons, champignons, etc., de ne les mettre que chacun à leur tour, suivant qu'ils sont plus ou moins longs à cuire.

Salade de perdreaux. (Entrée.)

Dépecez des perdreaux rôtis, ôtez-en la peau, parez les extrémités et les mettez dans une terrine avec de bonne huile et du vinaigre à l'estragon, du sel et de gros poivre; champignons, persil, échalotes, cornichons hachés, câpres, un peu d'anchois, toutes choses que vous avez fait revenir et cuire avec beurre, jus ou bouillon. Dressez vos morceaux sur le plat avec cœurs de laitues en cordon, œufs durs, cornichons coupés en filets et filets d'anchois arrangés avec goût et arrosés de l'assaisonnement (Voy. *Conservation du gibier en été.*)

Magnonnaise de perdreaux. (Entrée.)

Dépecez et parez des perdreaux rôtis de desserte et placez-les sur une sauce magnonnaise : couvrez-les aussi de la sauce, et décorez ce plat avec des croûtons frits, des olives farcies, œufs durs, gelée, filets d'anchois, de truffes, etc., enfin ce que vous voudrez. On peut lui donner un coup d'œil très-agréable et qui réponde à sa délicatesse.

Perdrix aux choux. (Entrée.)

Habillez et troussez les pattes dans le corps à 2 perdrix; foncez une casserole de carottes, ognons, bouquet garni, les deux perdrix, un morceau de lard de poitrine, un petit cervelas, un bon chou de Milan qui aura été blanchi à l'eau bouillante avec sel, bien égoutté et un peu haché; mouillez d'un peu de jus ou de bouillon, muscade; que les perdrix et leur garniture soient placées au milieu des choux. Faites cuire 3 heures feu dessus et dessous si les perdrix sont vieilles, et 1 heure et demie si elles sont jeunes; dressez les choux sur le plat, les perdrix sur le lard et le cervelas coupé et arrangé symétriquement autour des perdreaux. Servez à courte sauce.

Chartreuse. (Entrée.)

La vraie chartreuse ne devrait se composer que de légumes et de racines tendres, mais on l'enrichit de perdrix, de pigeons, canards, grives, alouettes, etc., qui tous supportent la même préparation. On emploie des choux auxquels on peut ajouter des laitues placées autour du moule, même des épinards bien verts entre les racines pour décorer, et un lit de haricots verts et de pois. C'est un plat pour lequel une cuisinière peut montrer son goût, mais qui peut être aussi excellent sans ornements, s'il est rendu succulent par une bonne préparation.

Chartreuse de perdrix.

Plumez, videz, flambez, troussez 2 perdrix; faites-les revenir à la casserole avec du beurre et une pincée de farine; mouillez de 3 verres de bouillon; ajoutez 125 grammes de lard coupé en dés, un bouquet garni : laissez cuire. Mettez dans une petite marmite un chou de Milan, ou frisé, avec 400 gr. de petit salé, et 2 cuillerées de graisse; emplissez-la d'eau et faites cuire aux 3 quarts. Prenez une carotte très-rouge, que vous coupez par ronds comme des pièces de 2 francs; une autre carotte plus pâle, que vous coupez de même : ayez un petit cervelas, que vous coupez encore de la même façon. Beurrez une casserole ou mieux un moule, garnissez le fond et le tour de papier beurré des 2 côtés, placez vos carottes au fond, en cercles, en mélangeant les couleurs et aussi les ronds de cervelas. Coupez le petit salé qui a cuit avec le chou en bandes de la largeur de 2 doigts et longues comme un ; faites-en six morceaux que vous placez debout, et régulièrement, autour de la casserole. Faites égoutter vos choux * et en placez un lit sur vos carottes ; dressez-en aussi autour de la casserole dans les intervalles du petit salé, placez vos 2 perdrix au milieu, et recouvrez de chou s'il vous en reste encore. Faites cuire une heure au bain-maris.

Posez sur le moule un plat foncé d'une serviette pliée en 4 ; tournez sens dessus dessous et laissez égoutter quelques minutes ce qui pourrait rester de liquide, retournez et posez le plat à servir, afin d'y dresser la chartreuse en retournant encore le moule, que vous enlevez ainsi que le papier. Pendant ce temps, vous avez fait réduire et lié le fond de cuisson des perdrix, et vous en saucez le dessus de la chartreuse en servant le reste dans une saucière. Il est plus beau de servir autour une garniture, ne fût-ce que de petits ognons glacés. On peut se servir des *taille-légumes* (page 42) pour découper les racines, et l'on peut aussi placer debout, autour du moule, des racines façonnées ; mais, dans ce cas, on ne les fera pas cuire à l'avance, ce qui les déformerait.

Perdrix à l'estouffade. (Entrée.)

Plumez, videz, flambez, troussez les pattes en dedans, piquez de lardons assaisonnés de sel et poivre, placez dans la casserole avec ognons, carottes, bouquet garni, bardes de lard, un verre de vin blanc et du bouillon, sel : faites cuire à petit feu et servez avec le jus de la cuisson dégraissé et passé au tamis.

---

* Il est essentiel de presser fortement les choux dans un linge avant de les mettre dans le moule, puisque de ceci dépendra la solidité de votre *chartreuse*

Perdrix à la purée de lentilles. (Entrée.)

Après les avoir fait cuire comme les précédentes, vous les servez sur une purée de lentilles cuites avec lard de poitrine, ognons, carottes, eau ou bouillon. On peut aussi les faire cuire avec les lentilles, et les servir avec croûtons frits.

Perdrix à la purée de pois verts. (Entrée.)

Faites cuire les perdrix à l'estouffade, et les servez sur une purée de pois verts.

Perdrix à la catalane. (Entrée.)

Plumez, videz, flambez et troussez une perdrix; faites-la revenir dans le beurre; retirez-la et faites un roux avec le même beurre; mouillez de bouillon, avec sel, poivre, un bouquet, et l'y remettez jusqu'à ce que la cuisson soit avancée. Pendant ce temps vous avez fait blanchir 2 poignées d'ail, et, dans un autre vase, faites blanchir aussi une orange amère ou bigarade coupée par tranches. Un quart d'heure avant de servir, vous mêlez le tout et achevez de cuire.

Galantine de perdrix. (Entrée froide.)

On procédera comme pour celle de volaille.

FAISAN, COQ DE BRUYÈRE, PINTADE.

Si le faisan n'a pas été *faisandé* jusqu'à ce que son ventre change de couleur, il n'a pas plus de fumet que la poule de basse-cour. Il ne faut le plumer que le jour où il doit être servi, excepté quand on veut le truffer. On le vide. On reconnaît les jeunes à ce que leur ergot n'est encore qu'un bouton. La femelle qui a pondu, et dont le croupion est très-mou, ne vaut pas le mâle, même vieux. La femelle se reconnaît à son plumage moins beau que celui du mâle, et à sa queue bien plus courte. Ils sont plus gras à partir de décembre.

FAISAN ET SA FEMELLE.

Pour rôt, on pique le coq-faisan et on barde la poule. — *Pour entrées*, toutes les méthodes d'accommoder les perdrix et perdreaux conviennent aux faisans et aux faisandeaux.

Faisan rôti.

Voici la meilleure méthode pour faire rôtir un faisan. Quand il est arrivé à son point, on le plume, on le vide, on l'enveloppe d'un fort papier beurré et on le met à la broche. Au bout d'une demi-heure on le développe pour lui faire prendre couleur, et on soigne avec attention le moment de sa cuisson parfaite. Pendant qu'il est à la broche, on l'arrose avec du beurre mêlé d'une cuillerée de vin de Malaga ou, à défaut, de Madère. On a placé dans la lèchefrite ou dans la cuisinière huit petites rôties rondes de mie de pain, que l'on sert autour de l'oiseau, entremêlées de tranches de citron. En trois quarts d'heure il doit être convenablement cuit.

COQ DE BRUYÈRE A QUEUE FOURCHUE.

Ce qui vient d'être dit du faisan s'applique en tout au *Coq* et à la *Poule de bruyère*, oiseaux très-rares, ainsi qu'à la *Pintade* et au *Pintadeau*.

PINTADE.

GELINOTTE.

La gelinotte des bois est une espèce de poule sauvage du même genre que le coq de bruyère. Tous deux s'appellent TÉTRAS, dont il y a le grand et le petit. On la sert comme le faisan.

PLUVIER, GUIGNARD ET VANNEAU.

PLUVIER.   GUIGNARD.

Parmi les pluviers, le *P. doré* et le *P. guignard* sont les plus délicats. Ils sont de passage en France vers la saison froide. Le *vanneau* a beaucoup de rapport avec eux. Ces trois oiseaux s'accommodent comme les bécasses et ne se vident pas pour rôti à la broche, où il leur faut 20 à 25 minutes. Ces oiseaux sont de la grosseur d'un pigeon. Ils fréquentent les lieux humides.

VANNEAU.

DES RAMIERS ET DES TOURTERELLES.

La chair des ramiers ou pigeons sauvages a bien plus de goût que celle des pigeons domestiques. Mais on ne saurait trop faire l'éloge de ceux des montagnes et surtout des PALOMBES des Pyrénées, dont le fumet est différent de celui des perdreaux et des faisans. — Leur passage a lieu en automne, et l'on pourrait en faire usage partout si on les connaissait plus généralement. — Ces oiseaux se préparent, ainsi que les *tourterelles,* comme les pigeons; mais, s'ils sont jeunes et tendres, ce serait les sacrifier que d'en faire usage autrement qu'à la broche, avec des rôties sur lesquelles on a écrasé leur foie.

DE LA BÉCASSE ET DE LA BÉCASSINE.

Les bécasses arrivent en octobre et durent 3 ou 4 mois; les bécassines passent en mars et octobre. La bécassine ressemble par son plumage à la bécasse; mais  elle est bien moins grosse et a le bec moins long. Il y en a de 3 grosseurs. Elles doivent faisander au moins 4 jours.

Bécasses et bécassines à la broche. (Rôt.)

Bardez-les *sans les vider*, et troussez-les comme il est dit page 68; mettez dessous des rôties de pain pour recevoir ce qui en tombe, et servez sur les rôties avec ce qui est dans la lèchefrite. On reconnaît qu'elles sont cuites quand elles rendent leurs déjections intérieures *. Les rôties doivent être de mie de pain de 12 centim. sur 6 pour chacune et bien beurrées.

Salmis de bécasses et bécassines. (Entrée.)

Voyez les Salmis, page 165.

Bécasses et bécassines farcies poêlées. (Entrée.)

Plumez des bécasses ou bécassines, que vous flambez; *videz-les;* faites une farce de ce qu'elles ont dans le corps, moins le gésier, avec lard, persil, ciboule, deux jaunes d'œufs crus, sel,

---

* Il faut faire attention que les bécasses et tous les oiseaux qui ne sont pas gros sont mieux attachés à des brochettes de bois (attelets) que l'on couche sur la broche en les y attachant eux-mêmes. (Page 69.)

poivre; farcissez les bécasses, cousez et troussez comme pour mettre à la broche. Foncez une casserole de tranches de lard, mettez les bécasses dessus, couvrez de bardes de lard, faites suer un quart d'heure; mouillez avec bouillon, un demi-verre de vin blanc; faites cuire à très-petit feu; la cuisson faite, ôtez les bécasses et dressez-les sur le plat; dégraissez la sauce, passez au tamis, et servez avec jus de citron et filet de vinaigre.

RALE DE GENÊTS ET RALE D'EAU.

LE RALE D'EAU.

Le râle de genêts arrive en mai avec les cailles et s'en retourne avec elles en septembre. Il est fin et délicat, et on n'en fait usage que rôti, enveloppé de feuilles de vigne et de papier, sans bardes, à cause de sa graisse. — Le râle d'eau, qui lui ressemble et a le bec un peu plus long, habite les marais et s'accommode comme les canards. Il est bien moins délicat. Les râles sont gras comme des pigeons.

COURLIS OU CORLIEU.

Oiseau des prés et des bords des rivières.

On en fait usage comme du faisan, qu'il n'égale pas pour son fumet.

COURLIS.

DE LA CAILLE.

Cet oiseau de passage est meilleur à la fin de l'été, parce que dans cette saison il est gras. La meilleure manière de servir la caille est *à la broche,* fraîche et non
faisandée. Plumez, videz et flambez; enveloppez de feuilles de vigne et bardes de lard par-dessus, faites cuire, et servez de belle couleur, sur des rôties qui ont reçu leur jus en cuisant. — Desservies, on peut les mettre en *salmis.*

Cailles grillées. (Entrée.)

Videz, flambez, fendez-les par le dos, mettez-les à plat dans une casserole avec de l'huile, laurier, sel, poivre; couvrez de bardes de lard; faites cuire à très-petit feu sur de la cendre chaude. Quand elles sont presque cuites, panez et faites griller; mettez dans la casserole du bouillon; détachez tout ce qui peut tenir après; dégraissez: passez cette sauce et la servez sous les cailles.

Cailles au chasseur. (Entrée.)

Vidées et flambées, faites-les sauter dans la casserole avec du beurre, demi-feuille de laurier, fines herbes, sel, poivre; saupoudrez de farine, mouillez avec moitié bouillon et vin blanc. Faites cuire; retirez les cailles, faites réduire la sauce et servez.

On trouve à l'article *Perdreaux* différentes manières de les accommoder qui peuvent s'appliquer aux cailles et aussi à d'autres oiseaux. Néanmoins c'est toujours à la broche qu'elles conservent mieux leur fumet.

DE L'ALOUETTE OU MAUVIETTE.

Elle est recherchée en automne et en hiver,

parce qu'alors elle est grasse. On met les alouettes à la broche, bardées, sans les vider : on retire seulement le gésier; mettez dessous des rôties de pain pour recevoir ce qui en tombe, et servez sur les rôties. — On les sert encore en *salmis*, en *matelote* et *sautées* à la *casserole* avec des lardons, mais alors vidées. (Voyez *Grives*.)

Autres alouettes sautées. On suit la recette ci-dessus donnée pour les *cailles au chasseur*.

DES GRIVES ET DES MERLES.

GRIVES.

La grive est grasse et d'un bon goût en automne. Le merle est bien moins bon.

Les grives et les merles se servent en plats de rôts; on les plume, on les fait refaire sans les vider, sauf le gésier, que l'on fait sortir en pressant par une petite incision faite sous la cuisse, et on les met cuire à la broche sur des rôties : on les enveloppe de feuilles de vigne.

On les sert aussi en entrée comme les bécasses et les cailles.

On les met en daube pour servir froids.

DES ORTOLANS, BECFIGUES, ROUGES-GORGES ET AUTRES PETITS OISEAUX. (Rôts.)

Ils sont préférables pour rôts, mais alors *sans les vider*; on les barde et on les attache comme il est dit pages 68, 69, on les arrose en cuisant d'un peu de lard fondu, et on les sert avec un filet de citron après 15 minutes de broche.

De tous les petits oiseaux, les plus délicats sont les *vrais ortolans*. Ils sont de passage ; mais on a dans les provinces du Midi le talent de les prendre et de les engraisser avec du millet, de manière à en conserver à peu près toute l'année. Ils y sont d'autant plus dignes de soins que leur exquise qualité les fait acheter aussi cher que de beaux pigeons. Le becfigue leur dispute quelque peu la prééminence, mais il habite le Midi.

PIGEONS.

Pigeons rôtis. (Rôts.)

On préfère ceux des volières à ceux des colombiers, et on les prend quand ils descendent du nid et qu'ils ne mangent pas encore seuls, car ils maigrissent alors et ne reprennent qu'une ou deux semaines après. Chez soi, on ne les saigne pas, on les étouffe; mais au marché on les vend saignés. Les jeunes sont toujours prêts, sans avoir besoin d'être attendus et mortifiés. (Voyez les *Ramiers,* page 262.)

Videz, troussez; couvrez de bardes de lard et de 3 ou 4 feuilles de vigne sous les bardes, faites cuire à la broche, arrosez de leur jus, dressez sur le plat et servez : une demi-heure suffit.

Pigeons aux petits pois. (Entrée.)

Faites revenir à la casserole un bon pigeon avec du petit lard coupé en dés et gros comme un œuf de beurre; quand il a pris couleur, retirez-le, ainsi que le lard. Faites un roux avec ce qui est resté dans la casserole et une cuillerée de farine; mouillez avec un demi-verre de bouillon ou d'eau, et remettez le lard, un demi-litre ou un litre de pois, un bouquet de persil, 5 ou 6 ognons blancs. Aux 3 quarts de la cuisson des pois, remettez le pigeon, achevez de cuire et servez.

Pigeons à la Sainte-Menehould. (Entrée.)

Videz, flambez trois pigeons, laissez les foies,

troussez les pattes dans le corps. Mettez dans une casserole gros comme un œuf de beurre, avec deux pincées de farine, persil en branches, ciboules entières, tranches d'ognons, de carottes et de panais, gousse d'ail, trois clous de girofle, une feuille de laurier, thym; mouillez d'un verre de lait; faites bouillir et mettez-y les pigeons cuire une heure à très-petit feu; retirez-les et les faites égoutter. Enlevez le gras de la sauce, trempez-y les pigeons et les panais épais; faites griller en arrosant avec le reste du gras. Servez à sec avec une rémolade, page 161, dans une saucière.

Pigeons à la crapaudine. (Entrée.)

Fendez vos pigeons par le dos; aplatissez-les sans beaucoup casser les os; enduisez d'huile, sel, poivre, persil, ciboules, le tout haché; faites tenir le plus possible d'assaisonnement; panez de mie de pain; mettez sur le gril, faites cuire à petit feu; quand ils sont de belle couleur, servez sur une sauce que vous faites avec verjus ou vinaigre, sel, poivre, échalotes hachées, et un morceau de beurre, ou bien sur une *sauce tartare.* — On prépare de même de *jeunes lapereaux.*

Crapaudine farcie et glacée. (Entrée.)

Fendez les pigeons par le dos, mais sans les aplatir; retirez-en les foies, que vous hachez avec lard et fines herbes. Joignez-y d'autres foies de volaille, si vous en avez, et du lard à proportion. Si vous n'avez que le foie des pigeons, vous ajoutez de la chair à saucisses, de la mie de pain trempée dans du lait et 2 jaunes d'œufs, poivre et épices, mêlez le tout, et remplissez-en les cavités de vos pigeons: glacez abondamment cette farce avec des blancs d'œufs battus. Placez vos pigeons sur une tourtière beurrée, et couvrez du four de campagne; faites cuire une demi-heure à feu doux. Au moment de servir, vous mêlez à la sauce un jus de citron ou du verjus et versez sur les pigeons.

Pigeons en papillotes. (Entrée.)

Faites-les cuire doucement avec lard haché, beurre, sel, poivre, muscade; étant à moitié cuits, ajoutez des fines herbes, champignons, une échalote hachés. Quand ils seront froids, coupez-les en deux, garnissez-les de leur assaisonnement et les enveloppez de papier huilé. Faites griller un quart d'heure à feu doux.

Pigeons en compote. (Entrée.)

Faites revenir dans la casserole 1 ou 2 pigeons (voir le *troussage,* page 69), avec beurre, lard coupé en dés et 6 ou 8 petits ognons; le tout étant coloré, retirez-le. Versez un peu d'eau dans la casserole pour aider à enlever ce qui a fondu de lard et de beurre, que vous mettez à part dans une tasse. Faites dans la même casserole un roux avec du nouveau beurre, mêlez-le d'un ou deux verres de bouillon ou eau et, si vous voulez, quelques cuillerées de vin blanc. Remettez alors les pigeons, un bouquet de persil, champignons, poivre; faites cuire environ une heure. On ajoute à volonté des garnitures, telles que quenelles ou olives, 10 minutes avant de servir, même des croûtons passés au beurre, autour du plat.

Chartreuse de pigeons. Voy. *Chartreuse*, p. 257.

Pigeons à la Saint-Lambert. (Entrée.)

Procédez comme pour les lapereaux (p. 251).

Pigeons frits. (Entrée.)

Vous prenez des pigeons, que vous coupez en quatre; faites-les cuire dans une casserole avec ognons, carottes, bouquet, un peu de bouillon, sel et poivre; mettez refroidir et trempez dans une pâte à frire, ou bien panez-les après les avoir trempés dans de l'œuf battu, faites frire de belle couleur, servez garnis de persil frit.

Les *pigeons* peuvent encore se servir, cuits dans une braise ou daube, sur des *sauces ravigote, aux champignons, ragoûts de laitue, de chicorée,* etc.

CANARDS, SARCELLES, POULE D'EAU.

Le canard sauvage (*albran* quand il est très-jeune) a un fumet qui le fait préférer par les gastronomes au canard domestique, lequel, cependant, ne manque pas de mérite quand il a été bien élevé et nourri. En été le caneton, et de septembre en février le canard.

Canard et caneton à la broche. (Rôt.)

Après l'avoir plumé et vidé, mettez-lui dans le corps du sel et 2 feuilles de sauge pour le parfumer : on peut le farcir de saucisses et de marrons cuits d'avance. Il faut une demi-heure ou trois quarts d'heure de cuisson. (Voy. *Pâtés*.)

Canard en salmis. (Entrée.)

On sert ainsi les canards cuits à la broche, en procédant comme il est dit à l'art. *Salmis* (p. 166).

Caneton aux pois. (Entrée.)

Commencez par le passer à la casserole avec du petit lard coupé en dés et un peu de beurre, faites prendre couleur. Retirez le canard et le lard. Faites un roux avec une pincée de farine, mouillez avec bouillon, mettez-y le caneton avec un litre de pois, un bouquet garni, un peu de poivre; faire cuire à petit feu jusqu'à ce que tout soit cuit; dégraissez.

Canard aux navets. (Entrée.)

Faites roussir de petits navets dans une casserole avec du beurre et un peu de sucre, retirez-les, faites revenir dans la même casserole votre canard, retirez-le, et, après avoir nettoyé le fond de la casserole, vous faites un roux avec du beurre frais et mouillez avec du bouillon; on y met ensuite le canard avec un bouquet garni, sel, poivre; vous y joignez vos navets, que vous faites cuire avec le canard; dégraissez et servez.

Canard aux olives. (Entrée.)

Faites-le revenir de belle couleur dans la casserole avec beurre et lard, retirez-les, mettez une cuillerée de farine et faites un roux, mouillez d'eau bouillante, poivre, sel, bouquet garni; quand il sera presque cuit, faites blanchir vos olives après les avoir tournées et ôtez les noyaux, jetez-les dans la sauce où aura cuit votre canard : achevez de cuire 5 minutes, dressez votre canard sur le plat, et servez les olives en cordon autour.

Canard en daube. (Entrée.)

Vous le faites cuire comme la dinde en daube, et servez froid entouré de sa gelée.

Canard à la purée. (Entrée.)

Faites-le cuire en daube, passez la sauce au tamis et mettez-la dans la purée que vous voulez servir sous le canard, comme purée de lentilles, pois, navets, ognons, céleri.

Canard au père Douillet. (Entrée.)

Comme le lapin (p. 253).

SARCELLE. (*Rôt et Entrée.*) — Espèce de petit canard sauvage. On le met à la broche et on le sert avec une sauce piquante. Les restes en salmis.

POULE D'EAU. (*Rôt et Entrée.*)

Cet oiseau, quoique n'étant pas de la famille des canards, habite les lieux aquatiques et se prépare comme la sarcelle.

OIE.

Ce qui a été dit du canard peut s'appliquer à l'oie, car il y a l'oie sauvage et l'oie domestique. Il faut la choisir jeune, à graisse blanche et peau fine. — Le bec dur à casser et la peau très-blanche indiquent une vieille oie.

Oie à la broche. (Rôt.)

Elle demande plus de cuisson que les autres pièces; il en découle une graisse très-utile dans la cuisine de la ménagère. Il faut deux heures : on peut la farcir comme le dindon.

Oie en salmis. (Entrée.)

Voyez la manière de préparer le salmis, p. 166.

Oie en daube. (Entrée.)

Elle se fait comme la dinde en daube. Il faut dégraisser à mesure, car elle rend beaucoup.

Oies de différentes façons. (Entrées.)

Prenez de l'oie qui aura été cuite à la broche; faites réchauffer sur le gril, et servez avec différentes sauces : comme *sauce Robert, ravigote, tartare, ragoût* de *navets,* de *petits ognons.* Servez aussi aux *purées* de *pois,* de *lentilles,* de *navets* et d'*ognons.* On peut aussi mettre *en daube* ce qui est resté de la broche, surtout si la chair est dure. — Prenez des cuisses d'oie desservies, trempez-les dans le gras de leur cuisson; panez avec de la mie de pain; arrosez ensuite légèrement avec de l'huile; faites griller de belle couleur : servez sur une sauce *à la tartare* ou sur une *rémolade,* ou bien avec une *magnonnaise* dans une saucière *.

Abatis d'oie. (Entrée.)

On le prépare comme celui du dindon.

Méthode pour manger une oie en 3 mois.

Vous faites rôtir une oie, et mangez le premier jour tout ce qui tient à la carcasse. Coupez les ailes et les cuisses; cassez les os qui gênent pour serrer ces membres dans un pot, où vous les couvrez de saindoux que vous aurez fait bouillir pendant 10 minutes avec thym, laurier, sel. Employez membre à membre, si vous voulez, et recouvrez à mesure avec le saindoux pour conserver le reste.

Manière de conserver les cuisses d'oie.

Nettoyez bien vos oies, flambez-les; mettez dans le corps de chacune 3 feuilles de sauge et du

---

* On dira ici un mot sur les patés et terrines de *foie gras* de Strasbourg. Ceux-ci contiennent beaucoup de foie et moins de truffes que ceux de *foie d'oie et de canard* du Périgord et de Toulouse, qui sont plus fournis de ce végétal et abondent moins en foie que Strasbourg. Beaucoup d'amateurs préfèrent ceux-ci.
Voir la recette *Foie de canard.*

sel; faites-les cuire une heure à la broche, pas davantage; recevez la graisse dans une lèchefrite propre, et videz-la à mesure qu'elle s'emplit. N'arrosez point les oies : quand vous les avez tirées de la broche, détachez proprement les cuisses et les ailes de manière qu'il ne reste que la carcasse; rognez le bout des os, laissez-les refroidir. Mettez toute la graisse que vous avez reçue dans un chaudron, ajoutez-y moitié saindoux; faites bouillir 10 minutes. Ayez des pots de grès de 50 centim. de haut, et dont le fond puisse tenir 2 cuisses de front; placez-en 2; poudrez-les d'un peu de sel et de poivre; mettez une feuille de laurier sur chacune; posez 2 ailes dessus; assaisonnez-les, et ainsi de suite en les tassant bien; emplissez vos pots de graisse bouillante, laissez refroidir jusqu'au lendemain. Il faut que le dernier rang de cuisses ou d'ailes soit recouvert de 3 centim. de graisse. Bouchez les pots avec un parchemin mouillé, ficelez-le; mettez-les dans un lieu froid et non humide. C'est à Noël que les oies sont meilleures à cet usage; on les engraisse d'avance. Les carcasses ne sont bonnes qu'à fricasser.

VOLAILLES.

Les volailles qui ont la peau fine et blanche sont les meilleures. Il vaut mieux les plumer aussitôt tuées et les vider de suite sans rien déchirer, par une incision faite sous la cuisse; et s'il vous arrivait de crever l'amer, lavez sur-le-champ l'intérieur du corps avec de l'eau chaude. On écrase l'os saillant de l'estomac. Après les avoir plumées et épluchées, on les flambe légèrement sur du papier enflammé ou de la braise ardente. Il faut brûler les pattes pour en enlever la peau écailleuse

VOLAILLES. 275

en les frottant. On coupe le dessous du bec et le petit bout des ailes. — En septembre la volaille en général est plus parfaite, plus succulente et moins chère. Elle se soutient jusqu'en février, puis elle devient rouge et dure.

Blanquette de volaille. (Entrée.)

Vous la faites avec de la volaille rôtie de desserte, comme il est indiqué à la page 156, en coupant, autant que possible, vos morceaux larges comme des pièces de 5 francs, et les mettant en blanquette. Vous les placez, si vous voulez, dans un *vol-au-vent*, ou *en coquilles*, en étudiant les articles Huîtres, 310, et *Champignons*, 376.

Capilotade de volaille. (Entrée.)

Mêlez dans la casserole un peu de beurre et une pincée de farine, fines herbes et champignons hachés; faites chauffer 5 minutes, puis ajoutez un verre de vin blanc : faites cuire un quart d'heure, et faites-y alors réchauffer des membres de volaille rôtie. Faites griller des tranches de pain, dont vous foncez le plat qui doit être servi. Au moment de servir, vous ajoutez, si vous voulez, à la sauce deux cuillerées d'huile d'olive, que vous versez dans la casserole en prenant soin de faire chauffer sans bouillir, puis vous versez sur les rôties de pain et dressez les membres dessus.

Marinade, Croquettes ou Fritot de volaille, Villeroy. (Entrées.)

Détaillez par membres un jeune poulet, faites-les mariner 2 ou 3 heures avec huile, un jus de citron ou vinaigre, sel, gros poivre, ail, tranches d'ognon, persil; égouttez, essuyez, farinez, faites frire, servez avec persil frit, ou sur une sauce à volonté — On peut se servir de membres de desserte, mais alors on fait frire en pâte. On fait aussi les *croquettes* comme celles de veau, p. 205.

Galantine de volaille. (Entremets froid.)

Supposons une dinde belle et grasse. Enlevez le cou, les pattes et les ailerons, videz, épluchez, flambez. Faites une incision sur le dos, depuis le croupion jusqu'à la tête, pour la désosser, en prenant soin de ne pas percer la peau ; détachez le mieux possible les nerfs des cuisses ; enlevez à 1 centim. 1/2 de la peau les filets de l'estomac. Faites une farce de 1 kilogr. de rouelle de veau, un demi-kilogr. de lard gras, et autant de chair de porc frais tendre, hachée bien fin ou même pilée, avec assaisonnement assez abondant de sel, poivre, épices. Étendez sur la dinde une couche d'un doigt d'épaisseur de cette farce, puis une couche de lardons gros comme le petit doigt, entremêlés de filets de la chair désossée de la dinde, et de filets de veau pour y suppléer, s'il le faut, du jambon, des filets de langue à l'écarlate que vendent les charcutiers, des filets de gibier tendre, des tranches de truffes, le tout à volonté. Roulez la galantine dans sa peau, que vous cousez, en lui donnant autant que possible sa forme naturelle, et enveloppez-la d'un linge cousu à grands points et serrés. Faites-la cuire 4 heures dans une daubière, où elle doit baigner d'eau ou bouillon, avec même garniture qu'une daube, plus 2 pieds de veau et un jarret, les couennes dont on a pris le gras, la carcasse et les débris concassés. Laissez refroidir à moitié, retirez de la cuisson, pressez-la pour lui faire égoutter son jus, et ne la déballez que froide. Procédez ensuite comme il est dit (page 206) pour clarifier le jus en gelée, dont on entoure la galantine sur le plat où on la servira.

Salade et magnonnaise de volaille. (Entrée.)

Dépecez par membres une volaille refroidie; mettez-les dans un vase de terre avec câpres, anchois, cornichons en filets, quartiers de laitue et fourniture de salade hachée; assaisonnez comme une salade et mêlez; dressez sur un plat comme une fricassée de poulet; garnissez les bords de quartiers de laitue; décorez la salade avec des anchois, cornichons et câpres, fleurs de capucine et bourrache; versez dessus ce qui reste d'assaisonnement. — On peut ajouter aussi dessus une forte magnonnaise bien prise. — *Autre salade de volaille.* — Dressez les membres sans assaisonnement et les entremêlez et décorez de cœurs de laitues, œufs durs, filets de carottes cuites et de cornichons, filets d'anchois, câpres; faites une ravigote froide (page 161), et la versez sur le tout.

Gâteau de riz et de volaille. (Entrée.)

Faites crever une livre de riz dans un bouillon, très-épais et bien assaisonné; mettez-en un lit sur une tourtière beurrée, ou un plat qui ne craigne pas le feu; arrangez dessus une fricassée de poulet ou une blanquette, dans leur sauce et à froid; recouvrez de riz, que vous unissez avec la lame du couteau et décorez. Faites cuire à feu doux sous le four de campagne et servez sur un plat en détachant de la tourtière avec précaution.

Croustades de volaille. (Entrée.)

Taillez des mies de pain en larmes, c'est-à-dire pointues par un bout et arrondies par l'autre (fig. A); il en faut 7 pour garnir le fond du plat, comme un gâteau que l'on aurait coupé en 7 parts. On fait aussi un rond (fig. B) pour placer sur le milieu et par-dessus les autres. Il faut leur donner de hauteur environ 2 fois la largeur du pouce. On

 Fig. A  Fig. B

incise l'intérieur avec le couteau pour faire un creux et l'on fait aussi un couvercle pour les refermer; ne faites pas les bords trop minces, de crainte que le jus ne s'échappe : faites-les frire dans de bonne friture neuve. Étant frites de belle couleur, vous les remplissez toutes chaudes de hachis ou purée de volaille.

Purée de volaille. (Entrée.)

Hachez fin des chairs de volaille et les pilez dans un mortier en ajoutant 2 à 3 cuillerées de béchamel réduite. Ayant bien pilé, vous mêlez cette pâte avec de la béchamel et vous passez à l'étamine; si elle est trop épaisse, mêlez avec un peu de crème bouillie. Cette purée se sert sur un plat garni de croûtons frits, avec des œufs pochés par-dessus, dans le gâteau de riz et de volaille ou dans les croustades ci-dessus. Si on la fait avec du bouillon au lieu de crème, elle est moins blanche.

POULET.

Le poulet gras, poulet de grain, est employé pour rôt; sa blancheur et sa graisse sont les signes de sa bonne qualité. Le poulet dit à la reine a été engraissé avant d'être arrivé à sa force; il est moins gros, très-blanc et délicat pour fricassée à servir en entier sans le dépecer. Le poulet maigre ou commun ne se met pas à la broche, quand il y a cérémonie, mais il n'en est pas moins utile pour toutes sortes de préparations. Il y a des poulets communs demi-gras. En avril et mai commencent les poulets nouveaux très-tendres, cuisant vite et qu'il faut surveiller.

Poulet rôti. (Rôt.)

Videz, flambez, bardez, ficelez comme il est dit pages 66, 67, 274, arrosez de son jus, mêlé de 3 cuillerées d'eau et de sel ou de bouillon; quand il est cuit à point (30 à 50 min.), servez avec cresson autour assaisonné de vinaigre et sel, ou mieux, à part, dans un saladier. Si on en sert 2, on pique l'un, on barde l'autre. — Le *poulet se truffe* et se fait rôtir comme la dinde.

Pour tout volatile à la broche, on fait tomber la barde un peu avant de servir, afin que le dessous prenne couleur.

Poulet cuit dans son jus. (Rôt.)

Plumez, videz, flambez, troussez pour rôt, bardez. Mettez dans une casserole gros comme un œuf de beurre et le poulet, pour revenir et prendre couleur. Salez alors, poivrez, couvrez et faites cuire doucement (une heure et demie environ). Vous avez retourné à moitié de la cuisson. Dressez-le sur le plat. Dégraissez et versez dessus le jus que vous aurez détaché de la casserole avec un peu de bouillon. — Le même se sert *farci* comme la dinde, page 287.

Poulet truffé à la casserole. (Rôt.)

Dans le poulet ci-dessus vous avez pu ajouter une truffe en tranches, et ses épluchures hachées dans la farce. Il prend dans la casserole un délicieux goût de truffe, qui en fait la *volaille truffée de la petite propriété.* A Paris on vend de la *chair à saucisse* truffée pour farcir, et à prix convenable.

Fricassée de poulet. (Entrée.)

La fricassée de poulet, chose simple et facile d'exécution dans la recette que l'on va lire, est compliquée et embarrassante dans les meilleurs livres.

Lorsqu'on est à portée de faire usage de volailles tendres et de bonne nature comme celles du Mans, on réussira facilement dans la confection de blanches fricassées. Mais si on ne peut employer que des produits de basses-cours mal tenues, il faudra en améliorer la chair en faisant dégorger, pendant une demi-heure, un poulet entier ou par morceaux, dans l'eau tiède, ou bien en la faisant blanchir quelques minutes dans l'eau bouillante avant de commencer l'opération. On supprime cette eau. Il est facile de comprendre que, s'il résulte un effet utile de la suppression du mauvais goût d'une volaille qui sent le fumier, il y a dommage réel si on altère par un lavage le bon goût d'un délicat poulet de bonne provenance.

Choisissez un jeune poulet, en chair plutôt que gras, plumez-le et l'épluchez complétement; videz-le avec soin sans crever le fiel, essuyez l'intérieur, flambez-le sans l'exposer à noircir. Découpez-le en enlevant les cuisses et les ailes sans rien déchirer, coupez chacun de ces morceaux en deux. Fendez le dos en deux jusqu'au croupion, rognez et supprimez les bouts des côtes qui tiennent au morceau du haut du dos, afin de faire, de cette pièce, comme de toutes les autres, des morceaux d'une bonne forme, parés autour et conservant le plus possible de peau chacun. Les ailerons et le cou donnent aussi des morceaux séparés. Il vaut mieux supprimer les pattes, le gésier, le foie, et tout ce qui dans l'intérieur serait susceptible de colorer la fricassée, à la blancheur de laquelle on doit porter tous ses soins. On y contribuera en frottant les membres avec du jus de citron, ou à défaut, avec un peu d'acide tartrique délayé d'eau. Mettez dans la casserole gros comme un œuf de beurre et 2 ou 3 cuillerées de farine, tournez pour mêler, versez 2 verres d'eau chaude (verres de 2 décilitres), salez, poivrez (poivre blanc), mettez un bouquet de persil, ciboule, clous de girofle; et alors, tous les morceaux du poulet; mêlez. Couvrez d'un rond de papier fort et beurré qui aidera à conserver la fricassée blanche, en le retenant sur le bord de la casserole avec un couvercle posé un peu de côté. Ne perdez pas la casserole de vue et agitez-la de temps en temps pour lier le tout. Aux deux tiers de la cuisson, ajoutez 12 très-petits ognons et des champignons préparés d'avance et bien blancs. En une heure, tout doit être cuit. Retirez les membres et les dressez avec ordre et avec goût sur le plat en pyramide. Dégraissez la sauce et ôtez le bouquet. Mêlez dans une petite terrine 3 jaunes d'œufs avec un jus de citron ou filet de vinaigre et un peu d'eau, puis faites couler cette liaison, peu à peu, dans la sauce bouillante restée dans la casserole. Si elle était trop claire, on l'épaissirait en ajoutant un peu de fécule pour la lier; si elle était trop épaisse, un peu d'eau bouillante.

Quand on veut employer le poulet entier pour figurer à table en face d'un autre plat de volaille ou gibier entiers, on observe également tout ce qui vient d'être dit. Outre les petits ognons et les champignons qui forment garniture, on peut ajouter : rognons et crêtes, boulettes de godiveau (voir *Financière*, p. 177). On masque les membres et les assaisonnements avec la sauce; on orne, en outre, si on veut, le dessus avec des écrevisses et le bord du plat avec des croûtons passés au beurre.

Nota. Tout ce qui est objet de viande dépecée doit être dressé sur le plat avec le plus grand soin.

On doit mettre les gros morceaux de ragoût les premiers et leur donner le plus d'élévation possible; ensuite on met les différentes garnitures dessus, et on arrose également tout le ragoût : au lieu que s'ils étaient mis à plat, la sauce déborderait et ôterait le coup d'œil, qui est si nécessaire dans un dîner.

Poulet fricassé en 20 minutes. (Entrée.)

Passez les membres dans le beurre, ils sont bientôt cuits; retirez-les alors et mettez dans le beurre qui reste dans la casserole une pincée de farine, des champignons, persil et échalotes hachés, sel, poivre blanc; passez un instant sur le feu; mouillez d'un verre de vin blanc : faites réduire cette sauce à part à bon feu. Mettez-y les morceaux du poulet pour les tenir chauds sans qu'alors la sauce continue à bouillir, et dressez sur le plat.

Friture de fricassée de poulet. (Entrée.)

Enveloppez les membres desservis avec la sauce et les trempez dans une pâte à frire.

Cuisses de poulet en papillotes. (Entrée.)

Les restes d'un poulet rôti se mettront en papillotes, chacune formée d'une cuisse ou d'une aile, en les assaisonnant comme les côtelettes de veau en papillotes, mais sans lard ni champignons.

Poulet à la tartare. (Entrée.)

Prenez un poulet demi-gras, ôtez-en le cou et les pattes; fendez-le du côté de l'estomac; ouvrez-le; aplatissez-le avec le couperet; mettez du beurre dans la casserole avec persil, ciboule hachés, sel et poivre; faites-y revenir et cuire ensuite votre poulet; un quart d'heure avant de servir, panez-le; mettez-le sur le gril à feu doux;

retournez-le pour qu'il prenne une belle couleur, et servez sur une sauce tartare.

Poulet sauté. (Entrée.)

Beurrez bien le fond d'une casserole à sauter, et y placez les membres d'un poulet dépecé comme pour *fricassée*, avec sel et poivre; faites sauter et prendre belle couleur. Ajoutez et y faites cuire encore un quart d'heure demi-verre de vin blanc, puis incorporez-y des petits ognons glacés, p. 178, ou bien servez sur une sauce italienne.

Poulet à l'estragon. (Entrée.)

Hachez fin 5 ou 6 feuilles d'estragon, et le maniez de beurre, sel et poivre; mettez-le dans le corps du poulet, recousez et troussez-le, avec une barde de lard; mettez-le dans une casserole, où il doit baigner à moitié dans l'eau, avec sel, carottes, deux gros ognons, un clou de girofle, très-peu de thym, une très-petite branche d'estragon sans feuilles, longue comme le doigt; faites cuire, et que le poulet soit très-blanc. Prenez de sa cuisson, que vous colorez avec de la *colorine*, dans une petite casserole, et que vous liez avec de la fécule délayée à part dans un peu d'eau. Servez sur cette sauce brune le poulet bien blanc sans sa barde. Décorez le bord du plat de feuilles d'estragon, pour la vue seulement.

Matelote de poulet et d'anguille. (Entrée.)

Dépecez un poulet comme pour fricassée; faites-le cuire entre des bardes de lard, avec bouillon, beaucoup de petits ognons et du sel; la cuisson faite, mettez dans une autre casserole une anguille coupée par tronçons, une demi-bouteille de vin, un bouquet garni et le mouillement dans lequel le poulet a cuit; faites cuire l'anguille et réduire à peu de sauce : dressez dans le plat les morceaux de poulet avec l'anguille, les petits ognons, avec des croûtons passés au beurre, et servez avec la sauce dessus, orné à volonté d'écrevisses.

Poulet aux olives. (Entrée.)

Procédez comme pour le canard (page 271). On peut le dépecer, et il prend plus de goût; mais, servi en entier, il pare mieux la table, troussé comme pour entrée (page 70).

Poulet au beurre d'écrevisses. (Entrée.)

Votre poulet vidé, flambé et troussé, vous le faites cuire comme le poulet à l'estragon, ci-dessus, mais sans estragon; lorsqu'il est cuit, vous prenez de sa cuisson, que vous mettez dans une petite casserole avec du beurre d'écrevisses : liez la sauce avec de la fécule, et la servez sous le poulet. La belle couleur amarante de la sauce et le poulet bien blanc font un plat d'un joli coup d'œil.

Poulet grillé dans son jus. (Entrée.)

Flambez et videz; troussez les pattes en dedans, faites mariner avec de l'huile, persil, ognons en tranches, clous de girofle, sel, poivre; après l'avoir laissé mariner 2 heures, couvrez-le de bardes de lard et enveloppez-le de papier avec tout son assaisonnement; faites griller à très-petit feu, ou même à la broche; la cuisson faite, ôtez le papier, les bardes, et tout ce qui pourrait tenir après; servez avec une sauce ravigote.

Poulet à la Marengo. (Entrée.

Le cuisinier de Napoléon, manquant de beurre sur le champ de bataille à Marengo, imagina d'y substituer de l'huile, afin que le vainqueur pût jouir d'une table plus variée.

Faites chauffer dans une casserole *à sauter* 4 à

5 cuillerées d'huile d'olive, une gousse d'ail écrasée, sel, poivre; placez-y les plus gros membres d'un poulet dépecé comme pour *fricassée*, puis les autres à mesure, et les remuez avec la fourchette jusqu'à ce qu'ils aient pris couleur et soient cuits (demi-heure). Vous avez fait bouillir pendant ce temps en petite casserole un verre de vin blanc avec persil, ciboule, 2 échalotes, demi-gousse d'ail, champignons, le tout haché fin, sel, poivre, du jus. Mêlez-y alors 2 cuillerées de l'huile de la cuisson. Dressez les membres sur le plat et couvrez-les de la sauce. Ornez, si vous voulez, d'œufs frais et de croûtons. A défaut de vin blanc, employez eau ou bouillon et le jus d'un citron.

Poulet à la diable. (Entrée.)

Fendez-le sur le dos et l'aplatissez, assaisonnez-le de sel, poivre et un peu d'huile; faites cuire sur le gril et servez sur sauce *poivrade*, avec force poivre de Cayenne, qui en fasse un mets *diabolique*.

Poulet à la 5 clous. (Entrée.)

Taillez 10 morceaux de truffes en forme de clous, et les enfoncez dans les blancs, où vous avez préparé des trous avec une cheville de bois, 5 de chaque côté; faites cuire le poulet dans une braise et le servez entouré de tranches de truffes.

Poulet au fromage, voy. *Cuisine italienne*. — *En pâté à la broche*, id.

Les *poulardes* sont de jeunes poules engraissées, et qui n'ont point encore pondu.

Les *chapons* sont de jeunes poulets chaponnés et engraissés; il faut qu'ils soient tendres, gras, bien nourris et de 7 à 8 mois. Quand le chapon a la chair rougeâtre et l'ergot long, il n'est plus bon à rôtir. La poularde dont le croupion est rouge et fendu est dans le même cas. On sert les chapons et les poulardes *rôtis,* et de presque toutes les façons indiquées pour les poulets gras.

Poulet ou poularde aux truffes. (Rôt.)

Comme la dinde aux truffes et rôtir de même. Il leur faut moins de temps pour se parfumer.

Chapon au gros sel. (Entrée.)

Un chapon qui n'est pas de première qualité se met dans le pot-au-feu, et se sert comme le bœuf bouilli, avec une pincée de gros sel sur l'estomac pour toute façon, et une garniture quelconque si l'on veut. Il doit être troussé comme pour entrée, ficelé et bardé. On peut cependant le faire cuire une heure ou une heure et demie dans l'eau où il baigne avec un peu de jambon, carotte, ognon, 2 clous de girofle, céleri, sel. Débridez-le et le servez avec un peu de sa cuisson et une garniture si on veut.

Chapon au riz. (Entrée.)

Cuit comme le précédent, on le sert sur du riz peu crevé, où on a employé du bouillon non coloré et une partie de la cuisson du chapon.

Il faut les tenir le plus blancs possible par les moyens dont on se sert pour les poulets.

On a employé des coqs encore tendres de la même manière, en faisant cuire plus longtemps.

Ils sont excellents pour faire de bon bouillon et de la gelée pour les malades. On s'en sert aussi pour faire de bon consommé, qui donne du corps à toutes sortes de sauces et ragoûts.

Poule aux ognons. (Entrée.)

Vous troussez une poule et la mettez dans la casserole, où elle doit baigner dans l'eau; mettez sel, carottes, 3 gros ognons, 2 clous de girofle, une feuille de laurier, un peu de thym et du lard. Vous la faites cuire 4 ou 5 heures. Faites glacer 12 à 15 petits ognons dans une casserole avec du beurre sur un feu doux; mettez-y, quand ils sont glacés, gros comme une noix de sucre, mouillez-les avec un peu de la cuisson de la poule, liez la sauce des ognons avec de la fécule et servez la poule bien blanche et les ognons autour.

Poule au riz. (Entrée.)

Faites-la comme le chapon au riz (page 286).

Poule en fricassée de poulet. (Entrée.)

C'est le moyen d'utiliser une poule que vous avez fait cuire au pot. Il faut, avant de la fricasser, la faire mariner dans une forte marinade.

Poule frite. (Entrée.)

Vous pouvez encore utiliser une poule cuite au pot en la mettant mariner et frire avec pâte ou panure, comme il a été dit pour les poulets.

Poule en daube. (Entrée.)

Une poule de réforme, bien engraissée, est très-bonne cuite en daube comme la dinde.

DINDON OU POULET D'INDE.

On dit qu'il a été apporté des Indes occidentales par les jésuites; mais le fait est qu'il existait en Europe, où ces pères en élevaient beaucoup dans leurs fermes. Il faut préférer pour la table celui qui est jeune, tendre et gras, et dont la peau est fine, blanche et les pattes noires. On préfère, pour la délicatesse, la femelle au mâle.

Dindon à la broche et farci. (Rôt.)

Préparez comme le poulet rôti, page 279, et

faites cuire environ une heure et demie. On peut le farcir d'un hachis de toutes sortes de viandes mêlées de chair à saucisses cuite à moitié, et, si l'on veut, de marrons rôtis. On fait aussi une farce de champignons, foie de veau, lard, persil, ciboules, le tout haché et cuit à moitié. On sert du cresson de préférence à part dans un saladier assaisonné de sel et vinaigre.

Dinde aux truffes. (Rôt.)

Il faut avoir une dinde grasse et très-fraîche : flambez, videz : s'il vous arrivait de crever l'amer ou les intestins, lavez l'intérieur du corps. Lavez avec une brosse dans plusieurs eaux, et pelez 3 ou 4 livres de truffes; hachez une poignée des moins belles; hachez une livre de lard bien gras, que vous mettez avec les truffes hachées et les pelures dans une casserole; mettez-y aussi celles qui sont entières, sel, poivre, épices; une feuille de laurier; laissez sur un feu doux pendant un quart d'heure; retirez vos truffes; sautez-les, et les laissez presque refroidir; farcissez-en la dinde jusqu'au jabot; recousez les ouvertures; laissez-la se parfumer de 4 à 8 jours, selon le temps plus ou moins froid ou chaud; bardez-la; mettez-la à la broche, enveloppée de papier fort et beurré; 2 heures suffisent pour la cuisson; quand elle est achevée, ôtez le papier, faites prendre couleur 5 minutes, et servez, si vous voulez, avec une sauce *à la Périgueux,* ainsi faite : hachez très-fin un peu de truffes, que vous faites bouillir un instant avec le jus que la dinde peut avoir rendu.

Une dinde ainsi préparée est excellente en daube ou braise, cuite comme la dinde en daube.

Dinde en daube. (Entrée.)

On choisit de préférence une vieille dinde; lardez de gros lardons assaisonnés de sel, poivre, persil, ciboules, thym hachés; vous la farcissez, si vous voulez, comme la dinde à la broche; cousez et ficelez; mettez-la dans une daubière sur des tranches de lard avec une moitié de pied de veau, ou, à défaut, une bonne couenne de lard demi-salée, pour rendre la sauce gélatineuse, sel, poivre, ognons, carottes, bouquet garni, clous de girofle, thym, laurier, une gousse d'ail; mouillez de 3 verres de bouillon et de 2 cuillerées d'eau-de-vie ou de 2 verres de vin blanc; couvrez la marmite de son couvercle en entourant le bord d'un torchon humide; faites cuire à petit feu, et ayez soin de la retourner au milieu de la cuisson : quand elle est cuite, retirez du feu, dégraissez la sauce et la passez; dressez votre dinde sur le plat, et servez la garniture autour. Il faut bien 5 heures pour la cuisson. L'usage le plus agréable d'une dinde en daube est de la servir froide avec sa gelée. (*Voyez* la manière de clarifier la gelée, à la *Galantine,* 206.)

Dindon dans son jus. (Entrée.)

Troussez un dindon, après l'avoir flambé et vidé; passez-le dans du beurre; foncez une casserole de tranches de veau; mettez le dindon dessus, l'estomac en dessous; couvrez de bardes de lard; mouillez avec du bouillon, sel, poivre, un bouquet; faites cuire à très-petit feu; passez la sauce; dégraissez et servez sur le dindon.

Abatis de dindon en fricasée de poulet. (Entrée.)

Comme la fricassée de poulet (page 282).

Abatis de dindon en hochepot. (Entrée.)

Tête sans les yeux et le bec, cou, ailerons coupés en 2, pattes grillées et nettoyées, gésier, foie. Passez-les à la casserole avec beurre et lardons, retirez-les, faites un roux, mouillez de bouillon ou d'eau, remettez les membres, un bouquet garni, faites cuire 1 heure et demie. Ajoutez 1 ognon ou 2, navets revenus à part dans le beurre, pommes de terre; achevez de cuire, dégraissez et servez.

Cuisses de dinde en papillotes.

Découpez-les et les préparez comme celles de poulet.

Du dindonneau.

Le dindonneau se sert à la broche et bardé pour un plat de rôt, principalement quand il est gras et dans la nouveauté; il faut une heure pour la cuisson. Quand il est cuit et refroidi, ce que l'on a desservi de table sert à faire différentes entrées : on le met en blanquette, à la béchamel; les cuisses se mettent sur le gril et se servent avec une sauce Robert.

Dindonneau gras farci aux truffes. (Rôt.)

Prenez un dindonneau bien gras, que vous flambez et videz; faites une farce avec son foie, chair à saucisses, truffes, persil, ciboules, sel, poivre, lard, le tout haché; remplissez-le de cette farce; cousez-le, pour qu'elle n'en sorte pas; mettez à la broche.

POISSON DE MER*.

Court-bouillon pour le poisson.

Mettez le poisson, lavé et vidé par les ouïes, en

---

* Le BRÉVIAIRE DU GASTRONOME contient sur les *produits de la mer* un article instructif que son étendue ne permet pas de reproduire ici. Voyez, page 37, la figure de la *poissonnière*, pour la cuisson.

évitant, s'il se peut, les incisions, au fond d'une poissonnière (p. 37) ou d'un chaudron ; versez assez d'eau froide pour qu'il baigne; un demi ou un verre de vinaigre, selon sa grosseur, sel, poivre, girofle, laurier, ognons et carottes en tranches, thym, ail, persil. Faites bouillir et cuire autant que sa chair tendre ou ferme le nécessite. Dès que le poisson est cuit, on ôte le vase du feu, et on l'y laisse jusqu'à l'instant où il faut le servir. Le même court-bouillon peut servir tant qu'il est en bon état. On peut employer du vin blanc et point de vinaigre : moitié eau et moitié vin. *Servir très-chaud.*

Voir l'art. *Turbot*, 296, qui s'applique à tous les poissons avancés.

Pour faire *au bleu,* on emploie du vin rouge. On ne se sert plus guère de ce procédé.

Les poissons au court-bouillon se servent sur une serviette pliée et sur un plat, ou un fond de bois si on n'a pas de plat assez grand (voyez p. 47). On les orne de branches de persil.

Beaucoup de cuisiniers ne font plus cuire le poisson de mer qu'à l'*eau de sel*, afin de laisser à chaque espèce le goût naturel qui lui est propre. Ceci, du moins, pour les espèces qui, par elles-mêmes, ont un goût prononcé; mais le court-bouillon est nécessaire à celles qui en ont peu, telles que le rouget, le grondin et les poissons d'eau douce.

Court-bouillon à la nantaise. Il se compose de moitié eau et moitié lait, peu de sel et poivre blanc. Le poisson y devient blanc et ferme, mais il faut, par des sauces relevées, compenser le peu de saveur que ce court-bouillon a donnée aux chairs. Il ne sert que pour le poisson de mer.

Les poissons gagnent à être cuits d'avance, parce qu'ils prennent plus de goût en restant une demi-heure ou une heure à mijoter sans bouillir dans le court-bouillon ou au bord du fourneau.

Quand les écailles font ornement, on les laisse pour être enlevées sur table avec la peau en servant.

Voyez *Friture*.

SAUMON.

On préfère celui dont le corps est court et rond. Sa fraîcheur se reconnaît à la vivacité brillante de l'œil et à la teinte rougeâtre des ouïes. Il faut se défier du *bécard*, sorte très-inférieure, au museau allongé et recourbé, et dont la chair est pâle. — La pêche en est interdite en France et en Angleterre (pays qui nous le fournit) du 20 octobre au 31 janvier, temps de sa reproduction. Le saumon a toutes ses qualités depuis février jusqu'en juillet. Celui qui vient d'Angleterre est bien supérieur au saumon des côtes du midi de la France.

Saumon au court bouillon. Entier. Videz-le par les ouïes, en évitant les incisions, lavez à plusieurs eaux, écaillez doucement, ficelez la tête. Plongez-le à froid dans le court-bouillon ci-dessus, faites partir à feu vif et bouillir un moment, puis ensuite mijoter, sans bouillir, une heure, ou plus s'il pèse plus de 4 kilog. On comprend que si on n'emploie que des parties, ou *darnes*, il faudra beaucoup moins de temps, selon leur épaisseur. Servez *très-chaud*, sur un long plat couvert d'une serviette pliée, ou sur la planche page 47, décoré de persil en branches. — Entier ou par grosses parties, on sert à part dans la saucière : sauce aux câpres, *magnonnaise verte,* aux *anchois, génevoise :* deux sauces différentes à la fois quand la pièce est forte. (Ainsi servi en grosses pièces, il sert comme relevé, rôt ou entrée; dépecé comme il va être dit, il sera entrée.) On peut encore se servir d'autres sauces à son goût pour les darnes minces ou pour *les restes* réchauffés ou froids, ou quand les pièces à employer sont peu importantes. Les darnes cuites sur le gril sont délicates sur une *maître-d'hôtel.* On les met en *papillotes,* comme les côtelettes de veau. Coupées en petites tranches minces et rondes, sautées dans le beurre, arrangées en *escalopes* sur le plat et sauce italienne au milieu, elles sont distinguées. Les filets se mettent en *salade* comme les homards, ou en *pâté* de carême, ou dans les *pâtés chauds, tourtes* et *vol-au-vent.*

Saumon salé. (Entrée.) Faites-le dessaler; mettez-le cuire comme la morue salée, et servez en salade, ou à la hollandaise, ou sur une purée.

Saumon fumé. (Entrée.) Coupez la chair par lames minces, faites-les chauffer dans un peu d'huile ou de beurre; égouttez et servez sur une maître-d'hôtel avec jus de citron. — On le sert aussi comme les harengs saurs.

TRUITE.

Ce qui a été dit pour le saumon se rapporte à la truite de mer, dont l'histoire naturelle est la même. On lui donne le nom de *saumonée,* parce que sa chair a la même couleur, mais l'espèce est différente, et on la distingue par les taches noires qu'elle porte sur les flancs.

D'autres truites, moyennes et petites, se trouvent dans les lacs et rivières en Allemagne, et partout où il y a de petites rivières d'eau très-vive et limpide. On envoie celles d'Écosse (les meilleures de toutes), dans la belle saison, à la halle de Paris. En novembre et décembre les truites frayent, perdent en partie leur belle couleur *saumon* qui les fait appeler *saumonées*, et qu'elles retrouvent avec leur délicatesse à partir d'avril. Une grande fraîcheur est la première qualité à rechercher dans ce poisson : on la reconnaît au brillant des écailles et à la vivacité de l'œil. Les grosses et moyennes se préparent comme le saumon.

Petite truite à la génevoise. (Entrée.)

Celles des petites rivières, et dont la longueur ne dépasse guère 30 centimètres, ne sont pas saumonées. Faites cuire au court-bouillon. Mettez à la casserole un morceau de beurre avec champignons, persil et échalotes hachés. Lorsque ces fines herbes sont revenues un instant sur le feu, ajoutez une croûte de pain cuite dans le court-bouillon et passée en purée; délayez avec du court-bouillon passé au tamis. Égouttez la truite et servez sur la sauce. — *Frites.* (Entremets.) Il ne faut pas qu'elles pèsent plus de 125 gram. Quand elles sont frites dans de l'huile d'olive, saupoudrées de sel, et que le plat est orné de tranches de citron, ce mets, dit l'auteur de la *Physiologie du goût,* est digne d'un cardinal.

ESTURGEON.

On le prépare comme le veau en fricandeau et comme le saumon, surtout au court-bouillon. (Voyez aussi page 81.)

THON.

Poisson de la mer Méditerranée, qui s'expédie

tout mariné. On le mange ordinairement en salade (*entrée*). Son usage est plutôt en coquille de hors-d'œuvre, orné de petites branches de persil. Dans les lieux où l'on peut s'en procurer de frais, on l'accommode comme le saumon frais. Il est compacte et huileux. On en fait aussi des pâtés froids.

BAR, MULET, GRONDIN, ÉGLEFIN.

Le *bar* est un poisson de mer des plus délicats. On l'appelle aussi *loup* et *loubine*; il remonte les rivières, comme le saumon. Des gros s'accommodent comme le cabillaud, l'anguille de mer, le turbot, le saumon; on écaille et on cisèle les petits pour les servir à la maître-d'hôtel, aux câpres, etc. (Voyez aussi page 83.)

Le *mulet, barbet-surmulet*, a la chair ferme, blanche et de bon goût. Il s'accommode comme le bar, mais lui est un peu inférieur. (Voyez page 83.)

Le *grondin*, que sa couleur fait appeler *rouget*, a une très-grosse tête et la chair blanche, très-bonne. Cuit au court-bouillon, où il n'a besoin de rester qu'un moment, on le sert à la sauce aux câpres ou avec sauce ravigote, ou encore sur une tartare où l'on a écrasé son foie délicat. (Voyez page 82.)

L'*églefin* ressemble au cabillaud : il a une raie le long de chaque côté, les yeux plus grands, écailles fines. Il s'accommode comme le cabillaud, dont il partage les qualités. (Voyez page 82.)

Dorade, poisson exquis. Il est préférable grillé. Ciselez, marinez en huile, sel, persil. (Voy. p. 84.)

(Voyez les figures de ces poissons, p. 82, etc.)

TURBOT ET BARBUE. (Relevé.)

Videz, lavez et nettoyez l'intérieur du corps; faites une incision du côté noir jusqu'au milieu du dos, relevez les chairs des deux côtés et enlevez un morceau d'arête de 3 joints ou nœuds, ce qui donnera de la souplesse et empêchera qu'il ne se fende; arrêtez la tête avec une aiguille à brider et de la ficelle passée entre l'arête et l'os de la première nageoire. Mettez de l'eau dans un chaudron, autant qu'il en faudra pour que le poisson baigne quand on la versera sur le turbot lorsqu'il sera dans la *turbotière;* beaucoup de gros sel, 2 feuilles de laurier, du thym, du persil, 6 à 10 ognons coupés par tranches : faites bouillir le tout un quart d'heure, passez-le au tamis et laissez reposer. Il faut avoir une turbotière, page 37 : mais qui ait la forme losange du turbot, avec un fond mobile nommé *feuille* pour l'enlever; placez-y le poisson le ventre en dessus et frottez-le de sel et de jus de citron. Versez dessus le court-bouillon bien éclairci et donnez quelques bouillons. Faites mijoter *sans bouillir* une heure, et plus s'il est très-gros. En été il faut le faire partir à feu vif, car à feu doux il pourrait se corrompre. Couvrez, pendant la cuisson, d'une serviette ou d'un papier pour l'empêcher de noircir. Quand il fléchit sous le doigt, il est cuit. La cuisson faite, vous le retirez 5 minutes avant de servir, le mettez égoutter et l'arrangez sur un plat, le ventre en dessus et posé sur une serviette. Coupez les extrémités des barbes et le bout de la queue. Masquez les déchirures, s'il y en a, avec du persil, dont vous l'entourez. Servez dans une saucière une sauce aux câpres et une autre à l'huile, ou avec l'une des sauces indiquées pour le saumon. Les restes se mangent chauds. On traite la *barbue* de même.

On peut encore les faire cuire dans l'eau, une livre de sel blanc, un litre de lait, point de citron. S'ils ne sont pas très-frais, mettez-les dans l'eau salée bouillante et les y laissez ensuite mijoter une heure pour les raffermir. On les prépare de même s'ils sont employés par morceaux.

Petits turbots et barbues au gratin. (Entrée.)

On les fait comme les merlans et limandes.

Salade de turbot. (Entrée.)

Comme la salade de saumon (page 292).

On servira encore les restes des turbots et barbues à la *béchamel*, dont on fait frire les restes après les avoir panés 2 fois; en *magnonnaise*, en *matelote normande*, à la *hollandaise*, à la *d'Orléans*.

RAIE.

La raie la plus estimée est la bouclée, quoique nous ayons cependant la grosse raie-turbot qui ne lui cède en rien pour la blancheur.

Videz-la, ôtez la tête et la queue, ainsi que l'amer du foie, ébarbez-la et lavez-la à plusieurs eaux; mettez-la dans un chaudron ou une casserole avec de l'eau froide suffisamment pour qu'elle baigne, thym, laurier, ognons, carottes, persil en branches, poivre, girofle, sel, un demi-verre de vinaigre : couvrez d'un couvercle. Retirez-la du feu après quelques bouillons, et la gardez au bord du fourneau. Au moment de servir, tirez-la de l'eau, appropriez-la en supprimant la peau noire qui est dessus à l'aide du dos d'un couteau, égouttez-la, dressez-la sur un plat et la saucez d'une des façons ci-après qui sont toutes des *Entrées*.

A la sauce blanche. Couvrez-la d'une sauce blanche aux câpres.

Au beurre blanc. Faites fondre dans le plat que vous devez servir un morceau de beurre très-frais, avec sel, poivre, un filet de verjus ou vinaigre; mettez dessus votre raie, cuite comme la précédente, et servez chaud.

A la maître d'hôtel. Couvrez-la d'une sauce maître d'hôtel.

A la sauce hachée. A une *sauce blonde* (p. 157), ajoutez échalotes blanchies et hachées, câpres, persil, beurre d'anchois.

A la sauce piquante. Couvrez-la d'une sauce piquante, page 158.

Au beurre noir. Assaisonnez de sel et poivre; faites fondre dans la poêle un morceau de beurre jusqu'à ce qu'il soit brun, faites-y frire du persil, et versez le tout sur la raie; faites ensuite chauffer dans votre poêle une cuillerée de vinaigre, que vous versez aussi sur le plat; servez très-chaud.

La fraîcheur exigée pour les autres n'est pas aussi nécessaire pour celle-ci.

Frite. La raie étant cuite comme ci-dessus, vous la coupez par morceaux, la faites mariner avec sel, vinaigre, persil en branches : égouttez-la sur un linge et farinez chaque morceau. Faites frire de belle couleur, servez garni de persil frit et, si vous voulez, une *sauce poivrade, sauce piquante* ou une *sauce italienne.*

CABILLAUD *à la hollandaise.* (Entrée.)

Faites-le cuire au court-bouillon, faites aussi

cuire dans une partie de ce court-bouillon 12 à 15 pommes de terre vitelottes; dressez sur le plat, entouré des pommes de terre, et orné de persil en branches, avec une sauce hollandaise dans une saucière. On peut servir les restes comme ceux du turbot. Le *cabillaud* aplati et salé devient la *morue*.

MORUE.

Morue salée. (Entrée.)

Choisissez la chair blanche, une peau noire, de grands feuillets; faites-la dessaler dans l'eau 3 jours s'il le faut, en changeant d'eau matin et soir; mettez-la pour cuire à l'eau froide sur le feu; étant près de bouillir, écumez-la et l'ôtez du feu; couvrez-la et la laissez ainsi un quart d'heure; retirez de l'eau, faites égoutter, et accommodez-la d'une des manières suivantes :

Morue à la maître d'hôtel. (Entrée.)

Cuite comme ci-dessus, vous la mettez sur un plat avec un bon morceau de beurre manié de persil et ciboule hachés, gros poivre, muscade râpée, une cuillerée de verjus ou vinaigre; faites chauffer en la retournant, et la servez.

Morue aux pommes de terre. (Entrée.)

C'est celle *à la maître d'hôtel* que l'on entoure de pommes de terre vitelottes cuites à l'eau de sel.

Morue à la béchamel. (Entrée.)

Faites cuire comme les précédentes, déchirez-la par petits filets et la mettez sur le feu 5 minutes dans une *béchamel*. (Voyez page 154.)

Morue au fromage. (Entrée.)

C'est la morue à la béchamel à laquelle vous

ajoutez du fromage de Gruyère et du parmesan râpés : dressez-la sur le plat et la panez avec moitié miettes de fromage et de pain ; arrosez de beurre et faites prendre couleur au moyen du four de campagne ou du couvercle de tôle.

Morue au gratin. (Entrée.)

Cuite comme ci-dessus, prenez-en toute la chair, sautez-la dans une bonne béchamel, joignez-y un morceau de beurre, persil et champignons hachés fin, poivre, muscade ; beurrez et semez un peu de mie de pain sur un plat qui aille au feu ; mettez-y votre morue, dressez un peu en dôme, garnissez le tour du plat de croûtons en forme de bouchons que vous aurez trempés dans un œuf battu ; semez de la mie de pain sur la morue, arrosez-la de beurre fondu ; faites prendre à votre gratin une belle couleur blonde, feu sur le couvercle et un peu dessous le plat.

Morue à la sauce aux câpres. (Entrée.)

Cuite comme ci-dessus, dressez-la chaudement dans le plat que vous devez servir, et mettez par-dessus une sauce blanche avec des câpres et des anchois pilés.

La *morue* se sert aussi *au beurre noir*.

(Voyez *brandade* et *provençale*.)

MORUE SÈCHE, DITE MERLUCHE ET STOCK-FISH.

Coupez-la par morceaux ; faites-la tremper 24 heures dans l'eau renouvelée plusieurs fois, faites-la cuire comme la morue salée et la préparez de même, ou avec une sauce provençale, ou en *brandade*.

ANGUILLE DE MER, OU CONGRE. (Entrée.)

Ce poisson a un goût de marée trop prononcé

qu'il faut faire passer en le divisant par tranches et le faisant cuire au court-bouillon, puis mijoter ensuite 20 minutes sans bouillir sur le bord du fourneau. On met ces tranches sur le gril pour le servir *à la maître-d'hôtel, à la tartare, à la sauce aux câpres* ou cornichons hachés, *à la Sainte-Menehould.* On le met dans des sauces *matelote* ou *poulette.* On fait aussi *frire* les tranches ou filets.

MAQUEREAU.

Maquereau frais à la maître-d'hôtel. (Entrée.)

Videz et essuyez proprement votre maquereau, fendez-le par le dos, faites-le griller. Dressez-le sur le plat, garnissez le dedans de beurre frais manié de persil, sel, poivre; faites chauffer le plat légèrement, et servez avec jus de citron ou un filet de vinaigre.

On peut, pour éviter que les maquereaux ne crèvent en grillant, les envelopper dans un bon papier huilé*.

Maquereau frais au beurre noir. (Entrée.)

On le fait griller comme le précédent. On le dresse sur le plat; on fait fondre dans la poêle un morceau de beurre, jusqu'à ce qu'il soit très-chaud; faites-y frire du persil, et versez le tout sur le maquereau; faites ensuite chauffer dans votre poêle une cuillerée de vinaigre, sel, poivre, que vous versez aussi sur le plat : servez chaud.

Maquereau à l'huile. (Entrée.)

Cuit sur le gril, on le mange froid à l'huile et au vinaigre.

Les *maquereaux à la sauce tomate,* — *à la tar-*

---

* Toutes les fois que l'on voudra faire griller du poisson quelconque, il faudra faire chauffer le gril, avant de l'y poser, afin d'éviter qu'il ne s'y attache. Il en faut un exprès pour le poisson.

tare, — *en magnonnaise* se préparent comme les harengs. Les filets de *maquereaux au gratin*, comme les merlans. Aux *groseilles*, voyez page 163. (Entrées.)

Filets sautés. (Entrée.)

Détachez les filets dans leur longueur et enlevez-leur la peau avec un couteau, coupez-les en 2 et les faites revenir dans du beurre, saupoudrez-les de sel, poivre, muscade, puis un jus de citron; étant cuits d'un côté, il faut les retourner sans les rompre pour qu'ils cuisent de l'autre, et ensuite les servir en couronne avec sauce ravigote, italienne, tomate, tartare, etc.

Filets en papillotes. (Entrée.)

Préparés comme les précédents, on les enveloppe dans des papiers beurrés garnis de beurre manié avec persil, ciboule, champignons hachés, poivre, sel : faites griller et servez chaud.

Maquereau à la bretonne. (Entrée.)

Fendez-le par le dos, salez, poivrez, farinez-le. Faites chauffer d'un beau blond un morceau de beurre frais sur un plat ovale qui aille au feu; placez-le dessus, la chair en dessous, faites cuire à feu vif d'un côté, retournez-le, faites-le mijoter à feu couvert encore un quart d'heure et servez-le sur son beurre, qu'il ne faut pas laisser noircir. Un jus de citron fait bien.

Autres poissons à la bretonne.

Cette bonne méthode, appliquée à d'autres poissons, remplace la friture sans en donner l'embarras.

Merlan. Nettoyez, salez, poivrez et farinez deux merlans. Faites chauffer, d'un beau blond, un morceau de beurre frais sur un plat long allant au feu; placez les merlans dessus; faites cuire d'un côté à feu un peu vif; retournez-les; faites achever de cuire d'une belle couleur, et servez-les sur le beurre, qu'il ne faut pas laisser noircir. Un jus de citron fait bien.

Une *sole* réussit encore mieux et se retourne plus facilement que le merlan.

Harengs. On procédera comme pour les merlans, après les avoir écaillés et enlevé les têtes.

Maquereau au beurre. (Entrée.)

On le fait cuire sur le gril, saupoudré de sel et poivre, et enveloppé de papier beurré. On le sert ensuite sur le plat avec beurre manié de poivre et sel et arrosé de jus de citron.

Maquereau salé. (Entrée.)

On le sert comme les harengs salés ci-après.

HARENG.

Harengs frais à la sauce blanche. (Entrée.)

Videz, écaillez et nettoyez vos harengs; saupoudrez-les légèrement d'un peu de sel blanc et les rangez sur un gril que vous aurez fait chauffer d'avance, pour éviter qu'ils ne s'y attachent.

Quand ils sont bien cuits, vous les servez avec une sauce blanche, à laquelle vous pouvez ajouter des câpres.

Harengs frais à la maître-d'hôtel. (Entrée.)

Étant grillés, fendez-leur le dos, dressez-les sur le plat, et garnissez le dedans du corps avec du beurre manié de persil, sel fin, poivre; faites chauffer le plat un peu pour servir chaud, et ajoutez jus de citron ou filet de vinaigre.

Harengs frais à la moutarde. (Entrée.)

Étant grillés, servez-les sur le plat et, dans une

saucière ou sur les harengs, une sauce blanche ou une sauce blonde où vous avez mêlé de la moutarde de bonne qualité.

Harengs frais à la sauce tomate. (Entrée.)

Étant grillés, servez-les sur une sauce tomate.

Harengs frais à la tartare. (Entrée.)

Vous prenez les filets, que vous faites mariner; panez-les et les faites griller, vous les servez ensuite sur une sauce tartare.

Harengs frais en magnonnaise. (Entrée.)

Préparant les filets comme ci-dessus, et sans les paner, servez-les froids sur une magnonnaise.

Harengs frais frits. (Entremets.)

Il faut les vider, écailler, ôter la tête, fariner, mettre dans une friture bien chaude, et servir saupoudrés de sel fin et garnis de persil frit.

Harengs frais au gratin. (Entrée.)

Faites comme pour les merlans; ôtez les têtes.

Harengs frais au beurre noir. (Entrée.)

Faites griller et procédez comme pour la raie.

Harengs salés, marinés, pecs. (Entrée.)

Salés. Faites dessaler 12 heures ou plus, écaillez, nettoyez, faites griller, servez en vinaigrette avec fournitures et laitue, ou sur une purée. — On les dit *pecs*, quand ils sont frais salés et à mi-sel. — On en fait en Hollande de *marinés* d'une manière particulière qui sont rares ailleurs.

Harengs saurs. (Hors-d'œuvre.)

On les mange ordinairement grillés et assaisonnés d'huile ou de beurre, ou en salade avec de la fourniture. On les emploie dans la vinaigrette.

Harengs saurs en caisse. (Entrée.)

Garnissez le fond d'une caisse de papier avec de petits morceaux de beurre, persil, ciboules hachés, champignons à demi hachés, mettez dessus les filets des harengs blanchis comme ci-dessous ; couvrez comme le dessous avec poivre et chapelure, et faites griller couvert d'un papier.

Harengs saurs panés grillés. (Entrée.)

Ouvrez-les par le dos, et ôtez la tête, la queue et les arêtes ; faites blanchir comme ci-dessous ; trempez dans du beurre ou de la graisse tiède, panez des deux côtés ; retrempez et repanez avec des fines herbes dans la panure. Faites griller et servez arrosé d'huile en abondance.

Harengs saurs marinés. (Hors-d'œuvre.)

Enlevez-leur la tête ; placez-les dans une terrine, versez dessus de l'eau presque bouillante, couvrez et laissez-les 2 heures, retirez-les, ôtez la peau et l'arête, mettez mariner les filets dans de l'huile d'olive où ils se conservent une ou 2 semaines, pour les servir sur des hors-d'œuvre ou en vinaigrette de bœuf bouilli. Ils sont encore meilleurs dessalés *dans l'eau froide,* du soir au lendemain. (Voyez aussi *Hareng pec,* page 107.)

SOLE.

Il faut toujours enlever la peau du dos pour la faire cuire de quelque manière que ce soit, et souvent aussi celle du ventre, toutes les fois qu'il n'est pas nécessaire de la manier étant cuite.

La sole, dite aussi *perdrix de mer,* si elle est grosse, est un peu ferme au sortir de la mer, et a besoin de quelques jours d'attente.

Sole frite. (Entremets et rôt maigre, ou rôt en second si on en a deux.)

Videz, enlevez la peau du dos, écaillez la peau blanche, essuyez, farinez et faites frire à feu clair en friture bien chaude pour que le poisson ne soit pas mollasse; retirez de la friture, posez sur un linge ou un papier buvard pour égoutter dessus et dessous, saupoudrez de sel blanc de chaque côté, servez très-chaud sur le plat, entouré ou non de persil frit.

Sole frite à la Colbert. (Entrée.)

Préparez une sole comme pour friture, faites une ouverture le long de l'arête du côté où était la peau noire, passez-la dans la farine et la faites frire, égouttez-la, enlevez l'arête et introduisez en place une maître-d'hôtel; servez-la sur un plat chaud et saupoudrez-la d'un peu de sel blanc.

Étant frite, on peut la servir sur une sauce *tartare* ou *tomate;* froide, sur *magnonnaise* ou en *salade*, comme le saumon, page 292. — Ses filets, marinés avant de frire, comme la carpe, se font frire, et se nomment alors ORLY, nom que l'on donne à tous les *filets* de poissons frits.

Sole au gratin. (Entrée.)

Étant nettoyée comme ci-dessus, répandez sur une tourtière ou sur un plat qui aille au feu du beurre, persil, ciboule ou échalote, champignons, le tout haché, sel, poivre blanc et le poisson; couvrez-le du même assaisonnement et beurre que dessous, plus de la chapelure blonde; ajoutez de bon vin blanc ou un peu d'eau-de-vie et de bon bouillon non coloré. Mettez cuire feu dessus et dessous, pour mieux faire et réduire au point de gratiner. — Si l'on ne fait pas gratiner, la sauce restera aussi longue que l'on voudra, et l'on aura ce qu'on appelle *poisson sur le plat*. — Sans chapelure ni champignons, on aura un *poisson aux fines herbes*.

Sole en matelote normande. (Entrée.)

Nettoyée de même, placez-la sur des morceaux de beurre dans une poissonnière ou autre vase de cuivre où elle puisse tenir entière; assaisonnez de quelques branches de persil, une de thym, un ognon en tranches, un verre de bon vin blanc et autant d'eau ou bouillon; sel, poivre blanc, muscade; 12 huîtres, auxquelles vous ajoutez 12 moules que vous avez fait ouvrir et détacher dans l'eau presque bouillante; des tranches de truffes si vous voulez, car ce mets est une espèce de macédoine. Couvrez la poissonnière et faites cuire aux trois quarts, retirez la sole et la dressez sur un plat qui aille au feu, placez dessous de petits morceaux de beurre et autour les huîtres et les moules : versez-y la *sauce allemande* ci-après. — Faites revenir doucement à la casserole avec du beurre quelques rognures de veau et de jambon ou de lard de poitrine, sans laisser prendre couleur; mettez demi-cuillerée de farine, tournez; ajoutez un peu de bouillon, un ognon, tranches de carotte, poivre blanc, muscade, feuille de laurier, peu ou point de sel; les viandes étant cuites, passez ce coulis et y ajoutez très-peu de court-bouillon de la cuisson réduit; liez de 2 jaunes d'œufs, et que la sauce ait de la consistance; versez sur le poisson, que vous garnissez tout autour avec les truffes, des croûtons taillés en rond et gratinés à la casserole dans un peu de lait, des

champignons sautés à la casserole dans un jus de citron et sur du beurre frais à moitié fondu, 6 goujons ou 6 éperlans panés et frits. Achevez de cuire sur le feu avec feu doux sur le couvercle.
— On fera attention que tout soit conservé le plus blanc possible dans la sauce comme dans les garnitures, qui doivent être rangées avec ordre. — Servez très-chaud.

Sole normande à la minute. (Entrée.)

Faites cuire une sole *sur le plat* (p. 306), sans chapelure, herbes ni champignons hachés, en y ajoutant de 10 à 20 moules ouvertes, à la casserole, et une petite partie de leur eau, plus des têtes de champignons. Quand elle est presque cuite, retirez la sauce, en la faisant couler et conservant les champignons et moules, que vous rangez autour; couvrez le tout d'une sauce blonde (p. 157) non colorée et liée de 1 ou 2 jaunes d'œufs. Faites achever de cuire un moment, et servez chaude cette *très-bonne petite matelote normande* faite sans recherches ni embarras. — La sauce retirée servira pour potage à l'ognon.

N. B. Le titre de *sole normande* est dû à la réputation des soles de Normandie. — On peut composer une matelote normande non-seulement en retranchant une partie des garnitures ci-dessus, mais encore avec d'autres poissons dont la chair est solide, tels que filets de turbot, barbue, saumon, etc. On peut ne la garnir que de petites pommes de terre cuites à l'eau et sel.

Une grosse sole va bien aussi *en matelote,* comme la carpe, ou *à la bretonne,* comme le maquereau.
— On peut la faire cuire au court-bouillon.

LIMANDE, PLIE, CARRELET.

La *limande*, poisson plat, fin et délicat, s'accommode comme la sole quand sa petitesse ne s'y oppose pas. Dans ce cas on la fait frire.

Le *carrelet*, poisson plat, souvent assez grand, peut être cuisiné comme la sole, mais son goût trop fort et peu délicat déplaît à diverses personnes. Le mieux est de le faire cuire entier au court-bouillon et de l'accommoder comme le congre ou anguille de mer (p. 300).

La *plie*, de la forme de la limande, mais plus épaisse, peut être appréciée et cuisinée comme le carrelet. De la mer elle monte dans les rivières.

MERLAN.

Merlans frits. (Entremets.)

Videz, grattez, essuyez, laissez les foies, laite et œufs; incisez légèrement en 5 ou 6 endroits de chaque côté; farinez-les, faites frire à feu vif comme la sole frite. (*Voyez Merlan à l'italienne.*)

Merlans au gratin. (Entrée.)

Comme les *Soles*.

Merlans grillés. (Entrée.)

Incisez-les comme les précédents, et faites-les mariner avec huile, persil, ciboules, échalotes hachés, sel, poivre; faites griller sur un feu vif, et arrosez avec le restant de la marinade : étant cuits, servez-les avec une sauce blanche aux câpres.

Leur grillage est difficile.

Merlans aux fines herbes. (Entrée.)

Comme la sole aux fines herbes (article *Sole au gratin*, page 306).

Les merlans se servent aussi à la *maître-d'hôtel*, à la *sauce aux câpres*, à la *tartare*, en *magnonnaise*, comme les harengs en *vol-au-vent*; les filets *à la Orly*, comme les soles.

VIVE.

Poisson peu apprécié, rougeâtre, gros comme un hareng. Coupez avec précaution ses dangereux piquants, écaillez, videz, mettez au *court-bouillon*, ou *grillez* après l'avoir incisé, mariné avec huile, sel, poivre; arrosez de sa marinade, servez sur sauce aux câpres, ravigote, italienne, tartare, maître-d'hôtel, s'il est grillé, etc.

ROUGET-BARBET, BARBARIN.

On le met au court-bouillon; on l'écaille ensuite et on le sert avec une sauce froide à l'huile, ou autre. On peut détacher ses filets, les paner, griller et mettre sur une *tartare*, ou au *gratin*, ou en *matelote*. Voyez en outre ce qui est dit page 84 sur cet excellent poisson.

HUITRES.

Autrefois l'huître abondait, et nous l'avons vue à 15 centimes la douzaine (venant par la fameuse *barque*), puis à 30 c. Maintenant on paye une huître aussi cher que douze d'alors. La mer, qui nous l'a donnée, la retire de plusieurs de nos côtes; elle a entraîné même les semis dirigés à grands frais par les savants. En même temps qu'elle se raréfiait, le goût des consommateurs augmentait, et l'on épuisait les parcs, où il faut qu'elle séjourne pendant une saison pour s'adoucir et se perfectionner.

Il ne s'agit donc plus de chercher des préparations culinaires pour aider à les manger, on sera heureux d'en trouver à déguster à des prix fous quelques douzaines « au naturel » *.

Des bancs normands nous restent encore dans leurs

---

* Les prix ont baissé depuis l'apparition des *huîtres portugaises*.

HUITRES.

coquilles grossières comme leur qualité. Ce sont les seules que l'on employait en cuisine, et qui ne le seront plus guère ; aussi supprimons-nous les recettes, peu usitées d'ailleurs, qui les concernaient. On les remplacera souvent par des moules, soit en coquilles, en omelettes, en fritures ou en garnitures.

Le goût plus délicat des gastronomes leur a fait préférer pour consommer au naturel les huîtres des côtes anglaises parquées à Ostende, et surtout celles parquées à Dunkerque, dans l'HUITRIÈRE DE L'EST, dirigée par M. Auguste Thiery, et qui se vendent sous le nom d'Ostende. Ce qui reste en France en huîtres distinguées sont les *armoricaines* (côtes de Bretagne), mais surtout parmi celle-ci les HUITRES FINES DE BÉLON (voir pour le dépôt, page 18). On connaît les *marennes* trop vertes, et dont le goût ne convient pas à tout le monde.

La manière de les manger *au naturel* est celle-ci :

On doit les ouvrir, les détacher de la coquille de dessus et les recouvrir de leur coquille, afin de les conserver parfaitement fraîches, même quand on ne les ouvre qu'au moment de les servir, mais à plus forte raison quand, par accident, on éprouve quelque retard. On sert à côté des tartines de pain bis très-minces, petites, beurrées, l'une sur l'autre.

Coquilles d'huîtres. (Entrée.)

Ouvrez 4 douzaines d'huîtres, détachez-les de leurs coquilles et faites jeter un seul bouillon dans leur eau : retirez-les; mettez à la casserole un morceau de beurre, champignons, persil et échalotes hachés : faites revenir; ajoutez une cuillerée à bouche de farine et délayez le tout avec du jus, du bouillon et un demi-verre de vin blanc : faites cuire et réduire cette sauce et mettez-y les huîtres. Mettez 4 huîtres et de la sauce dans chaque huître, couvrez-les de chapelure et arrosez d'un peu de beurre. Au moment de servir, mettez-les sur le gril et présentez la pelle rouge dessus, ou bien le four de campagne très-chaud *.

MOULES. (Entrées.)

Choisies fraîches, lourdes et de grosseur moyenne, ratissez-les et les lavez à plusieurs eaux.

On assure que, pour être exempt de toutes craintes à leur égard, il faut les faire dégorger 5 à 6 heures dans de l'eau renouvelée plusieurs fois. Non-seulement elles peuvent ainsi rejeter des impuretés, mais elles gagnent en qualité. Il faut éviter leur usage d'avril en septembre, où elles sont susceptibles d'être malsaines.

A la marinière. Étant bien nettoyées, mettez-les à la casserole avec du vin blanc, un verre pour 4 litres, sinon une cuillerée de vinaigre, carottes en tranches, ognon et persil hachés fin, thym, gousse d'ail, un peu de sel, poivre, 2 clous de girofle, gros comme un œuf de beurre. Mettez la casserole sur un bon feu, en la couvrant d'abord en commençant pour les faire ouvrir. Sautez-les continuellement. Celles qui s'ouvrent sont cuites. Retirez à mesure une coquille à chacune et ôtez les petits crabes qui pourraient s'y trouver, mais qui n'ont rien de malfaisant par eux-mêmes; on les trouve principalement dans les mois d'été (qui n'ont pas d'*r*). Lorsqu'elles sont ainsi toutes ouvertes, en les sautant toujours, versez-les dans un grand plat creux avec une partie de leur cuisson tirée à clair. — Le reste de cette cuisson compose une très-agréable soupe à l'ognon.

_{Pour se servir des coquilles, il faut crever et laver avec grand soin l'amer qui est au milieu, sous la nacre, et dont l'explosion infecterait; mais ce moyen ne réussit pas toujours, et on fera mieux de se servir de jolies coquilles *pèlerines* ou *ricardeaux* à moins qu'on n'en ait en argent faites pour cet usage. Ces ricardeaux sont bien connus dans les ports de mer. On en trouve chez M. Carnet-Saucier.}

A la poulette. Tenez chaudement celles préparées comme il vient d'être dit, et faites une sauce à part avec un morceau de beurre, pincée de farine, un peu de leur eau, liaison de jaunes d'œufs à volonté. Versez sur les moules, et servez.

A la béchamel. On verse sur les moules une sauce béchamel au lieu d'une sauce poulette.

On peut remplacer des huîtres en coquilles par des moules, si on emploie des coquilles d'argent ou de grandes coquilles naturelles.

On peut en garnir des poissons servis sur sauce blanche, en ajouter aux merlans et autres poissons sur le plat et non gratinés, en garnir les matelotes etc. (Voyez pages 133, *Potage,* 157, *Sauce* et empoisonnement par les moules.)

HOMARDS, LANGOUSTES ET CRABES, appelés aussi ÉCREVISSES DE MER.

Reployez et attachez contre le corps la queue des homards et langoustes. Faites-les cuire à bon feu de 15 à 30 minutes dans un court-bouillon, comme celui des écrevisses (page 328); étant refroidis dans leur cuisson, égouttez-les, frottez-les d'un peu de beurre ou d'huile pour leur donner belle couleur; cassez-leur les pattes, fendez et ouvrez la langouste ou le homard dans sa longueur sur le milieu du dos, servez-les froids sur une serviette, les grosses pattes autour et une rémolade dans une saucière où vous aurez broyé la partie jaune et les œufs, plus 2 jaunes d'œufs durs. La langouste, plus délicate que le homard, contient aussi plus de chair. Choisir les plus lourds. (Entrée ou 2° rôt.)

En salade. On découpe les chairs des pièces qui ont été servies et on en fait une salade que l'on dresse sur un hors-d'œuvre ou sur un plat, en les entremêlant de cœurs de laitues, fourniture de salade, œufs durs par tranches, une partie des blancs cachés, câpres, olives, filets d'anchois et tranches de cornichons, lames de gelée de viande, enfin ce que vous aurez; assaisonnez ensuite sur la table comme une salade. (Entrée.)

Homard à la bordelaise. (*Entrée.*)

Après avoir fait cuire un homard au court-bouillon, débarrassez-le de sa coquille et coupez-le en travers, faites-en 8 morceaux; cassez les pattes sans les déformer et mettez-les dans une casserole avec du vin blanc, une gousse d'ail, un bouquet garni, sel et poivre, couvrez la casserole, et laissez mijoter pendant 10 minutes à petit feu. Passez au beurre dans une autre casserole oignons et échalotes hachés; ajoutez une cuillerée de farine, et faites un roux que vous mouillerez avec la cuisson des pattes de homard; laissez cuire cette sauce pendant 10 minutes, en la remuant continuellement avec une cuillère de bois pour éviter qu'elle n'attache; ajoutez deux cuillerées à dégraisser de sauce tomate et une pointe de cayenne; si la sauce est trop liée, ajoutez-y un peu d'eau; mettez ensuite vos morceaux de homard dans cette sauce et faites chauffer sans bouillir; puis dressez les morceaux de homard sur un plat, masquez-les avec la sauce et servez chaud.

ALOSE.

L'alose est un poisson assez gros, de la forme de la carpe, qui se pêche dans les fleuves, où il entre au printemps et où il prend de la qualité.

On préfère l'alose *à l'oseille*. Écaillez, videz, lavez, enveloppez-la d'un papier beurré, où vous l'avez garnie de fines herbes, faites bien cuire sur le gril et la servez sur une farce d'oseille, ou bien sur une copieuse *maître-d'hôtel*. (Entrée.)

On peut la faire cuire sans l'écailller au court-bouillon, avec *sauce hollandaise* ou *sauce aux câpres* dans une saucière. (Rôt.)

Quand elle est grosse, on en fait 2 parts : le côté de la tête pour le court-bouillon et celui de la queue pour le gril.

Brème de mer.

Spare-Brème, *carpe de mer*. Ce poisson, qui garnit les marchés de Paris depuis le milieu du printemps et pendant l'été, est bon et à bas prix. Il ressemble beaucoup à la brème d'eau douce, laquelle à son tour ressemble à la carpe, quoiqu'elle soit plus large et moins arrondie. Il est difficile d'expliquer pourquoi les marchandes font souvent passer la brème pour la dorade; car il y a une énorme différence. On la prépare comme l'alose et la dorade.

ÉPERLANS.

Videz-les et les écaillez s'ils sont gros : ne les lavez qu'autant qu'ils ne paraissent pas propres, essuyez bien; trempez-les dans du lait; au moment de servir, égouttez-les, farinez-les et les faites frire à grand feu. (Entremets.) On peut les paner et frire, et les servir sur une sauce italienne, ou au gratin, comme les merlans. (Entrées.)

SARDINE. (Entrée.)

Petits poissons de mer assez semblables aux anchois, quoique plus épais et plus gros. Quand elles sont salées, écaillez, lavez et passez-les sur le gril ; faites une sauce avec beurre, un peu de farine, filet de vinaigre, peu de sel, poivre, un peu d'eau; faites lier la sauce sur le feu, et servez sur vos sardines. Ou bien passez-les dans la casserole avec du beurre frais, et servez de suite. Sortant de la mer, on les fait frire. Légèrement salées, on les présente au feu un moment et on sert à côté du beurre. Confites à l'huile, elles sont *hors-d'œuvre*.

ANCHOIS. (Hors-d'œuvre.)

Les anchois sont de petits poissons de mer que l'on confit au sel. Après les avoir bien lavés, on les ouvre en deux pour en ôter l'arête. Ils servent ordinairement à garnir des salades et pour mettre dans des sauces. On les sert aussi frits avec pâte après les avoir fait dessaler. (Entremets.) — Frais pêchés, sans sel, on les fait frire.

Salade d'anchois. (Hors-d'œuvre.)

Nettoyez des anchois, dont vous ne conservez que les filets, ayez des jaunes d'œufs durs que vous hachez; hachez-en aussi des blancs; hachez encore de la fourniture de salade. Vous arrangez tout cela sur un hors-d'œuvre par petits carrés, en mélangeant les couleurs avec goût; assaisonnez d'huile et un peu de vinaigre.

Hors-d'œuvre ou *canapés d'anchois*. La forme à donner à ces hors-d'œuvre peut être diversifiée à l'infini selon le goût des personnes. Voici deux dessins qui peuvent donner une idée de ce que l'on compose en ce genre. On coupe une tranche de mie de pain de la grandeur de la coquille et de l'épaisseur d'un demi-doigt; on la fait frire dans le beurre des deux côtés. Elle sert à remplir la coquille et à élever la garniture. On pose sur ce pain des filets d'anchois avec lesquels on trace des dessins tels que le trèfle ou les ronds qui sont dans les figures, de petits vases, le trait d'une fleur, même des lettres de l'alphabet. On sème sur le fond et dans les intervalles du jaune d'œuf dur, du blanc et du cerfeuil, le tout haché, et de manière à diversifier les

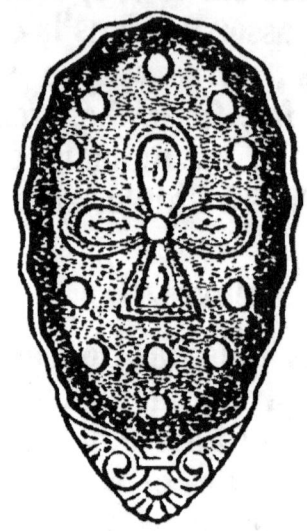 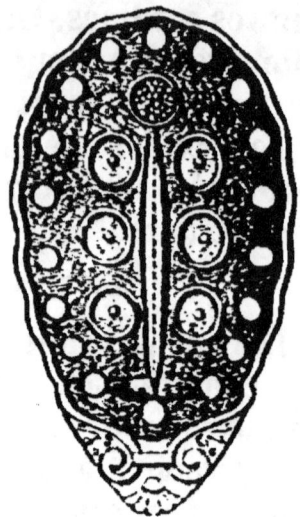

couleurs. Des cornichons tranchés en ronds, en filets ou en losanges, servent aussi à l'ornement, ainsi que des ronds de radis ou des fleurs faites comme il est indiqué à la page 15. Les points que l'on voit dans les figures sur les filets d'anchois sont faits de beurre levé avec la pointe d'un couteau et gros comme des grains de chènevis. On les sert ainsi sur table, puis, avant de les entamer, on les arrose d'une ou deux cuillerées d'huile, ou bien chacun en verse sur son assiette.

POISSON D'EAU DOUCE.

En général les poissons de rivières limpides et courantes sont préférables pour le bon goût à ceux des étangs, où l'eau n'est pas assez renouvelée. Les poissons d'eau douce ont aussi une chair assez fade, et qui nécessite plus d'assaisonnements. Le court-bouillon leur est favorable.

Quand on prépare ensemble des poissons plus compactes et plus longs à cuire les uns que les autres, tels par exemple que l'anguille et le brochet dans une matelote, on doit les mettre un peu avant ceux à chair plus légère que la carpe.

Matelote bourgeoise. (Entrée et relevé.)

La matelote se compose ordinairement de plusieurs sortes de poissons, tels que carpe, anguille ou lotte, barbillon, brocheton. Écaillez, lavez, videz-les, coupez-les en tronçons; mettez dans une casserole un bouquet garni, page 140, placez votre poisson sur cet assaisonnement; mouillez de moitié bon vin rouge et autant de jus ou de bouillon, sel et poivre; faites partir votre casserole à grand feu de fourneau et bouillir 20 minutes; mettez dans une casserole un bon morceau de beurre, une vingtaine de petits ognons, faites-leur prendre une belle couleur blonde, ajoutez 2 cuillerées de farine, mouillez avec la cuisson du poisson passée au travers d'un tamis; ajoutez quelques champignons passés au beurre, avec filet de vinaigre ou citron, et un peu d'eau. Lorsque la sauce matelote sera réduite à son point et que les ognons seront cuits, dressez le poisson, masquez-le de ce ragoût, garnissez le tour du plat de croûtons frits et l'ornez d'écrevisses. — *Autre moins fournie* et plus simple. Faites blondir dans la casserole 12 petits ognons dans du beurre; retirez-les. Remplacez-les par 2 bonnes cuillerées de farine qui doit roussir, mouillez de moitié vin rouge et d'eau ou bouillon, remettez les petits ognons, les assaisonnements indiqués ci-dessus, faites cuire une demi-heure. Ajoutez alors des champignons et faites cuire 10 minutes avec les tronçons d'anguille. Joignez-y alors les autres poissons plus tendres, tous par tronçons comme ci-dessus, faites cuire 5 minutes et servez.

Matelote à la marinière. (Entrée.)

Votre poisson étant nettoyé comme ci-dessus,

prenez un chaudron proportionné : rangez au fond les tronçons avec un bouquet garni. Versez de bon vin rouge qui couvre juste le poisson. Aussitôt que le vin commence à bouillir, versez un demi-verre de forte eau-de-vie; mettez le feu, et laissez brûler et cuire un quart d'heure. Retirez le chaudron du feu, dressez les tronçons en bon ordre sur le plat, liez la sauce promptement avec un morceau de beurre manié de farine, et mêlez-y des champignons et de petits ognons cuits et préparés d'avance dans du beurre. Versez le tout sur la matelote, en ornant les bords du plat de croûtons passés au beurre et le dessus d'écrevisses.

Matelote vierge. (Entrée.)

Prenez une carpe, une anguille, un brochet ou un barbillon; videz, écaillez, coupez le tout par tronçons, que vous mettez dans une casserole avec un bouquet garni; assaisonnez et mouillez de 2 tiers de vin blanc et un d'eau, mettez un morceau de beurre, faites bouillir quelques bouillons, et retirez du feu. Sautez de petits ognons et des champignons dans du beurre, ajoutez un peu de sucre, poivre et muscade, 2 à 3 cuillerées de farine; tournez, mouillez avec le fond de la cuisson; quand le ragoût est cuit, dressez le poisson au milieu du plat; liez ce ragoût avec des jaunes d'œufs. Masquez avec la sauce, les ognons et champignons autour, croûtons frits et écrevisses.

CARPE ET BRÈME.

Les carpes de rivière sont les plus estimées, parce qu'elles ne sentent pas la bourbe; les plus grosses et d'une couleur dorée sont les meilleures et les plus saines. La brème est aussi un poisson d'eau douce, qui approche de la carpe.

Moyen de faire passer aux carpes le goût de vase.

Celles que l'on pêche dans les eaux vaseuses ont un goût de bourbe qui oblige à les faire revivre 8 jours dans l'eau claire. On peut néanmoins détruire ce mauvais goût en très-peu de temps : il s'agit de faire avaler à la carpe qui vient d'être pêchée un verre de fort vinaigre. Il s'établit alors sur son corps une sorte de transpiration épaisse, que l'on enlève en grattant plusieurs fois avec un couteau en même temps qu'on l'écaille. Quand elle est morte, sa chair se raffermit et est d'un goût aussi franc que si elle avait été pêchée dans une eau vive. Il faut au moins la faire dégorger quelques heures dans de l'eau avec une bonne cuillerée de vinaigre. On les préfère laitées.

Carpe frite. (Rôt). Écaillez une carpe, fendez-la en deux par le dos, videz-la, ôtez la laite ou les œufs. Faites-la mariner 1 ou 2 heures avec poivre, sel, ognon, thym, laurier, persil, demi-cuillerée de vinaigre. Passez-la dans la farine; mettez-la dans une friture très-chaude; quand votre carpe est à moitié cuite, farinez à part et ajoutez dans la friture la laite ou les œufs; faites cuire, et servez garnie de persil frit et saupoudrée de sel.

Grillée. (Entrée.) On peut servir la carpe marinée comme ci-dessus, *avec huile au lieu de vinaigre,* et grillée, sur une farce d'oseille ou une sauce blanche aux câpres.

A l'étuvée. (Entrée.) Elle se fait exactement comme la matelote. On peut, si l'on veut, y mettre, en servant, un peu de beurre d'écrevisses, ce qui fait un bel et bon effet; ou bien encore gros comme une noix de sucre, et un morceau de beurre manié de farine. On la laisse entière.

A la Chambord. (Entrée et relevé.) Écaillez, videz et lavez. Farcissez-la d'une farce à quenelles, et l'emballez dans un linge; faites-la cuire au court-bouillon. Étant cuite, vous la déballez et servez autour une garniture dans le genre de la *financière* (page 177), où vous emploierez ce que vous aurez.

A la provençale. (Entrée.) Mettez dans une casserole une carpe coupée par tronçons, avec de l'huile, demi-litre de vin, un petit morceau de beurre manié de farine, sel, poivre, persil, ciboules, échalotes, ail, champignons, le tout haché; faites cuire et réduire à courte sauce, servez.

A la maître-d'hôtel. (Entrée.) Écaillez, videz, coupez les nageoires et la queue et préparez comme les maquereaux.

PERCHE.

Perche au court-bouillon. (Rôt.)

Ce poisson est fin et délicat s'il a été pris dans une eau coulante.

Otez les ouïes et videz : faites-la cuire au court-bouillon. Quand elle est cuite, épluchez-la de ses écailles et de ses piquants, qui sont dangereux, dressez-la sur le plat que vous devez servir, et une sauce à l'huile dans une saucière, ou bien sur une sauce tartare ou une sauce hollandaise. Du reste comme le brochet. Mais on ne peut l'écailler avec facilité qu'après l'avoir échaudée en versant dessus de l'eau bouillante.

TANCHE

Tanches aux fines herbes. (Entrée.)

Limonez-les (si elles peuvent sentir la bourbe), en versant dessus de l'eau presque bouillante, et les retirez promptement; écaillez-les en commençant par la tête, et en prenant garde de les écorcher; videz-les et faites-les mariner avec de l'huile, persil, ciboules, échalotes, le tout haché; thym, laurier, sel, poivre; enveloppez-les avec toute leur marinade dans 2 feuilles de papier beurré; faites cuire sur le gril, dressez-les sur le plat, en ôtant le papier, le thym et le laurier, et servez dessus une sauce poivrade ou une sauce blanche. On les sert aussi en *matelote*, à l'*étuvée*, à la *poulette*, à la *hollandaise*, ou comme l'anguille : on les fait *frire*. Ce poisson, peu estimé, a trop d'arêtes.

BROCHET.

Celui des rivières, au dos vert et argenté, est préférable à celui des étangs et eaux dormantes, qui est plus brun. Il est plus délicat quand on l'a fait mortifier quelques jours. Il faut éviter de manger les œufs et la laitance, parce que souvent ils excitent des nausées et purgent violemment *.

Brochet au bleu ou court-bouillon. (Rôt.)

Vous ne l'écaillez point, mais vous en ôtez les ouïes avec un torchon pour ne pas vous piquer, vous le videz avec soin, et le faites cuire dans un court-bouillon comme il est dit page 290, vous le servez avec une sauce à l'huile et au vinaigre.

Brochet à la broche. (Rôt et entrée.)

Écaillez** et lardez un brochet avec des lar-

---

* On citera ici comme curiosité naturelle que le brochet contient 150 mille œufs; la perche et la tanche, 300 mille; la carpe, 600 mille; le maquereau, 500 mille; le saumon, 27 mille; la morue, 9 millions.

** Toutes les fois que l'on écaille un poisson, on le prend par la queue de la main gauche en le soulevant, et on gratte plus ou moins doucement à contre-sens en tenant le couteau de la main droite pour séparer les écailles sans endommager la peau.

dons de chair d'anguille assaisonnés de sel, poivre, muscade, ciboules et fines herbes, le tout haché très-menu; mettez-le à la broche, enveloppé de papier huilé ou beurré, et l'arrosez pendant la cuisson de vin blanc et de beurre fondu. Déballez; faites fondre des anchois pilés dans ce qui a servi à arroser; passez le tout. On peut ajouter des huîtres ou des moules, que l'on y fera amortir avec câpres et poivre. Liez d'un petit roux de farine. À défaut de lardons d'anguille, employez de *très-fins* lardons de cochon.

Brocheton frit. (Rôt.)

On le fait frire comme tout autre poisson, en le saupoudrant de farine.

Brochet à la maître-d'hôtel. (Entrée.)

Il se prépare comme le maquereau (page 301).

Brochet aux câpres. (Entrée.)

Cuit au court-bouillon comme il est dit p. 301, servez-le avec une sauce blanche aux câpres.

Brochet en salade. (Entremets.)

Cuit comme ci-dessus, levez les filets, et traitez du reste comme le saumon en salade. On le met aussi en *matelote* et en *fricassée de poulet*.

On peut encore préparer le brochet comme le *saumon* et le *cabillaud*. Un beau brochet peut encore se mettre à la *Chambord*, comme la *carpe*.

BARBEAU ET BARBILLON.

On l'appelle barbillon quand il est petit, et barbeau quand il est plus grand; il faut le choisir gros, gras et pris dans une eau claire : plus il est âgé, plus sa chair est ferme et de meilleur goût. Il faut se défier de ses œufs, parce qu'ils causent souvent de grands maux d'estomac, et purgent violemment; ainsi, il faut avoir soin de les ôter avec les entrailles. Le barbeau se prépare comme la carpe. On le sert aussi au bleu pour manger à l'huile, quand il est d'une bonne grosseur.

GOUJONS. LOCHES. (Entremets ou Rôt.)

Le goujon est un petit poisson dont le corps est arrondi et qu'il ne faut pas confondre avec d'autres petits poissons et entre autres l'ablette, dont le corps est plat et la qualité inférieure. On ne l'emploie que frit. Videz-le, lavez, essuyez-le, farinez-le, et le mettez dans la friture très-chaude; n'en mettez pas trop à la fois, parce qu'ils sortiraient mous de la friture. Servez promptement en pyramide, garni de persil frit et saupoudré de sel.

La loche, grosse comme le goujon, fraye avec lui et se prépare de même, mais sans la vider.

ANGUILLE.

La chair de l'anguille est tendre, nourrissante, mais elle contient une huile visqueuse, indigeste pour quelques personnes. On la rend plus légère en la faisant griller jusqu'à ce que la peau se crispe, ce qui donne le moyen de la dépouiller plus facilement.

Préparation. Ayez une belle anguille de rivière à ventre argenté, car celles d'étang peuvent sentir la bourbe. Faites-la mourir en frappant sa tête sur un corps dur. Attachez la tête avec une ficelle, faites une incision autour du cou, tirez la peau de la tête à la queue pour la dépouiller; videz-la et l'ébarbez avec des ciseaux; coupez la tête et le bout de la queue.

Anguille à la tartare. (Entrée.)

Préparée comme ci dessus, arrondissez-la et lui fourrez la queue dans le ventre, ce qui lui donne la forme d'une couronne; foncez une casserole d'ognons, carottes, gousse d'ail, thym, laurier, branche de persil, 2 clous de girofle, poivre, sel, mouillez moitié bouillon et moitié vin blanc; faites cuire l'anguille feu doux dessus et dessous, environ 20 minutes; enlevez-la avec précaution et la posez sur un plat; faites un roux blanc, que vous mouillez avec la cuisson de l'anguille que vous passez; lorsque cette sauce sera bien réduite, liez-la avec 1 ou 2 jaunes d'œufs, et en barbouillez bien tout le tour de l'anguille; laissez-la ainsi refroidir, panez-la ensuite une fois, panez-la une seconde fois avec du blanc d'œuf battu et de la mie de pain, posez-la sur une tourtière beurrée et arrosez-la de beurre fondu; faites-lui prendre une belle couleur blonde au four ou sur le feu, avec le four de campagne ou un couvercle dessus; servez-la sur une sauce tartare.

On peut la couper par tronçons de 10 à 14 centimètres avec la même préparation et encore la servir avec *purée d'oseille* ou *sauce tomate;* si on la sert avec *sauce piquante,* elle prend le nom *d'anguille au soleil.*

Anguille à la minute. (Entrée.)

Préparez-la en tronçons que vous faites cuire un quart d'heure à l'eau de sel. Dressez sur une maître-d'hôtel avec pommes de terre frites ou cuites dans l'eau de sel, arrangées autour du plat.

Anguille en matelote. (Entrée.)

Voyez l'article Matelote, page 318; vous pouvez n'y employer que de l'anguille.

Anguille à la poulette. (Entrée.)

Après avoir dépouillé et coupé votre anguille par tronçons, faites-la bouillir 5 minutes dans l'eau avec 2 cuillerées de vinaigre (ne mettez l'anguille que quand l'eau bout); faites égoutter. Faites fondre un morceau de beurre manié d'une cuillerée de farine, et sans roussir; mouillez de bouillon, de vin blanc, et ajoutez sel, poivre, un bouquet garni, des champignons, un filet de vinaigre; mettez l'anguille cuire une demi-heure, liez de jaunes d'œufs, le tout comme il est dit à la fricassée de poulet, et servez. Ce ragoût est bon aussi pour garnir un vol-au-vent ou un pâté chaud.

Anguille à la broche. (Rôt.)

Prenez une grosse anguille, dépouillée comme il est dit ci-dessus; coupez par tronçons de 15 centim.; piquez de lard fin sur le dos; mettez mariner 3 heures avec huile, sel, laurier, ognons et persil en branches; retirez de la marinade, attachez vos tronçons à un attelet, ou brochette de bois, en les séparant par des morceaux de pain de même grandeur et de l'épaisseur d'un centimètre et demi; fixez cet attelet à la broche; arrosez de beurre, et servez avec une sauce poivrade ou une rémolade dans une saucière.

Anguille frite. (Rôt.)

Dépouillez une anguille : coupez-la par morceaux de 8 centimètres de long : mettez-la dans une casserole avec demi-bouteille de vin blanc, tranches d'ognons, carotte, thym, laurier, bouquet garni; assaisonnez de sel et d'épices : ajoutez un peu d'eau. Quand elle sera cuite, égouttez-la : passez le fond au tamis. Mêlez avec un fort morceau de beurre, 2 cuillerées de farine, muscade râpée, mouillez avec votre fond. Quand la sauce sera liée, ajoutez une liaison de 3 jaunes d'œufs et votre anguille; quand elle sera froide, panez à la mie de pain : faites frire au moment de servir; servez dessous une sauce tomate ou italienne.

Les petites anguilles se font frire sans autre soin que de les dépouiller et fariner.

Anguille marinée grillée. (Entrée.)

Dépouillez une anguille et coupez-la par morceaux, sautez-la 2 minutes dans une casserole avec un morceau de beurre : versez-la dans un plat creux; ajoutez sel, poivre, muscade, persil, fines herbes, champignons, une échalote, ciboule, le tout haché; une cuillerée d'huile; quand elle aura mariné 2 à 3 heures, panez de mie de pain et faites griller. Servez dessous une sauce piquante ou aux anchois.

LAMPROIE. *Manière de l'accommoder.*

Il faut la limoner (page 114) et la dépouiller comme l'anguille, dont elle a la forme et la ressemblance; ensuite vous la coupez par tronçons et la faites frire après l'avoir farinée. (Rôt.)

Vous la faites aussi cuire sur le gril comme les autres poissons, et vous la servez avec une sauce aux câpres ou une sauce à la rémolade.

Les lamproies se servent aussi en *étuvée* comme la carpe, et d'ailleurs comme l'anguille.

LOTTE.

Il faut la limoner (page 114); elle se mange frite, ou en étuvée, ou à la poulette : il lui faut peu de cuisson. Ce poisson a la forme longue de l'anguille.

ÉCREVISSES. (*Entremets.*)

Les écrevisses sont meilleures à partir de juin jusqu'en automne, où elles ont leurs œufs à l'intérieur ou à l'extérieur. On recherche celles du Rhin et de la Meuse; on les préfère quand elles ont les pattes rouges ou le dessous du corps d'un vert net. Les noires ne sont pas estimées. En général, les meilleures se trouvent dans les eaux vives et claires.

Conservation des écrevisses. Mettez-les dans un baquet dont elles ne pourront remonter les bords, sur un lit d'orties et d'herbes; sinon versez-y 2 centimètres d'eau que vous changerez. Elles consomment beaucoup d'air qu'elles trouvent dans une quantité d'eau courante : il ne faut pas les en priver. Ne couvrez pas le baquet qui doit être placé en lieu frais, tel qu'un caveau ou un cellier.

Retirez la nageoire du milieu de la queue, qui entraîne un petit boyau noir et amer; lavez-les à plusieurs eaux. Vous avez fait bouillir une demi-heure un fort court-bouillon d'eau, ognons et carottes en tranches, laurier, ail, persil, poivre et sel, 2 ou 3 cuillerées de vinaigre pour 50 écrevisses moyennes; jetez-y les écrevisses, qui doivent y baigner : quelques bouillons suffisent; retirez la casserole du feu, couvrez-la et les laissez un quart d'heure. Retirez-les, mettez-les dans une terrine, et versez dessus leur court-bouillon passé au tamis. Égouttez-les, et les servez en buisson sur une serviette et appuyées sur une pyramide de persil en branches. Ainsi cuites, on les emploie aussi pour *garnitures*.

On ne devrait jamais les manger que chaudes, et il est indispensable de les servir ainsi quand elles sont servies pour garniture. Les vrais amateurs ne les mangent pas autrement que brûlantes. Si on les garde un jour ou deux, on les tire du court-bouillon pour les y remettre quand on voudra les faire réchauffer.

Au vin blanc. Coupez les mêmes légumes et les faites revenir au beurre comme une julienne; mouillez d'un tiers vin blanc et 2 tiers eau ou bouillon bien dégraissé, sel, et suffisamment de poivre pour bien relever le court-bouillon, que vous faites bouillir et cuire; passez-le et y faites cuire les écrevisses comme ci-dessus. Elles sont ainsi bien plus délicates. Le vin rouge les noircit.

Écrevisses à la marinière. (Entrée.)

Les écrevisses seront cuites à la manière ordinaire; mais la sauce, composée uniquement de beurre frais, sera relevée de sel fin et surtout d'une bonne quantité de piment en poudre, légèrement battus ensemble, au moment de servir, dans une petite casserole tenue sur de l'eau chaude. Il est bon, pour éviter le refroidissement, de servir les écrevisses chaudes sur un plat creux, la sauce au fond. Bon pour un déjeuner intime.

ÉCREVISSES A LA BORDELAISE.

Hachez fin beaucoup d'échalotes, un peu d'ognon pour adoucir, persil; ajoutez beurre, sel, poivre, 1 ou 3 cuillerées de vinaigre et une ou 2 de vin blanc pour 50 écrevisses; faites cuire à couvert et à petit feu; pas de liaison. Servez sur un plat creux et chaud, les écrevisses dessus.

GRENOUILLES.

Cuisses de grenouilles à la poulette. (Entrée.)

Retirez la peau des cuisses et les faites dégorger 3 heures à l'eau froide, égouttez-les et les mettez à la casserole avec beurre, faites sauter un instant, saupoudrez-les de farine, mouillez de vin blanc, sel, poivre, échalotes hachées; faites réduire vivement la sauce, liez-la de jaunes d'œufs et servez. — *Frites* (entremets). Étant dégorgées, égouttez-les et les marinez une heure avec vinaigre, sel, poivre, persil, ciboule, laurier, thym; retirez-les, farinez-les et les faites frire.

ESCARGOTS. (Entrée.)

Mettez-les 15 à 20 minutes dans une eau bouillante avec une poignée de cendres, tirez-les alors de leurs coquilles; faites-les bouillir encore 10 minutes dans de l'eau et du sel, en les remuant pour les bien nettoyer. Faites-les égoutter et les accommodez *à la poulette,* en y ajoutant vin blanc et bouillon, champignons, bouquet de persil : faites cuire, retirez le bouquet et liez de jaunes d'œufs : servez bien chaud. — *Autre à la bourguignonne.* Essuyez-les, ainsi que les coquilles. Hachez fin champignons, persil, échalotes, ail, que vous maniez avec beurre, sel, poivre, et mettez un peu de cette pâte dans chaque coquille, puis l'escargot, et remplissez de même en unissant le dessus. Placez-les tous les uns à côté des autres sur une tourtière ou un plat où vous avez versé un verre de vin blanc; faite cuire une demi-heure feu dessus et dessous : servez.

LÉGUMES

POIS VERTS

Légumier.

On sait que les plus fins sont les plus tendres. Lavez-les si vous le jugez à propos, faites-les égoutter et accommodez-les d'une des manières suivantes :

A la française. (Entremets.) Maniez-les dans la casserole avec une cuillère et gros comme un œuf de beurre (soit 60 grammes *), et, de plus, un verre d'eau pour 2 litres de pois. Quand le tout est bien manié, ajoutez un petit bouquet de persil, sel, poivre, et encore autant de beurre. Joignez, si vous voulez, une laitue ou un cœur de romaine et 10 ou 12 ognons blancs, mais alors point d'eau, parce que la laitue en rendra assez. Faites cuire une heure, plus ou moins selon la tendreté; retirez le bouquet pour servir. On peut lier ensemble la laitue, le bouquet avec les ognons, et retirer le tout avant de servir.

Quand on fait cuire des pois, on couvre la casserole d'une assiette creuse contenant de l'eau qui se tient chaude, et qui sert à mouiller les pois s'ils tarissent.

Au sucre. (Entremets.) Employez les plus fins et préparez-les comme ci-dessus, mais sans laitue. persil ni poivre ; ajoutez sucre à volonté.

Au lard. (Entremets.) Faites revenir dans la casserole du lard de poitrine coupé en dés, et mettez-y vos pois maniés comme ci-dessus, à part dans une terrine, en même quantité et assaisonnement, mais sans laitue.

Nota que si on faisait trop cuire les pois ils racorniraient. — On doit continuellement surveiller la casserole et sauter les pois quand la cuisson commence, pour éviter qu'ils ne s'attachent, sans employer la cuillère.

Pois verts et haricots conservés en boîtes.

On coupera avec un outil le couvercle, on jettera le contenu de la boîte dans de l'eau bouillante dont on les retirera promptement pour les

---

* De même qu'un œuf pèse 60 grammes, *gros comme un œuf de beurre* donne le même poids.

égoutter dans la passoire, puis on les fera revenir dans de nouveau beurre frais avec un peu de fines herbes. S'ils sont parfaits de conservation, on les emploie sans lavage, en ajoutant beurre, sel et poivre à son goût.

A l'anglaise. (Entremets.) Mettez de l'eau dans une casserole; quand elle bout, ajoutez du sel, un bouquet de ciboules et les pois; quand ils sont cuits, égouttez promptement dans une passoire; servez sur le plat avec de bon beurre frais, en le laissant fondre de lui-même sur les pois, un peu de sel fin et fines herbes dans une soucoupe. — Leur eau de cuisson fait une excellente soupe.

Pour les pois servis en ENTRÉES, voyez les *Tendrons de veau aux petits pois,* p. 201; les *pigeons,* p. 267; les *Canetons,* p. 270; et la *Purée de pois verts,* p. 173.

POIS SECS.

On n'emploie les *Pois secs* que pour *purée,* mais on pourra les attendrir par le moyen suivant : — Faites-les tremper dans l'eau tiède 12 ou 18 heures, égouttez-les, mettez-les en tas 24 heures. Les germes commencent à se montrer, ils sont devenus sucrés. Faites-les cuire comme des pois verts, dont ils auront regagné une partie de la saveur en devenant plus nourrissants que secs.

FÈVES DE MARAIS. (Entremets.)

Si on les emploie très-petites, avec leur robe, on en enlève la tête qui serait amère. L'usage le plus ordinaire est de s'en servir à moitié de leur grosseur, ou même plus grosses, pourvu qu'elles soient bien vertes et tendres : alors on les dérobe.

On les met cuire à grande eau bouillante, avec sel et une très-petite branche de *sarriette,* plante dont on ne se sert que pour les fèves. (Cette eau de cuisson donne du goût à une soupe aux légumes.) Etant cuites, faites-les égoutter et les assaisonnez d'une des manières suivantes :

A la bourgeoise. Faites fondre dans une casserole un morceau de beurre, mêlez-y une cuillerée de farine ; mouillez avec de l'eau de la cuisson ; mettez les fèves, égouttez et ajoutez, si vous voulez, sel et poivre, donnez un bouillon et servez.

A la béchamel. Au lieu de mouiller avec du bouillon de la cuisson, employez du lait.

Au lard. Mettez dans la casserole du beurre, faites-y revenir du lard de poitrine coupé en très-petits dés, ajoutez une cuillerée de farine, tournez, mouillez avec du bouillon de la cuisson, et finissez comme ci-dessus.

A la Macédoine. Mettez dans une casserole du persil, ciboules, champignons, le tout haché ; un morceau de beurre ; passez sur le feu avec une pincée de farine ; mouillez avec du bouillon, du vin blanc ; faites bouillir à petit feu ; mettez après 3 fonds d'artichauts blanchis un quart d'heure dans l'eau bouillante et coupés en petits dés, avec un litre de fèves dérobées et cuites un quart d'heure avec l'eau, sel et sarriette ; achevez la cuisson, goûtez-y, poivrez, si vous voulez, servez à courte sauce.

A la maître d'hôtel. Comme les haricots verts.

A la poulette. Prenez un litre et demi de très-petites fèves tendres avec leur robe, ôtez la tête, faites blanchir jusqu'à ce qu'elles fléchissent sous le doigt ; mettez un peu de sel dans l'eau ; égouttez ; mettez fondre un bon morceau de beurre dans une casserole, mêlé avec 2 cuillerées à bouche de farine, sel, poivre, muscade, un peu de sucre; mouillez d'un peu d'eau, ajoutez vos fèves; quand elles commenceront à bouillir, ajoutez une liaison de 2 jaunes d'œufs et servez.

Voyez page 174, *Purée.*

HARICOTS.

Le *haricot vert* doit être pris dans sa primeur, choisi petit et tendre et avant que le grain soit formé. Les haricots blancs sont les plus utiles en cuisine; les rouges sont plus longs à cuire.

Haricots verts liés. (Entremets.)

Après les avoir épluchés de leurs filandres et lavés, vous les jetez dans l'eau bouillante avec du sel au même moment, ce qui leur conserve leur verdeur; quand ils sont cuits, retirez-les; faites-les égoutter. Mettez dans une casserole du beurre frais, une pincée de farine, du sel, muscade, un verre de lait ou de l'eau dans laquelle ils ont cuit; faites sauter un moment, et servez avec une liaison de jaunes d'œufs dans laquelle vous avez ajouté persil et ciboule hachés très-fin. Si vous n'avez pas mis de lait, vous pouvez ajouter un filet de vinaigre.

On les rend verts en les jetant dans l'eau fraîche aussitôt cuits, mais alors il faut les faire réchauffer et les assaisonner de sel, etc. — *Pour mieux conserver leur verdeur,* mettez sur une passoire un nouet de toile ou de calicot contenant une bonne cuillerée de cendre de bois. Vous versez sur ce nouet l'eau qui doit servir à faire cuire les haricots. *Ce moyen s'applique aussi aux artichauts.*

Haricots verts à la maître-d'hôtel. (Entremets.)

Faites cuire de la même manière que les premiers. Quand ils sont près d'être cuits, vous mettez dans la casserole du beurre frais manié de persil haché fin, faites fondre à moitié, retirez vos haricots de l'eau; faites-les égoutter promptement, afin qu'ils ne refroidissent pas; mettez-les dans la casserole; sautez-les et servez sur un plat chaud, avec filet de vinaigre. — On les prépare aussi à l'*anglaise* comme les pois.

Haricots verts au beurre noir. (Entremets.)

Après les avoir fait cuire comme ceux ci-dessus, vous les assaisonnez de sel, poivre, et les dressez sur le plat. Mettez dans une poêle du beurre, que vous faites roussir; quand il est roux, vous le versez sur les haricots : faites chauffer dans la même poêle une cuillerée de vinaigre, que vous versez aussi, lorsqu'il est chaud, sur vos haricots.

Haricots verts au gras. (Entremets.)

Vous les ferez cuire comme les précédents. Faites frire et cuire dans une casserole du persil et un ognon hachés fin, avec de bonne graisse; mettez vos haricots; mouillez d'un peu de jus et bouillon, faites sauter un moment; servez à courte sauce. — On prépare aussi les gros *au lard* comme les *fèves au lard*. Il faut les tailler en losanges.

Haricots verts en salade. (Entremets.)

Il faut les faire cuire à l'eau comme les précédents, les égoutter et faire refroidir. On les assaisonne quelques heures d'avance de poivre, sel, vinaigre; on les couvre soigneusement. Au moment de servir, on leur fait égoutter l'eau qu'ils ont rendue, on ajoute la fourniture et de l'huile.

HARICOTS BLANCS.

Les *haricots blancs nouveaux* doivent être cuits

à l'eau bouillante, c'est-à-dire que l'on doit les jeter dans l'eau au moment où elle donne ses premiers bouillons; faites bouillir, ajoutez du sel à moitié de la cuisson et un petit morceau de beurre : retirez-les quand ils sont cuits, et les mettez égoutter dans une passoire pour les accommoder de telle façon que vous voudrez.

Les *haricots blancs secs* se cuisent de la même façon : à cette différence près que l'on doit les mettre à l'eau froide, et qu'ils sont beaucoup plus de temps à cuire *.

Haricots blancs à la maître-d'hôtel. (Entrem.)

Faites cuire comme il est indiqué ci-dessus, et égoutter promptement, afin qu'ils n'aient pas le temps de refroidir, et mettez-les dans la casserole avec du beurre très-frais manié de persil et ciboules hachés, sel, poivre, filet de verjus; sautez-les et servez sur un plat chaud.

Haricots blancs au gras. (Entremets.)

Mettez dans une casserole de la graisse, un ognon haché; faites frire jusqu'à ce que l'ognon soit roux; ajoutez du persil haché; laissez frire encore un peu; jetez vos haricots cuits comme il est dit ci-dessus, et mettez sel, poivre, filet de vinaigre; mouillez, s'il le faut, avec bouillon de haricots; faites sauter un moment et servez.

Haricots blancs au jus. (Entremets.)

Faites fondre dans la casserole un morceau de

---

* Toutes ces observations s'appliquent également aux *pois, lentilles* et *fèves*, lorsqu'ils sont secs.

On doit aussi ajouter à l'eau de la cuisson un bouquet garni, une carotte et un ognon piqué d'un clou de girofle pour donner du goût. Il en résulte un bouillon qui sert à faire des potages maigres.

Il faut toujours faire cuire à grande eau, observation qui s'applique aussi aux *asperges*, aux *épinards* et à la *chicorée*.

graisse; jetez une pincée de farine, que vous laissez roussir; faites revenir un instant vos haricots, cuits comme nous avons dit ci-dessus; ajoutez du jus et du bouillon, sel, poivre; faites bouillir une minute et servez.

Haricots blancs en salade. (Entremets.)

Ils se préparent comme les haricots verts.
Si on mêle blancs et verts, ils sont *panachés*.

Haricots rouges à l'étuvée. (Entremets.)

Faites-les cuire dans l'eau avec du lard et de petits ognons : s'ils sont nouveaux, vous les mettez à l'eau bouillante, et s'ils sont secs, à l'eau froide. Quand ils sont cuits, vous mettez dans une casserole un morceau de beurre, une pincée de farine, fines herbes; versez-y et faites-y sauter vos haricots; ajoutez un verre de vin rouge; faites bouillir une demi-heure et servez avec le lard et petits ognons. Il faut moins d'eau que pour les blancs et les verts. — Si au lieu de lard vous avez employé un morceau de mouton, vous aurez un mets excellent.

On fait de très-bonne soupe avec l'eau dans laquelle les haricots ont cuit, comme soupe aux herbes, à l'ognon, etc.

HARICOTS SANS INCONVÉNIENTS. Si l'on a recueilli des haricots à la moitié de leur maturité, qu'on les ait écossés et fait sécher, on a pour l'hiver des haricots *très-tendres*, dont on sent à peine le parchemin, et d'une qualité douce et agréable. Ils ont aussi moins d'*inconvénients* que ceux récoltés mûrs.

LENTILLES. (Entremets.)

On les choisit larges et d'un beau blond. Les petites lentilles dites à la reine ne servent que pour faire des purées. Leurs préparations sont les mêmes qu'aux haricots blancs et rouges; comme légumes secs, elles doivent commencer à cuire à l'eau froide. Il faut tenir la marmite pleine, en ne se servant que d'eau chaude pour remplir.

CHOUX.

Pour casserole, le *chou-milan* est préférable, mais il ne dure pas toujours. Quand on est obligé d'employer le *cabus*, on le fait blanchir et cuire ensuite plus longtemps. *On doit toujours le bien nettoyer et enlever les trognons, les grosses côtes et les feuilles inutiles.*

Chou en ragoût. (Entremets.)

Faites-le blanchir 10 minutes avec sel, retirez, égouttez; foncez la casserole de graisse, lard de poitrine ou jambon dessalés, et placez-y moitié de vos choux, soit par feuilles entières, soit hachées grossièrement. Assaisonnez de nouvelle graisse, poivre, sel si on n'a pas mis de lard, ajoutez l'autre moitié du chou, versez du bouillon ou eau à hauteur de moitié de la cuisson; faites cuire d'abord vivement, puis ensuite longtemps à petit feu. Quand il est cuit, faites couler le jus de la cuisson, renversez le chou sur le plat en versant dessus la cuisson dégraissée. — On fait le chou au fromage avec les restes de celui-ci, en faisant mijoter avec *fromage* et chou par lits. — On le fait au *maigre* en n'employant que du beurre.

Chou farci. (Entremets.)

Faites-le cuire ou blanchir à l'eau et sel assez pour en écarter les feuilles, de manière à y introduire une farce de veau, chair à saucisse ou godiveau; replacez-les, ficelez-les. Faites-les cuire comme celui *en ragoût*, et servez de même. — On le nomme *en surprise* quand on place dans le milieu des marrons rôtis.

Choux en chicorée. (Entremets.)

On fait cuire aux 3 quarts dans de l'eau et du sel un chou, que l'on hache ensuite en lanières comme la choucroute; on le met à la casserole avec du beurre et du poivre, où il achève de cuire.

Chou en salade. (Hors-d'œuvre.)

Les choux *verts* ou *rouges*, coupés de la même manière, se servent crus en salade.

Chou à la crème. (Entremets.)

Faites presque cuire à l'eau bouillante, avec du sel, un chou bien blanc; retirez et égouttez-le, coupez-le en plusieurs morceaux. Mettez du beurre dans une casserole, sel, poivre blanc, une cuillerée de farine, mouillez avec de la crème, mettez le chou, achevez de cuire.

Choux de Bruxelles. (Entremets.)

Les choux de Bruxelles sont de petits choux gros comme des noix et bien pommés.

Faites-les cuire à l'eau bouillante avec du sel; faites-les égoutter. Mettez un morceau de beurre dans la casserole; faites-y revenir vos petits choux avec poivre et peu de sel, du jus si vous en avez.

Ou bien servez-les sous une sauce blonde (p. 157).

Choux rouges en quartiers. (Entremets.)

Prenez un ou 2 choux rouges, coupez-les en 4 ou 6 morceaux et jetez-les un quart d'heure dans de l'eau bouillante; égouttez; mettez de la graisse dans une casserole; placez-y vos quartiers; assaisonnez et couvrez de bardes de lard; mouillez avec bouillon ou eau ; quands ils sont cuits, égouttez, pressez, et donnez à chaque quartier une forme arrondie ; dressez sur le plat, et servez au milieu une sauce espagnole au jus.

Choux rouges marinés. (Entremets.)

Prenez de gros choux, coupez-les en 4 ; supprimez le bout du côté de la queue et les côtons, ôtez les feuilles de dessus ; émincez-les comme du vermicelle, en commençant par la tête et finissant à la queue ; mettez-les blanchir 10 minutes à l'eau de sel bouillante ; égouttez, et mettez-les dans une grande terrine ; assaisonnez, et versez dessus un verre de vinaigre, autant d'eau, laissez-les trois heures au plus ; ensuite, pressez fort pour extraire le jus. Mettez fondre un fort morceau de beurre dans une casserole, ajoutez vos choux, et arrosez de jus ou coulis ; faites cuire doucement.

Chou rouge piqué. (Entremets.)

Il faut qu'il soit gros et dur. Faites-le blanchir, enlevez le trognon, piquez-le de très-gros lard ; remplacez le trognon par de la graisse, du jus, poivre, sel ; enveloppez-le d'une toilette de porc, mettez-le dans une casserole, la place du trognon en dessus, avec un peu de beurre. Faites cuire 3 heures à petit feu ; retirez-le ; dégraissez la sauce ; faites-la réduire et la servez sur le chou.

Choucroute.

Tous les choux à grosse pomme et non frisés conviennent pour faire de la choucroute. Enlevez les feuilles vertes, coupez les choux en 2 pour ôter les grosses cotes, tranchez-les sur une table avec un couteau long, mince et bien affilé, de manière que les feuilles se trouvent coupées en filets menus. Semez au fond d'un baril bien propre, ayant servi à du vin blanc, un lit de sel; puis un lit de choux de 8 centimètres, semez dessus du genièvre, du poivre en grain et des feuilles de laurier, foulez avec un morceau de bois sans briser les choux, mettez un nouveau lit de choux, une couche de sel, et de 2 en 2 lits du genièvre, poivre et laurier, si vous les aimez, car beaucoup de personnes n'emploient que du sel. Le baril étant aux 3 quarts plein, vous couvrez d'un morceau de forte toile, d'un couvercle de bois qui entre dans le baril, puis d'un poids de 30 à 40 kilos fait de gros cailloux bien lavés. Pour 50 choux moyens on a dû employer 1 kilo ou 1 kilo et demi de sel, au plus 100 ou 120 gram. de genièvre, moitié autant de poivre en grain et 20 ou 30 feuilles de laurier. La fermentation commence bientôt, le couvercle descend, l'eau qui se forme surnage; on en enlève une partie sans laisser le couvercle à sec. Au bout d'un mois la choucroute commence à être bonne; on en prend, on lave la toile et le couvercle, que l'on remet et que l'on recharge d'eau fraîche après avoir ôté le dessus de celle que les choux ont produite. L'odeur qui s'exhale de la choucroute n'a rien d'inquiétant, c'est l'effet de la fermentation, et elle se perd au lavage.

Voyez à l'art. *Cuisine polonaise* la choucroute faite en 24 heures.

Manière de l'accommoder. (Entrée.)

Après l'avoir lavée à plusieurs eaux, vous la mettez dans la casserole avec un beau morceau de lard de poitrine fumé, des saucisses et cervelas, de la graisse de rôti, le genièvre, vin blanc et bouillon. Faites cuire 6 heures, et même plus, à feu doux. Servez dessus le petit lard, les saucisses et cervelas.

CHOUX-FLEURS ET BROCOLIS.

Choisissez les choux-fleurs blancs, bien serrés et fermes sans être mousseux. Les brocolis sont souvent plus délicats, quand l'espèce est choisie.

Manière de les faire cuire.

Épluchez et lavez-les; jetez-les dans de l'eau bouillante où vous aurez mis du sel et un peu de farine délayée dans un peu d'eau, ce qui les entretient blancs; quand ils fléchissent sous le doigt, ils sont cuits; retirez-les de l'eau et les mettez égoutter : ensuite vous les accommodez de l'une des manières qui vont être indiquées.

L'eau qui a servi à faire cuire les choux-fleurs produit une très-bonne soupe à l'ognon ou à l'oseille, avec riz ou semoule.

Choux-fleurs à la sauce blanche. (Entremets.)

Faites-les égoutter sans les laisser refroidir, et dressez-les sur un plat en y versant la sauce blanche de manière qu'elle pénètre partout. On doit les dresser sur le plat les uns à côté des autres, la fleur en dessus, de manière qu'ils semblent ne former qu'un seul gros chou-fleur. Pour arriver à cette perfection, on les moule, la tête en bas, dans un grand bol que l'on retourne sur le plat. — *A la sauce blonde.* On les couvre d'une sauce blonde (p. 157).

Choux-fleurs à la sauce tomate. (Entremets.)

Quand ils sont cuits, vous les dressez sur le plat comme les précédents, et vous les couvrez d'une sauce tomate (p. 164).

Choux-fleurs à la crème. (Entremets.)

Faites cuire comme les précédents, et les dressez sur le plat; versez dessus de la crème, saupoudrez de sel, de poivre blanc et muscade. Posez le plat sur un feu doux, et le couvrez du four de campagne ou d'un couvercle en tôle pour faire prendre; faites cuire un quart d'heure.

Choux-fleurs au jus. (Entremets.)

Faites cuire comme ci-dessus, et faites revenir un moment dans une casserole avec de la graisse et une pincée de farine; ajoutez jus, sel, poivre et muscade, un peu de bouillon, et remuez avec précaution pour les casser le moins possible.

Choux-fleurs en salade. (Entremets.)

On les fait cuire comme les précédents et on les assaisonne d'huile, vinaigre, sel et poivre, ou de la sauce à l'huile indiquée aux artichauts.

Choux-fleurs au beurre. (Entremets.)

Lorsqu'ils sont cuits comme ci-dessus et égouttés, vous leur faites faire un tour dans la casserole avec un morceau de beurre frais, sel, poivre, épices; dressez-les proprement sur le plat, entourés, si vous voulez, de croûtons frits.

Choux-fleurs frits. (Entremets.)

Faites cuire comme il est dit en tête de l'article *Choux-fleurs;* mais retirez-les aux 3 quarts de la cuisson. Quand ils sont égouttés, mettez-les dans une terrine avec sel, poivre, vinaigre; sautez-les dans cet assaisonnement; mettez-les dans une pâte à frire semblable à celle indiquée pour les artichauts; faites-les frire blond.

Choux-fleurs au fromage. (Entremets.)

Cuits avec peu de sel et égouttés, trempez les plus gros morceaux dans une sauce blanche, mêlée de fromage râpé; enduisez-en aussi les débris, et dressez en boule sur le plat; recouvrez le tout de la même sauce, saupoudrez le dessus de fromage, étendez une couche de beurre avec une plume, et saupoudrez de mie de pain; faites prendre couleur sous le four. Servez brûlant.

Choux-fleurs au gratin. (Entremets.)

Pour employer des choux-fleurs qui ont été servis à la sauce blanche, vous les arrangez sur un plat qui aille au feu; unissez-les avec propreté et les couvrez de mie de pain avec du beurre par petits morceaux. Faites prendre couleur sous le four de campagne.

Le *chou rutabaga,* cueilli quand sa chair est encore tendre, remplace le chou-fleur pour le goût.

ARTICHAUTS.

Les fonds d'artichauts servent à garnir toutes sortes de ragoûts. — La bonne vieille CUISINIÈRE BOURGEOISE disait tout simplement, il y a cent ans : « *Ne laissez au cul que ce qui est bon à manger.* »

Manière de faire cuire les artichauts

Coupez les bouts des feuilles, la queue, les feuilles dures ou filandreuses du dessous; placez-les au fond d'un chaudron, dans de l'eau bouillante qui ne les couvre qu'aux trois quarts, avec sel; faites cuire de 3 quarts d'heure à une heure. Tirez une feuille : si elle se détache facilement, ils sont cuits; retirez de l'eau, mettez-les égoutter sens dessus dessous et ôtez le foin.

Si vous voulez leur conserver une belle verdeur, faites comme aux haricots verts (page 334).

Artichauts à la sauce. (Entremets.)

On les sert très-chauds et bien égouttés, accompagnés d'une sauce blanche servie dans une saucière, ou d'une *sauce blonde*.

Artichauts au gras. (Entremets.)

Coupez en deux de moyens artichauts, ôtez-en le foin et les parez; faites-les blanchir à l'eau et sel; mettez des tranches de lard gras dans une casserole avec une ou deux tranches de veau, 2 ognons, une carotte, un clou de girofle, peu de thym; arrangez les artichauts sur les bardes et le veau, et mettez sur un feu doux. Quand le veau a pris couleur, mouillez avec un peu d'eau : faites mijoter. Servez les artichauts en turban, et la sauce, que vous avez liée de fécule, au milieu.

Artichauts sur le gril. (Entremets.)

Faites-les cuire à moitié, ôtez le foin, mettez en place une pincée de persil et ciboule hachés, peu de chapelure, une cuillerée d'huile, sel, poivre; achevez de cuire sur le gril, et servez très-chaud.

Artichauts frits. (Entremets.)

Parez de jeunes artichauts jusqu'aux feuilles les plus tendres, faites 10 ou 12 morceaux de chacun, ôtez le foin et rognez le bout des feuilles; sautez-les dans une marinade d'huile, sel, poivre, filet de vinaigre. Faites une pâte comme *ci-après*, mettez-y vos artichauts et mêlez le tout ensemble. Votre friture étant bien chaude, prenez avec l'écumoire des artichauts, que vous ferez tomber morceau par morceau autant que possible dans cette friture, autant qu'elle en pourra contenir; remuez-les et détachez ceux qui se collent les uns contre les autres. Lorsqu'ils sont d'une belle couleur blonde, retirez-les de la friture sur une passoire. Jetez une bonne poignée de persil en branches dans la friture; et lorsque la friture cessera de faire du bruit, sortez-le et égouttez-le sur un linge, saupoudrez-le d'un peu de sel, dressez vos artichauts en pyramide sur une serviette pliée et couronnez-les de persil frit. — On peut faire frire en pâte les fonds des artichauts cuits à l'eau et desservis, coupés par bandes.

Pâte pour toutes sortes de fritures.

Mettez de la farine dans une terrine, faites un trou et y versez 1 ou 2 jaunes d'œufs, une cuillerée d'huile et 1 ou 2 d'eau-de-vie, du sel. Remuez d'une main, en tournant toujours dans le même sens, et en versant de l'eau peu à peu pour donner une bonne épaisseur. Au moment de vous en servir, ajoutez et mêlez le blanc battu en neige; mais ce blanc la rendrait trop claire si on ne l'avait pas préparée assez épaisse. Faite d'avance, et même la veille, elle devient plus légère. — Si c'est pour friture sucrée, telle que beignets, on met très-peu de sel, et on ajoute de l'eau de fleur d'oranger.

Autre, excellente : délayez la farine avec demi-verre de vinaigre, sel et lait. Voy. *Friture.*

Artichauts en fricassée de poulet. (Entremets.)

Etant coupés de la même façon que pour frire, faites-les cuire dans l'eau, remettez-les dans l'eau fraîche et les accommodez après en fricassée de poulet. (Voyez *Fricassée de poulet* ou *Blanquette.*)

Artichauts sautés. (Entremets.)

Coupez en 4 des artichauts moyens et tendres, ôtez le foin et parez-les en leur laissant à chacun 3 feuilles ; lavez et essuyez. Mettez du beurre dans une casserole, où vous arrangez vos artichauts, et les mettez sur un feu doux seulement 20 minutes avant de servir. Dressez-les sur le plat en turban. Mettez une cuillerée de chapelure dans le beurre, autant de persil haché et un jus de citron, un peu de sel : servez cette sauce dans le milieu des artichauts. Il ne faut pas les faire blanchir.

Artichauts à la provençale. (Entremets.)

Prenez des artichauts, que vous appropriez dessus et dessous ; faites-les cuire dans l'eau assez pour pouvoir enlever le foin ; mettez-les sur une tourtière avec huile, gousses d'ail, sel, poivre. Faites cuire sur la cendre chaude avec bon feu dessus : quand ils sont cuits, ôtez les gousses d'ail et servez à sec avec un jus de citron.

Artichauts farcis demi-barigoule. (Entremets.)

Préparez comme ci-dessus, le foin enlevé, farcissez-les de hachis de viande ou de mie de pain assaisonnée de fines herbes et champignons. Mettez dans une casserole un fort morceau de beurre ou de graisse et les y faites revenir ; ôtez-les. Faites un roux que vous mouillez de bouillon ou d'eau, faute de bouillon ; remettez les artichauts. Achevez de cuire, bon feu dessus et dessous, en les arrosant de temps en temps avec leur cuisson. Servez sur cette cuisson pour sauce.

Farcis à la vraie barigoule. (Entremets.)

Parez 3 artichauts, coupez *droit* les feuilles du dessus, faites blanchir assez pour retirer le foin après les avoir rafraîchis à l'eau froide. Remplacez le foin par une farce de lard gras, champignons, persil, échalotes, le tout haché fin, poivre; liez-les en croix avec du fil. Faites chauffer un peu d'huile d'olive dans une poêle et rissoler les artichauts dessus et dessous; placez-les dans une casserole sur une tranche de lard *dessalé*, ou de veau, ou du beurre et un verre de bouillon ou d'eau; faites cuire, feu dessus et dessous. Servez sans les tranches et sur une sauce faite du fond de la cuisson liée de farine.

Artichauts à l'huile et à la poivrade. (Entrem.)

Les gros se servent cuits à l'eau, refroidis et accompagnés de la sauce suivante, dans une saucière. Les petits se servent crus, avec la même sauce ou simplement du sel en *hors-d'œuvre*.

Sauce à l'huile et au vinaigre pour les artichauts crus et cuits, asperges, etc.

Écrasez un jaune d'œuf dur dans une saucière et le délayez avec une cuillerée de vinaigre, sel, poivre, fourniture de salade hachée très-menu ou une échalote aussi hachée très-menu; ajoutez 2 cuillerées d'huile, délayez et servez.

RADIS ET RAVES. (Hors-d'œuvre.)

On les épluche en supprimant les menues racines, et en leur laissant 2 ou 3 petites feuilles tendres. Il faut les servir dans des coquilles à hors-d'œuvre et sans eau, afin d'éviter de la voir répandre sur la table; d'ailleurs l'eau leur est nuisible. (Voyez, page 45, aux *Fleurs-racines*, la manière de façonner les radis.)

CHICORÉE.

Chicorée sauvage.

La chicorée sauvage n'est bonne que pour manger en salade, quand elle est jeune et tendre.

Chicorée blanche. (Entremets.)

Elle se mange en salade et sert à faire des ragoûts.

Enlevez les feuilles vertes et les plus gros côtons, lavez-la à plusieurs eaux si elle a du sable ou du terreau, jetez-la dans l'eau bouillante salée cuire une demi-heure, retirez-la à l'eau fraîche, pressez-la fortement entre les mains en en formant des boules, que vous hachez. Mettez dans la casserole un morceau de beurre et une petite cuillerée de farine, tournez, mettez-y la chicorée et la remuez avec une cuillère de bois pour la sécher. Assaisonnez-la alors de ce que vous aurez en bon bouillon et jus; un peu de sel, poivre, muscade : achevez de cuire. Au moment de servir vous la lierez d'une cuillerée de crème. Il va sans dire qu'*en maigre* on n'emploiera que du beurre et du lait dont on fera une béchamel que l'on pourra lier avec des jaunes d'œufs. — Si on veut l'entourer de croûtons, on les fera frire dans le beurre avant d'y mettre de la farine, et on n'emploiera ce beurre qu'autant qu'il n'aura pas noirci.

Salade de chicorée cuite.

Appropriez vos chicorées sans les défaire et faites-les cuire dans de l'eau et sel, retirez-les à l'eau froide et les faites bien égoutter sur un linge; servez-les sur un plat creux garni de betteraves rouges et assaisonnez comme salade.

LÉGUMES.

POIRÉE ET PISSENLIT.

Les feuilles de poirée et celles de pissenlit tendres, préparées et cuites comme la chicorée, sont une imitation fort utile de la chicorée dans la saison où l'on n'en a pas encore de blanche. La *carde poirée* s'accommode comme les *cardons*.

LAITUE.

Laitue au jus. (Entremets.)

Prenez des laitues fermes et pommées, ôtez les feuilles vertes ; lavez-les et les faites blanchir 10 minutes à l'eau bouillante ; étant rafraîchies, pressées et égouttées sur un torchon, faites-leur une petite incision, introduisez dedans un peu de sel, poivre et muscade ; liez-les avec du fil. Foncez une casserole de bardes de lard, carottes, ognons, un petit bouquet garni ; rangez-y vos laitues pressées l'une contre l'autre, couvrez de bardes, mouillez de bouillon et de jus, car la fade laitue a besoin de ce secours ; donnez 2 heures de cuisson ; dressez-les sur le plat, sous la sauce faite de sa cuisson bien dégraissée et liée, s'il le faut, avec de la fécule. En maigre, au beurre, on a un plat bien médiocre.

Laitues farcies. (Entremets.)

Préparées comme la première, ôtez les trognons et remplacez-les par une farce de viande, ficelez et faites cuire de même.

Laitue hachée en chicorée. (Entremets.)

Suivez les mêmes procédés que pour la chicorée.

Salades de laitue.

Au lard. Assaisonnez votre salade de poivre et épices, peu de sel. Faites fondre à la poêle de petits dés de lard gras; versez-les brûlants sur la salade. Faites chauffer à la poêle le vinaigre; mêlez dans un saladier échauffé et servez de suite.

Au thon. Ornez le dessus de votre salade de filets de thon et de quartiers d'œufs durs. Servez-la ainsi et l'assaisonnez sur table.

Aux œufs. Écrasez dans un bol un jaune d'œuf dur pour chaque personne, ajoutez-y, si vous voulez, les blancs hachés fin en filets; sel, poivre, et beaucoup de 4 épices, vinaigre et beaucoup d'huile; mêlez cette sauce avec la salade, qui sera savoureuse, malgré le peu de goût de la laitue.

En magnonnaise. Versez dessus une magnonnaise, et servez-la.

A la crème. Assaisonnez de sel, poivre, vinaigre, et ajoutez de la crème; retournez et servez sans la faire attendre.

ROMAINE. (Entremets.)

On l'accommode et on la sert exactement des mêmes façons que la laitue, sauf les salades.

DES SALADES.

Chacun a une manière à soi de répandre l'assaisonnement sur la salade : la meilleure est celle qui réussit le mieux à faire fondre le sel et à diviser le poivre ou les épices également dans toute la salade. Que l'huile soit versée avant ou après le vinaigre, il importe peu, pourvu qu'on mette juste les proportions nécessaires.

On remplace le vinaigre par du jus de citron et l'huile par du jaune d'œuf cru, si on manque de l'un ou de l'autre en bonne qualité.

On peut servir les fournitures dans une soucoupe, afin que chacun soit libre d'en faire usage.

A la campagne, on emploiera dans la même salade les trois romaines *blanche*, panachée de *rose*, et panachée *foncé*. Les cœurs se coupent en long, se placent en rayons en dessus, et en alternant les couleurs, non cœur par cœur, mais par 2 ou 3 de chacune. On place les fleurs comme on les voit figurées dans les gravures. On arrange la chicorée blanche en faisant paraître en dessus le plus possible la partie frisée, et formant au milieu un enfoncement où l'on place des fleurs. Les fleurs qui peuvent servir de décoration, sans danger pour la santé, sont : les Capucine, Bourrache, Mauve et Guimauve, Chicorée sauvage, Buglose, Pervenche et Bouillon-blanc, Pensée, Campanule, pétales de Rose et de Dahlia. Il faut se défier de celles dont on ne connaît pas les propriétés, parce qu'il y en a de malfaisantes : telles que les Aconit, Laurier-rose, etc. Il faut mélanger leurs couleurs avec goût, comme dans la figure en tête de ce volume, où l'on a employé les Capucine, Mauve et Bourrache.

Salade macédoine.

Mêlez des légumes cuits à l'eau et sel, tels que haricots verts et blancs, pois, choux-fleurs, pommes de terre, pointes d'asperges, cœurs de laitues ou romaines en petite quantité, fonds d'artichauts, betteraves. On peut ajouter : anchois en filets et autres de poissons de bon goût, homard, écrevisses, olives tournées, cornichons émincés, fournitures de salade, blancs d'œufs durs en filets très-émincés. L'assaisonnement avec jaunes d'œufs durs écrasés sera préparé d'avance dans un bol et versé sur la salade, ou bien une magnonnaise.

CARDONS D'ESPAGNE ET DE TOURS.

Un célèbre gastronome ne jugeait digne du cordon bleu que la cuisinière qui aurait su accommoder parfaitement les cardons.

On préfère le cardon de Tours, malgré ses dangereuses épines, qu'il faut enlever avec soin. On en possède à présent plusieurs variétés plus ou moins méritantes sans épines. — La *carde poirée* s'accommode comme les cardons. — En courbant et buttant, après la récolte, des pieds d'artichauts pour les faire blanchir, on obtient des côtes aussi bonnes que celles des cardons.

Coupez les tiges tendres et non creuses, ainsi que les racines, par morceaux de 10 centimètres. Épluchez-les de leurs filandres et d'une peau mince qui les recouvre; épluchez aussi les racines, qui sont la partie la plus délicate. Jetez-les à mesure dans de l'eau fraîche avec cuillerées de farine et de vinaigre, afin d'éviter qu'ils rougissent à l'air. Faites-les égoutter, et les jetez dans l'eau bouillante, assez salée, et avec cuillerée de farine; faites cuire jusqu'à ce qu'ils fléchissent sous le doigt. Accommodez-les d'une des manières suivantes :

Cardons au maigre. (Entremets.)

Faites-les égoutter, et les servez sous une *sauce blanche*, une *béchamel* ou une *sauce à la poulette*, comme les concombres à la poulette, page 358.

Cardons au jus. (Entremets.)

Cuits comme les précédents, mettez dans une casserole de la graisse et une cuillerée de farine, que vous faites roussir; ajoutez-y doucement une cuillerée à pot de bouillon, un bouquet de persil, sel, poivre; mettez vos cardes et du jus, faites mijoter, retirez le bouquet et servez.

Cardons au gratin. (Entremets.)

On se sert ordinairement de ceux de desserte qui ont un reste de sauce. Beurrez un plat qui aille au feu; saupoudrez ce beurre de fromage, dressez-y les cardons avec fromage entre. Couvrez-les de beurre et de fromage, masquez-les de leur sauce ou d'une sauce au jus et liée, faite exprès, et couvrez le dessus de chapelure. Placez le tout sur un feu très-doux, couvrez du couvercle de tôle avec feu dessus, laissez mijoter un quart d'heure, et servez brûlant sur le plat.

CÉLERI. (Entremets.)

On n'emploie que les cœurs et les feuilles blanches : on le fait cuire et on l'assaisonne comme les cardes et les cardons. Le *céleri-rave* s'accommode de même en le coupant par tranches pour cuire. On le met aussi en purée.

En rémolade. Épluchez-le de ses feuilles vertes; laissez-le entier et l'appropriez; lavez-le avec soin; arrangez-le en éventail dans un saladier, une rémolade dans une saucière.

Frit. Si vous avez du céleri de desserte, il faut ôter, autant que possible, la sauce qui l'entoure; fendez-le en deux, trempez-le dans une pâte à frire, faites frire de belle couleur et servez-le sur serviette pliée. (Voyez *Pâte à frire*, page 346.)

OSEILLE.

Purée ou *farce d'oseille.* (Entremets.)

Épluchez de l'oseille, poirée, laitue, belle-dame, cerfeuil, épinards, que vous faites blanchir en un moment à l'eau bouillante; retirez et mettez à l'eau froide, égouttez et hachez. Mettez un morceau de beurre dans une casserole et ensuite votre farce avec une cuillerée de farine, sel et poivre; mouillez avec du lait et faites mijoter une demi-heure. Liez de 2 ou 3 jaunes d'œufs, et servez sur votre farce des œufs pochés, mollets, ou des œufs durs coupés en deux.

En gras. Vous employez de la graisse et du jus avec le beurre, et mouillez de bouillon. Vous prenez le jus de la viande que vous devez servir dessus, soit fricandeau, côtelettes, etc.

Beignets d'oseille. (Entremets.)

Prenez de moyennes feuilles d'oseille douce, ôtez-en la queue et les trempez dans une pâte de beignets; faites frire et garnissez de persil frit.

ÉPINARDS. (Entremets.)

Les épinards sont âcres en été : on peut dans ce temps les remplacer par des feuilles de betteraves. On prend les jeunes feuilles, on ôte les queues et les côtes, en tirant au rebours comme les épinards; on fait cuire et on accommode exactement de même. — Le cresson de fontaine, cuit comme les épinards, leur est presque égal en bonté. — On fait aussi une imitation des épinards avec des orties jeunes et tendres, des feuilles de blé sarrasin, la *Tétragone,* etc.

Épluchez et faites cuire vos épinards à l'eau bouillante avec de la laitue, pour les rendre plus doux; retirez-les dans l'eau fraîche et les pressez pour en faire sortir l'eau; hachez-les et mettez-les dans une casserole avec un bon morceau de beurre; faites bouillir à petit feu un quart d'heure et ajoutez après très-peu de sel, de sucre, de la muscade, une pincée de farine; mouillez avec du lait ou de la crème; faites mijoter encore un quart d'heure et servez. Pour les faire au gras, en place de lait ou de crème mettez de bon bouillon ou du jus; servez garnis de croûtons frits.

OGNONS, POIREAUX.

Ognons à la crème. (Entremets.)

Prenez de petits ognons blancs, que vous faites cuire à l'eau bouillante avec du sel; faites-les égoutter. Mettez un morceau de beurre dans une casserole, les ognons saupoudrés d'un peu de farine, poivre et sel; versez-y de la crème en tournant avec une cuillère, et servez de suite.

Ognons à l'étuvée. (Entremets.)

Faites un roux de belle couleur avec du beurre et de la farine; mouillez avec vin rouge et bouillon; mettez-y des ognons cuits un quart d'heure à l'eau avec bouquet de persil, ciboules, clous de girofle, laurier, thym; faites cuire et servez à courte sauce garnis de croûtons passés au beurre, câpres entières, anchois hachés. — Quand les ognons sont cuits dans du bouillon, bien égouttés et refroidis, ils se mangent en salade avec sel, poivre, huile et vinaigre.

Poireaux en hachis. (Entremets.)

Épluchez une bonne quantité de poireaux; coupez-les en 2 ou 3 en supprimant le vert, qui pourrait être dur; lavez et faites blanchir à l'eau bouillante, s'ils sont d'une saveur forte, sinon faites-les cuire à l'eau, et ensuite égoutter; pressez-les de manière à en extraire toute l'eau; hachez-les comme des épinards. Mettez dans la casserole un morceau de beurre et y faites revenir les poireaux avec une pincée de farine, sel, poivre; mouillez de crème; faites cuire; liez de 2 jaunes d'œufs et servez garni de croûtons frits. En gras, on se sert de graisse; on mouille de bouillon et de jus. On peut servir dessus toute espèce de viande.

ASPERGES *. (Entremets.)

Les blanches sont les plus tendres et les plus succulentes. — *A la sauce blanche.* Après les avoir ratissées, lavées et coupées de même longueur,

---

* Pour leur cuisson, voyez la *Boîte à asperges*, page 37. — Cette boîte est munie d'une plaque mobile à jours et de deux branches qui permettent de retirer les asperges sans les briser.

liez-les par petits bottillons : mettez-les cuire dans l'eau bouillante avec du sel, retirez-les de l'eau un peu croquantes, et les servez sur la table toutes chaudes, sur une serviette pliée qui égoutte leur eau, les bottillons déliés, la sauce blanche ou *blonde* dans une saucière.

A l'huile. Cuites comme pour la sauce blanche, elles se mangent froides, avec la sauce à l'huile indiquée pour les artichauts (p. 348).

A la Audot. Cuites à l'eau, trempez-les, pour toute sauce, dans le jus d'un casi de veau *cuit dans son jus* et peu dégraissé.

En petits pois. On emploie les plus petites et on coupe tout ce qui est tendre par petits morceaux. Faites-les cuire, croquantes, dans l'eau et sel, et les égouttez promptement sur une passoire. Sautez-les dans la casserole avec beurre, sel, poivre, fines herbes (maître d'hôtel). — Ou bien mettez-les dans la casserole, saupoudrez d'un peu de farine et d'un peu de sucre, ajoutez un peu de bouillon ou d'eau, sautez-les un moment et servez.

Frites. Enlevez la partie dure; faites-les blanchir à l'eau et sel; retirez-les à l'eau fraîche pour conserver leur verdeur; retirez-les; essuyez-les; farinez-les; liez-les par 6 ou 7 avec du fil; passez-les dans l'œuf battu et faites frire.

A la Monselet. Faites blanchir la partie tendre, comme ci-dessus, et achevez de cuire dans un jus clair de veau et de jambon, puis liez de beurre manié de farine. (Voyez *Asperges à la parmesane, et Ragoût d'asperges.*

ASPERGES A LA CRÈME.

Faites-les cuire selon la manière ordinaire. Mettez du beurre dans une casserole, faites revenir un peu, mouillez de crème ou de lait; jetez dans cette sauce vos asperges coupées par morceaux, sel et muscade, poivre blanc; faites faire un bouillon et servez.

ASPERGES A LA POMPADOUR.

Après avoir ratissé et bien lavé une botte de grosses asperges, attachez-les par bottillons et les faites cuire à l'eau bouillante salée. Lorsqu'elles sont cuites, retirez-les et coupez-les toutes en biais de la longueur du petit doigt; mettez-les ensuite sécher dans une serviette bien chaude afin qu'elles ne se refroidissent pas pendant la confection de la sauce que vous ferez de la manière suivante : Mettez dans une casserole un bon morceau de beurre fin, une cuillerée à bouche de farine de maïs, sel, poivre blanc, 3 jaunes d'œufs et le jus d'un citron; faites lier cette sauce au bain-maris; puis placez les asperges dans une casserole à légumes, versez la sauce dessus et servez bien chaud.

CONCOMBRES. (Entremets.)

Pelez-les, fendez-les en quatre; épluchez-les de leurs graines, coupez par morceaux longs comme le petit doigt; jetez-les dans l'eau bouillante avec du sel; lorsqu'ils fléchissent sous le doigt ils sont cuits, on les égoutte soigneusement dans une passoire, car ce légume aqueux ne saurait jamais être trop égoutté.

Accommodez-les ensuite comme il va être dit.

A la maître-d'hôtel. (Entremets.) Mettez dans une casserole du beurre manié de persil, ciboule hachés, sel, poivre; faites-y sauter vos concombres et les servez sur un plat chaud.

LÉGUMES.

A la poulette. Mettez dans une casserole du beurre manié de farine; mouillez de crème ou de bouillon; faites-y sauter vos concombres et liez la sauce avec 2 jaunes d'œufs, hors du feu; filet de vinaigre.

A la béchamel. Préparés comme ci-dessus, égouttez-les et les servez dans une béchamel, page 154.

Farcis. Coupez un bout du côté de la queue et videz le dedans avec la queue d'une fourchette; pelez-les. On a préparé une farce de viande, de poisson ou de godiveau, dont on les farcit. Rebouchez-les avec les bouts que vous en avez ôtés, en les faisant tenir avec des brochettes de bois. Enveloppez-les chacun d'un linge; mettez-les dans une casserole large avec beurre, bouquet garni, bouillon; faites mijoter et cuire; retirez-les, faites réduire le mouillement, liez avec de la fécule et servez sous les concombres. (*Entrée.*)

Frits. Coupez les concombres par tranches en longueur, essuyez-les et les faites frire. On peut aussi les frire en pâte comme des salsifis.

En salade. Coupez-les par rondelles minces, mettez-les mariner une heure dans du vinaigre et du sel; égouttez-les, et y ajoutez poivre et huile.

AUBERGINES.

Sur le gril (les préférer violettes et bien mûres). Coupez-les en 2 et en long. Saupoudrez-les de sel et poivre, arrosez d'huile, laissez-les mariner demi-heure, faites griller et arrosez de la marinade. (*Hors-d'œuvre.*)

Farcies. Fendez, retirez, en creusant, moitié de la chair, que vous hachez et écrasez avec la cuillère de bois en y mêlant beurre, champignons (ou mie de pain trempée dans du lait ou bouillon), échalotes, lard gras, persil, sel, poivre ; emplissez-en les aubergines, que vous avez saupoudrées de sel et égouttées ; panez, faites cuire sur une tourtière, feu dessus et dessous. (*Entremets.*)

Au gratin. Fendez-les par moitié. Placez-les dans la tourtière sur même assaisonnement et sans lard, faites cuire de même.

A la provençale. On ajoute aux mêmes assaisonnements de l'huile et de l'ail.

TOMATES *farcies.* (Entremets.)

Faites à des tomates rondes et bien mûres une incision pour les vider sans les crever. Mettez la chair dans une casserole avec persil, un ognon, gousse d'ail, un peu hachés, sel, poivre, épices ; faites réduire le plus possible sur le feu. Passez à la passoire. Mêlez cette farce avec de la mie de pain trempée dans du bouillon et égouttée, ce qui l'épaissira ; ajoutez de la farine, si elle ne l'est assez, du beurre et deux jaunes d'œufs. Emplissez-en les tomates, posez-les sur un plat beurré qui aille au feu, et mettez-les 10 minutes à feu vif dessus et dessous. — *La farce seule* peut être servie sur un plat en sortant du four et forme un agréable entremets. — *Autres.* Coupez-les en deux en travers, et dressez-les à mesure sur un plat beurré qui aille au feu. Couvrez-les chacune d'une petite farce en hachis ou de chair à saucisses, avec beaucoup de fines herbes. Faites cuire 30 minutes avec feu doux dessus et dessous.

POTIRON, CITROUILLE, GIRAUMON. (Entremets.)

Épluchez et coupez par morceaux, que vous jetez dans l'eau bouillante avec du sel ; faites-les cuire assez pour qu'ils puissent passer en purée à la passoire; mettez fondre dans une casserole un morceau de beurre, un verre de crème; ajoutez la purée de potiron, poivre, sel, une pincée de farine; faites mijoter un quart d'heure; liez de jaunes d'œufs et servez.

Outre la manière de les employer en purée, on peut aussi les servir coupés par petits morceaux cuits à l'eau et sel, égouttés et assaisonnés dans la casserole avec beurre, persil et ciboules hachés, sel, poivre.

NAVETS.

Navets à la poulette. (Entremets.)

Tournez en forme de petites poires une trentaine de navets; jetez-les dans l'eau bouillante pour les blanchir; mettez dans une casserole un morceau de beurre, une cuillerée de farine; faites un roux blanc, que vous mouillez avec du bouillon; mettez-y cuire vos navets et faites réduire la sauce à son point; ajoutez une cuillerée de sucre en poudre; au moment de servir, liez-les de 3 jaunes d'œufs et un peu de bon beurre frais.

Navets à la béchamel. (Entremets.)

Tournez les navets d'égale grosseur, faites-les blanchir et cuire après dans du bouillon; étant cuits, servez-les sous une sauce à la béchamel.

Navets au sucre. (Entremets.)

Épluchez de petits navets, que vous faites revenir à la casserole avec du beurre; quand ils sont dorés, vous les saupoudrez de sucre, d'un peu de sel, et les mouillez, si vous voulez, d'une cuillerée ou deux de bouillon: couvrez, achevez de cuire doucement, et servez.

Navets glacés en forme de poires. (Entremets.)

Prenez de gros navets tendres et point creux, pelez-les et donnez-leur la forme; faites-les blanchir 10 minutes à l'eau bouillante. Beurrez le fond d'une casserole, placez-y vos navets; saupoudrez-les de sucre en poudre, mouillez de blond de veau ou de jus clair : faites un rond de papier, que vous beurrez et mettez sur vos navets; faites-les aller en commençant un peu vite, et ensuite doucement, feu dessus et dessous. Étant cuits, dressez-les comme une compote de poires.

Purée de navets. (Entremets.)

Coupez-les très-mince et les faites blanchir et ensuite égoutter; mettez-les à la casserole avec un bon morceau de beurre, sel et poivre, et les y laissez mijoter sur un feu très-doux avec du jus, si vous en avez, jusqu'à ce qu'ils soient en purée, et vous la servez seule, ou sous un rôti ou des côtelettes, en *entrée*.

Navets à la moutarde. (Entremets.)

Blanchis et cuits comme ceux à la béchamel, vous pouvez les servir à la sauce blanche et à la moutarde, que vous délayez ensemble.

Navets aux pommes de terre. (Entremets.)

Prenez de petits navets, faites-les cuire à l'eau bouillante avec de petites pommes de terre longues; retirez-les avec précaution et les dressez sur le plat; faites fondre à la casserole un morceau de beurre frais; mêlez-y de la moutarde et du sel, versez sur le plat.

Navets au jus. (Entremets.)

Coupez vos navets par morceaux; faites-les

roussir dans du beurre; mouillez avec du bouillon et du jus; assaisonnez; faites-les cuire à petit feu, et servez à courte sauce.

CAROTTES.

Ragoût de carottes. (Entremets.)

Ratissez et lavez vos carottes, mettez-les blanchir à l'eau bouillante, coupez-les en filets, passez-les au feu avec un morceau de beurre, sel, poivre, persil haché, faites-les cuire et mouillez avec du lait; quand la cuisson est faite, liez de jaunes d'œufs et servez. — Si c'est au gras, mettez-les dans une casserole avec des tranches de lard, persil, ciboules, sel, poivre; mouillez avec du bouillon et du jus; faites cuire et réduire à courte sauce; servez le tout ensemble.

Carottes à la maître-d'hôtel. (Entremets.)

Tournez-les en petits bouchons; et faites-les cuire dans de l'eau avec du sel et du beurre. Mettez dans une casserole du beurre, persil et ciboules hachés, sel et gros poivre, mettez-y vos carottes égouttées, sautez-les et servez.

Carottes frites. (Entremets.)

Coupez-les en ronds, faites-les blanchir un moment et les mettez dans la friture, retirez-les et les servez bien chaudes saupoudrées de sel.

Carottes à la flamande. (Entremets.)

Coupez-les en ronds et les faites blanchir 5 minutes; mettez-les dans une casserole avec beurre, bouillon, un peu de sucre : faites cuire et réduire; ajoutez un morceau de beurre, fines herbes, une cuillerée de jus, faites cuire encore un bouillon et servez garni, si vous voulez, de croûtons frits.

Carottes à la poulette. (Entremets.)

Ratissez et coupez-les par tranches; mettez-les cuire à l'eau bouillante, sel, beurre ou graisse; quand elles sont cuites, égouttez; mettez un morceau de beurre dans une casserole avec 2 cuillerées de farine, que vous mêlez avec le beurre : assaisonnez, et mouillez avec du bouillon; quand votre sauce sera liée, ajoutez une liaison de jaunes d'œufs, un peu de sucre et vos carottes.

Carottes aux fines herbes. (Entremets.)

Faites cuire comme les précédentes; égouttez, mettez un morceau de beurre dans une casserole avec 2 cuillerées de farine, faites un roux, et ajoutez persil haché; assaisonnez, mouillez avec jus ou bouillon : laissez un peu bouillir votre sauce; ajoutez vos carottes, un peu de citron, et servez.

BETTERAVES. (Entremets.)

Faites-les cuire au four en même temps que le pain, dans un pot de terre renversé, posé sur un lit de paille mouillée : il ne faut pas moins de 8 à 10 heures; elles sont *de beaucoup* préférables à celles cuites dans l'eau. On les sert sur la salade ou en fricassée. — Pour les fricasser, quand elles sont cuites et coupées en tranches, mettez-les dans une casserole avec du beurre, persil, ciboules hachés, un peu d'ail, une pincée de farine, du vinaigre, sel, poivre; faites-les bouillir un quart d'heure. On les sert encore à la sauce blanche.

SALSIFIS ET SCORSONÈRES.

Les salsifis sont blancs et se récoltent la première année. Les scorsonères sont noires, et ne se récoltent que la seconde année : elles sont plus tendres et préférables.

Salsifis ou scorsonères. (Entremets.)

Ratissez-les et jetez-les, à mesure que vous les préparez, dans une terrine où vous aurez mis de l'eau et du vinaigre : retirez-les et faites-les cuire dans beaucoup d'eau, en les y jetant lorsqu'elle bout, avec du sel et une cuillerée de farine ; quand ils sont cuits, égouttez-les et les assaisonnez d'une des manières suivantes :

Pour les faire *frire :* égouttez-les bien et trempez-les dans une pâte comme il est indiqué aux artichauts ; faites frire de belle couleur. Vous pouvez aussi faire frire les restes de ceux qui ont été servis à la poulette.

A la poulette : Faites une sauce à la poulette, comme pour les carottes, et liez avec des jaunes d'œufs ; ajoutez vos salsifis et jus de citron, servez.

A la sauce blanche : On les sert, chauds, sous une sauce blanche ou sous une *béchamel.*

A la sauce blonde : Servez-les, chauds, sous une sauce blonde.

Au jus : On les fait revenir dans une casserole avec graisse et farine ; ajoutez du bouillon, jus, sel, poivre, muscade.

A la maître-d'hôtel : Mêlez-les, chauds, avec du beurre manié de persil et ciboule hachés fin, sel, poivre blanc.

Au fromage : Mêlez-les avec beurre, fromage râpé, poivre blanc.

En salade : Coupez-les d'une égale longueur ; assaisonnez comme une salade, et sautez-les pour les retourner : ayez soin qu'ils soient blancs et employez du poivre blanc.

Les feuilles composant le cœur, qui naît à la racine, se mangent en salade quand elles sont petites et assez blanches. Les cœurs étant gros, on les lie par bottillons et on les fait cuire comme les racines pour servir au jus ou à la sauce blonde.

PATATES. (Entremets.)

Il ne faut pas les confondre avec les pommes de terre. Ce sont des racines en forme de pommes de terre très-longues; quand elles ont une odeur de rose, elles ne peuvent se garder longtemps. Ces racines sont fort délicates et d'une saveur sucrée. On les fait cuire à l'eau avec un peu de sel.

On les fait frire après les avoir marinées avec de l'eau-de-vie et de l'écorce de citron dans une pâte comme les salsifis. — On les fait frire aussi au beurre comme des pommes de terre. — Les racines du CERFEUIL BULBEUX remplacent les patates.

Croustades au cerfeuil bulbeux. Méthode Grandi *.

Coupez des croustades à cœur dans du pain à mie, hautes de un centimètre et demi; cernez la surface en rond à un centimètre de distance du bord; mettez dans une casserole et posez de côté.

Coupez un demi-ognon bien fin, mettez dans une casserole avec un morceau de beurre frais, mettez sur le feu et faites prendre couleur noisette en remuant avec une cuiller en bois, ajoutez-y 100 grammes de champignons nettoyés et hachés très-fins, faites cuire aux trois quarts, ajoutez

---

* Célèbre auteur de la *Gastronomie princière*. Librairie Audot, Lebroc et Cie successeurs. Prix : 5 francs.

quatre cuillers à bouche de cerfeuil bulbeux, nettoyé, lavé et coupé en escalopes; faites cuire pendant 6 minutes, lavez 2 anchois bien dessalés, coupés très-fins; mélangez ceci dans une petite terrine avec une cuiller à café de moutarde à la ravigote, plus trois cuillerées de sauce brune; mettez cela dans la préparation de la casserole, faites bouillir une minute, et remplissez vos croustades, qui, à ce moment, se trouveront frites au beurre; ôtez le couvercle, arrachez bien la mie de pain et glacez au pinceau.

Le cerfeuil bulbeux ainsi préparé se sert comme hors-d'œuvre, entremets de légumes, et pour tout relevé de boucherie braisé.

POMMES DE TERRE [*].

Moyen de les faire cuire pour les manger à la place du pain.

Pelez-les et les faites cuire dans un four quelconque. On les mange ainsi avec du beurre frais et du sel, ou un peu de beurre maître-d'hôtel.

Autre manière : à la vapeur, dite *au Torchon.*

Faites les cuire à la vapeur, dans une marmite de fonte avec séparation, eau et torchon, comme il est dit page 35. On les saupoudre de sel si on veut. Elles peuvent se servir en chemise, en salade, etc., et toutes les fois qu'on devra les écraser.

Pommes de terre à la maître-d'hôtel. (Entrem.)

Faites cuire vos pommes de terre dans l'eau et les pelez; coupez-les par tranches, faites-les frire

---

[*] Toutes les fois qu'on devra les écraser, il sera plus facile et plus prompt de les faire cuire à la vapeur. (Voyez p. 34.) Elles seront plus farineuses.

et mettez-les ensuite dans une casserole avec beurre frais, persil et ciboules hachés, sel, poivre, un filet de vinaigre : faites chauffer et servez. En place de beurre vous pouvez mettre de l'huile ; quand elles sont très-petites, on peut se dispenser de les couper par tranches.

Pommes de terre à la parisienne. (Entrem.)

Mettez un morceau de beurre ou graisse dans une casserole avec un gros ognon, que vous aurez coupé par petits morceaux ; quand il sera de belle couleur, mettez un verre d'eau et vos pommes de terre pelées, poivre et sel, un bouquet garni : faites cuire à petit feu.

Pommes de terre à l'anglaise. (Entremets.)

Vous laverez bien des pommes de terre ; vous les ferez cuire dans de l'eau et du sel, et vous les éplucherez : quand elles seront cuites, vous mettrez tiédir un bon morceau de beurre dans une casserole ; alors vous coupez les pommes de terre en tranches, et vous les placez dans le beurre : ajoutez du sel, du poivre, un peu de muscade râpée ; vous sautez vos tranches de pommes de terre dans le beurre : ne laissez pas tourner le beurre en huile, et servez sur un plat très-chaud.

Pommes de terre à l'italienne. (Entremets.)

Pelez un kilo de pommes de terre cuites dans l'eau ; pilez ou écrasez-les ; mêlez-y 200 gram. de beurre, de la mie de pain trempée cuite dans du lait et refroidie ; ajoutez assez de lait pour rendre le tout maniable, puis 8 jaunes d'œufs frais et 5 blancs battus en neige. Dressez en pyramide sur un plat ; unissez avec un couteau et faites couler dessus du beurre liquide. Faites cuire de belle couleur au four modéré ou sous le four de campagne, et servez tout chaud comme une omelette soufflée.

Pommes de terre sauce blanche. (Entrem.)

Faites cuire vos pommes de terre dans l'eau; pelez-les le plus chaudes qu'il est possible; coupez-les ensuite par tranches; arrangez-les sur le plat que vous devez servir et versez dessus une sauce blanche, faite, s'il est possible, avec de la fécule de pommes de terre.

Pommes de terre à la sauce blonde. (Entremets.)

Vous les faites cuire comme les précédentes et mettez une sauce blonde (p. 157).

Pommes de terre à la crème. (Entremets.)

Vous mettrez un bon morceau de beurre dans une casserole, plein une cuillère de farine, du sel, du poivre, un peu de muscade rapée, du persil et de la ciboule bien hachés. vous mêlerez le tout ensemble, vous y mettrez un verre de crème, vous placerez la sauce sur le feu et vous la tournerez jusqu'à ce qu'elle bouille; vos pommes de terre étant cuites et pelées, coupez-les en tranches et mettez-les dans votre sauce : servez-les bien chaudes.

Pommes de terre au lard. (Entrée.)

Faites frire de petits morceaux de lard; quand ils seront frits, mettez-y une demi-cuillerée de farine que vous faites roussir en tournant toujours; ajoutez du poivre et peu de sel, bouquet de persil, thym, laurier; mouillez avec du bouillon, sinon avec de l'eau, laissez bouillir 5 minutes, mettez alors vos pommes de terre crues, bien épluchées et lavées, coupées par morceaux si elles sont grosses; étant cuites, dégraissez et servez.

Pommes de terre au vin. (Entremets.)

Mettez dans une casserole du beurre, du poivre, du sel, persil et ciboule hachés, un peu de farine; mouillez ensuite avec du bouillon gras ou maigre, un bon verre de vin, plus ou moins, selon la quantité; faites cuire cette sauce et y ajoutez des pommes de terre cuites à l'eau et coupées par tranches. Servez à courte sauce.

Pommes de terre à la lyonnaise. (Entremets.)

Lorsque les pommes de terre sont cuites à l'eau, vous les coupez par tranches et les mettez dans une casserole; faites une purée claire d'ognons (voyez Purée d'ognons, p. 174). Vous la versez dessus; vous tenez les pommes de terre chaudes sans les faire bouillir.

Pommes de terre à la provençale. (Entremets.)

Vous mettez un bon morceau de beurre dans une casserole, ou 6 cuillerées à bouche d'huile, avec le zeste de la moitié d'une écorce de citron, du persil, de l'ail et de la ciboule bien hachés, un peu de muscade râpée, du sel, du poivre; vous éplucherez les pommes de terre; vous les couperez, si elles sont trop grosses; vous les ferez cuire dans l'assaisonnement : au moment de servir, vous y mettrez un jus de citron.

Pommes de terre en purée. (Entremets.)

Pelez des pommes de terre jaunes, faites-les cuire à l'eau avec sel, ou à la vapeur, passez-les à la passoire, mettez-les dans une casserole avec du beurre très-frais, poivre blanc, goûtez-les pour le sel; remuez et mouillez avec du lait jusqu'à ce que la purée soit au degré convenable; faites bouillir un instant sans laisser attacher; servez. On peut y mettre du sucre et point de poivre.

Gâteau de pommes de terre. (Entremets.)

Faites cuire des pommes de terre comme ci-dessus et les passez à la passoire avec écorce de citron râpée; remuez bien sur le fourneau, et mettez un morceau de beurre frais; ajoutez un peu de lait, toujours en remuant, et du sucre; laissez un peu refroidir, et ajoutez 4 jaunes d'œufs et 4 blancs battus en neige; mêlez bien le tout ensemble. Beurrez un moule ou une casserole, et enduisez-le de mie de pain en panure : mettez-y votre composition, posez votre moule sur la cendre rouge, le couvercle avec feu dessus, ou au four, et laissez cuire environ 3 quarts d'heure.

Pommes de terre au fromage. (Entremets.)

Faites cuire à la vapeur (p. 34) douze belles pommes de terre jaunes; pelez-les, broyez-les dans une passoire, disposez-les par couches de 2 centimètres dans un plat creux; séparez chaque couche de pommes de terre par une couche de fromage de gruyère râpé et de bon beurre frais, avec un peu de poivre; lorsque toutes vos pommes de terre seront ainsi disposées, recouvrez-en la surface d'une couche de fromage de gruyère et de fromage parmesan râpés, couvrez pendant 15 minutes d'un four de campagne bien chaud; faites prendre une couleur de noisette.

Pommes de terre farcies. (Entremets.)

Prenez 8 grosses pommes de terre, lavez-les et pelez-les; fendez-les en long par le milieu; creusez-les adroitement avec un couteau ou une cuillère, jusqu'à ce qu'elles soient réduites à l'épaisseur de trois gros sous. Prenez 2 pommes de terre cuites, 2 échalotes hachées, gros comme un œuf de beurre, un petit morceau de lard gras et frais, une pincée de persil et ciboule hachés; pilez le tout avec poivre et peu de sel; formez-en une pâte liée, beurrez l'intérieur des pommes de terre; emplissez-les de cette pâte; que le dessus soit bombé; garnissez le fond d'une tourtière avec du beurre frais; arrangez vos pommes de terre dessus; placez à un feu modéré de four quelconque; au bout d'une demi-heure, si le dessous et le dessus des pommes de terre est rissolé, servez.

Pommes de terre en galette. (Entremets.)

Prenez 12 pommes de terre longues, rouges, cuites dans un four; pelez-les; mettez-les chaudes dans une terrine avec un quarteron de beurre; sel, poivre, un verre de lait; broyez jusqu'à ce que le beurre soit mêlé et fondu. Garnissez le fond d'un plat qui aille au feu d'une légère couche de beurre; versez vos pommes de terre dessus; étendez-les de l'épaisseur de 2 doigts; unissez le dessus; marquez-le en losange avec le dos d'un couteau; posez le four de campagne chaud et plein de braise sur votre plat; point de feu dessous. Quand le dessus est doré et forme une croûte, servez. Il faut environ 10 minutes.

Pommes de terre en pyramide. (Entremets.)

Faites-les cuire à l'eau; épluchez, écrasez, comme pour en faire une purée; mettez dans une casserole avec un petit morceau de beurre et un peu de sel fin; mouillez de bon lait; laissez-les sécher; à mesure qu'elles se dessèchent, mouillez-les de nouveau ; faites cuire et laissez prendre la consistance nécessaire pour les dresser en pyramide sur le plat ; unissez bien cette pyramide, et faites-lui prendre couleur sous le four de campagne ; servez chaud.

Pommes de terre frites. (Entremets.)

Vous coupez vos pommes de terre crues par tranches, vous les jetez dans une friture bien chaude ; quand elles sont cuites et de belle couleur, vous les retirez, les saupoudrez de sel fin, et servez chaud.

Autrement, faites une pâte comme il est indiqué page 346 ; coupez par tranches les pommes de terre cuites à l'eau et sel, trempez-les dans cette pâte ; faites frire.

Pommes de terre en coques. (Entremets.)

Coupez-les en long par tranches de 7 ou 8 millimètres d'épaisseur. Faites-les frire aux trois quarts à chaleur modérée ; retirez-les pâles, faites égoutter et refroidir presque entièrement. Remettez dans la friture *très-chaude*, où vous les remuez beaucoup ; vous les voyez alors se boursoufler et prendre couleur si vous n'en avez pas employé trop à la fois.

Pommes de terre sautées au beurre. (Entrem.)

Otez la pelure des pommes de terre crues, petites et rondes, jeunes de préférence ; mettez un bon morceau de beurre dans une casserole, posez-la sur un feu ardent ; ajoutez-y les pommes de terre, sautez-les jusqu'à ce qu'elles soient blondes ; alors vous les égouttez dans une passoire, vous les saupoudrez de sel fin, et vous les arrangez sur le plat sans autre assaisonnement.

Pommes de terre en salade.

Lorsqu'elles sont cuites et pelées, on les coupe et on les assaisonne, chaudes de préférence, avec de l'huile, du vinaigre*, du sel, du poivre et des fines herbes : à la place de l'huile on peut mettre du beurre et de la crème; on y mêle, si l'on veut, des cornichons coupés par tranches et des betteraves, des anchois et des câpres.

Pommes de terre en chemise. (Hors-d'œuvre.)

Cuites à l'eau et sel, ou au four, ou à la vapeur, on les sert sous une serviette, et chacun les mange soit au naturel, soit avec du beurre.

Boulettes de pommes de terre. (Entremets.)

Prenez des pommes de terre jaunes rondes, que vous faites cuire à l'eau, et les épluchez; écrasez-les ou les pilez. Pour 6 personnes, ajoutez, quand elles sont très-chaudes, 4 œufs, les blancs battus en neige, un peu de crème, persil, ciboules, sel, muscade; mêlez le tout. Prenez-en au bout du couteau le quart d'une cuillerée à bouche, que vous faites glisser dans la friture bien chaude. Cette pâte renfle et forme des espèces de pets de nonne.

Boulettes aux pommes de terre. (Entrée.)

On peut faire un hachis avec des pommes de terre; pour cela, lorsqu'elles sont cuites et pelées, on les écrase et on les mêle dans du hachis de viande avec beurre, sel, poivre, persil, ciboule, échalote hachés, un ou 2 œufs; mêlez bien le tout ensemble; faites-en des boulettes, que vous trempez d'un peu de blanc d'œuf : faites-les frire, et servez garnies de persil ou avec une sauce.

* Quelques personnes mettent un décilitre de vin blanc, diminuant ainsi la quantité de vinaigre.

Duchesses. (Entremets.)

Faites cuire au four 12 pommes de terre jaunes; pelez, écrasez et passez-les en purée; mêlez-y du beurre, 4 œufs, persil haché, sel ou sucre, si on veut, et point de persil; prenez-en dans une cuillère, formez une boule et l'aplatissez comme une petite galette de 4 à 5 centimètres; posez-les au fond d'une large casserole à sauter, dans du beurre bien chaud; étant colorées, retournez-les et les servez brûlantes. Si on ne met pas de persil, on ajoutera de la crème cuite (bouillie et réduite), on mêlera bien et on fera cuire de même. On peut les fariner pour les manier avant de les mettre à la casserole, et on peut aussi en faire des boulettes au lieu de les aplatir.

TOPINAMBOURS.

On les fait cuire à l'eau salée comme les pommes de terre, et on les mange avec une sauce blanche, ou à la maître-d'hôtel ou en salade. Étant pelés, on les coupe par quartiers et on les fait frire comme les pommes de terre. On en met dans les ragoûts en place de fonds d'artichauts.

TRUFFES.

On les choisit grosses, pesantes, le plus rondes qu'on le peut, noires en dessus et marbrées en dedans, assez dures et d'une odeur agréable. Elles entrent dans une infinité de ragoûts, auxquels elles donnent un goût excellent. On doit les laver à plusieurs eaux froides, avec une brosse, jusqu'à ce que l'on soit bien certain qu'il n'y reste pas un grain de sable. Elles doivent être pelées toutes les fois qu'on les emploie dans des volailles ou des ragoûts, et les pelures employées dans la farce.

Truffes au naturel. (Hors-d'œuvre.)

Prenez de belles truffes bien lavées et nettoyées, enveloppez chacune de 5 ou 6 morceaux de papier, que vous mouillez après, et les faites cuire dans la cendre chaude pendant une bonne heure; ôtez le papier, essuyez les truffes et servez chaudement dans une serviette.

Truffes au vin. (Hors-d'œuvre.)

Vous les faites cuire entières dans une casserole avec du lard haché, bouquet garni, une gousse d'ail, jus, bouillon et une demi-bouteille de bon vin blanc. Servez sous une serviette pliée. (Voyez les articles *Ragoût de truffes* et *Dinde aux truffes*.)

CHAMPIGNONS.

Il est prudent, même en ne faisant usage que des champignons cultivés sur couches, de ne point se servir de ceux qui ont été récoltés trop vieux, dont le chapeau est étalé, les lames noirâtres. On doit, en outre, mettre quelques heures entre le moment de leur récolte et celui où on les emploie; on les épluche, on coupe les plus gros en plusieurs morceaux, en les jetant à mesure dans de l'eau froide avec un peu de vinaigre, ce qui d'ailleurs les empêche de rougir; enfin dans les ragoûts, on ne doit en mêler qu'après les avoir fait bien égoutter. On fera blanchir à l'eau bouillante, avec un peu de vinaigre, ceux dont on se défiera. (Voyez *Champignons*, Propriétés des aliments. Voyez aussi *Ragoût*, page 177.)

Champignons sautés. (Entremets.)

Préparez-les comme il est dit ci-dessus. Mettez-les dans une casserole avec beurre, sel, poivre; faites cuire un quart d'heure et servez. Ajoutez, à volonté, fines herbes et ail hachés. — *En caisse.* Préparez-les de même et les faites cuire en caisse dans laquelle vous les servez.

Champignons sur le gril. (Hors-d'œuvre.)

Il faut choisir les gros : on les épluche et on leur ôte la tige; on les place sur le gril de manière qu'ils aient en dessus leur creux, que l'on remplit de beurre, sel, poivre et fines herbes, au moment de servir, comme on fait pour des rognons de mouton à la brochette.

Champignons en fricassée de poulet. (Entremets.)

Épluchez et coupez-les, s'ils sont gros; faites-les blanchir; remettez-les à l'eau froide et les essuyez bien. Mettez-les dans une casserole avec un morceau de beurre; faites revenir; ajoutez une pincée de farine, sel et poivre, un bouquet de persil; mouillez avec du bouillon et faites cuire un quart d'heure. Faites une liaison de jaunes d'œufs avec une demi-cuillerée de vinaigre au moment de servir.

Coquilles de champignons. (Entremets.)

Préparés et cuits comme ci-dessus, mettez-les en coquilles, comme il est dit pour les huîtres (page 310), à sauce réduite et épaisse.

Croûte aux champignons. (Entremets.)

Préparez comme ci-dessus en fricassée de poulet, faites frire dans le beurre une bonne croûte de pain, que vous mettez dans le fond du plat qu'on doit servir; versez les champignons dessus, et servez bien chaud.

MORILLES ET MOUSSERONS.

A l'état frais, épluchez-les et les lavez s'ils ont

do la terre. Mettez-les à la casserole dans l'eau ou vin blanc et bouillon, assez pour qu'ils baignent, bouquet, ognon; faites chauffer une demi-heure, *sans bouillir*, puis ensuite mijoter et réduire 3 quarts d'heure. Servez-vous-en comme des champignons. Coupés en filets, on en met dans une *omelette*.

Sur quelques champignons que l'on fait sécher.

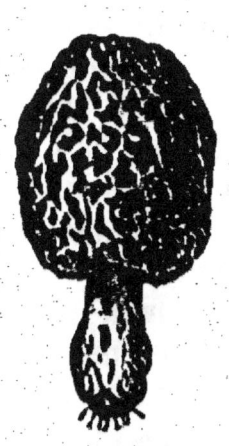

Morilles, mousserons. — On connaît peu dans les villes, et on ne fait pas à la campagne tout l'usage que l'on pourrait de la morille, qui cependant donne un goût fort agréable aux sauces et dont le fumet participe de celui du champignon et même un peu de la truffe. Son pied est cylindrique, uni, long de 6 à 8 centimètres. On reconnaîtra la morille à son chapeau ovale, crevassé d'alvéoles, un peu comme celles des abeilles.

On la trouve, en avril et mai, au bord des fossés un peu humides, des bois, des haies, au pied des ormes et des frênes. Elle est du genre botanique *Phallus*. — La morille sert aux mêmes usages que les champignons, surtout comme assaisonnement. Elle fait beaucoup valoir les ragoûts en leur communiquant plus de parfum que le champignon. — Il faut avoir soin, en la récoltant (exempte d'humidité), de la couper et non de l'arracher, afin de ne pas enlever de la terre, qui la salirait en entrant dans les cavités du chapeau. — On en fait usage à l'état frais en évitant le lavage autant que possible pour ne pas en perdre le parfum. Il y en a deux espèces, la grise et la blanche, égales en qualité. On les fend en 2 ou en 4, et on les enfile en guirlandes pour faire sécher et conserver. (Voyez *Omelettes*, page 388.)

Le mousseron, *agaricus albellus*, MOUSSERON VRAI, est un petit champignon à chapeau d'abord sphérique, et ensuite campanulé, de 4 à 6 centimètres, épais, couvert d'une peau sèche comme celle d'un gant, pied très-épais et court, blanc jaunâtre. Il se trouve en *mai* et *juin* sur les friches et dans les bois. — Le faux mousseron, *agaricus tortilis*, à chapeau d'abord hémisphérique, puis conique, naît en groupes sur les souches, dans les pâturages, les sables, au bord des bois, en *août* et *septembre*. Son pied se tortille comme une corde en séchant. — Ces mousserons remplacent la morille; ils se dessèchent et s'accommodent de même.

Le mousseron aromatique diffère du vrai mousseron par son chapeau roux tendre, arrondi, convexe. Il est large de 5 centimètres. Pied blanc, court, épais, tubéreux à sa base. Commun dans les pâturages, les haies, les bords des bois, fin mai, sous l'herbe; commun en Bourgogne. Chair blanche, parfumée, d'un goût très-fin.

On peut confondre avec le mousseron plusieurs petits champignons de même couleur et de même forme qui n'ont point son goût agréable. On les distinguera à la surface de leur chapeau, qui n'est pas sèche, à leur consistance plus molle et à leur support creux et cassant.

Un autre ordre de champignons offre encore l'avantage de servir secs en cuisine, c'est le genre

Boletus, qui renferme les espèces appelées *cereus*, cèpe bronzé, cèpe noir (voir la fig.), *edulis*, cèpe, gyrole, — *scraber*, — *aurantiacus*, gyrole rouge. On trouve, à bon marché, ces champignons secs chez les marchands de comestibles, où ils sont envoyés de Gascogne et du Bordelais. Leur étude serait longue, et il faudrait de grandes figures coloriées. Plusieurs se trouvent aux environs de Paris et dans beaucoup d'autres lieux en France. On les coupe par tranches, qu'on enfile et qu'on fait sécher. Ils tiennent lieu de morilles.

Pour faire usage des champignons secs, ainsi que des *morilles*, on les fait tremper dans un peu d'eau tiède et on les apprête comme des frais. Des amateurs les râpent bien secs et en font une poudre d'assaisonnement pour les sauces.

MELONS ET FIGUES. (Hors-d'œuvre.)

Les figues se servent au premier service comme hors-d'œuvre et peuvent faire pendant avec le melon. On doit les dresser l'un et l'autre sur des feuilles de vigne, le melon découpé par tranches.

On servira du sucre en poudre à côté pour les personnes qui l'aiment avec ces deux fruits.

Manière de servir un melon tout découpé et où il n'y a plus qu'à détacher l'extrémité des tranches pour les offrir sur les assiettes

ŒUFS.

Voyez Conservation des œufs.

Œufs à la coque. (Hors-d'œuvre.)

Quand l'eau bout, mettez-les dedans; retirez-les du feu; couvrez-les 5 minutes pour les laisser faire leur lait; retirez-les de l'eau et servez-les dans une serviette: de cette manière on est toujours sûr de réussir

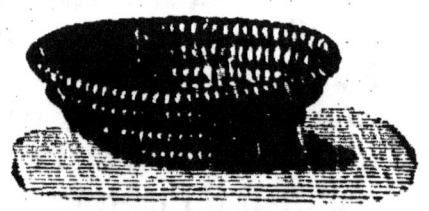

Cabanon pour œufs.

si on a employé une quantité d'eau suffisante. Quand on a un coquetier fait pour servir sur la table, on y verse *promptement* l'eau bouillante sur les œufs et on les sert dans cette eau en leur laissant 5 minutes pour cuire. Voir aussi pages 56 et 57.

Œufs sur le plat dits au miroir. (Entremets.)

Étendez un peu de beurre sur un plat qui aille au feu, cassez vos œufs dessus avec sel, poivre; faites cuire à petit feu, passez la pelle rouge et servez de suite. On peut les saupoudrer de fromage râpé. Ou bien foncez le plat de tranches minces de *jambon*, faites revenir un peu et cassez les œufs dessus.

Œufs au miroir aux asperges. (Entremets.)

Coupez de petites asperges en petits pois; n'en prenez que le tendre; faites-les blanchir à l'eau bouillante; mettez-les après dans une casserole avec un bouquet de persil, ciboule, un morceau de beurre; passez-les sur le feu; mettez-y une pincée de farine; mouillez avec un peu d'eau; faites cuire; assaisonnez avec un peu de sel, et très-peu de sucre; la cuisson faite et plus de sauce, mettez-les dans le fond du plat que vous devez servir; cassez dessus des œufs, que vous assaisonnez de sel, gros poivre, un peu de muscade; faites cuire et servez très-chaud.

Œufs mollets. (Entrée.)

Faites bouillir de l'eau dans une casserole, dans laquelle vous mettez le nombre d'œufs que vous jugez à propos; laissez bouillir 5 minutes et retirez-les promptement dans de l'eau fraîche * : ôtez-en doucement les coquilles pour ne pas rompre le blanc. Par ce moyen vous avez des œufs mollets flexibles sous le doigt; vous les servez entiers sur une sauce blanche, sauce verte, sauce Robert, sauce piquante, sauce ravigote, et toutes sortes de ragoûts, purées ou jus. La meilleure est une farce d'oseille (page 354).

Œufs à la béchamel. (Entremets.)

Coupez en rouelles de 3 millimètres d'épaisseur des œufs durs; mêlez-les à une sauce béchamel, et servez bien chaud.

Œufs pochés. (Entrée.)

Il faut faire choix d'œufs le plus frais possible. On met une casserole aux 3 quarts pleine d'eau sur le feu, 2 cuillerées de vinaigre, un peu de sel; lorsque l'eau est en ébullition, on y casse les œufs l'un après l'autre, et le plus près de l'eau possible, afin qu'ils ne tombent pas de trop haut, et on les tâte avec le doigt : s'ils sont assez mollets, on

---

* Il faut aussi passer les œufs durs dans de l'eau froide en sortant de l'eau bouillante, afin de pouvoir en enlever facilement la coquille.

les retire avec précaution, on les met dans de l'eau tiède pour ensuite les parer, les égoutter sur un linge et les servir comme les œufs mollets.

L'opération du pochage ne réussissant pas aisément, voyez la pocheuse, page 39.

Œufs en matelote. (Entremets.)

Versez dans une casserole demi-litre moitié vin rouge et moitié eau ou bouillon; ajoutez un bouquet garni, un ognon, gousse d'ail, sel, poivre, épices; faites bouillir 10 minutes; retirez l'assaisonnement; pochez-y 6 œufs frais l'un après l'autre en les retirant à mesure avec l'écumoire. Dressez-les sur le plat sur des croûtes de pain. Faites réduire le vin, liez-le de beurre gros comme 2 petits œufs, manié d'une cuillerée de farine: versez cette sauce sur les œufs et servez.

Œufs frits. (Entremets.)

Faites frire dans le beurre, s'il n'y en a que 3 ou 4, ou dans la friture bien chaude, pochez dedans les œufs un à un; faites en sorte qu'ils soient bien ronds en les retournant, et ne laissez point durcir le jaune. Servez-les de la façon qui est indiquée pour les *œufs mollets,* même sauce ou ragoût.

Œufs aux fines herbes. (Entremets.)

Mettez dans une casserole persil, ciboule, échalote, le tout haché; sel, poivre, un demi-verre de vin blanc, un morceau de beurre manié de farine; faites bouillir sur le feu un demi-quart d'heure, la sauce étant liée comme il faut, dressez sur le plat des œufs frais mollets, mettez la sauce dessus, poudrez avec de la chapelure de pain bien fine : servez chaudement

OEufs brouillés. (Entremets.)

Si vous voulez les faire au naturel, mettez simplement les œufs dans une casserole avec un peu de beurre et assaisonnez; faites-les cuire sur un fourneau, en les remuant toujours. Quand ils sont cuits mollets, servez-les promptement. On peut mettre une cuillerée de crème et les faire de la même façon. Pour les faire avec quelque ragoût de légumes, soit *céleri, laitue, chicorée,* pointes d'*asperges,* il faut que le ragoût soit fini comme si on était prêt à le servir; hachez-le fort menu, et en mettez un peu dans vos œufs : brouillez-les comme les autres. On les fait *au fromage* ou *fondu,* en y mêlant du fromage râpé, gruyère ou parmesan.

OEufs au verjus. (Entremets.)

Faites fondre dans une casserole une cuillerée de graisse avec un peu de beurre manié de farine; lorsque le tout sera fondu et commencera à devenir blond, ajoutez-y un demi-verre de jus; liez votre sauce, et y jetez alors 8 ou 10 œufs bien battus avec du verjus; tournez-les continuellement avec une fourchette pour les brouiller, sur un feu doux, en observant de n'y mettre que peu de verjus, car son acidité augmente en cuisant.

OEufs aux petits pois. (Entremets.)

Faites cuire des petits pois verts dans du bouillon; lorsqu'ils seront cuits bien moelleux, ajoutez-y quelques croûtons frits; cassez-y des œufs avec sel et poivre, et les faites cuire sur un feu doux; feu dessus et dessous, pour qu'ils cuisent également.

OEufs à la tripe. (Entremets.)

Vous faites cuire des ognons avec un bon morceau de beurre frais, et très-doucement. Étant cuits, vous y mettez du sel, une cuillerée de farine, une tasse de crème, et gros comme une noisette de sucre : faites mijoter. Ornez ce ragoût d'œufs durs coupés en quartiers et servez.

Œufs à l'aurore. (Entremets.)

Faites durcir 8 œufs, ôtez les coquilles ; coupez-les en 2 en travers par le milieu ; ôtez les jaunes, que vous mettez dans une terrine avec un quarteron de beurre frais, fines herbes, sel fin, un peu de muscade râpée, un peu de mie de pain trempée dans du lait et exprimée ; écrasez le tout ensemble. Servez-vous de cette farce pour remplir les blancs, plus que pleins. Prenez un plat ou une tourtière, beurrez le fond, et le garnissez d'une mince épaisseur de farce, d'une purée ou d'un ragoût ; arrangez dessus vos 16 moitiés d'œufs, le rond en dessous. Couvrez du four de campagne bien chaud ; laissez un quart d'heure, et servez.

Œufs en caisse. (Entremets.)

Pour chacun, vous faites une petite caisse de fort papier collé ; mettez-y du beurre gros comme une noix, fines herbes ; faites chauffer sur un gril ; cassez-y un œuf que vous assaisonnez et couvrez de mie de pain, ou de parmesan râpé ; faites cuire doucement et passez la pelle rouge dessus.

Œufs au beurre noir. (Entremets.)

Mettez dans une poêle un morceau de beurre, que vous faites fondre sur le feu ; quand il ne crie plus, vous mettez dans la poêle les œufs que vous avez eu soin de casser dans un plat et d'assaisonner de sel et poivre ; faites-les cuire, et passez une pelle rouge par-dessus pour faire cuire le jaune, servez en versant dessus une cuillerée de vinaigre chauffée à la poêle.

Œufs à l'eau. (Entremets sucré.)

Mettez dans une casserole un demi-litre d'eau, un peu de sucre, du zeste de citron ; faites bouillir un quart d'heure à petit feu ; laissez refroidir. Cassez dans une terrine à part 7 œufs, dont vous délayez les jaunes et un blanc avec ce que vous avez mis refroidir, et une cuillerée d'eau de fleur d'oranger si vous n'avez pas mis de citron ; passez ensuite au tamis, et faites prendre au bain-maris dans le plat qui doit servir, en couvrant avec feu dessus et dessous *.

Œufs au lait (Entremets sucré.)

Faites bouillir un litre de lait avec zeste de citron ou vanille et du sucre ; lorsqu'il bout, versez-le dans un plat où vous aurez bien battu six œufs entiers ; remuez bien le tout ensemble, faites prendre au bain-maris, couvrez d'un couvercle de cuivre ou de fer avec feu dessus. Quand les œufs sont pris comme une crème, saupoudrez de sucre et passez la pelle rouge dessus, mais seulement au moment de servir ; servez froid.

Les œufs au *lait* et ceux à l'*eau* sont des crèmes économiques, parce que l'on y emploie tous les blancs d'œufs. On peut employer café ou chocolat comme aux *crèmes*, pages 414 et suiv.

Œufs à la neige. (Entremets sucré.)

Prenez un demi-litre de lait, 2 cuillerées à

---

* Pour ces entremets d'œufs comme pour tous les autres *entremets sucrés et crèmes* où il est recommandé de faire cuire ou prendre avec FEU DESSUS ET DESSOUS, on produit cet effet au moyen du couvercle de casserole (page 38), QUI ÉVITE SOUVENT D'EMPLOYER LES FOURS.

bouche d'eau de fleur d'oranger, 60 grammes de sucre; mettez le tout dans une casserole, et faites bouillir; prenez six œufs, séparez les jaunes des blancs; battez les blancs en neige bien ferme et les saupoudrez de sucre mêlé de vanille en poudre ou de fleur d'oranger pralinée *. Quand votre lait a bouilli, mettez dedans vos œufs en neige par cuillerées; retournez-les avec une écumoire, pour faire cuire de tous côtés; quand ils sont cuits, retirez-les et dressez-les sur le plat que vous devez servir; faites lier le lait sur le feu avec vos jaunes d'œufs délayés dans une cuillerée de lait, versez sur vos œufs à la neige, laissez refroidir et servez.

Gâteau d'œufs à la neige. (Entremets sucré.)

Prenez 6 œufs, dont vous séparez les blancs et les jaunes; battez les blancs très-ferme et les versez dans un moule enduit de caramel épaissi. Comme ces blancs gonfleront et monteront, il faut d'abord qu'ils ne remplissent que la moitié du moule. Placez le moule dans un bain-marie avec un couvercle et un peu de feu dessus; faites cuire un quart d'heure; renversez-les sur un plat; faites bouillir 5 minutes un demi-litre de lait avec un quart de sucre, de la vanille ou zeste de citron; laisser refroidir un peu; battez les 6 jaunes d'œufs avec de l'eau de fleur d'oranger si vous n'avez mis ni citron ni vanille, et les y versez doucement; mêlez, tournez sur un feu doux jusqu'à consistance de crème. Laissez refroidir et servez cette crème autour du gâteau de blancs d'œufs dont

---

* Il faut se placer dans un endroit frais pour les battre dans l'été. Battez-les avec la verge de fer étamé ou avec la fouetteuse américaine (page 48). Ils sont à leur point quand ils supportent un œuf entier. Il faut y mêler du sucre en poudre quand ils commencent à se mettre en neige.

vous aurez fait égoutter le caramel qui aura coulé sur le plat.

Œufs à l'ardennaise. (Entremets.)

Battez en neige des blancs d'œufs que vous aurez assaisonnés comme une omelette; versez cette neige sur une tourtière beurrée et versez aussi, à travers votre neige, 4 ou 5 cuillerées de bonne crème; placez-y ensuite, à distance égale, les jaunes entiers; faites cuire promptement, feu dessus et dessous, mais à feu qui ne soit pourtant pas trop vif. Servez sur la tourtière sans faire attendre.

Omelette aux fines herbes, etc. *. (Entrem.)

Cassez des œufs, que vous mettez dans une terrine avec sel fin, poivre, persil, ciboules hachés très-fin, un peu d'eau ou de lait; battez bien les œufs; faites fondre du beurre dans une poêle, mettez dedans les œufs; faites cuire l'omelette, ayez soin qu'elle soit d'une belle couleur en dessous : pliez-la en 2 en la passant dans le plat que vous devez servir.

On peut la servir sans fines herbes, et alors c'est une omelette *au naturel*.

Une omelette fait un agréable effet servie sur une sauce tomate.

Si vous voulez faire des omelettes *aux rognons, aux pointes d'asperges, aux champignons*, il faut que le tout soit cuit et assaisonné comme si vous vouliez le servir. Vous hachez ou émincez ces objets pour qu'ils se mêlent bien dans les œufs. *Au fromage d'Italie*, on le mêle avec les œufs; *aux truffes* ou *aux morilles*, coupées, crues, par filets et

---

* Pour être bien faite, une omelette ne doit pas dépasser 12 œufs. — La poêle ne doit pas servir à autre chose. — Si on battait trop longtemps les œufs, ils se décomposeraient.

revenues dans le beurre. Battez le tout, et faites ces omelettes dans une poêle comme les autres.

Celles que l'on fait pour servir sur une farce d'oseille, *laitue* ou *chicorée*, se font différemment. Vous ferez ces ragoûts en maigre, comme il est dit à chaque article de ces herbes ; vous les dresserez dans un plat que vous devez servir, et mettrez dessus une omelette où il n'y aura que des œufs, sel et poivre.

Omelette aux ognons. (Entremets.)

Coupez finement un bel ognon ; faites-le revenir sur un feu modéré dans du beurre très-frais ; quand il sera cuit à point, versez vivement six œufs frais, battus en omelette ; mélangez le tout rapidement ; finissez comme l'omelette ordinaire.

Omelette à la Célestine. (Entremets.)

Battez bien vos œufs, et, pour rendre votre omelette plus légère, mettez dans vos œufs, avant qu'ils soient dans la poêle, de petits morceaux de beurre frais ; il faut que le beurre de la poêle soit bien chaud avant de mettre vos œufs dedans.

Omelettes de toutes couleurs. (Entremets.)

Faites 4 petites omelettes à la *Célestine*, et les colorez en incorporant : dans l'une du vert d'épinard, dans l'autre de la tomate ; une autre sera blanche, faite avec des blancs d'œufs, tandis que les jaunes auront été employés dans une quatrième au naturel et qui deviendra plus jaune au moyen de ces jaunes ajoutés. On les sert sur le plat en rond en échelonnant les unes sur les autres, et, si on veut, sur une sauce tomate pâle au point de n'être que de couleur aurore.

Macédoine d'omelettes. (Entremets.)

Au lieu de servir une omelette à un seul goût, qui peut ne pas plaire à tous les convives, on fera une petite omelette au lard, une aux fines herbes, une au naturel et une au fromage, sur le même plat et entrelacées comme celles ci-dessus.

Omelette au fromage. (Entremets.)

Râpez du fromage de Gruyère, que vous battez avec des œufs et une tasse de crème très-épaisse dans une terrine; assaisonnez de poivre et d'un peu de sel proportionné au degré de salaison du fromage; versez le tout dans la poêle, où vous avez fait fondre du beurre; faites cuire et servez chaud. On peut supprimer la crème. — On peut aussi faire de la manière suivante : Faites une omelette ordinaire; quand elle est cuite, vous la saupoudrez de fromage râpé, vous glacez avec la pelle rouge et servez chaud.

Omelette au lard ou au jambon. (Entremets.)

Coupez le lard par dés et faites-le cuire à la poêle avec un peu de beurre. Vous y versez ensuite les œufs battus, épicés, sans sel. Si c'est au jambon, vous le coupez par petites tranches minces, et faites de même.

Omelettes aux huîtres et aux moules. (Entremets.)

Faites *blanchir* des huîtres dans leur eau, égouttez-les, coupez-les par filets, faites-en une omelette, comme toute autre, avec beurre, en employant 4 huîtres assez grosses par œuf. — Servez-vous de la même manière de moules, mais après les avoir *sautées* dans la casserole pour leur donner le degré de cuisson qu'elles réclament. Ne laissez pas d'eau, car l'omelette se ferait mal.

Omelette au thon mariné.

Hachez fin (gros comme la moitié d'un œuf de thon), avec une pointe imperceptible d'ail et une un peu plus forte d'échalote. En hachant le thon vous y aurez mêlé et haché une laitance de carpe blanchie à l'eau un peu salée. Vous mettez chauffer le tout dans la poêle avec du beurre : aussitôt que le beurre sera fondu, vous le mêlerez avec 6 œufs que vous aurez battus ; vous battrez encore un peu et verserez de nouveau dans la poêle pour faire l'omelette à la manière ordinaire, en remettant de nouveau beurre. Vous placerez le plat où vous devez la servir sur de la cendre chaude avec une maître-d'hôtel composée de persil haché et de beurre, vous la servirez bien chaude sur cette maître-d'hôtel avec du jus de citron. Cette omelette est déjà fort délicate sans laitance.

Omelette aux écrevisses. (Entremets.)

Faites cuire des écrevisses comme il est dit page 328 ; épluchez-les de leurs coquilles, et les pilez en en réservant les queues ; pilez aussi quelques coquilles très-fin avec un peu de beurre, pour en tirer un coulis rouge ; cassez des œufs ; battez-les, assaisonnez de sel et poivre, ajoutez les écrevisses pilées et les queues, le coulis rouge, mêlez le tout, et faites cuire à la poêle.

Omelette au macaroni. (Entremets.)

Mêlez aux œufs d'une omelette du macaroni de desserte coupé par petits morceaux, et vous aurez une très-bonne omelette si vous avez proportionné le sel au fromage employé. Un tiers autant de macaroni, bien en fromage, que d'œufs.

Omelette au pain. (Entremets.)

Mettez dans une terrine une demi-poignée de mie de pain avec un verre de lait, sel, poivre, un peu de muscade ; quand le pain a bu toute la crème, cassez-y des œufs et les battez ensemble pour en faire une omelette. — *Autre.* Faites frire des petites tranches minces de pain et les ajoutez à des œufs battus pour omelette. — *Autre.* Faites des petits *dés* de pain grillé, revenus dans du jus. Mêlez-les dans l'omelette en la battant.

Omelette au lait. (Entremets sucré.)

Cassez 4 œufs et y mêlez 2 cuillerées de farine battue avec un peu de lait et du sucre en poudre. Faites cuire et servez-la couverte de sucre.

Omelette aux pommes. (Entremets sucré.)

Aux œufs, à la farine et au lait ci-dessus, on ajoute des tranches de pommes revenues dans la poêle et presque cuites.

Œufs aux macarons. (Entremets sucré.)

Prenez 6 jaunes d'œufs et 3 blancs ; mettez-les dans une terrine avec 2 macarons, fleur d'oranger ou zeste de citron, le tout haché très-fin ; sucre râpé, une once de beurre, que vous faites fondre ; mêlez avec les œufs ; battez le tout ensemble comme pour faire une omelette ; faites cuire au bain-marie dans le plat que vous devez servir ; quand ils sont presque cuits, glacez avec du sucre et la pelle rouge.

Omelette au sucre. (Entremets sucré.)

Battez d'abord séparément les blancs de 6 œufs, mêlez aux jaunes un peu de sucre râpé et zeste de citron ; ajoutez les jaunes aux blancs et battez bien le tout ensemble, en y joignant un peu de lait et très-peu de sel; mettez alors votre omelette dans la poêle, faites cuire, sucrez-la encore, ployez-la en chausson, saupoudrez-la en dessus et passez la pelle rouge dessus; servez chaud.

Omelette au rhum. (Entremets sucré.)

Vous dressez sur un plat qui aille au feu l'omelette sucrée ci-dessus et l'arrosez abondamment de rhum, auquel vous mettez le feu sur table.

Omelette aux confitures. (Entremets sucré.)

Prenez 6 œufs, dont vous battez d'abord les blancs séparément; mêlez aux jaunes un peu de zeste de citron, ajoutez ensuite les jaunes aux blancs, et battez bien le tout ensemble, en y mêlant un peu de crème; faites-la cuire comme à l'ordinaire; quand elle sera cuite, mettez dessus de la confiture à votre choix, pliez-la en chausson en la dressant sur le plat, saupoudrez-la de sucre et passez la pelle rouge.

Omelette soufflée. (Entremets sucré.)

Mêlez et battez 6 jaunes d'œufs avec 125 gram. de sucre en poudre, zeste de citron râpé, fouettez les 6 blancs et les mêlez aussi, et légèrement. Beurrez bien un plat qui aille au feu, versez dedans votre omelette, et saupoudrez-la de sucre; mettez au four ou sur de la cendre chaude avec le four de campagne bien chaud dessus; servez vite aussitôt qu'elle est bien levée : soit 6 à 8 minutes. On peut employer de la vanille en poudre au lieu de citron.

Fondu à la ménagère (ordinaire). Entremets.

Mettez dans une casserole 100 grammes de

bon beurre que vous faites fondre sans trop le chauffer, ajoutez 40 grammes de farine, mélangez bien, plus 4 jaunes d'œufs et un demi-verre de lait. Faites bouillir 2 minutes et travaillez avec une cuiller de bois sans laisser attacher. En retirant du feu, mélangez-y de suite 100 grammes de parmesan râpé et 100 grammes de gruyère en petits dés, sel, poivre et noix de muscade, ainsi que deux blancs d'œufs bien montés. Remplissez vos caisses aux deux tiers ; faites cuire à feu doux. Servez de suite.

On peut supprimer le parmesan et mettre 200 grammes de gruyère en place. Le même appareil* ; on peut le faire cuire dans une casserole à gratin.

Fondu à la moderne. (Entremets.)

Mettez dans une casserole six jaunes d'œufs, 20 grammes de farine bien sèche et 10 grammes de fécule de pommes de terre, mélangez le tout ensemble avec une cuillère en bois ; versez-y un verre de crème double et 50 grammes de beurre bien frais par petites parties ; mettez sur le feu et faites bouillir 3 minutes, en ayant soin de ne pas laisser attacher au fond de la casserole.

En le retirant du feu vous aurez déjà préparé 200 grammes de parmesan râpé et 150 grammes de bon gruyère coupé en petits dés. Mélangez bien l'appareil en y ajoutant sel, poivre, et très-peu de noix de muscade, plus deux blancs d'œufs bien montés ; remplissez vos caisses aux deux tiers, et faites cuire à four modéré. Servez de suite.

---

* Appareil se dit de tous les ingrédients qui entrent dans un mets.

Darioles de Lodi. (Entremets.)

Avec le même appareil, en supprimant les blancs d'œufs montés et mettre à la place deux œufs entiers et trois jaunes; remplissez les darioles que vous aurez bien beurrées d'avance, faites-les cuire 12 minutes au bain-marie. Démoulez-les sur un plat bien chaud; versez dessus du beurre fondu, avec un peu de sel et de poivre. Servez de suite.

MACARONI. (Entremets.)

Faites bouillir de l'eau et jetez le macaroni : il faut de 6 à 10 fois autant d'eau que de macaroni; on emploie, si on veut, du bouillon. Quand il est cuit, salez-le, selon que le fromage le sera plus ou moins; laissez-le encore une minute, retirez du feu et versez un peu d'eau froide pour empêcher de cuire davantage. Faites égoutter promptement le macaroni. Mêlez-y 125 grammes de fromage râpé pour 250 grammes de macaroni, ou autant, si vous voulez, de vieux gruyère ou parmesan, ou moitié de chacun; du poivre; versez le tout sur un plat creux que vous devez servir et que vous avez bien beurré; saupoudrez de fromage râpé; couvrez 15 minutes du four de campagne bien chaud; servez bien doré. (Voyez *macaroni à la napolitaine.*) (Cuisine italienne.)

Macaroni en timbale. (Entremets.)

Faites cuire 250 grammes de macaroni, comme il est dit ci-dessus; ajoutez 30 gram. de beurre, du poivre, 250 grammes de fromage, vieux gruyère râpé ou parmesan, ou moitié de chacun; sautez le tout ensemble jusqu'à ce que le fromage soit bien fondu; vous avez beurré un moule ou une casserole et l'avez garnie d'une abaisse de pâte de l'épaisseur d'un ou deux sous, mettez dedans votre macaroni, et couvrez-le d'une abaisse de pâte de même épaisseur; faites cuire sur un feu très-doux; couvrez la casserole d'un couvercle et mettez du feu dessus; laissez cuire pendant une demi-heure au moins; quand la cuisson est faite, renversez votre macaroni sur le plat que vous devez servir. La pâte se fait comme celle pour les *puddings* 3'. Si on craint que la pâte du fond et du dessus vienne à brûler, on peut placer dessus et dessous un rond de papier beurré.

ENTREMETS SUCRÉS.

Voyez aussi pour les entremets sucrés les articles *OEufs* et *Entremets anglais*.

Carottes en entremets sucré.

Coupez 400 grammes de carottes par filets très-minces, faites-les blanchir et égoutter; mettez-les dans une casserole, recouverte d'eau bouillante, avec 500 grammes de sucre; quand l'eau sera réduite de moitié, ajoutez le zeste d'un citron haché fin; quand elle sera réduite à 3 cuillerées, exprimez-y le jus de 2 citrons. On peut donner à ce mets la forme que l'on veut, cela dépend du moule dont on se servira. On peut le servir vis-à-vis d'une charlotte russe.

Condé aux pommes, poires, abricots, etc.

Faites cuire très-ferme du riz au lait, ajoutez-y, étant cuit, un peu de beurre, vanille ou autre aromate et jaunes d'œufs, dressez en couronne sur un plat, masquez de marmelade d'abricot cette couronne, et placez au milieu des pommes, poires, abricots ou pêches préparés ou cuits comme pour compotes; servez chaud.

Suédoise de pommes.

Cette pièce, variété de la Condé, exige de l'habitude. Une sorte de marmelade de pommes flanquée de petits bâtons de pommes (que l'on a passés un moment dans un sirop bouillant) et de fruits confits supporte une belle pomme ciselée en ananas et cuite dans le sirop avec du safran pour la colorer. On imite les feuilles avec de l'angélique.

Charlotte de pommes.

Pelez et épluchez des pommes tendres, que vous coupez par morceaux; mettez-les dans une casserole où vous avez fait fondre un morceau de beurre et ajoutez du sucre et de la cannelle; faites feu dessus et dessous; en ne les remuant pas, elles ne s'attacheront pas; quand elles seront fondues, laissez-les en purée et faites un peu réduire sur le feu sans laisser attacher. Taillez des mies de pain en croûtons pour garnir le fond d'un moule, sans qu'il y ait du jour entre; garnissez aussi de croûtons le tour. Tous ces croûtons seront passés au beurre et saupoudrés ensuite de sucre quand ils seront frits. Placez votre marmelade dedans par lits et ajoutez, si vous voulez, entre chaque lit un lit de marmelade d'abricots; recouvrez-la d'un couvercle de tranches de pain très-minces, et faites cuire avec feu dessus et dessous : 20 minutes suffisent pour prendre couleur; renversez sur le plat et servez chaud. On peut aussi la faire en timbale avec une pâte au lieu de croûtons, comme le macaroni.

Charlotte russe aux pommes.

On dispose des biscuits comme pour la charlotte russe. On a fait cuire des pommes au beurre, que l'on coupe par moitiés ou en quartiers et dont on garnit le tour du moule en dedans des biscuits, en laissant, si l'on veut, un creux au milieu, que l'on remplit des confitures de groseilles; renversez sur le plat et servez froid.

Pommes au beurre.

Prenez des pommes autant qu'il en pourra tenir sur la tourtière, videz-les avec une videlle de fer-blanc (p. 49), pelez-les si elles sont d'une consistance solide et qu'elles ne puissent fondre; ayez soin de ne pas les endommager. Coupez des tranches de mie de pain rassis à la grandeur de vos pommes. Beurrez la tourtière, et y placez le pain et les pommes dessus; emplissez le vide de chaque pomme avec du sucre, et terminez en dessus par un morceau de beurre bien frais. Placez votre tourtière sur un feu doux, et le four de campagne dessus : vous en renouvelez le feu s'il est nécessaire. Vous remettez ainsi plusieurs fois du sucre râpé dans les pommes, et aussi toujours du beurre. Il faut que le feu soit très-doux dessus et dessous pour les maintenir fermes et qu'elles ne baissent pas et encore pour que le pain ne brûle pas. On les sert toutes chaudes sur leur pain, et arrosées du beurre et de leur jus.

Pommes à la Portugaise.

Quand les pommes au beurre, ci-dessus, sont presque prêtes à être servies, on remplit les creux de confitures, elles prennent le nom de pommes à la portugaise.

Pommes au riz.

Faites crever 125 gram. de riz dans du lait avec sucre et zeste haché; ajoutez du lait à mesure qu'il crève. Pelez 6 pommes, enlevez les cœurs avec le vide-pomme; mettez-les mijoter dans un sirop d'eau et sucre avec un jus de citron : quand une fourchette y entre aisément, retirez-les; faites-les égoutter. Faites, dans le même sirop réduit, une marmalade avec 4 pommes; cette marmelade faite, vous la mêlez au riz lié de 3 œufs. Étendez cette marmelade sur une tourtière, placez-y vos pommes de manière qu'on n'en voie que le dessus; faites prendre couleur à feu doux et sous le four de campagne. Au moment de servir, vous remplissez de marmelade d'abricots ou autre les creux des pommes. — On peut aussi faire le fond avec la marmelade de pommes seule, remplir les pommes de confiture, et masquer le tout avec le riz. — Quand on n'en prépare que pour 3 ou 4 personnes, on les fait dans un moule, on n'emploie que du riz et des pommes sans marmelade et on les sert dans le moule, qui peut être en argent ou en plaqué.

Pommes meringuées.

Dressez en pyramide de la marmelade de pommes sur un plat; fouettez 2 blancs d'œufs, auxquels vous ajoutez 2 cuillerées de sucre en poudre et un peu de zeste de citron haché; couvrez-en votre pyramide; glacez toute la surface de sucre écrasé en grains, faites prendre de belle couleur dans un four extrêmement doux. Servez chaud, comme un soufflé.

Pommes flambantes.

Pelez de petites pommes; arrangez-les au fond d'une casserole; couvrez-les d'eau avec du sucre concassé, cannelle, ou bien zeste d'orange ou de citron; faites bouillir au point qu'elles soient cuites sans être en danger de s'écraser. Retirez-les avec précaution l'une après l'autre et les dressez en pyramide sur une tourtière ou un plat qui supporte le feu ; faites réduire le jus en sirop épais, arrosez-en les pommes ; saupoudrez abondamment la pyramide de sucre râpé, aspergez-la d'assez de rhum pour qu'il puisse prendre feu au moment de poser le plat sur la table. On a sur la table un flacon de rhum, avec lequel on continue à arroser pour entretenir cette sorte de feu sacré. Le rhum ne prendra pas feu si les pommes ne sont pas servies bien chaudes.

Compote de poires ou pommes au beurre.

Pelez, coupez en 2, ôtez les cœurs, mettez dans la casserole avec beurre, un peu d'eau, sucre, cannelle ou zeste de citron ; faites cuire à petit feu.

Poires à l'allemande.

Prenez des poires cassantes, telles que bon-chrétien et martin-sec ; pelez et coupez-les de la forme qu'il vous plaira, petits cailloux ou autres, et les mettez dans l'eau à mesure pour qu'elles ne noircissent pas. Passez-les au beurre ; saupoudrez-les de farine et les mouillez avec de l'eau ; ajoutez du sucre et faites cuire ; liez-les avec des jaunes d'œufs. Servez chaud.

Croûtes aux pêches.

Beurrez le fond d'une tourtière ou d'un plat qui aille au feu ; coupez des tranches de pain le plus larges possible et de la longueur du fond de la tourtière ou du plat, mettez ces tranches de pain dans la tourtière de manière à en couvrir le fond. Prenez des pêches bien mûres, ouvrez-les en deux et en couvrez les tranches de pain, la peau des pêches du côté du pain, et l'intérieur du fruit, qui forme coquille, en dessus et à découvert; mettez dans chaque moitié de pêche du sucre fin et un petit morceau de beurre frais; ensuite mettez votre tourtière sur un feu très-doux; couvrez-la d'un four de campagne : il faut plus de feu dessus que dessous; faites réchauffer votre four de campagne à plusieurs fois et aussi plusieurs fois semez du sucre fin sur vos pêches, par la raison que la pêche est très-acide. Vos pêches cuites, vous levez légèrement les croûtes de pain et les servez sur votre plat telles qu'elles étaient dans la tourtière : elles ne doivent pas être attachées. Vous versez dessus le jus qui peut se trouver au fond de la tourtière et servez chaud.

On fait aussi des croûtes *aux prunes* de reine-Claude et de mirabelle, et *aux abricots*, en s'y prenant de la même manière.

Croûtes au madère et au kirsch.

Faites des tranches de mie de pain mollet de 7 millimètres, passez-les au beurre bien frais, comme quand on fait des croûtons. Avec ces croûtes coupées de différentes formes, composez un ornement selon votre goût sur un plat d'entremets. Faites une sauce d'un peu d'eau, de madère et de kirsch délayés avec de la marmelade d'abricots en purée. On peut couper les tranches en rond et les servir en couronne, la purée au milieu : et alors chaque tranche doit être enduite d'un peu de marmelade d'abricots en purée.

Si l'on veut faire une croûte ou croustade de pain en forme d'un petit vase, on le placera au milieu, supporté par des croûtes ou croustades en forme de S posées debout sur d'autres formant socle. On ajoute, pour compléter la décoration, des fruits confits ou frais, tels que raisins, groseilles, fraises, framboises, prunes, chinois, angélique, amandes. Les croûtes qui doivent poser sur la sauce doivent seules être enduites de marmelade.

Croûtes à l'ananas.

Coupez de la brioche par tranches de 7 millimètres d'épaisseur et de 6 à 7 centimètres de largeur, faites-les glacer à un four doux, en les couvrant de sucre en poudre, comme on glace les petits gâteaux feuilletés. Coupez en tranches semblables des ananas et faites-les mariner dans de l'eau-de-vie mêlée de marasquin ou de kirsch, que vous ferez chauffer, puis vous couvrirez soigneusement et garderez 24 heures. Dressez alors vos croûtes ou tranches de brioche en couronne sur le plat d'entremets en les alternant. Faites une sauce du reste de la marinade, dans laquelle vous délayez une purée passée au tamis ou à la fine passoire, et composée de marmelade d'abricots et de rognures d'ananas. Faites chauffer les croûtes et la purée séparément au bain-marie; versez la purée au milieu, et servez sans attendre.

Soupe aux cerises.

Taillez de petits dés de pain, sautez-les dans le beurre; quand ils sont bien blonds partout, faites-les refroidir et ôtez le beurre; remettez-en un peu de bien frais, et, quand il est fondu, sautez-y 1 kilo de cerises noires, dont vous aurez ôté les queues en y laissant les noyaux, afin que les cerises soient entières, et les roulez dans très-peu de farine; mouillez-les avec de l'eau, mettez-y du sucre et faites-les cuire; vers la fin de leur cuisson, vous mettez une ou deux cuillerées de kirschwaser si vous voulez. Quand les cerises sont cuites et le sirop bien fait, mettez vos croûtons de pain dans le plat que vous devez servir et qui doit être profond; versez vos cerises et le sirop dessus, et servez chaud.

Beignets de céleri.

Épluchez des pieds de céleri coupés à 8 ou 10 centimètres de la racine, faites-les blanchir un quart d'heure, mettez rafraîchir à l'eau froide, égouttez, ficelez par 4 entiers, et achevez de cuire dans une casserole foncée de lard avec bouquet de persil, un peu de sel, bouillon; couvrez d'un rond de papier, égouttez, pressez, mettez mariner avec sucre et eau-de-vie, trempez dans la pâte (page 346), faites frire, glacez de sucre et servez.

Beignets de pommes, abricots et pêches.

Prenez des pommes de reinette, que vous coupez en tranches; ôtez la peau et les pepins, parez-les proprement; faites-les mariner 2 ou 3 heures dans l'eau-de-vie, sucre en poudre et zeste de citron; quand elles ont bien pris goût, faites-les égoutter et passez-les dans la farine, faites frire de belle couleur, dressez-les et saupoudrez de sucre. Les beignets de pêches et d'abricots se font de la même manière : on coupe les abricots et les pêches en deux; il faut peler les pêches. Ces fruits s'emploient fermes et peu mûrs.

Beignets en pâte.

Pelez vos pommes et les coupez en tranches en rond, ôtez-en le cœur, faites mariner dans l'eau-de-vie, trempez-les dans la pâte indiquée p. 346; mettez vos pommes enduites de pâte dans une bonne friture, retirez-les d'un blond doré, faites égoutter sur un torchon, saupoudrez de sucre et servez très-chaud. Faites-les glacer, si vous voulez, sous le four de campagne.

Les beignets de pêches et d'abricots en pâte se font de même, mais on les coupe en quartiers.

Beignets de fraises et framboises.

On les choisit grosses, fermes et peu mûres. On les trempe dans la pâte à beignets et on les fait frire comme ceux de pêches.

Beignets de bouillie ou crème frite.

Faites une bouillie épaisse, sucrée et à la fleur d'oranger; laissez-la refroidir à moitié et ajoutez 4 jaunes d'œufs; versez-la sur des plats de l'épaisseur convenable à des beignets, et la laissez refroidir plusieurs heures; coupez vos beignets en losanges; trempez dans l'œuf battu, où vous avez mis du sucre et du zeste de citron; panez deux fois; faites frire.

Beignets de pommes de terre.

Pelez de bonnes pommes de terre cuites sous la cendre ou au four, pilez-les dans un mortier avec sel fin, une cuillerée d'eau-de-vie, 125 gram. de beurre, une cuillerée de crème; pilez longtemps, en ajoutant de temps en temps un œuf entier, jusqu'à ce que la pâte prenne la consistance nécessaire pour former des boulettes, que vous farinez, faites frire et servez saupoudrées de sucre.

Beignets soufflés, dits Pets de nonne.

Mettez dans la casserole un quart de litre d'eau, quelques grains de sel, gros comme 2 grosses noix de sucre et autant de beurre, zeste de citron râpé. Étant près de bouillir, retirez du feu. Jetez-y assez de farine pour produire une pâte, tournez *vivement* avec une cuillère de bois afin qu'elle n'attache pas à la casserole et de manière qu'elle soit unie. Elle sera faite en quelques minutes, sans coller aux doigts; laissez refroidir un moment. Cassez-y un œuf, tournez encore vivement pour l'y incorporer, puis un autre œuf, et ainsi à la suite jusqu'à ce qu'elle soit maniable et quitte très-lentement la cuillère en l'élevant au-dessus de la casserole. (En dernier lieu un blanc battu en neige : en tout 3 ou 4 œufs et un blanc.) Laissez reposer la pâte une ou 2 heures si vous n'êtes pas pressé. Prenez-en avec une cuillère gros comme une noix, que vous faites tomber dans la friture avec le bout du doigt. Cette pâte se gonfle beaucoup dans la poêle si la friture n'est pas trop chaude en commençant. Servez chaud, bien doré, saupoudré de sucre. Ils sont bons froids. Si on les fait à l'eau de fleur d'oranger, on ne la met qu'avec le premier œuf. Cette pâte sert aussi pour les *choux*. Voy. Pâte à choux, et aussi Ramequins et Talmouses.

Roussettes.

Faites une pâte d'un litre de farine, 3 œufs, 125 gram. de beurre, peu de sel, crème, une cuillerée d'eau-de-vie et une d'eau de fleur d'oranger : laissez-la reposer 3 heures; abaissez-la à un demi-centimètre d'épaisseur, coupez-la sur tel dessin que vous voudrez : en losange, en rond ou avec le coupe-pâte godronné (voyez l'article *Pâtisserie*); façonnez le dessus si vous voulez, faites frire, saupoudrez de sucre des 2 côtés. — *Ce mets est excellent chaud ou froid et se conserve une semaine.* — La croix de Malte, dont le moule est ci-après, lui convient très-bien ; mais ce qui fait le meilleur effet, c'est la forme de poisson, selon les moules variés dont voici aussi les figures, et qu'on trouve chez les fabricants de moules à pâtisserie.

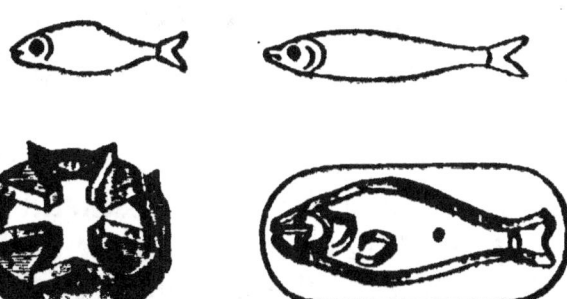

On dresse ces poissons en pyramide, et ils forment une surprise agréable. Quand on a découpé le poisson avec le moule, qui fait emporte-pièce, on marque, avec le coupe-pâte godronné, les écailles, ce qui complète l'illusion.

Nœuds languedociens.

On fait une abaisse de pâte à *roussettes* large comme une carte à jouer et d'un doigt plus longue ; on la coupe en lanières comme cette figure, en s'arrêtant à un demi-centimètre du bord ; on prend une des lanières avec un doigt et le pouce de la main gauche ; avec l'autre main on passe la seconde sous la première, la troisième sous la seconde, et ainsi jusqu'à la dernière, que l'on arrête. En pinçant les deux dernières, on a produit le nœud dont voici la figure et qu'il faut faire frire comme les autres roussettes. Avec plus de soin et d'attention, on parviendra à exécuter un nœud qui approchera de la seconde figure.

Bugnes de Lyon.

Ce sont des espèces de *beignets* de pâte dont

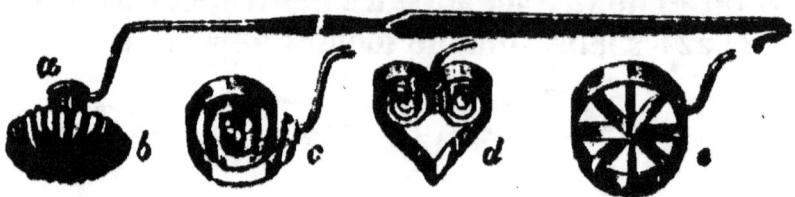

l'usage s'est très-répandu. Il faut, pour les fabriquer, des moules en fer qui se confectionnent à Plombières et que l'on trouve au Bazar de l'Industrie. Ils ont environ 7 à 10 centimètres. On les prend par le manche, on les trempe dans la friture chaude pour les échauffer, puis dans une pâte claire où ils doivent entrer aux 3 quarts et où ils prennent la pâte qu'ils doivent avoir; on les trempe alors promptement dans la friture, où ils se détachent, achèvent de cuire, d'un beau blond, puis on recommence avec la même promptitude. La figure c du dessin d'une volute est la plus simple. La figure e représente une roue et fait un bon effet. La fig. d en cœur est la plus jolie. La fig. a b donne la forme d'un champignon et peut présenter un plat factice de ce végétal. — La pâte se compose d'un œuf non battu, un quart de litre de farine, un peu de lait, très-peu de sel, du sucre en poudre, du zeste de citron haché ou de l'eau de fleur d'oranger, le tout délayé à consistance de pâte à beignets. On saupoudre de sucre fin en sortant de la friture. On les mange froids, et ils se gardent très-bien.

Pain perdu.

Faites bouillir un quart de litre de lait et réduire, à moitié avec un peu de sucre, une pincée de sel, une demi-cuillerée d'eau de fleur d'oranger, une pincée de zeste de citron; ayez des mies de pain coupées de la grandeur d'une pièce de 5 fr. et beaucoup plus épaisses, mettez-les dans le lait pour les faire tremper un petit moment; quand elles seront tout imbibées, mettez-les égoutter, trempez dans l'œuf battu, et faites frire; servez-les saupoudrées de sucre.

Soupe dorée.

Battez des œufs assaisonnés comme pour une omelette simple, jetez-y des tranches de pain ordinaire, avec la croûte, épaisses de la moitié du doigt; laissez tremper un bon quart d'heure; faites frire vos tranches comme des beignets dans une friture; quand elles sont dorées, servez bien chaud et saupoudré de sel.

Crêpes.

Prenez un litre de farine, délayez-la avec 6 œufs, 3 cuillerées d'eau-de-vie, une bonne pincée de sel, 3 cuillerées d'huile et 2 de fleur d'oranger, moitié eau et moitié lait pour l'éclaircir et lui donner la consistance d'une bouillie. Cette pâte doit être préparée 3 ou 4 heures à l'avance. Allumez un feu clair de menu bois; faites fondre à la poêle gros comme une petite noix de saindoux, sinon du beurre ou de l'huile; versez-y plein une cuillère à dégraisser de pâte, étendez-la d façon que le fond de la poêle en soit couvert et très-mince; faites cuire d'un côté, retournez de l'autre, et mangez brûlant.

Gâteaux de semoule.

Faites bouillir un demi-litre de lait, et versez-y de la semoule assez pour produire une bouillie épaisse; laissez cuire un peu, sucrez; parfumez d'eau de fleur d'oranger, de zeste de citron ou de vanille; ajoutez 4 œufs entiers. Beurrez un moule ou une casserole, en saupoudrant le beurrage de mie de pain très-fine ou de chapelure aussi très-fine; versez-y votre composition; faites achever de cuire sur un feu très-doux, le moule entouré de cendre et feu sur le couvercle ou au four; servez chaud et bien doré comme un gâteau de riz. — La semoule est une pâte grenue de même nature que celle qui sert à faire le vermicelle.

Gâteaux de riz.

Épluchez, lavez et faites crever dans du lait 250 gram. de riz avec zeste de citron râpé, très-peu de sel; mouillez avec du lait à mesure qu'il crève et sans le remuer, car *il brûlerait*. Quand il est crevé, bien épais, ajoutez gros comme la moitié d'un œuf de beurre (bien frais, sinon point), du sucre en poudre, 4 œufs entiers, de l'eau de fleur d'oranger si vous n'avez pas mis de citron ou vanille (pilée en poudre avec du sucre). Enduisez un moule de beurre et de sucre râpé, remplissez-le de l'appareil, dont il ne doit pas dépasser les 3 quarts. Faites cuire au four une demi-heure environ.

Caramel pour colorer les gâteaux de semoule et de riz. Au lieu de beurrer le moule, faites-y fondre doucement, sans eau, du sucre en poudre jusqu'à ce qu'il arrive à une belle couleur caramel, tournez le moule en tous sens pour qu'il en soit bien enduit partout; versez la composition dans le moule et faites-la cuire. Cet ornement est charmant, d'une réussite facile, et le caramel ajoute au bon goût du gâteau.

Sauce. Le lendemain, on sert à froid les restes de ces gâteaux, par tranches, sur une crème faite comme celle des œufs à la neige, à laquelle on ajoute à volonté du kirsch ou du rhum.

Beignets de riz.

Coupez des restes du gâteau ci-dessus en ronds ou en losanges, trempez-les dans la pâte à frire, faites frire, et glacez-les si vous voulez avec du sucre râpé et le four de campagne dessus.

Croquettes de riz.

Faites crever du riz, comme pour le gâteau ci-dessus ; mais au lieu de le mettre dans un moule, vous en faites des boulettes allongées, que vous trempez dans de l'œuf battu et sucré : panez-les, retrempez-les, repanez-les et faites frire.

Rissoles de confitures.

Faites un peu de pâte feuilletée, taillez-en des ronds de 8 centimètres, mettez sur chacun gros comme une aveline de marmelade d'abricots, mouillez les bords et pliez en chaussons, placez-les sur un couvercle de casserole et les glissez dans la friture ; retirez-les bien dorées, saupoudrez de sucre. On peut en faire aux fruits nouveaux, à la frangipane, etc.

Gâteau dit 4 quarts, aux amandes.

Mettez dans une balance 3 œufs avec leurs coquilles, de l'autre côté même poids de farine, et ensuite même poids de beurre, autant de sucre râpé, une petite pincée de sel blanc, du zeste de citron haché fin, ou de la vanille, ou de l'eau de fleur d'oranger. Mêlez le tout avec les œufs pour en faire une pâte, à laquelle vous ajoutez, si vous voulez, 95 gram. d'amandes mondées et pilées fin.

Beurrez une tourtière, placez-y la pâte, et faites cuire à petit feu dessus et dessous pour servir chaud ou froid, saupoudré de sucre.

Bouillie renversée.

Faites bouillir du lait dans une casserole; quand elle bout, mettez-y plusieurs cuillerées de farine délayée avec du lait; faites-en une bouillie très-épaisse; mettez-y un morceau de beurre frais, du meilleur possible, et faites cuire votre bouillie très-doucement; cuite et très-épaisse, mettez-y une liaison de 2 ou 3 jaunes d'œufs, et faites refroidir à moitié; mêlez-y alors 3 ou 4 jaunes d'œufs et 3 ou 4 blancs fouettés en neige, le zeste d'un citron haché fin ou de la fleur d'oranger; beurrez un peu une casserole ou un moule, mettez un rond de papier dans le fond et une bande autour; versez-y l'appareil; faites cuire comme un gâteau de semoule; renversez-la et servez-la avec ou sans le papier. On ne remplit la casserole que jusqu'aux trois quarts.

Potiron au kirsch.

Faites une purée de potiron bien sucrée, versez-la sur un plat, couvrez-la d'un caramel. On la sert chaude, et chaque personne l'assaisonne, sur son assiette, de kirsch à sa volonté.

Soufflé au riz.

Faites crever 50 grammes de riz et aromatisez-le comme il est dit pour gâteau de riz (page 409), mais sans beurre et sans le tenir aussi épais; retirez du feu. Ajoutez 4 jaunes d'œufs et 6 blancs battus en neige, incorporez bien le tout et versez-le dans un moule beurré tout autour, ou un plat creux qui aille au feu. (On garnit le haut du moule d'une bande de papier si on craint que le soufflé ne déborde.) Saupoudrez de sucre le dessus, mettez au four, ou sous le four de campagne, et servez-le très-vite aussitôt qu'il est monté, soit 20 minutes. Plus de chaleur dessus que dessous.

Soufflé à la pomme de terre, au café, chocolat, etc.

Mêlez ensemble 4 jaunes d'œufs, 6 cuillerées à bouche de fécule de pommes de terre, gros comme un œuf de beurre très-frais et un zeste de citron râpé. Délayez le tout avec un demi-litre de lait, mettez sur le feu, tournez avec une cuillère de bois jusqu'à ce que ce mélange ait donné un ou 2 bouillons; laissez refroidir, ajoutez encore 4 jaunes d'œufs et 6 blancs fouettés, mêlez le tout avec précaution, et faites cuire comme le soufflé au riz ci-dessus.

Avec cette sorte de bouillie, on fait toutes sortes de soufflés. Si on l'a faite trop épaise, on ajoute 1 ou 2 œufs entiers; si elle est trop claire, on y mêle de la fécule, car c'est de sa consistance que dépendra la réussite du *levage* ou *soufflage*.

Si on veut un *soufflé au café*, on a fait une infusion du café dans le lait avant d'y mêler de la fécule. — Ou *au chocolat*, en y faisant fondre la quantité que l'on aimera de chocolat, et diminuant alors celle de la fécule dans la même proportion. — On en fait même aux fruits parfumés, tels qu'*abricots, ananas,* etc., en ajoutant de la marmelade. — On en fait aussi *aux marrons*, en employant de la farine fine de marrons au lieu de fécule. — On pourrait dire que l'on en fait *au sagou, au tapioca;* mais il faut dire que presque toujours on vend sous ces noms des composés de fécule de pommes de terre.

Tôt-fait.

Délayez des jaunes d'œufs dans la farine, de manière à faire une pâte épaisse, que vous délayez ensuite jusqu'à consistance de bouillie avec du lait, le blanc des œufs battus, sucre en poudre, eau de fleur d'oranger, vanille ou zeste de citron. Beurrez une tourtière et y versez cette bouillie bien mêlée au moment même de la mettre à un four quelconque ou sous le four de campagne. Cette pâte montera comme une omelette soufflée si elle n'a pas langui.

Trois calottes.

Prenez 60 gram. de sucre fin et autant de farine, un œuf entier et un peu d'écorce de citron hachée fin; délayez la farine avec un peu d'eau et mettez-y le sucre, l'œuf et le citron; délayez le tout ensemble, ensuite faites chauffer un peu de beurre dans une tourtière; le beurre chaud, versez-y l'appareil et le faites cuire à très-petit feu dessus et dessous; pendant que la calotte cuit, huilez légèrement un vase creux d'une forme arrondie; la calotte cuite, ôtez-la de la tourtière au moyen d'un linge, pour ne pas vous brûler, et la mettez dans ce vase afin de lui en faire prendre la forme; laissez refroidir; ôtez alors et faites-en jusqu'à trois semblables avec un même poids d'appareil. Quand la première est ôtée de la tourtière, on remet du beurre et on fait la seconde; et ainsi de suite. On les fait toutes refroidir dans le même vase, afin qu'elles aient toutes la même forme; servez-les l'une à côté de l'autre. On peut les colorer de gelée de groseilles et semer dessus de la nonpareille; elles se gardent un mois et plus dans un endroit frais et sec.

ENTREMETS SUCRÉS.
CRÈMES.

Plus vous mettez de blancs d'œufs, plus les crèmes prendront facilement; mais ce sera aux dépens de leur délicatesse : on peut n'en pas mettre du tout, mais alors un degré de cuisson de plus est nécessaire. (V. les *Œufs au lait*, p. 386.) — N'employer que de très-bon lait ou de la crème.

Bassin pour fouetter les œufs et crèmes, muni de son fouet.

Il est mieux de servir les crèmes dans de petits pots. Si c'est sur un plat, on le pose sur une casserole pleine d'eau bouillante; si on se sert de pots, ils devront baigner à moitié. Pour faire prendre la crème, on couvre d'un couvercle de casserole (page 38), avec feu dessus. On glace le dessus, si elle est dans un plat et blanche, quand elle est prise, avec le *fer à glacer* (page 32), ou avec une pelle chauffée au rouge, après avoir saupoudré la crème de sucre; mais on ne fait ce glaçage qu'au moment de servir.

Crème à la vanille.

Faites bouillir pendant 5 minutes dans un litre de très-bon lait un morceau de vanille et 200 gram. de sucre cassé : retirez du feu. Cassez à part 5 ou 6 jaunes d'œufs dont un ou deux entiers, battez-les, mêlez-les avec le lait, passez au tamis, versez dans le plat ou dans de petits pots, faites prendre au bain-maris avec couvercle et feu dessus. — Le morceau de vanille peut servir 2 fois, et encore une 3e, en le fendant.

Crème au citron ou à l'orange.

Elle se fait comme celle à la vanille, en employant du zeste de citron ou d'orange râpé sur du sucre au lieu de vanille.

Crème au café.

Faites bouillir un litre de bon lait et y ajoutez du café à l'eau très-fort; ajoutez, comme ci-dessus, 200 grammes de sucre, 5 ou 6 jaunes d'œufs dont un ou 2 entiers, battez et finissez de même.

Crème au chocolat.

Pour 15 pots, mettez dans une casserole 125 gr. de chocolat concassé; versez-y peu à peu un litre de bon lait, ajoutez 125 grammes de sucre, faites bouillir et retirez du feu quand la crème a épaissi.

Cassez dans un vase à part 4 ou 5 jaunes d'œufs, plus un ou 2 entiers : battez-les, mêlez-les doucement avec la crème, passez dans une fine passoire, versez dans les pots et faites prendre au bain-maris, comme ci-dessus, feu dessus.

Crème au thé.

Faites bouillir un demi-litre de crème et versez-la sur une pincée de thé, moitié noir et moitié vert, et 125 grammes de sucre dans un vase que vous couvrez; laissez reposer et tirez à clair, mêlez avec les œufs, et finissez comme ci-dessus.

Crème au caramel, dite aussi crème brûlée.

Faites bouillir un litre de lait et le versez sur du caramel, mêlez-le à 3 jaunes d'œufs et un entier battus ensemble, et finissez comme celle à la vanille. — Le caramel se fera avec 125 gram. de sucre que l'on fera cuire dans une petite cuillerée d'eau jusqu'à ce qu'il ait pris une belle couleur qui puisse rendre la crème blonde.

Crème renversée.

Ayez un bol assez grand pour contenir un litre

de lait, 6 œufs et 250 grammes de sucre. —Mettez dans une petite casserole 125 gr. de sucre et une petite cuillerée d'eau, faites cuire au caramel, ajoutez un peu d'eau pour le rendre coulant, faites chauffer le bol dans l'eau bouillante et étendez promptement dedans le caramel de manière qu'il en soit enduit partout. Vous avez battu 6 œufs comme pour omelette, mêlez-les à un litre de lait bouillant où vous avez fait infuser un morceau de vanille, ou autre parfum, et 100 gram. de sucre; passez, versez dans le bol, faites prendre au bain-maris avec du feu sur le couvercle. Laissez refroidir, posez le bol sur un plat, retournez lestement sans briser la crème et versez *dessus* le reste du caramel, et *dessous,* si vous voulez, une crème comme celle des œufs à la neige.

Crème à la fleur d'oranger.

Faites bouillir un litre de très-bon lait avec 250 gram. de sucre, délayez 5 ou 6 jaunes d'œufs, dont un ou 2 entiers avec 3 cuillerées d'eau de fleur d'oranger, comme il a été dit ci-dessus, et finissez comme les précédentes.

Crème à la rose.

Prenez un litre de bonne crème, que vous faites bouillir; quand elle a monté, mettez-la sur le bord du fourneau et la sucrez : ajoutez de l'eau de roses et colorez avec du carmin. Pendant que ce mélange infuse, cassez 6 ou 8 œufs, dont vous prenez seulement les jaunes, que vous tournez ensemble avec une cuillère de bois jusqu'à ce qu'ils soient bien liés; versez-y alors peu à peu votre crème en tournant toujours, et passez au tamis clair ou à la passoire. Versez dans un grand bol, ou sur un plat creux, ou dans de petits pots, et la faites prendre au bain-maris comme celle à la vanille, feu dessus et dessous.

Crème sambaglione ou Mousse italienne.

Prenez 12 jaunes d'œufs frais et 4 verres de vin le Madère ou d'excellent vin blanc, 200 gram. le sucre et une pincée de cannelle en poudre; mettez le tout dans une casserole sur un feu ardent, et remuez en tournant très-vite, avec un moussoir à chocolat, jusqu'à ce que la mousse ait rempli la casserole. Servez sans perdre un moment dans des pots de crème.

Crème bachique.

Versez dans une casserole un demi-litre de bon vin blanc, du sucre, du zeste de citron ou de la cannelle; faites bouillir. Cassez 7 ou 8 œufs, dont vous prenez les jaunes et les tournez avec une cuillère jusqu'à ce qu'ils soient bien liés ensemble. Liez-les aussi avec le vin que vous y versez peu à peu, passez au tamis et versez dans les pots pour faire prendre au bain-maris, feu dessus et dessous.

Crème au céleri.

Faites bouillir un litre et demi de crème ou moitié lait; quand elle a bouilli, ajoutez une racine de céleri-rave (et non de céleri en branches) épluchée, coupée par quartiers et lavée; laissez infuser pour qu'elle en prenne le goût : même en la faisant bouillir doucement, le lait ni la crème ne tourneront. Pendant que l'infusion a lieu, vous prenez 8 ou 10 jaunes d'œufs et les liez bien ensemble; joignez-y 250 gram. de sucre concassé et y versez et liez peu à peu votre crème en tournant sans discontinuer avec la cuillère : passez-la, versez dans les pots, et finissez au bain-maris comme les précédentes.

Blanc-manger.

Enlevez la peau de 250 grammes d'amandes, dont quelques-unes amères, en les faisant attendrir dans l'eau bouillante, mettez-les à l'eau fraîche et les essuyez : faites-en une pâte en les pilant dans un mortier, et en y mêlant peu à peu une cuillerée d'eau froide. Mêlez-les ensuite avec 2 verres d'eau, pressez fortement à travers un linge, et ajoutez à ce lait d'amandes 200 gram. de sucre en poudre, un bon verre de crème, de l'eau de fleur d'oranger, de la colle de poisson comme une gelée ; faites prendre de même à froid, et sur la glace si on n'est pas en hiver.

Œufs en surprise. (Crème.)

Faites un petit trou dans un œuf avec la pointe d'un couteau, délayez le jaune avec une grosse aiguille afin de pouvoir le vider. Ayant tout retiré, vous remplissez cette coquille de telle crème que vous voulez, au moyen d'un petit entonnoir, soit crème à la vanille, au citron, même au chocolat, ou toute autre, ou même en variant. Posez-les sur des coquetiers ou des morceaux de navets taillés pour en tenir lieu ; placez-les dans une casserole où ils puissent baigner dans l'eau jusqu'à moitié des œufs. Faites-les prendre au bain-maris, lavez-les et les servez dans une serviette comme des œufs à la coque. Vous pouvez aussi les remplir de blanc-manger ou de quelque gelée que vous ferez prendre au moyen de colle de poisson, comme les gelées ci-après.

GELÉE D'ENTREMETS.

Pour faire 3 quarts de litre de gelée, on fera tremper une heure à froid et on lavera 15 grammes de colle de poisson. Si on emploie de la gélatine (qui coûte moins cher), on la prendra de la plus belle qualité; on en mettra le double. On fera chauffer doucement et donner un bouillon à cette colle ou gélatine dans un quart de litre d'eau pure, et aussitôt fondue, on la passera. On aura fait un sirop de 500 gram. de beau sucre fondu à chaud et écumé au premier bouillon dans un quart de litre d'eau. Ces 2 liquides sont les éléments de votre gelée, vous n'avez plus qu'à les mêler et y ajouter les sucs de fruits ou les liqueurs qui donnent l'arome ou parfum. — On verse dans chaque pot à crème ou à gelée, de porcelaine ou de cristal, ou dans des verres à liqueur, avec le sirop ou la colle, du suc des fruits que l'on aura, ou des liqueurs telles que : *anisette*, *noyau*, *marasquin*, *kirsch*, crème de *fleur d'oranger*, *rhum*, etc. Pour *vanille* on fera infuser de la vanille dans le sirop, et pour la rose on mettra de l'essence de rose avec la pointe d'une aiguille. On goûtera à ces mélanges pour les faire selon son goût, et l'on pourra varier les pots et en faire de plusieurs sortes. — Si la gelée est destinée à prendre dans un moule, on emploiera 25 grammes de colle ou 50 de gélatine. Ces colles masquent l'arome, mais elles donnent plus de consistance pour soutenir la gelée hors du moule. — Les gelées ainsi versées dans les vases, on les laissera du soir au matin prendre dans un lieu où il n'y aura pas plus de 10 à 12 degrés centigrades de chaleur. Plus il fera froid, plus vite la gelée prendra. En été on serait obligé de plonger les pots ou les moules dans une terrine de glace écrasée. On sert les petits pots sur un plat, mais on démoulera la gelée, qui devra être renversée; ce qui se fait en plongeant le moule dans l'eau chaude et le renversant sur le plat d'entremets en 4 ou 5 secondes.

Si on fait des gelées en été, on emploiera des sucs de *groseilles, framboises, fraises, cerises*, séparément ou ensemble, sous le nom de *4 fruits*. écrasés et passés à la chausse. Dans cette saison, et avec ces fruits aqueux, on devra augmenter la dose de colle, pour donner de la solidité. La saveur de quelques-uns de ces sucs de fruits a besoin même d'être relevée par un jus de citron. Pour faire la gelée de *fleur d'oranger fraîche*, on en mettra infuser 30 grammes dans le sirop de sucre.

On peut servir une gelée sur un jus de groseilles ou framboises fait avec des fruits frais ou gelées en pots et fondues au bain-maris.

On colorera les gelées de fruits avec de la laque rose de bonne qualité ou du carmin, que l'on détrempera et broiera avec un peu d'eau sur une soucoupe.

Si on veut clarifier la colle, on peut y ajouter le jus de la moitié d'un citron ou une petite pincée d'acide tartrique dissoute dans un peu d'eau. La colle et la gélatine doivent être choisies blanches et sans odeur*. La première, plus blanche, fait une plus belle gelée que la gélatine.

Les sucs de fruits ne doivent être mis dans aucun vase étamé, ni être touchés avec aucune cuil-

---

* *Clarification du sucre.* — Le sucre blanc en pains est à présent si bien préparé, qu'il n'est pas nécessaire de lui faire subir d'autre opération que de le faire fondre sur le feu, par morceaux, dans un poêlon, avec 1 litre d'eau pour 2 livres de sucre. Dès qu'il bout, versez-y un peu d'eau fraîche, assez pour arrêter l'ébullition. Retirez-le du feu une minute, remettez-le pour qu'il fasse un bouillon, écumez, passez à travers un linge mouillé. Pour conserver du sirop de sucre, il faut qu'il pèse 30 degrés, *bouillant*, au pèse-sirop. (Voyez *Cuisson du sucre.*) *Froid*, le même peut peser 34 degrés.

lère d'étain. Même observation pour tout ce qui sert aux gelées.

Gelée rubanée.

Quand vous avez préparé votre colle de poisson et votre sucre clarifié, vous en mêlez un quart avec du kirsch wasser ou toute autre liqueur claire, vous versez dans le moule et faites prendre. Vous préparez un autre quart avec du curaçao, ou de la rose colorée, que vous versez et faites prendre de même. Le troisième ruban sera composé d'un suc clair, qui contraste par son goût avec les autres, et le quatrième de groseille, fraise ou framboise.

Macédoine de fruits transparente.

Ayez un grand moule façonné comme pour un biscuit de Savoie; vous le placez, renversé, sur 5 ou 6 kilos au moins de glace pilée. Vous avez un autre moule uni et qui se termine, s'il se peut, de dôme; il faut qu'en mettant le petit dans le grand il y ait dans tous les sens un vide de 3 centimètres d'épaisseur. Ce second moule doit avoir à son bord trois petites pattes recourbées pour le fixer au grand, de manière qu'il ne puisse ni s'enfoncer ni varier. Vous le placez dans le grand ainsi fixé, et remplissez l'intervalle d'une des gelées indiquées ci-dessus et qui soit bien transparente. Faites prendre en gelée; quand elle est prise, vous remplissez le petit moule aux trois quarts d'eau chaude pour le détacher, ce qui a lieu à l'instant, et vous l'enlevez à la minute avec précaution. L'intérieur se trouve donc vide.

Vous avez préparé, épluché, lavé et égoutté sur un linge, pendant que la gelée est en train de prendre, 20 ou 24 belles fraises ordinaires, autant de fraises-ananas, et autant de framboises blanches, autant de grappes de groseilles rouges et blanches. Votre gelée étant vide, vous mettez dans le fond, et au milieu, des groseilles blanches égrenées, que vous entourez de fraises-ananas, et par-dessus une pareille couronne de framboises blanches ; versez sur cela de la gelée que vous avez conservée, et laissez-la se congeler. Mettez ensuite une nouvelle couronne de fraises ordinaires et une de groseilles blanches, et au milieu ce qui reste de fraises ordinaires, des framboises et des groseilles ; remplissez encore les vides de gelée que vous faites prendre. Terminez par une couronne d'ananas et une de groseilles rouges, et encore de ces fruits au milieu ; achevez de remplir de gelée et de faire prendre le tout. Trempez le moule dans de l'eau assez chaude, retirez-le, essuyez-le et le renversez sur le plat ; tout cela en une seconde, s'il se peut.

On peut tirer parti de ce procédé pour employer, dans une autre saison, des conserves de fruits. Les pêches, prunes, abricots, poires seront coupés par morceaux et placés sur toutes sortes de dessins.

Fromage bavarois à la vanille.

Faites bouillir dans un poêlon de terre un quart de litre de crème, et ajoutez, quand elle commence à bouillir, un morceau de vanille et du sucre : retirez du feu, couvrez le poêlon et laissez refroidir. Délayez dans la crème 6 jaunes d'œufs, passez dans une petite passoire fine et faites chauffer sur le feu en tournant avec une cuillère de bois : quand la crème épaissit, laissez refroidir ; et ajoutez de 25 à 30 gram. de colle de poisson, dissoute comme pour les gelées, et un fromage à la Chantilly. Versez le tout dans un moule et faites prendre comme on a dit pour une gelée.

Nouvelle crème pâtissière.

Ou *crème à choux* pour garnir les entremets de pâtisserie, flans, tourtes, *gâteaux Saint-Honoré* et autres. Elle se fait en tous temps et remplace la crème Chantilly.

Mettez dans une casserole une demi-cuillerée fécule de pommes de terre que vous délayez peu à peu avec 1 décilitre (demi-verre) de crème simple ou de bon lait, mêlé de 100 grammes de sucre en poudre. Ajoutez 6 jaunes d'œufs brouillés avec même quantité de lait, faites lier en tournant sur le feu jusqu'à ce que le tout soit pris, sans bouillir. On a battu ferme 6 blancs d'œufs avec un peu de sucre en poudre, et on les mêle avec la composition sur le feu, en tournant jusqu'à ce que le tout soit bien mêlé. On a ajouté dans la crème, avant les blancs d'œufs, de la vanille en poudre ou tel autre aromate, café ou chocolat, comme pour les crèmes d'entremets. Aussitôt que le tout est presque froid, on ajoute en hiver 8 grammes de colle de poisson fondue, comme il est dit pour les gelées (page 418), mais dans la plus petite quantité d'eau possible. Selon la température, on emploie plus ou moins de colle, et jusqu'à 15 gram. en été. On versera de suite sur les pâtisseries. Si la crème tournait, elle serait également bonne. (Voy. l'article *Choux*.)

FROMAGES A LA CRÈME.

Crème fouettée, dite *fromage à la Chantilly*.
(Dessert.)

Mettez dans une terrine un litre de crème très-épaisse, ou crème double, de 2 ou 3 jours si c'est en hiver. Ajoutez une pincée de gomme adragante en poudre fine, qui facilitera et soutiendra la crème; fouettez avec une verge pour la faire mousser. Elle moussera bien si le temps est froid ou si vous placez deux heures d'avance de la glace pilée et une poignée de sel dans une autre terrine, sur laquelle vous placez celle où est la crème*. Si la mousse se forme difficilement, enlevez-la à mesure, et la placez dans un petit panier à fromage garni d'une toile claire, sur lequel vous la laissez égoutter au frais jusqu'au moment de servir, ce qui ne doit pas être long, autrement elle fondrait. Ce qui a passé peut se remettre dans ce qui reste à fouetter. Si, après avoir fouetté pendant un quart d'heure, la crème ne prenait pas, c'est qu'elle ne serait pas bonne à cet usage. Quand elle est égouttée sur le panier à fromage, vous la mêlez à 100 ou 125 grammes de sucre en poudre.

Pour l'aromatiser vous y mêlez 8 grammes de fleur d'oranger pralinée pilée avec le sucre. — *A la rose :* vous y mêlez une cuillerée à café d'eau de rose et un peu de laque rose pour colorer**. —

---

* Dans l'été, si on n'a pas de glace pour refroidir la crème et la faire prendre, on devra la verser dans un vase de fer-blanc de la forme d'une terrine que l'on placera sur un seau d'eau de puits très-froide et que l'on renouvellera plusieurs fois pour l'entretenir froide. On se mettra pour cela dans un lieu très-frais, et on battra sur le seau pour ne pas laisser réchauffer.

On peut aussi entourer le vase de gros sel et le placer dans un courant d'air vif une heure ou deux d'avance.

Un autre moyen encore de faciliter la mousse et de la soutenir longtemps, c'est d'y joindre, pour un demi-litre de crème, 6 grammes de colle de poisson fondue dans une cuillerée d'eau, étant refroidie, et avant qu'elle soit coagulée, battre le tout ensemble.

Voyez aussi l'article *Crème pâtissière* qui précède celui-ci.

** Si l'on a de l'*essence* de rose, on n'en mettra qu'avec la pointe d'une aiguille plus ou moins grosse selon la quantité de crème. Pour avoir de bonne *eau de rose*, il faut l'acheter à un confiseur ou à un distillateur. En l'employant, on risque moins d'en mettre de trop que quand on emploie l'*essence*, qui, dans ce cas, donnerait de

Au marasquin ou *à l'aniselle :* vous mêlez un petit verre de ces liqueurs. — *Au café :* vous faites une infusion de 30 gram. de café brûlé dans un demi-verre d'eau, vous y mêlez, quand il est éclairci et passé, 100 grammes de sucre en poudre, que vous faites dessécher dans un poêlon de cuivre non étamé, que vous écrasez, passez et mêlez à la crème. — *Au chocolat :* faites fondre 60 gram. de chocolat dans un quart de verre d'eau bouillante, laissez refroidir et mêlez à la crème. — *A la vanille :* pilez un quart de gousse de vanille avec 30 gram. de sucre *, passez au tamis, ajoutez 60 grammes de sucre et mêlez à la crème. — *A l'orange* ou *au citron :* râpez sur un morceau de sucre de 100 gram. le quart du zeste d'une orange ou d'un citron, ou des deux à la fois, écrasez le sucre fin, et mêlez. — *A la fraise* ou *à la framboise :* exprimez le suc de 124 gramm. de fraises ou framboises bien mûres; vous mêlez au sucre avec un peu de laque ou carmin pour colorer.

Fromage fouetté à la crème. (Dessert.)

A moitié de la crème ci-dessus, vous mêlez moitié fromage et faites de la même manière. Celui-ci est plus facile à faire, et il a beaucoup plus de consistance. On y mélange de même telle chose que l'on veut pour parfumer la crème ou la colorer, comme celle ci-dessus, c'est-à-dire *rose, vanille, café,* etc. — En y mêlant *une goutte* d'essence d'amandes, on en fait le *fromage de Viry.*

---

l'âcreté. — La couleur rose se fait comme pour la gelée (page 418). — D'un fromage on peut aromatiser moitié à la vanille et moitié à la rose, de chaque côté du plat, de manière à avoir 2 couleurs bien tranchées de blanc et de rose.

* *Vanille en poudre.* Mettez une gousse de vanille dans un mortier (tenu chaud), avec 125 grammes de sucre en morceaux durs; pilez jusqu'à ce que le tout soit réduit en poudre. Passez au tamis.

Charlotte russe. (Dessert.)

Vous placez au fond d'un moule, en les disposant en rond, des biscuits à la cuillère bien serrés les uns contre les autres; vous en garnissez aussi les côtés du moule en les plaçant debout. Versez dans le milieu une crème fouettée, un fromage fouetté, bavarois ou une crème pâtissière (p. 423). Renversez sur le plat et servez. Faite à l'avance, elle ne peut être conservée que sur de la glace.

Fromage à la crème. (Dessert.)

Prenez un litre de bon lait, que vous faites tiédir sur le feu; mettez-y, en le remuant, gros comme un pois de bonne présure délayée avec le même lait; faites prendre votre caillé sur un peu de cendre chaude, en le couvrant; quand il est pris, vous mettez votre caillé dans un petit panier d'osier ou de jonc; quand il est bien égoutté, vous le dressez dans un compotier; et vous le servez avec de bonne crème et saupoudré de sucre fin.

ENTREMETS ANGLAIS.

La cuisine anglaise proprement dite se compose d'un nombre peu considérable de mets; elle est peu variée. Les viandes sont le plus souvent rôties. On mange fort peu de légumes; ils sont cuits à l'eau et au sel seulement, et servis ainsi sur la table avec du beurre fondu ou une sauce blanche dans une saucière.

Les entremets sont beaucoup plus variés. Au premier rang, on doit placer le *plum-pudding* (de *plum,* raisin sec, et *pudding,* boudin; parce qu'on le fait cuire dans un morceau de toile que l'on roule de manière à lui donner la forme allongée d'un gros boudin, et parce qu'on y emploie du raisin sec).

Nous allons donner les différentes recettes pour composer les meilleurs puddings, et indiquer d'abord les manières de les faire cuire.

1re *manière.* Le véritable plum-pudding, qui est formé d'une composition épaisse, se place dans un linge que l'on roule en longueur à peu près de la forme d'un pain mollet, ou, si l'on veut, de la forme du bras : on ficelle ce pudding pour le maintenir dans sa forme, et on le fait cuire dans l'eau bouillante. On l'enveloppe aussi en faisant un sachet ou paquet rond, ce qui est plus tôt exécuté*.

2°. Beurrez abondamment le fond et le tour d'une casserole ou d'un moule, saupoudrez ce moule de chapelure, versez-y la composition du pudding, et faites cuire selon qu'il est indiqué : soit au four ou sous le four de campagne, soit au bain-marie. Si on n'a pas de four, on verse la composition dans la casserole et on l'enfonce dans le fourneau, cendre chaude couvrant le feu et entourant la casserole, et bon feu sur le couvercle de tôle à rebord.

3°. *Timbale.* On fait une pâte ainsi : prenez 125 gram. de farine, faites un trou au milieu, mettez-y du sel fin, 100 gram. de beurre, un œuf, le quart d'un verre d'eau; délayez le tout ensemble, et pétrissez votre pâte, aplatissez-la, reployez-la 3 ou 4 fois. Vous la roulez pour l'aplatir de l'épaisseur de 2 pièces de 5 francs, vous en garnissez le fond et le tour du moule ou de la casserole que

---

* Si on a une marmite arrangée pour faire cuire à la vapeur, on y fera cuire le plum-pudding enveloppé d'une toile en forme de sachet. Soit dans le vase A de la figure page 35. Il cuit de cette manière en moitié moins de temps que dans l'eau bouillante et avec beaucoup moins d'eau à faire bouillir.

vous avez beurrés; vous coupez avec la main tout ce qui excède le bord, et vous versez dedans la composition du pudding. Avec les rognures de la pâte, vous faites un couvercle. Faites cuire comme au n° 2; quand vous jugez que la pâte de ce pudding est cuite, vous le renversez sur le plat et servez.

Plum-pudding.

Prenez 500 gram. de raisins secs, dont il faut ôter les pepins; 6 œufs, un demi-verre d'eau-de-vie ou de rhum, 125 gram. de graisse de bœuf hachée ou autant de beurre, 500 gram. de farine, 2 verres de lait, 60 gram. de sucre, zeste de moitié d'un citron haché, muscade râpée, un peu de sel : mêlez le tout avec assez de mie de pain blanc rassis pour donner une consistance convenable. Mettez cuire, enveloppé dans un linge ficelé, dans l'eau bouillante, qui ne doit pas cesser un moment de bouillir pendant 4 heures, ou en moitié moins de temps à la vapeur, comme il a été dit dans la note ci-dessus. Il acquiert en cuisant la fermeté qu'il n'avait pas lorsqu'on l'a versé dans le linge. Développez-le et le servez chaud. On le sert sur les assiettes par tranches, que l'on arrose, si on veut, de rhum ou d'eau-de-vie. On met le feu au rhum, et le mets en devient plus délicat, outre le plaisir que ce feu de joie répand parmi les convives. Pendant que le plum-pudding cuit, tel soin que l'on prenne de le retourner, les raisins se placent d'un seul côté. La cuisson à la vapeur les tient mêlés. On placera le pudding l'eau étant chaude.

Pour varier le goût du plum-pudding, on ajoute encore aux substances indiquées ci-dessus des amandes douces, des chinois, des écorces de cédrats, d'oranges et de citrons confits, de l'angélique confite, le tout coupé par filets, même des clous de girofle, de la muscade, et d'autres aromates pulvérisés en quantités modérées.

Sauce pour le plum-pudding.

Mettez dans un bol du sucre râpé très-fin, versez-y une cuillerée de rhum et de suite du beurre très-frais chauffé seulement de manière à le rendre liquide; battez avec une cuillère en y ajoutant encore du rhum ou du vin de Madère. Le tout doit se faire avec promptitude et former une substance légère, comme serait une magnonnaise.

Pudding à la pâte. (Entremets sucré.)

Faites une bouillie un peu épaisse avec de la farine, du lait et un peu de sel : retirez du feu et joutez 250 grammes de beurre avec du sucre. Joignez-y 12 jaunes et 6 blancs d'œufs, battez, mêlez le tout, et versez dans une timbale comme au n° 3 ci-dessus. Une demi-heure suffit pour la cuisson.

Bread pudding. — Pudding au pain.

Mettez sur le feu 3 quarts de litre de lait avec 350 gram. de sucre, zeste d'un citron haché, et une petite pincée de cannelle en poudre. Dès qu'il bouillira, versez-le sur 500 gram. de mie de pain, par petits morceaux, laissez tremper une heure, égouttez sur un tamis, puis mêlez avec 6 œufs entiers battus et du raisin confit. Beurrez un moule, versez-y de cet appareil jusqu'aux 3 quarts; faites prendre au bain-maris avec peu de feu dessus. (Prononcez *Bred pouding*.)

Pudding à la moelle. (Entremets sucré.)

Écrasez 125 gram. de biscuit dans un verre de

lait, et faites chauffer ; mêlez ensemble 8 jaunes et 4 blancs d'œufs, que vous avez battus séparément ; ajoutez et mêlez bien 60 gram. de sucre, de la moelle de bœuf hachée, un petit verre d'eau-de-vie et autant de vin de liqueur, de l'eau de fleur d'oranger, une cuillerée de fécule, ajoutez le biscuit et mélangez complétement le tout ; faites bouillir et réduire jusqu'à épaissir suffisamment, retirez de la casserole et laissez refroidir. Versez ensuite dans une timbale n° 3, et faites cuire au bain-maris, feu dessus et dessous.

Pudding au riz. (Entremets sucré.)

Faites crever 250 grammes de riz dans du lait. Quand il sera bien crevé, vous y mêlerez 250 gr. de sucre, de la muscade râpée et autant de beurre. Enduisez de beurre une tourtière ou un plat qui aille au feu, versez dedans votre composition, et faites cuire sous le four une demi-heure. On peut varier ce plat en y mêlant 125 grammes de raisins de Corinthe. On peut aussi ajouter 6 ou 8 œufs, avec la moitié seulement des blancs. Il peut aussi se faire dans une timbale, comme il est indiqué ci-dessus, n° 3.

Pudding aux amandes. (Entremets sucré.)

Versez de l'eau bouillante sur 500 gram. d'amandes douces, et pelez-les ; mettez-les dans un mortier et les pilez ; à mesure que vous pilez, vous ajoutez successivement 500 gram. de beurre, 3 quarts de verre de vin blanc, 5 jaunes d'œufs et 2 blancs, un verre de crème, 125 gram. de sucre, 3 cuillerées d'eau de fleur d'oranger, moitié d'une muscade râpée, une cuillerée de fécule, 3 cuillerées de pain émietté. Quand les amandes sont bien pilées, et le tout bien mêlé, vous faites cuire ce pudding à votre choix, d'une des trois manières indiquées ci-dessus.

Pudding aux pommes. (Entremets sucré.)

Pelez 12 pommes moyennes, coupez-les en 4 et ôtez-en les cœurs; passez-les sur le feu avec 4 ou 5 cuillerées d'eau, jusqu'à ce qu'elles soient molles. Exprimez dans 250 grammes de sucre en poudre le jus de 3 citrons et le zeste de 2, joignez-y les jaunes de 8 œufs et mêlez. Mettez le tout sur un plat ou une tourtière, et faites cuire une demi-heure au four ou sous le four de campagne.

Pudding de cabinet. (Entremets.)

Recette primitive : Beurrez et saupoudrez de sucre un moule uni; posez au fond une tranche de mie de pain blanc de 1 centim., et moins large que le moule de 1 centim. Répandez dessus une rangée de raisins secs épepinés, puis une tranche de pain, et alternez ainsi jusqu'à 1 ou 2 centim. du bord. Laissez au milieu un peu de vide. Versez sur le tout, à froid, et par cuillerées, de manière qu'elle arrive dans tous les creux, la crème suivante :

Pour un moule de 15 centim. ou une casserole, on bat ensemble 4 œufs entiers, puis 60 gram. de sucre en poudre, puis un demi-litre de lait chauffé que l'on a aromatisé comme pour une crème : on passe. On pose comme une crème sur un bain-maris avec feu dessous et sur un couvercle de casserole (page 38) ou au four. Quand on voit que la crème est bien prise, on retire du feu et l'on tient chaudement jusqu'au moment de servir. On démoule sur le plat d'entremets, en versant, si on veut, une sauce autour.

Cet entremets, déjà très-agréable autant que simple, est devenu à la mode en France, grâce surtout au talent de nos cuisiniers et pâtissiers, qui l'ont beaucoup *raffiné*. — Voici le perfectionnement : On sucre et on beurre les tranches de pain, ou on les asperge de kirsch ou de rhum, ou bien on les masque de confitures : on les remplace même par de la brioche ou du biscuit. Quelques pâtissiers de Paris les dressent adroitement dans des moules à cylindre et façonnés. Si on se sert d'un moule uni, quand il est beurré, on le fonce d'un papier beurré aussi; on y place, en rosace, des fruits confits en filets, en petits dés, ronds, etc., puis la tranche de brioche, des lits de fruits, tels que raisins Malaga, Smyrne, Corinthe, cédrats, chinois, abricots, angélique, même des macarons brisés. On verse la crème, on recouvre d'un papier beurré et l'on fait prendre au bain-maris, etc., comme ci-dessus.

Sauce : Dans un verre de lait, délayez 3 jaunes d'œufs et du sucre; faites prendre cette crème doucement sur le feu en la tournant toujours et sans bouillir; mêlez-y du kirsch ou du rhum.

Croquettes de pommes. (Entremets sucré.)

La marmelade préparée comme ci-dessus, et revenue un peu sur le feu avec les œufs, vous la laissez refroidir dans une terrine; vous en faites des boulettes, que vous trempez dans la pâte comme des pommes de beignets et finissez de même.

Apple-cake, ou *gâteau de pommes.* (Entremets sucré.) *Cake* veut dire gâteau, prononcez *kéke*.

Pelez 12 pommes et ôtez-en les cœurs; faites-les fondre sur le feu avec le zeste d'un citron et un peu de cannelle; passez au tamis, et les remettez dans une casserole avec une cuillerée de fécule,

250 gram. de sucre et 60 gram. de beurre; faites mijoter et réduire; retirez de la casserole et laissez refroidir cette marmelade. Quand elle est froide, vous y mêlez 6 œufs, et versez dans un moule beurré. Faites cuire au bain-maris une demi-heure, renversez sur le plat, et servez. On peut aussi les mettre en timbale (n° 3).

Ile flottante. (Entremets sucré.)

Faites cuire dans l'eau bouillante 8 ou 9 belles pommes; lorsqu'elles ont refroidi, passez-les dans un tamis, et y mêlez de beau sucre en poudre; ayez 4 ou 5 blancs d'œufs, que vous battez avec une cuillerée d'eau de rose ou de fleur d'oranger; mêlez peu à peu avec les pommes, en continuant à battre jusqu'à rendre le tout très-léger, puis dressez cette mousse sur une belle gelée large qui fera le fond du plat, ou sur une crème renversée.

Cake ordinaire. (Entremets sucré).

Prenez 500 grammes de pâte préparée pour le pain, 60 gram. de beurre, un demi-verre de lait, du sucre et 8 cuillerées de raisins de Corinthe. On peut, si on veut, augmenter la quantité de beurre et de sucre. Faites cuire dans une casserole beurrée avec feu dessus et dessous.

Plum-cake.

Battez ensemble dans une terrine avec une cuillère de bois, jusqu'à devenir blanc, 200 gram. de sucre en poudre avec autant de beurre tiède; ajoutez 200 gram. de raisins de Corinthe, 60 gram. de Malaga (dont on enlève les pepins), du zeste de citron haché, 6 œufs entiers l'un après l'autre et toujours en battant; puis, peu à peu, 360 gram. de farine, un peu de bonne levûre si vous en avez.

Garnissez l'intérieur d'un moule uni avec du papier beurré, remplissez-le aux 3 quarts de l'appareil, faites cuire une heure et demie à four pas trop chaud, démoulez un quart d'heure après la sortie du four : servez chaud ou froid.

Pancakes. Crêpes anglaises. (Entremets sucré.)

Dans un quart de litre de lait, battez 6 ou 8 jaunes d'œufs; mêlez jusqu'à ce que cela soit assez épais. Vous avez eu soin d'abord de délayer de la farine dans un peu de lait, et vous versez dedans en remuant et par degrés votre mélange. Jetez dedans 2 cuillerées de gingembre, un verre d'eau-de-vie, un peu de sel, remuez bien. Votre poêle étant bien nettoyée, mettez dedans gros comme une noix de beurre, et y versez de la pâte de manière à en couvrir le fond; puis faites comme pour les crêpes françaises, mais trois fois plus épaisses. On arrose de rhum et de sucre, dans les assiettes, ces pancakes, qui sont sèches et croustillantes.

Sweet-cake. (Thé.)

Mêlez égale quantité en poids de sucre et de farine, de manière à faire une pâte. Aplatissez de l'épaisseur du petit doigt, coupez en rond, faites cuire doucement à un four quelconque.

GROSEILLES A MAQUEREAUX, appelées par les Anglais *gooseberries.* Ce sont des GROSEILLES VERTES.

On fait en Angleterre beaucoup usage de ce fruit, et on en tire parti pour un grand nombre de pâtisseries, d'entremets et de desserts. Nous engageons les dames françaises à en essayer, et nous pouvons leur promettre qu'elles trouveront dans ce fruit une très-grande ressource pour garnir leurs assiettes de dessert et ajouter aux entremets dans une saison où les fruits leur manquent.

On fait usage des gooseberries aussitôt qu'elles sont formées et tout le temps qu'elles sont vertes; leur acidité fait leur saveur.

Tarte de GOOSEBERRIES. (Entremets sucré.)

Préparez une timbale comme il est dit au n° 3 (page 427) des préparations de pudding, couvrez-en le fond de sucre en poudre, puis placez alternativement un lit de groseilles épluchées et lavées et un de sucre. Faites cuire trois quarts d'heure.

Groseilles vertes en pudding. (Entremets sucré.)

Mêlez ensemble 500 grammes de groseilles, autant de graisse de bœuf hachée, 5 œufs, 4 cuillerées de farine, la moitié d'une muscade râpée, un peu de gingembre ou d'épices, du sel; préparez dans un linge comme le n° 1 des puddings, et faites bouillir 3 heures.

Groseilles vertes en gelée. (Entremets sucré.)

Épluchez et lavez de belles groseilles et les faites mijoter sur un feu très-doux, ajoutez-y du sucre à la moitié de la cuisson, mêlez et continuez la cuisson à feu doux. Quand elles sont cuites, vous ajoutez du jus de citron, de la colle de poisson comme pour une *gelée*, et la versez comme une gelée dans de petits pots à crème.

Cake de groseilles vertes. (Entremets sucré.)

Faites chauffer 750 gram. de beurre et mêlez-y 1 kilo de farine bien séchée, 6 jaunes d'œufs, 750 grammes de sucre, 6 cuillerées de vin blanc, 3 cuillerées d'anis, 2 muscades râpées, de l'eau de rose ou de fleur d'oranger; mêlez complètement ces substances, en y ajoutant 500 gram. de groseilles. Mettez cuire au four dans un moule, ou sous le four de campagne, ou dans la casserole, feu dessus et dessous.

Jus de groseilles vertes au four. (Entrem. sucr.)

Jetez de l'eau bouillante sur un litre de groseilles, écrasez-les et les passez au tamis, puis y ajoutez 500 gram. de sucre, autant de beurre, 3 biscuits ou des macarons, 4 œufs bien battus; mêlez et faites cuire sur une tourtière ou sur un plat qui aille au feu, dans le four ou sous le four de campagne.

Pâté de groseilles vertes. (Entremets sucré.)

Vous mettez dans un plat creux qui aille au feu des groseilles, en y ajoutant les assaisonnements que vous préférez (tels que cannelle, eau de fleur d'oranger, muscade râpée) et du sucre. Vos groseilles doivent s'élever en pyramide au-dessus du plat. Vous recouvrez le tout d'un couvercle de pâte mince et doré, et vous faites cuire sous le four de campagne. Servez chaud.

Les *groseilles vertes* s'emploient encore, en toutes sortes de tartes et de tartelettes, à la place des cerises, prunes et abricots.

Pudding de mûres. (Entremets sucré.)

Faites une pâte bien pétrie, composée de 500 gram. de farine, 125 gram. de graisse de bœuf hachée très-menu, et d'eau chaude avec un peu de sel. Étendez-la sur la table, et la garnissez d'une bonne quantité de mûres bien mûres; reployez la pâte de manière à renfermer complétement le fruit, placez la boule que forme la pâte dans un bol, et enveloppez le tout d'un linge bien noué.

Plongez ce pudding dans l'eau bouillante, où vous le ferez cuire, une heure ou deux, selon sa grosseur, ou bien en une demi-heure, si l'on emploie la vapeur. (Voyez pages 35 et 426.)

On peut faire de cette manière des puddings de *groseilles vertes* (voyez page 435), de *cerises*, de *prunes* ou *pruneaux*, d'*abricots*, de *pommes*, de *poires*, etc. On y met du sucre si l'on veut, et selon l'espèce de fruit, d'autant plus qu'on est libre d'en ajouter, en poudre, sur son assiette.

Les *groseilles rouges*, les *cerises* et les *prunes*, quand on en a retiré les noyaux, peuvent s'accommoder de la plupart des manières indiquées pour les groseilles vertes.

PATISSERIE

POUR UN MÉNAGE.

Il est utile, sinon indispensable, d'être muni d'une bonne *balance avec toute la série des poids*

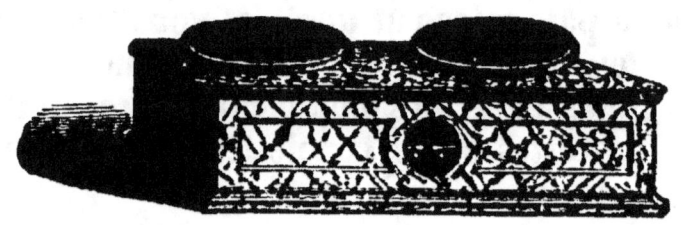

depuis un gramme, afin de pouvoir employer les doses que nous indiquons, doses dont on ne devra pas s'écarter beaucoup, sous peine de mal réussir.

Un four à pain peut avoir 6 degrés différents de chaleur. — *Four chaud* : lorsque la voûte est blanche, ou qu'un morceau de bois que l'on y frotte produit des étincelles. (Ce four ne peut servir que pour le pain en le laissant tomber 10 minutes.) — *Four gai* : une heure après. (Pâtés froids, pâtés chauds, vol-au-vent, feuilletage, tourtes d'entrée et d'entremets, flans et galettes, échaudés, petits pâtés.) — *Four modéré* ou *deux* : 2 ou 3 heures après le four chaud. (Biscuits, gâteaux de Savoie et petites pâtisseries blanches qui ne doivent prendre qu'une couleur tendre.) *Four mou* : 4 heures après. (Meringues et pièces méringuées.) *Four perdu* : 5 heures après. (Macarons, massepains, pièces à dessécher.)

Ces données seront utiles; mais cependant elles sont indiquées pour un four où l'on ferait un grand travail, et qui serait un peu chaud pour des pièces en petite quantité. Si le four est chauffé à peu près tous les jours, il retiendra sa chaleur plus longtemps; et c'est à celui-là que s'appliquent nos indications. Si on le chauffe seulement à l'occasion, il faudra le laisser moins refroidir pour les mêmes opérations, et on aura dû le chauffer plus longtemps. Quand on voudra savoir s'il est bon à enfourner, la braise en étant retirée, on y jettera, à four ouvert, un tampon de papier : si au bout de 4 à 5 minutes il a pris trop de couleur et est prêt à brûler, on doit attendre encore. Si on fait à la fois plusieurs sortes de pâtisseries et qu'il faille tenir le four ouvert, ou l'ouvrir souvent, on tiendra à côté de la bouche une *allume* ou petit feu flambant qui l'empêche de refroidir et l'éclaire. Ce feu donne le moyen d'exécuter à la fois plusieurs espèces de pâtisseries que l'on en approche ou éloigne plus ou moins.

Ce four peut être remplacé par un bon four de poêle, souvent aussi, surtout pour les tourtes et pâtés chauds, par le simple *four de campagne* *, toujours par le *four portatif* dont on va parler, et

---

* Voyez aussi le nouvel *allumeur mobile*, page 24.

enfin, pour de petites pièces, par une grande casserole de fer battu fermée par le couvercle de tôle indiqué page 38. On place au fond un support rond en fil de fer du même diamètre et monté sur 4 petits pieds de 2 centimètres, le tout recouvert d'un grillage ou d'une toile métallique qui sert à poser la pâtisserie sur du papier beurré. On place cette casserole-four sur la cendre chaude d'un fourneau

Four portatif.

ou d'un âtre en la soutenant sur un trépied de 8 centimètres de hauteur entouré de poussier et cendre chaude, dont on modère la chaleur à volonté; on place du feu dessus et on chauffe un peu avant d'*enfourner*. Les charbons ardents ne doivent jamais toucher au fond de la casserole. Il faut laisser une distance pour obtenir une chaleur modérée.

PATISSERIE.

Les deux fig. ci-dessous représentent la coupe d'un four, la fig. 1 vue en travers, la fig. 2 vue devant.

On peut construire ce four tout en brique.

A, porte du foyer B, sur lequel on fait un feu de bois dont

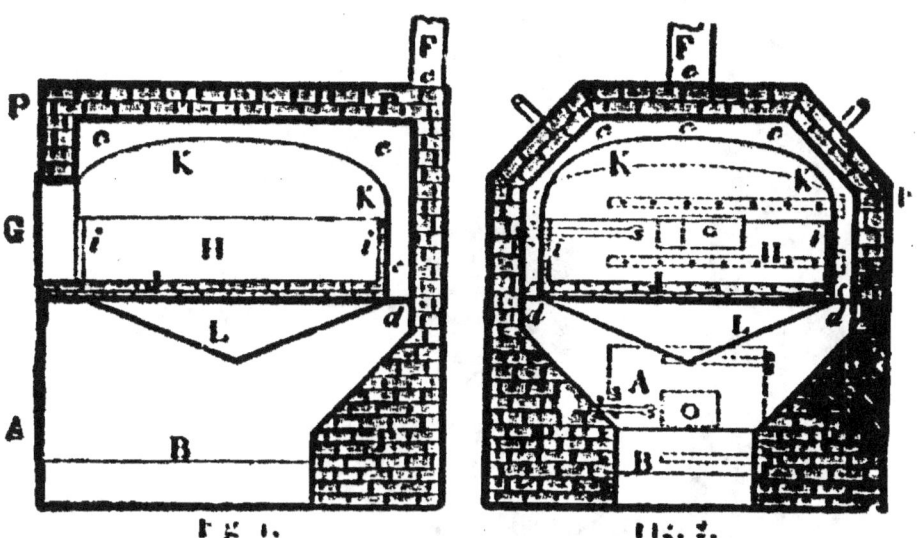

fig. 1.   fig. 2.

la fumée *cccc* s'élève en passant par les ouvreaux *d d*, circule sur toute la voûte du four et finit par sortir dans le tuyau F. On ne laisse à ces ouvreaux que 10 centimètres d'ouverture sur 3, vers le devant du four, afin que la fumée ne monte pas trop directement au tuyau F. — G porte du four H. Ce four se compose du plancher J, en carreaux de terre cuite de 2 centimètres d'épaisseur, et de la voûte K faite en forte tôle, afin que la chaleur de la fumée la pénètre et chauffe l'intérieur du four. L est un plancher courbe, en tôle, qui empêche la chaleur de chauffer trop fortement le plancher du four J. Si ce plancher, au lieu d'être en carreaux de 2 centimètres d'épaisseur, était en briques, on éviterait le plancher courbe L. La voûte et les côtés du four étant en tôle, il a fallu en doubler le tour en carreaux de 8 ou 10 centimètres de hauteur, *i i*, afin d'éviter la trop grande chaleur arrivant par les ouvreaux *d, d, d* — PPP sont des massifs en brique, soutenant ou enveloppant le four. — Ce four se chauffe avec du bois de poêle, dont il consomme très-peu. Sa hauteur totale est de 43 centimètres sur 47 de largeur. Le four a 45 à 50 centim. de profondeur, 30 de largeur et 19 de hauteur. On en fabrique de 2 grandeurs au-dessus.

On a, pour la pâtisserie, une table bordée de 3 côtés,

PATISSERIE.

appelée *tour à pâte*, ou bien une large planche bordée de même et que l'on pose sur une table. Il faut aussi un rou-  leau de bois dur de 40 centimètres de long et 3 à 4 de grosseur.

Une *pince* pour façonner et décorer les pâtés ou autres pièces.

Une *roulette* servant à tracer des dessins et à détailler la pâte.

— Des *moules* pour biscuits, madeleines et autres pièces.

— Des *coupe-pâte* ou emporte-pièce pour découper en rond la pâte : il y en a d'unis, fig. A, et de godronnés, fig. B; la grandeur est de 4 à 10 centimètres de diamètre et 3 centimètres de hauteur. On peut les remplacer au besoin par des verres, que l'on trempe dans l'eau chaude.

— Il faut encore des *plafonds* ou plaques de tôle pour poser ou enfourner les pièces.

— Un four domestique se chauffe mieux avec des broussailles, bruyères et sarments qu'avec des bûches.

— Il faut visiter les pièces au four. Si elles ne prennent pas assez de couleur, on ranime la chaleur en mettant sur le côté de la bouche une *allume* dont il vient d'être parlé. Si elles l'étaient trop, on ouvrirait la porte et même on couvrirait les pièces avec un morceau de papier beurré que l'on tient prêt à cet effet et qui sert plusieurs fois.

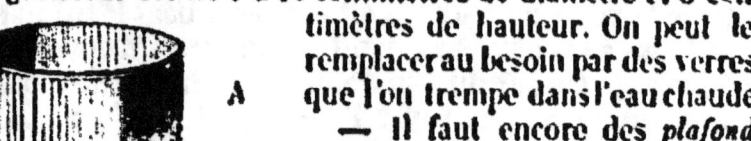

Claie pour poser la pâtisserie en la sortant du four.

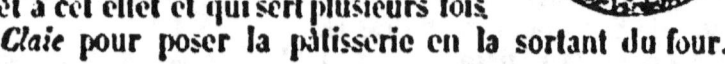

Dorage. Au moment d'enfourner, on dore légèrement, à l'aide d'un pinceau de plumes, avec du jaune d'œuf délayé dans un peu d'eau, 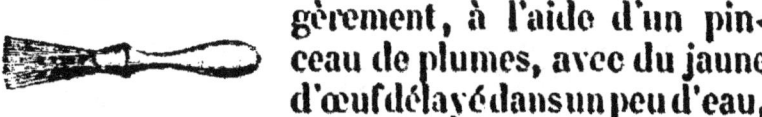 pour les pâtisseries légères et blondes; les macarons et massepains avec de l'eau seule.

Glaçage ou *vernis*. Pour glacer les gâteaux sucrés (déjà dorés), on les retire du four étant presque cuits, on les saupoudre de sucre en poudre très-fine, mêlé à un quart de fécule, et on les remet au four pour que le sucre y prenne couleur.

Collage. Pour faire adhérer ensemble 2 pièces de pâte, on mouille à deux fois d'eau froide les parties à coller.

— Le beurre pour la pâtisserie, et particulièrement pour le feuilletage, s'il n'est pur et bien fabriqué, doit être manié et lavé, surtout en été, pendant 2 ou 3 minutes, dans de l'eau de puits très-froide, afin de le dégager de son lait. Pressez-le ensuite dans un linge pour en exprimer l'eau. Conservez-le dans une cave très-fraîche. Il se conserve encore mieux renfermé dans un bocal solide, bien bouché, attaché dans un seau et descendu dans un puits. — Dès que la température est au-dessous de 10 degrés, on doit broyer et manier à sec le beurre pour le ramollir avant de l'employer dans la pâte. Au-dessus de 15 degrés il faut travailler la pâte dans un lieu le plus frais possible.

Pâte à dresser les pâtés froids, etc.

Mettez sur une table ou *tour à pâte*, pour un pâté de 18 centim. de diamètre, un litre et un quart de farine *, faites un creux (ou fontaine)

---

* Un litre de farine répond à un demi-kilogramme. — Un œuf frais pèse 50 à 65 gramm. : coquille, 6 gr. ; blanc, 36 ; jaune, 18.

dans le milieu et y mettez 200 grammes de beurre, 2 œufs entiers, 10 grammes sel gris fin, demi-verre d'eau fraîche en été, tiède en hiver. Détrempez d'abord le beurre avec l'eau, à force de manier jusqu'à ce qu'il forme une bouillie; commencez à pétrir la farine en ajoutant de l'eau. La pâte doit être ferme, et, pour y parvenir, mettez d'abord moins d'eau, afin d'en ajouter s'il en faut; mais tâchez de ne pas remettre de la farine, parce que cela change les proportions. La pâte étant bien liée et réunie en boule, abattez-la en la *frasant* un tour : c'est-à-dire en la foulant, avec la paume des deux mains et la rassemblant. En hiver il faut fraser trois fois, et deux en été. La pâte trop foulée n'est plus liée, elle se casse en la dressant ou pendant la cuisson. Elle doit être d'une bonne fermeté sans arriver au sec, c'est-à-dire sans cesser d'être onctueuse, et pouvoir tenir debout quand on *dresse* les bords des pièces. Remettez-la en boule oblongue dans un linge humide pour la préserver de se gercer par l'action de l'air, si toutefois vous ne voulez pas l'employer de suite. Cette pâte vous servira encore pour *croûtes de pâtés chauds, timbales de viandes, de macaroni, de nouilles,* etc.

Pâté froid. (Relevé, entrée, rôt.)

Pour un pâté de 3 livres de viande, il faut un œuf et un quart de farine. Abaissez de la pâte à dresser ci-dessus indiquée à 1 ou 2 doigts d'épaisseur, selon la grosseur du pâté; posez-la sur un papier beurré et sur une plaque de tôle; marquez avec le pouce le fond du pâté en refoulant la pâte sur les bords pour les élever, dressez-la en la tenant plus étroite du haut que du pied; tenez vos mains de leur longueur, le bout des doigts du côté du bas et l'une contre l'autre, en rapprochant toujours la pâte, sans la tirer; quand votre croûte sera montée à 7 centim. de hauteur, faites-la un peu plus évasée, et encore 5 centim. de hauteur,

Moule rond pour pâté froid.

donnez-lui une forme bien égale et unie; garnissez le pâté comme il va être dit. Faites avec la même pâte seule un couvercle; ou bien formez-le d'une abaisse très-mince de cette même pâte, que vous recouvrez d'une autre en feuilletage; posez-le; repliez en dedans la pâte des côtés qui déborde, mouillez-la pour la coller; pincez les bords en forme d'ornements et décorez le reste par des

Moule à pâté froid

incisions et de petits ornements en pâte rapportée. Faites un trou ou cheminée au milieu pour que la vapeur sorte, dorez. Faites cuire 2 ou 3 heures, selon la grosseur, dans un four gai, ou dans un four portatif chauffé un peu à l'avance. Quand il est à moitié refroidi, on verse par la cheminée une gelée de viande ou de consommé très-réduit et très-cuit, afin qu'il ne fasse pas aigrir la garniture, et surtout s'il fait chaud, et un petit verre d'eau-de-vie ou de madère. Si le pâté n'est pas de volaille ou veau, il faut que le vin reçoive un bouillon avec le consommé pour que sa saveur se perfectionne. Le consommé peut se faire avec les os et débris de viandes, que l'on a concassés et fait mijoter longtemps avec un peu d'eau, carottes, navets, thym, laurier, sel, épices, etc.

Pour faciliter la confection de la croûte, chose

PATISSERIE.

difficile quand on n'a pas de moule, on prendra, pour *ébaucher* cette croûte, une casserole plus petite que le pâté, on la retournera, on posera sur le fond l'abaisse de 2 ou 3 doigts, on l'étalera en la faisant descendre sur les côtés, on l'enlèvera et on la dressera à son point pour finir le pâté. — Ce moyen peut s'appliquer à la confection de toutes les pâtes à dresser pour *pâtés* et *timbales* pour lesquels on n'aurait pas de moules. — On peut même l'employer pour préparer la pâte dont on doit garnir le fond et les côtés des moules ci-après. Pour cela on retourne la casserole dans le moule, on en détache la pâte et on la fixe de suite au moule.

Moule brisé pour pâtés.

Le moule brisé en fer-blanc ou en cuivre, rond ou ovale, que l'on vend chez les chaudronniers et quincailliers, facilite la confection des croûtes de pâtés et les soutient mieux au four. Il se compose de pièces brisées à charnières qui s'ouvrent comme dans la fig. 2 pour en tirer le pâté lorsqu'il est cuit. Il se referme comme dans la fig. 1re et s'attache au moyen d'une goupille A.

Fig. 1.   Fig. 2.   A.

Ce même moule peut servir pour pâtés chauds, mais on en fera cuire la croûte avant de garnir.

Pour en faire usage on le pose sur un papier

beurré*, et sur une plaque de tôle on prépare l'abaisse de la pâte comme il a été dit pour dresser sans moule; mais au lieu de terminer, il faudra placer la pâte ébauchée dans le moule et achever de monter en garnissant également les côtés et les cannelures. La pâte doit déborder au-dessus du moule pour former autour un rebord ou *crête* de 2 ou 3 centimètres, que l'on décore avec la pince après avoir soudé le couvercle de pâte avec un peu d'eau.

Garniture des pâtés froids. (Entrées ou rôts.)

Choisissez les morceaux les plus tendres et les plus frais des viandes, veau, porc ou gibier, que vous voulez employer, car sans tendreté il n'y a pas de bons pâtés. Désossez-les, ôtez-en la graisse, les peaux et les nerfs, piquez-les de moyens lardons si les morceaux à employer sont gros. S'il ne s'agit que d'un pâté de grosseur ordinaire, on pourra employer les viandes crues, surtout si elles sont tendres par leur espèce; on les assaisonnera de sel, épices, peu d'ail et infiniment peu de thym et de laurier en poudre. Si on fait de très-gros pâtés, on fera revenir les viandes avec du beurre et leur assaisonnement, pendant une demi-heure, et une heure si c'est du veau, du lièvre ou du gros gibier : on évitera que la viande et même le jus ne s'attachent. Laissez refroidir le tout. Les pâtés que l'on peut faire sans cuisson préalable des viandes sont toujours plus savoureux; mais il pourra s'y former des vides par le retrait de la viande qui cuira dans la croûte, au lieu que cuite d'avance elle est déjà réduite à son point.

---

* Il est toujours mieux de garnir de papier beurré le dessous des pièces de pâtisserie : quand on ne le fait pas, c'est par économie.

Prenez les débris maigres de vos viandes, du lard gras, ail, moitié d'une moyenne feuille de laurier, un peu de thym, une queue de ciboule, une branche de persil, sel, poivre, épices; hachez le tout très-menu; ajoutez un œuf entier, demi-verre de très-bon vin blanc ou 2 cuillerées d'eau-de-vie; pilez le tout dans un mortier pour en faire une farce. Si vous n'avez pas de mortier, servez-vous d'une forte terrine et triturez cette farce avec une cuillère de bois. — Si l'on doit employer des truffes, on les pèlera, on les placera entières, si elles ne sont pas grosses, en les dispersant dans le pâté, et on mêlera les pelures bien hachées à la farce. — Préparez des bardes *très-minces* de lard gras, sans rance, pour garnir le fond et le dessus du pâté ainsi que les côtés, ce qui est mieux. — Si c'est en volaille ou gibier tendre que vous faites un pâté, désossez, piquez, et préparez comme pour les viandes. Si on emploie du jambon, il faut le préparer comme les viandes, sans le larder, et le faire cuire d'avance aux 3 quarts, comme un jambon. On laisse entiers, sans les désosser, les canards, les perdrix, les pigeons, les mauviettes et autres petits oiseaux; cependant si on veut désosser les perdrix, pigeons et canards, on les roulera dans leur peau comme de petites galantines. On arrangera ainsi les lièvres et les lapins, en plaçant le râble en dessus.

Commencez par garnir le fond avec des bardes, un lit de farce, du jambon et autres viandes ou volailles, en comprimant avec la main pour faire une masse compacte et en remplissant les vides avec de la farce; finissez par un lit de farce et des bardes en dessus : emplissez-le sans qu'il le soit trop. Si un pâté doit servir pour relevé ou pour rôt, il sera mieux de lui donner une forme ovale.

TERRINE DE FOIES GRAS (FAÇON DE STRASBOURG).

Prenez deux foies gras blancs et bien frais; coupez-les en deux, parez-les et piquez-les avec des morceaux de truffes en forme de dés allongés. Mettez-les ensuite dans une casserole avec 750 grammes de truffes que vous avez préparées pour la garniture de votre terrine; assaisonnez le tout avec du sel, du poivre, ajoutez un clou de girofle et tenez le tout couvert. D'un autre côté, hachez ensemble et pilez au mortier un demi-kilog. de gras de lard et autant de chair de porc, assaisonnez avec sel, poivre, girofle, et passez au tamis; mettez cette farce de côté et préparez-en une autre de la façon suivante : hachez menu deux belles truffes et 250 grammes de jambon bien cuit, ajoutez-y un petit verre de vieux rhum de la Jamaïque; passez au tamis et mélangez cette farce à la première avec les parures des foies que vous aurez passées sur un feu doux avec un peu de beurre fin et des fines herbes. Donnez à votre farce l'assaisonnement de haut goût, et lorsqu'elle est aussi préparée vous en garnissez le tour et le fond d'une terrine (façon de Strasbourg) d'une couche assez épaisse; mettez-y alors des morceaux de foie et de truffes; recouvrez-les avec une bonne couche de farce sur laquelle vous posez les deux autres morceaux de foie et les truffes, puis le restant de la farce, de manière que la terrine prenne la forme d'un dôme; mettez sur le tout des bandes de lard et posez le couvercle. Posez alors votre terrine sur un plafond en terre dans lequel vous aurez mis deux verres d'eau et donnez deux heures de cuisson au four modéré, en ayant soin, au bout d'une heure, de commencer à arroser la terrine avec la graisse qui en sort. Après la cuisson retirez votre terrine du four; posez dessus un poids de 2 kilog. et laissez-la refroidir complétement. Lorsqu'on veut la conserver, il faut la remplir avec du bon saindoux très-frais que l'on verse tout chaud, et luter le couvercle avec des bandes de papier gommé suffisamment larges pour s'appliquer en même temps sur le couvercle et la terrine, de manière à cacher la jointure et à empêcher l'accès de l'air.

Paté de Strasbourg.

Il se prépare suivant les procédés que nous venons d'indiquer pour la terrine, avec cette différence que la garniture est déposée dans un moule foncé de pâté; on dresse à la main. La pâte à foncer les pâtés pour foies gras se prépare de la façon suivante. Mélangez ensemble 250 gr. de beurre et un demi-kil. de farine tamisée; étalez le tout; faites un trou au milieu dans lequel vous mettez deux verres d'eau et du sel, puis vous rassemblez le tout pour en faire une pâte; laissez reposer cette pâte pendant une heure ou deux, et alors vous pourrez vous en servir pour foncer votre moule en ayant recours aux procédés indiqués pour la terrine, sauf pour la cuisson, parce qu'alors vous ne mettrez pas d'eau dans le plafond, qui pourra être en tôle.

MOULE PATÉ DE STRASBOURG.

Terrine de paté de foies de canards (entremets).

Mettez dans une casserole pleine d'eau froide, sur un feu doux, 5 ou 6 foies de canards; donnez un seul bouillon; retirez alors vos foies que vous jetez dans de l'eau fraîche; laissez refroidir; égouttez sur un linge; enlevez la place de l'amer.

Préparez une farce avec 500 grammes de foie de veau très-blond, et autant de panne, que vous mettez dans une casserole sur un feu doux et faites fondre; quand elle sera fondue, ajoutez-y le foie de veau coupé en dés, les parures et les parties inférieures des foies de canards; ajoutez aussi truffes, champignons, échalotes, persil hachés fin, sel, poivre, épices et un peu de laurier en poudre; donnez cinq ou six minutes de cuisson à grand feu en remuant le mélange et retirez du feu.

Prenez un kilogramme de grosses truffes du Périgord, vous les pelez et les taillez en filets pareils à des lardons ordinaires; introduisez-les dans les foies au moyen d'une petite cheville de bois pointue avec laquelle vous faites des trous; assaisonnez les foies et le reste des truffes avec sel, poivre, laurier en poudre, épices. Choisissez une terrine à conserves suffisamment grande pour contenir les foies et la farce; foncez le fond de la terrine avec de la farce dont vous faites une couche épaisse de deux centimètres, mettez les trois premiers foies les uns auprès des autres, couvrez-les d'une seconde couche de farce épaisse d'un centimètre; mettez sur cette couche les trois autres foies les uns auprès des autres; remplissez les vides et recouvrez les foies avec de la farce; posez dessus des bandes de lard frais, deux feuilles de laurier; mettez le couvercle de la terrine et faites cuire au bain-maris de la manière suivante : Prenez une casserole assez grande pour contenir la terrine, versez dans cette casserole le quart de son contenu d'eau fraîche ; placez la terrine dedans ; faites bouillir doucement ; donnez trois heures de cuisson à partir du moment où l'ébullition aura commencé. Vérifiez la cuisson en enfonçant une aiguille à tricoter dans le pâté ; si l'aiguille pénètre facilement, ôtez la terrine de dessus le feu ; laissez-la refroidir ; coulez ensuite du bon saindoux de manière à la remplir complétement ; laissez refroidir le saindoux ; couvrez-le avec un rond de papier imbibé de bonne huile d'olive ; mettez le couvercle de la terrine ; collez une bande de papier tout autour pour empêcher l'air de pénétrer et mettez en réserve dans un endroit sec et frais.

Lorsque le pâté de foies de canards n'est pas confectionné en vue de la conservation, il est inutile de le mettre dans une terrine ; on a alors recours aux procédés indiqués ci-dessus pour la préparation de la farce et des foies, avec cette différence qu'on pile cette farce dans un mortier en y ajoutant 4 jaunes d'œufs crus. Dressez alors la pâte (page 443) ; garnissez le tout de bandes de lard, étalez au fond du pâté une couche de farce de six centimètres d'épaisseur, puis une couche de morceaux de foies et de truffes ; mettez une nouvelle couche de farce, une nouvelle couche de morceaux de foies et de truffes et ainsi de suite jusqu'à ce qu'il soit plein ; finissez de remplir avec 250 grammes de beurre, posez des bardes de lard et deux feuilles de laurier dessus ; mettez au four gai ; donnez trois heures de cuisson, et quand il sort du four, versez un grand verre de blanquette de Limoux.

Pâté de lièvre. (Entrée.)

Désossez un lièvre par morceaux : piquez les chairs avec des lardons assaisonnés de sel, poivre, épices, échalotes et persil hachés; faites cuire à moitié avec du beurre. Hachez le foie avec une livre de lard gras, ajoutez un ognon, une échalote, le quart d'une gousse d'ail, persil, très-peu de thym et laurier hachés à part, épices, poivre, sel, un petit verre d'eau-de-vie. Disposez cette farce et les chairs comme il est dit ci-dessus dans la pâte ou en terrine. Faites cuire 2 heures.

Pâté de lapin. (Entrée ou rôt.)

Un ou deux lapins désossés, même de clapier, s'ils ont été bien vidés et marinés, avec une livre de veau et une livre de chair à saucisses, font un très-bon pâté de ménage, en pâte ou en terrine.

Pour les pâtés de *foie gras d'oie* et de *canard*, voyez page 273 et 450.

Pâté de carême. (Entremets.)

Après avoir ôté la peau d'un morceau de thon frais, vous en faites des filets de 2 centimètres d'épaisseur sur 5 à 6 de longueur; piquez-les de filets d'anchois, et, si vous voulez, de truffes; mettez-les dans une terrine saupoudrés d'un peu de sel, épices, poivre, thym et laurier en poudre; vos filets ainsi marinés 24 heures, faites une farce à quenelles avec les parures des filets de thon (voyez *Quenelles de poisson*, p. 181). Si vous employez des truffes, vous les brossez et pelez. La croûte de pâté étant dressée, garnissez le fond de 4 centimètres d'épaisseur de la farce à quenelles, quelques truffes et la moitié des filets de thon, un lit de farce et de truffes, le reste de vos filets, que vous couvrez avec le restant de la farce à quenelles; étendez un bon morceau de beurre par-dessus; couvrez le pâté comme il est dit pour pâtés froids, dorez et faites cuire 2 ou 3 heures à four un peu gai, selon sa grosseur. En sortant du four on peut y introduire un petit verre de rhum ou du vin de Madère; ce qui le bonifie. Ce pâté se mange froid. On peut employer du thon mariné ou du *saumon*, ou même quelque autre poisson à chair consistante et sans odeur forte.

Terrines de viandes, volailles, gibier. (Entrées, rôts ou entremets.)

Une *terrine* est un vase de terre qui va au feu, dont les côtés sont droits, et dont l'usage est de faire des pâtés sans croûte. Il y en a de rondes, d'ovales, de carrées et de longues pour les lièvres, avec la figure de l'animal sur le couvercle. Tout ce qui est indiqué pour remplir un pâté en croûte servira pour remplir un pâté en terrine, avec cette différence que, comme on ne craint pas que la croûte brûle, on ne fait ni revenir ni cuire à l'avance, et aussi parce que la terrine laisse davantage pénétrer la chaleur. Il faut pourtant en excepter le jambon, qui doit être à moitié cuit. — On garnira de bardes les côtés comme le dessus et le fond. Il faut luter le bord du couvercle avec des bandelettes de papier collé, afin d'éviter l'évaporation pendant la cuisson. — Un pâté en terrine est savoureux, parce que le fumet ne se perd pas; et une terrine préparée avec économie n'est pas plus chère que tout autre mets.

Dans les terrines, comme dans les pâtés, les canards, perdrix, faisans, pigeons doivent être désossés. Si on juge à propos de ne pas le faire, on composera une farce de ce que l'on aura : telle que chair de porc, de lapin, foies de volailles et des oiseaux que l'on emploie; on les en emplira et on les arrangera au milieu de la terrine avec ordre, comme il a été dit pour le pâté. — Si on veut conserver longtemps une terrine à la façon de Nérac, on comprimera les viandes au moyen d'une plaque, que l'on posera dessus dans la terrine et que l'on surchargera d'un poids de 1 ou 2 kilogrammes, et cela à la sortie du four. On retirera le tout le lendemain, en chauffant un peu la plaque, et on recouvrira de la graisse et du couvercle, en y recollant du papier.

Les pâtés et terrines de cailles, grives, mauviettes et autres oiseaux se font de la même manière sans désosser.

Pains de diverses viandes. (Entremets.)

Ce sont de véritables terrines comprimées comme il vient d'être dit, que l'on fait dans des moules à bords droits, pour pouvoir les en tirer en chauffant un peu le moule, et que l'on sert à nu. On a arrangé leur garniture et les bardes avec goût et avec ordre en les dressant, afin qu'ils offrent un coup d'œil convenable en les démoulant et les renversant.

Timbales.

Une timbale est un véritable pâté, que l'on fait dans un moule ou dans une casserole. Tout ce qui a été dit ci-dessus pour le pâté fait dans un moule s'applique à la timbale, que l'on peut mettre cuire dans quelque four que ce soit, même le four de campagne. Sur un fourneau large avec un feu couvert, on enterre dans la cendre répandue autour une casserole où se trouve la timbale et on couvre du couvercle avec feu dessus. (Voyez *Timbale*, page 427, 3°, et l'article des *Pâtés froids*.)

Feuilletage.

Il y a plusieurs remarques à faire pour réussir à bien confectionner cette pâte : si la saison est chaude, on fera raffermir le beurre dans un seau d'eau de puits; et l'on se servira de la même eau pour détremper la pâte, en la travaillant sur une table de marbre dans un lieu frais. Si la température est trop froide, on détrempera la pâte avec de l'eau un peu tiède et dans un lieu tempéré. Il est essentiel aussi de bien prendre le temps d'enfourner; car si la pâte n'est pas faite, le feuilletage ne sera pas bon, et si on tarde, une fois que la pâte est à son point, on n'aura qu'une pâtisserie lourde, terne et indigeste. Mettez sur une table un litre de belle farine tamisée, faites un creux dans le milieu, mettez-y 10 grammes de sel fin, 2 jaunes d'œufs, gros comme une noix de beurre, un verre d'eau; détrempez avec les doigts *et d'une seule main* cette pâte; rassemblez-la en boule, couvrez-la d'un linge; au bout de 20 minutes on farine légèrement la table, on y étend la pâte une fois plus longue que large : elle doit être assez molle. On égoutte et on aplatit d'une seule pièce, entre 2 linges farinés, 360 gram. de beurre, que l'on pose sur la moitié de la pâte; repliez la pâte sur elle-même et par les bords de manière à y renfermer le beurre. Il faut que le beurre et la pâte aient la même consistance pour qu'ils puissent s'étendre également ensemble dans le maniement. Abaissez de nouveau cette pâte avec le rouleau en carré long et mince, pliez-la en 3 comme une serviette : c'est-à-dire pliez un des bouts et ramenez l'autre bout dessus : c'est ce que l'on appelle un *tour*, et recommencez jusqu'à 6 fois en été et 7 en hiver, de quart d'heure en quart d'heure, en saupoudrant légèrement de farine la table et la pâte. Il est alors terminé, et vous pouvez l'employer au bout de 5 minutes. Si on donne moins de tours, et sans interruption, on aura un feuilletage qui lèvera beaucoup moins et sera bon avec moins de beurre pour *gâteau des Rois*.

Pâté chaud. (Entrée.)

Il faut dresser une croûte comme pour un pâté froid avec son couvercle * (page 443). Mais comme ici il faut qu'elle cuise à vide avant de garnir l'intérieur, il faut la remplir (voyez *Remplissage* ci-après), poser le couvercle indiqué pour pâté froid, et le souder avec de l'eau (il sera soutenu par le remplissage); faire cuire à four gai, retirer du four, cerner le couvercle avec un couteau pour l'enlever ainsi que le remplissage, et garnir, au moment de servir, cette croûte comme il va être dit page 459.

Tourte d'entrée ou *bourgeoise*.

Il faut faire de la pâte feuilletée à 6 ou 7 tours et la partager en 3 parties, une pour le fond et une autre pour le couvercle : celles-ci étant remaniées ne lèveront pas, et on pourrait même employer de la pâte brisée; mais la troisième, devant former les bords, devra lever, et par conséquent être conservée sans remaniement. On fera une abaisse ronde (en la coupant autour d'un couvercle

---

* Toutes les fois que l'on fait de ces couvercles pour des pièces à cuire à vide, il faut les percer de quelques trous avec une fourchette pour obvier au soulèvement qui aurait lieu par la dilatation de l'air intérieur.

de casserole) pour fond de la tourte. Sur ce fond on placera du remplissage*, en forme de demi-boule, pour former l'intérieur de la tourte et soutenir le couvercle, qui s'affaisserait au four; on place dessus une autre abaisse, que l'on soude sur les bords avec de l'eau et qui formera ce couvercle. Il ne manque plus que le bord feuilleté, qui doit avoir 3 centimètres de large et que l'on formera en découpant dans le morceau de feuilletage une bande d'une seule pièce de cette largeur, que l'on soudera sur le bord avec de l'eau, sans fouler la pâte et sans laisser d'ouvertures par lesquelles le jus de la tourte pourrait s'échapper. On dore et on met au four un peu chaud, pour retirer cuit de couleur blonde. La bande de feuilletage de 3 centimètres doit être d'une seule pièce pour ne faire qu'une soudure; il est facile de la tailler dans une abaisse de 1 centimètre d'épaisseur, en tournant le couteau en différents sens et redressant ensuite la bande. — Au moment de servir, on cerne le couvercle avec un couteau pour l'enlever, ainsi que le remplissage, et on garnit la tourte comme il va être dit ci-après à sa *Garniture*.

Si on veut une *tourte couverte*, au lieu de faire cuire la croûte à vide, on commencera par dresser sur la première abaisse le ragoût que l'on voudra; on placera l'abaisse qui doit former le couvercle, puis le bord, et on fera cuire au four. Il aura été pratiqué un trou au couvercle, par lequel on entonnera, au moment de servir, le jus ou la sauce que l'on aura préparés.

* *Le remplissage* des pièces qui doivent aller au four avant d'être garnies se fait avec de la farine, des pâtes de rebut, ou du papier mou chiffonné; mais le mieux est d'employer de vieux linge que l'on tasse et auquel on donne la forme nécessaire pour soutenir les bords de la pâte et le couvercle pendant la cuisson au four.

458 PATISSERIE.

Décoration pour les dessus de pièces de pâtisserie. Le couvercle de la tourte ci-dessus sera décoré par des incisions au couteau, ainsi qu'on le fait pour toutes sortes de pâtisseries. Si on veut faire mieux, on abaisse de la pâte aussi mince que possible ; on la plie en rond, en 8, en éventail, comme

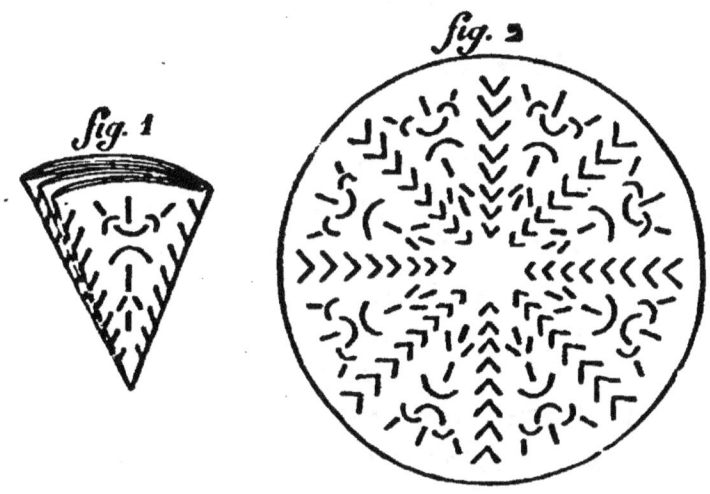

on ferait d'un morceau de papier, et on l'incise avec la pointe d'un couteau, suivant la figure 1 ; on l'ouvre et on la colle avec un peu d'eau sur le couvercle encore plié en 4 ; alors on la déplie tout à fait, on dore, et les dessins paraissent au four tels qu'ils sont dans la figure 2, placés régulièrement.

Vol-au-vent. (Entrée.)

Du feuilletage étant préparé comme il est dit page 455, on en place une abaisse de 2 centimètres sur une plaque de four, on pose dessus un couvercle de casserole de la grandeur à donner au vol-au-vent, on enlève avec un couteau ce qui déborde, on cerne avec le même couteau, à 3 centimètres et aux 3 quarts de l'épaisseur de la pâte, pour former l'intérieur et le couvercle ; on décore un peu le milieu si le couvercle doit servir, on dore et on fait cuire à feu modéré. Quand la pièce a bien monté et pris une belle couleur, on retire du four, on enlève le couvercle, on vide de l'intérieur la pâte non cuite; et la croûte du vol-au-vent se trouve prête, avec un bord élevé de 8 à 10 centimètres, si la pâte a été bien faite. Il reste à le garnir comme il va être dit.

Garnitures des Vol-au-vent, Tourtes d'entrée, Pâtés chauds. (Entrées.)

La différence entre une *tourte d'entrée* et un *vol-au-vent*, c'est que la tourte est faite avec un fond et un couvercle de pâte brisée et un bord de feuilletage, tandis que dans le vol-au-vent tout est en feuilletage. On vient de voir ce que c'est que le *pâté chaud*. Ces trois articles se confondent souvent par erreur dans les commandes que l'on fait aux pâtissiers. Ils se garnissent aussi à peu près de même, c'est-à-dire *en gras*, d'un ragoût de volailles par filets[*] ou membres légers de poulets tendres, foies, crêtes et rognons de coq, ris de veau, filets de veau, d'agneau, de lapin, cervelles, tronçons d'anguilles, mauviettes et autres oiseaux, quenelles et boulettes de différentes viandes, écrevisses, enfin de ce que l'on a à sa disposition. On trouvera aux pages 176 à 182 la manière de préparer ces articles. — Les débris de volaille ont ordinairement été servis en rôt, en daube ou sautés : en tout cas ils doivent, comme les filets de veau et d'agneau, être toujours cuits, puisqu'ils ne sont plus soumis à la cuisson quand on les

---

[*] On entend ici par *filets* des morceaux choisis, tendres, de chair, plus ou moins longs, minces et peu larges, que l'on ne peut appeler des tranches. Dans un poisson, c'est la chair partagée en 2 ou 3, pour une limande par exemple.

dresse dans le vol-au-vent. Il faut faire cuire à l'étouffée ce qui ne le serait pas. Ces articles étant dressés dans le vol-au-vent avec ordre, en mettant en dessus les morceaux les plus attrayants et les écrevisses, on y verse par un coin, sans couvrir les morceaux, un coulis blond que l'on peut remplacer par la sauce blonde (page 157) améliorée de jus, si l'on en a. — Un pâté chaud et un vol-au-vent se garnissent aussi d'une fricassée de poulets desservie plus ou moins garnie. — En *maigre* on se servira de morue à la béchamel, de filets de turbot, de limandes, de soles et autres poissons à la béchamel. — A cet effet on fait cuire ces filets avec beurre, sel, poivre, jus de citron. On les met dans une béchamel et on les tient chauds au bain-maris jusqu'au moment de servir. On les dresse dans la croûte chaude en les mêlant à un petit ragoût de champignons.

Tourte aux épinards. Si on remplit la croûte d'une purée d'épinards préparés avec le plus grand soin à la crème et au sucre, on a une tourte distinguée; mais cela ne souffre pas le médiocre.

La *tourte d'entrée* est plus large, moins montée, et offre plus de surface visible de son intérieur; par conséquent on arrangera avec art sa garniture en plaçant en dessus les parties les plus attrayantes et les écrevisses, s'il y en a.

Le *pâté chaud* et le *vol-au-vent* se font plus étroits et plus élevés à proportion; on aura moins de garniture visible, mais cependant on parera le dessus autant que possible. Souvent on sert le pâté chaud sans couvercle, ainsi que le vol-au-vent.

Petits pâtés, dits *Bouchées à la Reine*. (Entrée.)

La pâte feuilletée étant préparée, abaissez-la de l'épaisseur d'une pièce de 5 francs, et, avec un coupe-pâte en fer-blanc de 8 centimètres de diamètre, enlevez-en des rondelles que vous poserez sur une plaque ; mouillez la superficie de chaque rondelle, mettez-y à chacune une petite boulette de godiveau ou toute autre farce de viande que vous aurez ; faites autant de rondelles que les premières, posez-les sur chaque boulette, et avec un coupe-pâte plus petit que le premier appuyez sur chaque pâté, ce qui soude bien les deux rondelles ensemble ; dorez-les à l'œuf et les faites cuire à un four un peu chaud, retirez-les lorsqu'ils sont de belle couleur et bien montés. Ces petits pâtés doivent être mangés sortant du four ; ils perdent à être réchauffés, et c'est à leur occasion que le maréchal duc de Richelieu a dit : « Pour manger » de bons petits pâtés, il faut avoir un four dans » sa poche. »

Petits pâtés au jus. (Entrée.)

Prenez de la pâte brisée, étalez-la mince comme un sou, coupez 8 à 10 ronds de la grandeur d'une petite assiette. Foncez-en de petits moules ; que votre pâte soit aussi épaisse au fond de vos moules qu'autour, garnissez-les bien partout, et prenez garde de crever la pâte ; faites un peu ressortir la pâte des moules ; remplissez vos moules de farine, ou de papier chiffonné, et faites cuire au four pas trop chaud : retirez le remplissage et garnissez comme pour pâtés chauds. Pour les couvercles on prend du feuilletage, que l'on abaisse de l'épaisseur d'un sou et que l'on fait cuire au four modéré.

Moule pour petit pâté au jus.

Timbale à la Milanaise. (Entremets.)

Beurrez et décorez un moule à charlotte avec de la pâte à nouille, foncez-le ensuite avec de la pâte à foncer, remplissez-le de noyaux, de farine ou de rognures de feuilletage, recouvrez-le d'une abaisse de la même pâte à foncer, dorez ensuite et faites cuire pendant une heure à four gai. Faites pocher à l'eau bouillante salée 250 grammes de petit macaroni, connu sous le nom d'*aiguillettes;* puis égouttez-le et le remettez dans la casserole avec 125 grammes de beurre frais et 250 grammes de gruyère râpé; ajoutez un maniveau de champignons préparés et coupés en dés, une truffe cuite et un riz de veau blanchi, le tout coupé de même que les champignons; assaisonnez le tout avec un peu de sel et une pointe de muscade râpée; ajoutez quelques cuillerées de sauce tomate, liez bien cette garniture en la faisant mijoter quelques instants.

Votre timbale étant cuite, retirez-la, videz-la, démoulez-la et la dressez sur un plat, puis remplissez-la avec la garniture, posez le couvercle dessus et servez chaud.

Pâté de Pithiviers. (Entremets.)

Prenez deux ou trois douzaines de mauviettes que vous flamberez et éplucherez bien, puis fendez-les par le dos, et ôtez tout ce qu'elles ont dans le corps; jetez les gésiers et hachez les intestins avec du lard et des fines herbes, assaisonnez le tout de bon goût, et pilez cette farce au mortier. Lorsqu'elle sera bien fine, vous en remplirez les mauviettes que vous recouvrirez ensuite d'une mince barde de lard. Faites une abaisse de pâte à dresser les pâtés froids que vous moulerez soit en rond ou en carré; garnissez le fond d'une couche de farce et placez-y les mauviettes posées sur le dos, garnissez les intervalles du reste de la farce, de manière qu'il n'y ait pas de vide, et mettez par-dessus les mauviettes une feuille de laurier et un morceau de beurre manié de fines herbes, hachées; recouvrez le tout d'une seconde abaisse, pincez et dorez, puis faites cuire deux heures et demie au four et laisser refroidir.

Nota. Lorsque l'on ne pratique pas de trous au couvercle du pâté, il faut avoir soin de le piquer avec la pointe d'un couteau avant de le mettre au four.

Rissoles. (Entrée.)

Vous prenez de la pâte brisée indiquée pour les tourtes de fruits, vous l'étendez très-mince sur la table; mouillez-la. Posez de distance en distance sur cette pâte de petits tas de viande hachée ou de farce; repliez dessus la même pâte. Coupez avec le coupe-pâte chacun de ces morceaux, de manière à en faire comme de petits chaussons. Faites frire dans la poêle, servez chaud.

Pâté de campagne.

Hachez une livre de veau et demi-livre de chair à saucisses; assaisonnez à votre goût. Placez cette farce à plat sur une abaisse de pâte faite comme celle ci-après, mais à 6 tours, posée sur une plaque de four de 32 centimètres si elle est carrée. Recouvrez d'une pareille abaisse, dorez et faites cuire 3 quarts d'heure environ dans un four quelconque. Il faut un litre et demi de farine.

Pâte brisée pour galettes, etc.

La galette est une espèce de feuilletage un peu lourd; c'est une pâte brisée demi-feuilletée. Les doses sont les mêmes que pour le feuilletage; mais la manipulation est un peu différente, et on est libre de n'employer que ce que l'on veut de beurre. Délayez la pâte faite de 1 litre de farine, 250 grammes de beurre au plus, et 10 grammes de sel, 1 ou 2 œufs, un verre d'eau; pétrissez la pâte sans la fouler, abaissez-la de suite sous le rouleau et laissez-la reposer un quart d'heure : pliez-la en trois et la repliez ainsi 4 fois ou *tours*, sans repos. Étendez-la de la grandeur que doit avoir la galette, si c'est une galette, ou du gâteau, si on ajoute de quoi faire un gâteau plus compliqué. Laissez reposer un quart d'heure, tracez des dessins dessus, dorez et mettez au four un peu chaud. *Briser* veut dire que par 2 fois on rompt la pâte en plusieurs morceaux que l'on rassemble ensuite, ou bien on lui donne des *tours*, comme il vient d'être dit, ce qui revient à peu près au même.

Galette de plomb.

Prenez un litre de farine, faites un trou au milieu; ajoutez 12 grammes de sel, 4 à 5 œufs entiers, 500 grammes de bon beurre, 15 grammes de sucre, un demi-verre de lait : détrempez le tout ensemble; brisez, c'est-à-dire rompez en plusieurs morceaux 2 fois : ramassez votre pâte, liez ensemble et laissez reposer une demi-heure; ensuite donnez-lui 2 tours, et, au bout d'une demi-heure, donnez-lui encore 2 autres tours. Moulez votre pâte en formant une grosse boule, aplatissez avec le rouleau épais de 3 centim. : coupez le bord, rayez le dessus en losanges et dorez; mettez cuire au four un peu chaud.

Galette lorraine ou Quiche. (Entremets.)

Prenez un litre de farine, 250 grammes de beurre, 8 gram. de sel, 2 œufs; pétrissez le tout, étendez la pâte sur une tourtière de l'épaisseur de

2 pièces de 5 francs et répandez dessus quelques morceaux de beurre ; formez un bord roulé tout autour. Mettez-la un quart d'heure au four, et la retirez ; vous avez dans une petite terrine 2 œufs et un quart de litre de crème, avec un peu de sel, que vous battez ensemble ; versez cela sur la galette ; répandez çà et là de petites boulettes de beurre sur cette bouillie, et mettez cuire un quart d'heure au four sur un plateau.

Tarte ou Tourte de fruits. (Entremets.)
Nommée flan par les pâtissiers.

Il faut une pâte brisée ; étendez-la mince et la placez sur une tourtière plate, que vous beurrez pour qu'elle ne s'attache pas : coupez la pâte qui dépasse la tourtière, façonnez le bord avec la pince et dorez-le. Faites cuire la pâte à four gai après avoir placé contre les bords de la tarte de la farine, du papier ou du carton pour les soutenir. Piquez le fond afin d'éviter le soulèvement de la pâte au four.

On remplace la tourtière par un plateau de tôle rond A sur lequel on pose un cercle b du diamètre que doit avoir la tourte. Ce

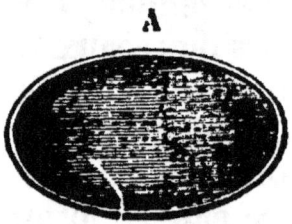

cercle a de 3 à 4 centimètres de hauteur : il s'enlève aisément, et la tourte se trouve dégagée et prête à être servie. Les chaudronniers de Paris en tiennent de toutes grandeurs et de godronnées.

Préparez les fruits ainsi qu'il suit. Les abricots, pêches, prunes et cerises s'emploient entiers après qu'on a ôté les noyaux; les poires se dressent entières et droites sur la tourte avec leurs queues: on coupe le gros bout des poires pour les faire tenir. Enlevez les queues des cerises et serrez-les bien l'une contre l'autre. Les fraises et framboises se servent entières, ainsi que les grains de verjus et de raisin muscat. Garnissez votre tarte avec les fruits que vous avez préparés en compotes ordinaires (voyez *Compotes*), et remettez-la au four pour la faire glacer. — Cette cuisson de la pâte avant de placer les fruits la rend plus croustillante que quand on fait cuire le tout ensemble; d'ailleurs les poires ne cuiraient pas aussi vite que la pâte. Néanmoins on fait aussi, et plus promptement, ces tartes en mettant cuire ensemble la pâte avec les fruits arrangés et bien serrés dessus; et, si la chaleur du four est bonne, la pâte et les fruits cuiront très-bien, sauf les poires entières. Il faut saupoudrer les fruits de sucre en poudre quand on les emploie crus en les plaçant dans la pâte. — On peut aussi, avec les abricots, prunes, poires et pommes, faire des marmelades dont on remplit les tartes. On les couvre en sortant du four, ou même plus tard, et à froid, d'un sirop de vin rouge et de sucre cuits et réduits à la casserole. Les fraises et framboises ne se mettent dans la croûte que crues et entières, à la sortie du four. On verse aussi dessus le sirop, à froid. Dans l'hiver, quand il n'y a plus de fruits, on emploie des confitures ou des pruneaux. On peut aussi les remplir de frangipane, dont on décore le dessus au moyen de petits filets de pâte sur différents dessins : alors ce sont de véritables *flans*. — Autre *Pâte de campagne* pour les tartes. Pour un litre de farine, mettez 2 œufs, 125 grammes de beurre.

environ un demi-verre de lait, une cuillerée de sucre en poudre. Cette pâte est légère, délicate et cuit très-bien, les fruits étant dessus.

Tarte à la Condé.

Foncez une croûte de tarte cuite d'avance d'une couche de riz au lait aromatisé de zeste de citron, et couvrez cette couche de marmelade de pommes ou autre, avec ornement en filets de pâte.

Nouvelles tartes de pommes.

Jusqu'à présent on a fait les tartes ou flans de pommes avec de la marmelade cuite à l'avance ; maintenant on couvre la pâte de tranches de pommes superposées en escalier (escalopes). On sucre par-dessus. On ne saurait se douter de l'énorme différence qu'il y a entre ces tartes et celles en marmelade pour l'extrême délicatesse des nouvelles, dont la pomme a conservé tout son bon goût.

Petits gâteaux de pommes. (Entremets.)

Prenez du feuilletage ou de la pâte brisée ; abaissez-en sur un plafond ou tourtière de l'épaisseur d'un sou ; ajoutez dessus de la marmelade de pommes, dans laquelle vous mettez les 2 tiers de confiture de groseilles ; recouvrez de pâte de la même épaisseur ; collez bien les bords ensemble ; dorez le dessus ; ensuite rayez en long avec la pointe d'un grand couteau, et une seconde fois en biais pour former un dessin. Marquez la largeur de vos gâteaux en appuyant sur la pâte, d'un bout à l'autre, avec le dos d'un grand couteau ; ensuite la longueur en appuyant en travers ; mettez cuire à un four modéré ; quand ils seront cuits, coupez-les et dressez-les les uns sur les autres.

Frangipane.

Mettez 2 ou 3 œufs dans une casserole avec deux cuillerées de farine; étant bien délayée, ajoutez demi-litre de lait; tournez-la sur le feu et la laissez cuire un quart d'heure, avec le soin de continuer à remuer pour qu'elle ne s'attache pas; assaisonnez de sucre, fleur d'oranger pralinée hachée, macarons écrasés. Servez-vous-en pour tourtes et tartelettes.

Frangipane aux amandes.

Choisissez des amandes douces avec un sixième d'amandes amères, et les mondez de leur peau dans l'eau bouillante (les noyaux d'abricots ou de pêches remplacent parfaitement ces dernières); pilez-les, en ayant soin de les humecter au fur et à mesure avec de l'eau de fleur d'oranger : juste en suffisante quantité pour éviter qu'elles ne rendent leur huile. Quand elles seront réduites en pâte, vous les mélangerez avec la valeur de leur poids de sucre en poudre passé au tamis de crin. Le mélange étant complet avec la frangipane ci-dessus à froid, vous vous en servirez pour en garnir des pâtisseries.

Flan.

On appelle flan une bouillie composée selon le goût de chacun. On la verse dans une tourtière et on la fait cuire feu dessous et dessus ou au four. On peut aussi la verser dans une croûte de tarte cuite au four, où il faut la remettre pour prendre couleur. Dans ces mêmes croûtes on fait des flans au fromage, que l'on met aussi au four dans la croûte cuite. On peut en composer d'un mélange de gruyère, brie, fromage blanc et beurre, broyés

PATISSERIE. 469

avec des jaunes d'œufs, arrangés de même dans la croûte et passés au four.

Brioche. (Entremets.)

Pour le levain, mettez sur une assiette 125 gram. de fleur de farine, 12 grammes de levûre de bière nouvelle*, demi-verre d'eau tiède; délayez de manière à faire une pâte molle, couvrez d'une autre assiette et laissez reposer en lieu chaud, dans une couverture, jusqu'à ce que le levain soit gonflé du double ou du triple. En faisant une croix dessus on peut juger de l'effet. Si la levûre est trop forte ou qu'on en mette trop, la pâte est amère; et si le levain gonfle trop longtemps, il change la nature de la brioche. *Pour la pâte,* mettez sur la table 360 grammes de farine, faites un trou, placez-y 360 grammes de beurre, 8 grammes de sel, un demi-verre de lait ou crème, 9 œufs entiers; délayez et y faites entrer peu à peu la farine, pétrissez la pâte en foulant à plusieurs reprises avec la paume de la main, incorporez-y le levain sans trop fatiguer la pâte; farinez un linge blanc, dont vous couvrez une sébile, une terrine ou une corbeille à pain; placez-y la pâte recouverte du linge, laissez reposer 12 heures dans un lieu chaud (à 15 degrés environ pour été comme pour hiver).

Moule à brioche.

La pâte de la brioche ne doit être ni trop molle ni trop dure; si elle est trop molle, il faut ajouter de la farine, et de l'œuf si elle est trop dure. Elle doit être un peu plus ferme que la pâte à faire le

---

* Si on ne peut avoir de la levûre de bière (elle ne se garde que 48 heures au plus en hiver), on emploiera de la levûre de pain, en proportion double, mais alors la fermentation sera lente et la pâtisserie plus mate.

27

pain. Aplatissez-la, repliez 5 ou 6 fois les bords vers le centre, laissez-la reposer encore 3 ou 4 heures couverte d'un linge. Aplatissez-la encore 2 fois, et repliez les bords vers le centre sans la fouler; faites une boule, prenez une partie du dessous pour faire la tête, donnez la forme, posez la tête dessus en la collant avec de l'eau, mettez-la sur une plaque de tôle un peu beurrée, ou bien dans un moule; dorez-la, enfournez *de suite* à une bonne chaleur (four gai), couvrez la tête d'une calotte de papier si elle prend trop de couleur. Il faut environ une demi-heure à une heure de cuisson, selon sa grosseur. On peut avec cette pâte faire plusieurs brioches ou une couronne. Si la brioche est grosse, il faudra la soutenir avec une bande de papier beurré pour l'empêcher de couler; on la retirera quand la brioche aura pris de la consistance, ou on emploiera un moule de carton fait exprès.

Baba. (Entremets.)

On se sert du même levain que pour la brioche, et des mêmes proportions pour la pâte, en la tenant un peu plus claire. Le mélange étant fait, on rassemble la pâte, on fait un trou où on ajoute 45 gram. de sucre en poudre, 30 gram. de vin de Madère, Malaga ou rhum, 45 grammes de raisin muscat égrené et coupé en 2, autant de raisin de Corinthe, 8 grammes de cédrat confit, coupé en petits filets, et un peu de safran en poudre. Ce mélange doit avoir la même consistance qu'avait le levain, soit en y ajoutant un œuf ou de la crème. Mettez cette pâte dans un moule beurré, 2 ou 3 fois plus grand que le contenu de la pâte, ou dans plusieurs petits, et faites en sorte que le raisin ne touche pas aux parois du moule, où il se colorerait; laissez reposer en lieu chaud jusqu'à ce qu'il soit bien gonflé, faites cuire 1 heure et demie à une chaleur très-douce; elle est parfaite quand il prend une couleur rougeâtre. On sert chaud de préférence.

Gâteau-Savarin. (Entremets.)

Il faut mettre dans une terrine 12 grammes de levûre de bière et la délayer avec un peu de crème, ajouter 3 œufs, 125 gram. de sucre en poudre, 360 grammes de beurre frais fondu, un litre de farine, très-peu de sel, pétrir le tout avec assez de crème pour rendre la pâte un peu molle. Avoir un moule fait en couronne, exprès pour ce gâteau; le beurrer en  dedans et parsemer le fond, qui deviendra le dessus du gâteau, d'amandes émondées et hachées, le remplir aux 3 quarts de la pâte, l'exposer dans un lieu chaud. Quand il est gonflé, le faire cuire comme la brioche. Étant démoulé, l'enduire abondamment et à plusieurs reprises, au moyen d'un pinceau, avec un sirop ainsi fait : Faire un sirop de sucre cuit à la grande plume, y joindre du kirsch, une pincée de vanille mise en poudre dans du sucre, un peu de lait d'aveline, épais, ce qui le rendra très-friand. On sert froid ou chaud. On peut introduire dans la pâte des filets fins de cédrat, d'angélique, etc. Le lait d'avelines se fabrique comme celui d'amandes. (Voy. *Sirop d'orgeat.*)

Gaufres. (Dessert.)

Mettez dans une terrine demi-litre de farine,

avec un trou au milieu; 2 pincées de sel gris fin, une cuillerée d'eau-de-vie, une d'huile d'olive, 3 jaunes d'œufs et 2 blancs, 2 cuillerées de sucre en poudre, râpure d'écorce de citron, d'orange, ou eau de fleur d'oranger, 4 épices, à volonté, 60 gram. de beurre tiède. Délayez la farine en tournant au milieu sans déranger les bords, et sans qu'il y ait un seul grumeau; mouillez peu à peu avec de bon lait, jusqu'à ce que la pâte soit comme une bouillie épaisse, mêlez-y un blanc d'œuf battu en neige. Faites chauffer, des 2 côtés, sur un feu sans fumée, un moule à gaufres ordinaire; lorsqu'il est bien chaud, sans être rouge, enduisez l'intérieur de beurre renfermé dans un nouet de grosse mousseline : versez-y de la pâte, fermez-le sans le serrer, faites chauffer de 1 à 2 minutes, de chaque côté, selon l'ardeur du feu, ébarbez les bords avec un couteau, regardez si la gaufre est blonde et retirez-la. Un peu d'habitude apprendra le degré de chaleur et le temps. Faire cuire peu pour manger chaudes; cuire plus pour servir froides. Saupoudrez de sucre en servant, chaud ou froid. — Un gaufrier de 17 centimètres sur 11 coûte 6 fr., et tout ménage, surtout à la campagne, doit en posséder un.

Gaufres à la flamande. (Entremets.)

Il faut délayer dans une terrine 30 gram. de levûre de bière nouvelle avec un quart de litre de bon lait, passer dans un linge et en délayer demi-litre de farine pour faire une pâte coulante. Cette pâte sera exposée dans un lieu chaud pour fermenter. Lorsqu'elle sera levée, on y joindra un peu de sel, 15 gram. de sucre en poudre, un peu de râpure d'écorce d'orange, 2 œufs entiers et

4 jaunes; le tout sera mêlé, et on y ajoutera ensuite 250 gram. de beurre tiède. Fouettez en neige 4 blancs d'œufs et les amalgamez à la pâte avec 2 cuillerées de crème fouettée. Il faut placer cette préparation en lieu chaud, et s'en servir quand elle aura atteint le double de son volume. Faire chauffer des 2 côtés un gaufrier à *grosses gaufres*, et faire cuire comme il vient d'être dit aux gaufres précédentes.

Pâte à choux.

Faites tout ce qui est dit pour les beignets soufflés (page 404), jusqu'au point où la pâte est *maniable*, mais en la tenant un peu plus ferme. Farinez la table, versez-y la pâte, faites-en des morceaux comme de petits œufs, beurrez une plaque et les posez dessus, dorez-les, laissez-les reposer un quart d'heure, mettez-les au four doux, retirez-les lorsqu'ils ont une belle couleur blonde pour les glacer de sucre en poudre; faites prendre couleur au moyen d'un feu clair, allumé à la bouche du four, ou d'un coup de feu dans un petit four. On les garnit dans l'intérieur et en dessus avec une cuillerée de crème à choux (page 423), ou de frangipane, au moyen d'une incision.

Choux aux amandes.

Après les avoir dorés, couvrez-les légèrement de filets d'amandes trempés dans un peu de blanc d'œuf sucré.

Gâteau nantais.

Mettez sur le tour à pâte un litre de farine, faites la fontaine; mettez-y 250 grammes de sucre en poudre, 125 gram. de beurre, autant d'amandes émondées et pilées, un peu de râpure d'écorce de citron, 4 œufs; détrempez et fraisez cette pâte, qui doit être un peu ferme; abaissez-la d'un demi-centimètre; avec un coupe-pâte, cannelé ou godronné, de forme ronde ou ovale, faites-en de petits gâteaux plats, que vous masquerez avec une pâte faite d'amandes hachées, sucre en poudre et blanc d'œuf. Saupoudrez ou glacez vos gâteaux de sucre en poudre, et faites cuire à four doux sur des plaques beurrées.

Biscuit de Savoie. (Dessert.)

Séparez avec beaucoup de soin les jaunes de 5 œufs; mettez-les dans une terrine avec 250 grammes de sucre et le zeste d'un citron râpé sur le sucre avant de le mettre en poudre; battez le tout; ajoutez-y 125 gram. de farine séchée au four et passée au tamis pour éviter les grumeaux, fleur d'oranger pralinée hachée fin, en battant encore le tout. Faites ce mélange légèrement pour ne pas donner trop de corps à la pâte, ce qui l'empêcherait de faire son effet au four. Fouettez dans une autre terrine les blancs de telle manière qu'ils soient durs au point de soutenir une pièce de 2 francs; mêlez ces blancs avec les jaunes peu à peu avec la cuillère et en soulevant la pâte sans la battre. Vous avez à l'avance beurré un moule ou une casserole et saupoudré ce beurre de sucre; mettez-y votre pâte, et ayez l'attention qu'elle n'emplisse que la moitié du moule. Placez-le sur un feu doux de cendres, et feu plus vif sur le couvercle ou sous le four de campagne. Un four est préférable. Il faut environ une heure de cuisson. Quand le biscuit jaunit et que vous sentez qu'il a acquis la fermeté convenable, vous le retirez et

PATISSERIE.

le faites sortir doucement du moule. Démoulez presque froid. S'il a cuit au four, remettez-le un moment pour lui donner de la fermeté. Si vous voulez plus sucré, vous mettez 125 gram. de sucre de plus. L'eau de fleur d'oranger empêcherait le biscuit de monter. Au zeste de citron on peut substituer la vanille hachée et pilée avec du sucre. Voir la *Pâtissière de la Campagne et de la Ville**, où l'on trouve plus de détails sur les BISCUITS, et sur les PETITS-FOURS.

Biscuits en caisse et à la cuillère. (Dessert.)

Préparez le même appareil que pour le biscuit de Savoie, mais avec un quart en sus de sucre, et remplissez-en des caisses de papier, pour les biscuits en caisse; ou répandez de cette pâte en long sur du papier avec la cuillère, pour des biscuits à la cuillère; glacez le dessus avec du sucre que vous saupoudrerez au moyen d'un tamis. Faites cuire au four à une chaleur très-douce.

Caisse en papier pour biscuits.

Il faut de la promptitude dans toutes ces opérations, afin de ne pas laisser tomber la mousse des œufs.

Biscuits de Reims.

Battez 6 jaunes d'œufs avec 250 gram. de sucre en poudre et moitié de la râpure d'un citron, jusqu'à être un peu blanc; fouettez les 6 blancs en neige et versez peu à peu avec les jaunes; ajoutez 3 quarts

Moules pour biscuits.

* Librairie Audot, 3 fr. 50 c.

de litre de farine bien séchée et *tamisez-la au-dessus des œufs;* mêlez le tout très-doucement, pour ne pas affaisser les blancs d'œufs; versez dans les moules beurrés légèrement et glacés de sucre; enfournez à four doux. Les fabricants placent les moules dans une boîte de tôle bien fermée qu'ils enfournent comme pour les échaudés.

Gâteau de madeleine. (Entremets.)

Faites chauffer dans un plat 60 gram. de beurre frais; quand il est bien fondu, ajoutez 125 gram.

Moules pour madeleines.

de farine, 150 gram. de sucre, la moitié d'un zeste de citron râpé, une cuillerée d'eau de fleur d'oranger, 3 jaunes d'œufs; battez en demi-neige les 3 blancs et mélangez le tout ensemble avec une cuillère. Mettez cuire une heure à un four quelconque, feu modéré, sur une tourtière ou dans des moules.

Génoise.

Mettez dans une terrine 150 gram. farine, 200 gram. sucre en poudre, une cuillerée d'eau de fleur d'oranger, un petit verre d'eau-de-vie ou de rhum, et 2 œufs, battez bien le tout, ajoutez 2 œufs; battez, puis encore 2 œufs, et battez; faites fondre 150 gram. de beurre fin et le mêlez à la pâte. Versez-la d'un centimètre d'épaisseur sur une plaque beurrée qui ait un rebord, ou dans un moule à génoise; faites cuire dans un four quelconque; la génoise montera à 2 centim. et se dorera; retirez, tournez-la et la remettez un moment au four pour sécher le dessous. Coupez en losanges pour en faire de petits gâteaux.

Gâteau de Pithiviers. (Entremets.)

Faites un litre de feuilletage, donnez-lui 5 tours et laissez-le reposer. Prenez 250 grammes d'amandes douces émondées ; pilez-les au mortier avec un peu de blanc d'œuf, le zeste de la moitié d'un citron, un peu de fleur d'oranger pralinée hachée avec du sucre ; ensuite prenez la moitié de votre pâte, abaissez-la de l'épaisseur de 2 pièces de 5 francs et d'une forme ronde, de la grandeur que vous voulez faire votre gâteau, mouillez-le dessus de votre abaisse, ajoutez vos amandes, et recouvrez avec le reste de votre pâte ; soudez bien les bords ensemble, décorez le dessus, dorez, et faites cuire à un four doux une bonne demi-heure, ou plus s'il est plus gros.

Gâteau à la Stanley. (Entremets.)

Beurrez un moule à côtes, emplissez-le aux trois quarts avec de la pâte à baba ; faites-la lever dans le moule, puis faites cuire le gâteau de belle couleur à four chaud. Démoulez-le ensuite, imbibez-le avec un sirop au lait d'amandes et laissez-le refroidir pour le glacer avec une glace royale à la vanille. Dressez-le ensuite sur un plat d'entremets ; emplissez le vide avec une plombière aux prunes de reine-claude, que vous aurez un peu nuancée avec du vert d'épinard, et servez de suite.

Bouff, gâteau allemand.

Mettez dans une terrine 250 grammes de sucre et 12 jaunes d'œufs, travaillez 25 minutes. Ajoutez le jus de moitié d'un citron et moitié du zeste haché, 200 grammes beurre haché avec 250 gram. de farine, 75 gram. raisin Malaga et Corinthe. Mêlez le tout ensuite aux œufs. Amalgamez alors les 12 blancs fouettés très-fermes. Versez dans un moule qui ait un cylindre au milieu beurré et fariné, et qui doit être rempli aux 3/4 par la composition. Mettez cuire environ 3/4 d'heure au four modéré, sans pourtant languir.

Biscuit de mer. (Dessert.)

Pour 250 grammes de biscuits, mettez dans une terrine 125 grammes de farine, ajoutez-y du zeste de citron râpé, un peu de sel et 4 œufs entiers; travaillez bien le tout avec une cuillère de bois; puis couchez cet appareil dans deux grandes caisses, dorez-les, et faites cuire à four chaud. Lorsqu'ils sont cuits, ôtez-les des caisses et les coupez en morceaux de la longueur et de l'épaisseur du petit doigt; remettez-les ensuite un instant au four pour les faire sécher, et en même temps prendre une jolie couleur.

Pâte dite *à petits pains de Milan.*

Mêlez ensemble 350 gram. fleur de farine préparée comme pour les *biscuits de Savoie*, autant de sucre en poudre, 3 jaunes d'œufs, plus 2 blancs fouettés en neige, très-peu de sel, la râpure du zeste d'un citron faite sur le morceau de sucre avant de le râper, ou haché *très-fin*. Pétrissez sans employer d'eau. Divisez cette pâte par petits morceaux et donnez-leur la forme que vous voudrez : en rond, en petits pains de 4 livres fendus, en petites couronnes, etc.; posez-les à mesure sur des plaques de four enduites de cire vierge, à 2 centimètres de distance; dorez, mettez au four très-doux, les plaques élevées au-dessus de l'âtre.

En 10 ou 15 minutes ils sont cuits blond, retirez-les; on peut orner le dessus de petits filets d'amandes, d'angélique, etc., avant de dorer. Détachez-les des plaques en sortant du four.

On n'a pu qu'indiquer ici en peu de mots cette pâte, qui est l'élément principal de tous les articles dits de PETIT-FOUR. Nous avons traité plus amplement de ces petites pièces de pâtisserie dans la *Pâtissière de la Campagne et de la Ville*.

Macarons et Massepains.

Mondez à l'eau chaude 250 gram. d'amandes, mettez-les dans un mortier en les mouillant à mesure avec un peu de blanc d'œuf pour qu'elles ne tournent pas en huile. On emploiera environ 2 blancs en tout, compris ce qu'il faudra pour donner à la pâte la consistance nécessaire. Ajoutez du zeste de citron râpé ou de la vanille pulvérisée en la pilant avec le sucre, dont il faut mêler 250 gram. en poudre avec les amandes. Donnez la forme que vous voudrez à des boulettes de cette composition, posez-les sur des feuilles de papier, décorez-les comme des pains de Milan et les faites cuire de même. Ceci est pour *massepains*. Pour *macarons* on fera de même, mais avec 500 gram. de sucre au lieu de 250. On aura soin d'enfourner à four doux et de ne pas ouvrir avant 10 à 12 minutes, car ils ne lèveraient pas. On ne les détachera des papiers qu'à froid.

Croquenbouche. (Entremets.)

Nom ridicule donné à une élégante pièce montée, composée de petites pâtisseries plus ou moins croquantes : nougats, petits choux, massepains, génoises, etc., mêlés de quartiers d'oranges et autres fruits glacés. On en voit de très-variés chez les pâtissiers habiles.

Croquignoles.

Mêlez dans une terrine, avec des blancs d'œufs, 250 gram. de farine, 500 gram. de sucre en poudre, une forte pincée de fleur d'oranger pralinée réduite en poudre, gros comme une noix de beurre et un peu de sel; faites-en une pâte épaisse, que vous mettez dans un entonnoir et faites couler sur des plateaux de four beurrés; à mesure que la pâte sort de l'entonnoir, vous en coupez des boutons avec un couteau enduit de blanc d'œuf; glacez avec du jaune d'œuf, mettez cuire à feu doux. — Vous pouvez aussi y mêler de la pâte d'amandes préparée comme pour les massepains.

Nougat. (Dessert.)

Prenez 500 gram. d'amandes douces, émondez-les en les jetant 5 minutes dans l'eau bouillante; égouttez-les et les pelez; lavez-les et égouttez encore sur un linge blanc; coupez-les en filets, 5 par amande; mettez-les sécher à un four très-doux, en sorte qu'elles prennent une couleur jaune et égale. Mettez 350 gram. de sucre en poudre dans un poêlon de cuivre, faites-le fondre sur un fourneau. En remuant avec une cuillère de bois le sucre fondu, jetez les amandes chaudes dedans; retirez le poêlon du feu et mêlez les amandes avec le sucre. Vous aurez essuyé et huilé un moule; mettez les amandes dedans, et montez-les en dedans de ce moule le plus mince possible : pour ne pas trop vous brûler les doigts et atteindre aisément les parties resserrées, vous appuyez sur les amandes avec un citron. A mesure que vous travaillez, vous prenez garde que le nougat ne s'attache au moule; lorsqu'il sera froid, vous le renversez sur une serviette pliée posée sur un plat ou une assiette de dessert. Toute l'opération doit se faire le plus promptement possible.

Lorsque vous voulez faire un nougat de grande dimension, il faut le monter par parties d'appareil d'amandes; alors, à mesure que l'on travaille, on tient les amandes chaudement : car, faute de cette précaution, on ne pourrait pas en venir à bout. Pendant qu'une personne monte le nougat, il y en a une qui fait passer à l'autre de petites portions de l'appareil de nougat.

Nougat de Montélimart.

Cuisez au petit cassé un kilogramme de miel de bonne qualité, ayant soin de le remuer de temps en temps, de crainte qu'il ne s'attache; fouettez 4 blancs d'œufs en neige, et mélangez-les avec le miel. Après cette addition vous modérerez le feu et remuerez constamment avec une spatule en bois pour éviter l'ébullition. Vous laisserez sur le feu jusqu'à ce que votre miel, que les blancs d'œufs auront liquéfié, ait repris la cuite du *cassé* (ce que vous reconnaissez comme pour le sucre); cette cuite obtenue, vous mêlez à votre pâte un kilogramme d'amandes douces émondées et séchées d'avance, soit à l'étuve, soit à un four doux, afin qu'elles ne renferment plus d'humité. Vous dressez ensuite sur des *oublies* ou *pain d'hostie* de l'épaisseur ordinaire, et coupez, avant qu'il soit froid, votre nougat en bandes de la largeur que vous désirez. — On peut ajouter au miel une portion de sucre et un parfum suivant le goût. On remplace les amandes par des pistaches ou des avelines, et le plus souvent on les mélange.

Meringues.

Si vous voulez faire 12 meringues (grosses, car il y en a de moitié plus petites) composées chacune de 2 *coquilles*, battez 6 blancs d'œufs en neige *très-dure;* étant à ce point, mellez-y 6 cuillerées de sucre en poudre très-fine. Ayez un bon papier, sur lequel vous faites avec une cuillère 24 petits tas ovales allongés d'œufs battus en les espaçant suffisamment; saupoudrez-les de sucre fin, enfournez de suite à une chaleur très-douce (four mou). Ne les laissez pas se colorer trop, retirez-les, passez une cuillère dessous pour affaisser la partie qui n'est pas cuite, remettez-les à l'entrée du four pour sécher la partie non cuite et l'achever de cuire. Le tout doit se faire lestement, pour que les meringues ne fondent pas. On les laisse refroidir et on garnit leur intérieur, au moment de servir, de crème fouettée à la Chantilly, de crème pâtissière ou de fromage bavarois, selon ce que l'on aura pu préparer, ou enfin de confitures*. Il faut lancer l'œuf battu sur le papier en retirant la cuillère vivement par le haut. On les laisse au four jusqu'à ce que les 2 surfaces soient sèches. — Cette pâtisserie pouvant se garder longtemps dans une armoire sèche, on pourra en faire provision pour utiliser des blancs d'œufs.

Échaudés.

Il faut, pour 36 échaudés, verser sur la table un litre de farine, faire un trou et y mettre 10 grammes de sel, 150 grammes de beurre, 8 œufs, que

---

La *crème Chantilly* et le *fromage bavarois* ne peuvent se faire qu'en hiver, ou avec de la glace si le temps est à plus de 12 degrés; la *crème pâtissière* se fait en tout temps. Ce sont les garnitures de crème pour les pièces de pâtisserie, à quoi on peut ajouter la *frangipane*.

vous maniez ensemble. Pétrissez la pâte en la foulant avec le poing pendant 10 minutes au moins; si elle est trop ferme, ajoutez de l'œuf battu, autrement un peu de farine. Il faut que cette pâte soit demi-molle ou plutôt molle que dure. Saupoudrez-la de farine et la mettez dans une serviette pliée pour reposer en lieu ni froid ni humide 10 à 12 heures. Au bout de ce temps, faites chauffer de l'eau dans un chaudron aux 3 quarts plein; et quand elle frissonnera sans bouillir, coupez la pâte en 36 morceaux, que vous placez sur un couvercle de casserole saupoudré de farine, et jetez-les dans l'eau; prenez garde qu'ils ne s'attachent au fond; entretenez frémissante la chaleur de l'eau; au bout de 5 minutes retournez les morceaux, et vous les verrez monter; retirez-en un, tâtez s'il a un peu de fermeté; s'il est trop mou, remettez-le. Quand ils auront assez de consistance, retirez-les tous avec une écumoire et les jetez dans l'eau très-fraîche, où vous les laissez 2 ou 3 heures; retirez-les et les faites égoutter sur une serviette pliée 2 ou 3 heures, posez-les sur du papier beurré et sur un plateau pour enfourner à four gai. Plus de temps ils auront égoutté, et plus ils cuiront vite. Ils doivent grossir du double. Ils sont cuits quand ils ont acquis une belle couleur dorée : 20 minutes environ. — L'échaudé ne veut pas recevoir d'air en cuisant, donc il ne faut pas ouvrir le four; aussi les pâtissiers ont-ils des boîtes en tôle où ils les mettent pour enfourner. Ils fermentent mieux quand on y incorpore une quantité presque imperceptible de potasse dissoute dans de l'eau.

Petites galettes à l'eau, pour thé.

Mettez sur la table 3 quarts de litre de farine,

faites un creux où vous mettez une pincée de sel, un peu de sucre en poudre, 125 gram. de beurre, 2 œufs, demi-verre d'eau. Détrempez et foulez cette pâte avec les mains en poussant devant vous, qu'elle soit un peu dure. Abaissez-la à un centimètre d'épaisseur, découpez-en des ronds de 6 à 8 centim., dorez-les à l'eau et saupoudrez-les de sucre. Faites cuire sur des plaques à four un peu chaud.

Pain d'épice. (Dessert.)

Versez sur la table 3 litres de farine de blé, et au milieu 1 kilo et demi de miel ordinaire chauffé et fondu; pétrissez. Vous avez préparé un levain comme suit : Versez dans une casserole sur le feu 1 verre de lait, 125 grammes potasse blanche, 30 gram. savon blanc, sans odeur, râpé fin. Le liquide prêt à bouillir, délayez-y vivement de la farine jusqu'à consistance de colle épaisse; incorporez ce levain dans la pâte déjà préparée. Abaissez, moulez et décorez vos pains comme vous le désirerez. Dorez-les avec du lait et faites cuire au four à une chaleur douce, comme pour les biscuits; 10 à 12 minutes suffisent quand ils sont minces. On fait aussi des gros pains d'épice carrés sur tous sens avec de la farine de seigle. On peut introduire dans le pain d'épice des tranches de citron confit ou de l'angélique, en décorer l'extérieur avec des amandes. On sème de la nonpareille, qui s'y colle au moyen de blanc d'œuf battu. On peut ajouter à la pâte ci-dessus 3 grammes d'anis vert, autant de coriandre, 4 décigrammes de girofle (6 à 7 clous) et autant de cannelle, le tout en poudre. On peut aussi ajouter du sucre.

CONFISERIE.

Pralines de chocolat à la crème.

Une boulette de fondant grosse comme une aveline forme le noyau de ce bonbon, représenté fig. A. La fig. B le représente coupé : on y voit la crème entourée de chocolat. La manière de confectionner cette enveloppe en chocolat est un secret de chocolatier qui n'a pas encore

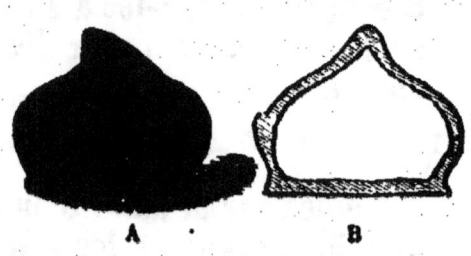

été publié; on l'appelle la *sauce* ou la *couverture*.

Cette *sauce* se compose de cacao *caraque* et non d'autre, car ce bonbon ne supporte pas la médiocrité. Il faut le demander à un fabricant de chocolat, mêlé d'un tiers de sucre et de 60 grammes d'amandes par 500 grammes de cacao pour adoucir.

Il ne faut pas ajouter d'aromate à ce chocolat, puisque c'est le fondant qui porte son parfum. On ne doit pas non plus essayer de faire la *sauce* avec du chocolat, car il n'y aurait aucune réussite à espérer.

Ce cacao aux amandes étant prêt, rompez-le par petits morceaux que vous faites fondre doucement dans une petite casserole au bain-maris. Aussitôt fondu, jetez dedans une boulette de *fondant*, retournez-la en employant une petite fourchette à deux branches; enlevez-la aussitôt qu'elle sera bien recouverte de sauce, mais cependant de manière que le fondant en soit recouvert de la plus légère couche possible. Couchez-les à mesure sur un papier, d'où vous ne les enlèverez qu'après refroidissement complet.

Il faut faire attention à ce que la sauce ne soit que fondue sans être trop chaude, car alors la praline deviendrait blanchâtre, ce qui lui donnerait très-mauvaise figure.

Si la sauce ne coulait pas assez, quoique fondue à propos, il faudrait y ajouter du *beurre de cacao*, que vendent les chocolatiers et les pharmaciens.

Les chocolatiers travaillent sur un marbre assez échauffé par-dessous pour tenir la sauce liquide, et ils vont ainsi avec une très-grande vitesse. On peut se servir d'une mèche à veilleuse, pour tenir chaude la petite casserole de fer battu où l'on opérera, ou employer une assiette creuse sur un bain-maris.

La boulette de fondant peut être à la vanille, à la rose, au rhum ou au kirsch.

USAGE DE LA VANILLE.

Plus la vanille est nouvelle, et plus elle est odorante. On choisit les gousses les plus onctueuses, non fendues et d'une couleur très-foncée. Il y a beaucoup de compositions où on l'emploie en la faisant bouillir comme dans les crèmes; mais, pour d'autres, il est nécessaire de l'avoir en poudre.

Vanille en poudre.

Coupez une gousse par petites tranches les plus fines possible, mettez-la dans un petit mortier de marbre et pilez-la avec du sucre en morceaux. Il est indispensable pour cela que le mortier soit échauffé pour amollir l'onctuosité de ce fruit. On passe au tamis ou à la fine passoire, et on pile de nouveau ce qui n'a pu passer. Conservez en fiole bien bouchée.

Vanille en infusion.

Fendez la gousse par filets très-fins, mettez-les dans une fiole à large goulot que vous remplissez de sirop fait d'eau et de sucre cuit à 31 degrés; bouchez-la quand elle sera refroidie. On fera bien de ne verser le sirop dans la fiole qu'en la tenant dans de l'eau chaude, pour éviter la casse. Au moyen de l'une où l'autre de ces deux méthodes, on aura toujours ce parfum prêt à être employé, soit dans les liquides, soit dans les farines et pâtes.

Les morceaux de vanille qui ont déjà donné du parfum aux liquides où ils ont bouilli peuvent servir encore tout le temps qu'ils conservent de leur arome.

Saucisson en chocolat.

Ce saucisson amuse beaucoup l'amphitryon qui le sert sur sa table un jour maigre. Il est alors refusé par les personnes scrupuleuses, tandis que celles qui savent deviner s'en régalent en riant tout bas. Voici la manière de le préparer, car on ne le trouve que chez un petit nombre de marchands.

Prenez du chocolat en tablette d'une qualité ordinaire et sans vanille, faites-le fondre doucement sur une assiette posée sur un bain-maris. Mêlez-y autant de miel qu'il en faudra pour lui donner une consistance convenable, un peu de girofle et de cannelle en poudre pour assaisonner; mettez peu d'abord, goûtez et ajoutez si cela est nécessaire. Ayez des amandes mondées, ou des noisettes, coupez chacune en 2 ou 3 morceaux, et les maniez avec le chocolat préparé, de manière à donner à la coupe l'apparence d'un saucisson entrelardé. Roulez cette pâte de la même forme, et coupez-en des tranches que l'on servira sur un hors-d'œuvre.

Pâte à bonbons dits *fondants*, faits à froid.

Pilez avec du sucre concassé des noix, noisettes ou amandes mondées de leur peau, de manière à en faire une pâte douce et ferme, à laquelle vous donnez la forme que vous désirez. Ils se conservent une ou deux semaines *.

Pastilles.

Il est aussi facile de confectionner des pastilles qu'il est agréable d'en offrir. Pour les dames et demoiselles, c'est une récréation sans fatigue ni embarras.

Passez du sucre blanc en poudre dans un tamis de crin ou dans une fine passoire de cuisine au-dessus d'une petite terrine ou d'un bol. Avec ce sucre et un peu d'eau on fait une pâte qui, en l'aromatisant, devient pastilles.

Si on veut les faire *à la menthe*, on ajoute à cette pâte quelques gouttes d'essence de menthe de bonne qualité et qui ne soit pas rance; on mêle. Si on veut les faire *à la rose*, on délaye le sucre avec de l'eau de rose au lieu d'eau.

Poêlon à couler les fondants et pastilles.

On met de suite cette pâte dans un *poêlon à pastilles*, plus petit que le poêlon d'office, et dont le bec est plus pointu. On le pose sur un feu doux, et

---

* *Office*. Art de conserver et d'employer les fruits. Librairie Audot. Prix, 2 francs. Ceux-ci sont très-faciles et tôt faits.

on remue un peu, de manière à faire chauffer la pâte également. Aussitôt que les bords frémissent, saisissez le poêlon de la main gauche, et portez-le au-dessus d'un marbre très-légèrement frotté d'huile; faites couler dessus un peu de la pâte que la chaleur a rendue liquide, et formez-en des gouttes dont chacune est une pastille. Pour faciliter la formation égale des gouttes, on passe pour chacune, sur le bout du bec du poêlon, un morceau d'aiguille à tricoter emmanché dans un bouchon. L'habitude apprendra bientôt à produire des gouttes égales, placées à côté les unes des autres. On les enlève au bout de 2 heures, et on les met sécher en lieu chaud sur du papier.

Au lieu d'indiquer des proportions difficiles à suivre, nous dirons qu'il faut goûter la pâte en l'aromatisant, de manière à lui donner la force d'arome que l'on désire. Cette pâte devra être épaisse le plus possible, et cependant rester maniable. Trop liquide, elle fondrait à froid. Elle ne doit fondre que quand elle est chauffée. On la remet au feu si elle se fige en coulant, de même que l'on fait refondre les pastilles manquées dans leur forme.

On peut faire avec la même promptitude et la même facilité des pastilles à diverses essences ou à différents sucs de fruits : *aux fleurs d'oranger* hachées (celles-ci très-larges), aux zestes d'*orange* ou de *citron* que l'on râpe sur un morceau de sucre, et que l'on gratte au couteau à mesure pour recommencer à râper sur le même morceau. Ces dernières acidifiées avec de l'acide tartrique en poudre, ou avec le jus d'orange ou de citron. On en fait *au café* en liquéfiant la pâte, au lieu d'eau, avec une décoction assez forte de café bien clarifié.

Celles *à la violette* peuvent se faire avec de la poudre d'iris de Florence, qui en a l'arome. On les colore en violet.

On fait des pastilles *au curaçao*, en ajoutant du curaçao (liqueur) à la pâte; *au punch*, en ajoutant du rhum; *aux framboises*, en se servant pour faire la pâte de vinaigre framboisé.

On colore, si on veut, la pâte avec du carmin pour celles à la rose, de la gomme-gutte pour celles au citron, et du safran pour celles à l'orange avec du bleu de Prusse, si on en veut des bleues; le tout délayé ou broyé à l'eau. Il faut se défier des bleus et des verts, qui sont dangereux; les jaunes sont purgatifs, mais on emploie toutes ces couleurs en trop petite quantité pour produire mauvais effet. Le violet se compose de bleu et de carmin. Toutes les couleurs doivent être légères.

En général, les pastilles aux sucs de fruits et acides se coulent moins facilement que celles aux essences; aussi les fait-on très-larges (1 centimètre et demi et même 2)*.

COMPOTES.
Compote de pommes. (Dessért.)

Prenez de belles pommes de reinette, que vous coupez par la moitié; après les avoir pelées et en avoir ôté les cœurs, mettez-les à mesure dans de l'eau fraîche pour leur conserver leur fraîcheur;

---

* Dans l'excellent ouvrage de M. Barbier-Duval, confiseur (médaille de 1re classe), on trouve les meilleures recettes pour faire le pastillage, fruits confits, fruits et compotes, confitures, gelées végétales, marmelades, pâtes de fruits, pralines, pâtes de gomme, dragées, bonbons de toutes sortes, légumes conservés, fruits à l'eau-de-vie, etc.
Ce livre est indispensable à tous les chefs de bonne maison; il renferme un nombre considérable de recettes, 625 pages, 103 figures. Prix : 7 francs. Même librairie.

faites-les cuire avec un verre d'eau, un jus de citron et un peu de son zeste, un morceau de sucre ; quand vos pommes sont cuites, arrangez-les dans un compotier et versez dessus le sirop qui s'est formé. On évitera qu'elles se déforment si on ne couvre pas et si on ne fait pas trop cuire. On laisse la peau aux espèces tendres et on la pique.

Marmelade de pommes et poires.

Pelez des pommes, coupez-les en 4, supprimez les cœurs, mettez-les cuire à la casserole avec sucre, et aromatisez avec cannelle en poudre ou zeste de citron râpé sur le sucre, ou avec zeste d'orange coupé en lanières.

Compote de pommes farcies. (Dessert.)

Prenez des pommes de reinette, que vous pelez dans leur entier ; videz-en le cœur sans les rompre ; faites-les cuire dans de fort sirop ; quand elles le sont suffisamment, vous les dressez dans un compotier et vous en remplissez les vides avec des confitures ; vous faites cuire de nouveau le sirop, jusqu'à ce qu'il soit en gelée ; faites-le refroidir dans une assiette, et l'en détachez en trempant le dessous de l'assiette dans de l'eau bouillante ; vous dressez après votre gelée sur les pommes, et vous les servez froides.

Sirop pour les compotes.

Mettez dans une casserole 125 gram. de sucre et un demi-verre d'eau (cette proportion est pour une douzaine de pommes), faites bouillir et écumez.

Salade ou compote de poires crues. (Dessert.)

Pelez et coupez en tranches très-minces de bonnes poires bien mûres, dressez-les sur votre compotier, lit par lit, avec de la cannelle râpée, sucre en poudre, de l'eau-de-vie ou du rhum.

Compote de poires. (Dessert.)

Vous les pelez et les laissez entières si elles sont petites; coupez-les par quartiers si elles sont grosses. Mettez-les avec de l'eau et du sucre dans un vase qui ne soit pas de métal, afin de les conserver blanches; quand elles sont cuites, vous les mettez dans le compotier et faites réduire le sirop qui s'est formé et que vous versez sur vos poires. Si les poires ne sont pas grosses, vous les dressez debout dans le compotier en coupant un peu du gros bout.

Ceci fait une compote blanche. On peut la faire d'un beau rouge en la faisant cuire dans une casserole de cuivre étamé et n'employant pas de citron.

Compote de poires au vin. (Dessert.)

Prenez des poires à cuire et mettez-les entières dans une casserole avec un verre d'eau, un petit morceau de cannelle, un morceau de sucre; faites cuire à petit feu; à moitié de la cuisson, mouillez-les d'un verre de vin rouge; quand elles sont tout à fait cuites, faites réduire le sirop qui s'est formé et versez sur les poires. Les poires de martin-sec forment un sirop en gelée.

Compote de coings. (Dessert.)

Faites-les cuire à moitié dans l'eau bouillante; retirez-les à l'eau fraîche et coupez-les par quartiers; pelez-les proprement et ôtez-en les cœurs; mettez ensuite dans une casserole du sucre dans la proportion de 125 gram. pour un demi-verre d'eau; faites bouillir et écumez; mettez dedans vos coings pour achever de les faire cuire; servez froid à court sirop.

Compote de prunes. (Dessert.)

Prenez 500 gram. de prunes et faites-les cuire avec un peu d'eau et environ 125 gram. de sucre jusqu'à ce qu'elles fléchissent sous les doigts; écumez-les et dressez-les dans le compotier. Si votre sirop n'a pas assez de consistance, faites-le réduire et servez sur les prunes.

Compote d'abricots et de pêches. (Dessert.)

Faites bouillir 125 grammes de sucre avec un verre d'eau dans une casserole; mettez-y vos fruits entiers en ôtant les noyaux, ou par moitiés; faites-les bouillir, écumez-les et les retirez pour les arranger dans un compotier; versez votre sirop par-dessus après l'avoir fait réduire.

Tranches de pêches au sucre. (Dessert.)

Prenez de belles pêches qui soient à leur vrai point de maturité; pelez-les et retirez-en les noyaux; coupez-les par tranches et les arrangez dans un compotier; mettez du sucre fin dessus et dessous les pêches et servez.

Salade d'oranges. (Dessert.)

Coupez par tranches des oranges, en enlevant ou en conservant la peau. Dressez-les dans un compotier en les saupoudrant abondamment de sucre, et versez dessus de l'eau-de-vie ou du rhum. Si on enlève la peau et que l'on n'emploie pas d'eau-de-vie ou du rhum, on mettra une cuillerée ou 2 d'eau. On peut y mêler aussi des tranches de poires tendres.

Compote de cerises. (Dessert.)

Prenez des cerises, coupez le bout des queues, et mettez-les dans une casserole avec de l'eau et du sucre, suivant la quantité de cerises; faites-les cuire, dressez-les dans un compotier, versez dessus votre sirop réduit et servez-les froides. Si vous voulez leur donner un parfum agréable, ajoutez du jus de framboises ou du zeste de citron.

Compote de raisin ou de verjus. (Dessert.)

Mettez dans une poêle ou casserole, de préférence non étamée, 125 gram. de sucre avec un demi-verre d'eau; faites bouillir, écumer et réduire en sirop fort; mettez dans ce sirop une livre de raisin muscat égrené, après en avoir ôté les pepins; faites-lui faire 2 ou 3 bouillons et dressez dans le compotier : s'il y a de l'écume, enlevez-la avec du papier blanc.

Compote de groseilles mûres ou vertes. (Dessert.)

Faites cuire 125 gram. de sucre avec un demi-verre d'eau, jusqu'à ce que le sirop soit bien fort; ayez une livre de groseilles, que vous avez soin de bien laver et égoutter; laissez-y la grappe si vous voulez; faites-les bouillir quelque temps dans le sirop, ôtez-les du feu et faites épaissir le sirop; dressez vos groseilles dans le compotier, et versez dessus le sirop, que vous avez fait réduire.

Quant aux groseilles vertes, il faut les mettre dans l'eau chaude jusqu'à ce qu'elles montent au-dessus, les plonger ensuite dans de l'eau froide acidulée de vinaigre, pour qu'elles reverdissent; alors on les met dans le sirop comme les groseilles mûres, et l'on suit les autres procédés indiqués.

COMPOTES.

Groseilles perlées. (Dessert.)

Prenez de très-belles grappes de groseilles mûres, trempez-les l'une après l'autre, pour les humecter, dans un demi-verre d'eau auquel vous avez ajouté 2 blancs d'œufs battus; faites-les égoutter quelques minutes et roulez-les dans du sucre en poudre, mettez-les sécher sur du papier : le sucre se cristallisera autour de chaque grain, ce qui fera un fort joli effet.

Croquenbouche d'oranges glacées.

Enlevez soigneusement la peau et tout ce qu'il y a de cotonneux dans l'orange, détachez-en les quartiers sans les crever. Passez un fil dans le bord du centre où il y a des filaments solides, et nouez-le de manière à en faire une sorte d'anneau pour les suspendre. Faites de petits crochets en fil de fer de la forme d'une S à peu près. Faites cuire du sucre au grand cassé, comme il est dit p. 498; prenez l'un après l'autre, par le fil, chaque quartier avec un des crochets, trempez-le dans votre sucre, et suspendez-le à une baguette avec promptitude, afin que le sucre ne cuise pas trop pendant l'opération. On en fait des assiettes et on en garnit aussi les pièces montées, d'une friandise peu coûteuse et très-aisée à faire.

Compote de fraises et de framboises. (Dessert.)

Rangez sur un compotier des fraises ou des framboises crues, versez dessus une gelée de groseilles toute bouillante.

Compote de marrons. (Dessert.)

Faites rôtir des marrons, pelez-les et mettez-les dans une poêle avec 125 grammes de sucre et un demi-verre d'eau; faites-les mijoter ensuite sur un petit feu; quand ils auront pris sucre suffisamment, retirez-les et dressez dans un plat; pressez dessus un jus de citron, et saupoudrez de sucre fin.

FRUITS CONFITS.

Règles à observer pour la cuisson des confitures.

Il est indispensable d'employer un vase de cuivre non étamé (ceux de faïence ou de terre étant sujets  à faire brûler ou donner de mauvais goût). Les personnes qui n'ont pas une bassine faite pour cet usage peuvent employer un chaudron, qu'il faut avoir soin de récurer parfaitement. On doit se servir d'un bon feu de bois ou de charbon, mais bien soutenu, ce qui conserve la couleur aux fruits rouges.

Il ne faut rien laisser reposer dans la bassine, à cause du vert-de-gris qui se formerait; c'est pour cela qu'il est important de verser les confitures dans les pots aussitôt qu'elles sont cuites.

On ne quitte pas ses confitures lorsqu'elles sont sur le feu et l'on évite qu'elles ne s'attachent ou ne brûlent en les remuant de temps en temps avec l'écumoire. Cependant on ne les écume qu'une seule fois, au moment de les verser dans les pots, autrement il se formerait continuellement de l'écume surabondante. Quand les confitures sont cuites à leur point, on les verse bouillantes dans

FRUITS CONFITS.

les pots, que l'on remplit *entièrement;* car les confitures baissent dans les pots.

Il peut résulter de diverses circonstances que les confitures moisissent : il suffit, pour corriger cette moisissure, de changer le papier trempé dans de forte eau-de-vie, et de placer les pots dans un lieu sec et aéré. Une armoire fermée est nuisible.

Pour éviter la moisissure, il faut, en remplissant les pots, laisser dessus un petit espace vide que l'on remplit de pareille confiture que l'on a fait cuire davantage et qui a acquis, par conséquent, un degré plus certain de conservation. Si elles fermentent et paraissent bouillir, il faut les faire recuire. Voyez l'article *Prunes de reine-claude,* où la raison en est expliquée.

Du sucre.

On nous a demandé pourquoi on rencontre dans le commerce des sucres tantôt compactes et à cristaux excessivement fins, tantôt légers et à gros cristaux. — Cette différence provient du mode de fabrication. Quand on veut des sucres *poreux et légers,* on concentre moins le sirop dans la chaudière, et on bat même le sirop. Quand, au contraire, on veut un sucre *compacte et cristallisé,* on laisse commencer une cristallisation régulière en mouvant peu. On fabrique une grande quantité de sucre poreux pour les établissements où il est avantageux de donner *sous le plus grand volume le moins de sucre possible.* Ces sucres, à volume égal avec les sucres compactes, sucreront beaucoup moins que ces derniers; mais comme on achète à la livre, ce n'est pas un inconvénient pour l'acheteur. Quand on veut sucrer promptement, on l'emploie de préférence, car il se dissout beaucoup plus vite.

Les sucres qui sucrent le mieux sont les mieux raffinés,

Tamis pour sucre en poudre.

c'est-à-dire ceux qui renferment le moins de matières étrangères. — Plus le raffinage est poussé loin, moins il reste de ces matières, qui sont en quantité considérable dans les sucres bruts.

Le sucre de canne sucre un peu mieux que celui de betterave, parce que l'affinage du sucre de canne peut être poussé plus loin que celui de betterave, mais cette différence n'est pas très-sensible.

Quand le sucre est pulvérisé, il sucre moins, parce que, selon plusieurs chimistes, le frottement produit un dégagement de lumière phosphorique, lequel est cause d'une modification importante.

Cuisson du sucre.

Il faut une bassine de cuivre rouge non étamée ou un poêlon, ou à défaut un chaudron. — Plus on mettra d'eau, et plus la cuisson sera longue à arriver à son point. Si on met un tiers de litre d'eau par livre de sucre, on aura une proportion favorable.

Poêlon d'office pour cuire le sucre en petite quantité.

On met donc dans la bassine du sucre et de l'eau et l'on conduit à grand feu. Presque aussitôt l'ébullition commencée a lieu le *petit lissé*. On reconnaît cet état de cuisson du sirop en prenant un peu de sirop à son doigt index et le présentant très-doucement au-dessus de l'ongle du pouce gauche, de manière à y poser la goutte que formera le sucre qui est après le doigt : cette goutte s'étalera et restera plate. Si, après avoir trempé de même son doigt dans le sirop, on l'approche du pouce de la même main, et que par de petits mouvements pressés on les écarte et rapproche, en ne les éloignant que de l'épaisseur d'un doigt, on voit se former un filet sans consistance. La cuisson continuant, bientôt la goutte que l'on formera sur le pouce aura plus de consistance et restera plus bombée. Le filet élevé par le mouvement précipité du doigt sera aussi plus consistant.

Mais il y a un moyen très-certain de reconnaître l'état de cuisson : il s'agit de verser dans un tube de fer-blanc A une quantité de sirop qui l'emplisse presque. On y introduit le pèse-sirop B, et, selon le degré qu'il marquera à la surface du liquide en s'enfonçant plus ou moins, on jugera de la cuisson. Ainsi : pour le petit lissé il marquera 29 degrés, pour le grand lissé et la nappe 32. — Ce pèse-sirop se trouve chez tous les opticiens et fabricants d'instruments de physique.

Où finit le grand lissé commence le *petit perlé* (33 degrés). Entre le doigt et le pouce il y a encore plus de consistance. Si on trempe une petite écumoire dans le sirop et qu'on laisse couler, on voit de petites perles dans les gouttes de sucre. Au *grand perlé* (34 degrés), il prend plus de consistance encore entre les doigts, que l'on ouvre davantage, et où il forme un filet solide et présente plus de perles en coulant. — A la *petite plume*, ou *soufflé* (37 deg.), on prend du sirop avec l'écumoire et l'on souffle à travers : on voit des gouttes s'échapper de l'autre côté. A la *grande plume* (38 deg.), les gouttes sont plus nombreuses et plus fortes. En le pressant dans les doigts, il les colle ensemble de manière à faire bruit à l'oreille en les détachant. Au *petit boulé* (40 degrés), on trempe son doigt dans l'eau froide, on prend du sirop et l'on remet le doigt dans l'eau : le sirop prend une consistance de glu que les confiseurs appelaient autrefois *morve*. Plus dur, c'est le *grand boulé*. Quand il casse, c'est le *petit cassé*. Plus cassant encore, c'est le *grand cassé* : il fait un petit bruit quand on le met dans l'eau. Bientôt il est au caramel blond, que l'on peut conduire jusqu'au noir. — L'instrument ne marque pas plus que le numéro 40, mais, s'il marquait, il pourrait donner 48 au caramel. Toute cette opération doit se faire à feu assez vif.

Gelée de groseilles.

Prenez des groseilles, un tiers de blanches, 2 tiers de rouges et le quart du tout en framboises; mettez dans la caisse en bois vos fruits, serrez fortement la vis à plusieurs reprises pour en extraire le jus ; à défaut de presse, dans un torchon humide et à force de bras. Mettez-le jus sur le feu dans une bassine avec demi-livre de sucre par livre de jus; écumez et laissez bouillir environ une demi-heure; versez-en une cuillerée sur une assiette ; si elle fige, la cuisson est faite; passez à la chausse, mettez en pots.

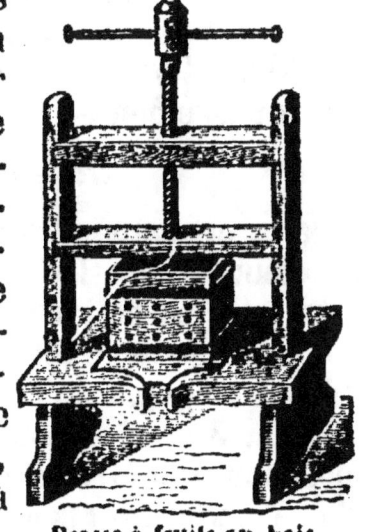
Presse à fruits en bois.

Cette recette est plus économique pour ceux qui ont beaucoup de groseilles et ne veulent pas faire grande dépense en sucre; mais, quand on est obligé d'acheter l'un et l'autre, il y a presque économie à employer livre de sucre par livre de jus. Vous faites cuire alors moins de temps, les confitures réduisent moins, et vous êtes plus sûr de la réussite et de la conservation.

Autre excellente recette.

Égrenez vos groseilles et les mettez dans la bassine pour faire un bouillon qui fait crever les grains : retirer-les du feu, passez-les dans un torchon humecté; pesez le jus et mettez 3 quarts de livre de sucre par livre de jus : mettez le tout dans la bassine sur un grand feu, laissez bouillir environ 10 minutes; mettez le jus des framboises et faites bouillir encore 10 minutes, faites comme ci-dessus, passez à la chausse et versez en pots.

Confitures de raisins.

Prenez les beaux grains de raisin bien mûr, retirez les pepins avec une allumette, faites-les cuire à la bassine une heure et demie, puis ajoutez-y demi-livre de sucre par livre de fruit, faites cuire encore demi-heure et mettez en pots.

Gelée de pommes.

Pelez et coupez-les par quartiers minces, ôtez les cœurs; jetez-les à mesure dans l'eau froide pour qu'elles ne jaunissent pas; mettez-les dans une bassine sur le feu avec juste assez d'eau pour qu'elles baignent à l'aise et, si vous voulez, le jus de 2 ou 3 citrons pour 50 pommes. Toute cette opération doit être faite avec promptitude. Quand elles s'amollissent sous le doigt, retirez-les et les placez sur un tamis bien propre au-dessus d'une terrine, ou dans une chausse de laine neuve, *sans presser*. Pesez ce jus bien clair et y ajoutez autant de sucre par petits morceaux. Faites cuire, retirez quand la gelée se répand en nappe autour de l'écumoire, passez encore au tamis ou dans une fine passoire, mêlez-y des filets ténus d'écorce de citron confit et mettez en pots. — On emploie la reinette, mais beaucoup d'autres pommes donnent de bonne gelée, même en hiver les pommes de garde qui ne sont pas cotonneuses. On fait de la marmelade avec le résidu.

Tamis pour passer les fruits.

En ne mettant que trois quarts de sucre la gelée est plus ferme, mais un peu moins blanche. — (Voir page 507.) On fait aussi de la gelée de poires.

Gelée de coings.

Prenez de beaux coings bien mûrs, et en préparez la gelée comme pour celle de pommes, mais sans citron. Quand elle est terminée, passez-la à la chausse sans presser, ce qui la rendrait trouble. On ne les pèle pas, la peau donnant plus d'arome et une plus belle couleur. — Le marc qui en résulte, mêlé à du sucre en poudre, fait une marmelade qui sera plus douce en y mêlant des pommes ou poires et un quart moins de sucre.

Pâte de coings.

Pelez et épluchez des coings, faites-les cuire par morceaux avec un peu d'eau jusqu'à ce qu'ils soient bien fondus et la pâte transparente, écrasez et passez la dans un tamis de crin, pesez-la, pilez-la dans une terrine avec poids égal de sucre en poudre. Aplatissez-la sur des assiettes, où elle

FRUITS CONFITS.

se raffermira en quelques jours, renversez-la sur du papier, poudrez-la de sucre, découpez par bandes; faites sécher et conservez dans des boîtes.

Cotignac d'Orléans.

Il ne faut pas confondre le cotignac avec la pâte de coing et la gelée du même fruit; cette préparation est des plus douces, et convient aux personnes à qui déplaisent l'arome ou l'acidité du coing; elle donne un moyen de plus pour varier les desserts et se conserve très-bien; elle est originaire de Cotignac, en Provence, où l'on en fabriquait beaucoup. Orléans s'est emparé de cette friande industrie, qu'elle a beaucoup perfectionnée, et personne ne passe dans cette ville sans en emporter assez pour donner l'envie d'y revenir ou d'en produire soi-même, si l'on peut disposer d'un coignassier; nous devons à l'obligeance et au désintéressement de M. Auvray, célèbre confiseur d'Orléans [*], la recette suivante pour la confection du cotignac.

Prenez de beaux coings de Portugal bien mûrs, coupez-les par tranches, ôtez les cœurs, mais laissez la peau, qui ajoute à la couleur et à l'arome, rangez-les dans une bassine où vous versez assez d'eau pour qu'ils baignent: faites bouillir, retirez-les avec leur eau quand ils sont amollis et avant qu'ils arrivent en marmelade; mettez-les sur un tamis et sur une terrine pour en faire égoutter le jus, sans les écraser ou presser, ceci donne la gelée de coings ordinaire; mais pour parvenir à la rendre plus consistante, sans la faire bouillir et réduire pendant un très-long temps, ce qui la dénature, voici le moyen qu'emploie M. Auvray

[*] Rue Bannier, 7.

pour la *doubler* facilement. On fait amollir, comme dans la première opération, une même quantité de coings, mais au lieu d'eau on se sert du jus qui a passé à travers le tamis, sans ajouter d'eau, on passe de même; on pèse ce jus, on ajoute même poids de sucre, on le fait cuire dans la bassine, on reconnaît qu'il est cuit à l'aspect du bouillon, qui dans son mouvement *rentre sur lui-même;* autrement, en trempant son doigt dans l'eau fraîche, puis dans la gelée, on reconnaît qu'elle présente une certaine consistance et se détache facilement du doigt, le cotignac est fait, on n'a plus qu'à le verser dans des pots à confiture; à Orléans, on verse la gelée sur des moules en bois gravés en creux sur toutes sortes de figures, ce qui produit des pains de cotignac susceptibles d'être renfermés dans les boîtes plates comme celles des dragées de baptême; on en fait depuis le prix de 10 centimes jusqu'à celle qui est assez grande pour former une belle assiette de dessert, on fait tremper ces moules dans l'eau pendant 12 heures à l'avance, la gelée versée chaude dessus y est prise au bout d'une demi-heure.

Gelée d'abricots.

Elle se fait comme celle de pommes (page 501).

Pâte d'abricots.

Elle se fait comme la pâte de coings (page 502).

Gelée des quatre fruits.

Prenez une livre de cerises, dont vous ôtez les queues et les noyaux; autant de groseilles égrenées, autant de fraises et autant de framboises. Mettez le tout dans la bassine avec 4 livres de sucre concassé, faites partir à feu vif et bouillir. Quand le sucre est fondu, que les fruits sont crevés et que la confiture monte, ce qui prend 10 minutes, retirez du feu, faites passer sur un tamis, sans forcer ; versez la gelée dans les pots. Le marc fait une marmelade.

Gelée d'épine-vinette.

Prenez de l'épine-vinette *très-mûre*, égrenez-la comme la groseille et la mettez dans une bassine avec assez d'eau pour qu'elle y baigne ; au bout de vingt minutes d'ébullition, retirez-la et écrasez les grains avec une cuillère de bois : passez au tamis. Pesez le jus et mettez le même poids de sucre ; remettez sur le feu, où vous verrez que la cuisson est faite quand la mousse s'élèvera en bouillant. Retirez, écumez légèrement et versez en pots.

Confitures de cerises.

Prenez 12 livres de cerises suffisamment mûres, ôtez-en les queues et les noyaux ; ayez 2 livres de groseilles préparées comme nous avons dit pour les confitures de groseilles ci-dessus, une livre de jus de framboises ; mettez le tout dans la bassine sur un grand feu, faites bouillir et écumez ; après une demi-heure d'ébullition, ajoutez 375 gram. de sucre par livre de jus ; laissez bouillir encore une demi-heure, retirez du feu, et versez à l'instant vos confitures dans les pots.

Confitures de fraises.

Faites cuire une livre de sucre : il est suffisamment cuit quand, en trempant le doigt dans l'eau fraîche, puis dans le sucre, et refroidi dans la même eau, on en forme une boulette qui se casse sous la dent et s'y attache. Jetez-y une livre de fraises épluchées. Faites-leur faire 3 bouillons couverts, écumez et mettez-les dans les pots.

Confitures de framboises.

Prenez 4 livres de framboises, écrasez-les avec une livre de groseilles blanches; passez et pressez le tout dans un linge, mettez cuire ce jus dans la bassine avec une livre de sucre par livre de jus. Écumez, faites bouillir environ 25 à 30 minutes. Versez-en une cuillerée dans une assiette : si elle fige, la cuisson est faite.

Gelée de groseilles à froid.

Égrenez les groseilles et les écrasez dans une terrine avec le pilon figuré page 502, et *sans écraser les pepins*. Mettez-les d'abord sur un tamis, où s'écoulera le premier jus; passez le reste dans un linge mouillé ou une étamine. Si l'un des deux jus est plus clair, on peut le sucrer à part. Pesez le jus et y mêlez 2 livres de sucre par livre de jus. Ce mélange étant bien fait, on le porte dans une cave où on le laisse 24 heures et où on l'on va le remuer 3 ou 4 fois. Versez-le dans des pots d'une livre au plus, que vous couvrez et laissez dans une cave très-fraîche jusqu'au moment où les chaleurs ne seront plus dans le cas de faire fermenter cette confiture, qui y est très-sujette, et, par cette raison, difficile à conserver, mais sa saveur est supérieure à toute gelée cuite.

Groseilles épepinées de Bar.

Prenez chaque grain l'un après l'autre, et enlevez-en, du côté de la queue, les pepins, au moyen d'un cure-dent, en prenant garde d'endommager la peau; pesez-les. Pesez aussi une livre et demie de beau sucre par livre de fruit, faites-le fondre sur le feu dans un quart de litre d'eau pour une livre de sucre; clarifiez-le avec du blanc d'œuf battu dans un demi-verre d'eau, remuez, écumez et laissez cuire au petit boulé. Mettez vos groseilles dans ce sirop, et retirez-le du feu au premier bouillon; versez dans de petits pots en verre, d'un quart de livre, en distribuant également les fruits, que vous enfoncez s'ils remontent.

Gelée de framboises.

C'est la plus agréable de toutes les gelées. Écrasez-les et les passez à travers un torchon humide et en pressant fortement pour en exprimer tout le jus. Mettez ce jus dans la bassine avec 375 gram. de sucre par livre de jus; faites cuire 15 à 20 minutes, et prenez garde qu'il ne noircisse. Retirez la bassine et mettez dans les pots.

Gelée de garde en pots.

Les aromes peuvent être fixés au moyen d'une gelée, telle que celles d'entremets; mais celles-ci ne peuvent se garder que quelques jours, parce que leur principe est la colle de poisson. Les gelées dont il est ici question se gardent comme toutes confitures en pots, et la cause de cette conservation est dans un autre principe de nature végétale. — Ce principe gélatif est la *gelée de pommes*, que l'on aromatise à volonté comme on le fait pour la gelées d'entremets.

On prépare la gelée de pommes comme il est dit page 501, *mais sans citron*. Avec 375 gram. de sucre par livre de jus, au lieu de poids égal, on a une gelée plus ferme.

Au rhum. On mêle une *très-faible quantité* de cette liqueur dans la gelée au moment où elle se finit. Son parfum se développe complétement, et une trop grande quantité empêcherait la gelée de prendre consistance.

A la rose. On ajoute de même avec la tête d'une aiguille une quantité excessivement faible d'essence de rose, et on goûte pour en ajouter s'il le faut. Du carmin en poudre délayé dans un peu de la gelée et mêlé ensuite au reste sert à colorer.

A l'orange. Pour 6 pots moyens, mêlez à du jus de pommes préparé pour la gelée, p. 501, le jus clair d'une orange et le zeste de 2, râpé sur le sucre qui servira à la gelée. Cette même gelée, étant *doublée,* se verse dans des moitiés d'écorce d'orange, qui forment une très-jolie assiette de dessert. — On *double* la gelée en faisant amollir, comme dans la première opération, une même quantité de pommes; mais au lieu d'eau on se sert du jus qui a passé à travers le tamis, sans ajouter d'eau. On pèse le jus *doublé,* on ajoute même poids de sucre et on le fait cuire comme il a été dit page 501. On a obtenu ainsi une gelée extrêmement ferme. — On fait encore de la gelée d'orange en petits pots en mêlant à de la gelée de pommes une assez grande quantité de minces filets d'écorce d'orange confite. Ces deux confitures sont très-distinguées. On en fait encore au jus d'*ananas.*

Pêches glacées.

Prenez des pêches peu mûres, que vous pelez et mettez dans une terrine; versez dessus de l'eau bouillante : laissez-les 4 heures. Faites clarifier du sucre, une livre par livre de fruit, et y faites cuire vos pêches. Retirez-les, et les placez une à une dans un pot de faïence ou un bocal. Faites réduire le sirop et le versez sur les pêches; ajoutez un demi-verre de rhum, de kirschwasser ou d'eau-de-vie. Couvrez comme un pot de confitures, avec un papier imbibé d'eau-de-vie.

Marmelade d'abricots.

Prenez des abricots bien mûrs, ôtez-en les noyaux et les taches dures de la peau; coupez-les en deux, et mettez-les sur le feu, dans la bassine, avec livre de sucre par livre de fruit : un quart d'heure doit suffire pour la cuisson. Pour vous assurer qu'elle est à son point, vous mettez un peu de marmelade sur le bout de votre doigt; si en appuyant le pouce dessus, et le relevant, elle forme un petit filet, la cuisson est faite : retirez-la, et mettez-la de suite dans les pots. Remuez sans cesse votre marmelade, dans le temps qu'elle cuit, et ne la quittez pas, crainte qu'elle ne brûle. Cassez la moitié des noyaux, jetez-en les amandes dans l'eau bouillante, afin d'en retirer la peau, et mettez ces amandes dans la confiture un peu avant de la retirer du feu; mêlez bien le tout, pour que chaque pot puisse en avoir également, et enfoncez-les avec une longue aiguille pendant le refroidissement dans les pots. On peut ne mettre que demi-livre de sucre par livre de fruit et faire cuire 3 quarts d'heure. Quelques personnes coupent les amandes par petits filets, afin qu'elles se répandent par toute la marmelade : ce qui fait un bon effet.

Marmelade de reine-Claude ou mirabelle.

On les sépare en deux pour en ôter les noyaux, et on les fait cuire avec les précautions recommandées pour les abricots ci-dessus. La proportion du sucre est de demi-livre par livre de fruit.

Confiture de poires.

Choisissez de bonnes poires tendres mûres;

coupez-les en 2 et ôtez les cœurs et les pierres; faites-les macérer 24 heures dans une terrine, un lit de poires et un lit de sucre concassé fin; mettez-les dans la bassine, faites cuire à feu vif, en remuant continuellement, avec l'attention de ne pas écraser les morceaux. Aux trois quarts de la cuisson vous y mêlez du zeste de citrons haché fin. Il faut employer demi-livre de sucre par livre de fruit cru.

Sucre d'orge.

Faites crever dans un poêlon de cuivre non étamé 60 gram. d'orge, passez l'eau et y délayez 200 gram. de sucre ; faites cuire à grand feu au grand cassé, versez sur un marbre enduit d'huile, laissez refroidir, coupez avec des ciseaux, roulez sur une ardoise. On aromatise la décoction avec de l'eau de fleur d'oranger, du zeste de citron bouilli avec l'orge, ou de la vanille. — Le prétendu sucre d'orge n'est pas toujours fait avec de l'orge, et n'est pas aussi rafraîchissant.

Sucre de pommes.

Faites un suc de pommes comme pour la gelée, ajoutez-y 3 fois son poids de sucre que vous avez fait cuire au cassé, remettez le poêlon sur le feu pour faire revenir au grand cassé, et remuez pour éviter qu'il s'attache; versez sur un marbre enduit d'huile, laissez refroidir : découpez-le; formez-le en bâtons, que vous roulez dans du sucre en poudre fine afin de les conserver. — Celui des marchands n'est pas fait ainsi, il est transparent jusqu'au bord; mais n'est pas aussi bienfaisant, parce qu'ils n'y emploient pas de pommes, ce qui est plus tôt fait et moins coûteux.

FRUITS CONFITS.

Tablettes de gomme.

Faites dissoudre 60 gram. de gomme arabique, à froid, dans 60 gram. d'eau de fleur d'oranger. Servez-vous de ce mucilage pour faire, sur marbre huilé, des tablettes ou des boules avec 220 gram. de sucre en poudre et 60 gram. de gomme arabique en poudre.

Pralines d'amandes, de pistaches ou d'avelines.

Toutes trois se font de même. Frottez dans un linge, pour les nettoyer, 500 gram. d'amandes, que vous mettez dans un poêlon de cuivre non étamé, avec autant de sucre, un demi-verre d'eau, et posez sur le feu; quand les amandes pétillent un peu fort, vous les retirez et les remuez toujours jusqu'à ce que le sucre soit en sable et bien détaché des amandes, retirez-les, partagez le sucre en 2 dont vous laissez moitié dans le poêlon avec demi-verre d'eau, laissez bouillir jusqu'à ce qu'il rende une petite odeur de caramel, jetez-y les amandes, tournez-les pour leur faire prendre sucre, retirez-les encore, remettez l'autre moitié de sucre avec autant d'eau, faites venir de même en caramel, remettez les amandes, remuez jusqu'à ce qu'elles aient pris tout le sucre, retirez-les, versez-les sur du papier et séparez celles qui sont attachées. — Si vous voulez les faire *à la fleur d'oranger*, vous ajoutez de 30 à 60 gram. de fleurs pralinées ou fraîches, mais écrasées dans un mortier, lors des 2 dernières cuissons du sucre. — *Au citron*, vous employez de la râpure de zeste de citron. — *A la vanille*, vous faites cuire avec les 2 dernières cuissons du sucre un morceau de vanille pilé.

Fleur d'oranger pralinée.

Mettez vos pétales de fleurs d'oranger dans l'eau bouillante pour blanchir un moment. Vous avez fait cuire du sucre au petit boulé, mettez-y la fleur; elle décuit le sucre, et il faut continuer de faire bouillir pour revenir au petit boulé; retirez du feu, remuez jusqu'à ce que le sucre soit desséché en sable; lorsque vous pouvez y endurer la main, séparez la fleur et la mettez sécher sur du papier. Saisie par trop de chaleur, elle se racornit.

Prunes confites entières dans une gelée.

Mettez dans une bassine des prunes de reine-Claude ou de mirabelle, mûres et sans noyaux, avec assez d'eau pour qu'elles baignent, faites bouillir à grand feu jusqu'à ce qu'elles soient attendries de manière à laisser sortir tout leur jus. Placez-les sur un tamis, où vous les ferez égoutter naturellement dans une terrine. Mettez dans la bassine, sur le feu, ce jus, avec son poids de sucre; écumez, faites cuire au petit cassé. Retirez du feu. Vous avez préparé des prunes comme pour glacer (page 514), vous les arrangez dans un bocal ou dans des pots, et versez dessus la gelée.

Raisiné de Bourgogne.

Égrenez des raisins bien sains et mûrs, dont vous tirez le jus*; mettez-le dans une chaudière, et faites

---

* Quand le raisin n'est pas bien mûr, le raisiné a une acidité que l'on peut éviter en employant un alcali. Le plâtre, la chaux et la craie sont dans ce cas, et servent à désacidifier les vins; mais ils leur sont nuisibles sous d'autres rapports : au surplus ils ne peuvent être employés ici. Le marbre, qui est un carbonate de chaux, en a les avantages et ne présente pas l'inconvénient de décomposer autant le liquide et de le salir. Si on est dans le cas de se procurer de la poudre de marbre, on la répandra peu à peu sur le jus du raisin, dans la proportion d'un kilogramme de marbre sur 10 litres de jus. On agitera, il se produira une sorte d'ébullition, on laissera bouillir jusqu'à réduction de moitié; écumez et remuez pour qu'il ne s'attache pas; mettez-y des poires des espèces que vous aurez (le messire-jean est préférable), coupées en quartiers et bien épluchées; faites réduire encore d'un tiers en remuant toujours; alors les fruits seront cuits. Mettez dans des pots que vous faites passer une nuit dans un four où l'on aura cuit dans la journée. Dans les pays où le raisin n'atteint pas une maturité qui le rende très-sucré, le raisiné n'est pas mangeable; et il faut y ajouter du sucre jusqu'à 3 livres sur 10 de jus réduit, compris les poires. Dans ce cas on le fait moins réduire; il devient bien meilleur et se garde plus longtemps.

Quand on n'a pas de poires, on les remplace assez avantageusement par des carottes tendres et point filandreuses; on les coupe en biais de manière à figurer à peu près des quartiers de poires et on les jette dans le jus du raisin en le mettant sur le feu, parce qu'il leur faut beaucoup plus de temps pour cuire. La petite carotte de Crécy est préférable.

Raisiné de raisins.

Égrenez des raisins très-sains et tirez-en le jus, que vous faites bouillir dans une chaudière jusqu'à ce qu'il soit réduit au quart et en remuant continuellement; passez au tamis, remettez au feu, achevez de cuire, et versez dans des pots comme le précédent.

Fruits confits au vinaigre, et sans feu.

On prend une certaine quantité de vinaigre

reposer 2 heures, on tirera à clair et on passera dans une chausse ou dans plusieurs doubles de laine. Malgré la facilité de ce procédé chimique, il est bien préférable de n'être pas obligé d'en faire usage; d'autant qu'il rend le jus plus clair et l'empêche d'épaissir autant que lorsqu'il n'est pas désacidifié.

blanc de la meilleure qualité, proportionnée au nombre de livres de confitures qu'on veut préparer. On y jette une quantité suffisante de sucre réduit en poudre, pour que ce vinaigre puisse, au bout de quelque temps, se changer en un sirop acéteux, où l'acide ne domine pas trop : c'est dans ce sirop que l'on met les fruits que l'on veut conserver. Il faut avoir la précaution de choisir les fruits dans leur parfaite maturité et par un temps très-sec. Au bout de quelques semaines, le sirop a parfaitement pénétré tous les fruits. Il faut avoir soin de tenir les vases de grès dans lesquels on les met dans un endroit ni trop chaud ni trop froid. Cette recette est allemande : chacun pourra juger si la méthode est de son goût, en essayant sur une petite quantité.

Prunes de reine-Claude.

Manière de les préparer entières pour les glacer ou les mettre à l'eau-de-vie, applicable encore aux *abricots*, aux *pêches* et aux *poires de rousselet*.

Il faut d'abord être instruit de ce fait, que confire un fruit c'est en extraire l'eau et l'acidité pour les remplacer par du sucre. Les opérations que je vais indiquer sont toutes pour parvenir à ce but, car tant qu'il reste dans un fruit de l'eau ou de l'acidité, il est sujet à fermenter et à pourrir. C'est ce qui arrive lorsque les gelées et marmelades ne sont pas assez cuites ou assez sucrées : on les voit comme bouillir et former une écume. Il n'y a de remède, si elles ne sont pas encore décomposées et retournées à l'état acide, qu'en

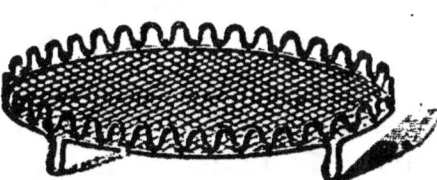

Grille à égoutter les fruits.

FRUITS CONFITS.

les faisant recuire. S'il se forme dessus une simple mousse de moisi, c'est qu'elles sont placées dans un lieu humide ou sans air. Il faut alors les recouvrir d'un nouveau papier imprégné d'eau-de-vie forte.

Les fruits seront de franche espèce (les autres se fendent), parvenus à leur grosseur et quelques jours avant maturité, fermes et croquants. Coupez la moitié de la queue, percez-les de 10 trous autour de la queue et dans la fente, avec une grosse aiguille entrant à un centimètre. Jetez-les à mesure dans une bassine avec de l'eau froide, 3 ou 4 doigts au-dessus, posez sur le feu. L'eau étant assez chaude pour ne plus y tenir les doigts, retirez du feu (c'est le blanchissage). Versez-y un peu de jus de raisin vert ou bien 8 gram. de sel pour 1,500 gram. (3 liv.) de fruits. Laissez reposer une heure, remettez à feu doux, remuez-les; *elles reverdissent*. Poussez le feu jusqu'à ce que l'eau frémisse sans bouillir, enlevez-les à mesure qu'elles remontent sur l'eau ou qu'elles s'amollissent un peu sous le doigt; remettez-les dans l'eau froide. — Faites du sirop à 29 degrés, page 449, assez pour toute l'opération. Faites égoutter les fruits, posez-les dans une terrine, versez-y le sirop bouillant; laissez reposez 24 heures. Faites la même opération, le sirop venu à 32 deg.; reposez 24 heures et versez encore le sirop parvenu à 33 deg. Étant reposés encore 48 heures, mettez-les en pots dans leur sirop ou faites-les sécher en lieu chaud sur des claies ou des grillages pour les conserver en boîtes ou pour les mettre à l'*eau-de-vie*.

Il en sera de ceci comme de toutes confitures de fruits : que si la saison est chaude et sèche, les fruits auront moins d'acidité, et ils exigeront moins de temps et de sucre que dans des temps ou des pays froids et humides.

Usage de l'étuve.

On ne peut guère faire des pâtes d'abricots et de coings, des fruits glacés ou autres articles de confiseur, si on n'a une étuve. L'étuve est un petit cabinet avec porte, ou une armoire, où l'on peut entretenir une chaleur, *mais égale et soutenue,* de 20 à 40 degrés, au moyen d'un foyer très-doux, alimenté de poussier de charbon, ou d'une lampe. (Les confiseurs chauffent jusqu'à 80 degrés.) Un chauffe-assiette peut devenir une petite étuve pour ce que l'on a à sécher, qui exige un certain temps, et quand la température n'est pas favorable. Il est nécessaire qu'il y ait un peu d'air par le bas et à la partie supérieure.

Angélique confite.

Coupez à 15 centimètres de long, au plus, des tiges d'angélique bien tendre et les jetez à mesure dans l'eau froide ; retirez-les et les mettez dans de l'eau prête à bouillir ; retirez aussitôt la bassine du feu pour la laisser une heure en cet état ; retirez l'angélique, enlevez les filandres et la peau du dessous, jetez-la à mesure dans la bassine avec assez d'eau pour qu'elle baigne, et faites bouillir jusqu'à ce qu'elle fléchisse sous les doigts ; retirez du feu et jetez-y une demi-poignée ou une poignée de sel pour faire reverdir les tiges, laissez-les une heure, retirez-les et faites égoutter ; faites un sirop avec autant de livres de sucre que d'angélique, et terminez comme il est dit ci-dessus pour les prunes.

Le sucre résultant des opérations ci-dessus sert pour des compotes.

FRUITS CONFITS.

Noix confites.

Prenez des noix vertes dont l'amande soit encore en moelle, pelez-les légèrement et les jetez à mesure dans une bassine d'eau froide; et faites-les bouillir jusqu'à ce qu'elles puissent être pénétrées par une épingle; retirez-les du feu, jetez-les dans de l'eau froide, et ensuite les faites égoutter. Opérez ensuite comme pour les prunes (page 514).

Marrons glacés.

Choisissez des marrons d'une belle grosseur, faites-les bouillir dans l'eau jusqu'à ce qu'ils soient bons à manger, c'est-à-dire farineux et point durs; pelez ensuite avec précaution pour ne pas les écraser dans vos mains; déposez-les à mesure qu'ils sont pelés dans l'eau froide pour les raffermir un peu; demi-heure après, versez dans un autre vase du sirop de sucre cuit au *petit lissé* et y mettez vos marrons (avec le plus grand ménagement pour ne pas les briser). Le lendemain vous égoutterez votre sirop, auquel vous ferez prendre seulement quelques bouillons, et le reverserez de nouveau sur vos marrons; vous continuerez cette opération toutes les 24 heures pendant 4 jours en ayant soin de donner à la dernière la cuite du *perlé*, et vos marrons seront confits. — Vous les glacez ensuite à volonté, ce qui se pratique de la même manière que pour les autres fruits, c'est-à-dire en les trempant dans un sirop de sucre cuit au *petit cassé* et les faisant sécher à l'étuve. — Le marron étant confit ne se conserve guère plus de deux mois dans le sirop. — On peut les mettre, ainsi préparés, à l'eau-de-vie.

Prunes et abricots à l'eau-de-vie.

Les prunes et abricots apprêtés au sirop comme les prunes, page 514, se mettent quelques jours d'avance dans l'eau-de-vie, et sont infiniment supérieurs à ceux faits par tout autre procédé.

Pêches à l'eau-de-vie.

Il faut suivre le procédé ci-dessus et prendre encore plus de précaution pour ne les point écorcher.

Poires de rousselet et d'Angleterre à l'eau-de-vie.

On les prépare comme les fruits ci-dessus, au sirop, après les avoir pelées.

Cerises à l'eau-de-vie.

Prenez de belles cerises peu mûres : coupez-leur la moitié de la queue, et mettez-les dans un bocal avec un petit nouet contenant un morceau de cannelle et une pincée de coriandre; ajoutez du sucre clarifié, comme il est dit à l'article *abricots* ci-dessus, à raison de 125 gram. par livre de fruit, et achevez de remplir le bocal avec de l'eau-de-vie. Il n'est pas nécessaire de le mettre au soleil, pas plus que pour les autres fruits. Il faut 2 mois pour qu'elles soient faites. Retirez alors le nouet.

Cerises à l'eau-de-vie, nouveau procédé.

On prend une quantité déterminée, par exemple 4 kilogr., de cerises précoces et bien mûres; on les écrase avec la main après en avoir ôté la queue, on concasse les noyaux, et on met le tout dans une bassine avec 4 kilogr. de sucre blanc; on fait bouillir doucement et réduire à un tiers, c'est-à-dire jusqu'à ce que le jus ait acquis la consistance de sirop; ce que l'on reconnaît en en faisant refroidir une cuillerée sur une assiette. Ensuite on verse dans un pot de faïence ou de terre vernissée, et on y ajoute 4 litres d'eau-de-vie à 22 degrés, 125 gram. d'œillet à ratafia, ou, à défaut, une dizaine de clous de girofle concassés, plus 4 gram. de cannelle. On peut ajouter, suivant le goût, du macis ou de la vanille : si on a des framboises, on peut en mettre une certaine quantité. On bouche le vase et on le conserve jusqu'à la maturité des cerises à confire. On passe alors l'infusion à travers un linge en exprimant fortement; ensuite on filtre à travers une chausse. Cette infusion est déjà un excellent ratafia, où l'on met les cerises à confire, après avoir coupé la moitié des queues. On ne peut pas comparer les cerises à l'eau-de-vie préparées de la sorte avec celles qui le sont suivant la méthode ordinaire; car, au lieu de l'eau-de-vie, qui les dessèche et les durcit, elles s'imprègnent d'une liqueur de ratafia aromatisé.

RATAFIAS ET LIQUEURS.

Les ratafias se font par infusion, les liqueurs par distillation.

Les liqueurs nouvelles et les ratafias ont beaucoup moins de qualité que quand ils ont au moins quelques mois. On devra donc tâcher d'en avoir toujours une provision. Si on préfère les employer de suite, on diminuera la dose d'alcool.

L'eau-de-vie est supposée L'EAU-DE-VIE BLANCHE ordinaire à 53 degrés du pèse-liqueur centigrade. Si on se sert d'esprit-de-vin (alcool à 83 degrés) exempt de toute odeur étrangère, on mêlera 3 litres d'alcool à 2 d'eau pour 53 degrés. — On peut faire plus fort ou plus faible par addition d'alcool ou d'eau. Les indications ci-après ont pour base l'*alcoomètre*, ou *pèse-liqueur* centigrade. Celui de Cartier, autrefois en usage, répond, pour 20 de ses degrés (eau-de-vie ordinaire), à 53 deg. centig. Pour 33 degrés (esprit 3/6), à 83 centig. Si on fait usage d'alcool à des degrés plus élevés, il faudra ajouter de l'eau et juger au pèse-liqueur. — Les esprits du Midi,

Montpellier, etc., sont préférables à ceux du Nord. Mais il faut dire que ceux-ci ont été perfectionnés et qu'ils sont présentement d'un meilleur usage; leur prix est d'ailleurs moindre.

L'exposition au soleil fait perdre aux liqueurs et aux fruits leur bonne odeur. — Si on ajoute pour 5 litres un gramme d'alun, on donne de la limpidité et du brillant.

Moyen de faire l'eau-de-vie avec toute l'apparence de la vieillesse.

Souvent l'eau-de-vie du commerce n'est que de l'alcool rectifié, qui approche plus ou moins de la véritable eau-de-vie de Cognac. Voici une recette pour en produire de bonne avec le moins de frais et d'embarras possible.

Pour 5 litres. — Dans 3 litres d'alcool (bon goût) versez une infusion de 1 gramme et demi de thé noir, faites dans un demi-litre d'eau, tirée à clair et versée chaude dans l'alcool avec un litre et demi d'eau, chaude aussi : eau de pluie de préférence. Ajoutez un caramel fait de 100 grammes de sucre et un demi-verre d'eau. Voici l'eau-de-vie presque faite, mais elle n'a pas la couleur que le vrai cognac n'acquiert que par un long séjour dans des fûts de bois de chêne. — Nous avons imaginé de produire cette couleur par une décoction de copeaux de bois de chêne de couleur foncée dans un demi-litre d'eau. — On joindra donc de cette décoction à l'eau-de-vie la quantité nécessaire pour donner une couleur convenable; mais on aura soin que la quantité d'eau employée pour les copeaux soit prise sur le litre et demi indiqué ci-dessus, et qui, en comptant le thé, forme en tout 2 litres pour compléter 5 litres, avec les 3 litres d'alcool (à moins que l'on ne veuille obtenir un degré plus faible). On peut l'employer ainsi, mais elle sera plus agréable si on joint 5 petits verres à liqueur de bon rhum.

On devra, avant tout, mêler à l'alcool 2 gouttes par litre d'alcali volatil, dont l'effet sera d'adoucir en le désacidifiant l'âcreté de l'alcool, et de vieillir ce cognac.

Kirsch indigène, connu sous le nom d'Eau-de-vie de Pelosses.

Déchirez et enlevez par le frottement la chair du fruit du *prunellier sauvage*. Les noyaux étant nets et secs, concassez-les et en faites macérer un mois deux décilitres dans un litre d'eau-de-vie; tirez à clair, et vous aurez un kirsch qui rivalisera avec celui de la forêt Noire. On peut ajouter un peu de sirop de sucre.

Cassis.

Égrenez et écrasez 1 kilo et demi de cassis très-mûr; mettez-le dans une cruche avec 4 litres et demi d'eau-de-vie, 250 gram. de framboises, 2 clous de girofle et 4 gram. de cannelle. Au bout de deux mois tirez-en la liqueur, et pressez les grains; remettez le jus dans le vase avec un kilogr. de sucre; laissez bien fondre le sucre, filtrez *.

Ratafia de framboises.

Faites fondre un kilogr. de sucre dans le jus de 600 gram. de framboises, 125 gram. de cerises et 4 litres d'eau-de-vie; pressez et filtrez.

Anisette.

Concassez 60 gram. d'anis vert, 30 gram. coriandre, 2 gram. cannelle, 1 gram. macis, et mettez dans un bocal avec 2 litres eau-de-vie et 1 kilogr. sucre; laissez infuser un mois; filtrez.

Ratafia de fleurs d'oranger.

Faites sur un plat creux un lit de pétales de fleurs d'oranger, un lit de sucre râpé, et ainsi de suite en finissant par du sucre; couvrez et mettez en lieu frais macérer 12 heures, *et pas plus*, autrement la liqueur serait amère. Lavez le mélange avec de l'eau, ajoutez de l'esprit-de-vin à cette eau parfumée; filtrez après un mois et mettez en bouteilles. Il faut, pour faire la liqueur excellente, 100 gram. de pétales, 750 gram. de sucre, 6 déci-

* Voyez pages 53-54 pour les filtres.

litres esprit et 4 décilitres d'eau, dont 2/3 ont servi à laver et 1/3 à faire un sirop du sucre qu'on n'a pas râpé. — On obtient un *Ratafia de fleurs d'acacia*, presque aussi parfumé, en employant double quantité de fleurs et laissant macérer 24 heures. — Plusieurs autres fleurs, telles que la *rose*, le *jasmin*, etc., peuvent servir à parfumer des ratafias; mais la fleur d'oranger est celle qui donne le plus de parfum pour une même quantité de pétales employés, ce qui permet une manipulation plus facile pour le lavage des fleurs.

Chrême ou *Huile de vanille.*

On emploie les gousses fendues et réduites en morceaux. On en met 8 gram. au moins macérer un mois dans 2 litres d'alcool avec une goutte essence de roses (mêlée à part dans un peu d'alcool et jointe au reste). On ajoute le sirop, on filtre et on colore en rose foncé. Plus on met de vanille, plus fine est la liqueur. Elle perd en vieillissant trop.

Chrême ou *Huile de roses.*

Prenez 125 gram. de pétales de roses très-odorantes bien épluchés, sans laisser aucune partie verte; faites-les infuser dans un demi-litre d'eau tiède; laissez reposer votre infusion 2 jours; passez-la au travers d'une mousseline claire, pour exprimer doucement tout le liquide; prenez autant d'eau-de-vie que vous avez d'infusion; ajoutez par litre 250 gram. de sucre; assaisonnez de quelques grains de coriandre et de très-peu de cannelle; laissez infuser 15 jours; filtrez.

Curaço de Hollande.

Il faut se procurer des bigarades, oranges à suc

amer, *fraîches*, chez les marchands de produits du Midi*, enlever le zeste, de 6 moyennes, donnant 100 gram. de zeste, et le mettre macérer dans 2 litres d'alcool à 33 degrés avec 2 clous de girofle, 4 gram. de cannelle, 2 gram. de macis. Au bout de 8 jours, pas plus, tirer à clair, ajouter un sirop composé de 2 kilos de sucre fondu à froid dans un litre et un quart d'eau, laisser reposer le tout un mois, filtrer si cela paraît nécessaire, mettre en bouteilles, 5 litres environ. Si on veut colorer, on fera macérer dans l'alcool avec le zeste 125 gram. bois de Brésil et 4 gram. sel de tartre, *mais en conservant bien juste les proportions indiquées* entre l'eau et l'alcool, sans quoi il se formerait du CANDI au fond. — Cette observation est importante. — En employant moins de bigarades on a une liqueur plus douce.

Si on ne peut se procurer des bigarades *fraîches*, voici le moyen de les remplacer autant que possible. Acheter chez les *droguistes* de Paris 250 grammes *d'écorces sèches* de bigarades vertes que l'on vend sous le nom de *curaçao*, les mettre tremper 6 heures dans l'eau, les couper par filets, les jeter dans 4 litres d'eau avec 30 gr. de *bicarbonate de soude*, faire chauffer et bouillir une seule minute, retirer, égoutter et faire macérer dans l'alcool 3 jours. Sans cette opération, la liqueur serait amère et de mauvais goût.

* Les bigarades n'arrivent guère à Paris qu'en novembre et ne se trouvent que chez les gros marchands de la Halle. Il faut les prendre quand l'écorce est encore verte. Leur écorce est plus rugueuse que celles des oranges. Les vésicules qui contiennent l'huile essentielle et qui forment le zeste sont concaves, tandis que celles des oranges sont convexes. L'orange ne donne nullement l'arome et la saveur du curaçao.

Ratafia de coings.

Râpez jusqu'au cœur sans les peler des coings bien mûrs, les pepins ôtés; laissez macérer 3 jours en lieu frais; pressez pour en retirer tout le jus; mesurez et mêlez avec une égale quantité d'eau-de-vie; ajoutez 300 gram. de sucre par litre de ce mélange, 1 gram. de cannelle, un clou de girofle; laissez infuser 2 mois; filtrez.

Noyau.

Faites infuser 3 semaines 200 gram. de noyaux d'abricots ou de pêches concassés et autant de noyaux de cerises entiers, avec 3 litres d'eau-de-vie; remuez de temps en temps. Retirez les amandes et noyaux; faites fondre un kilogr. de sucre dans un litre d'eau; mêlez le tout; filtrez.

Brou de noix.

Prenez 80 noix déjà un peu grosses, mais assez peu formées pour qu'une épingle puisse passer à travers; pilez-les et les faites infuser 2 mois dans 4 litres d'eau-de-vie. Égouttez-les dans un tamis; mettez dans une liqueur 1 kilogr. de sucre; laissez reposer encore 3 mois; filtrez.

Chrême d'angélique.

Coupez par morceaux des côtes d'angélique verte. Pour 250 gram., ajoutez 12 gram. muscade, 4 gram. cannelle, 6 clous de girofle, 1 kilo sucre fondu dans 1 litre d'eau, 3 litres d'eau-de-vie; laissez infuser 6 semaines; filtrez.

FABRICATION DES LIQUEURS
AVEC L'ALAMBIC DES MÉNAGES

Nous pensons être agréable à nos lecteurs en faisant figurer à ce chapitre le modèle d'un petit alambic pour distiller soi-même les fleurs et obtenir l'eau parfumée. Avec cet appareil on peut fabriquer toutes sortes de liqueurs ainsi que des fruits fermentés, vins, lies de vin, marcs de raisin, etc., pour obtenir l'eau-de-vie. Cet alambic est en cuivre étamé à l'intérieur.

Manière de se servir de l'Alambic.

Si vous voulez, par exemple, composer une liqueur et que vous ayez un appareil de deux litres de bain-maris, mettez dans le bain-maris un demi-litre d'alcool à 95 degrés, un demi-litre d'eau et les plantes nécessaires à la composition de la liqueur que vous voulez obtenir.

Vous placez ensuite le bain-maris dans la cucurbite qui contient l'eau, vous ajoutez le chapiteau sur le bain-maris et le col du cygne sur le serpentin, puis on lute.

Pour cela vous prenez une bande de papier sur laquelle vous avez étendu un peu de farine délayée, et vous l'appliquez sur la jonction des cercles du chapiteau et du bain-maris; vous placez une autre bande sur celle du col du cygne et du serpentin. Les cercles du bain-maris et de la cucurbite ne se lutent pas, c'est par ces deux cercles que s'échappe la vapeur d'eau qui se produit dans la cucurbite à la fin de la distillation.

Vous mettez ensuite de l'eau dans le petit seau du serpentin, et vous chauffez; vous retirez environ un demi-litre d'esprit très-parfumé qui vous sert à composer la liqueur.

Toutes les liqueurs se font de la même manière, la distillation pour les eaux parfumées se fait presque toujours dans la cucurbite; on se sert rarement du bain-maris.

Vous mettez comme dans la première opération les fleurs dans l'appareil avec une quantité d'eau suffisante pour les submerger.

Vous lutez cette fois le cercle de la cucurbite et celui du chapiteau, et l'entrée du col de cygne dans le serpentin, puis vous chauffez.

Vous retirerez la dixième partie environ de l'eau que vous avez mise dans la cucurbite; cette quantité étant écoulée, ce qui sort après n'est plus parfumé; alors vous vous arrêtez, et ce que vous avez obtenu constitue le parfum de la fleur.

Pour les essais des vins, l'appareil que l'on emploie le plus généralement, est celui d'un demi-litre sans bain-maris, sa capacité étant grandement suffisante pour ces expériences.

Vous prenez une éprouvette d'une contenance d'un décilitre environ (une mesure exacte n'est pas nécessaire; un trait sur l'éprouvette indique la moitié du liquide qu'elle contient), vous la remplissez de vin, vous en versez le contenu dans l'alambic et vous commencez l'opération. Vous chauffez jusqu'à ce que vous ayez obtenu assez de liquide pour emplir la première moitié de votre éprouvette; vous remplissez avec de l'eau pure, l'autre moitié et un petit alcoomètre que vous introduisez dans votre éprouvette, qui vous indique la richesse de votre vin en esprit. Les dames s'en servent pour obtenir une eau pure et douce destinée à leur toilette.

On trouve cet alambic chez Derivaux, 10, 12, rue Popincourt, *Paris*.

LIQUEURS SUPERFINES SANS DISTILLATION

On a donné ci-dessus les recettes de plusieurs *ratafias* qu'il est possible de confectionner dans les ménages.

Les distillateurs eux-mêmes font à présent leurs liqueurs au moyen des *essences* aromatiques préparées pour la plupart dans le Midi, où les fleurs offrent le plus de parfum. Leur emploi donne à chacun le moyen de composer des liqueurs instantanément et en petites quantités.

Ces essences s'emploient en proportion tellement minime pour chaque liqueur, que l'on n'a à acheter que quelques grammes de chacune, et qu'avec 6 ou 7 francs on s'en procurera un assortiment pour faire une douzaine de sortes de liqueurs par quantités d'un ou plusieurs litres. On devra, d'après les recettes ci-après, compter le nombre de grammes qu'il en faut au total pour ce qu'on veut faire de liqueurs et les acheter, en *très-petits* flacons, dans une maison telle que celle de M. Degauchy, droguiste, rue St-Merry, 40. Elles serviront longtemps pour la plupart, si on les préserve de l'air et de la lumière. Celles qui sont du genre *citrus* ne se conservent que 3 ou 4 mois (citron, bigarade, Portugal, bergamote).

Pour les liqueurs qu'on appelait autrefois *huiles*, on a adopté ici le mot *chréme*, qui veut dire huile. En effet, ces liqueurs filent comme de l'huile. Les pharmacopées écrivent *chréme*. La crème du lait est d'une autre nature.

La dépense des essences se réduisant à peu de chose, l'alcool et le sucre en deviennent les articles principaux, et les frais ne dépasseront guère 2 fr. 50 par litre de liqueur (hors des villes à droits élevés, et le prix de l'alcool à 3 fr. 50 c. le litre).

Procédés et recettes pour 5 litres de liqueur.

On préparera un sirop composé de 2 kilos de sucre concassé et fondu à froid dans un litre un quart (1,240 gram.) d'eau. — D'un autre côté on préparera, dans 2 litres d'alcool à 83 degrés centigrades (33 degrés Cartier, voir page 520), l'un des parfums dont les recettes vont être indiquées ci-après; on mêlera avec le sirop, on filtrera au papier, et l'on mettra en bouteilles. Mais si on peut attendre un mois avant de filtrer, la réussite sera plus complète. — Si on changeait ces proportions entre l'eau et l'alcool, on verrait le sucre se cristalliser dans les bouteilles.

Le sirop indiqué ci-dessus et les 2 litres d'alcool sont pour composer 5 litres d'une des liqueurs ci-après. Chacune de ces recettes est aussi proportionnée pour aromatiser 5 litres.

* LIQUEURS.	ESSENCES A EMPLOYER.
Anisette de Bordeaux,	essence d'anis, 2 grammes, — de badiane, 1 gr., — de cannelle, 1 goutte 1/2 ou 6 centigrammes, néroli, 1 goutte ou 4 centig. **;
Marasquin,	essence d'amandes amères, 10 gouttes ou 40 centig., — de roses, 4 gouttes ou 16 centig., — de cannelle, 2 gouttes ou 8 centig., néroli, 4 gouttes ou 16 centig.;
Chrême ou huile de roses,	essence de roses, 8 gouttes ou 30 centig. Colorer en rose ;
Persico,	essence d'amandes, 10 gouttes ou 40 centig., — de citron, 8 gouttes ou 30 centig. Colorer en rose foncé ;
Parfait-amour,	essence de girofle, 10 gouttes ou 40 centig., — de muscade, 5 gouttes ou 20 centig., — de citron, 1 gram. Colorer en rose foncé ;

* Il faut désacidifier l'alcool avec de *l'alcali volatil*, comme il a été dit, page 520, article *Eau-de-vie*.

** On évalue 25 gouttes au poids de 1 gramme, 1 goutte à 4 centigrammes ou centièmes parties de gramme.

LIQUEURS.	ESSENCES A EMPLOYER.
Chrême de fleurs d'o-ranger,	néroli, 15 gouttes ou 60 centig.;
Chrême de menthe,	essence de menthe, 1 gram.;
Eau-de-vie de Danzig,	essence de citron, 2 gram., — de macis, 5 gouttes ou 20 centig., — de cannelle, 2 gouttes 1/2, feuilles d'or coupées par petits morceaux, par bouteille (en verre blanc) 1 feuille;
Eau-de-vie d'Andaye,	essence de badiane, 1 gram., extrait de jasmin, 4 gram., essence de girofle, 5 gouttes ou 20 centig., — de cannelle, 2 gouttes ou 8 centig.;
Rosolio ou Rosée du soleil.	essence de roses, 8 gouttes ou 30 centig., — de cannelle, 2 gouttes 1/2 ou 10 centig., — de citron, 2 gouttes 1/2 ou 10 centig., — de Portugal, 2 gouttes 1/2 ou 10 centig. Colorer en rouge.
Vespétro *,	essence d'anis, 1 gr. 50 centigr., — de citron, 75 centigr., — d'angélique, 75 centigr., — de coriandre, 75 centigr.
Absinthe suisse (en allemand Vermouth).	essence d'absinthe, 2 gr., — d'anis, 3 gr., — de badiane, 1 gr., — de fenouil, 6 gouttes ou 24 centig., alcool à 83 degrés, 3 litres 1/2, eau, 1 litre 1/2. — Pas de sucre.

Le *Vermouth* ou *Absinthe de Hongrie* est une composition compliquée que l'absinthe suisse remplace.

* On peut aussi fabriquer ainsi du *vespétro* en *ratafia :* graines d'angélique 60 gram., de coriandre 60 gram., d'anis 8 gram., de

On a omis ici quelques liqueurs qui sont plutôt de l'officine pharmaceutique que de celle de la ménagère, telle que *Élixir de Garus*, de *Longuevie, Alkermès, Scubac, Raspail*.

On ne donne aucune recette pour faire le *Genièvre*, le *Gin*, le *Chnik*, liqueurs locales du Nord qui ne sont dues qu'à la distillation.

Si l'on ne veut faire qu'un litre d'une liqueur, on ne prendra que la 5ᵉ partie des proportions qui viennent d'être indiquées, soit en sirop, en alcool ou en essences *.

Pour mélanger les essences, on les fera couler dans un petit flacon à moitié plein d'alcool, on agitera et on joindra son contenu à l'alcool.

L'*absinthe*, par son action sur l'estomac, excite vivement l'appétit et engage souvent à en faire un usage immodéré, dont l'excès a produit des maladies graves, et jusqu'à la folie et la mort. On a cru devoir le remplacer par le *Bitter*, liqueur hollandaise amère, qui se compose d'*écorce sèche* dite *de curaçao*, préparée à peu près comme il est dit article *Curaçao* (page 522), — soit : Eau-de-vie 10 litres, écorce préparée 100 gram., aloès 10 gram., zestes de 2 oranges et 2 citrons; le tout macéré 15 jours. On colore en rose. Voir *Bonnes recettes* **.

Chrême d'absinthe, que l'on peut appeler *Char-*

fenouil 8 gram., de carvi 8 gram., un zeste de citron et un d'orange. — Faire macérer 8 jours dans 2 litres d'eau-de-vie. — Ajouter ensuite sucre 500 gram. Filtrer au bout d'un mois. Colorer en jaune.

* Si on est obligé de ne produire que des demi-gouttes ou des quarts, on coulera une goutte sur un petit papier non collé, que l'on coupera en 2 ou en 4 et que l'on mettra dans la liqueur. Ce papier restera dans le filtre.

** *Office* : Art d'employer les fruits; 4ᵉ édition, même librairie. Prix : 2 fr.

treuse. — Pour un litre, mettez 500 gram. ou demi-litre d'alcool, 8 gouttes essences d'absinthe, une d'essence de cannelle, une goutte d'essence de roses; mêlez à un sirop de 400 gram. sucre et demi-litre d'eau; filtrez. Celle-ci ne peut être malfaisante à cause du peu d'absinthe employée.

Il peut arriver que l'*essence d'absinthe* soit distillée trop forte, au point de donner un peu d'âcreté à la liqueur. On fera bien d'essayer sur une petite quantité telle qu'un demi-litre. Alors on pourrait en diminuer la dose d'un quart.

Dans son ouvrage sur la *Fabrication des liqueurs sans alambic*, M. Tondeur donne pour l'imitation de la *Chartreuse* une recette excellente, mais plus compliquée.

Coloration des liqueurs.

Les couleurs que l'on donne aux liqueurs ne contribuent en rien à leur bonification, souvent même elles dénaturent leur parfum. Leur emploi n'est qu'un objet de fantaisie qu'il serait plus raisonnable d'éviter, d'autant plus que les nuances ne se soutiennent pas toujours.

J'aurais voulu n'en pas indiquer pour le *curaçao*, où il faut employer une forte quantité de bois de Brésil. Mais qu'est-ce que le curaçao sans couleur?

Pour le *Rouge* ou le *Rose*, délayer dans une cuillerée de la liqueur un peu de carmin ou de laque carminée en poudre, ou bien employer de la teinture alcoolique de cochenille des droguistes. — Pour le *Jaune*, servant à donner la couleur *paille* ou plus forte à quelques liqueurs, on emploie du caramel de sucre, de manière à être très-coloré sans être brûlé, ni noir, ni amer, ou encore la *graine de Perse* (servant aux peintres) broyée et délayée dans un peu d'eau. On peut aussi employer la *colorigène* (de bonne qualité), qui sert à colorer les sucres et les bouillons. — Pour le *vert*, applicable à l'*absinthe* et à la *chartreuse*, on mêle un de ces jaunes avec du bleu de Prusse de bonne qualité (des marchands de couleurs fines) que l'on délaye et broie ensemble. Mais cette couleur dure peu, le vert solide ne s'obtenant qu'avec difficulté et longueur de temps. On obtiendra la couleur *Orangée* en mêlant ensemble rouge et jaune.

Nouveau marasquin.

Pincez les extrémités de bourgeons tendres de pêcher, de 3 à 4 cent. de longueur; mettez-les macérer 8 jours dans l'esprit-de-vin; décantez et mêlez 400 gram. ou 4 décilitres de cette liqueur avec le sirop suivant : — Faites fondre 500 gram. de sucre avec 350 gr. (3 décilitres et demi) d'eau, donnez quelques bouillons, mêlez avec de l'esprit-de-vin, laissez reposer encore 8 jours, et filtrez. — Il ne faut pas forcer en bourgeons.

Essence d'orangeade.

Au lieu de perdre les écorces d'oranges, enlevez-en le zeste, que vous mettez dans l'alcool, où elles baigneront. Laissez macérer un mois, plus ou moins. Tirez à clair et remettez macérer encore de nouveau zeste, si vous en avez, ce qui doublera l'arome. Versez quelques gouttes de cette essence dans un verre d'eau, sucrez, et vous avez une très-bonne boisson pour soirées, ou une *essence pour punch* A LA MINUTE. — On peut opérer de même avec les *citrons*.

Eaux de Cologne et de menthe.

Avec les essences suivantes on produira de l'*eau de Cologne*. — Dans un litre d'alcool on mettra : essence de bergamote, 25 gram.; de citron, 15; de fleurs d'oranger (néroli), 4; de romarin, 4; de Portugal, 15. On mêlera, et on filtrera au bout d'un mois. Si on fait dissoudre quelques gouttes d'essences de menthe dans un petit flacon d'alcool, on en mêlera avec de l'eau, qui deviendra ainsi de l'*eau de menthe*.

Étiquettes pour les bouteilles.

Enduire de gomme fondue dans de l'eau des

morceaux de papier, laissez sécher et coupez de petits carrés pour faire comme les timbres-poste.

Sur les essences, esprits, extraits.

On est souvent embarrassé sur les mots *essence, esprit, extrait, huile volatile, huile essentielle, teinture alcoolique*, que l'on cite dans les recettes. Voici la signification de ces mots :

Les *essences* sont les produits immédiats contenus dans les utricules ou vaisseaux propres des végétaux aromatiques. On ne les obtient que par la distillation. Toutes sont âcres, très-inflammables, très-odorantes, solubles dans l'alcool, l'éther, les huiles fixes, insolubles dans l'eau, à laquelle elles communiquent cependant leur odeur; on les appelle aussi *huiles volatiles, essentielles*. — Elles donnent aux plantes l'odeur qu'elles exhalent.

Les *esprits* s'obtiennent par la macération des végétaux dans l'alcool, ce qui est nommé aussi *alcoolats* et *teintures alcooliques;* autrefois on donnait ce nom aux essences. C'est le nom de l'alcool ou esprit-de-vin.

Les esprits, quand on les étend avec de l'eau, deviennent des *extraits*. Les extraits sont aussi les sucs obtenus des végétaux : extraits d'ognons, de carottes, etc.

PUNCH.

Sur le zeste d'un citron et une pincée de thé versez un litre d'eau bouillante; passez quand l'infusion est faite et faites-y fondre 360 grammes de sucre; ajoutez un litre d'eau-de-vie, de rhum, ou moitié de chacun. Versez dans les verres. — On peut remplacer le citron par l'*essence d'orangeade* (page 532), ou par de l'essence de citron faite de la même manière, ou bien par les deux réunies. Il est inutile d'employer le jus du citron, qui n'ajoute rien à l'agrément du punch et nécessite l'emploi d'une quantité de sucre. — Le punch indiqué ci-dessus se garde en bouteilles tout l'hiver. On le fait réchauffer sans bouillir. — On fait encore du punch au vin, en employant autant d'eau que de vin et d'eau-de-vie.

Vin chaud.

Faites chauffer de bon vin rouge avec un morceau de cannelle, plus ou moins, selon votre goût; sucrez au premier bouillon, retirez du feu et servez très-chaud dans des verres à pied.

Bichof froid.

Faites infuser le zeste d'un citron dans un verre de kirsch; quand il en a bien pris l'arome, passez-le, versez-le dans deux litres de vin blanc ou rouge où vous avez fait fondre une livre de sucre; servez à la glace, ou avec des morceaux de glace, en y ajoutant en proportion du sucre et du kirsch. (Voyez *Bichof chaud*.)

Limonade, Orangeade, Groseille.

Mettez dans un vase le zeste de 2 citrons ou de 4 oranges, pressez dessus leur jus, ajoutez 2 litres d'eau, laissez infuser 5 minutes. — Écrasez des groseilles et des framboises, ajoutez de l'eau, passez ces liquides. — Sucrez à volonté.

Limonade sans citron.

Prenez acide tartrique en poudre, 60 grammes; essence de citron, 2 grammes; mêlez avec soin dans le mortier, en pilant l'acide tartrique, et conservez le tout dans un flacon bien bouché. On ajoute de cette poudre à de l'eau sucrée une quantité plus ou moins forte, selon que l'on veut la limonade plus ou moins acide : une cuillerée à café peut en faire 8 à 10 verres. Cette poudre peut remplacer les citrons frais pour tous les usages ; mais il faut avoir soin de n'en préparer que pour un mois au plus à l'avance, si l'on veut l'avoir toujours aussi bonne. (V. *Orangeade*, 532.)

Sucre acidulé pour limonade.

Pilez du sucre et passez-le ensuite au tamis de crin, séparez la poudre au tamis de soie (le sucre en grain pouvant seul recevoir le citron dans ses pores); cette opération faite, pesez la quantité de sucre que vous voulez aciduler, et mettez-le dans un poêlon à confitures que vous faites chauffer à un feu assez doux pour pouvoir y supporter la main. Vous avez soin de remuer constamment avec la spatule pour que votre sucre ne s'attache pas. Quand tout est bien chaud, vous exprimez le jus de 3 citrons par chaque livre de sucre, et vous l'introduisez peu à peu pour qu'il pénètre le grain sans le fondre. Quand tout est introduit, et que votre grain est parfaitement séché, vous le laissez refroidir et le placez après dans un lieu sec pour vous en servir au besoin en guise d'eau sucrée. — Avec de l'eau de Selz on obtient par ce procédé une limonade gazeuse excellente. — Les jus de *groseille*, d'*orange* et de tous les autres fruits rafraîchissants peuvent se conserver de la même manière.

Grog.

C'est un mélange de 2 tiers d'eau et un tiers d'eau-de-vie, en usage dans la marine anglaise. On fait le grog, en société, avec une tranche de citron et du sucre dans un verre, un quart d'eau-de-vie : on remplit le verre avec de l'eau chaude.

SIROPS.

N. B. On doit, avant tout, établir qu'aucun sirop ne se conservera s'il ne pèse pas 31 ou 32 degrés au pèse-sirop (page 499) : s'il pèse moins, il faut faire chauffer et évaporer ; s'il pèse plus, il faut ajouter de l'eau pour ramener à 32 degrés bouillant.

Sirop de cerises.

Otez les queues seulement à de belles cerises moyennement mûres, écrasez-les et laissez-les dans cet état pendant 24 heures. Passez alors le jus au tamis, en pressant les cerises, ensuite à la chausse ; le liquide étant très-clair, pesez-le, et sur 530 gram. de jus faites-y fondre 1 kilo de sucre blanc ; mettez alors votre jus dans une bassine, laissez jeter un bouillon seulement, enlevez l'écume ; cela étant fait, coulez-le à froid dans des demi-bouteilles.

Sirop de groseilles framboisé.

Prenez 2 kilogr. de groseilles rouges égrenées, pas entièrement mûres, 500 gram. de cerises peu mûres et 250 grammes de framboises ; ôtez les noyaux et tout ce qu'il y a de vert dans ces fruits ; écrasez le tout ensemble, et, le mélange bien fait, laissez en fermentation dans une terrine pendant 24 heures. Après ce temps, si le jus vous semble très-clair, jetez le tout sur un tamis de crin, et exprimez avec les mains pour en faire sortir tout le liquide ; mettez ensuite une serviette sur le tamis bien rincé, et jetez le liquide trouble dessus ; laissez-le s'écouler de lui-même et sans expression, car il faut qu'il passe très-limpide. Prenez alors le liquide passé et le pesez. Sur 530 gram. de jus, mettez 1 kilogr. de sucre blanc, versez dans une bassine et portez au feu. Le sucre étant fondu, et après le 3ᵉ ou 4ᵉ bouillon, retirez le sirop du feu, enlevez l'écume qui se sera formée, et versez dans une terrine. Lorsqu'il est refroidi, coulez-le dans des demi-bouteilles bien bouchées que vous descendez à la cave.

Le sirop de *groseilles* simple, qui est préféré par des personnes auxquelles le goût de framboise ne plaît pas, se fait de la même manière et avec les mêmes quantités de groseilles, cerises et sucre.

Sirop de mûres.

Prenez 1 kilogr. de mûres un peu avant leur parfaite maturité, afin que le sirop soit un peu aigrelet; réduisez en poudre 1 kilogr. de sucre, que vous mettrez avec les fruits dans une bassine à confitures, mais sans les écraser, parce que le sirop en resterait trouble; mettez la bassine sur un feu très-modéré : la chaleur fera bientôt crever les mûres, qui, par ce moyen, rendront tout leur suc parfaitement clair. Aussitôt que le sucre y sera dissous, il suffira de quelques bouillons pour achever le sirop; il faudra le passer dans un tamis de crin, sans expression : les mûres restent sur le tamis, et le sirop n'a pas besoin d'être clarifié.

Ce moyen est préférable comme sirop médicamenteux; mais, pour avoir un sirop qui se conserve mieux et qui soit moins mucilagineux, il faut le faire par le moyen du suc exprimé comme pour le sirop de cerises, et avec la même quantité de sucre que ci-dessus.

Sirop de vinaigre framboisé.

Prenez un bocal de verre ou bien une cruche de grès, mettez-y autant de framboises bien mûres et bien épluchées qu'il pourra en entrer sans les presser ; ajoutez-y assez de bon vinaigre pour les couvrir entièrement ; après huit jours d'infusion, versez tout à la fois et le vinaigre et les framboises sur un tamis ou un linge, et, en pressant un peu le fruit, exprimez-en tout le jus ; votre vinaigre étant parfaitement clair et bien imprégné de l'odeur de la framboise, pesez-le, et, pour 500 gram. de liqueur, prenez un kilogramme de beau sucre cassé ; mettez-le dans un vase de faïence, et versez dessus votre vinaigre framboisé ; bouchez bien ce vase, placez-le au bain-marie à un feu très-modéré ; aussitôt que le sucre sera fondu, laissez éteindre le feu, et ce sirop étant presque refroidi, mettez-le en bouteilles.

Vinaigre framboisé.

Emplissez un bocal de framboises bien mûres, tassez un peu, versez ce qu'il pourra tenir de vinaigre. Au bout d'un mois ou 2 tirez-le à clair dans de petites bouteilles et versez-en une cuillerée à café dans chaque verre d'eau sucrée, à laquelle il donne un délicieux parfum.

Sirop d'oranges et de citrons.

Mettez dans une terrine un demi-litre de sirop de sucre froid, joignez-y le zeste de 6 oranges et de 3 citrons, couvrez et laissez infuser 24 heures. Pressez le jus des oranges et des citrons et versez sur le tout un litre d'eau ; passez au tamis de soie. Mettez dans une bassine 1 kilo et demi de sucre concassé, le jus dessus, et posez sur le feu. Faites chauffer et fondre, pesez-le avec le pèse-sirop, chauffez pour arriver à 33 degrés, ou ajoutez de l'eau s'il est à un degré au-dessus pour le ramener à 32. Versez en terrine, laissez refroidir, et mettez en bouteilles.

Sirop d'orgeat.

Prenez 125 à 150 gram. d'amandes amères et 750 grammes d'amandes douces, jetez dessus de l'eau bouillante; après quelques instants ôtez-en la peau et jetez-les dans l'eau fraîche; égouttez-les et pilez-les parfaitement en 6 fois, en mettant à mesure quelques gouttes d'eau pour qu'elles ne tournent pas en huile. D'une autre part, mettez à part 1 litre et un quart d'eau, 2 kilos et 250 gram. de sucre; pour piler les amandes, mettez dans le mortier 70 gram. de ce sucre et quelques gouttes d'eau; le sucre se charge de l'huile des amandes. Quand la pâte est bien formée, on la délaye en y versant un peu plus de la moitié de l'eau; passez la pâte ainsi délayée au travers d'une toile serrée, que vous tordrez le plus fortement qu'il vous sera possible pour en retirer tout le lait d'amandes; remettez le marc dans le mortier, pilez-le de nouveau en ajoutant de 30 à 60 gram. de sucre, et ensuite peu à peu le reste d'eau que vous avez conservée; passez de nouveau ce mélange et exprimez-en tout le liquide qu'il pourra contenir; mêlez ces deux laits d'amandes ensemble; prenez le reste du sucre que vous clarifierez et ferez cuire à la grande plume; versez-y votre lait d'amandes et laissez le mélange sur le feu, en remuant jusqu'au premier bouillon; ajoutez un demi-verre d'eau de fleurs d'oranger ou quelques gouttes d'huile essentielle de citron. Il ne reste plus qu'à verser ce sirop dans une terrine et, quand il est froid, à le mettre en bouteilles.

On le fait cuire encore d'une autre manière : on met le lait d'amandes dans un vase de faïence avec le sucre pilé grossièrement, et on place le tout au bain-maris ou sur des cendres chaudes, quand le sucre est dissous, ce qu'on accélère en remuant de temps en temps; on le retire du feu, et lorsque le sirop est refroidi, on l'aromatise : on passe le tout à travers une étamine blanche et on met en bouteilles.

Sirop de guimauve.

Prenez 100 gram. de racines de guimauve sèche, que vous laverez à plusieurs reprises pour bien en emporter toute la terre; ôtez-en la première écorce, en ratissant légèrement; fendez et coupez par morceaux; faites bouillir dans 2 litres d'eau pendant 7 ou 8 minutes seulement, parce que la racine de guimauve, en bouillant plus longtemps, formerait un mucilage capable de gâter votre sirop; passez cette décoction et faites-y fondre 1 kilogr. de sucre par litre; clarifiez ce mélange aux blancs d'œufs, ainsi que nous l'avons indiqué; écumez-le avec soin; faites-le cuire au petit perlé; alors retirez promptement du feu le sirop, laissez-le refroidir et mettez-le en bouteilles.

Fait de cette manière, votre sirop aura la saveur de la guimauve; il en aura aussi les qualités émollientes. Celui du commerce est plus agréable, parce qu'on n'y emploie que les fleurs au lieu de la racine; mais il a peu de propriétés.

Sirop de sucre.

Faites dissoudre dans un litre d'eau 3 kilog. de sucre en agitant dans une bassine, battez un blanc d'œuf dans un peu d'eau, versez-le peu à peu dans le sirop, jusqu'à ce que l'écume s'amasse à la surface; passez alors dans un linge, faites-le cuire encore un peu à 32 degrés bouillant, et mettez en demi-bouteilles.

Sirop de gomme.

Faites fondre 60 grammes de gomme arabique concassée dans 60 grammes d'eau, et mêlez cette gomme à un demi-litre du sirop de sucre ci-dessus, faites donner quelques bouillons, passez dans un linge, ajoutez une cuillerée de bonne eau de fleur d'oranger, et mettez en bouteilles.

DES VINS
ET DES SOINS QU'ILS EXIGENT.

Des caves.

L'exposition la plus favorable à une cave est celle du nord, qui lui procure une température plus égale. Sa profondeur importe aussi sous ce rapport : trop élevée, elle ressent immédiatement l'influence des saisons, et éprouve des variations de température qu'il est avantageux d'éviter. C'est cette raison qui engage à fermer les soupiraux pendant les fortes gelées et les grandes chaleurs, afin d'empêcher l'action du froid et la réverbération trop vive du soleil.

L'humidité doit être égale. La sécheresse tourmente les tonneaux et fait évaporer le vin, tandis que l'humidité par excès occasionne la moisissure et fait éclater les cerceaux. Le manque d'air produit aussi ce dernier effet.

La cave destinée à recevoir les vins ne doit rien recevoir dont l'odeur ou la fermentation puisse nuire. La plus grande propreté doit y régner.

Débondonnoir. Quand on veut enlever la bonde d'un tonneau, on saisit un instrument quelconque et on frappe à coups redoublés autour jusqu'à ce qu'elle sorte, ce qui est souvent fort difficile. On trouve dans les bazars un *débondonnoir* aussi facile à manœuvrer qu'un tire-bouchon. Il se compose d'une tige en fer terminée par une vis ou tire-fond A que l'on fait entrer dans la bonde. Les deux jambes *b c* posent sur le tonneau, on tourne la poignée B, en bois, avec la main, et la bonde sort à l'instant.

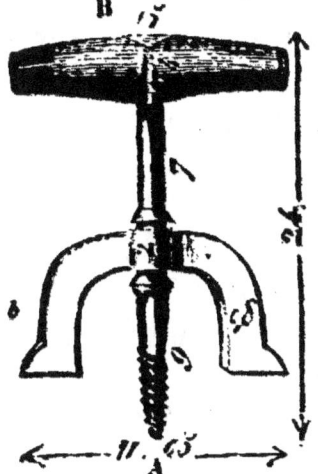

Des vins en tonneaux.

Tout le monde sait que l'on place à la cave les tonneaux sur des chantiers plus ou moins élevés, suivant le degré d'humidité. La position du tonneau sur le chantier doit être parfaitement horizontale. Il en résulte que la lie dépose au centre de la pièce, et qu'en soutirant, le vin sort clair jusqu'à la fin. On doit ménager, entre le mur et le tonneau, un espace suffisant pour pouvoir, avec une lumière, visiter l'état du fond postérieur.

On doit visiter les vins en tonneaux au moins une fois toutes les 24 heures; car dans ce laps de temps il peut y survenir des accidents. La surveillance doit encore être plus active aux environs des équinoxes; tout étant alors en fermentation, les exhalaisons du sol attaquent quelquefois si vivement les cercles, qu'ils éclatent tous ensemble : c'est ce qu'on nomme vulgairement *coup de feu.* Ces accidents sont plus fréquents dans les caves humides ou trop peu aérées : c'est principalement le dessous des cercles et le fond du tonneau du côté du mur qu'il faut inspecter avec le plus de soin. Dès que l'on s'aperçoit que le tonneau coule par suite de cet accident, il faut aussitôt le serrer le plus possible, au moyen d'un cercle de fer brisé, ou au moins avec une forte corde, pour avoir le temps de le soutirer : car il n'y a que ce moyen de sauver le liquide qu'il renferme.

En plaçant sur le chantier une pièce de vin vieux, *dont on ne peut craindre la fermentation*, on devra la placer de manière que la bonde soit sur le côté, pour éviter l'évaporation.

Lorsqu'un écoulement est occasionné par l'éclat d'une douve, on y applique un peu de suif; mais si l'éclat est trop prononcé, il faut alors introduire du papier à l'aide de la pointe d'un couteau et couler par-dessus un mastic composé de craie pulvérisée mêlée avec du suif fondu.

La négligence dans le remplissage des tonneaux, permettant au vin le contact avec l'air atmosphérique, cause toujours la perte du bouquet et l'évaporation du spiritueux, et fait contracter au vin un goût d'évent.

On aura donc soin de les remplir avec du vin de qualité analogue. Si on n'en avait pas, on pourrait employer des cailloux durs et propres que l'on briserait, s'il le fallait, pour entrer par la bonde.

Cannelles de tonneaux. Les cannelles ordinaires doivent servir pour un trou qui se rapporte exactement à leur diamètre, ce qui embarrasse quand on veut les faire servir à des trous existant aux tonneaux qui arrivent. On vend à présent une nouvelle cannelle, dont la douille est travaillée en forme de vis, qui va en grossissant de *a* en *b* et donne le moyen de la faire servir à des trous fort grands. Le bec est aussi perfectionné de manière à servir à tous les goulots, si petit que soit leur orifice.

Contenance en litres des fûts de divers pays.

Marseille, pièce, 215 litres. — Languedoc, Roussillon, demi-queue, 272; demi-muid, 340 à 360. — Gironde, Bordeaux, pièce ou barrique, 228, quartaut, 110. — Auvergne, pièce, 210. — Tarn-et-Garonne, Lot-et-Garonne, Lot, Dordogne, Gers, barrique, 228. — Anjou, Nantes, pièce, 225. — Touraine, Tours, Vouvray, pièce, 250. — Cher, poinçon, 250. — Pouilly-sur-Loir, quart, 105. — Blois, poinçon, 228, pièce, 236. — Loiret, Orléans, pièce, 230. — Rhône, pièce, 212. — Côte-d'Or, Dijon, demi-queue, 228. — Chalon-sur-Saône, demi-queue, 222. — Mâcon, Beaujolais, Pouilly-Mâcon, etc., pièce, 212, quart, 106. — Beaune, Nuits, quartaut, 113. — Yonne, Auxerre, Joigny, Chablis, muid, 272, feuillette, 136. — Champagne, Epernay, Reims, pièce, 200. — Seine-et-Oise, pièce, 228, muid, 266.

Du collage des vins.

Battez les blancs de 4 œufs avec demi-litre du vin à coller, jusqu'à le faire bien mousser; tirez 2 ou 3 litres de vin pour faire de la place; versez la colle dans le tonneau par la bonde; introduisez de suite, aussi par la bonde, un bâton fendu en 4 qui aille jusqu'à moitié du liquide; agitez-le vivement dans tous les sens pour mêler la colle, rebouchez hermétiquement et mettez en bouteilles au bout de 8 jours. Un mois après, il n'en serait que plus clair. Si le vin n'était pas clair, il faudrait soutirer et coller de nouveau. Quatre œufs suffisent pour 250 litres et trois pour une demi-pièce. Si le vin est chargé en couleur, il faut 6 et 4 œufs. On peut mêler à la colle les coquilles des œufs bien broyées, et même un plus grand nombre de coquilles broyées, parce que leur carbonate corrige l'acidité du vin. Un mélange de sel est inutile. Pour 250 litres de *vin blanc*, on fait fondre dans demi-litre d'eau 3 grammes de colle de poisson en feuilles et dans un lieu chaud pendant une nuit;

quand elle est fondue, on la passe dans un linge, on la mêle à demi-litre du vin à coller; on verse dans le tonneau et on termine comme il vient d'être dit. Il faut tirer au bout de 7 à 8 jours, autrement la colle remonterait. — Cette colle peut servir aussi pour le vin rouge. — Si le vin est susceptible de fermenter encore, il faut laisser un peu d'air après le collage.

Il faut éviter de coller pendant la floraison de la vigne et pendant que le raisin tourne et se colore.

Les vins récoltés dans de mauvaises années sont extrêmement difficiles à clarifier.

Lorsque du vin a été gelé, il faut, avant qu'il dégèle, soutirer ce qui est resté liquide; on aura perdu seulement de la quantité, mais ce que l'on conservera sera plus spiritueux, la partie aqueuse étant la seule qui se congèle, à moins d'un froid excessif. Si on le laisse dégeler, la couleur devient alors louche et affaiblie, et il faut le soutirer dans un tonneau fortement méché et rincé avec un peu d'eau-de-vie, le coller après quelques jours de repos, et le tirer ensuite en bouteilles.

Du rinçage et de l'entretien des tonneaux vides.

Quand on veut faire usage d'un tonneau neuf, il faut d'abord le laver avec de l'eau froide et ensuite l'échauder avec un litre d'eau bouillante dans laquelle on a fait fondre une demi-livre de sel. On agite le tonneau dans tous les sens, pour que tout l'intérieur soit humecté de cette eau, et on fait écouler : si l'on pouvait se procurer 2 litres de moût en fermentation, on rincerait avec; à défaut de moût, on peut employer 2 litres de vin chaud.

Aussitôt qu'un tonneau vient d'être vidé, il faut, après l'avoir fait égoutter, y brûler une mèche soufrée, le bien boucher et le mettre dans un endroit sec ; il peut se conserver longtemps ainsi sans contracter aucun mauvais goût.

Porte-bouteilles ouverts. Le casier à bouteilles ou porte-bouteilles, dont l'usage est si répandu depuis qu'on le fait en fer, évite l'embarras d'empiler les bouteilles sur des lattes ; il économise beaucoup de place et est surtout très-commode pour placer différentes sortes de vins ou liqueurs, qu'on étiquète, et dont on peut prendre à volonté une ou plusieurs bouteilles sans déplacer les autres.

En faisant usage du porte-bouteilles, on peut placer des bouteilles ou litres de différents calibres sans inconvénient, ce qui ne peut se faire avec des lattes, qui exigent des bouteilles de mêmes dimensions.

On le fait ordinairement pour 300 bouteilles par rangées de 10. La profondeur est de 50 centimètres, la largeur de 1 mèt. 05 cent. et la hauteur de 1 mèt. 60 cent.

On place le porte-bouteilles debout contre le mur, légèrement penché en arrière. Si on veut rendre son contenu inaccessible aux mains infidèles, il est utile de le prendre muni de portes se fermant à l'aide d'un cadenas ou d'une serrure.

Porte-bouteilles fermant avec serrure ou cadenas. Le dessin ci-contre représente le porte-bouteilles fermé d'un nouveau modèle breveté bien supérieur aux anciens. Cet article se fait fixe ou pliant, ce dernier pouvant être transporté plus économiquement que l'autre, par chemin de fer, sans qu'il soit nécessaire de le faire emballer.

Les fermetures, qu'elles soient à serrure ou à cadenas, sont brevetées.

Porte-fûts à levier, permettant de soulever les fûts sans troubler le liquide qu'ils contiennent.

Ce porte-fût remplace très-avantageusement les chantiers en bois, qui ont l'inconvénient de pourrir rapidement; il se fait fixe ou à levier; avec ce dernier, on a la faculté de pouvoir soulever insensiblement la pièce, de sorte que le liquide, ne se mélangeant pas à la lie, sort parfaitement clair jusqu'à la dernière goutte. De là, une grande économie.

Égouttoir plat, double, s'accrochant au mur et pouvant se monter en forme d'échelle.

Les planches à bouteilles ne s'emploient presque plus depuis qu'on fabrique un système qui a l'avantage de tenir peu de place et est très-recherché sous tous les rapports.

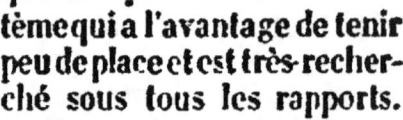

Égouttoir hérisson. Ce modèle se fabrique galvanisé et à broches rivées.

Bouche-bouteilles, nouveau système. On trouve dans cette maison des bouche-bouteilles de tous les systèmes*.

Celui qui figure ci-dessus est très-apprécié; il ferme her-

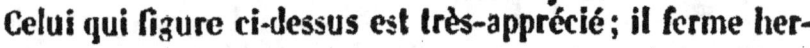

* On trouve ces articles, porte-bouteilles, porte-fûts, égouttoirs et bouche-bouteilles, chez les principaux quincailliers et marchands d'articles de ménage.

métiquement et très-rapidement tous les genres de bouteilles, depuis le quart de bouteille jusqu'au double-litre.

Bouchoir pour les bouteilles. Tout en bois, il sera facile à fabriquer partout. Une tige A de 70 centim. de haut est posée sur un pied de 50 centim. de long sur 20. A la hauteur d'une bouteille moyenne est entré dans une mortaise un levier *b* de 50 centim., jouant en *d* sur une cheville de fer, et s'abaissant sur le bouchon de la bouteille avec une grande force. Ce levier reçoit en *e*, où il joue aussi sur une cheville de fer, un montant ou conducteur *carré g*, qui glisse à l'aise dans la potence *h*, de manière à diriger droit au-dessus du bouchon la rondelle *i*, qui a 6 centim. de diamètre pour les gros bouchons de bouteilles à conserves, et qui doit être vissée sur le bout inférieur du conducteur. La mortaise *d* a 20 centim. de longueur, afin de faire descendre le levier à la hauteur des demi-bouteilles. Le conducteur *g* a au moins 25 millim. de force. Cet instrument débite aussi vite que la tapette des tonneliers, et il a le grand avantage d'agir sur le bouchon avec la plus grande douceur en évitant les coups redoublés de la tapette, qui font casser les bouteilles faibles ou étoilées. Il est très-nécessaire pour le bouchage des conserves. On placera sous la bouteille une vieille casserole pour recevoir le liquide si le trop-plein ou une grande fêlure la faisait éclater.

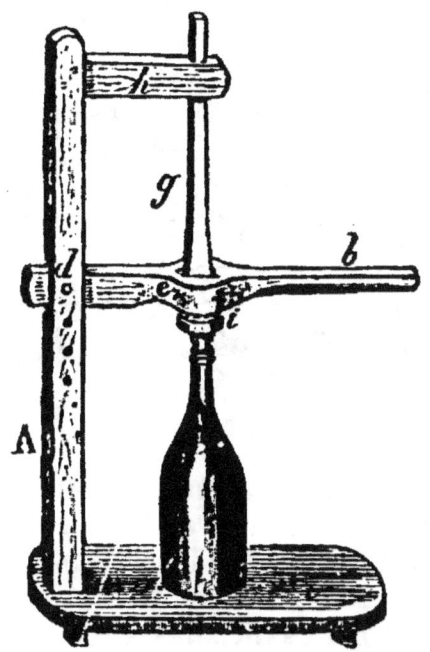

Serre-bouchon Farre. C'est une chaînette fixée au cou de la bouteille par un collier que l'on serre avec une vis. On passe la chaînette par-dessus le bouchon, et on l'arrête au petit tenon A, qui entre dans l'un des chaînons. Il est très-utile pour arrêter des bouchons de bouteilles entamées, et qui pourraient sauter par l'effet de leur contenu.

Le Casier à bouteilles, construit en chêne, ainsi que l'égouttoir en bois ci-dessous, quoique bien connus, peut faire plaisir aux personnes qui habitent la campagne, et qui s'amusent à fabriquer toutes sortes d'objets d'utilité. On le fait ordinairement pour 100 bouteilles par rangées de dix. La profondeur est de 20 cent., la largeur de 1 mèt., et la hauteur pour 100 bouteilles est de 1 mètre 30 cent. ou 13 cent. par rangée. La mesure des bouteilles *de litre* donne celle des entailles. On place ce 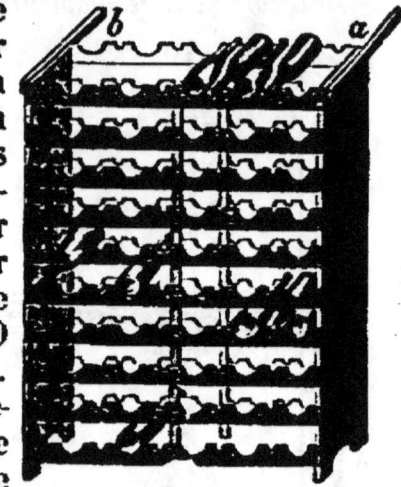 casier debout devant le mur, légèrement penché en arrière. Il est éloigné de 15 c. du mur au moyen de 2 tasseaux *a b* qui sont en saillie. Si on veut le rendre inaccessible aux mains infidèles, il sera facile de faire construire par le menuisier, sur sa devanture, 2 portes à claire-voie fermant par un cadenas, et de le retenir au mur par des pattes-scellement[*].

Egouttoir à bouteilles. Dans un arbre de 1 mètre 20 centimètres et de 12 à 15 centimètres de grosseur, on perce à 10 centimètres environ l'un de l'autre des trous, de haut en bas et le plus verticalement possible, pour y introduire des broches de bois de chêne qui en ressortent de 13 à 15 centimètres. On enfile les goulots des bouteilles sur ces broches pour qu'elles égouttent. On peut employer des broches de fer de 5 millimètres au lieu de bois.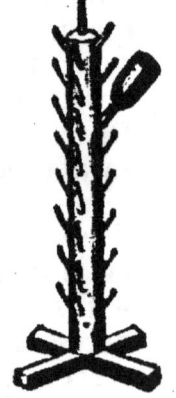

Des vins en bouteilles.

On met le vin en bouteilles pour lui faire acquérir la maturité dont il est susceptible, et le conserver plus longtemps. Le grand point est de

[*] Le prix des nouveaux porte-bouteilles en fer revient à 5 centimes par place de bouteille.

savoir reconnaître lorsqu'il est arrivé dans la pièce au degré convenable. En général, les vins fins et légers peuvent être mis en bouteilles au bout de 2 ou 3 ans, excepté ceux de Bordeaux, du Dauphiné et du Roussillon.

On juge par la dégustation de la maturité du vin; il ne doit être alors ni doux ni âcre, son goût doit être franc et pur. Il faut se garder de mettre en bouteilles un vin encore âpre et vert, car il ne perdrait aucun de ces défauts.

Les vins blancs peuvent être mis en bouteilles plus tôt que les rouges; le terme moyen est un an ou 18 mois. Il faut attendre qu'ils aient perdu le goût sucré qu'ils conservent plus ou moins longtemps, et qui, occasionnant une fermentation, pourrait faire casser les bouteilles.

La limpidité du vin étant un des objets les plus importants, on doit s'efforcer de l'obtenir dans toute sa pureté. La température et le temps y influent singulièrement, et l'on a remarqué qu'un vin mis en bouteilles par un froid beau et sec était moins sujet à déposer que ceux que l'on y met par un temps chaud ou humide, et quand le vent du midi souffle. Les époques du travail de la vigne sont surtout les temps qu'il faut éviter; car alors ou la fermentation est générale dans toute la nature, ou le temps est disposé à l'humidité ou à l'orage.

Quoique le tirage en bouteilles soit une opération très-simple, elle exige néanmoins des précautions et de l'adresse. On perce le tonneau, au moyen d'un vilebrequin, à 2 doigts du jable inférieur; on s'arrête sitôt que le vin paraît, et l'on enfonce le robinet sans frapper, pour ne pas agiter la lie; il faut l'entr'ouvrir en le posant, afin que l'air qui s'y trouve contenu ait un passage; autrement il s'en ferait un au travers du liquide, qu'il troublerait : on laisse couler un peu de vin, et on le ferme; on nettoie les bords du jable, d'où on fait tomber les petits copeaux produits par le vilebrequin. Dans cet état, il est bien de laisser reposer une couple d'heures.

Pour empêcher les bouteilles que l'on a vidées de contracter un mauvais goût, il faut les rincer au fur et à mesure qu'elles se vident, et les renverser ensuite sur un égouttoir. Voy. page 547.

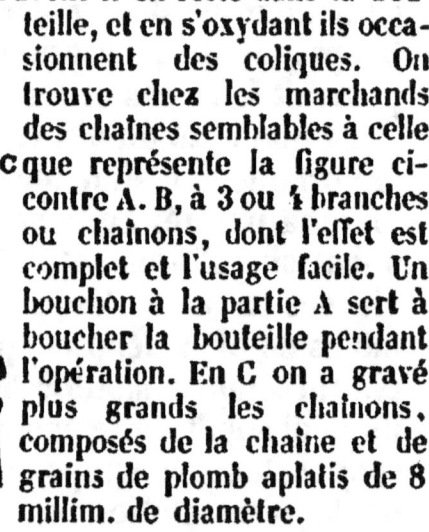

Chaîne à rincer. Les grains de plomb pour rincer les bouteilles sont d'un emploi long et incommode; souvent il en reste dans la bouteille, et en s'oxydant ils occasionnent des coliques. On trouve chez les marchands des chaînes semblables à celle que représente la figure ci-contre A. B, à 3 ou 4 branches ou chaînons, dont l'effet est complet et l'usage facile. Un bouchon à la partie A sert à boucher la bouteille pendant l'opération. En C on a gravé plus grands les chaînons, composés de la chaîne et de grains de plomb aplatis de 8 millim. de diamètre.

Lorsque l'on veut s'en servir de nouveau, on les rince avec la chaîne, pour bien détacher la lie. On y passe ensuite de l'eau jusqu'à ce qu'elle sorte claire. Comme il est nécessaire qu'elles soient bien égouttées avant d'y mettre du vin, on peut les rincer quelques heures d'avance, et les renverser sur l'égouttoir.

On ne remplit les bouteilles que jusqu'à 5 centimètres de l'orifice du goulot, afin de laisser entre le vin et le bouchon un intervalle suffisant.

Lorsque le vin ne coule plus que lentement, on soulève doucement le fond postérieur de la pièce. Voy. *Porte-fûts à levier*, p. 547. Si les dernières bouteilles que l'on tire sont troubles, on les met à part, on les bouche, on les laisse reposer, et on décante.

Moyen de boucher complétement les bouteilles sans goudron. On peut employer des feuilles de plomb très-minces (d'un quart de millimètre), couper ce plomb par morceaux de 10 cent. sur 8, selon la longueur de la partie du bouchon qui dépasse le goulot de la bouteille; les enduire de colle de farine un peu épaisse, et les coller comme du papier, de manière à coiffer le bouchon et le haut du goulot.

Dégoudronnoir pour enlever le goudron aux bouteilles par ses crans B en saisissant le goulot entre ses tenailles. Il sert aussi à couper le fil de fer par la pince A.

On choisit les bouchons souples et unis, et le moins poreux possible : il est bon de n'employer que des bouchons neufs et de première qualité pour boucher les vins fins et même ceux d'ordinaire; car, dans ce dernier cas, ils servent plusieurs fois pour ceux que l'on boit de suite en ayant l'attention de ne pas les percer de part en part en débouchant, parce qu'alors ils laissent échapper le liquide ou passer l'air; on les conserve aussi dans un endroit sec.

Fig. 1. Fig. 2.

Rince-bouteilles et Carafes (fig. 1), brev. s. g. d. g. En fermant les poignées, les brosses s'ouvrent dans la bouteille.

Bouche-bouteilles (fig. 2). Lever la poignée, introduire le bouchon dans le vide, frapper avec la batte, ou une masse en bois, la bouteille se trouve bouchée hermétiquement au ras du goulot, sans danger de casse.

Pour bien boucher une bouteille, il faut que le bout le plus mince entre avec peine dans le goulot : pour rendre cette opération plus facile, on le trempe dans le vin. La méthode de faire tremper les bouchons 24 heures à l'avance est vicieuse, en ce que le liége, gonflé au moment où l'on s'en sert, se dessèche à la longue, et ne bouche plus aussi bien; au lieu qu'employé sec, il se gonfle peu à peu, et bouche parfaitement. Si on doit goudronner, le bouchon enfoncé ne doit dépasser que de 5 millimètres le col de la bouteille.

On est dans l'usage de goudronner les bouchons d'un vin que l'on veut garder longtemps, pour les garantir de l'humidité et de la piqûre des insectes.

A cet effet, on trempe la partie saillante du bouchon et l'anneau du goulot de la bouteille dans le goudron chaud. Pour que le goudron tienne mieux, il faut avoir le soin d'ôter au goulot des bouteilles l'ancien goudron.

Tire-bouchon pour l'intérieur des bouteilles. Cet instrument, composé de trois fils de fer et d'un petit anneau, est extrêmement simple et de l'usage le plus facile. 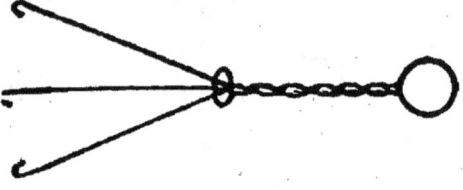 On serre les branches pour le faire entrer dans la bouteille, on la renverse, et le bouchon, ainsi saisi, ne peut échapper en retournant la bouteille et tirant le tire-bouchon. L'anneau sert à tenir les branches fermées et à faciliter leur entrée dans le goulot de la bouteille. Le tire-bouchon a 30 cent. de haut.

Si l'on n'est pas à même d'acheter des tablettes de goudron toutes préparées pour bouteilles, on en composera un de 1 kilogramme poix-résine, 500 grammes poix de Bourgogne, 250 de cire jaune et une couleur à volonté. On fait fondre et on mélange sur le feu. Ceci pour 300 bouteilles.

Lorsque l'on veut nuancer la couleur, on ajoute des couleurs communes en poudre.

Bouchage avec liens.

Pour une bouteille telle que celles à contenir de l'eau de Seltz, on emploie une ficelle en trois,

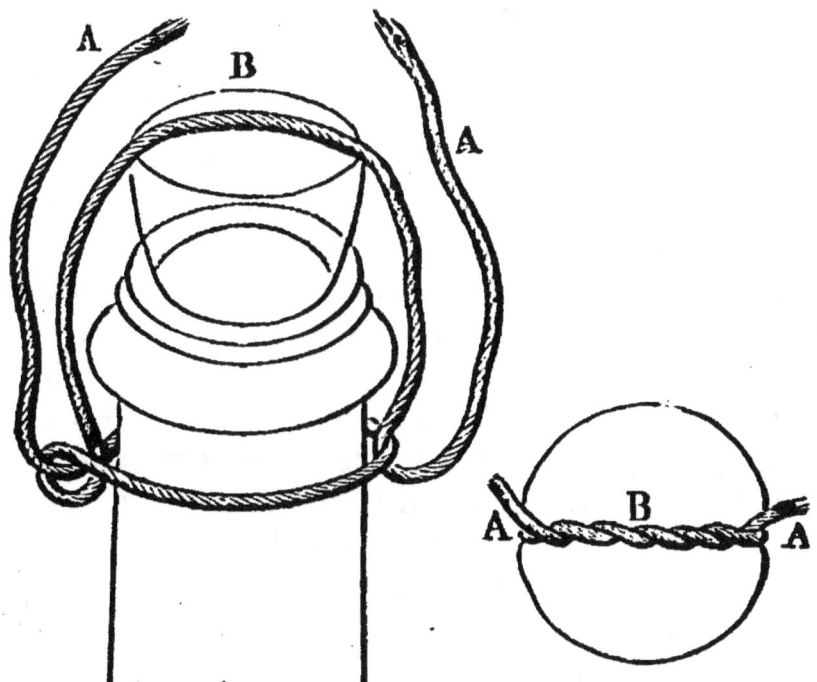

bien câblée, que l'on passe attentivement comme celle que l'on voit, de grandeur naturelle, dans la figure ci-dessus, puis on fait un double nœud des deux bouts A A sur le milieu du bouchon en B. On établit ensuite un second lien semblable, en croix sur le premier.

Mais si le liquide doit être conservé longtemps à la cave, un premier lien de ficelle est appliqué, puis un second en fil de fer n° 5 que l'on tortille selon la figure ci-après, demi-grandeur naturelle, et dont on fait rejoindre les bouts sur le bouchon au moyen d'une pince.

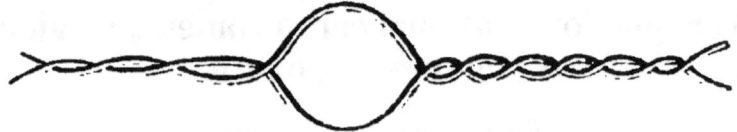

Les bouteilles, une fois remplies, bouchées et goudronnées, sont placées en pile dans la cave, dans les cases formées en maçonnerie ou en planches, et auxquelles on donne ordinairement la longueur d'une latte. On commence par niveler le terrain sur lequel on veut élever la pile, et le garnir d'une couche de sable fin; on met au fond 4 ou 5 lattes de chêne les unes sur les autres, pour former une élévation telle que, le goulot de la bouteille en portant dessus, celle-ci soit placée bien horizontalement. En plaçant chaque bouteille, on incline le bouchon en bas pour l'imbiber et qu'il ne reste point d'air entre lui et le vin. On a soin qu'il y ait un petit intervalle entre chaque bouteille. Sur le ventre du premier rang, et à 3 centimètres du cul des bouteilles, on pose une latte pour supporter le col de celles du second rang, dont les culs portent sur les lattes posées sous le col des premières dans les intervalles entre chaque col de bouteille; on continue ainsi jusqu'à la hauteur d'environ un mètre, qui est la plus convenable quand on veut éviter de casser les bouteilles. Si on a été obligé de se servir de bouteilles étoilées, on les met à part pour les ranger sur le haut de la pile. Voy. *Porte-bouteilles*, page 546.

Des soins à donner aux vins en bouteilles.

Presque tous les vins déposent en bouteilles sous différentes formes; les rouges, particulièrement, forment un dépôt plus abondant, qui se compose de la presque totalité de la partie colorante. Les vins fins, que l'on garde le plus longtemps, sont aussi ceux qui ont un plus grand dépôt; mais, tant qu'on ne les déplace pas, il est inutile de les transvaser : c'est seulement quand on veut les mettre sur table qu'il est nécessaire de faire cette opération pour les boire limpides. Elle consiste à déboucher la bouteille le plus doucement possible, pour ne pas agiter le dépôt; vider dans une bouteille propre, ou une carafe, et s'arrêter aussitôt que le liquide se trouble.

Versoir belge.

Ce tire-bouchon est muni à la naissance de la tige d'une crémaillère qui force le bouchon le plus serré à tourner dans le goulot de la bouteille et à sortir sans faire grand effort.

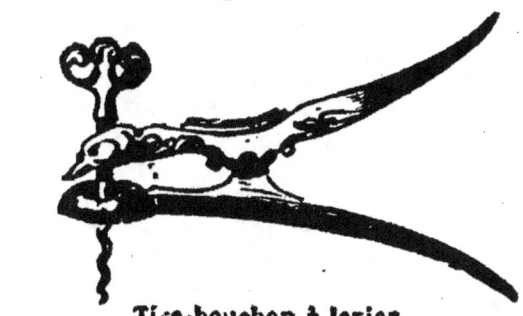

Tire-bouchon à levier.

Le tire-bouchon à levier est d'un bon usage à

table. Il coûte moins cher que celui à tourniquet de la page 44, et offre les mêmes avantages.

Panier à bouteilles. Depuis longtemps déjà on a abandonné l'usage du panier à bouteilles en osier; on le fait maintenant presque exclusivement en fer galvanisé, ce qui le rend plus solide et moins volumineux.

De l'emploi des vins à table *.

Le vin rouge est généralement adopté pour pré-

---

* Voici le tableau de la quantité d'alcool que contient chaque espèce de vins, *en les supposant de bons crus*, et point falsifiés, car on doit penser à la diversité des qualités de vin dans un même pays. — Sur 100 parties :

Porto, Marsala	24	Champagne	9 à 11
Madère, Xérès	20	Muscat : Lunel et Frontignan	11
Malaga	17		
Ermitage blanc	17	Tokay. 10. V. le *Supplément à la Cuisinière*, 1880.	
Bordeaux	15		
Bourgogne	11 à 14	Orléans, Blois, etc.	7 à 9
Rhin	12	Cidres, fortes qualités.	5 à 10
Côte-Rôtie	12	Bière très-forte	7
Ermitage rouge	12	Porter, 4. Petite bière	1

Ainsi le *Porto* contient à peu près 2 quarts d'eau et presque un quart d'alcool, plus une très-petite quantité d'acides (tannin, acide tartrique, etc.), et en moindre quantité encore sucre et azote. Le Bourgogne contient environ 86 parties d'eau sur 100 et les mêmes substances.

Les vins qui contiennent plus d'alcool sont plus fortifiants, mais ils portent rapidement à la tête : celui des bons crus de Bourgogne, Mâcon, Beaune, etc., sont dans ce cas. Mais les Bordeaux l'emportent sur eux, parce que, tout en présentant leurs bonnes qualités, ils sont plus légers et mieux tolérés par les estomacs délicats.

Julien, dans sa *Topographie des vignobles*, nous enseigne que les vins de Bordeaux *conservés purs de tous mélanges* peuvent être bus à dose assez haute sans incommoder, parce que leur alcool est fortement combiné avec les autres parties de la liqueur, et ne s'en dégage qu'à mesure que la digestion se fait, tandis que dans beaucoup d'autres vins, quoique moins pourvus de spiritueux, il est en partie libre, se dégage bien plus promptement et monte au cerveau.

lude d'un repas; mais, quoique d'ordinaire, il faut qu'il soit bon, car les palais, non encore altérés par les épices des mets, ont toute la finesse dégustative. C'est alors que figurent les vins de Bourgogne, parmi lesquels celui de Mâcon joue le premier rôle : on peut cependant lui substituer ceux d'Avallon, Coulange, Tonnerre, Vermanton, Irancy, Chassagne, Mercurey et Auxerre, et les vins dits orléanais, en première qualité, des crus de Beaugency, Saint-Denis et Saint-Ay.

Le Beaune et le Pomard, le léger Volnay, Clos-Vougeot, Chambertin et la Romanée, Saint-Émilion, Pic-Pouille, Château-Grillé, Côte-Rôtie, l'Ermitage, Saint-Gilles et Tavel leur sont supérieurs et peuvent arriver après eux.

Les vins blancs de Grave et autres vins secs et forts sont servis avec les *entrées* et surtout avec le poisson.

Au second service, les Bordeaux, Barsac, Ségur, Sauterne; les Bourgogne, Mont-Rachet, Meursault; les vins de la côte du Rhône : Condrieux, Saint-Perey, Ermitage, les accompagnent.

Le champagne, privé ou non de la mousse, son caractère de gaieté, perd toutes ses qualités agréables aussitôt que l'on a goûté aux sucreries; en conséquence, on a restreint son apparition sur la table à partir du rôti jusqu'au fromage.

Quand donc on aura porté la main aux fruits et aux sucreries, paraîtront les vins spiritueux et liquoreux du Roussillon, du Languedoc, de la Provence et de l'Espagne : Rivesalte, Lunel, Grenache, Malvoisie, Frontignan, Malaga, Xérès, Alicante couleront à l'envi dans les verres.

Tel est, en abrégé, l'emploi des vins à table; nous ne les avons pas tous nommés; mais on peut juger de l'usage de ceux que nous avons omis par les qualités qui les rapprochent de ceux cités.

Le présent ouvrage a des bornes, et nous n'avons pu donner tous les détails utiles au service et au choix des vins.

On sait que les vins de liqueur se conservent debout dans des armoires. Les autres exigent, pour être dégustés avec tout leur bouquet, ou la fraîcheur ou un léger degré de chaleur; tels sont les Bordeaux, qu'il faut monter quelques heures d'avance et exposer à l'air plus ou moins chaud. Les Bourgogne demandent à être servis frais, mais non à la glace, condition qui n'est supportée que par le Champagne ou les vins d'ordinaire.

Le Pallash. Seau à rafraîchir le champagne, les vins et boissons, breveté s. g. d. g., fabriqué par MM. CHRISTOPHE ET C*ie*.

On peut verser avec le pallash aussi facilement en le prenant à la main que sur le support.

Voici une note faite par un gourmet, et qui pourra être utile à ses confrères.

Dans les vins, le *bouquet*, ou arome, est attribué à une huile essentielle odorante et qui devient plus sensible dans un air chaud. C'est pour cela que l'on ne veut pas boire frais les vins de Bordeaux. — Le vin est *corsé*, il a du corps, quand il a de la force vineuse. — Il est *droit en goût* quand il est naturel, exempt de mélanges. — Par *franc de goût* on entend qu'il n'est vicié ni par le fût ni par la vidange. — Le vin *généreux* produit un sentiment de bien-être et un effet tonique. — On le dit *liquoreux* quand il a de la douceur et qu'il coule lentement. — Un vin *moelleux* ne laisse pas sur la langue la saveur styptique et astringente des vins durs, tels que les Bordeaux nouveaux. — Les vins *nerveux* résistent sans perdre leurs qualités aux voyages et aux influences atmosphériques. — C'est un préjugé de prêter un trop grand mérite à la vieillesse excessive des vins. Au bout de 8 ans les meilleurs ont acquis toute leur qualité, qui ne fait plus que décroître.

CUISINE PROVENÇALE ET LANGUEDOCIENNE.

Outre l'ail et l'huile, très-communément employés dans le Midi, il y a plusieurs méthodes particulières et des mets dont la confection n'est pas en usage ailleurs.

Nous avons déjà donné, page 134, le *bouille-baisse* et la *bourride*, qui sont proprement de la cuisine du Midi, sans compter la sauce provençale et quelques autres mets.

Julienne languedocienne.

Préparez les racines et légumes comme pour une julienne et faites-les cuire à moitié dans une poêle où vous avez versé demi-livre d'huile, sel, poivre; égouttez-les et les ajoutez à de la purée de pois dans de l'eau ou du bouillon; donnez 2 heures de cuisson et versez sur des tranches minces de pain coupées en filet. Si vous avez employé de l'eau, vous ajoutez, au moment de tremper le potage, un demi-verre d'huile.

Rémolade provençale.

Hachez ensemble ognons, persil, câpres ou cornichons; pour chaque pincée ajoutez un jaune d'œuf, une pointe d'ail, et pilez le tout dans un mortier ou une terrine avec un filet d'anchois;

versez de l'huile goutte à goutte à mesure que vous pilez, et ajoutez sur la fin un jus de citron.

Ayoli

Faites tremper de la mie de pain et la pressez, joignez-y 2 gousses d'ail, 1 jaune d'œuf, 6 amandes dont vous enlevez la peau, et pilez le tout en ajoutant de l'huile goutte à goutte.

Pommade à l'ognon.

Coupez des ognons par tranches minces et les faites cuire dans du beurre; ajoutez une pincée de farine mouillée de bouillon ou jus, assaisonnez et faites cuire encore, liez de jaunes d'œufs de manière à faire une sorte de sauce très-épaisse que l'on appelle *pommade* en Provence.

Hachis à la toulousaine. (Entrée.)

Hachez du filet de bœuf rôti avec des cervelles de veau ou de mouton cuites dans de l'eau et du sel; maniez ce hachis avec du beurre d'anchois fondu et 4 ou 6 jaunes d'œufs, sel, poivre, épices; formez-en des boulettes, roulez-les dans de la mie de pain fine, et faites prendre une belle couleur avec du beurre dans la casserole. Servez sur une sauce tomate ou autre.

Entrecôte de bœuf à la marseillaise. (Entrée.)

Faites revenir à feu vif et prendre couleur à un entrecôte de bœuf dans 4 cuillerées d'huile; faites cuire ensuite à feu doux et versez dessus la sauce suivante : faites frire à la casserole, dans quelques cuillerées d'huile, des ognons en tranches minces; quand ils sont d'une belle couleur, ajoutez quelques cuillerées de vinaigre ou de la moutarde, sel, poivre, un peu de bouillon.

Foie de veau à la provençale. (Entrée.)

Mettez sur une tourtière du beurre que vous faites bien chauffer, ajoutez des tranches de foie assaisonnées de poivre, sel, persil haché fin et mêlé à une gousse ou une demi-gousse d'ail écrasée et pilée avec la lame du couteau. Faites cuire des deux côtes en 10 minutes. Détachez le fond avec une cuillerée de bouillon. Servez sur la tourtière ou sur un plat très-chaud.

Côtelettes de mouton à la victime. (Entrée.)

Liez 3 côtelettes ensemble, la plus belle au milieu; faites-les cuire sur le gril et retournez souvent pour que le jus se concentre dans celle du milieu. Quand celles de dessus sont plus que cuites, vous les retirez et ne servez que celle du milieu. S. M. Louis XVIII en faisait grand usage.

Gigot de mouton à l'ail. (Rôt.)

Voyez *Gigot à la provençale*, p. 216.

Gigot à la languedocienne. (Rôt et Relevé.)

Relevez adroitement la peau sèche sans la détacher du manche; lardez toute la chair avec du céleri cuit à moitié dans du bouillon ou du jus, des cornichons coupés en gros lardons, des branches tendres d'estragon blanchi, du lard, le tout saupoudré d'assaisonnement et d'anchois hachés; recouvrez votre gigot de la peau et l'arrêtez soigneusement avec de la ficelle, mettez à la broche, et servez-le sur son jus.

Saucisse à la provençale. (Entrée.)

Coupez en dés des ris de veau, des débris de volaille, palais de bœuf, foies de volailles, le tout déjà cuit, ajoutez des truffes si vous voulez; faites passer à la casserole dans du beurre, ajoutez une pincée de farine et mouillez d'un peu de bouillon, que la sauce soit courte; ajoutez une liaison de 2 ou 3 jaunes d'œufs, du jus de citron, versez dans des plats et laissez refroidir. Faites-en des saucisses enveloppées de morceaux de crépine ou toilette de porc, achevez de cuire sur le gril et servez.

Brandade ou branlade de morue. (Entrée.)

La morue étant dessalée à point, cuite et parée, coupez-la par petits morceaux et l'écrasez en pâte dans une terrine avec ce que vous voudrez d'ail bien pilé; tournez alors cinq minutes et vivement, toujours dans le même sens, en y versant par un petit filet continu de l'huile d'olive. Mettez en casserole sur feu *très-doux*, tournez encore de même pendant qu'une autre personne verse de l'huile en très-petit filet, et de temps en temps un peu de lait pour adoucir ou éclaircir, jusqu'à ce que la brandade ait la consistance du fromage à la crème. Il y a des personnes qui assaisonnent à volonté de poivre blanc, persil haché fin, jus de citron. *Brandade* veut dire *brandir*, agiter ou tourner avec promptitude.

Morue à la provençale. (Entrée.)

Étant cuite et égouttée, dressez-la sur le plat sur un lit d'échalotes, ail, persil, ognons, le tout haché, tranches de citron sans peau, poivre, 2 cuillerées d'huile, gros comme la moitié d'un œuf de beurre; mettez par-dessus semblable assaisonnement, couvrez de chapelure; mettez le plat sur le feu et un couvercle avec du feu par dessus.

Huîtres au gratin. (Entrée.)

Faites-les blanchir dans leur eau, égouttez-les et les arrangez sur le plat avec de l'huile, échalotes, persil et un anchois hachés, poivre, épices; couvrez de panure, arrosez de gouttes d'huile, mettez sur le fourneau avec un couvercle et du feu dessus; un jus de citron à l'instant du service.

Haricots secs à la provençale. (Entremets.)

Faites-les tremper dès la veille et les versez dans une casserole de terre avec du bouillon ou de l'eau, 5 ou 6 cuillerées d'huile, du beurre, des tranches d'ognon, persil haché, bouquet garni, une cuisse d'oie ou du petit salé, poivre, sel, muscade; quand ils sont cuits, liez-les de jaunes d'œufs, filet de vinaigre, cuillerée d'huile.

Lentilles à la provençale. (Entremets).

Même façon que les haricots ci-dessus.

Pommes de terre à la barigoule. (Entremets.)

Pelez des pommes de terre vitelottes et les faites cuire dans un peu de bouillon ou d'eau avec de l'huile, sel, poivre, racines, ognons, bouquet garni. Quand elles seront cuites et qu'elles auront bu leur sauce, faites-leur prendre couleur à la casserole dans de l'huile, et servez-les pour les manger à l'huile, vinaigre, poivre, sel.

Pommes de terre sur le gril. (Entrée.)

Faites cuire dans de l'eau et du sel, de grosses pommes de terre, pelez-les et les coupez en long en 2 ou 3; mettez sur le gril à feu doux, retirez-les croquantes, dressez sur le plat, arrosez d'huile fine et saupoudrez de sel blanc : servez chaud.

Champignons à la provençale. (Entremets.)

Épluchez, lavez, égouttez, faites mariner une heure ou deux avec huile, sel, poivre, ail; sautez-les à grand feu dans l'huile dans une casserole, avec persil haché; dressez-les entourés de croûtons frits, versez du jus de citron : servez.

Pourpier. (Entrée.)

Faites blanchir du pourpier, faites-le cuire dans de l'eau et du sel et égouttez, mettez-le dans une casserole avec huile, beurre ou graisse, sel, poivre, épices, un anchois, persil et pointe d'ail hachés; mêlez-y ensuite de la mie de pain bouillie dans du lait ou du bouillon si c'est au gras, mouillez aussi de lait ou bouillon, achevez de cuire, râpez et y mêlez du fromage, liez de jaunes d'œufs, dressez sur le plat ou une tourtière, couvrez de panure mêlée de fromage râpé, faites gratiner feu dessus et dessous. — Le *pourpier* se sert aussi *au jus* comme les laitues.

CUISINE ITALIENNE.

J'ai recueilli en Italie les recettes de tous les mets qui m'ont paru porter le caractère particulier à ce pays. Il n'est pas dit pour cela que l'on n'y fait usage que de ces mets seulement, car la cuisine française figure sur les tables pour plus des trois quarts. Cependant il faut avouer qu'à l'exception de quelques maisons où l'on est servi par des cuisiniers français qui ont conservé les véritables traditions, la cuisine même française, en Italie, est bien loin de ressembler à la véritable;

ce n'est qu'en repassant les monts qu'on la retrouve avec sa saveur distinguée.

Quelques mets italiens existaient déjà dans cet ouvrage; je les ai laissés à leurs places, pour n'offrir ici que les recettes de mets moins connus.

On trouvera dans ces recettes un emploi fréquent du fromage. En Italie, on en emploie de diverses sortes; mais en cuisine, on se sert toujours des espèces de fromages solides, tels que celui de Suisse ou de Savoie, sous différents noms; et celui dit de Parme, parmesan, quoiqu'il se fasse dans tout le nord de l'Italie, et particulièrement dans la Lombardie. Comme le gruyère est de tous ces fromages le plus répandu en Europe, c'est celui que j'indique. Le parmesan est, hors d'Italie, deux ou trois fois plus cher; il est beaucoup plus délicat employé en cuisine, mais il est mieux aussi de ne jamais l'employer pur, parce qu'il a trop de saveur; son mélange avec le gruyère satisfait mieux tous les goûts. — Avec la plupart des potages, on sert, en Italie, une assiettée de fromage râpé, dont chacun prend ce qu'il veut, qu'il mêle dans sa propre assiette.

D'autres articles, très-usités en Italie tous les jours, sont des végétaux de tout genre confits au vinaigre, des plats de fritures diverses par lesquels on commence tous les repas, accompagnés de l'éternel saucisson ou de la mortadelle servis en tranches minces coupées obliquement.

Risotto à la milanaise. (Potage.)

Hachez la moitié d'un ognon que vous faites revenir doucement à la casserole avec du beurre jusqu'à ce qu'il soit couleur d'or; joignez-y une livre de riz et du bouillon à mesure qu'il en faudra pour le faire crever, et le servir d'une certaine consistance plus forte que pour un potage ordinaire; ajoutez un peu de safran; prenez garde qu'il ne s'attache. Quand il est crevé selon votre goût (les Milanais le mangent à moitié cuit), vous y mêlez du fromage parmesan râpé et un peu de beurre; retirez du fen, mélangez bien, et servez, s'il est assaisonné de bon goût, avec poivre blanc et un peu de muscade.

Potage au riz, chou et fromage.

Faites ramollir du riz dans l'eau chaude l'espace d'une heure, et aussi un chou bien épluché, avec du sel; faites égoutter; mettez dans la casserole, avec le riz et le chou, beurre ou graisse, oguon haché, sel et épices, de l'eau, bouillon et jus selon ce que vous aurez; faites achever de cuire, et mêlez-y, au moment de servir, du fromage râpé.

Soupe à l'ognon.

Coupez en tranches une douzaine d'ognons moyens et une gousse d'ail; mettez-les cuire une heure et demie à feu doux dans une casserole, avec un morceau de beurre; versez-y de l'eau ou du bouillon de légumes, sel, poivre, épices; faites faire un bouillon, et trempez votre potage en y mêlant du fromage râpé.

Soupe aux herbes.

Mettez dans une casserole oseille, épinards, laitue, poirée, cerfeuil, beurre, tranches de jambon ou de lard de poitrine, sel, poivre, épices; faites cuire doucement; ajoutez une pincée de farine; baignez d'eau ou bouillon de légumes; battez 6 ou 8 œufs que vous y mêlez; faites réchauffer sans bouillir, et trempez votre potage.

Macaroni à la napolitaine. (Entrée.)

Les pâtes de Naples doivent leur renommée à la qualité des *blés durs* originaires d'Afrique, et qui sont plus nourrissants que les blé *tendres*, même dits d'*Italie*. A Naples, on emploie les pâtes fraîchement faites et on dédaigne celles d'une semaine. Souvent on fait cuire le macaroni à moitié à l'eau et achever dans du bouillon consommé. On emploie encore du jus et de l'*espagnole*, ou de la sauce tomate. On le sert bien souvent cuit à l'eau et mêlé de fromage sur l'assiette ou dans la soupière comme potage. (Voyez pages 395.)

Tagliatelli. (Entrée.)

Faites une pâte de farine, sel et eau, que vous étendez aussi mince que possible, et de la grandeur du quart d'une serviette ; coupez-la en rubans de la largeur de la moitié du doigt. Jetez-les dans l'eau bouillante, et laissez donner quelques bouillons ; retirez-les dans l'eau fraîche ; faites égoutter sur un tamis. Étant égouttés, vous vous en servez comme de macaroni : placez au fond du plat du beurre et du fromage râpé, un lit de tagliatelli assaisonné de poivre, un autre lit de beurre et fromage, et un lit de tagliatelli, jusqu'à ce que tout soit employé ; répandez sur le tout un verre de crème ; finissez par un lit de fromage ; faites cuire comme un macaroni, avec feu dessus.

Tagliati.

On fait en Italie une espèce de macaroni meilleur que le macaroni ordinaire. — Cassez dans un plat des œufs frais, battez comme une omelette ; mettez, si vous voulez, poivre, sel, épices ; et, en battant toujours, ajoutez autant de farine qu'ils en pourront boire pour faire une pâte qui ne s'attache plus au plat. Travaillez-la, étendez-la sur une table en feuilles minces saupoudrées de farine, mettez-en 10 ou 12 feuilles l'une sur l'autre, coupez-les en petits filets avec un couteau, étendez-les et les faites sécher au soleil.

Ravioli, potage.

Faites une pâte de farine et d'œufs frais, un peu de sel; aplatissez-la fine comme de fort papier en l'allongeant et saupoudrant le moins possible de farine. Faites une farce fine de ce que vous aurez en viandes, poissons, volailles, godiveau; faites-en de petits tas à distances égales sur la moitié de la pâte, mouillez cette pâte, recouvrez la partie farcie avec celle qui ne l'est pas, appuyez avec les doigts les intervalles des tas de farce pour faire coller, coupez dans le milieu de manière à produire de petits carrés de 3 centimètres, placez-les à côté les uns des autres sur des couvercles de casserole, versez-les ensemble dans du bouillon pour bouillir 5 minutes, et servez avec du fromage râpé à côté, afin que chacun en puisse mettre dans son assiette. — On peut aussi dresser ainsi son potage : mettez dans la soupière un lit de ravioli, un de parmesan râpé, du beurre frais fondu, et ainsi de suite, avec du jus par-dessus.

Lasagnes et brochet.* (Entrée.)

Jetez dans l'eau bouillante, avec du sel, des

---

* Les lasagnes sont faites avec de la pâte à vermicelle et servent au même usage. On les moule sur différentes figures, d'étoiles, cœurs, etc., de la grandeur d'une lentille; elles renflent comme le vermicelle. On appelle aussi lasagnes du vermicelle plat, à peu près comme les tagliatelli. C'est celui-ci qui doit être employé dans ce mets.

lasagnes ; quand elles ont renflé et sont aux trois quarts cuites, vous les retirerez et les remettrez à l'eau froide, et ensuite égouttez sur un tamis. Faites cuire dans la même eau un brochet ; retirez-le de l'eau, écaillez et ôtez toutes les arêtes ; coupez la chair par filets. Prenez un plat creux, ou bien faites un bord de pâte ornée et dorée autour d'un plat moins creux ; placez au fond un lit de beurre et fromage râpé, un lit de brochet, un de fromage, et laguanes, et ainsi de suite. Terminons par un lit de beurre et fromage, et faites achever de cuire et prendre couleur sous le four de campagne ou sous un couvercle.

On peut employer tel autre *poisson* que l'on voudra, *d'eau douce* ou *de mer*, selon son goût, même des *écrevisses*. On peut aussi employer du *macaroni* au lieu de lasagnes.

Oreilles de veau au fromage. (Entrée.)

Faites blanchir 2 oreilles un demi-quart d'heure à l'eau bouillante ; retirez-les à l'eau fraîche ; pelez-les et les faites cuire avec un demi-verre de vin blanc, un de bouillon ou eau, sel, poivre, bouquet garni ; quand elles sont cuites, faites-les égoutter. Faites une farce avec une demi-poignée de mie de pain, un demi-verre de lait, un peu de fromage râpé ; tournez bien le tout sur un feu doux, jusqu'à ce qu'il ait pris assez de consistance ; ajoutez un peu de beurre et 2 jaunes d'œufs cuits, que vous faites prendre aussi ; mettez cette farce dans les oreilles ; enduisez-les de beurre chaud, et les roulez dans du pain émietté mêlé de fromage râpé ; dressez sur le plat ; faites prendre couleur sous le four ou sous un couvercle, et servez sans sauce.

Foie de veau à l'italienne. (Entrée.)

Taillez du foie de veau en filets très-menus. Hachez fin persil, ciboules, carottes, champignons, demi-gousse d'ail, demi-feuille de laurier; thym, basilic. Mettez dans le fond d'une casserole un lit de filets de foie assaisonnés de sel, poivre, épices, huile et une partie de vos fines herbes, un lit de foie, un lit de fines herbes, et ainsi de suite, jusqu'à ce que tout soit employé; faites cuire une heure à petit feu; retirez du feu; faites réduire la sauce si elle est trop longue; liez-la avec une pincée de farine; ajoutez un filet de vinaigre, du verjus ou citron; faites-y chauffer le foie; dressez sur le plat, et servez.

Côtelettes à la milanaise. (Entrée.)

Trempez dans du beurre tiède des côtelettes parées et panez-les avec de la mie de pain et du fromage parmesan râpé. Battez 2 œufs entiers et y retrempez les côtelettes pour les paner de nouveau avec pain et fromage; passez-les au beurre et les y faites cuire de belle couleur; servez sur une sauce tomate.

Poulet au fromage. (Entrée).

Plumez, videz, flambez, troussez un poulet et l'aplatissez; faites-le revenir dans la casserole avec beurre, et le mouillez ensuite d'un demi-verre de vin blanc et autant de bouillon; ajoutez un bouquet garni, sel, poivre; faites cuire une heure à feu très-lent et sans bouillir. Retirez-le de la casserole; faites lier la sauce avec gros comme une noix de beurre manié de farine. Prenez le plat à servir, et y versez une partie de la sauce et une cuillerée de fromage râpé. Dressez le poulet, et versez dessus le reste de la sauce avec autant de fromage; mettez sous le four de campagne jusqu'à ce qu'il soit coloré et qu'il n'y ait plus de sauce.

Pâté à la broche. (Entrée et rôt.)

Plumez, videz, flambez un poulet et le farcissez de ce que vous aurez; troussez les ailes dans le corps, couvrez-le de 2 bardes de lard. Faites une pâte avec de la farine, du beurre et du sel, et l'aplatissez épaisse comme 2 pièces de 5 francs; enveloppez votre poulet de cette pâte en faisant joindre les bords avec de l'eau; embrochez et bouchez les ouvertures avec de la pâte; enveloppez le tout d'un papier beurré que vous détachez un peu avant de servir pour faire prendre couleur à la pâte; faites cuire un quart d'heure de plus qu'un poulet ordinaire, débrochez et servez.

Ce genre de cuisson peut s'appliquer à d'autres volailles; il conserve à la chair tout son fumet, et la pâte elle-même bien beurrée et croustillante, sans être brûlée, est assez friande.

Maquereaux à l'italienne. (Entrée.)

Videz-les, ôtez la tête et la queue, faites-les cuire à la casserole avec vin blanc, tranches d'ognon et carottes, bouquet garni, sel et muscade. Servez sur une sauce italienne (page 164).

Merlan à l'italienne. (Entremets.)

Lavez, videz, coupez la queue et les nageoires; faites-les mariner 4 heures avec huile, citron, tranches d'ognons, persil en branches, égouttez-les, farinez-les et faites frire.

Raie au fromage. (Entrée.)

Levez la peau et faites cuire votre raie dans un

verre de lait, très-peu de beurre, 2 pincées de farine, une gousse d'ail, 2 clous de girofle, 2 ciboules, laurier, thym, sel et poivre; faites bouillir : la raie cuira en peu de temps; retirez-la et la mettez égoutter; passez la sauce au tamis, faites-la réduire. Saupoudrez le fond du plat de fromage râpé; placez la raie dessus et la garnissez de 12 petits ognons cuits dans le bouillon et égouttés; entourez le plat de croûtons frits; versez sur la raie le reste de la sauce, et couvrez de fromage râpé. Remettez sur le feu avec feu sur un couvercle pour faire prendre couleur, et servez.

Huîtres.

Elles servent de garniture à différents ragoûts, et même on fait des ragoûts d'huîtres seules en *entremets*; pour servir ainsi, voici la manière de les préparer : faites-les blanchir dans leur eau à feu lent, sans bouillir; retirez-les à l'eau fraîche; essuyez-les dans une serviette, et les mettez dans un jus ou coulis avec 2 anchois pilés; faites chauffer sans bouillir, et servez.

Huîtres en hachis. (Entrée.)

Prenez une cinquantaine d'huîtres que vous jetez dans l'eau chaude : quand elle est prête à bouillir, vous les retirez à l'eau fraîche, les essuyez et hachez. On peut y ajouter de la chair de carpe, ou autre poisson. Mettez dans la casserole du beurre, persil, ciboules, champignons hachés; passez au feu, ajoutez une pincée de farine, demi-verre de vin blanc et autant de bouillon maigre; faites cuire dedans le hachis jusqu'à ce qu'il n'y ait plus de sauce, et ajoutez, au moment de servir, 3 jaunes d'œufs délayés avec de la crème.

Les *moules* et autres coquillages, *écrevisses* et *homards*, peuvent se préparer de même.

Artichauts au verjus en grain. (Entremets.)

Prenez 3 ou 4 artichauts ; ôtez le vert de dessous, et coupez la moitié des feuilles ; faites-les cuire dans du bouillon gras ou maigre, ou de l'eau avec sel, poivre, un bouquet garni et une ou 2 carottes ; retirez-les ; faites égoutter et ôtez le foin ; servez-les avec la sauce suivante : Mettez dans une casserole du beurre, une pincée de farine, 2 jaunes d'œufs, filet de verjus, sel et poivre ; faites lier cette sauce sur le feu, ajoutez du verjus en grain, que vous avez fait blanchir, et servez sous vos artichauts.

Asperges à la parmesane. (Entremets.)

Ne prenez des asperges que la partie tendre, que vous faites cuire à l'eau bouillante avec du sel. Faites sur un plat un lit de fromage râpé et de beurre, un lit d'asperges, et ainsi de suite, terminant par du fromage et du beurre, et faites prendre couleur sous le couvercle entre deux feux.

Citrouille ou potiron à la parmesane. (Entrem.)

Coupez en morceaux carrés et faites-les bouillir un quart d'heure dans de l'eau et du sel ; retirez et laissez égoutter. Mettez dans une casserole un bon morceau de beurre, et faites-y frire vos morceaux avec sel et épices, retirez-les sur un plat, où vous les couvrez de fromage râpé, et faites prendre couleur sous le couvercle avec feu dessus et dessous.

Citrouille ou potiron au four. (Entremets.)

Faites cuire à l'eau et au sel, et passez en purée ; mettez à la casserole avec 60 gram. de beurre,

90 gram. de fromage, 60 gram. de sucre et cannelle en poudre; faites bouillir; ajoutez 6 œufs battus, mêlez le tout et le dressez sur un plat beurré; dorez le dessus avec de l'œuf, et saupoudrez de panure mêlée de sucre et cannelle; faites prendre couleur sous le couvercle ou four de campagne.

Zucchetti farcis. (Entremets.)

Prenez de *petites courges* (les Italiens les appellent *zucchetti*), faites-les bouillir un quart d'heure dans de l'eau et du sel; videz leur intérieur, que vous remplissez d'une farce faite ainsi : Prenez une mie de pain trempée dans du lait; exprimez-la; joignez-y 2 jaunes d'œufs durs, 60 gram. de fromage râpé, 5 amandes dont vous avez enlevé la peau dans l'eau chaude, 2 clous de girofle, 2 jaunes d'œufs battus, sel et épices; hachez et mêlez le tout. Faites-les revenir dans le beurre; ajoutez un jus ou coulis ou une sauce blonde, sous laquelle vous les servez.

Truffes au gratin. (Entrée.)

Coupez-les par tranches minces et les placez dans une tourtière sur un assaisonnement composé d'huile, sel, poivre, épices, persil et ail hachés très-fin, ou plutôt pilés; faites feu dessus et dessous rapidement, un peu de jus de citron en servant très-chaud sur la tourtière ou plat d'argent.

Friture mêlée. (Entrée.)

Tous les jours, en Italie, on met sur table un plat de friture servi en entrée. Le plus distingué est celui qui se compose d'une quantité variée de substances. Les foies de volaille ou des tranches minces de foie de veau en composent le fond, et l'on y ajoute des cervelles, des *frutti di mare* (productions de la mer prises parmi les polypes), des moules, des huîtres, des artichauts, des jaunes d'œufs durs, etc., le tout cuit, assaisonné et fariné.

Œufs en filets. (Entremets.)

Passez sur le feu, dans du beurre, des ognons, champignons et petite gousse d'ail coupés en filets; quand les ognons commencent à se colorer, mettez-y une bonne pincée de farine; mouillez avec bouillon et vin blanc, sel, poivre; faites bouillir une demi-heure et réduire à consistance d'une sauce; mettez-y des œufs durs, les blancs taillés en filets, et les jaunes entiers; faites bouillir un moment, et servez.

Œufs au fromage. (Entremets.)

Mettez dans une casserole 125 gram. de fromage râpé, gros comme une noix de beurre, persil, ciboules hachés, un peu de muscade, demi-verre de vin blanc; faites bouillir à feu très-doux, tournant toujours jusqu'à ce que le fromage soit fondu; mettez 6 œufs; brouillez-les et les faites cuire à feu doux. Servez sur un plat garni, si vous voulez, de croûtons frits.

Œufs en fricassée. (Entremets.)

Faites bouillir et réduire en pâte une mie de pain dans du lait et du bouillon de poisson, si vous en avez; faites-la égoutter et la mêlez avec des œufs, du fromage râpé et épices; battez le tout; faites-en une omelette, que vous taillez par morceaux en losanges. Faites une sauce avec beurre, deux œufs battus, persil et thym hachés, sel et épices, jus et zeste de citron, une tasse de lait; faites mijoter, et servez sur vos losanges.

Œufs en croûte de fromage. (Entremets.)

Mettez dans le fond du plat gros comme une grosse noix de pain émietté, autant de fromage râpé, du beurre, 2 jaunes d'œufs et épices; mêlez et étendez le tout sur le fond du plat; faites-le gratiner sur un petit feu, et cassez-y 10 œufs, que vous couvrez de fromage râpé, et auxquels vous faites prendre couleur avec un couvercle ou une pelle rouge.

Œufs en caisses. (Entrée.)

Coupez en 8 morceaux une bonne feuille de papier, et les pliez en forme de caisses; beurrez-les en dedans. Mêlez ensemble du beurre avec une demi-poignée de mie de pain, persil, ciboule, gousses d'ail hachés, sel, poivre; mettez-en une partie dans chaque caisse, et y cassez aussi un œuf; faites cuire à petit feu sur le gril, et passez la pelle rouge pour faire prendre couleur.

Œufs à l'ail. (Entremets.)

Faites cuire dans l'eau, pendant un demi-quart d'heure, 10 gousses d'ail; broyez-les avec 2 anchois, une bonne pincée de câpres, et les mêlez avec huile, un peu de vinaigre, sel et poivre; mettez cette sauce dans le fond du plat, et servez dessus des œufs durs par quartier.

Petits œufs. (Entremets et garniture.)

Faites durcir 6 œufs dont vous prenez les jaunes et les mettez dans une terrine avec du sel et trois jaunes d'œufs crus; écrasez et mêlez le tout; retirez-les, posez-les sur la table couverte de farine, et roulez-les comme de petites saucisses; coupez-les par parties égales et donnez-leur entre les mains la forme de petits œufs; faites cuire dans l'eau bouillante, et retirez-les pour les égoutter et vous en servir comme garniture, ou sous une sauce blonde pour entremets, ou enfin partout où on se sert de boulettes, godiveaux ou quenelles.

Ramequins. Talmouses. (Entremets.)

Faites de la pâte à choux, pages 473 et 405, mais plus ferme. Au lieu de citron, mettez environ 60 gram. de fromage (parmesan râpé et gruyère en petits dés), très-peu de poivre et de sucre, le tout au moment d'y introduire les œufs. Faites de cette pâte des morceaux comme des petits œufs, couchez-les sur des plaques beurrées, dorez, posez sur chacun un petit morceau de gruyère, et faites cuire au four doux.

Si, au lieu de parmesan ou gruyère, on emploie 375 gram. fromage blanc et 125 gram. fromage de Brie ou autre analogue, bien maniés ensemble avec autant de beurre que de Brie, on aura les TALMOUSES DE SAINT-DENIS, autrefois très-célèbres.

Beignets d'hosties. (Entremets sucré.)

Prenez des feuilles de pain à hostie, dites *pain à chanter*, coupez-les en rond par morceaux grands comme une tranche de pomme; mettez dans le milieu de chacun de la confiture ou de la frangipane; couvrez d'un pareil rond de pain à chanter, et collez-les tous deux en mouillant les bords avec de l'eau; quand les bords sont solides, trempez-les dans une pâte à beignets; faites-les frire dans une bonne friture, avec du sucre en poudre et passant la pelle rouge dessus. — On fait à peu près de même avec des *feuilles de vigne*.

Beignets d'épinards. (Entremets sucré.)

Préparez vos épinards comme il est dit p. 335. Mettez dans une casserole du beurre, marjolaine hachée fin, sel, épices, sucre, zeste de citron, vos épinards ; mêlez le tout sur un feu doux ; ajoutez un verre de lait ; faites cuire jusqu'à épaissir ; ajoutez 2 œufs battus. Cette composition étant bien prise, vous en faites des beignets, comme il est dit pour ceux d'hosties.

On trouvera aussi dans cet ouvrage les mets suivants qui font partie de la cuisine italienne. Pages 137, potage au macaroni. — 138, au fromage. — 164, sauce italienne. — 224, pieds de mouton au fromage. — 277, gâteau de volaille en ajoutant du fromage râpé. — 284, poulet à la Marengo. — 299, morue au fromage. — 314, choux-fleurs au fromage. — 317, artichauts dits à la provençale, farcis, barigoule. — 395, macaroni. — 417, sambaglione.

CUISINE ESPAGNOLE.

La cuisine espagnole produit des mets d'une saveur que nous jugeons forte et piquante ; aussi voit-on figurer dans ses préparations le *piment*, l'*ail* et l'*ognon*.

Mais ces deux bulbes, mûries sous notre climat froid et pluvieux, où elles offensent les yeux et l'odorat, ne peuvent se comparer aux mêmes plantes dans les terres du midi de l'Europe ; là, outre leur rôle d'assaisonnement, elles jouent aussi celui de légumes.

Le saindoux et l'huile d'olive remplacent nos beurres.

Cependant il ne faut pas se dissimuler que, quoique le piment, l'ail et l'ognon soient adoucis sous le climat chaud de l'Espagne, il ne leur reste pas encore une assez haute saveur et une puissance nutritive capable de vivifier et de donner au sang cette ardeur qui peut-être a contribué à faire du peuple espagnol une nation brave et indépendante.

Cocido. Pot-au-feu. Autrefois connu en France sous le nom de *Ouil* ou *Oil*. Un autre nom est celui de *Olla podrida*, et en français *Pot pourri*.

C'est le mets suprême des Espagnols, l'objet de

leur inquiétude en quittant leur pays, par la crainte de ne pas le remplacer à leur goût. « Après Dieu l'*Olla!* » disent-ils. Ils sont même attachés à la manière de la pratiquer dans leur lieu natal, car il y en a plusieurs, selon la province. Aussi sommes-nous obligés de ne donner ici que le plus général, celui de la capitale, comme une autorité qui nous défend contre la critique.

Mettez à la *marmite* (olla en espagnol) de l'eau, une livre et demie (750 gram.) de viande de mouton, sinon de veau, même poids de *garbanzos* ou pois chiches, une tranche de jambon maigre cru, des débris de gibier et de volaille, ou les pièces mêmes entières; écumez, ajoutez du petit lard, salez s'il est nécessaire. Une demi-heure après retirez le bouillon dont vous aurez besoin pour la soupe et des sauces. Joignez à cela les légumes que vous voudrez, blanchis à l'avance; faites cuire à petit feu et ajoutez avant la parfaite cuisson un morceau de boudin noir, ou de *chorizo*.

Servez les viandes sur un plat, les légumes sur un autre, et, à côté, les sauces ci-après.

Sauces pour le Cocido.

Tomate. Faites cuire et passez en purée trois belles tomates, ajoutez du bouillon, du cumin, sel, vinaigre. Puis, à côté, un plat de légumes de printemps et d'été : pois, haricots verts, etc. — *Persil*. Pilez du persil tendre, lié de mie de pain, mouillez de bouillon, sel, vinaigre, et, à côté, un plat de légumes d'automne ou d'hiver, choux exceptés.

Puchéro, prononcez Poutchéro.

Le cocido sans légumes ni boudin, mais avec garbanzos, est appelé *puchéro des malades*.

Gaspacho. Soupe froide.

Prononcez *gaspatcho*. C'est le mets rafraîchissant du peuple espagnol, mais il n'est pas moins recherché par les riches dans les ardeurs de l'été. — Mettez dans un saladier : eau, sel, vinaigre; ou mieux : citron ou verjus, huile, ciboule hachée gros, concombre en petits dés, remplissez de pain émietté qui doit y surnager; saupoudrez d'origan.

Ajo blanco. Soupe blanche froide.

Pilez en pâte une gousse d'ail et 7 fèves sèches dérobées, ou autant d'amandes, en humectant d'huile goutte à goutte, puis de l'eau peu à peu autant que nécessaire pour tremper le pain que l'on joindra. Passez le tout pour bien mêler, en ajoutant sel et vinaigre; joignez à ce liquide de la mie de pain concassée gros comme des moitiés d'amandes, mêlez le tout et servez dans un saladier. — Ce mets est très en usage en Andalousie.

Migas : Mies.

Faites revenir une gousse d'ail dans 200 gramm. d'huile*; retirez-la; jetez-y quelques petites miettes de pain, pour prendre une belle couleur. Ajoutez double de lait de ce qu'il y a d'huile, ou de l'eau et peu de sel, mêlez, remettez au feu et donnez un bouillon, puis ajoutez un kilo de pain concassé gros comme des pois chiches. Remuez jusqu'à ce que le pain soit bien imbibé et se détache. Servir très-chaud. — Ce mets, chéri des bergers qui le confectionnent dans leurs chaudrons, est fort goûté de tout le monde, surtout arrosé d'un petit

---

(*) En général, on emploie autant d'huile en poids que l'on emploierait de beurre, et on la fait chauffer fortement.

vin du cru. — Si vous le servez en couronne sur le plat, versez au milieu du chocolat au lait!

Chorizo. Boudin rouge.

Hachez très-fin un kilo de chair maigre de bœuf, demi-kilo de veau ou, mieux, de porc, autant de lard gras en petits dés. Pilez ces chairs avec piment rouge, peu d'origan, pointe d'ail, sel que vous avez pilés à part; laissez mariner 24 heures. Entonnez comme un saucisson, ficelez par morceaux de 6 doigts en longueur. Pendez en lieu sec et aéré, et fumez-le à la cheminée. On réserve le *chorizo* pour faire usage avec le *cocido*.

Sauce rouge au piment.

Pilez en pâte un peu d'ail et 2 piments rouges ramollis à l'eau bouillante. Délayez avec de l'eau et versez dans de l'huile chauffée à la casserole, avec sel et vinaigre; mettez cuire votre poisson dans cette sauce.

Merluza, Cabillaud ou Morue fraîche à la sauce jaune.

Mettez dans la casserole huile, sel, persil, ail hachés, brin de safran, pincée de farine, jus de citron, faites revenir en tournant; ajoutez le poisson par tronçons; remuez, faites cuire. Quand le poisson devient blanc à la surface, retournez-le, mouillez d'eau chaude, donnez un bouillon, servez.

Poulet aux tomates.

Faites cuire à la broche un poulet garni à l'intérieur de jambon gras et maigre, en l'arrosant d'huile que vous avez chauffée et mêlée ensuite avec jus d'orange amère ou de citron et de sel. Servez masqué d'une purée de tomates passées dans l'huile à la casserole; servez « et le saluez d'une profonde coupe de malaga », dit notre estimable auteur espagnol.

Pebre Poivrade.

Faites revenir à l'huile des filets de volaille cuits à l'eau avec du sel et force poivre en grains, 2 clous de girofle, sel, jus de citron, 3 brins de safran; mouillez du jus de la cuisson; couvrez, donnez un bouillon, servez.

Pépitoria. Salmigondis de volaille.

Passez à l'huile, avec sel et peu d'épices, toute sorte de volaille cuite à l'eau avec sel; ajoutez : ail émincé, persil haché fin; mouillez de l'eau de la cuisson. Servez sur une sauce faite du même bouillon lié avec jaune d'œuf dur écrasé, épicé et mijoté dans la casserole avec volaille.

Paella. Riz à la mode de Valence.

Mettez à la poêle du riz cru avec de l'huile, ognon haché gros, persil, pointe d'ail, chair de tomates, piment vert grillé, dépouillé de sa peau et coupé par bandes, sel. Vous avez fait cuire à part : jambon coupé en dés, filets de volaille, de gibier, même du poisson à chair consistante. Mouillez du bouillon de la cuisson et faites cuire à petit feu, de manière que le riz se détache. Servez dans la même casserole.

Escabeche. Ravigote froide.

Préparez des filets de poissons, ou bien de gibiers de desserte, et les assaisonnez dans un saladier avec eau surnageant, sel, huile, vinaigre, 2 feuilles de laurier, zeste d'orange, piment rouge en poudre, un rien de thym. Mêlez cette salade pour servir le lendemain.

Chanfaina. Foie de mouton.

Faites cuire à l'eau, avec sel, du foie de mouton, ou mieux de cochon; coupez-le en dés. Passez à l'huile ognon, menthe, persil, hachés menu; piment de Jamaïque, girofle, cumin, cannelle, gros poivre, 3 brins de safran. Passez le tout et y faites revenir le foie, mouillez de la cuisson du foie et donnez un bouillon. Ajoutez de la mie de pain mêlée avec eau, sel et un peu de chacun des assaisonnements, poivre excepté. Servez chaud ou froid. — Un plat de ce mets a payé un chef-d'œuvre du célèbre peintre Alphonso Cano!

Asado. Fricassée de volaille.

Mettez dans la casserole une volaille quelconque pour cuire avec de l'eau et du sel, écumez. Ajoutez gousse d'ail, tranche de jambon gras et maigre, brin de safran, piment en poudre; faites réduire l'eau de la cuisson, liez-la, et servez sous la volaille.

Lomo. Tranche de cochon.

Faites-le mariner 24 heures avec ail, piment rouge en branche, origan, le tout pilé avec jus de citron. Faites griller.

Farce de pois.

Passez au saindoux une tranche de pain et lui faites prendre une belle couleur; retirez-la. Faites-y revenir aussi des pois, avec un ognon haché fin et ail émincé; sel, épices, de la laitue et des fonds d'artichauts blanchis à l'avance, du jambon coupé en très-petits dés. Mouillez d'eau chaude. Ajoutez à tout cela une mie de pain écrasée et passée avec sel et cumin, faites mijoter et versez.

Boronia. Farce d'aubergines.

Faites chauffer de l'huile avec de l'ail émincé, ôtez cet ail et faites revenir aussi des chairs d'aubergines coupées en dés avec piment en poudre et safran; ajoutez de la citrouille coupée en dés, de la chair de tomates; mouillez d'un peu d'eau chaude, et salez. Vous avez fait assez de mie de pain passée en purée avec sel et cumin pour faire du tout une purée; faites mijoter et servez.

Œufs brouillés.

Passez à l'huile très-chaude la chair de 2 tomates, avec peu de ciboule et de piment vert hachés menu; salez et cassez-y 2 œufs; mêlez et servez.

Salade de laitues.

Lavez avec soin de la laitue blanche, et l'assaisonnez avec de l'eau, vinaigre, sel, huile, ciboule, menthe hachées. — On peut servir à côté de petits harengs frits.

Salade de piments.

Prenez de beaux piments tant verts que mûrs, enlevez-en la peau en les grillant, et les blanchissez à l'eau bouillante; retirez à l'eau froide, égouttez-les. Arrangez-les dans le saladier en les mêlant avec des rouelles d'ognons blancs blanchis à l'eau tiède. Arrangez le tout avec une marinade d'huile, vinaigre, purée de tomates et sel.

Hojaldre de Santa Paula.

Faites une pâte à dresser (voyez p. 442), mais sans employer œufs, beurre ni sel. Maniez-la de graines de sésame un peu torréfiées et de saindoux très-frais. Abaissez-la à 2 doigts d'épaisseur, posez-la sur une tourtière sur laquelle on puisse placer un couvercle de tôle (page 38). Faites cuire feu dessous et dessus. Etant cuite, partagez-la horizontalement en 2 au moyen d'un couteau. Remettez l'abaisse du dessous dans la tourtière, arrosez d'un sirop peu sucré, saupoudrez abondamment de sucre et d'un peu de cannelle en poudre, couvrez de confitures *cheveux d'ange* (*Office,* Art d'employer les fruits, page 68) ou de marmelade d'abricots et de biscuits durs écrasés, puis de crème *natillas* ci-dessous, saupoudrez de cannelle, recouvrez de la seconde abaisse et arrosez de sirop. Remettez un moment sur la cendre chaude avec feu dessus; servez chaud sur la tourtière, semé de sucre et cannelle. On a donné à cette friandise le nom de *Hojaldre* de Santa-Paula, parce que les dames de Santa-Paula de Grenade la confectionnent avec une grande perfection.

Natillas. Crème.

Mêlez ensemble demi-litre de lait et 4 jaunes d'œufs; ajoutez 60 gramm. d'amidon délayé dans un peu d'eau; sucrez, aromatisez comme les crèmes françaises, passez au tamis fin. Posez sur un feu doux, faites prendre en tournant doucement. Faites refroidir, saupoudrez de sucre et glacez.

Torrijas.

Trempez des tranches de pain d'un doigt d'épaisseur dans un verre de lait sucré et mêlé d'un jaune d'œuf, puis ensuite dans du vin de liqueur; faites égoutter et frire dans le saindoux. Saupoudrez de sucre et cannelle, ou de muscade râpée. Servez chaud.

Soupe d'amandes.

Enlevez la peau des amandes et les pilez avec de

l'eau tiède, peu à peu, sucre et cannelle en poudre; passez. Versez sur un plat qui aille au feu et que vous avez foncé de tranches de pain; saupoudrez de cannelle, faites chauffer, feu dessous et dessus. Servez chaud. — Cette soupe est de rigueur au souper de Noël.

Mantecados. (Petit-four pour le déjeuner.)

Maniez de sésame un peu torréfiée avec peu de cannelle 250 gram. de saindoux très-frais et 180 gramm. de sucre, puis assez de farine pour une pâte de consistance à former des boulettes aplaties que vous rangez sur des petits carrés de papier. Enfournez, retirez d'un beau blond clair et servez chaud ou froid, enveloppés de papier comme des papillotes.

Picatostes.

Faites des tranches de pain bien rassis, d'un doigt d'épaisseur, trempez-les dans l'eau, retirez de suite et les égouttez un moment, mettez-les dans une poêle, couvrez, chauffez : elles gonflent. Faites-les frire dans la graisse résultant du boudin noir ou dans l'huile. Servez à côté du chocolat, si vous n'aimez à les beurrer.

CUISINE ANGLAISE.

Nous avons donné, dans cet ouvrage, un certain nombre de mets en usage en Angleterre, mais c'est plutôt une réunion d'entremets, car le fond de la cuisine anglaise se compose de viandes rôties ou grillées, et, en général, on y préfère les mets d'une saveur douce, libre à tout amateur d'employer le piment brûlant toujours servi à côté de lui, et des sauces aux anchois, toujours servies aussi dans des fioles.

On trouvera classés à leurs places les biftecks, page 189, la célèbre mock-turtle, page 131; les puddings, cakes et entremets divers, pages 426 à 437.

Le célèbre *roatsbeef* est une pièce de bœuf à la broche pesant de 8 à 25 livres, particulièrement la pièce d'aloyau. Au-dessous de 8 livres, le morceau s'appelle *beefsteaks*.

Voici quelques autres mets que nous avons recueillis.

Bœuf salé à l'anglaise.

Tranche, culotte; tendrons de poitrine, le moins d'os possible, gras ou maigre. Frotter de sel et de salpêtre tous les jours pendant une semaine, replacer les morceaux, en les retournant, dans un pot bien couvert. Laisser jusqu'au seizième jour; fumer quelques jours dans une bonne cheminée où on brûle du bois seulement. Enveloppez-le de papier et conservez jusqu'à 3 mois et plus en lieu sec. — Son usage est à peu près celui du jambon. — On peut aussi le conserver dans sa saumure, sans le fumer, comme le petit salé.

Gigot frais à l'anglaise. (Rôt.)

Enveloppez-le d'un linge, après l'avoir garni de quelques feuilles de laurier, thym, épices, sel, poivre. Plongez-le dans l'eau bouillante et continuez l'ébullition pendant autant de quarts d'heure qu'il pèse de demi-kilogrammes. Retirez-le de l'eau, développez-le et le servez accompagné d'une sauce blanche aux câpres ou d'une purée de navets servies dans une saucière. Ce gigot, saisi par l'eau bouillante, *conserve tout son jus*, et mieux même que s'il eût été à la broche.

Escalopes de veau à l'anglaise. (Entrée.)

Après les avoir préparées, aplaties et battues avec le couperet comme celles de la page 204, vous les enduisez de jaune d'œuf au moyen d'une plume; vous les panez de mie de pain assaisonnée de sel et de poivre, et les placez les unes à côté des autres sur le fond d'une large casserole à bords peu élevés et sur un peu de beurre, en ayant soin d'en ajouter à mesure de la cuisson. Retournez-les une fois de manière qu'elles prennent une couleur blonde; alors elles sont cuites. Servez en couronne avec une sauce piquante ou tomate au milieu.

Lièvre à l'anglaise. (Rôt.)

Piquez-le et lui donnez le plus possible la forme d'un lièvre au gîte, en lui conservant les pattes, que vous dépouillez sans ôter les griffes, et les oreilles, que vous échaudez. Garnissez-le d'une farce faite de son foie, dont vous ôtez avec soin l'amer et que vous hachez menu, mêlez-le à de la mie de pain cuite au lait et desséchée, beurre, 4 jaunes d'œufs crus, sel, poivre, épices, 1 ognon haché, cuit de manière à rester blanc, 2 feuilles de sauge en poudre; recousez la peau du ventre; mettez-le à la broche avec des bardes et couvert de papier beurré que vous retirez un quart d'heure avant de finir la cuisson. Servez-le avec de la gelée de groseilles dans une saucière.

Lapereau à l'anglaise. (Entrée.)

Donnez-lui la forme du lièvre ci-dessus et garnissez d'une farce à peu près semblable; faites-le cuire à la casserole avec des bardes de lard, vin blanc, et servez sur une purée d'ognons, une sauce tomate ou tartare.

Pâté de Noël. (Mince pie.)

Prenez 2 livres de bœuf maigre nettoyé de toutes les parties dures, 4 livres de graisse hachée, 6 livres de groseilles, 3 livres de pommes en tranches, les zestes et suc de deux citrons, une bouteille de bon vin blanc, une noix de muscade, 8 grammes de clous de girofle et autant de macis, autant de piment, le tout en poudre ; mêlez le tout et le placez dans une terrine à pâté pour le faire cuire une heure un quart dans un four doux. On peut aussi le placer dans une croûte, mais de pâte sans assaisonnement, car en Angleterre on ne mange pas la croûte des pâtés. — A Noël on n'y met pas de groseilles, mais on peut augmenter la quantité des pommes.

Sandwichs.

Faites de petites tartines très-minces de pain rassis, de gruau ou de seigle, et les beurrez légèrement. Sur la moitié de ces tartines, placez une lame très-mince de filet de bœuf, jambon cuit, langue fourrée, volaille ou gibier, même de farce fine, ou de purée de volaille, et très-bon fromage dit d'Italie ; recouvrez de l'autre tartine de beurre, appuyez pour amincir, et servez pour collation ou soirées où se trouvent des convives à qui il peut convenir de manger de la viande.

CUISINE ALLEMANDE.

La cuisine allemande ressemble assez à la cuisine anglaise par l'emploi de la farine cuite et des pâtes bouillies. Elle en diffère par l'absence presque totale des viandes rôties, et par des ragoûts assez compliqués dans lesquels entrent presque constamment le vinaigre et le sucre, quelquefois le vin et la bière, fort souvent les jaunes d'œufs, peu d'ognon, jamais d'ail, mais force poivre, muscade, cannelle, et presque toujours le citron, écorce et jus.

La plupart des potages ressemblent à nos entremets, par

le mélange de sucre, de fruits, d'amandes, d'épices et de vins dont ils se composent : les sauces sont des espèces de crèmes chaudes où il entre presque toujours des jaunes d'œufs, des amandes pilées et de la mie de pain grillée dans le beurre; enfin ce qu'on appelle crème est un mélange de vin, de sucre, d'épices ou de jus de fruit, et d'œufs fouettés en mousse, et souvent servi chaud.

Les pâtisseries tiennent à la fois de la manière flamande et de l'ancienne pâtisserie française; ainsi, dans les pâtes appelées *aschkuchen-kugelhoff*, etc., la levûre de bière, les raisins, les amandes jouent le principal rôle; dans les autres gâteaux, par l'emploi des aromates à grandes doses, l'eau de rose, le citron confit, les amandes pilées, on retrouve les anciens massepains, les darioles et les pains d'épice de nos pères.

Nous donnons ici un échantillon de ces diverses préparations culinaires, en choisissant toujours parmi ces mets étrangers ceux qui présentent le plus d'originalité dans leur composition, et de facilité dans leur exécution.

Soupe à la farine.

Faites roussir à sec et sans beurre de la farine dans une poêle; délayez-la toute chaude dans une quantité de lait suffisante pour un potage; ajoutez du sucre et de la cannelle en poudre; faites cuire ce mélange en tournant toujours. Au moment de servir, épaississez-le avec quelques jaunes d'œufs, et jetez le tout sur des croûtons frits, des tranches de pain grillées ou du biscuit de mer concassé.

Soupe au sagou au vin.

Après que le sagou est lavé, faites-le cuire une heure avec de l'eau, l'écorce d'un citron et de la cannelle; quand l'eau est réduite à moitié, remplacez-la par autant de bon vin rouge, quelques tranches de citron, du sucre, et laissez achever la cuisson. Quand le potage est servi, on le saupoudre encore de sucre et de cannelle.

Le *sagou* est une pâte provenant de quelques palmiers. Il vient des Indes en grains gros comme du millet.

Soupe aux abricots.

Prenez, pour 6 personnes, 30 abricots; ouvrez-les, cassez-en les noyaux et mettez le tout dans un poêlon de terre sur le feu jusqu'à ce que le fruit soit en marmelade. Placez une passoire sur la soupière. Faites passer les abricots à l'aide d'une cuillère jusqu'à ce qu'il ne reste plus que les peaux et les noyaux concassés; versez par-dessus autant de bon vin rouge que la soupière pourra en contenir, ajoutez alors du sucre et de la cannelle en quantité suffisante. Si le mélange était un peu clair, épaississez avec quelques cuillerées de fécule, et jetez dans le potage des croûtons frits dans le beurre.

Soupe aux cerises.

Prenez des cerises fraîches, ôtez les queues et laissez les noyaux; écrasez-les dans un mortier en tâchant de piler les noyaux; versez le tout dans un poêlon, avec autant de vin et d'eau qu'il y a de cerises; ajoutez des zestes de citron; faites bouillir le tout jusqu'à ce que le fruit soit bien fondu, et passez-le dans une passoire où vous aurez mis préalablement du sucre en poudre, de la cannelle, des échaudés ou des croûtons frits; remuez le tout et servez. — On peut faire aussi de ces sortes de sauces un excellent *kastschaal*, espèce d'entremets fort goûté en Allemagne; c'est une soupe froide au vin sucré avec des épices.

Soupe à la bière.

Faites roussir une demi-livre de pain blanc émietté dans du beurre frais; ajoutez-y un litre de bière forte, autant de bon vin rouge, du zeste de citron haché, de la cannelle, du girofle et du sucre; laissez faire un léger bouillon, et jetez le tout sur des tranches de pain frites dans le beurre.

Raifort à la crème.

Râpez des racines de raifort et faites cuire dans du bouillon gras. Délayez à part 3 œufs avec un verre de crème fraîche, une pincée de farine, du sel; mêlez le tout au raifort, remettez la casserole sur le feu, laissez monter sans bouillir, et servez cette sauce dans une saucière, à côté d'un rôti. Le raifort haché, cuit dans du bouillon et servi sur un petit hors-d'œuvre, sera plus du goût général pour manger avec le bœuf bouilli.

Dampfnudeln.

Délayez ensemble 4 jaunes d'œufs, 4 cuillerées de bonne levûre, 30 gram. de sucre en poudre, un peu de muscade râpée, 125 gram. de beurre tiède et un verre de bon lait. Ajoutez peu à peu une livre de farine, et formez-en une pâte solide dont vous ferez comme un rouleau allongé; coupez alors ce rouleau en tranches de l'épaisseur de deux doigts, placez-les dans une tourtière, et laissez la pâte revenir ainsi pendant un quart d'heure à une chaleur douce. Quand les dampfnudeln commencent à lever, on place la tourtière sur le réchaud allumé, on met le four de campagne et on laisse cuire. Lorsque la pâte a pris une belle couleur et qu'on la juge cuite, on verse dessus un quart de litre de lait sucré et bouillant; le liquide sera bientôt absorbé. On laisse bien renfler les dampfnudeln, puis on les sépare toutes chaudes et on les sert saupoudrées de sucre fin et de cannelle ou avec une sauce à la vanille.

Kloes de Berlin.

On appelle kloes une sorte de quenelle composée de farine ou de mie de pain trempée dans du lait, de riz ou de semoule, et cuite dans l'eau, le bouillon ou le lait, suivant qu'on en veut faire un plat solide ou un entremets sucré. On y ajoute toujours une sauce.

Faites fondre 125 gram. de beurre jusqu'à ce qu'il monte, délayez-y peu à peu 6 jaunes d'œufs et 4 blancs, du sel, du poivre, un peu de muscade râpée, 3 verres de lait; ajoutez de la farine en quantité suffisante pour former une pâte; trempez une cuillère dans l'eau tiède, et prenez de cette pâte de quoi former des boulettes de médiocre grosseur, car elles enfleront beaucoup dans l'eau bouillante où vous les jetterez à mesure et les laisserez 8 à 10 minutes. Retirez-les avec une écumoire, dressez-les sur un plat, garnies de pommes de terre frites, et servez avec une sauce ou avec de la mie de pain roussie dans le beurre.

On fait aussi des kloes à la viande, à la volaille, aux ris de veau, aux rognons, et cuites dans le bouillon gras; elles servent alors à garnir les potages, les ragoûts et même les plats de légumes.

Sauce aux groseilles vertes.

Épluchez les groseilles, mettez-les dans une terrine, versez de l'eau bouillante dessus et laissez quelques instants infuser, puis faites-les égoutter dans une passoire. Mettez-les alors dans un poêlon sur le feu avec du vin, du sucre, de l'écorce de citron hachée très-fin, de la cannelle concassée, un morceau de beurre frais. Faites cuire lentement sur un feu doux. Remuez la sauce avec précaution pour que les groseilles demeurent entières; on peut aussi y ajouter de la mie de pain grillée dans le beurre. Cette sauce, éminemment allemande, se sert avec la volaille ou sur du veau rôti. On la fait aussi avec le fruit rouge du rosier, après qu'on l'a fait blanchir et qu'on l'a soigneusement nettoyé de ses graines et de son duvet intérieur.

Sauce au vin.

Délayez dans un demi-litre de bon vin rouge et un quart de litre d'eau 5 jaunes d'œufs, 60 gram. de sucre, le zeste haché d'un citron, un peu de cannelle. Mettez le tout sur un feu vif et tournez la sauce jusqu'à ce qu'elle commence à s'épaissir; retirez-la et servez.

Bœuf ou veau en roulade. (Entrée.)

Prenez un beau morceau sans os de l'une de ces viandes, ou même du mouton, coupez-le en tranches minces, battez ces tranches comme pour faire des biftecks, étendez sur un des côtés de chacun des anchois, du persil, du basilic, le tout haché très-fin; ajoutez du sel, du poivre et du macis, coupez autant de morceaux de lard que vous avez de tranches, faites-en des lardons de la longueur de ces tranches, placez-en sur le bord de celles-ci, et roulez le tout de manière que le lardon se trouve au centre de la roulade; faites-en autant à toutes, ficelez de gros fil et faites-les revenir dans une casserole avec du beurre fondu. Quand elles seront bien rissolées, retirez-les; mettez dans la cuisson une cuillerée de farine, laissez roussir, puis ajoutez du bouillon, poivre, sel. Mettez les roulades, dont vous aurez ôté le fil, dans cette sauce, pour y achever leur cuisson;

ajoutez-y quelques tranches de citron, et servez lorsque les roulades seront bien chaudes.

Pommes de terre à l'Allemande. (Entrem.)

Faites frire à la casserole dans du beurre de petites tranches de pain et de pommes de terre en tranches déjà presque cuites dans de l'eau et du sel; dressez-les sur un plat et les arrosez d'une bouillie à la fécule de pommes de terre; saupoudrez de sucre, faites prendre couleur sous un couvercle avec feu dessus.

Aschkûchen-Kugelhoff de Dresde.

On appelle ainsi tout gâteau où il entre de la levûre, et qui se cuit dans une casserole ou un moule.

Prenez un demi-litre de lait, 4 cuillerées de bonne levûre, et de la farine de quoi former une pâte assez molle; faites fondre 125 gram. de beurre, incorporez-le dans la pâte, avec 5 œufs, 125 gram. de raisins de Corinthe, 125 gram. de sucre en poudre, une pointe d'essence de rose, un peu de macis, et le zeste d'un citron haché; beurrez un moule ou une casserole, couvrez-le à l'intérieur d'amandes hachées fin. Remplissez le moule seulement à la moitié et laissez lever la pâte. Pendant qu'elle monte, il faut bien se garder de remuer le moule, ainsi que durant sa cuisson, qui se fera au four ou sous le four de campagne. Il ne faut pas lever ce dernier avant une heure et demie, temps nécessaire pour la cuisson.

Ramequin allemand.

Faites tiédir dans la casserole un demi-litre de bon lait, et y ajoutez, peu à peu, en tournant toujours sur le feu, jusqu'à trois fortes poignées de farine; quand cette pâte est bien liée et sans grumeaux, ajoutez un peu de sel, un morceau de beurre, 125 gram. de fromage de Gruyère ou de parmesan, ou l'un et l'autre ensemble, mais coupés en petites tranches et non râpés ; tournez encore votre pâte sur le feu jusqu'à mélange parfait. On voit que la pâte est cuite lorsque, en la tournant, elle quitte aisément la casserole. Retirez du feu, mêlez-y encore 3 œufs que vous avez un peu battus, et tenez votre pâte chaude jusqu'au moment de servir. Prenez alors un plat qui aille au feu ou une tourtière que vous beurrez bien ; versez-y votre pâte, faites feu doux dessous et feu vif dessus. En 10 minutes le gâteau est levé comme un soufflé et d'une belle couleur dorée. Il faut qu'il soit pris partout et qu'il ne coule pas.

Cerises au vinaigre.

Déposez dans un bocal des cerises par lits entremêlés de sucre et d'épices jusqu'à ce que le vase soit plein, jetez dessus du vinaigre bouilli avec des écorces de citron et refroidi, fermez hermétiquement le bocal et conservez dans un lieu frais. Voyez aussi, pour les *fruits au vinaigre,* p. 513.

Bichof. (Boisson chaude.)

Coupez en quatre 4 oranges amères, fendez-en légèrement l'écorce avec un couteau; faites griller ces morceaux sur un feu de charbon pas trop vif; jetez-les alors dans un pot de terre avec 4 bouteilles de vin blanc fort, et laissez infuser une nuit sur les cendres chaudes, le vase bien clos; passez le mélange à travers une serviette et ajoutez 2 livres de sucre. Employez, si cela vous convient, de la muscade et de la cannelle.

CUISINE FLAMANDE.

La cuisine flamande se perd tous les jours, et se voit remplacée plus qu'aucune autre par la cuisine française. Voici cependant quelques mets encore usités que nous avons recueillis dans le pays, pour donner le moyen de connaître le goût flamand et de produire des mets où se trouvent mélangés le sel et le sucre, les viandes rôties et les pommes cuites, etc.

Voyez (142) *Potage*, et (190) *Côte de bœuf à la flamande.*

Waterzode ou *Waterzoo*. (Potage de poisson.)

Ce mets ressemble beaucoup au *bouille-baisse* de Marseille; cependant il offre quelque différence, et mérite d'être consigné ici pour la satisfaction des amateurs de poisson d'eau douce. C'est le régal du dimanche que l'on va chercher hors la ville et près d'une rivière où l'on choisit soi-même le poisson chez le pêcheur (où le bouillon est tout prêt), pour le voir passer de l'eau vive à la chaudière, et bientôt dans le plat. Préparez par tronçons 2 ou trois anguilles grosses comme le goulot d'une bouteille, faites-les revenir dans du beurre avec un ognon coupé en dés et les mettez ensuite cuire dans un litre et quart d'eau, sel, beaucoup de poivre blanc, macis, sinon de la muscade, 2 feuilles de laurier, un clou de girofle, zeste de citron, des racines de persil; quand la chair est au point d'être réduite en pâte, et que le bouillon est réduit des deux tiers, passez dans un tamis; remettez à feu vif et faites cuire en 10 minutes dans le bouillon, la casserole bien close, les bons poissons d'eau douce que vous aurez, tels que : petites anguilles coupées en 2, petits brochetons, perchettes, carpillons, goujons, barbillons, etc. Vous avez enlevé d'avance les têtes et queues de ces petits poissons que vous avez fait cuire et passées avec les anguilles et d'autres poissons, si vous en avez assez, et que vous vouliez faire le bouillon plus succulent. Si ces poissons sont trop gros, on les sert par tronçons; mais il est mieux de n'avoir que de petits poissons, et d'en servir à chaque personne un entier de chaque espèce. Servez très-chaud en place de potage, et, selon l'usage flamand, des tartines beurrées sur une assiette à part. — Si l'on a de l'eau extraite des moules, on la joindra au bouillon, auquel elle donnera beaucoup de goût, ce qui évitera d'y employer autant de poisson. — Au reste, la base principale et la plus délicate de ce mets, c'est l'anguille et le brochet, et il ne doit pas y être employé de poisson coloré qui changerait la couleur blanche qu'il doit avoir.

Marmelade de pommes. (Pour entrée.)

Pelez des pommes, coupez-les par quartiers, supprimez les cœurs, mettez-les cuire à la casserole avec sucre, cannelle, raisins de Corinthe, du vin rouge ou blanc.

On sert cette marmelade sous un rôti quelconque que l'on veut donner pour *entrée*, sous des côtelettes, des saucisses, etc.

Quelques personnes servent les pommes entières cuites comme ci-dessus, mais sans raisins.

On fait aussi de la même manière des marmelades de *poires*.

On farcit aussi de la même marmelade une *oie* ou une *dinde* à la broche.

Petits choux rouges. (Entremets.)

Quand le chou rouge a commencé à former sa tête, on la coupe; la plante se ramifie, et il en renaît plusieurs autres petits choux, très-délicats, durs, et que l'on sert accommodés comme il est dit aux *Choux rouges en quartiers* (page 339), mais en les conservant *entiers*.

Choux rouges aux pommes. (Entremets.)

Mettez dans une casserole un chou rouge épluché et lavé; mettez assez d'eau pour l'en couvrir; ajoutez 4 ou 5 pommes fermes, pelées, et dont vous avez enlevé les cœurs, du beurre ou de la graisse, sel, poivre, girofle; faites cuire au moins 3 heures à petit feu. Au moment de servir, vous liez la sauce d'une cuillerée de vinaigre, autant de gelée de groseilles, un peu de fécule, et servez.

Ragoût d'asperges. (Entremets.)

Coupez la partie tendre des asperges de manière à en faire des morceaux de 3 centimètres; faites-les cuire à moitié dans de l'eau et du sel; hachez fin du persil avec quelques feuilles de laitue, de jeunes ognons; mettez dans la casserole avec beurre, un peu d'eau, sel, muscade, poivre, pincée de farine; le tout étant cuit, faites-y revenir les asperges, et servez.

Pourpier. (Entremets.)

Le pourpier est une plante qui était d'un grand usage autrefois en France, et que l'on y oublie depuis longtemps. L'usage du pourpier s'est cependant conservé en Flandre, et l'on en consomme beaucoup dans l'été.

On récolte, avant la floraison, l'extrémité des branches qui contient 5 ou 6 feuilles; on lave et on fait blanchir à l'eau bouillante avec du sel. Faites égoutter; mettez dans une casserole avec beurre, très-peu de sel et poivre, liez d'une pincée de farine ou d'un jaune d'œuf; servez.

CUISINE POLONAISE.

Après avoir ajouté aux nombreuses recettes françaises de cet ouvrage un extrait des cuisines anglaise, allemande, italienne, provençale, etc., nous n'avons pas désiré sans raison y ajouter la cuisine polonaise, car elle porte un caractère qui lui est propre, quoiqu'elle se confonde un peu avec celle de l'Allemagne, sa voisine.

On y remarque l'emploi très-fréquent de la farine, des gruaux mêlés avec les viandes, les choux, la choucroute polonaise, le lait caillé doux et aigre, le raifort sauvage, l'emploi des épices poussé à l'excès, les marinades et salaisons, un grand usage de hachis et farces. On y pense peu à la pomme de terre, mais beaucoup aux concombres marinés, qui, chose surprenante, la remplacent et font une bonne partie de la nourriture du pauvre. Les *chołodnice* ou soupe froide, et même à la glace, sont d'un usage très-fréquent. Les *babka*, les *kluski*, *naleśniki*, *piroski*, *zrazi*, le rôti aux hussards, dont nous allons donner les recettes, sont très-variés et très-usités.

Et l'on ne devra pas inférer des mélanges, qui paraîtront peut-être hétéroclites en lisant ces recettes, que les mets auraient quelque chose de repoussant pour notre goût, à nous qui sommes habitués à la cuisine française : tout cela est plus en harmonie que l'on ne pense, et les cuisiniers polonais seraient très-bien accueillis s'ils pouvaient souvent nous servir « un plat de leur métier ».

Ceux qui ont connu les fils et les petits-fils des Polonais du xviii° siècle pourront savoir d'eux que les pères et aïeux étaient de joyeux convives et de joyeux amphitryons, qui passaient leur vie à table et savaient choisir les bons mets. L'esprit et les usages de la chevalerie existaient là encore il y a peu de temps. Les chasses et les jeux guerriers engageaient dans des exercices violents dont la fatigue exigeait une salutaire réparation que l'on trouvait dans les produits substantiels d'une cuisine où tout abondait, et où l'appétit était encore stimulé par l'art des cuisiniers.

Il est certains faits dans ces usages que nous ne saurions nous priver de rapporter.

Dans la première moitié du dernier siècle surtout, on peut dire sans exagération qu'on ne faisait que célébrer des festins; et il ne fallait pas être riche pour jouir de ce plaisir : l'hospitalité était dans les coutumes du pays, mais les grands seigneurs la pratiquaient, on peut dire avec excès, dans l'intérêt de leur ambition ; chacun cherchait à se faire un parti nombreux. On ne vendait pas son vote, mais on s'attachait à une famille où l'on trouvait jour et nuit, et à toute occasion d'anniversaires ou d'événements publics ou privés, les tables couvertes, et un accueil encourageant. Dans la salle du festin, la statue de Bacchus, monté sur un tonneau d'argent aux cerceaux d'or, semblait inviter au nom du maître ses clients et les amis de leurs amis. Les serviteurs avaient ordre de ne rien épargner : on leur répétait souvent : « Mieux vaut un écu de dépense qu'un liard de honte. » — Pourtant c'était une habitude pour les pauvres de porter une cuillère à la ceinture, ou d'en tailler une de bois à table, tant le service le plus riche avait peine à suffire. — Le vin de Hongrie coulait avec profusion : on commençait par des verres ordinaires et on augmentait le calibre jusqu'à l'arriver du hanap de 2 litres, bocal qu'il fallait avaler d'un seul trait ; personne n'y pouvait échapper ; si on hésitait, si on se reposait, un page était là qui profitait du moindre geste pour remplir le hanap, et le soin de le cacher sous la table même ne garantissait pas de cette inondation enivrante, qui fut souvent fatale.

De tels festins ne devaient-ils pas porter à une gourmandise outrée, et devions-nous négliger de faire connaître les produits de la cuisine d'un peuple qui pratiquait à la fois avec tant de distinction l'art de manger et celui de se battre en vaillants guerriers?

Chotodriec ou soupe à la glace.

Faites bouillir un litre de jus de concombres marinés (*voyez* les concombres marinés ci-après) avec du levain de farine ; quand il refroidit, vous mouillez d'un litre de lait caillé. Faites bouillir à part, dans de l'eau, une jeune betterave hachée mince et la mettez dans la soupe avec du jus de sa cuisson pour la colorer. Coupez en rouelles 4 œufs durs, ajoutez de la civette et du fenouil haché mince, de la chair d'écrevisses, des tranches de concombre. Servez cette soupe sans pain, avec des morceaux de glace pour la rendre plus froide. — On peut supprimer la betterave et mettre en place de l'oseille hachée et un peu revenue dans le beurre.

Soupe à la glace simplifiée. Mêlez ensemble lait caillé, jus de concombre écrasé, fenouil et civette hachés, un peu d'oseille hachée revenue dans le beurre, tranches minces de concombres, des œufs durs coupés en rondelles, au moment de servir, glace écrasée dans un torchon. — Le melon remplace avec succès le concombre.

Barszcz ou soupe aigre au bouillon.

Mettez à la marmite 8 livres de bœuf, 2 livres de côtes de porc fumé, demi-livre de jambon, une trentaine de morilles, ognons, poireaux. Vous y versez une quantité de jus de betteraves. Quand tout cela sera cuit, passez le bouillon et y ajoutez un lièvre, une poule et un canard cuits à la broche, afin de donner bon goût et belle couleur, et encore une quantité de jus de betteraves. Faites bouillir un quart d'heure, passez de nouveau le bouillon, ajoutez quelques blancs d'œufs battus avec un peu d'eau, faites jeter un bouillon pour pouvoir tirer à clair, passez encore; coupez les viandes bouillies et les servez avec le bouillon garnies de morilles, ognons, des tranches de betteraves entremêlées avec du céleri et des branches de persil, le tout cuit à l'avance, du fenouil, saucissons grillés et boulettes de godiveau.

Manière de faire le jus de betteraves, très-usité en Pologne. — Lavez et ratissez des betteraves; coupez-les en 4 en longueur et les mettez dans un pot que vous remplissez d'eau tiède et entretenez à une chaleur douce pendant 3 ou 4 jours; ce jus acquiert une saveur aigrelette agréable. On emploie ensuite les betteraves à divers usages. On en coupe des filets que l'on ajoute au barszcz. — Bien entendu que l'on peut faire ce potage avec beaucoup moins de viande, et il sera toujours barszcz s'il est fait avec le jus de betteraves.

Concombres marinés. (Hors-d'œuvre.)

Ceci est un mets de hors-d'œuvre qui ne manque jamais en Pologne, sur aucune table, depuis la plus pauvre jusqu'à la plus riche. On l'y trouve aussi fréquemment que la pomme de terre en Angleterre, et il en tient lieu en quelque sorte chez les pauvres gens.

On nettoie avec un linge des concombres encore verts de grandeur moyenne, et on les met à ressuyer pendant 24 heures dans un endroit chaud et sec. On prépare un tonneau défoncé par un bout qui ait contenu du vin blanc et qui soit bien échaudé. On y forme au fond un lit de concombres, puis dessus un lit de fenouil haché, des feuilles de cerisier avec coriandre un peu écrasée. On verse alors de l'eau salée qui a bouilli et refroidi, on referme le tonneau avec le plus grand soin, on le place dans un endroit frais sur deux pièces de bois; on le remplit d'eau froide qui ait bouilli, si on s'aperçoit qu'il se vide; on le retourne tous les jours, et on enlève le moisi s'il s'en formait à l'extérieur. — On l'entame au bout de 2 ou 3 mois, et on recouvre de planches et d'un poids comme on fait pour la choucroute, p. 340. — L'eau doit être assez salée, mais ne doit pas l'être excessivement, puisque les pauvres gens y trempent leur pain pour lui donner de la saveur.

Raifort. (Hors-d'œuvre.)

Le raifort est une plante dont on emploie la racine que l'on râpe ou que l'on ratisse avec un couteau pour, cette râpure, être servie crue sur un hors-d'œuvre à côté des viandes bouillies et rôties. Il est d'un grand usage en Pologne sous la forme suivante. — 1° Râpé et cuit dans du bouillon, vous le liez de 2 jaunes d'œufs battus avec un peu d'eau, une pincée de farine, et saupoudrez de muscade. — 2° Employez du lait caillé au lieu d'eau et 2 amandes hachées. (Voyez la *recette allemande*, p. 593.)

Zrazi. (Entrée.)

Coupez par tranches très-minces du maigre de bœuf; saupoudrez de sel et battez pour aplatir. Faites à part une farce ou hachis bien mêlé de bœuf bouilli, chair à saucisses, persil et zeste de citron hachés fin, 3 œufs, de la mie de pain trempée dans du lait et égouttée, un peu de lait caillé. Étendez cette farce sur chaque tranche de bœuf que vous roulez, ficelez et mettez dans la casserole avec laurier, zeste de citron, ognon piqué de clous de girofle, gros poivre, gingembre, bouillon, vinaigre et vin; couvrez et faites cuire; à moitié de la cuisson, vous ajoutez un roux. Étant cuit, vous passez la sauce et la servez sous vos tranches roulées que vous avez déficelées.

Rôti aux hussards. (Entrée.)

Faites saisir à la broche et rôtir à moitié un aloyau ou un filet de bœuf en l'arrosant de beurre, écrasez et exprimez le suc de 12 ognons moyens; ajoutez-y de la mie de pain, une livre de beurre frais, sel, poivre; faites un roux et versez le tout en mouillant de bouillon. Quand cette sauce aura mijoté 5 minutes, mettez-y votre rôti coupé par tranches et faites-l'y achever de cuire; passez la sauce, liez-la de 3 jaunes d'œufs, et servez-la sur les tranches dressées en couronne.

Filet de bœuf mariné. (Entrée.)

Frottez de sel un filet de bœuf et le laissez 4 heures, après quoi vous le mettez pendant 3 jours dans une marinade faite de vinaigre, vin et eau en parties égales, ognons piqués de clou de girofle, laurier, basilic, tranches de citron, sariette, thym, genièvre, gingembre; faites bouillir et versez sur le filet; chaque jour faites encore bouillir la marinade et la versez sur le filet 2 ou 3 fois; piquez-le avec des filets d'anchois, et le placez sur le feu dans une daubière sur des tranches de lard avec un peu de la marinade; couvrez de tranches de lard et de papier. Mouillez souvent avec de la marinade et du lait caillé. Quand il sera cuit, faites une sauce avec deux cuillerées de farine que vous tournez dans du lait caillé, ajoutez de la marinade, beurre, anchois hachés; faites cuire cette sauce, passez-la, ajoutez des câpres, et la servez sous le filet.

Chapon aux pommes. (Entrée et relevé.)

Sur une grande et solide feuille de papier, vous étendez des tranches minces de lard, de citron, d'ognons, de carottes, sel, poivre, épices, clous de girofle; placez-y votre chapon et l'enveloppez de ce papier et garniture; ficelez solidement, embrochez et faites rôtir. Épluchez et coupez par morceaux 10 ou 12 pommes que vous faites cuire avec 185 gram. de sucre sur lequel vous avez frotté l'écorce de 2 oranges, faites cuire avec le jus de ces oranges, et servez cette compote sous le chapon dégagé de tous ses ingrédients.

Choucroute préparée en 24 heures.

Mettez vos choux découpés fin dans une terrine et les saupoudrez de graines de fenouil, de cumin, d'un peu de genièvre, de sel; arrosez d'un peu de vinaigre et chargez-les d'une pierre.

Salade chaude de chou rouge.

Hachez un chou rouge en longs filets; faites fondre du lard ou de la graisse d'oie; assaisonnez de vinaigre, sel, poivre; faites chauffer et y mettez le chou amortir doucement; mêlez 2 jaunes d'œufs au moment de servir.

Kluskis de viande frite.

Hachez mince un kilogr. de maigre de porc frais et y mêlez du pain trempé de vin et égoutté, zeste de citron, sel, poivre; faites-en des boulettes aplaties, que vous panez et faites frire.

Kluskis ou boulettes de pâte. (Entremets.)

Faites une pâte peu épaisse de farine, eau tiède et œufs, de la levûre de bière, sel et sucre; placez-la dans un endroit chaud pour la faire renfler, déchirez-en avec les doigts des morceaux pour en faire des boulettes, que vous laissez reposer sur la table pour renfler encore. Jetez-les à l'eau bouillante salée, où elles renfleront encore beaucoup; quand elles sont toutes cuites, vous les dorez de beurre roussi et servez.

Kluskis au fromage à la crème. (Entremets.)

Mêlez ensemble demi-livre de beurre, 6 œufs,

6 grandes cuillerées de fromage à la crème, muscade, sel, sucre, mie de pain et de la crème s'il en faut pour éclaircir; frottez vos mains de farine et faites des boulettes rondes; faites cuire dans l'eau bouillante salée, faites égoutter, dorez-les de beurre roussi et servez.

Boudin de sarrasin.

Faites cuire à moitié du gruau de sarrasin dans de l'eau et du lard; coupez ensuite le lard et sa couenne en petits dés, assaisonnez de thym, persil, poivre; mêlez le tout et l'entonnez dans des boyaux de cochon, achevez de cuire dans le reste du bouillon; ensuite faites griller au moment de servir.

Pommes de terre à la polonaise. (Entremets.)

Faites-les cuire dans l'eau et du sel, pelez-les, coupez-les par tranches épaisses et les servez sous une sauce blanche aux câpres ou avec des cornichons coupés par filets, et les filets ensuite en travers, pour faire de petits morceaux et remplacer les câpres.

Piroski sernikis ou *Piroski au fromage.*

Mélangez 1 kilog. de fromage à la crème avec 375 gram. de mie de pain, 6 œufs, 30 gram. de sucre, un peu de crème, 125 gram. de raisins de Corinthe, muscade, sel, autant de farine qu'il en faut pour faire des boules que vous aplatissez et faites frire dans du beurre ou du saindoux.

Nalesnikis. (Crêpes polonaises.)

Mélangez et battez 8 œufs avec 3 quarts de litre de lait ou de crème, 60 gram. de beurre frais fondu, muscade râpée, zeste de citron râpé sur du sucre, un peu de sel, 300 gram. de farine. Mettez dans la poêle un peu de beurre ou de saindoux comme pour les crêpes françaises; mais, aussitôt la pâte versée, semez-y, si vous voulez, des grains de raisins de Corinthe, retournez, faites cuire, placez sur une assiette, saupoudrez de sucre, roulez la crêpe avec une fourchette à 2 longues dents, et servez brûlant.

Nalesnikis aux confitures.

Étant faites comme ci-dessus, laissez-les refroidir, étendez dessus telle marmelade que vous voudrez, avec de petits morceaux de beurre; placez-les les unes sur les autres dans un moule où vous versez une sauce faite de 7 jaunes d'œufs, 2 blancs battus en neige, demi-litre de lait, sucre; mettez cuire lentement au four ou sous le four de campagne, ou avec le couvercle de tôle et feu dessus et dessous; renversez le moule sur le plat et l'enlevez pour servir. On les sert ensuite une à une dans les assiettes.

On peut aussi rouler ces crêpes enduites de confitures et couper les rouleaux par tranches qui se déroulent en filets et se placent dans le moule comme des macaronis, avec la sauce ci-dessus.

Babka. (Dessert.)

Battez 8 œufs dans 2 litres de lait et un jus de citron, ce qui fera un fromage que vous égoutterez et presserez; mêlez-le de mie de pain trempée de crème et pressée; ajoutez 300 gram. de beurre, 2 jaunes d'œufs. Il faut mêler continuellement pendant 3 quarts d'heure en agitant toujours dans la même direction, de droite à gauche ou de gauche à droite, sans changer. Alors on ajoute du fromage à la crème broyé, 125 gram. d'amandes hachées et 12 blancs d'œufs battus en neige. On verse dans un moule, peu à peu, en laissant de l'intervalle pour que la pâte renfle à mesure. Faites cuire au four dans un moule bien beurré, et poudrez abondamment de sucre en sortant du four. — Le moule, en Pologne, se fait très-haut et étroit, de manière à former un gâteau de près d'un mètre de haut. De plus, avec la même pâte, on fait un couvercle qui déborde en dessus et tombe d'un côté plutôt que de l'autre, de manière que le gâteau a quelque ressemblance avec une vieille bonne femme qui laisse tomber sa tête. De là le nom de *babka*, vieille femme. C'est aussi l'origine du *baba* des pâtissiers français.

Babka aux prunes. (Dessert.)

Faites blanchir à l'eau bouillante 60 prunes belles et mûres, de manière à pouvoir plus facilement enlever la peau; ôtez aussi les noyaux. Faites-les bouillir avec sucre, vin et écorce de citron. Mêlez 12 jaunes d'œufs avec du sucre. 60 grammes d'amandes hachées, 250 grammes de beurre manié d'un peu de farine et roulé sur la table, 8 cuillerées de mie de pain, 6 blancs d'œufs battus en neige et les prunes refroidies. Faites cuire comme les précédents.

Le *babka* est un mets éminemment polonais, et il s'en fait plus de cent sortes à toute espèce de fruits, aux légumes et aux poissons.

CUISINE RUSSE.

Nous n'avons guère recueilli de mets de la cuisine russe, qui, d'ailleurs, offre peu d'intérêt. — Dans les villes, les cuisines française et anglaise composent les festins et les repas ordinaires. — Dans le peuple on consomme beaucoup de porcs et d'oies dont on fume les viandes, beaucoup de substances confites au vinaigre, telles que poissons, betteraves et concombres (*agourci*), de choucroute, de pâtes frites dans la graisse de porc et d'oie, des soupes de farines fermentées aigres. — Ce n'est plus là un peuple de chevaliers viveurs, mais une race d'êtres qui mangent « pour vivre », quoique avec voracité.

Tstchi. (Pot-au-feu russe.)

Mettez dans une casserole de l'eau comme pour un pot-au-feu, 2 kilos de poitrine de mouton, 2 branches de fenouil longues comme la main, 20 grains de poivre, sel; faites écumer; quand l'eau bout, ajoutez un gros chou, puis 10 petites carottes et 6 ognons coupés par petits morceaux grands comme des dés; ajoutez 250 gram. d'orge perlé, ou de semoule ou de gruau de blé; faites cuire 3 heures, mettez 500 gram. de pruneaux, faites cuire encore une heure et servez en potage : la viande à part en relevé. Ce potage est le plus en usage; c'est le vrai pot-au-feu russe.

Koulbac. (Pâté russe.)

Ayez de la pâte à brioche, que vous n'employez que le lendemain du jour où elle a été faite. Faites-en, en l'aplatissant avec la main, une abaisse d'un centimètre d'épaisseur et du diamètre du pâté. Posez-la sur une feuille de papier beurré, et sur une plaque de four. Vous aurez fait crever très-épais du riz au bouillon gras, ayez la même quantité de jaunes d'œufs durs hachés; ayez du tendre de viandes de boucherie, ou chairs de volaille ou gibier, émincées par filets et assaisonnées dans une terrine avec sel, poivre, épices, fines herbes. Faites un lit mince de ces chairs sur votre abaisse de pâte, un lit d'œufs, un lit de riz, et ainsi de suite, jusqu'à ce que le pâté forme une demi-boule. Couvrez d'une seconde abaisse de même pâte, remployez les bords *en dessous* tout autour, pour fermer le pâté; décorez le dessus avec des filets de pâte, dorez et faites cuire à four modéré. Servez chaud. On peut employer de la grosse semoule au lieu de riz, et faire le pâté, en maigre, avec des chairs de poissons de mer ou d'eau douce; le riz alors crevé à l'eau.

Quenèses.

Délayez demi-litre de farine avec 6 jaunes d'œufs et 2 blancs, du bouillon, muscade râpée, gros poivre. Ayez du bouillon bouillant, et laissez tomber à la fois une petite cuillerée à bouche de cette pâte que vous poussez avec le doigt, et qui en tombant doit former dans le bouillon une boule ronde ou ovale. Vous laisserez cuire une demi-heure et servirez ce potage.

Sauce enragée.

Pilez 6 jaunes d'œufs durs et les mouillez de 5 cuillerées d'huile à mesure que vous pilez; mêlez-y 6 gousses de petit piment, une pincée de safran, sel, poivre, 3 cuillerées de vinaigre, passez comme une purée, et servez dans une saucière.

CUISINE GOTHIQUE
OU ANCIENNE CUISINE FRANÇAISE.

Un riche campagnard de la Bretagne nous a reproché de n'avoir pas inséré dans cet ouvrage un article sur l'art de servir un *paon*; et il nous a fait remarquer que dans un certain nombre de maisons et de fermes on nourrissait cet oiseau pour l'ornement, et que, par conséquent, on avait quelquefois l'occasion d'en manger de jeunes; qu'un volatile aussi distingué devait être servi d'une manière digne de lui; et que, tout le monde n'ayant pas à sa disposition une bibliothèque historique où l'on pût trouver des renseignements à cet égard, nous aurions dû prévenir le vœu des amateurs.

Il fallait cette occasion pour nous engager à fouiller dans les vieux ouvrages et même dans les anciens manuscrits, où nous avons trouvé non-seulement le paon, mais encore la célèbre *sauce cameline*, l'*eau bénite* qui étaient à peu près universelles autrefois; la *sauce de trahison*, la *galimafrée*, l'*hypocras* et l'*hydromel*, non moins célèbres.

Nous avons réuni ces mets, moins sans doute pour l'utilité domestique que l'on y trouvera, que pour donner une légère idée de la cuisine de nos aïeux, qui, du reste, n'était pas sans rapport avec la cuisine encore actuellement en usage en Espagne et en Allemagne, et dont nous avons donné aussi un certain nombre de recettes.

Mêlez ensemble toutes sortes de viandes, un grand nombre d'aromates, de l'eau de rose, force jus de viande, poivre et sucre, et vous aurez le secret de la cuisine ancienne.

A présent que l'on meuble et décore tant de châteaux et de maisons dans les genres *Moyen âge*, *Gothique*, *Renaissance*, on pourra enfin servir dans les faïences de Palissy ou de Limoges des mets contemporains de ces vases, et les surmonter du fameux *paon revêtu*, dont l'écuyer tranchant ne devait être qu'un roi, un prince, ou un chevalier de haute valeur.

Sauce cameline.

Faites griller légèrement des tranches de pain et les faites tremper sur le fourneau dans une casserole avec vin rouge et vinaigre, cannelle, épices; mettez refroidir sur une assiette, ensuite passez à l'étamine. Cette sauce, bien couverte, se garde, dans un pot, 7 ou 8 jours. Elle servait autrefois pour les rôtis, et elle était très-célèbre.

Eau bénite. (Sauce.)

Faites bouillir ensemble, et ensuite passez au tamis un demi-verre d'eau de rose, autant de verjus, un peu de gingembre et de marjolaine.

Sauce de trahison.

Faites frire de l'ognon haché avec du lard fondu et ensuite passez-le à la passoire avec du pain grillé et trempé dans du bouillon mêlé de vin rouge et de vinaigre où on aura infusé de la cannelle pendant 24 heures ou plus. Ajoutez de la moutarde, épices et *grand'foison de sucre*, dit un auteur imprimé il y a plus de 300 ans.

Cette sauce était une de celles où l'on faisait entrer, selon l'usage du temps, tout à la fois du vin, du vinaigre et du sucre, choses que l'on regarde maintenant comme incompatibles.

Galimafrée. (Entrée.)

Hachez la moitié d'un gigot cuit à la broche et l'assaisonnez comme un hachis, en y ajoutant de l'ognon en aussi grande quantité qu'il vous plaira. Coupez le reste du gigot par morceaux gros comme des noix. Faites cuire comme un hachis et servez.

Galimafrée à la moscovite. (Entrée.)

Coupez les chairs d'un gigot de mouton par morceaux gros comme des noix et les piquez de moitié lard et moitié jambon, mettez-les au feu dans une casserole avec demi-verre d'huile, sel, poivre et bouquet garni. Lorsqu'ils commencent à chauffer, mouillez d'un demi-litre d'eau-de-vie, que vous enflammez en remuant jusqu'à ce que le feu s'éteigne; ajoutez jus, coulis, champignons, ce que vous voudrez; faites cuire doucement; dégraissez, versez un jus de citron et servez. — On peut, au lieu d'huile, employer du beurre. On servira, si l'on veut, des marrons, rôtis entre les morceaux de gigot, la sauce par-dessus.

Tourifas.

Faites cuire à demi, dans de l'eau, du petit lard coupé en dés menus; faites égoutter. Mettez dans une casserole du lard fondu, ou du beurre, une poignée de très-petits dés de jambon maigre; faites suer à feu doux; ajoutez champignons, persil et ciboules, hachés; une pincée de farine; mouillez de jus, remettez les dés de lard, poivre et épices; faites mijoter et que la sauce soit épaisse; retirez du feu, versez un jus de citron et laissez refroidir. Faites des rôties minces de mie de pain, de 3 doigts sur 4; couvrez-les chacune de votre ragoût; trempez dans de l'œuf battu et panez de mie de pain; faites frire.

Paon revêtu. (Repas de noce.)

Au lieu de plumer l'oiseau, il faut enlever la peau avec le plus grand soin, de manière que les plumes ne se détachent ni ne se brisent. Farcissez-le de ce que vous voudrez, même de truffes, foies gras, foies de volaille, lard gras, épices, sel, thym, laurier, sauge. (*V.* Dinde farcie.) Il doit être jeune.

Enveloppez les pattes et la tête de plusieurs épaisseurs de toile, et enveloppez le corps d'un papier beurré. La tête et les pattes sortant par les deux bouts doivent être arrosées avec de l'eau pendant la cuisson pour les conserver, et surtout pour conserver l'aigrette. Avant de débrocher faites prendre couleur en enlevant le papier beurré. Débrochez. Quand il sera froid, posez-le sur une planchette de la forme du fond du plat, et au milieu de laquelle est fichée une brochette de bois pointue qui doit entrer dans le corps de l'oiseau pour le faire tenir droit; arrangez les pattes d'une manière naturelle, ainsi que les plumes, dont celles de la queue seront dressées en éventail et maintenues avec du fil de fer. Le plat sera garni de persil, auquel on pourrait mêler quelques fleurs de mauve blanche, de bourrache; point de capucine, dont l'éclat effacerait celui des couleurs de l'oiseau.

Mais, nous l'avons déjà dit, ce ne sont point les officiers ordinaires de la cuisine qui doivent placer le paon sur la table. Cette cérémonie glorieuse était réservée, dans les temps de la chevalerie, à la dame que distinguait le plus son rang ou sa beauté. Elle l'apportait au son des instruments, et le posait, au commencement du repas, devant le maître de la maison, ou devant la personne la plus considérée. Dans une noce, il pourrait être servi par la demoiselle d'honneur et placé devant la mariée.

Hypocras.

Faites macérer pour chaque bouteille de bon vin rouge ou blanc 350 gram. de sucre concassé, un peu de cannelle, de poivron, de gingembre par tranche, 12 clous de girofle, 2 feuilles de macis, une pomme de reinette en tranches; laissez reposer jusqu'à ce que le sucre soit fondu, et passez plusieurs reprises dans une chausse où vous aurez placé une douzaine d'amandes douces concassées, mais non pelées. Mettez en bouteilles. — Ceci est un peu fort..... *de girofle,* mais le grand roi Louis XIV buvait avec plaisir de celui que les Parisiens lui envoyaient. — Buvons-en à sa mémoire !

Hydromel.

8 pintes d'eau et une de bon miel, le tout bouilli à consomption de la moitié, y ajoutant à la fin de l'eau-de-vie. Peut se garder de 10 à 12 ans.

PROPRIÉTÉS DES ALIMENTS*.

« Ce n'est pas ce que l'on mange qui nourrit, mais ce « que l'on digère. » On peut juger par cet aphorisme de la nécessité de connaître les qualités ou les défauts des aliments, et par cet enseignement d'un docteur sur la nécessité d'une préparation convenable : « La digestion des ali- « ments commence à la cuisine. »

ALIMENTS COMPOSÉS PRINCIPALEMENT DE FÉCULE. — La fécule fait la base des graines céréales et se trouve aussi en abondance dans la pomme de terre, dans les fèves, pois, haricots, lentilles. A cette fécule se trouvent unies des *substances azotées* en proportions variables et qui constituent la propriété nourrissante de ces végétaux.

Dans la farine des céréales (blé, seigle, orge), il existe de plus une substance beaucoup plus azotée, le GLUTEN, qui par beaucoup de ses propriétés correspond aux substances animales. C'est la matière nourrissante par excellence, et on l'appelle souvent *fibrine végétale*, parce que dans la chair des animaux, c'est la *fibrine* qui est la partie la plus nourrissante. Plus une farine est riche en *gluten*, plus elle est nourrisante. Les pois, haricots, lentilles, maïs, en renferment, mais moins que le blé.

Quand on fait cuire des farineux, on les voit se gonfler beaucoup, et cet effet est dû à la fécule qui absorbe l'eau ; de sorte que, si on les mange avant d'être bien cuits, le gonflement se produit dans l'estomac de manière à produire des vents. Mais cet effet ne provient que des matières mucilagineuses qui s'y trouvent unies : d'où résulte que le *blé* n'incommode pas sous ce rapport ; tandis que le *haricot*, qui contient beaucoup de mucilage, incommode quantité de personnes. — Le *pain* le plus léger est celui qui est le plus fermenté, tel est le pain *mollet*; mais il est moins nourrissant que celui de pâte ferme, car pour le même volume il y a moins de matière**. Le *pain de seigle*, moins nourrissant que

* Pour plus de détails, consulter le *Traité des aliments*, 2e édit. Ouvrage indispensable aux jeunes mères. Libr. Audot.
** Un pain sans levain serait lourd et indigeste. En introduisant le levain, il se produit une fermentation comme dans le vin, où le marc dissous se transforme en alcool et en gaz acide carbonique. Ce gaz, dans le pain, soulève la matière azotée et élastique qu'on appelle *gluten*; puis, quand on met au four, la chaleur tend à faire sortir ce gaz du pain. Il en résulte qu'il crève la masse et produit les creux de la mie : l'alcool s'évapore, et la cuisson de la croûte s'opère.

celui du *froment*, parce que sa farine contient moins de *gluten*, est un peu relâchant. Le pain de *gruau* est plus riche en *gluten*. Si on emploie du gluten frais * au moment du pétrissage, on obtient ce qu'il y a de plus nourrissant. On s'en sert surtout pour les convalescents. La *mie* est plus nourrissante que la *croûte*, dont la partie féculente est desséchée au four. La soupe faite de croûte est donc plus légère et moins nourrissante. Le pain rassis est plus nourrissant et plus léger que le pain tendre, parce qu'il a perdu de son eau.

La *pomme de terre* contient le quart de son poids de fécule (l'eau compose les 3 autres quarts), c'est un des aliments dont la digestion est le plus facile et qui est préférable à tous les autres légumes; mais il faut qu'elle soit à son point de maturité et point germée, car elle aurait perdu sa fécule.

La *fève* fraîche forme une nourriture douce et légère: mûre, elle est très-nourrissante; avec sa robe, elle a une qualité plus tonique et un peu échauffante. — On peut appliquer à la *lentille* ce qui a été dit de la fève; aussi sa purée se digère mieux que le grain entier. — Le *haricot* blanc cause plus de vents que le rouge, et celui-ci est plus échauffant. — Les *pois* secs sont moins venteux que les haricots. — Tous ces légumes sont plus nourrissants en maturité, c'est-à-dire secs que verts; mais les verts sont beaucoup plus légers à l'estomac. — La *châtaigne* est très-nourrissante, mais elle gonfle beaucoup dans l'estomac, parce qu'on ne la fait jamais cuire à son véritable point, qui est une bouillie bien cuite; alors elle devient un aliment léger et très-nourrissant. — Le *riz* est le grain qui contient le plus de fécule; il est léger et assez nourrissant cuit dans un liquide et complétement crevé. Il l'est cependant moins que l'*orge*, le *maïs*, le *sagou*, le *salep* et le *tapioca*, qui le sont moins que le blé **. — Du reste, plus les farines sont riches en fécule, plus il est nécessaire de leur laisser prendre à la cuisson une quantité d'eau suffisante pour leur complet gonflement. Le *vermicelle*, la *semoule* et le *macaroni* participent des propriétés du blé.

ALIMENTS COMPOSÉS DE CHAIR. — La chair des animaux est

---

* La farine se compose de gluten et de fécule. On les sépare par un lavage.

** Le riz passe pour être échauffant et resserrer les intestins dans les cas où ces organes sont relâchés, mais il peut y avoir un effet contraire: il apaise l'irritation parce qu'il est un excellent calmant, soit en l'employant sous forme de médicament, soit sous forme d'aliment.

formée spécialement par un assemblage de fibres musculaires rapprochées en faisceaux et enveloppées de tissu cellulaire. Elle renferme de la graisse et du sang, des débris de vaisseaux et des nerfs. Ces fibres musculaires sont constituées par de la *fibrine*, substance *azotée*, qui est la partie la plus nourrissante de la chair. Quant au *tissu cellulaire*, il se transforme, par une ébullition prolongée dans l'eau, en *gélatine*, ou *gelée*, substance très-peu nourrissante, malgré la croyance vulgaire. A l'article *Pot-au-feu*, on verra qu'il faut, pour obtenir du bon bouillon, que l'ébullition soit douce et lente, afin que le bouillon puisse dissoudre la *fibrine* et s'en approprier les sucs, aux dépens, à la vérité, de la viande, qui a perdu beaucoup de ses propriétés nourrissantes et de sa saveur, « son *osmazôme* ». — La viande rôtie doit sa saveur si agréable à ce que la cuisson s'est effectuée avec son jus propre, sans mélange d'eau. Elle a toute son osmazôme, qui même s'est déposée en partie à sa surface et a occasionné la belle couleur que les cuisiniers appellent *glace*. — Dans les jeunes animaux (les veaux, les agneaux, les poulets, etc.), on trouve plus de tissu cellulaire; la chair n'est pas complétement organisée : le bouillon que l'on en ferait serait riche en gélatine, mais peu nourrissant. — C'est dans la chair du *bœuf* que réside l'aliment le plus nourrissant de tout ce qui sert à la nourriture de l'homme : ses chairs rôties, surtout lorsqu'elles sont peu cuites, excitent l'estomac, facilitent son action digestive et fournissent une si grande proportion d'éléments réparateurs que le corps en est restauré plus promptement et plus complétement que par tout autre aliment, et qu'après leur digestion il est rendu très-peu d'excréments, condition qu'elles partagent avec les substances qui contiennent beaucoup de fécule. Mais, si elles donnent la vigueur, leur usage, en excès, disposerait aux inflammations, aux hémorrhagies, aux apoplexies, à la goutte et à toutes les indispositions qui proviennent d'une nourriture trop substantielle *.

* SUR LES JUS TIRÉS DES VIANDES. — Les médecins ordonnent l'usage des jus à peu près crus pour fortifier les convalescents et toutes personnes faibles.
Voici des expériences sur la production de ces jus. Deux biftecks, pesant 320 gram. (non du filet, mais de la culotte et de l'aloyau), ont produit, par une forte pression, 100 grammi. de jus, c'est-à-dire un décilitre ou demi-verre ordinaire. — Deux tranches de maigre de mouton ont produit à peu près le même poids de jus. — Le résidu de ces 640 gramm. de chair a été, jus déduit, de 400 gr., lesquels, employés de suite sous forme de pot-au-feu, ont donné un litre et demi de bouil-

La *vache* bien engraissée a les mêmes qualités.

Le *mouton* contient moins de jus que le bœuf, et sa chair est presque aussi nourrissante.

La chair du *porc* est lourde, mais elle nourrit beaucoup. La *charcuterie*, par ses assaisonnements excitants, en change la nature, la rend plus digestive, mais excitante et échauffante. Le *sanglier* est dans le même cas.

Le *chevreuil*, le *daim*, le *cerf*, participent des qualités du mouton, mais leur chair est excitante et échauffante. Il en est de même du *lièvre*. On peut en dire autant, mais à un moindre degré pour l'excitation et l'échauffement, des *alouettes* et autres *petits oiseaux* sauvages, ainsi que des *bécasse, bécassine, caille, perdrix, faisan, pigeon, oie* et *canard* sauvage (le canard domestique est moins excitant, mais aussi moins nourrissant). Le *lapin* vieux est indigeste.

Les *cœurs* et les *rognons* sont en général d'une pesante digestion.

ANIMAUX A CHAIR BLANCHE ET FERME. Les *écrevisses, homards, crabes, crevettes* ont une chair qui ne le cède qu'à celle des grands animaux pour être nutritive ; mais elle est échauffante, surtout avec les assaisonnements qu'on lui prodigue, et est dangereuse pour les jeunes gens, dont elle exciterait les désirs. Le *thon*, l'*esturgeon*, la *morue*, le *maquereau*, le *saumon* et la *grosse truite* sont nourrissants, mais d'une digestion plus ou moins lourde ; la *raie* et le *congre* sont les plus nourrissants, sans être lourds.

ANIMAUX A CHAIR BLANCHE, TENDRE ET GRASSE. Les plus gras sont les plus difficiles à digérer. Parmi les poissons dont la chair est lente à digérer, on citera l'*anguille*, la *lamproie*, la *tortue* et les *carpes* trop grasses. L'*alose*, quoique grasse, est de digestion facile. — Le *dindon*, quoique la chair en soit grasse, est bien préférable aux précédentes et contient beaucoup de matière nutritive. Le *lapereau*, le *perdreau*, le *poulet*, moins nourrissants, sont légers.

Les poissons dont la chair très-tendre et délicate se digère promptement sans peser sur l'estomac, surtout les jeunes, sont les *merlan, limande, perche, éperlan, goujon, rouget, carpe maigre, sole, turbot, carrelet, barbue, brochet, dorade,*

tion très-convenable. — Le filet donne moins de jus pur. — Avant de presser la chair, on la fait griller un moment, au point que les cuisiniers nomment *vert*, afin de faciliter la sortie du jus que l'on doit consommer tout chaud.

La pression a lieu au moyen d'un *presse-jus*, page 39.

truite de rivière, *lotte*. Le *hareng* l'est un peu moins, surtout salé et saur. Le *barbeau* est meilleur vieux, parce qu'il perd les mauvaises qualités qui le rendent d'une digestion pénible : il faut jeter ses œufs, qui sont très-indigestes, ainsi que ceux du brochet. La *brème* est visqueuse et la *tanche* dure. — Les poissons des eaux vives sont plus légers que ceux des eaux stagnantes, dont la chair peut être indigeste. En général la chair des poissons forme une nourriture relâchante, quoique nourrissante.

ANIMAUX A CHAIR GÉLATINEUSE. J'ai déjà dit que leur chair est moins nourrissante que celle des animaux faits, tel, par exemple, le veau relativement au bœuf; la digestion en est plus difficile : on citera d'abord les *pieds, oreilles, têtes, jarrets, palais,* etc., puis le *cochon de lait*, le *chevreau* et l'*agneau*, la *grenouille*, le *limaçon* ou *escargot*, qui sont plus ou moins digestibles.

ALIMENTS QUI NE CONTIENNENT NI CHAIR MUSCULAIRE NI FÉCULE. Le *sang* (le *boudin*) est nutritif, mais indigeste. Les *foies*, surtout les foies gras, sont tous indigestes; celui de veau est préférable. On en dira autant des *cervelles, ris, fraises, tripes, gras-double, mou de veau*. — Les *huîtres* donnent beaucoup de nourriture sans fatiguer l'estomac, leur eau en accélère la digestion; l'eau-de-vie et le lait en entravent la digestion, au lieu de les dissoudre. De mai en septembre elles sont molles et fades. Les huîtres cuites ou marinées sont difficiles à digérer. Il en est de même de la *moule* sous *tous* les rapports.

ŒUFS. Le blanc, mangé cru et refroidi, pèse sur l'estomac; battu, il est plus digestif; cuit en lait, il se digère aisément; à l'état *dur* il est peu nourrissant et d'une digestion longue et difficile. Le jaune nourrit bien, est d'une facile digestion, et, mélangé avec le blanc, aide à la digestion; surtout à l'état de demi-cuisson, qui est le meilleur. En général l'œuf est échauffant, surtout quand il est vieux. Les œufs de poisson participent du jaune d'œuf d'oiseau. Ceux qui, à la cuisson, restent visqueux et transparents, sont purgatifs et dangereux.

Le LAIT se digère facilement et promptement, mais il affaiblit l'estomac et les intestins; c'est un mauvais aliment pour ceux à qui il produit cet effet; mais les aromates, le sucre et surtout le café facilitent sa digestion. Le *fromage* blanc se digère bien. Les fromages salés sont digestifs et très-nourrissants, surtout le gruyère, qui nourrit plus que la viande de bœuf. Le brie nourrit presque autant que le bœuf. Le *beurre* frais est d'une digestion très-facile, il est plus nourrissant que la graisse et l'huile. Rance ou trop cuit, il devient excitant; fondu, il n'est pas aussi bienfaisant que le frais, et le salé lui est préférable. Ajouté aux aliments, il les rend plus nourrissants et plus digestifs.

CHAMPIGNONS. TRUFFES. Les champignons, que Néron appelait un mets des dieux, parce qu'ils avaient empoisonné les empereurs Tibère et Claude, dont il avait fait faire l'apothéose, et qui, depuis, ont causé la mort du pape Clément VII, du roi Charles VI, de la veuve du czar Alexis et de bien d'autres, sont toujours un aliment lourd et indigeste, même lorsqu'ils sont bien choisis et venus sur couches. La digestion en est lente, et ils fournissent assez peu de matière vraiment nourrissante. Il faut par conséquent éviter d'en manger beaucoup à la fois, et le mieux est de les reléguer, comme on le fait le plus souvent, parmi les assaisonnements. On a remarqué que les champignons sont moins indigestes quand on les prend récents et qu'on les a fait mûrir dans de l'eau acidulée avec du vinaigre ou du jus de citron.

Les truffes, qui ne sont pas moins difficiles à digérer, sont plus nourrissantes, parce qu'elles contiennent une quantité notable de fécule. Elles renferment aussi un principe plus excitant, ce qui a fait croire qu'elles étaient aphrodisiaques ou rendaient amoureux. Mais cette opinion ne paraît fondée que, parce qu'étant toujours d'un prix assez élevé, elles ne sont mangées ordinairement que dans des repas où se trouvent déjà d'autres aliments excitants et fort assaisonnés. Nous ferons, au surplus, la recommandation, comme pour les champignons, de n'en pas manger beaucoup à la fois, bien qu'elles ne puissent produire que des indigestions, et qu'elles n'aient jamais d'effets vénéneux.

LÉGUMES rafraîchissants et peu nourrissants : *pourpier, poirée, arroche, épinard, laitue, romaine.* — Plus nourrissants : *chicorée, cardon, salsifis, topinambour;* l'*asperge*, aliment très-doux, a sur les reins une action qui produit une mauvaise odeur, mais elle n'est pas nuisible aux organes urinaires; l'*oseille*, très-rafraîchissante, est nuisible aux personnes atteintes de gravelle, et l'on peut en dire autant de tous les acides; la *tomate* est rafraîchissante et acide; l'*artichaut* est doux et n'a rien d'échauffant; la *betterave*, quoique très-sucrée, n'est pas nourrissante comme on pourrait le croire; le *melon* ne serait fiévreux qu'autant qu'on en ferait excès. Le *potiron* est nourrissant quand il est compacte et farineux; le *navet* nourrit peu et gêne par ses propriétés venteuses. La *carotte* n'est pas aussi digestive qu'on le croit; le *panais* nourrit plus qu'elle. Le *céleri* est excitant, échauffant, d'une digestion difficile cru, bien plus facile cuit. L'*ognon* cru est très-stimulant, agit à la manière de l'ail et de la moutarde, et réveille l'action des organes engourdis : il faut ne le manger que cuit, à cause de sa propriété excitante et échauffante; le *poireau* est beaucoup plus doux et même émollient. Le *chou* cru contient une matière âcre et indigeste, aussi lui faut-il une cuisson complète de 3 à 5 heures, selon l'espèce; ses propriétés venteuses diminuent quand on l'assaisonne au gras, mais il en devient plus indigeste; ses feuilles vertes surtout sont nuisibles. Le *chou-fleur*, plus doux, participe cependant des mêmes mauvaises propriétés, surtout dans ses grosses côtes. Dans la *choucroute* le sel et l'acide qui s'est formé en font un aliment moins indigeste. Le *cresson* est loin d'être rafraîchissant, il contient du soufre, et il est excitant et échauffant si l'on en mange beaucoup : il se digère assez bien; le *radis* et les *raves* ont les mêmes propriétés quand ils ne sont pas très-tendres et jeunes; le *raifort* et le *radis noir* sont très-excitants.

Les *salades* ont les propriétés douces ou excitantes des substances dont elles sont composées; mais leur état de crudité fait qu'elles ne sont pas d'une digestion aussi facile.

Les FRUITS contiennent tous du mucilage, une gelée et du sucre : c'est par ces trois substances qu'ils sont nourrissants. Ils renferment aussi des acides qui les rendent rafraîchissants. Ils commencent tous par être acerbes; ils deviennent acides et enfin sucrés et nourrissants. La cuisson influe sur leurs qualités, elle fait perdre une partie de leur insalubrité aux fruits verts; elle rend les autres plus digestifs et plus nourrissants. Le sucre rend les fruits crus plus faciles à digérer, surtout si on y ajoute des aromates et du vin. Les fruits huileux, tels que les *noix, noisettes, amandes,* sont nourrissants, mais indigestes si on n'en fait pas usage mêlés à d'autres aliments, particulièrement quand ils sont vieux; car ils le sont beaucoup moins étant jeunes et à l'état de cerneaux. Le *cacao* dont on fait le *chocolat*, au moyen du sucre et de la vanille que l'on y joint, devient un aliment doux, fortifiant et d'une digestion facile, mais excitant et échauffant pour un grand nombre de personnes.

Assaisonnements doux. L'*huile* est un peu plus nourrissante que les légumes dont nous venons de parler : la meilleure est celle d'olive, faite à froid et point vieille; les autres sont plus sujettes à rancir et à peser sur l'estomac. Prise en quantité, elle deviendrait un purgatif, et elle affaiblirait les organes si elle n'était toujours accompagnée d'assaisonnements excitants, tels que poivre, sel, vinaigre.
— Le *sucre*, pris en petite quantité, facilite la digestion, et l'eau sucrée est le meilleur moyen de débarrasser l'estomac des aliments qui y séjournent trop longtemps. Il n'est échauffant que quand on en use avec excès ou qu'il est altéré par une forte cuisson, ou encore s'il est uni à des substances excitantes, comme dans les bonbons; il est très-nourrissant, sans fatiguer en rien les organes. — Le *miel* ne peut servir à la nourriture autant que le sucre, parce que, pris seul à la dose de quelques onces seulement, il devient purgatif; il produit des vents et ne se digère pas toujours bien.

Assaisonnements *excitants*. Le *sel*, pris en petite proportion, excite utilement la digestion, mais à haute dose il produit une grande irritation. Les *salaisons* sont insalubres, parce que le sel durcit le tissu des chairs, et, même dessalées, elles sont plus sèches et plus difficiles à digérer. Le *vinaigre* pur irrite l'estomac; étendu d'eau, il forme une boisson rafraîchissante; en petite quantité dans les aliments, il facilite la digestion. Mais les *cornichons* et autres végétaux confits au vinaigre sont aussi nuisibles à l'estomac que le vinaigre pur. Il fait maigrir, mais c'est aux dépens des organes. La *moutarde* est un excitant très-fort, mais prise en petite quantité elle aide à la digestion. Le *poivre* produit des effets semblables. Le *poivre long* ou *piment*, le *gingembre*, la *muscade*, les *clous de girofle*, les *épices*, etc., ont des effets analogues. La *cannelle*, le *laurier*, le *thym*, la *sarriette*, l'*anis*, la *coriandre*, etc., sont seulement aromatiques, et s'ils échauffent, ils n'irritent pas autant. L'*ail* cru est aussi excitant que la moutarde, mais cuit, et surtout dans un liquide, il perd la plus grande partie de sa force et aide alors à la digestion. La *ciboule*, l'*échalote*, l'*ognon*, ne diffèrent de l'ail que par une action moins énergique. La *civette* et la *rocambole* sont encore plus faibles. Enfin, le *persil*, le *cerfeuil*, la *pimprenelle*, l'*estragon*, la *passe-pierre*, etc., ne sont que des aromates qui ne sont pas dangereux. — En général les assaisonnements nourrissent très-peu, mais ils peuvent être utiles de trois manières : 1° en ajoutant des saveurs aux aliments; par là ils excitent l'appétit, et comme la digestion d'une substance qui plaît et flatte le goût est plus aisée, toutes choses égales, déjà sous ce rapport ils facilitent la digestion; 2° ils modifient les qualités des aliments; c'est ainsi qu'en faisant séjourner les viandes dans le vinaigre, l'huile, le beurre, on les attendrit pour les rendre plus susceptibles d'être attaquées par les organes digestifs; 3° enfin l'excitation qu'ils déterminent dans ces derniers donne plus d'activité à la digestion, mais on n'en peut tirer avantage qu'autant qu'on les emploie à petite dose, qu'ils ne sont pas trop forts et qu'on en use modérément, car ils n'excitent qu'un appétit factice dont la répétition fatigue.

Patisseries. Leur pâte n'étant pas levée comme celle du pain, et n'étant pas cuite avec autant d'eau, elle reste difficile à dissoudre dans l'estomac; la *brioche* et surtout le *baba* et le *savarin*, ayant de la levûre, sont moins lourds. Le *biscuit* se digère mieux, parce qu'il contient plus de sucre et que sa pâte s'est levée naturellement. Les *nougats* sont très-indigestes; et le *pain d'épice* n'est pas sans inconvénient sous ce rapport, comme sous celui de purger. Tout le monde sait combien pèsent la *croûte de pâté*, les *galettes*, les divers *flans*. Les *pâtes feuilletées* ne sont moins lourdes en apparence que parce qu'on n'en mange pas autant à la fois.

Préparation des aliments. Dans ce qui précède, on a parlé, autant que l'espace pouvait le permettre, des avantages ou des inconvénients des aliments rôtis ou bouillis : il reste à dire quelques mots sur d'autres préparations. — L'*étuvée* ou étouffée, qui consiste à faire cuire les viandes dans leur jus, leur laisse tous leurs sucs et les attendrit, ce qui en fait tirer le meilleur parti possible et les rend très-saines quand on n'a pas forcé les assaisonnements. L'étuvée au vin est toujours accompagnée d'assaisonnements forts qui en font un aliment excitant et échauffant. — La *friture*, qui exige que la graisse soit portée à un point élevé de chaleur et de cuisson, est indigeste pour les estomacs peu vigoureux, d'autant qu'il s'y joint souvent une épaisseur de pâte qui absorbe plus de cette graisse qui est dénaturée par des cuissons répétées. La friture la moins malsaine est celle des objets qui ne sont que farinés. Les *roux* ont l'inconvénient de la graisse, du beurre ou de l'huile chauffés fortement avec de la farine; deux choses peu convenables aux estomacs faibles ou irritables.

La cuisson des légumes dans l'eau en rend la digestion plus facile.

On terminera cet article, auquel il est à regretter que l'espace ne permette pas de donner plus d'étendue, en recommandant de manger lentement, si on veut faire une bonne digestion, et de ne jamais manger avant que la digestion du repas précédent soit terminée.

Boissons. Si l'homme ne buvait qu'autant que l'exige le travail de la digestion, s'il se bornait à l'usage des boissons délayantes et de quelques boissons légèrement stimulantes rendues nécessaires par la nature des aliments, jamais les liquides qu'il introduit dans son estomac ne seraient une cause de maladie. Cependant les boissons aqueuses trop abondantes rendent les digestions lentes et pénibles, et provoquent des évacuations inutiles. Les boissons stimulantes, irritantes, maintiennent les organes dans un état habituel d'irritation. Cependant elles sont utiles dans les froids et dans les chaleurs excessives, afin de rétablir l'équilibre de l'action vitale. Les boissons sont dans tous les cas d'un meilleur usage prises en petite quantité à la fois, parce qu'il est nécessaire que la salive, substance éminemment nutritive, s'y joigne en suffisante quantité, et il en est de cela en santé comme en état de maladie.

Les *eaux* de rivière et de pluie sont les plus légères et les plus saines. Celle des puits est chargée de plâtre et de chaux, et lourde à la digestion. Le *thé* que l'on y joint en infusion la rend, par son principe amer, propre à exciter l'action de l'estomac; jointe au *tilleul*, elle agit de même, mais plus faiblement et plutôt comme calmant. Voy. page 667 le moyen de rendre douces les eaux de puits.

Les *vins* ont un effet plus ou moins excitant qui dépend du plus ou moins d'alcool ou esprit-de-vin qu'ils contiennent. Les vins fins faibles d'alcool, imparfaitement fermentés et chargés d'acide, désaltèrent bien, mais stimulent peu. Ceux qui sont plus forts font l'effet contraire; mais, s'ils causent plus facilement l'ivresse, il n'amènent pas de coliques. Ils conviennent mieux à la santé pris modérément; ils sont toniques et fortifiants. Il est toujours préférable de ne faire usage que d'une seule espèce dans un repas, surtout quand ils offrent trop de différence entre eux. Voy. p. 557.

La *bière* est plus ou moins nourrissante selon sa force, et elle contient, quand c'est une bière forte, une petite quantité d'alcool; la petite bière nourrit aussi, elle est rafraîchissante, mais elle est énervante, et toutes produisent un effet fâcheux sur les voies urinaires pour peu que l'on en fasse un assez grand usage.

Le *cidre* et le *poiré* contiennent des acides ; ils désaltèrent bien, mais nourrissent moins que la bière ; le poiré agace les nerfs.

Les *liqueurs alcooliques*, *eau-de-vie*, *rhum*, etc., émoussent la sensibilité des organes, altèrent leur constitution et produisent l'hydropisie et autres maux terribles : l'ivresse qu'elles occasionnent est très-dangereuse. Prises à petites doses, et surtout mélangées avec de l'eau, elles sont toniques, favorables à la digestion, et produisent une partie des effets du vin.

Les *liqueurs* et *ratafias* sont légèrement nourrissants en raison du sucre qu'ils contiennent, et les aromates qu'on y joint leur donnent des propriétés particulières, selon leurs différentes natures. En général, ils sont tous échauffants et plus ou moins irritants, selon le plus ou moins de force alcoolique qu'on leur a donnée.

DIVERS MOYENS ET RECETTES
D'ÉCONOMIE DOMESTIQUE

Règles à observer pour les rôtis et viandes grillées.

Le premier soin doit être de proportionner l'ardeur du feu à la qualité des viandes.

Le *bœuf* et le *mouton* demandent à être saisis par un feu vif. On ne doit cependant pas trop hâter la cuisson, on diminue ensuite le feu par gradation. Comme il est essentiel que ces deux sortes de viandes conservent leurs sucs, il ne faut pas non plus les laisser languir à la broche. Il est essentiel de les arroser souvent, et pour cela il ne faut pas craindre de trop prodiguer la graisse.

Versez dans la lèchefrite, ou dans le fond de la cuisinière, un demi-verre de bouillon, sinon de l'eau avec une pincée de sel, et en arrosez le rôti afin d'éviter la perte du jus, qui fournirait seul à l'évaporation.

Quant au temps qu'il convient de les laisser à la broche, cela dépend du goût; l'un veut la viande très-cuite, l'autre l'aime saignante : c'est donc à vous à vous former des règles d'après les succès que vous aurez obtenus.

Le *veau* exige moins de feu; il faut l'arroser, et l'oindre de beurre plutôt que de graisse. Ne le servez jamais saignant; rien ne serait plus malsain ni plus désagréable au goût, surtout si vous avez employé la partie du rognon. Pour vous assurer qu'il est suffisamment cuit, piquez-le avec une aiguille à tricoter dans la partie la plus charnue, enfoncez-le jusqu'à l'os, et examinez si le jus qui sort par la piqûre est limpide, ou encore sanguinolent. Dans le second cas, vous laissez votre pièce pendant quelque temps encore à la broche; mais ne répétez pas souvent ni inutilement l'expérience; car, si fine que soit votre aiguille, vous serez à portée de remarquer, avec surprise, combien sera considérable la déperdition de suc produite par chaque piqûre. Quand le veau commence à fumer, il est cuit.

L'*agneau* doit être traité comme la volaille.

Rien de plus insipide qu'une *volaille* desséchée au feu, et qui a perdu tous ses sucs; néanmoins, si on l'exposait à un feu ardent, comme le bœuf et le mouton, la peau se crisperait, se brûlerait même, et vous la priveriez par là d'un de ses plus grands agréments. Pour éviter cet inconvénient, ayez donc la précaution d'envelopper d'un papier frotté de beurre ou d'huile toute votre volaille blanche, savoir : les *dindons*, les *chapons* et *poulardes*, ainsi que les *poulets*. Vous retirez ce papier, vous les arrosez et les exposez pendant quelques instants à un feu vif. Il n'en faut pas davantage pour donner à leur peau de la couleur, et pour la rendre croquante, et même pour colorer les bardes et les lardons. Ainsi cette seule précaution, très-simple, vous met en état de flatter toujours l'œil et le goût.

Quant à la volaille noire, telle que les *oies et canards*, on peut, attendu la fermeté de leur peau, les exposer sans inconvénient à un feu vif; on connaît qu'elle est cuite lorsqu'elle lance sa fumée par jets.

Mettez à la broche sans papier, mais en les piquant de lardons fins très-près les uns des autres, les *levrauts* et les *lapereaux*. Leur partie postérieure exige plus de chaleur que le devant.

Les jeunes *perdrix*, *perdreaux* et *cailles* doivent être gouvernés comme la volaille blanche.

Quant aux *bifteck* et autres viandes *préparées sur le gril*, tout l'art consiste à les faire saisir, surtout le bœuf et le mouton, par un feu très-vif, afin d'en concentrer les sucs. On doit prendre garde de ne pas les laisser trop cuire ni dessécher, et on doit ne les retourner qu'une fois. Le sel, pendant la cuisson, durcit la viande.

En général, et pour toutes sortes de rôtis, on connaît que le moment de les retirer de la broche est arrivé quand on en voit sortir le jus, et que les chairs lancent des jets de fumée.

Nous allons ajouter un tableau du temps que chaque pièce doit rester au feu, en supposant un bon feu, une cuisinière de fer-blanc et une coquille à rôtir qui se touchent sans courant d'air sur les côtés. — Cuit en casserole, il faut plus de temps.

Bœuf, pesant 10 livres, 2 heures et demie.
Idem, pesant 5 livres, une heure et demie.
Mouton, gigot ou épaule, 6 livres, une heure et demie.
Idem, pesant 4 livres, une heure et un quart.
Agneau, un gros quartier, une heure.
Idem, un petit quartier ou gigot, 3 quarts d'heure.
Veau, pesant 4 livres, une heure et demie.
Idem, pesant 2 livres, une heure un quart.
Porc frais, de 4 livres, 2 heures ; 3 heures en casserole.
Idem, pesant 2 livres, une heure un quart.
Cochon de lait, gros, 2 heures et demie ; petit, 2 heures.
Venaison, pesant 8 à 10 livres, 2 heures.
Idem, pesant 4 livres, une heure à une heure et demie.
Lièvre, gros, une heure et demie.
Léporide, une heure.
Levraut, 3 quarts d'heure.
Lapin, gros, 3 quarts d'heure.
Idem, petit, une demi-heure.
Dindon, gros, une heure et demie.
Idem, moyen, une heure ; petit, 3 quarts d'heure.
Poularde et *chapon*, gros, 1 heure à 1 heure un quart.
Idem, moyen, 3 quarts d'heure.
Poulet, 3 quarts d'heure.
Oie, grosse, 2 heures.
Idem, petite, une heure et demie.
Canard, gros, 3 quarts d'heure.
Idem, petit, une demie-heure.
Faisan, 3 quarts d'heure.
Pigeon, demi heure.

> Les pièces farcies ou truffées exigent plus de temps.

Perdreau, demi-heure.

Bécasse, demi-h. si elle est grasse; maigre, 1 q. d'heure.

Alouettes bardées et petits oiseaux, de 10 à 20 minutes.

Manière de préparer la volaille avant de la faire cuire.

Lorsqu'on met sa volaille sur le feu aussitôt qu'elle a été tuée, si même on attend quelques heures, quelques précautions que l'on prenne ensuite pour la faire rôtir ou bouillir, il est impossible de la servir tendre et délicate. Celle qu'on veut servir à dîner doit être morte au moins de la veille, et celle que l'on veut servir le soir doit être tuée le matin de très-bonne heure, si l'on n'a pas eu la précaution de la tuer la veille. Si on est surpris sans avoir eu le temps de la laisser mortifier, il faut la tremper dans l'eau bouillante, et l'y plumer aussitôt que l'on peut y tenir les mains.

Un autre moyen d'attendrir la volaille et le poulet, c'est de lui faire avaler, une minute avant de la tuer, une cuillerée de vinaigre.

La volaille noire (canards, pigeons, etc.) est plus tendre quand elle a été étouffée que quand on l'a fait saigner. Si on coupe la tête du canard, il ne faut le faire que quand il est froid.

Pour plumer promptement les volailles.

Plongez-les dans l'eau bouillante en les retournant en tous sens. Bon surtout pour les vieilles volailles et les abatis.

Manière de rendre tendre une vieille volaille.

Mettez-la tremper dans l'eau froide pendant 24 heures, avec quelques poignées de cendre, lavez, plumez, videz, et attendez encore 24 heures; liez-la et la mettez bouillir un quart d'heure dans le pot-au-feu. Retirez votre volaille, piquez-la et l'embrochez; quand elle est cuite à moitié, arrosez-la avec du beurre très-chaud.

Marinade pour arroser les rôtis.

Hachez du lard gras avec une pointe d'ail, pincée de persil; ajoutez du sel, poivre, une cuillerée de vinaigre et 4 cuillerées d'huile; battez le tout.

ÉCONOMIE DOMESTIQUE.

Tableau sur lequel on peut voir l'espace de temps que les viandes crues peuvent rester exposées à l'air sans se gâter dans un endroit frais, où aucun insecte ne puisse pénétrer.

	L'ÉTÉ.	L'HIVER.
Cerf et autres bêtes fauves.	4 jours	8
Sanglier.	6	10
Lièvre.	3	6
Lapin.	2	4
Faisan.	4	10
Gélinotte.	4	10
Coq de bruyère.	6	14
Perdrix.	2	6 jusqu'à 8.
Bœuf et porc.	3	6
Mouton.	3	6
Veau et agneau.	2	4
Dindon, canard, oie.	2	6
Chapon.	3	6
Vieille poule.	3	6
Poulets.	2	4
Pigeonneaux.	2	4

Quand le temps est doux ou à la pluie, les viandes se gardent quelques jours de moins.

Ce tableau, dressé pour des pays plus froids que Paris, peut y servir encore de règle. Dans des climats plus chauds, on pourra la graduer selon sa propre expérience.

Moyen de conserver la viande fraîche et saine durant l'été.

Il faut suspendre, sans qu'elle touche à rien, sa viande fraîche dans un cellier sombre qui n'ait, s'il est possible, d'ouverture que du coté du nord, et l'entourer d'une toile soutenue par un cerceau, afin de la garantir des mouches à vers. Mais avant, et dès qu'elle arrive de la boucherie, il faut la bien visiter et la nettoyer avec soin, en cas que la mouche y ait déjà donné. Par ce seul procédé, la viande se garde en bon état pendant 3 jours en été. Alors on coupe le reste de son bœuf en portions, pour autant de jours qui restent à s'écouler; on fait cuire chaque portion dans un pot séparé, jusqu'à ce que la graisse surnage un peu, tout au plus pendant une heure, et l'on n'attend pas que la viande soit entièrement en état de cuisson; ensuite on retire chaque pot du feu avec la viande et le bouillon, et on les porte au cellier, où on les couvre avec soin. Observez qu'il faut bien se garder de les saler aucunement lors de cette première ébullition. Cela fait, on prend, jour par jour, une des portions ainsi préparées; on la dégraisse, on sale sa viande et son bouillon, et on les laisse au feu jusqu'à ce qu'ils soient cuits au point désiré.

Le veau et le mouton peuvent aussi, étant enveloppés d'une toile, se conserver pendant quelques jours; puis on fera revenir tant soit peu dans le beurre le veau qu'on destine à la broche, et on le remettra au cellier dans un vase bien fermé. Quant au mouton destiné au même usage, on pourra le faire bouillir quelque temps et le serrer ensuite dans son bouillon, au même endroit, et en le couvrant bien. Mais votre veau et votre mouton, en subissant cette préparation, ne doivent être ni salés, ni conduits à l'état de cuisson. En prenant ces précautions, vous pourrez garder fraîches ces deux sortes de viandes pendant quelques jours encore; et lorsque vous voudrez les servir, vous les salerez, vous acheverez de les faire cuire, et les apprêterez de la manière que vous voudrez.

Autre. Enveloppez d'un linge serré les morceaux de viande ou les pièces de volaille ou gibier; placez-les ainsi au nord, bien enterrés dans une quantité de poussier de charbon ou de braise, car le charbon est éminemment conservateur.

Moyen d'ôter le mauvais goût aux viandes passées.

Mettez-les dans l'eau bouillante, et lorsqu'elles seront prêtes à écumer, prenez 1 ou 2 gros charbons bien solides, allumez-les, et, lorsqu'ils seront embrasés de toutes parts, jetez-les dans l'eau bouillante où est la viande pour vous en servir.

En jetant un charbon ardent dans du bouillon qui commence à passer ou à s'aigrir, dans l'instant où il est en ébullition, on obtient le même effet.

Moyen d'attendrir les viandes.

Avant de mettre à la broche ou au pot chaque espèce de viandes, telles que bœuf, mouton et veau, il faut les battre vigoureusement avec un rouleau de bois, au moins pendant une minute.

Moyen de donner au veau le goût du thon, pour le servir en hors-d'œuvre.

Vous prenez de la rouelle de veau que vous coupez par

tranches et la jetez dans l'eau bouillante, dans laquelle vous avez mis des feuilles de laurier, et du sel provenant de poisson salé. Quand votre viande aura trempé 2 heures dans cette eau ainsi préparée, vous la ferez bien égoutter, vous la saupoudrerez encore de sel bien égrugé, et avec une batte de bois vous la battrez jusqu'à ce que le sel l'ait bien pénétrée; puis vous mettrez au fond du vase qui doit la recevoir quelques anchois salés, vous placerez votre rouelle dessus et emplirez le vase de bonne huile.

Manière de donner au mouton le goût du chevreuil.

Prenez du mouton bien mortifié, gigot, filets, côtelettes; piquez-le comme fricandeau; mettez-le dans une terrine avec une poignée de grains de genièvre et une pincée de mélilot; versez dessus une forte marinade où il y ait beaucoup de vinaigre rouge; faites mariner 5 ou 6 jours, égouttez-le; mettez à la broche ou sur le gril, et servez avec une sauce poivrade.

Mouton de pré salé fait avec du mouton ordinaire.

Si c'est un gigot, il faut le désosser. Mettez-le dans une terrine et versez dessus une marinade faite d'huile, vinaigre, sel, poivre, ail, ognon, thym, laurier, persil. Faites mariner 3 jours, et le faites rôtir soit à la broche, soit en casserole. On fait de même pour du filet ou des côtelettes.

*Moyen de donner au cochon le goût
et l'apparence du sanglier.*

Plus il sera jeune, et mieux vous réussirez. Mettez-le mariner 8 jours dans la marinade suivante : ognon en tranches, échalottes, quelques gousses d'ail, feuilles de laurier, clous de girofle, petite sauge, grains de genièvre, basilic, thym, mélilot, menthe, brou de noix (frais ou conservé dans du sel), moitié eau et moitié fort vinaigre.

Moyen de préserver le poisson de la corruption.

Vous lui faites jeter un bouillon dans une petite quantité d'eau et un peu de sel; vous le laissez dans cette eau 2 ou 3 jours sans qu'il se corrompe, parce qu'il tombe au fond du vase et que l'eau salée le couvre entièrement. Si vous êtes forcé de le garder plus de 3 jours, vous remettez le vase sur le feu, en ajoutant encore un peu de sel et une feuille de laurier. Il peut ainsi soutenir jusqu'à trois ébullitions. Employer un vase de terre, éviter le fer et surtout le cuivre.

Moyen de rendre mangeable le poisson qui commence à se corrompre.

Faites-le bouillir dans une bonne quantité d'eau, avec un quart de vinaigre, du sel et un *nouet* de linge contenant du poussier de charbon de bois. Ce procédé enlève tout mauvais goût.

Conservation du poisson.

Faites un court-bouillon de 8 litres d'eau et un kilog. de gélatine commune, et y mettez cuire aux trois quarts des poissons à chair ferme. Ils pourront se conserver plusieurs jours et s'envoyer au loin. On achève la cuisson au moment de s'en servir. Ce moyen est celui de M. Carnet-Saucier.

Conservation du gibier en été.

Videz-le et remplacez cette vidange par des morceaux de charbon de bois.

Conservation des œufs.

Enduisez-les d'une couche assez consistante de gomme arabique fondue dans de l'eau et les enfermez aussitôt dans une boîte remplie de charbon en poudre. Ces corps s'enlèvent facilement ensuite en lavant; la gomme bouche les pores des coquilles, les garantit de l'air qui les décompose, et le charbon est un bon conservateur. Ils se conservent bien aussi au naturel dans le linge des tiroirs.

Autre moyen. Le jour où les œufs ont été pondus, ou très-peu de jours plus tard, on les fait cuire à l'eau bouillante comme pour les manger à la coque; on les retire de l'eau, on les marque du quantième du mois, afin de pouvoir les manger suivant leur rang d'âge, puis on les serre dans un lieu sec et frais. On les garde ainsi plusieurs mois, sans qu'ils éprouvent la plus petite altération. Quand on veut employer ces œufs, on les met à l'eau froide sur le feu, et quand l'eau est bien chaude, les œufs sont en état d'être mangés.

Moyen d'avoir des œufs frais pendant les plus grands froids et les hivers les plus longs.

Vers la fin d'octobre, prenez une douzaine de poules mères, mettez-les dans l'étable des vaches, derrière des claies assez hautes pour qu'elles ne puissent les franchir. Donnez-leur pour toute nourriture du sarrasin, et, le matin, une pâtée de chènevis pilé dans laquelle vous mettez très-peu de son d'orge, et environ un sixième de brique pilée et passée au tamis. Cette nourriture les échauffe au point de les faire pondre tous les jours; mais aussi au printemps ce sont des poules ruinées qui ne sont plus bonnes qu'à engraisser.

Manière de faire fondre le beurre.

Sur 15 kilos de beurre que vous mettez dans un chaudron bien propre, ajoutez 4 clous de girofle, 2 feuilles de laurier, 2 ognons; faites cuire trois heures à petit feu, sans l'écumer, jusqu'à ce qu'il soit clair-fin; retirez-le du feu et laissez-le reposer une heure, écumez-le ensuite, et le versez doucement dans des pots de grès. Quand vos pots sont pleins, portez-les à la cave; étant froids, couvrez-les de papier et d'une ardoise.

Beurre fondu au bain-marie.

Faites bouillir de l'eau dans un chaudron et mettez du beurre frais dans un vase, dans cette eau, qu'il faut faire bouillir à feu modéré, au moins une heure et demie; enlevez l'écume, puis en l'ôtant tirez à clair dans un pot de grès.

Autre méthode.

Voici une méthode pratiquée en Bourgogne, où on l'a substituée au bain-marie qui était en usage auparavant. Mettez votre beurre dans un chaudron que vous avez placé sur un feu couvert qui permette au beurre de fondre sans bouillir. A mesure qu'il est fondu vous l'enlevez avec une grande cuillère et le versez dans les pots où il doit être conservé en le couvrant d'eau salée. Si on versait le beurre du vase où il a fondu dans les pots, on ne pourrait empêcher le dépôt de couler en même temps, et c'est ce qu'il faut éviter. Ce dépôt étant refroidi, vous tirez encore parti de ce qui s'y trouve de bon pour employer de suite.

On voit qu'ici on n'emploie pas la cuisson pour conservation, et cependant les ménagères qui font usage de ce beurre sont contentes de leur méthode.

Manière de saler le beurre.

Il faut le laver plusieurs fois pour en faire sortir le lait; prenez-en 2 livres à la fois, étendez-le sur une table avec un rouleau, comme un morceau de pâte, de l'épaisseur d'un doigt; répandez du sel dessus en raisonnable quantité;

pliez le beurre en 3 ou 4, et le repétrissez de cette façon jusqu'à ce que le beurre soit bien mêlé avec le sel; continuez cette façon, 2 livres par 2 livres, jusqu'à la fin; mettez-le à mesure dans des pots de grès bien propres, et pressez-le bien, pour qu'il ne reste point de vide. Quand les pots seront pleins, vous prendrez du sel, que vous ferez fondre avec un peu d'eau, et le mettrez sur la superficie des pots; portez-les à la cave pour les conserver, et les couvrez comme ceux de beurre fondu.

Moyen de conserver le beurre frais.

Emplissez-en un petit pot de grès jusqu'à un doigt du bord; retournez ce pot et le placez sur une assiette; versez la hauteur d'un doigt d'eau que vous renouvelez tous les jours. Retirez de ce beurre à mesure du besoin, mais retournez le pot et versez de l'eau comme auparavant.

Autre moyen, pratiqué en Écosse.

Mêler parfaitement ensemble 125 gram. sucre, 30 gram. salpêtre bien pur et 60 gram. sel, le tout en poudre fine, et pétrir avec 2 kilos de beurre bien lavé et ressuyé; mettre en pot et presser de manière à ne point laisser de vide. Couvrir d'un double linge enduit de beurre frais : remplir à mesure que le beurre s'affaisse. Quand il ne baisse plus, couvrir d'une couche légère de beurre fondu à petit feu, puis d'un lit mince du mélange de sels, et fermer le mieux possible. Il peut se conserver un an et plus avec une agréable saveur. Il faut employer de petits pots, afin de ne pas le laisser en vidange quand il est entamé, ou le recouvrir avec soin d'eau salée. Nouveau procédé [*].

Saindoux ou aronge.

On coupe par petits morceaux la graisse de porc que l'on n'a pas salée et qui a été retranchée du lard, celle des rognons, la panne; on fait fondre à feu doux dans un vase de cuivre ou de fer, on remue jusqu'à ce qu'il y en ait une partie de fondue; on ajoute, si on veut, du thym, du laurier, poivre en grains, pas de sel, car il ne fondrait pas; on active davantage le feu. Quand la graisse ne fume plus, elle est cuite; on la verse à travers une passoire fine dans des pots de grès, remplis jusqu'au bord, et couverts avec 2 ou 3 épaisseurs de bon papier. Pour produire le beau

---

[*] *La Laiterie*, 2ᵉ édition. Même librairie.

saindoux des marchands, que l'on emploie frais, on le bat pendant que le refroidissement a lieu.

Fonte et épuration des graisses.

On les coupe en petits morceaux, après avoir retiré les membranes et les principaux filaments, on les jette dans l'eau bouillante, que l'on écume, et dont on soutient l'ébullition pendant un quart d'heure; on les retire pour les écraser sur un plat avec une fourchette. Ce hachis se remet dans l'eau, qu'il faut faire bouillir à petits bouillons pendant une heure. On passe dans une serviette, on laisse figer dans la terrine, sur laquelle on a passé à la fois la graisse et l'eau bouillante; on l'enlève d'une pièce et on nettoie le dessous. Ensuite il faut faire refondre au bain-marie, afin d'en extraire l'eau qui peut y rester; enfin on la verse dans un pot. — Toutes les graisses, crues ou cuites, peuvent être épurées de cette manière et servir à toutes choses, *même à la pâtisserie*, quand leur qualité primitive est bonne.

Manière de bien faire la friture.

La meilleure friture se fait avec la graisse du pot-au-feu mêlée à celle des rognons de bœuf hachée fin et fondue, afin de corriger le goût de la graisse du pot. On peut ajouter à la qualité en faisant cuire et clarifier le tout. Mettez-la sur le feu dans une marmite; faites bouillir, écumez, tirez à clair. Elle rend la pâte plus croustillante, et elle convient pour poisson et entremets sucrés.

Ces graisses sont préférables au saindoux, qui, quand il n'est pas pur, a le défaut de ramollir la pâte, de sentir la graisse, de s'enfler, d'écumer et de déborder dans le feu, ce qui est fort dangereux. L'huile a le même défaut sous ce dernier rapport, mais au moins elle ne ramollit pas. Le bon beurre fondu, qui est le plus en usage, cependant, a presque les mêmes inconvénients.

Il faut avoir 2 fritures, une pour le poisson et une pour les autres objets.

Il faut faire fondre la friture sur un feu ardent; sitôt qu'elle a jeté une fumée vaporeuse, elle est chaude à point : alors il faut la retirer sur le bord du fourneau; car, si on la laissait chauffer davantage, elle brûlerait et se détériorerait. On y introduit les objets à frire et on la replace sur le feu. Quand il s'agit de poissons ou autres objets longs à cuire, on active davantage le feu que pour des croquettes ou autres objets déjà cuits, et qui n'ont guère besoin de couleur.

Il y a encore un moyen de juger si la friture est à son point : mouillez votre doigt et le secouez sur la friture : si elle petille et rejette l'eau, elle est au degré de chaleur convenable. Si vous faites frire du poisson, avant de l'abandonner, tenez-le par la tête et trempez le bout de la queue dans la friture ; si en une seconde de temps ce bout devient presque cassant, laissez aller votre poisson que vous aurez soin de retourner à moitié de la cuisson.

Vous aurez eu soin, avant tout, de vider, écailler, nettoyer le poisson, et, quand il est d'une taille au moins moyenne, de le ciseler, c'est-à-dire de faire des incisions en biais avec un couteau, et de le fariner en le passant dans la farine *au moment de mettre dans la friture,* et non plus tôt.

Quand il est cuit, vous le mettez égoutter de sa graisse sur un torchon, et le servez saupoudré de sel fin. On peut voir, à l'article des beignets, la manière de frire les entremets en pâte.

Il ne faut pas abandonner sa friture quand elle est sur le feu, car elle noircirait. Le feu sera clair et ardent et entretenu tel. Si la friture n'est pas chaude à son point, les choses que l'on y fait frire ne seront pas fermes et dorées, ou bien elles boiront une quantité de graisse, qui les rendra très-désagréables. On retire les objets frits au moment où ils ont acquis une belle couleur et où ils fument ; on les mettra égoutter dans une passoire ou sur un torchon, et on les servira sur une serviette pliée ; ou bien, ce qui est préférable, se servir de la casserole à friture : on égoutte le tout d'une seule fois *. Laissez refroidir un peu la friture dans la poêle, versez-la à clair dans son pot et supprimez le dépôt. Ajoutez de nouvelle friture de temps en temps pour la renouveler. — Si la friture tombait dans le feu, éteignez-le en y jetant de la cendre ; si elle s'enflammait dans la poêle, couvrez-la d'un grand couvercle ou d'un torchon trempé d'eau.

Panure pour côtelettes, pieds de cochon, etc.

Coupez de la mie de pain bien blanc et rassis, rompez-la avec les mains, mettez-la dans un torchon neuf avec un peu de farine, frottez pour l'écraser, passez-la dans une passoire assez fine.

Les bouchers et charcutiers ont dans une boîte de la mie

---

* *Pâte à frire*, voyez page 846, et *Casserole à friture*, page 87.

de pain très-fine et tenue sèchement; ils y présentent une côtelette en appuyant des deux côtés, et la panure tient bien. On n'a plus guère qu'à y saupoudrer sel, poivre et persil haché, si on veut, puis poser sur le gril. Les cuisiniers, si la viande n'est pas assez fraîchement coupée, peuvent être obligés d'enduire la pièce de beurre fondu pour faire tenir la panure, ou si la pièce n'est pas naturellement disposée à saisir la mie de pain.

Autre panure pour friture.

Assaisonnez 1 ou 2 œufs comme pour une omelette et les battez de même; trempez-y vos morceaux et ensuite dans la mie de pain.

Double panure, dite à l'anglaise.

Après avoir donné une panure simple aux objets que vous voulez griller, mettez 3 jaunes d'œufs dans une assiette et un peu de sel : faites fondre du beurre et versez-le tiède sur les jaunes d'œufs, en tournant pour qu'il se lie avec; ne donnez pas le temps de trop épaissir. Trempez-y l'objet déjà pané et garnissez le bien de cette composition : retournez-le dans la mie de pain. Mettez ensuite sur le gril.

Chapelure.

Râpez de la croûte brune d'un pain sur une râpe de fer-blanc, ou bien faites sécher au four des croûtes, écrasez et passez-les dans un tamis fin pour enlever la poussière, puis dans un plus gros.

Ognons brûlés pour colorer.

Prenez de gros ognons, épluchez-les et les mettez au four sur une terrine plate après avoir enfourné le pain. Quand le pain est près d'être retiré, retournez les ognons et les laissez au four; 24 heures après, faites chauffer le four moins chaud que pour le pain, enfournez-y les ognons sur des claies, soignez-les pour qu'ils ne brûlent pas, retournez-les au bout d'une heure et les laissez jusqu'au lendemain; remettez-les une 3e fois s'ils n'ont pas une couleur suffisante. On connaît l'excellente *colorine* que vendent les épiciers.

CONSERVATION DES LÉGUMES PAR DIVERS MOYENS.

La marmite autoclave peut servir à plusieurs usages :

1° A faire un bouillon consommé avec les os de viande. Dans cette marmite, fermée hermétiquement avec soupape de sûreté, la chaleur que l'on obtient fait dissoudre la gélatine contenue dans les os. Le bouillon obtenu conserve tout le parfum de la viande et des légumes.

2° Elle est indispensable pour la bonne réussite des conserves de légumes, viandes, gibiers, en boîtes ou flacons. Ce sont des marmites semblables, mais de dimensions plus grandes, dont se servent les fabricants de conserves.

Marmite autoclave.

3° Elle a son emploi pour la cuisson des légumes à la vapeur. Chacun sait que l'eau de puits ne cuit pas bien les légumes ; avec cette même eau, et avec la marmite autoclave, on cuit très-bien les légumes à la vapeur.

Cette marmite se fabrique en cuivre étamé à l'intérieur, et en fer étamé. Ce petit modèle peut se placer sur un fourneau de cuisine.

On trouve cette marmite chez M. Derivaux, 11 et 12, rue Popincourt, à Paris.

LÉGUMES.

Les racines, telles que les *carottes*, les *navets*, les *salsifis*, se conservent fraîches dans des caves ou dans des celliers à *l'abri de la gelée et de l'humidité*. On les cueille par un temps sec. On coupe les feuilles à 3 centim. de la racine, puis on les range à côté les unes des autres, un peu penchées, dans une rigole que l'on fait dans le sable. On multiplie ces rigoles à 4 ou 5 centim. de distance. — Les *choux pommés* et ceux de *Milan* se conservent de même. Si l'on n'a pas assez d'espace, on peut se borner à les suspendre au plancher, la racine en haut, ou les y déposer sur des planches.

Quant aux *choux-fleurs*, le dur est celui qui se conserve le mieux. On les récoltera sans les froisser, par un temps sec, en les coupant à 10 ou 15 centim. au-dessous de la tête, et toutes les feuilles à 8 centim. de leur naissance; on les suspendra aux solives dans un endroit bien sain, à l'abri de la gelée autant que du soleil, et dans lequel on puisse renouveler l'air. On peut les garder ainsi en bon état jusqu'en avril. La réussite est bien moins certaine en les posant sur des planches, parce que, l'air ne circulant point autour, les gouttes d'eau qui pourraient en découler occasionneraient de la pourriture. Les choux-fleurs conservés se fanent. On peut leur rendre leur fraîcheur en mettant tremper dans l'eau le trognon après en avoir coupé un peu et piqué la moelle jusqu'à une certaine profondeur. Les pétioles des feuilles qui sont restés ont pu tomber en se desséchant, ou bien on les a enlevés quand on l'a jugé nécessaire pour éviter la pourriture.

Artichauts. Après avoir choisi les plus beaux, coupez-les par morceaux, ôtez le foin, enlevez le vert des feuilles, faites-les blanchir 10 minutes et égoutter. Arrangez-les dans un pot sur une poignée de sel. Versez dessus une saumure composée de 2 tiers d'eau, 1 tiers vinaigre et 2 poignées de sel pour 3 litres de liquide. Couvrez de beurre fondu. La seule précaution avant de les manger, pour leur enlever le goût de saumure, est de les faire tremper dans l'eau tiède et de les faire cuire ensuite à grande eau.

Autre moyen. Partagez-les en 4 s'ils sont gros, enlevez le foin et coupez les feuilles ras, jetez-les à mesure dans de l'eau acidulée de vinaigre; mettez-les dans de l'eau bouillante et faites-les cuire à moitié dans un vase de terre ou de cuivre, mais non de fer, qui les noircit; retirez-les et les placez sur des claies pour égoutter et refroidir. Enfilez-les ensuite dans une ficelle, de manière qu'ils ne se touchent pas, et en faites des guirlandes dans un lieu sec, à l'abri du soleil. On peut aussi les faire sécher au four dans les temps humides. On les fait achever de cuire dans les ragoûts auxquels ils sont destinés.

Haricots verts. Après les avoir épluchés, faites-les blanchir en les jetant dans de l'eau bouillante un peu salée, laissez-les quelques minutes après les avoir retirés du feu; égouttez-les. Faites-les sécher sur des torchons; puis ensuite profitez d'un four pour les y faire sécher de nouveau à plusieurs fois sur des claies, comme on fait pour les pruneaux. Pour les employer, on les fait tremper dès le matin dans l'eau tiède. Ils sont alors très-bons cuits à grande eau avec du lard, jambon, mouton, etc., à volonté.

Chicorée. Après avoir été épluchée et lavée avec soin, on jette la chicorée dans l'eau bouillante, où on la retourne jusqu'à ce qu'elle soit amortie et non cuite; on la jette ensuite dans l'eau fraîche, et on la fait bien égoutter pour lui faire perdre toute humidité surabondante. On la place ensuite dans des pots de grès, où on la laisse infuser d'abord pendant 24 heures dans une saumure légère. Au bout de ce temps on change l'eau, et on en substitue de nouvelle plus fortement salée; les pots sont ensuite couverts de beurre fondu.

Oseille. On la récolte en septembre avec poirée, cerfeuil, persil épluchés et hachés menu; on les met dans le chaudron, en remuant presque continuellement, pour qu'ils ne s'attachent pas. Quand l'oseille commencera à s'épaissir, on salera et on goûtera. Lorsqu'elle paraîtra suffisamment cuite, ce qu'on reconnaîtra à ce qu'elle ne contiendra plus d'eau, on la mettra dans des pots de grès, et on la laissera refroidir avant de la couvrir de beurre. Si l'on s'aperçoit, quand l'oseille est refroidie, qu'il surnage de l'eau sur le pot, c'est un signe certain qu'elle n'est pas assez cuite; il est nécessaire de la remettre sur le feu; sans cela elle se gâterait. Un point essentiel est de la bien couvrir avec le beurre, dont il doit y avoir un centimètre d'épaisseur.

Fèves de marais. On les dérobe étant vertes et on les fait sécher sur des feuilles de papier. On en fait ainsi des potages très-savoureux.

Cornichons. Prenez 5 kilogr. de très-petits cornichons, brossez-les, coupez le bout de la queue, mettez-les dans un vase de terre avec 2 poignées de sel; retournez-les assez pour qu'ils soient tous bien imprégnés de sel; laissez-les ainsi reposer 24 heures; égouttez-les de l'eau qu'ils ont rendue, versez du vinaigre blanc bouillant en quantité suffisante pour qu'ils y baignent. Couvrez le vase, et laissez infuser 24 heures, ils auront pris une couleur jaune; retirez-en le vinaigre, que vous mettez bouillir dans un chaudron non étamé sur un feu très-vif; jetez-y les cornichons, remuez-les, et au moment où ils seront près de bouillir, retirez-les du chaudron, laissez-les refroidir; ils reprennent le vert. Mettez-les dans les vases où ils doivent rester, et les couvrez d'assaisonnement, comme passe-pierre, estragon, piment, petits ognons, ail; remplissez les vases de vinaigre de manière que le tout baigne; couvrez-les avec soin; ils sont bons 8 jours après. Si vous tenez *plus au goût qu'à la verdeur*, brossez-les par petites portions à mesure de la cueille, salez-les, faites-les égoutter de leur eau comme ci-dessus, et mettez-les dans le vinaigre à froid avec assaisonnement.

Achards. Voyez page 107.

Verjus pour sauces. Ecrasez de gros raisin vert, exprimez fortement et passez jusqu'à ce que le jus soit bien clair; ajoutez 30 grammes sel blanc par litre de jus, mettez dans de petites bouteilles soufrées comme on soufre les tonneaux, ou bien exposez 3 minutes au bain-maris Appert.

Conservation par dessiccation, procédé MASSON. Un des procédés actuels consiste à échauder les végétaux en les faisant traverser par une vapeur d'eau en ébullition, ou à les plonger dans l'eau bouillante pour détruire le principe de fermentation, à les étendre ensuite sur des claies ou des toiles claires pour les sécher dans une étuve* ou un four quelconque, chauffé à 35 ou 40 degrés C., et sans interruption jusqu'au point de dessiccation qui les fait sonner les uns contre les autres. On les conserve en sacs en lieu sec. — Le procédé Masson consiste à les faire sécher sans échaudage préalable; après les avoir lavés et égouttés, on les fait sécher à l'étuve en 3 jours (en prenant le chou pour type). — On sait que pour emballer et envoyer au loin on les soumet à un forte pression.

Pour les échauder, procédé qui paraît être le plus parfait, sinon le plus prompt, les *pois, haricots verts, flageolets, fèves*, étant écossés (les fèves dérobées), seront jetés 3 ou 4 minutes dans l'eau bouillante. — La chicorée, l'oseille, les épinards, persil, cerfeuil, seront lavés, égouttés, hachés, échaudés 10 minutes et séchés. — Les choux, carottes, navets, ognons, seront lavés, divisés comme pour être servis, échaudés 10 minutes et séchés.

On ne doit pas se dissimuler que ces procédés conservent peu de la bonne saveur des végétaux, qui participent légèrement, en cela, de l'herbe verte convertie en foin.

Tomates. Faites-les fondre très-mûres dans un chaudron

---

* L'étuve peut se composer d'une caisse sans fond, d'un mètre, close par le haut, mais munie d'un tuyau qui porte au dehors les vapeurs. Par une porte au bas de la caisse, on introduit une poêle avec feu de poussier de charbon. On peut faire usage de tonneaux sans fond superposés. Cet appareil servirait aussi pour la vapeur.

et rendre toute leur eau : jetez cette eau et passez les fruits pour supprimer les pepins. Mettez-les réduire dans une casserole, jusqu'à ce qu'elles ne rendent pas d'eau et qu'elles aient la consistance d'une marmelade d'abricots. Versez-les dans de très-petits pots et les bouchez soigneusement. (Voyez page 648.)

CONSERVATION DE TOUTES LES SUBSTANCES PAR LE BAIN-MARIS.

Nous allons indiquer les meilleurs procédés, tels qu'ils sont pratiqués dans la fabrique de M. Carnet-Saussier.

La conservation a lieu par le changement de nature de l'air qui a lieu dans les bouteilles ou dans les boîtes pendant l'opération du bain-maris, et qui détruit le principe de fermentation. Depuis APPERT, qui a trouvé ce procédé vers 1800, des perfectionnements y ont été apportés. On a ajouté surtout la cuisson préalable des plantes potagères et des substances animales, qui assure complétement la conservation.

On choisit des bouteilles préparées pour ce procédé et dont l'ouverture du goulot convienne à la grosseur de chaque substance, car il ne faut pas faire la dépense de gros bouchons pour des pois ou autres petits objets, d'autant qu'un gros bouchon donne, à travers ses pores, plus d'accès à l'air. Les bouteilles blanches sont préférables pour voir à l'intérieur, le verre de force moyenne également répartie, le goulot bien rond et un peu évasé. La *cordeline* ou *bague* sera saillante afin de retenir le lien de fil de fer.

Les bouchons seront de première qualité, souples, d'un grain fin et sans gerçures, assez gros pour qu'ils ne puissent entrer qu'avec force en les comprimant au moyen du *bouchoir* (page 547), ou d'un levier retenu par un taquet contre une cloison et qui en tienne lieu *. Pour qu'un bou-

---

* M. Willaumez a imaginé un petit instrument qui produit l'expulsion de l'air, pendant que la bouteille est exposée au bain-maris. C'est une bande de fer-blanc de 12 c. sur 8 m. en *a* et 3 en *b*; on y place un anneau *c*, on la ploie comme D, et on soude la languette. On interpose ce dilateur, selon la figure, entre le verre et le bouchoir, et on place la bouteille dans le bain-maris. Aussitôt le temps d'ébullition terminé, on éteint le feu, on sort la bouteille, on retire le dilateur et on enfonce le bouchon.

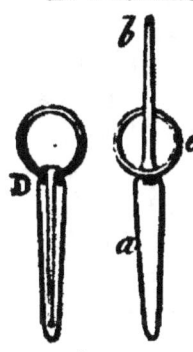 

chon entre avec facilité, on en coupe la *rice-arête*, on le met tremper quelques heures, ce qui l'amollit, et on le bat, en tournant, avec une tapette pour le diminuer. Pour qu'une bouteille soit bien bouchée, le bouchon doit rentrer aux 3 quarts. — Si on place sur ce bouchon un rond de vieux fer-blanc ou de zinc un peu plus étroit, il le garantira des fentes que les liens pourraient occasionner. — Il doit rester 1 ou 2 travers de doigt de vide entre le bouchon et le contenu de la bouteille, selon sa grandeur. — On fixe le bouchon aussitôt avec un fil de fer assez fin (n°s 5 ou 6), disposé comme l'indiquent les figures page 554, ou, à défaut, avec de bonne ficelle en croix. Le fil de fer en croix pour les très-gros bouchons. En remplissant la bouteille de légumes ou de fruits, il faudra tasser pour qu'il y ait le moins de vide possible, mais de manière à ne rien écraser.

On se servira pour le bain-maris d'une chaudière ou d'un chaudron assez profond pour que les bouteilles placées debout baignent jusqu'aux 3 quarts au moins de leur hauteur. On fait à présent en *fer battu* de grands seaux avec anse et couvercle qui sont très-bons pour cet usage. Il y en a de 30 centimètres de haut et 30 de large pour 12 demi-bouteilles. On les place sur un lit de 2 centimètres de grosse paille, et on les entoure de chiffons pour éviter les chocs; on verse l'eau froide du bain et on étend sur les bouteilles des linges mouillés pour empêcher le refroidissement extérieur, ce qui diminue les chances de casse.

On allume le feu, que l'on conduit modérément d'abord pour éviter la casse. Le feu sera activé successivement jusqu'au moment de l'ébullition déclarée à toute la surface, et que l'on fera durer le temps qui va être indiqué à chaque substance.

Aussitôt ce temps d'ébullition terminé, on se hâtera d'éteindre et de retirer le feu, car les substances cuiraient trop, ce qui nuirait à leur belle conservation. Mais comme, en retirant les bouteilles bouillantes, des explosions pourraient avoir lieu par un contact subit avec l'air froid, si on est pressé, on refroidira l'eau du bain en retirant de l'eau chaude et en introduisant de l'eau froide avec précaution. Néanmoins on ne sortira les bouteilles du bain qu'après le refroidissement presque complet. Le lendemain on goudronnera les bouchons. On couchera les bouteilles dans une cave non humide, de manière que le liquide intérieur couvre le bouchon; mais avant on les tiendra debout pendant 2 ou 3 mois.

Il y a une sorte de vases dont la fermeture est plus parfaite que celle des bouteilles : ce sont les boîtes de fer-blanc. On reconnaîtra bientôt que, si l'on est obligé d'apprendre à souder ou d'avoir recours, les jours où l'on fera des conserves, à un ouvrier pour souder le couvercle, au moins on ne craindra pas la casse. Si on a les couvercles à remplacer, on n'aura pas les gros bouchons, qui sont chers.

C'est surtout pour les substances animales que ces boîtes sont précieuses ; cependant on les applique aussi à des légumes, et surtout aux pois, les plus délicats pour la conservation : alors on les fait rondes ou oblongues arrondies, selon les modèles de ces boîtes, qui sont très-connues. Le fer-blanc sera de première qualité, et on échaudera les boîtes à l'eau bouillante pour les purifier.

Tout ce que nous enseignons pour la préparation des substances, soit végétales, soit animales, s'applique aussi aux boîtes de fer-blanc. Le vase n'y fait rien ; le bouchage seul diffère.

M. Carnet-Saussier, quoique fabricant de conserves et dans le seul but d'être utile, fournit des boîtes au prix de 50 cent. celle de la contenance juste d'un litre ; — a 40 cent. celles de demi-litre ; — et à 28 cent. celles de quart de litre. Les boîtes plus grandes, pour gibier, en proportion. (Rue Montmartre, 26.)

Nouveau procédé de bouchage pour les fruits.

Au lieu du bouchon de liége, du fil de fer et du goudron, on pose sur le goulot un morceau de vessie de porc bien lavé que l'on fait tenir avec une ficelle fine ; on en pose un second sur celui-là, ficelé de même, et on met au bain-marie. Cette vessie ne donne aucune odeur en débouchant, et c'est un excellent moyen dans les ménages, parce qu'on évite la casse des bouteilles. Cependant on ne peut l'employer qu'à la conservation des fruits, celle des légumes exigeant une trop longue ébullition. On conserve ces bouteilles debout, non à la cave, mais en lieu sec comme les pots de confitures.

Nous allons d'abord traiter des SUBSTANCES VÉGÉTALES, et ensuite nous dirons quelques mots des SUBSTANCES ANIMALES.

SUBSTANCES VÉGÉTALES. Les légumes a conserver seront cueillis le matin, dans la pleine saison, afin qu'ils ne soient ni trop verts, ni aqueux, ni trop secs ; *ils doivent être employés dans leur fraîcheur*, et passer le plus promptement possible du jardin dans le bain-maris. Ceci s'applique aux légumes comme aux fruits, et l'on aura soin que rien ne soit entassé ni écrasé. — Voyez page 331.

En général, les plantes potagères seront cuites à l'avance avant d'être mises en bouteilles.

Pois. Employer de préférence le clamart, en évitant les très-fins, qui contiennent trop d'eau. Mettez dans une terrine 10 litres de pois et une livre de beurre fin et frais, du sel suffisamment; maniez le tout avec assez d'eau fraîche pour pouvoir faire ce travail, égouttez ensuite l'eau. Mettez-les dans une casserole avec 125 grammes de sucre, un bon bouquet de persil, 2 gros ognons; faites cuire comme si c'était pour les manger de suite. Retirez le bouquet et les ognons, laissez refroidir complétement pour mettre en bouteilles avec leur assaisonnement tel qu'il est.

(Pour boîtes, on peut les y verser chauds, mais il ne faut mettre la boîte dans le bain-maris que quand ils sont froids.)

Bouchez, placez le lien de fil de fer et donnez une heure d'ébullition au bain-maris. (Voyez l'article du *bain-maris*, page 644.)

Pois à l'anglaise. Faites-les cuire à grande eau et à feu vif afin de les conserver verts le plus possible, avec le sel nécessaire. Mettez-les en bouteilles et donnez une heure d'ébullition.

Pères de marais. Les grosses peuvent être conservées; mais comme on est obligé de les dérober, elles peuvent se fondre en purée. On fait mieux de n'en conserver que de petites avec leur robe. Faites-les blanchir à l'eau bouillante avec sel; égouttez-les, sautez-les au beurre avec sel et un peu de sarriette hachée ou de persil et très-peu de sucre. Une demi-heure d'ébullition leur suffira.

Haricots verts. Après les avoir épluchés, mettez-les dans une grande terrine; versez dessus de l'eau bouillante et les laissez quelques minutes; retirez-les et les égouttez; faites-les cuire ensuite à l'eau bouillante un peu salée, qu'ils soient un peu croquants, égouttez-les; sautez-les avec beurre et persil, laissez-les refroidir et les mettez en bouteilles avec leur sauce pour leur donner 5 minutes d'ébullition; plus longtemps ils jauniraient.

Haricots flageolets en vert. Même procédé; mais il leur faut 3 heures d'ébullition.

Artichauts. Coupez-les par quartiers, ôtez le foin, parez-les en leur laissant très-peu de chaque feuille. Mettez-les à mesure dans l'eau fraîche pour qu'ils ne noircissent pas. Retirez-les, faites-les blanchir à l'eau bouillante assez pour qu'ils soient croquants ; mettez-les en grandes bouteilles de litre à très-large goulot ou en boîtes, et donnez 2 heures d'ébullition. On peut n'employer que les fonds.

Choux-fleurs. Le même procédé peut leur être appliqué avec demi-heure seulement d'ébullition.

Asperges. Elles peuvent être traitées de même ; mais elles perdent leur goût et leur saveur.

Oseille. Bien cuite, en purée et sans eau qui surnage, tout assaisonnée, on la traitera de même.

Tomates. Coupez-les par morceaux et les mettez sans autre préparation en bouteilles bouchées à la vessie (page 616). Donnez 4 minutes d'ébullition. Employez-les après avoir jeté leur eau et les avoir passées. Autrement elles perdent goût et saveur. (Voyez page 648.)

Champignons. Épluchez-les, faites-les cuire à la casserole avec sel, beurre et jus de citron ; laissez refroidir, mettez en bouteilles avec une partie du jus qu'ils ont rendu, et donnez 30 minutes d'ébullition.

Truffes. Faites-les tremper 2 heures, brossez-les de toute leur terre, épluchez-les légèrement du grenu dur qui les recouvre, faites-les cuire doucement avec un peu d'eau de sel, à couvert pour ne pas perdre leur parfum, laissez-les refroidir, mettez en bouteilles et donnez 3 heures d'ébullition. Elles se conservent bien aussi sans les faire cuire à l'avance ; mais alors elles diminuent trop dans la bouteille, qui se trouve à moitié vide.

Fruits. Il faut les choisir nouvellement cueillis, avant leur complète maturité, encore fermes au toucher, tous égaux sous ce rapport et bien sains. Les conserves n'en seront pas moins bonnes, car la maturité s'achève dans la cuisson au bain-marie, tandis que s'ils sont trop mûrs une fermentation s'opère qui produit le moisi d'abord, et bientôt le pourri si on ne surveille ses conserves pour mettre en consommation les bouteilles à travers lesquelles on voit de la moisissure.

On place les fruits dans des bouteilles comme il a été dit ci-devant, en les arrangeant avec ordre au moyen d'une petite palette en bois faite au couteau. Mais comme en les plaçant ainsi avec du sucre en poudre, ainsi que le faisait l'inventeur Appert, il resterait du vide, on remplit la bouteille au moyen d'un sirop plus ou moins chargé de sucre, ainsi qu'il va être expliqué. Les fruits acides exigent un sirop plus chargé : de 22 à 25 et même 27. Un fruit trop mûr est plus sujet à fermentation, et il lui faut aussi plus de sucre. Un sirop trop sucré racornirait le fruit et en riderait la peau, ce qui, au surplus, ne le rendrait que de meilleure conservation.

Le *pèse-sirop,* indiqué page 499, donne le moyen le plus certain d'obtenir le degré nécessaire, car il y a des sucres plus fournis de matière sucrée les uns que les autres (voyez page 497). Cependant, pour aider les personnes qui ne posséderaient pas cet instrument, on indiquera ici les quantités approximatives pour les sirops, en employant du sucre de première qualité.

Pour obtenir 18 degrés, on fera fondre sur le feu et donner un bouillon à 510 grammes de sucre dans un litre d'eau. — Dans la même quantité d'eau, on mettra 275 gram. de sucre pour obtenir 20 degrés — ou 860 pour 25 degrés. — Si, pour des fruits trop mûrs, on voulait obtenir 27 degrés, on mettrait 950 gr. de sucre. L'opération devra être faite du premier coup sans ajouter ni eau ni sucre, le pèse-sirop placé le sirop étant froid. On emploie pour chaque demi-bouteille de fruits environ 200 à 250 gr. de sirop, selon l'espèce de fruit qui laisse plus ou moins de vide, soit un quart de litre.

Abricots. On prend celui de plein vent, parce qu'il a plus de goût et se soutient mieux à la cuisson, peu mûr et ferme. On coupe les fruits en deux, on enlève les noyaux, dont on extrait les amandes, que l'on monde de leur peau en les faisant blanchir à l'eau bouillante; on les range avec les fruits dans la bouteille; on remplit du sirop à 20 degrés; on bouche comme il a été dit ci-devant, et on fait prendre au bain-marie 4 minutes seulement d'ébullition.

Pêches et *Brugnons.* Mêmes procédés et 3 minutes seulement d'ébullition; sirop à 20 degrés.

Quelques personnes ôtent la peau de ces fruits et ne donnent qu'une minute d'ébullition. M. Carnet ne pratique pas ce procédé, nuisible à la beauté des fruits, surtout si on les transporte.

Prunes. Celles de reine-Claude craignent surtout la maturité. Choisissez-les donc un peu vertes; piquez-les 8 ou 10 fois avec une épingle, coupez la moitié de la queue, faites-les blanchir un bouillon pour conserver leur verdeur, mettez en bouteilles, donnez 4 minutes d'ébullition. Le sirop aura 22 degrés. On les conserve aussi par moitié sans noyaux, comme les abricots.

Grosses mirabelles. Choisissez-les pas trop mûres, coupez les queues, donnez 3 minutes d'ébullition avec sirop à 18 degrés. Même procédé pour les autres prunes.

Cerises. Prenez-les peu mûres, bien saines ; coupez la moitié de la queue, laissez les noyaux, mettez en bouteilles, avec sirop à 25 degrés, et donnez 4 minutes d'ébullition au bain-maris.

Groseilles. Prenez-les mûres, égrappez-les, et faites comme pour les cerises.

Framboises. Peu mûres, sirop à 25° et 2 minutes d'ébullition. On sait que, de tous les fruits, la framboise est celui qui conserve le mieux son parfum.

Fraises. On peut les traiter comme les framboises, mais elles ne conservent pas leur parfum.

Suc de groseilles. Égrappez des groseilles, mettez-les dans un vase élevé et les portez à la cave pendant 2 ou 3 jours. Elles y fermentent doucement. Quand le mucilage s'en est séparé, on tire le suc à clair, et on le filtre au papier après l'avoir aromatisé avec du suc de framboise ; on le met dans de petites bouteilles, et on donne au bain-maris 5 minutes d'ébullition.

Suc de merises. Le suc de merises servira à colorer diverses préparations de fruits ; par exemple, les fraises conservées au bain-maris. Il faut les prendre très-mûres, ôter les queues, faire fondre sur le feu dans une bassine de cuivre, donner un bouillon couvert, mettre égoutter sur un tamis pour recueillir le suc, et presser le reste après avoir enlevé les noyaux. Ce suc se conserve comme celui de groseilles ci-dessus.

Emploi des conserves végétales. Les fruits n'ont besoin d'aucune préparation. — Les fèves, les pois et les haricots seront égouttés comme il est dit pour les pois, page 331. Les autres conserves s'emploient telles qu'elles sont.

Substances animales. Le procédé Appert s'applique à toutes les substances animales, même aux poissons.

Si on a en abondance des oiseaux, tels que perdrix, bécasses et bécassines, becfigues, alouettes, même des faisans, lièvres et gros gibier, il sera facile de les conserver pour des temps hors de ceux de chasse ou de passage.

On les préparera tout piqués, rôtis ou en salmis, et cuits

à point, on en remplira des boîtes de fer-blanc, avec leurs jus, sauces et assaisonnement, en évitant autant que possible de laisser des vides. On soudera les boîtes avec le plus grand soin, et on donnera de 1 heure 1/2 à 3 heures d'ébullition au bain-maris, selon la grosseur des pièces (3 heures pour un gros faisan). La réussite sera plus assurée si on n'emploie que des boîtes de capacité à contenir au plus 3 perdreaux. Après l'ébullition, on retire les boîtes toutes bouillantes. Ces boîtes doivent être arrondies aux angles.

Toutes les pièces à conserver seront de la plus grande fraîcheur; autrement il n'y aurait pas de conservation possible; les boîtes de fer-blan bomberaient, ce qui indiquerait une fermentation nuisible. Les petits oiseaux peuvent être placés entiers dans des bouteilles à large goulot, et les autres dépecés.

Ce procédé s'applique au *lait*, au bon *beurre*; et du *bouillon* que l'on voudrait conserver en été peut être mis en bouteille et soumis une heure au bain-maris, ainsi que les *jus de viande*.

Pour faire usage des conserves animales, enlevez le couvercle de la boîte au moyen d'un instrument (page 40), mettez la conserve avec sa sauce dans une casserole, faites chauffer à petit feu et servez, ou servez froid en sortant de la boîte.

Conserve de gibier.

Purifiez du saindoux en y faisant frire des tranches de pain au point de devenir bien dorées, retirez-les, et laissez refroidir la graisse assez pour l'employer. Vous avez fait, la veille, rôtir un faisan ou autre pièce, comme pour être servi sur table, et cuit dans toutes ses parties intérieures; placez-le dans un pot de grès, et le remplissez et couvrez complétement de saindoux. Fermez soigneusement le pot avec du parchemin. En faisant frire le pain on a donné du goût au moyen d'un bon bouquet garni de persil, ciboule, thym, laurier, girofle.

Conservation naturelle des fruits.

Les fruits ne mûrissent promptement que par le concours de l'air, de la chaleur et de la lumière; en les privant de ces trois agents, on sera donc assuré de retarder la maturité, et en conséquence de les conserver longtemps, puisque leur maturité est le terme de leur conservation. Le fruitier doit être placé dans un cabinet, à l'abri de la gelée; la fenêtre doit être calfeutrée, de manière à ne jamais s'ouvrir, et fermée de volets intérieurement; la porte elle-même ne doit jamais rester ouverte. Que vos fruits soient placés sur des planches; dans les froids, couvrez de paillassons le devant de ces planches, ainsi que la porte et la fenêtre. Placez vos fruits de manière qu'ils ne se touchent point; ôtez soigneusement ceux qui commencent à se gâter. Les beaux fruits se placent séparément dans des sacs de bon papier collé que l'on lie de manière à les priver d'air, et que l'on suspend au plancher. On accroche le chasselas en le suspendant la queue placée en bas. Il faut toujours avoir soin de le bien éplucher. Suspendu à l'air libre, il se couvre de poussière, et perd bientôt sa qualité. Si on a une cave *bien sèche,* c'est le meilleur endroit de la maison que l'on puisse choisir pour servir de fruitier.

Fruitier portatif de Matthieu de Dombasle. On n'a pas toujours une pièce convenable à la conservation des fruits. Voici une sorte de fruitier portatif qui tient peu de place et que l'on peut transporter en cas de besoin d'une place à une autre.

On fait construire en bois blanc des caisses plates, formées de 2 planches *a* de 60 cent. de long, et de 2 traverses *b* de 40 cent. sur 8 cent. de haut et 2 c. d'épaisseur, assemblées sur un fond 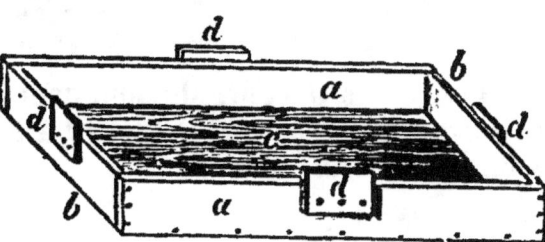 *c* de 12 à 15 mill. d'épaisseur. Le tout attaché avec des clous ne revient qu'à 1 fr. On remplit de fruits chacune de ces caisses et on les empile toutes les unes sur les autres de manière qu'elles se servent de couvercle l'une à l'autre. — Pour les maintenir toutes ensemble on adapte sur chaque côté un taquet *d* de 10 c. de long, 6 de large et 12 mill. d'épaisseur, dépassant d'un cent. le bord supérieur de la caisse. Ces taquets servent aussi de poignée pour enlever les caisses et faire la visite des fruits, ce qui a lieu sans embarras ni fatigue, aussi souvent qu'il est nécessaire. — On peut empiler ainsi 15 caisses et plus, en fermant la partie supérieure par une caisse vide ou par un fond de planches. — Cet appareil met les fruits à l'abri des animaux rongeurs et les conserve parfaitement s'ils ont été serrés bien secs.

Une caisse peut contenir 100 poires de bon-chrétien ou de beurré : les 15 réunies ne forment que la hauteur d'un mètre 20 c., et il est facile de les garantir de la gelée en couvrant les caisses ou en les transportant dans un endroit qui n'y soit point accessible. Si l'on a beaucoup de petits fruits à conserver, on fera pour eux des caisses aux bords moins élevés.

Appareil pour la conservation du raisin. Deux châssis, *aa*, supportés par deux patins communs, *bb*, sont accouplés par des traverses, *cc*. Des traverses plus minces, *dd*, placées à 20 cent. de distance, portent de 10 en 10 c. de petits clous auxquels on accroche le raisin, la queue en bas ; au moyen de crochets en fil

de fer, faits comme une S, de 5 cent. de longueur, on déplace ces *porte-raisin* à volonté pour les mettre à l'abri du froid, de l'air et de la lumière.

Ananas.

Ce fruit, si parfumé, ne se produit en Europe qu'en serre très-chaude. Les fruits, ainsi obtenus, se servent au dessert, *en salade*, comme les oranges, après avoir enlevé les bords des tranches. On en reçoit des Indes et d'Amérique conservés dans le sucre, et qui n'ont rien perdu de leur suavité. Ceux-ci sont à bon marché, en comparaison avec les frais. L'ananas perd de son mérite mis en beignets. Coupé en dés très-petits il parfume de son délicieux arome les fromages à la crème fouettée. On en fait aussi grand usage dans les produits du confiseur, car il partage avec la framboise l'avantage de conserver son parfum et de le communiquer.

Noix et Noisettes vertes toute l'année.

Il suffit de les mettre tremper dans l'eau froide pendant 6 ou 7 jours, en la changeant 2 ou 3 fois. L'amande se gonfle, et la pellicule s'enlève avec la plus grande facilité. Ce qui est mieux, c'est que la qualité des noix et des noisettes est *parfaitement* rétablie.

Pruneaux.

Prenez de belles prunes d'Agen, Sainte-Catherine ou autres, même des reine-Claude, mûres et point véreuses, arrangez-les à côté les unes des autres sur des claies, et mettez-les au four à la sortie du pain; laissez-les 4 ou 5 heures ou plus, et, avant de les y remettre, retournez-les une à une; récidivez 3 ou 4 fois, suivant que vous voyez qu'elles sont plus ou moins séchées. L'habitude seule vous apprendra le degré convenable. Lorsque vous les jugez suffisamment faites, étalez-les pendant quelque temps dans un lieu sec et aéré; ensuite conservez-les dans des paniers ou des sacs; mettez aussi parmi quelques feuilles de laurier. Si vous chauffez le four exprès pour vos pruneaux, ne le faites qu'à une douce chaleur. — *Pour les servir en compote*, lavez-les s'il le faut, faites-les tremper une heure ou deux dans assez d'eau pour qu'ils y baignent, faites-les cuire, bien renflés, dans cette eau, avec du sucre et un peu de vin, si vous voulez.

Les *raisins secs* de Malaga ou autres, cuits comme les *pruneaux*, les remplacent très-agréablement.

Poires tapées.

Prenez 100 poires de rousselet presque mûres, pelez-les sans les déformer, rognez le bout de la queue, jetez-les à mesure dans une bassine pleine d'eau froide; placez-la sur le feu, faites bouillir à petits bouillons, tâtez-les, et à mesure qu'il y en a qui fléchissent sous le doigt, retirez-les avec l'écumoire pour les jeter à l'eau fraîche; égouttez-les ensuite sur une serviette; faites fondre dans la bassine 1 kilo de sucre avec un litre et demi d'eau; faites-le bouillir, écumez-le, garnissez tout le fond de la bassine avec des poires, faites-leur faire un seul bouillon, retirez-les pour les placer dans une terrine; mettez ensuite d'autres poires dans le sucre jusqu'à ce qu'elles y aient toutes passé; laissez-les refroidir et arrangez-les sur des claies la queue en l'air, en les aplatissant tant soit peu sans les écraser; mettez-les dans le four à la sortie du pain; avant de les y remettre, trempez-les dans le sirop froid, replacez-les sur les claies, récidivez ainsi jusqu'à 4 fois; ensuite arrangez-les dans des boîtes, 2 rangs l'un sur l'autre, puis une feuille de papier, et 2 rangs de poires, etc. Conservez-les en lieu sec; le reste du sirop peut servir pour les fruits à l'eau-de-vie, les compotes, etc.

Cerises sèches.

On fait sécher, comme les pruneaux, les cerises à chair ferme, telles que les griottes. Il suffit ordinairement de les passer une fois au four et de les achever au soleil. On les attache, si l'on veut, par petits bouquets. — On les fait cuire ensuite comme les pruneaux, avec du sucre.

Fabrication de la fécule de pommes de terre.

Prenez parmi les espèces de pommes de terre celles qui sont les plus farineuses; lavez-les abondamment et à plusieurs eaux, de manière qu'il ne reste pas la plus petite parcelle de terre; râpez-les au-dessus d'une terrine ou d'un baquet d'eau jusqu'à ce que le vase soit plein d'eau et à moitié plein de pommes râpées; la fécule se précipite au fond, et les parties inutiles surnagent; vous versez l'eau et mettez sécher la fécule; quand elle est sèche, il faut l'écraser et la passer au tamis.

Vin cuit.

Versez du moû (vin doux) de bonne qualité dans une large chaudière, faites réduire d'un tiers et même plus, selon sa force. Mettez-le chaud à mesure dans un cuveau et l'agitez avec un balai tandis qu'il refroidit. Laissez-le déposer un peu, puis l'entonnez dans un baril, à la cave, en fermant la bonde avec des feuilles de vigne et du sable. Gardez-en à part dans des bouteilles, que vous couvrez d'un bouchon, sans l'enfoncer, et qui vous serviront au remplissage. Vous verrez faire dans les bouteilles la même fermentation que dans le baril. Ce travail lent, et qui ne demande pas moins d'un an, étant fait, tirez à clair dans un autre baril, où vous le laissez encore un an avant de le soutirer une seconde fois. Alors il doit avoir acquis sa maturité. On a eu soin de le bondonner et boucher quand on a vu que la fermentation était moins active. — On ne saurait obtenir un bon effet de l'emploi des alcalis pour la confection du vin cuit. Voir l'article suivant.

De l'emploi du plâtre et de la chaux dans le vin.

On a vanté l'effet du plâtre et autres alcalis dans le vin

pour le corriger de son acidité, augmenter sa couleur et le rendre plus sec, MAIS il le rend rude, et au lieu de flatter le goût, il le blesse, et sa qualité en est altérée. — La chaux donne au vin un goût fade de lessive. — La craie produit un effet analogue.

Vinaigre.

La manière la plus simple d'avoir toujours de bon vinaigre est de faire faire un baril de la contenance de 30 à 40 litres. Faites bouillir alors 2 litres d'excellent vinaigre, rouge ou blanc, versez-le dans le baril, bouchez la bonde, roulez-le dans tous les sens pour que le vinaigre touche partout. Emplissez-le à moitié de vin de bonne qualité, et laissez-le 8 jours en lieu chaud. Faites bouillir 2 autres litres de vinaigre, versez-le dans le baril, achevez de l'emplir avec du vin, placez-le dans l'endroit où il doit rester, mais non à la cave, où il pourrait détériorer les vins. Un mois après, on peut s'en servir, mais il se bonifie à mesure qu'il vieillit. Mettez au baril un robinet de bois, bouchez la bonde avec un bouchon de paille. Toutes les fois que vous tirerez du vinaigre, remettez une égale quantité de vin. Si c'est du vinaigre blanc que vous faites, n'employez que des vins de garde et qui ne graissent pas. Si on en tire une quantité à la fois, et qu'ayant rempli le baril on s'aperçoive qu'il faiblit, il faudrait en acheter 2 litre de première qualité, le faire bouillir et le mettre dedans.

Vinaigre pour les salades.

Mettez au fond d'un pot de grès 2 poignées d'estragon, une demie de cresson alénois, autant de cerfeuil et de jeunes feuilles de pimprenelle, 2 gousses d'ail, une gousse piment encore vert. Couvrez, laissez infuser 8 jours; tirez à clair, mettez en bouteilles.

Moutarde.

Sur les trois espèces de moutarde, blanche, brune et noire, la brune est préférable, et c'est celle qui est employée par les fabricants. Il faut, après l'avoir vannée et nettoyée, la mettre tremper, pour l'attendrir, 24 heures dans de l'eau, en l'agitant 2 ou 3 fois, la broyer sur une pierre comme on broie les couleurs, la mouiller ensuite avec du vinaigre pour la passer au tamis fin ou dans un linge serré, car le plus important est que la farine soit aussi fine que possible, et on pourrait même la broyer et passer une seconde fois. — Dans le Midi on la broie avec du moût de raisin (vin doux) réduit au tiers par l'ébullition. Ce principe sucré combiné avec une substance piquante produit une saveur agréable. On ajoute du sel et toutes les épices que l'on aimera.

Moutarde composée. Pour 1 litre de graine de moutarde, on hachera fin et on mettra macérer avec la graine, pendant 8 jours, 6 grammes de chacune des plantes suivantes : persil, cerfeuil, estragon, céleri vert, quelques gousses d'ail, épices, 20 grammes de sel. Chacun emploiera de toutes ces choses selon son goût, plus les chairs de 6 anchois. Former du tout une pâte liquide que l'on passera et dont on remplira des pots de faïence. Faire rougir un morceau de fer gros comme le doigt (15 millim.) et l'éteindre successivement dans chaque pot. Cette opération enlève le trop d'humidité et l'âcreté de la moutarde. Remplir le pot avec du vinaigre, bien boucher avec du liége et goudronner.

Clarification du miel pour remplacer le sucre.

Pour clarifier une livre de miel, il faut y mêler un demi-litre d'eau; on fait bouillir à petit feu, et on écume à mesure; s'il bout trop fort, on y jette une cuillerée d'eau pour apaiser l'ébullition, observant d'en mettre le moins possible; lorsqu'il n'écumera plus, on y jettera un charbon bien ardent et une mie de pain bien grillée. Ce charbon et la mie de pain doivent rester 5 minutes, après quoi on les retire avec une écumoire, ayant bien soin de n'en laisser aucune parcelle. On laisse bouillir jusqu'à ce que le miel tienne aux doigts.

On donne à ce sirop une plus grande perfection en le filtrant à travers un papier au moment où on ôte le charbon; on le remet ensuite sur le feu pour acquérir le dernier degré de cuisson.

Ce sirop peut remplacer le sucre dans beaucoup de choses. Il contient plus ou moins de matière sucrée, suivant la qualité du miel. Je donnerais comme terme moyen de la quantité qu'il en faut pour remplacer une livre de sucre, celle d'une livre et demie de sirop.

Lait.

Moyen de l'empêcher de tourner. Faites fondre dans demi-litre d'eau 8 gram. sel de tartre, mettez-en une cuillerée dans chaque demi-litre de lait.

Lait condensé*.

A un litre d'eau ajoutez un cinquième de lait condensé, pour thé, café, chocolat; l'addition de sucre n'est pas nécessaire. Pour pâtisserie, ne mettre que très-peu de sucre. La pratique fera connaître la quantité. Pour enfants, à un litre d'eau ajoutez seulement un huitième de lait condensé, pas de sucre. La boîte entamée restera découverte.

Café.

Il doit être torréfié (brûlé), *en le remuant sans cesse* dans un appareil quelconque en tôle, voy. page 31, en commençant *à feu très-doux* afin de le faire renfler d'abord sans le saisir, de manière qu'il se torréfie en même temps à l'intérieur du grain comme à sa superficie et devienne d'un beaux roux brun. Il faut 3 quarts d'heure. On le retire du feu quand il est près d'être à son point, qu'il répand une agréable odeur, et on le laisse achever de se faire dans le brûloir. On l'étend sur un torchon pour refroidir, puis on le serre dans une boîte de fer-blanc qui ferme bien. Il ne faut le moudre qu'à mesure du besoin, pour ne pas perdre son arome. Une demi-cuillerée de ce café est nécessaire pour chaque demi-tasse, s'il doit être servi à l'eau. — Le café moka a plus de parfum et de force, on le mélange souvent avec moitié bourbon. Le martinique a de la force et convient avec le lait. Les ménagères ajoutent une cuillerée de *chicorée-café* à 2 de café. Voyez page 49 à 50 pour les cafetières. On sert avec le café à l'eau, après le repas, un petit pot de lait non bouilli ni chauffé, ou de crème, dont chacun peut mettre un peu dans sa tasse.

Le café fait d'avance à l'eau, et mis en bouteille pour plusieurs jours, noircit et perd de sa qualité.

Chocolat.

Le chocolat fait en été présente à la cassure un grenu blanchâtre qui ne provient que des parties grasses du cacao et n'a rien de défavorable. Ce serait une erreur de croire que le bon chocolat doit épaissir. Il doit avoir, il est vrai, une certaine consistance; mais il n'épaissit que lorsqu'il contient des matières féculentes ou farineuses introduites pour en diminuer le prix, et qui rendent le chocolat difficile

---

* *La Laiterie*, par M. A. Pourian, docteur ès sciences, professeur à l'école d'agriculture de Grignon. (Un volume in-12, 2ᵉ édition, prix 3 francs, à la librairie Audot.)

à digérer en lui retirant ses qualités nutritives. Ne le râpez pas : coupez-le en petits morceaux et jetez-le dans la quantité d'eau ou de lait convenable ; laissez-le cuire sur un feu doux jusqu'à ce qu'il soit fondu, en le remuant avec une cuillère d'argent. Lorsqu'il a monté trois fois, il est bon à servir. Les vases en argent, cuivre étamé ou fer-blanc sont de bon usage, mais il faut éviter la porcelaine, la faïence et la terre de pipe, qui peuvent laisser mauvais goût.

Thé.

Les espèces *vertes* ont plus de force et d'arome, mais elles irritent et agitent les nerfs. Les espèces *noires* sont plus douces, et leur mélange par moitié fait un thé bienfaisant. L'usage seul apprendra la quantité à employer suivant le goût ou le besoin que l'on a d'un thé plus ou moins fort. On le met dans la théière, on verse dessus de l'eau bouillante, et l'infusion est parfaite quand les feuilles sont développées et tombées au fond (de 5 à 10 minutes). Les théières anglaises en *British metal* sont d'un parfait usage.

Bavaroises.

Faites une infusion légère de thé que vous sucrez avec du sirop de sucre, et à laquelle vous ajoutez un peu d'eau de fleur d'oranger.

Au lait. Elle se fait comme celle à l'eau, excepté que l'on n'y met que moitié infusion de thé, et que l'on ajoute moitié lait.

Au chocolat. Faites fondre sur le bord du fourneau, sans bouillir, autant de tablettes et de verres de lait que vous voudrez faire de bavaroises, avec 45 gram. de sucre pour chacune. Agitez avec un moussoir, si vous en avez un, et servez brûlant dans des bols. On peut les faire avec moitié moins de chocolat, surtout pour soirées.

Lait de poule. Mêlez ensemble 2 jaunes d'œufs, 30 gram. de sucre en poudre, eau de fleur d'oranger jusqu'à ce que les œufs blanchissent ; versez un verre d'eau chaude en mêlant vite, et faites boire chaud.

Pommade pour les lèvres.

Faites fondre au bain-marie un peu de cire vierge, 3 fois autant d'huile d'amande douce et un peu d'écorce de racine d'orcanette pour colorer, passez dans un linge, battez dans un petit mortier, ajoutez un demi-quart de goutte d'essence de rose et mettez en petits pots.

Petite glacière économique.

aaaa — excavation de 2 mètres en tout sens creusée dans le sol.

r — rigole réservée pour l'écoulement des eaux provenant de la fonte de la glace.

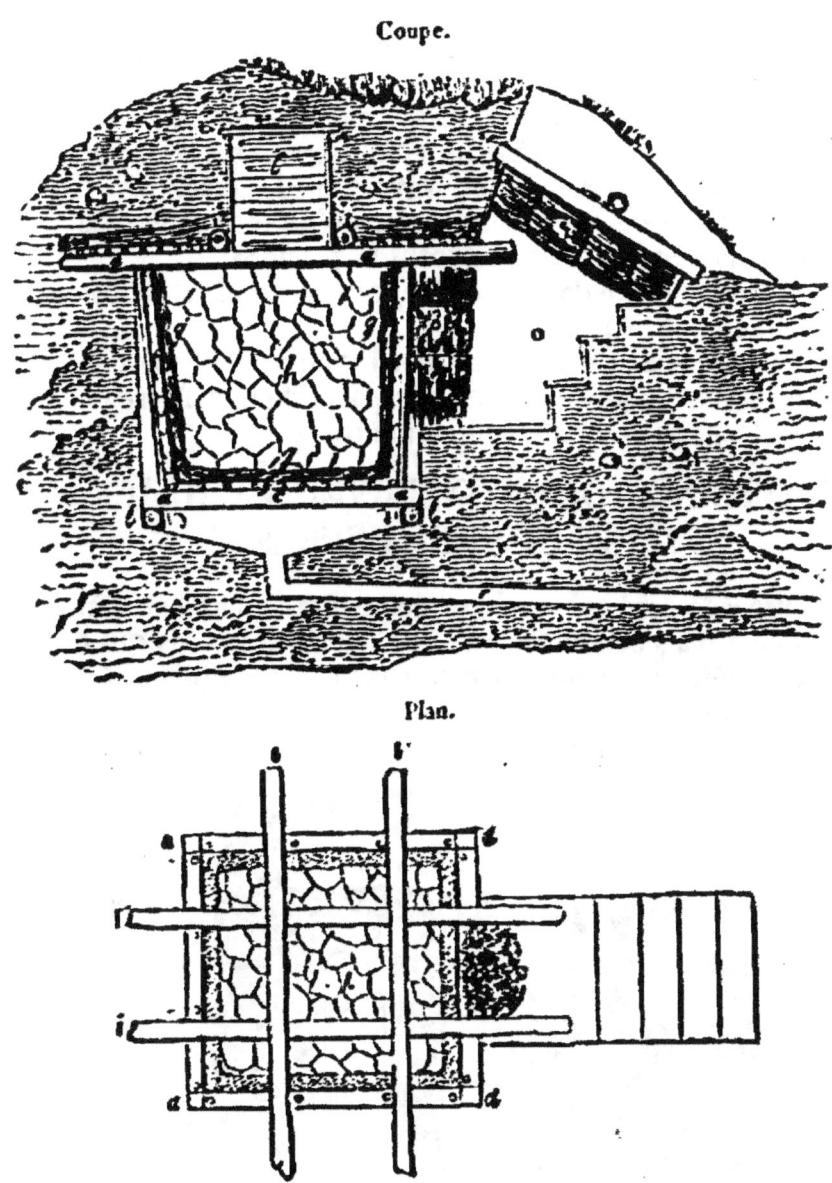

Coupe.

Plan.

bb — pièces de bois de 2 mètres de long sur 15 centimètres d'épaisseur, posant sur le sol à leurs extrémités.

c — traverses posées sur les pièces de bois b; elles supportent des solives en nombre indéterminé de 2 mètres de long sur 5 centimètres d'équarrissage.

dd — montants de 8 cent. d'équarrissage partant de la partie supérieure de la glacière et venant se poser sur le fond.

fff — planchettes de bois brut de 4 centimètres d'épaisseur, clouées sur les montants et formant le revêtement intérieur de la glacière.

ggg — épaisseur de paille de 8 centimètres fixée sur les planchettes. — *h* — glace.

ii — pièces de bois de 16 centimètres d'équarrissage et de 3 mètres de long destinées à maintenir les terres sur la glacière.

kk — planchettes clouées en travers sur les pièces *ii* avec un lit de paille dessus et surmontées d'un tertre de 2 mètres d'épaisseur, le tout recouvrant la glacière.

l — vide ménagé dans le tertre, revêtu de planchettes et que l'on emplit de paille.

o — entrée de la glacière au nord, pourvue de marches.

p — bottes de paille serrées à la porte de la glacière.

q — trappe garnie de paille à l'entrée.

FONTAINE POUR CONSERVER LA GLACE VINGT-QUATRE HEURES.

Ce procédé est basé sur le principe que le charbon étant le plus mauvais conducteur de la chaleur, les corps qui en sont complétement entourés conservent très-longtemps leur température.

Fig. 1re. Vue extérieure de la fontaine et de son couvercle.

a est le corps de la fontaine, fait avec une forte cerce de boissellerie; *b*, vase en grès ou faïence entrant dans l'enveloppe *a*, et dont le diamètre doit être de 10 à 15 centim. plus petit, afin qu'il règne entre eux un espace de 6 à 8 centim. qui sera rempli de charbon pilé fin, et tassé le plus possible : cette couche de charbon est marquée M.

Fig. 2⁰⁰. Coupe de la fontaine. — *c*, seau de fer-blanc ou plomb, d'un diamètre de 6 à 8 centim. moins grand que celui du vase en grès *b*; *d*, bouteilles mises à rafraîchir; *e*, glace concassée; *f*, eau propre pour les carafes, se rafraîchissant en même temps que le liquide contenu dans les bouteilles *d*, et s'écoulant par la cannelle *g*; *n*, bourrelet de laine posé tout autour du couvercle, appuyant sur les rebords du vase *b*, et destiné à opérer une fermeture plus hermétique. Les joints, par lesquels le charbon pilé pourrait s'échapper, seront enduits d'un mastic appliqué à chaud, composé de résine, de brique pilée et tamisée et de poix de Bourgogne. On peut poser sur l'orifice du seau *c* un vase où on placera tel objet que l'on voudra faire rafraîchir.

Conservatoire. Il sera facile de construire tel autre appareil, dont l'épaisseur, double, sera remplie de charbon, pour placer les comestibles que l'on voudra faire refroidir. Par exemple : dans une caisse carrée on renfermera un vase rempli de glace, et les objets à rafraîchir seront placés autour ou sur de petites tablettes. Une petite fontaine à eau y sera placée aussi, et on aura un robinet passant à l'extérieur. Il faut avoir le plus grand soin de ne pas tenir ces appareils ouverts quand on s'en sert et de les recouvrir même d'une couverture de laine, le tout placé dans le lieu le plus retiré et le plus froid du local. On fera l'ouverture sur le côté et dans la plus petite proportion possible.

La *Cuisine Norvégienne* est basée sur le même principe que la *fontaine à glace*, avec cette différence qu'il s'agit ici de conserver la chaleur au lieu de conserver le froid, car le principe d'isolement est le même. — Le charbon est remplacé par du *feutre* ou de la *bourre*, mais la marmite où l'on aura préparé le pot-au-feu ou autre article de longue cuite, entrera juste (*sans intervalle,* ni objet intermédiaire) dans le feutre, bien soutenu par un piquage de gros fil à une épaisseur de 5 centimètres. — On prépare donc sur un fourneau ordinaire un pot-au-feu jusqu'à l'écumage, on le fait bouillir encore 10 minutes, puis on le plonge dans la boite doublée de feutre que l'on ferme soigneusement. Pendant ce temps on est libre de vaquer à ses affaires, durant 4 ou 5 heures que la cuisson s'est accomplie, sans autre feu, et sans qu'un plus long temps ait causé de dommage. On fait bouillir les haricots et lentilles et on leur donne 5 ou 6 heures de boîte, etc.

GLACES.

Si, profitant d'une situation heureuse, on a pu se construire une petite glacière, utile, d'ailleurs, à la conservation des substances alimentaires, on sera bien aise de savoir faire des glaces, qui ajouteront de l'agrément aux fêtes d'hiver même, temps où la glace et la neige ne manquent pas. — Il suffit de se procurer une *sorbetière en étain* et non en fer-blanc. La figure la représente surmontée de son couvercle. 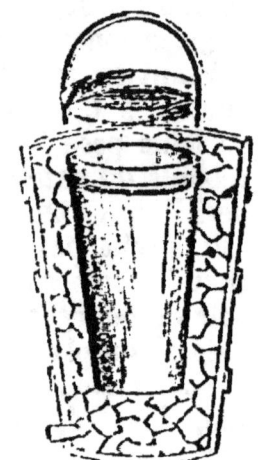 On a un seau de bois plus élevé que la sorbetière de 8 centim., et plus large de 15, percé à 3 centim. du fond d'une bonde pour écouler les eaux. Le mieux est d'établir au fond un morceau de glace de 5 ou 6 centim., sur lequel on posera la sorbetière bien d'aplomb. Autrement on formera ce fond avec de la glace concassée et bien battue, pour produire un solide sur quoi on posera et tournera la sorbetière, qui doit dépasser de 3 centim. le dessus du seau, sans compter le couvercle. Il faut remplir le tour avec de la glace concassée * et tassée de l'épaisseur de 7 centim. Toute cette glace sera mêlée en la tassant avec du sel et du salpêtre, qui active la congélation. La proportion est : de glace, 8 kilos; sel de cuisine, 3 kilos; salpêtre très-commun, 250 gram., le tout pour frapper 1 litre et demi de composition de glaces à servir. Les dispositions de cette opération s'appellent *sanglage*. On retrouvera les sels en faisant évaporer l'eau **.

Il faut choisir pour cette opération le lieu le plus froid et le plus sec possible, afin qu'elle ne languisse pas. Il est important de ne pas quitter sa sorbetière pendant l'opération,

---

* On divise facilement la glace au moyen d'un poinçon et d'un marteau.
** On peut faire des glaces sans glace ni neige, au moyen d'une combinaison de sels dont on remplit le seau. Ces produits sont détaillés ainsi que les nouveaux appareils, dans : *Office, art d'employer les fruits*, Librairie Audot. Prix : 2 francs 25 *franco*.

sans quoi les glaces se formeraient par glaçons, ou se liquéfieraient faute de soins assidus. La sorbetière, au moment où on la plonge dans la glace, sera remplie aux 2 tiers d'une des compositions indiquées ci-après ; on la couvre de son couvercle retenu par des crochets, et on la tourne vivement de droite à gauche pendant 10 minutes par l'anse. — Il faut alors la découvrir, détacher avec une longue cuillère de bois la partie glacée et la ramener au centre en *travaillant* (remuant) le tout avec la cuillère, recouvrir, tourner encore la sorbetière, découvrir au bout de 5 minutes pour mêler les parties glacées, et enfin continuer ainsi jusqu'à ce que le mélange soit suffisamment congelé en une masse moelleuse et uniforme sans glaçons sensibles. Quand elle est à son point, on fait écouler l'eau du seau, on le remplit de glace, on le bouche, on le couvre d'un torchon, et on attend le moment du service, qui ne doit pas tarder. — On a eu soin, pendant toute l'opération, de tasser la glace du seau, et d'en remettre avec du salpêtre à mesure qu'elle fond. — Au moment de servir on travaille encore le mélange et on dresse dans des verres à ce destinés. — Si la cuillère de bois ne suffit pas pour détacher les parties congelées qui se forment aux parois de la sorbetière, on les détachera avec une houlette de métal dont il sera bon de se munir à cet effet.

Ce qui fait les *glaces* est une *eau* composée de suc de fruits et beaucoup plus sucrée que si on devait les boire liquides. — Si on en veut faire en même temps de plusieurs sortes, il faudra nécessairement avoir plusieurs sorbetières dans un seau approprié par sa forme. — Les *sorbets* diffèrent des glaces en ce qu'ils sont moins sucrés et contiennent un cinquième de liqueurs alcooliques. Il faut les travailler davantage et plus souvent, sans quoi l'absence du sucre les ferait prendre en glaçons. Il faut y employer moins de salpêtre. On en fait au kirsch, au marasquin, au malaga, au café, en y ajoutant de l'eau-de-vie, etc. — Les glaces de fruits rouges demandent à être moins *travaillées*, sans quoi elles deviendraient blanches.

Carafes d'eau frappées.

Pour 6 carafes, il faut 7 kilogrammes de glace que vous pilez bien fine, mettez-en la moitié dans un baquet avec une bonne poignée de salpêtre. Remplissez vos carafes d'eau à 4 centimètres au-dessous de l'ouverture, et placez-les au fond du baquet en les enfonçant de manière qu'elles touchent le fond. Unissez bien la surface de la glace afin que toutes vos carafes soient également couvertes. Parsemez sur cette première couche une demi-poignée de salpêtre, couvrez-la de l'autre moitié de glace pilée; et saupoudrez-la par-dessus d'une poignée de salpêtre. Unissez et tassez bien la glace avec une cuillère de bois, afin que les carafes soient bien serrées et couvertes de glace seulement aux deux tiers, car autrement elles pourraient casser. Le baquet devra être de niveau et ne pencher ni à droite ni à gauche, s'il n'était pas bien d'aplomb, toutes vos carafes ne seraient pas également frappées. Couvrez-les toutes avec un linge bien propre, et servez-vous-en au bout d'une heure et demie ou deux heures.

Nota. Les carafes de verre sont moins susceptibles de se casser que celles de cristal.

PRÉPARATIONS GLACÉES.

Glace au citron. Versez dans une terrine un litre de sucre cuit au petit lissé et un bon verre d'eau, le zeste de 3 citrons et le jus de 6, couvrez la terrine et laisser infuser une heure, passez à la fine passoire ou au tamis sans presser, et versez dans la sorbetière. — On préparera de même une glace aux *oranges*, mais en employant le suc de 3 oranges et celui de 3 citrons.

Glace de groseilles. Préparez le suc d'un kilogr. de groseilles et 250 gram. de framboises comme pour confitures *, et les mêlez à 3 quarts de litre de sucre au petit lissé; versez dans la sorbetière. En hiver, vous emploierez des sucs conservés par le procédé Appert.

Glace a la framboise. 750 gram. de framboises, 250 gr. de groseilles, 3 quarts de litre de sucre au petit lissé, et opérez comme ci-dessus.

Glace a la fraise. 750 gram. de fraises, 250 gram. de groseilles, et suivre comme ci-dessus.

Glace a l'abricot et a la pêche. Prenez 20 de l'un ou de l'autre, écrasez et passez au tamis de crin, mêlez-y un litre de sucre au petit lissé, laissez infuser 3 heures, ajoutez le suc de 3 citrons, passez encore et versez.

* Il ne faut pas que le fruit cuise, il faut seulement qu'il soit amorti dans la poêle de manière à pouvoir rendre son jus.

Glace a la crème de vanille. Mettez dans un poêlon de cuivre *non étamé* 375 gram. de sucre, un morceau de vanille, 7 jaunes d'œufs, et mêlez bien le tout; ajoutez peu à peu en mêlant un litre de bonne crème, posez sur le feu et tournez jusqu'à ce que la crème s'attache à la cuillère *sans laisser bouillir*, laissez refroidir et faites glacer.

Punch a la romaine. 750 gram. de sucre au petit lissé, le zeste de 2 citrons et le suc de 8, et demi-litre d'eau, passez au tamis, faites prendre à la glace dans la sorbetière. Fouettez 3 blancs d'œufs en neige et les y ajoutez au moment de servir avec 3 quarts de verre de rhum, travaillez vivement le tout et servez.

Parfait au café.

Faites bouillir un demi-litre de lait, retirez-le du feu et ajoutez-y un demi-litre de café en liqueur très-fort, puis mettez dans une casserole 6 jaunes d'œufs et 250 gram. de sucre en poudre; délayez le tout avec votre lait, remettez la casserole sur le feu et fouettez sans cesse la préparation avec le fouet à battre les blancs d'œufs; au moment de bouillir, retirez la casserole du feu; laissez refroidir, puis passez à l'étamine.

Garnissez-en un moule uni et mettez-le à la glace. Lorsque c'est à moitié frappé, ajoutez-y un verre de curaçao et un verre de rhum; achevez de frapper, et servez-le juste au moment sur une serviette doublée.

Nota. Il faut se méfier du sel en le découvrant du moule.

Bombes

Délayez dans une casserole six jaunes d'œufs très-frais avec un demi-kilogramme de sucre clarifié; remuez sans cesse avec une spatule jusqu'à ce que la composition soit prête à bouillir; passez-la à travers un tamis sur une terrine, et fouettez vivement et pendant une demi-heure au moins cet appareil; ajoutez-y 1 litre de crème fouettée, et la liqueur de votre choix, kirsch-wasser, rhum, marasquin, anisette, teinture de vanille, etc.; versez le tout dans un moule à bombes que vous aurez mis dans le seau à glacer au moins une demi-heure à l'avance; posez le couvercle; garnissez bien le tour et le dessus du moule de glace pilée, de sel et de salpêtre; couvrez le tout avec une épaisse couverture de laine pour éviter la chaleur extérieure et laissez dans cet état jusqu'à ce que la bombe soit bien prise. Au moment de la servir, trempez rapidement le moule dans de l'eau un peu chaude, renversez-le sur un compotier garni d'une serviette, et servez de suite.

On fait aussi des bombes au café, au chocolat, aux fruits tels qu'abricots, pêches, groseilles, ananas, framboises, etc., en mettant la pulpe d'un de ces fruits dans la composition que nous venons de décrire, avant de la soumettre à la glace.

Punch à la romaine.

Les Italiens, qui l'ont en grande estime, lui donnent le nom de *punch spongato*. On le prépare de la manière suivante : sur le zeste de trois citrons, jetez un demi-litre d'eau bouillante; faites-y fondre 250 gr. de sucre; laissez infuser jusqu'à refroidissement; ajoutez alors le jus de trois citrons; passez le tout au tamis serré et versez dans la sorbetière pour glacer, mais en ayant soin de remuer avec une spatule pour faire mousser le mélange. Au moment de servir, ajoutez un verre de rhum et un verre de marasquin de Zara et mêlez jusqu'à mélange parfait; servez alors promptement pour que la préparation n'ait pas le temps de fondre.

Bischoff glacé.

Faites infuser pendant quatre heures, dans 1 kilog. de sucre cuit au petit lissé, le zeste de deux oranges et de deux citrons, 5 grammes de clou de girofle, 5 grammes de cannelle, 2 grammes de vanille et le jus d'une orange et d'un citron. Passez à travers un tamis bien serré, faites glacer, et aussitôt que la préparation commence à se prendre, versez dans la sorbetière une bouteille de bon vin de Champagne; travaillez le mélange pendant un quart d'heure et servez dans des verres à sorbets.

Moyen de rendre douces les eaux de puits.

Les eaux de puits, surtout quand ils sont profonds et que leurs eaux ont filtré à travers des terres qui contiennent des éléments de chaux ou de plâtre, rendent les légumes très-durs à la cuisson et prennent mal le savon. On les rend douces en y faisant dissoudre, avant de les employer,

300 grammes de carbonate de soude (alcali minéral) par 100 litres, ou 3 grammes par litre.

Nettoyage des étoffes.

Pour rétablir les couleurs altérées sur les étoffes par les acides incolores, vinaigre, citron, oranges, etc., mouillez la tache avec de l'alcali volatil ou ammoniaque liquide étendu d'eau, jusqu'à ce que la couleur soit rétablie, lavez et frottez avec un linge fin pour sécher. Si la tache ne disparaît pas, on ajoute du sel d'oseille. On se règle sur le plus ou le moins de solidité de la nuance pour la force des dissolutions que l'on emploie. Si l'altération provient des fruits rouges, il faut commencer par laver avec de l'eau.

Lavage des étoffes de laine et de soie. On fait bouillir un litre de son dans 7 litres d'eau, on passe dans un linge et on lave avec cette eau les foulards, les robes et tabliers de soie, des gilets, des rubans; on rince ensuite et on tord les soieries dans des torchons; on les repasse encore humides. On fait sécher sur un linge les rubans, que l'on a eu soin de ne pas froisser, on les trempe pour les lustrer dans une dissolution très-légère de colle de poisson, on les passe entre les doigts pour en exprimer l'eau le plus possible, on les fait sécher à moitié sur du linge. Dans cet état on pose une couverture sur une table, une feuille de papier dessus et un bout du ruban qu'on recouvre d'une autre feuille : une personne y pose un fer chaud, on tire le ruban et il se trouve lustré. On emploie aujourd'hui, avec avantage, le bois de panama pour le lainage noir. — On se sert aussi pour laver les lainages de la plante commune appelée *saponaire;* on la fait bouillir comme il vient d'être dit du son, on passe et on lave avec l'eau.

Pour relever le velours froissé. Faites chauffer fortement une plaque de fer ou un fer à repasser sans qu'il soit brûlant, étendez le velours dessus et relever le poil avec une brosse de chiendent.

Taches de fruits : lavez la tache avec du savon; si elle résiste, imbibez-la d'eau, faites un entonnoir de carton, présentez-en le tuyau sous la tache et brûlez du soufre dessous. — De rouille sur le linge : imbibez-le de suif que vous maintenez fondu, et frottez avec un peu d'acide sulfurique (vitriol), étendu de 10 fois son volume d'eau. Autre : humectéz la tache avec de l'eau que vous couvrez d'acide tartrique. — De graisse sur soie et laine : imbibez un linge d'essence de térébentine et frottez-en vigoureusement la tache, l'étoffe étant posée sur un linge, et ensuite frottez avec un linge sec pour enlever l'essence. — On dégraisse les étoffes de laine avec du fiel de bœuf. On les en imbibe, on laisse reposer une heure, on frotte et ensuite on lave. — De cire : elles s'enlèvent en frottant avec de l'esprit-de-vin. Il en est de même des taches de résine, de vernis, de poix.

Essence à détacher ne laissant pas de mauvaise odeur. Dans un demi-litre d'alcool, mêlez 5 grammes essence de citron et 10 grammes essence de menthe; ajoutez : savon blanc, 80 grammes; fiel de bœuf, 80 grammes. Versez sur la tache; frottez avec un linge et un autre linge dessous l'étoffe.

Buanderies en tôle galvanisée. Cet appareil d'un emploi très-simple est très-commode, a le double avantage de pouvoir servir au lessivage du linge et à la cuisson des plantes destinées à la nourriture des bestiaux.

La cuve ou marmite est en tôle galvanisée, ce qui rend les taches de rouille impossibles.

Le foyer en fonte a une enveloppe extérieure en tôle; il est construit de manière à brûler du bois, du coke, ou du charbon de terre.

On doit faire tremper le linge dans l'eau froide et puis pendant deux ou trois heures, le retirer sans le presser et le laisser égoutter quelques minutes, mettre de l'eau dans le fond de la cuve jusqu'à la hauteur de la plaque percée, ajouter les cristaux de soude dans les proportions suivantes, pour 100 kilos de linge pesé sec, on ajoutera 4 kilos de cristaux de soude pour du linge fin, 6 kilos pour du linge assorti et 8 kilos pour du gros linge, placer les baguettes en bois tout autour, entasser le linge en ayant soin que le plus gros et le plus sale se trouve placé à la partie inférieure, retirer les baguettes, en recouvrir les trous avec un gros linge, laisser bien dégagé le champignon du milieu et fermer le couvercle.

Allumer le feu et le modérer pendant 15 à 20 minutes, puis l'activer et maintenir l'ébullition pendant toute l'opération qui doit durer de 3 à 4 heures; il est bon ensuite de laisser le linge dans l'appareil pendant 4 à 5 heures.

Nettoyage des ustensiles.

En cuivre. Pour les casseroles et chaudrons on se sert de grès ou de sablon, mêlé à un demi-quart (en volume) de farine ; on frotte avec un chiffon, en ajoutant de l'eau, et si l'on veut avec la main, ce qui rend l'ouvrage plus parfait. On lave et l'on fait sécher.

Les chandeliers et autres ustensiles en cuivre jaune se nettoient, de préférence, avec une matière plus coûteuse, mais qui rend le poli plus brillant, c'est l'*eau de cuivre*, qui se vend toute préparée chez les épiciers, mais que l'on peut composer ainsi : 16 grammes acide oxalique, — 16 gr. acide sulfurique, — 64 gr. terre pourrie. On mêle le tout à 2 litres d'eau et on mélange chaque fois que l'on s'en sert. On verse un peu de cette eau sur un chiffon de laine et on en frotte le cuivre, dont on a enlevé les parties grasses ; quand il est bien éclairci, on finit avec du tripoli sec en frottant avec un chiffon. L'eau de cuivre brûle ce qu'elle touche, ainsi il faut prendre des précautions.

Il faut avoir soin de faire sécher promptement au soleil ou au feu les métaux que l'on a récurés.

Pour nettoyer l'intérieur des ustensiles étamés qui seraient encrassés ou encroûtés, on fera bouillir dedans de l'eau et de la cendre, et on frottera avec un petit balai de chiendent de manière à ne pas enlever l'étamage. On ne doit se servir de rien de dur et de pointu sur l'étamage, ni le récurer avec du grès.

Ustensiles en fer. Le fer se récure avec du grès et de l'eau seulement, en frottant avec un chiffon ou avec une petite lame de bois blanc.

Le *fer-blanc* ne pourrait souffrir le récurage au grès, on doit se contenter de le faire bouillir dans une lessive d'eau et de beaucoup de cendre et de le frotter avec une torche de paille ou un chiffon. On conseille de tremper les objets de fer et de fer-blanc sujets à la rouille dans une eau de chaux vive un peu épaisse et de les laisser sécher ; on les essuie ensuite, et ils sont aussi brillants que s'ils sortaient des mains de l'ouvrier.

Les *ustensiles en étain* se nettoient parfaitement avec du blanc d'Espagne et de l'eau, et en les finissant avec un chiffon à sec. — Les ustensiles en *métal* mélangé d'étain seront frottés avec un morceau de linge imbibé d'huile, puis ensuite avec du blanc d'Espagne à sec, et ensuite avec un chiffon de toile.

Soins à donner aux lampes à l'huile.

Telle lampe que l'on ait doit être nettoyée avec soin tous les matins par une personne intelligente, et beaucoup de bonnes maîtresses de maison ne dédaignent pas de s'en charger. La cheminée de verre doit être surmontée d'un petit chapeau de papier qui empêche la poussière de s'y introduire, ce qui est nécessaire surtout quand la lampe reste sans usage. Dans les grands jours, au moment où l'on renonce à s'en servir, l'huile que l'on y laisse s'épaissit, et il faut la changer si l'on veut jouir d'une belle lumière. Si elle paraît avoir besoin d'être nettoyée, on fait bouillir un litre d'eau dans lequel on a fait fondre 30 gram. de potasse, on verse de cette eau bouillante dans la lampe, on la rince en jetant le résidu, et on recommence jusqu'à ce qu'on ait employé toute l'eau. Cette proportion est pour une petite lampe, mais il faudra la doubler pour une grande. On évite ainsi l'embarras de l'envoyer chez le lampiste, qui ne lui ferait pas autre chose. On bouche toutes les issues à poussière et on laisse ainsi ses lampes jusqu'aux courts jours.

Il est essentiel, pour qu'une lampe éclaire bien, que la mèche soit toujours coupée net et que les mouchures ne tombent pas dans l'intérieur. — Le système des lampes Carcel et modérateur est meilleur et n'exige pas ce lavage. Voyez le supplément à la Cuisinière *pour les lampes à pétrole et à essence minérale*.

Raccommodage de la faïence et de la porcelaine.

Prenez 125 grammes de chaux vive que vous arrosez doucement avec 50 gram. d'eau; laissez fermentez et ensuite sécher; elle se réduit en poudre que vous conservez pour servir au besoin. Lorsque vous aurez quelque chose à raccommoder, passez un peu de fromage blanc bien égoutté, que vous pétrissez avec de la chaux en poudre, de manière que ce mélange ait la consistance de la crème. Enduisez la tranche d'un des morceaux à recoller; joignez-le à l'autre; pressez avec force pour qu'il reste le moins possible de mastic. Si vous ne pouvez serrer les pièces avec une ficelle, contenez-les avec les mains jusqu'à ce que le mastic ait contracté assez d'adhérence pour que les morceaux restent joints. S'il y a plusieurs morceaux, il n'en faut coller qu'un à la fois, et n'ajuster les autres que quand celui-là est sec.

La matière blanchâtre et gluante renfermée dans une vésicule que l'on trouve dans le corps des gros limaçons de vigne et des limaces sert à raccommoder le cristal et la porcelaine.

Argenterie.

Après avoir passé l'argenterie à l'eau bouillante pour en dégager les parties grasses, on la brosse au savon noir et à l'eau chaude; on la rince ensuite dans une eau moins chaude en déposant chaque pièce au fur et à mesure sur un linge, puis on l'essuie avec une toile douce. Dès que les pièces sont bien sèches, on les frotte avec une peau d'agneau préparée, dite peau à argenterie, légèrement enduite de *rouge d'Angleterre;* enfin on achève de polir en les essuyant avec une autre peau sans rouge ou un linge à moitié usé. Cette opération ne se fait que de temps à autre. Ordinairement il suffit, après avoir lavé et essuyé les couverts, de les frotter au linge doux et sec, lequel ne doit servir qu'à cet usage. Les taches brunes sur l'argenterie qui a servi à manger des œufs s'enlèvent en frottant les parties atteintes avec de la suie, ou mieux encore en faisant bouillir les pièces dans de l'eau et de la cendre fine, sans frotter, et en les rinçant ensuite dans une eau tiède.

Couteaux de table.

Les lames de couteau doivent être éclaircies chaque jour au moment de mettre le couvert, en les frottant avec un bouchon de liége et du tripoli à sec, ou sur la planche à terre pourrie, mais en posant la lame à plat. On aiguise, au besoin, le tranchant sur une pierre à faux. Les manches d'argent des couteaux et pièces de hors-d'œuvre se polissent par le procédé indiqué pour l'orfévrerie, en observant toutefois de ne les pas mettre à l'eau trop chaude, mais bien à l'*eau tiède*, car l'emploi de la première ferait infailliblement séparer la lame du manche. Les manches d'ivoire se polissent très-bien à l'eau fortement saturée de blanc d'Espagne et frottés vivement.

Feu de cheminée.

Aussitôt que l'incendie se manifeste, jetez sur le brasier qui couvre l'âtre de la cheminée quelques poignées éparses de soufre écrasé, et bouchez l'ouverture de la cheminée avec une couverture bien mouillée. Si le brasier de l'âtre est encore trop ardent, quelques poignées de soufre jetées de nouveau ralentiront son activité.

Un coup de fusil, tiré dans le canal de la cheminée, est aussi capable d'éteindre le feu.

Si le feu prend dans la poêle à frire ou qu'une combustion quelconque ait lieu dans la cheminée par l'effet d'un corps gras, le meilleur moyen est de retirer du feu le vase qui le contient, avec la précaution de ne pas le placer près d'un objet susceptible de s'enflammer. On verra aussitôt la flamme baisser de moitié et s'arrêter tout à fait par le refroidissement. Dans tous les cas, il faut tâcher de le couvrir de quelque grand couvercle ou d'un torchon bien trempé d'eau. — Jeter de l'eau sur ce feu est un moyen de le rendre plus violent.

Destructions des mouches.

On en détruit beaucoup au moyen d'assiettes remplies d'eau et d'arsenic gris, mais d'un emploi dangereux, ou de tasses remplies à moitié d'épaisse eau de savon et que l'on a couvertes d'un carton percé d'un trou au milieu et emmiellé par le dessous; elles sont attirées par le miel et asphyxiées par le savon. Un meilleur moyen est d'assembler par le dos, avec de la peau ou de la toile, 2 planchettes, comme un livre, de les enduire de miel d'un côté, de les poser debout entr'ouvertes, et de fermer brusquement quand les mouches s'y sont amassées.

Voici un appareil en verre qui rend de grands services; il suffit de mettre un peu de sucre dessous l'ouverture. (Se vend chez tous les marchands faïenciers.)

Mais toute cette destruction n'est que partielle : il vaut mieux les empêcher d'entrer ; ce qui a lieu en voilant les fenêtres avec un canevas clair et en n'entrant dans la cuisine que par un passage obscur; car ce qui les éloigne, c'est l'obscurité.

QUELQUES REMÈDES URGENTS A ADMINISTRER EN ATTENDANT L'ARRIVÉE DU MÉDECIN.

L'espace ne permettant pas de donner à cet article plus de développements, on a dû se borner à un petit nombre de cas. On fera bien de consulter le *Médecin des campagnes*, du docteur A. G., où il est traité des maladies que l'on peut guérir soi-même et de celles que l'on doit traiter avant l'arrivée du médecin. (2 fr. *franco*; librairie Audot.)

Indigestion. Quand l'indigestion est légère, on rétablit facilement la régularité de la digestion au moyen d'une infusion de thé, de camomille, de tilleul, etc., sucrée et aromatisée avec quelques gouttes d'eau de fleur d'oranger. Lorsque l'indigestion est plus grave et a déjà donné lieu à des vomissements, il faut insister sur l'usage des boissons adoucissantes et garder une diète sévère. S'il existe de violentes nausées sans vomissements, on favorisera ces derniers en buvant abondamment de l'eau tiède, en chatouillant la luette, et, si tout cela est insuffisant, en faisant usage de l'eau émétisée : un grain d'émétique dans deux verres d'eau tiède, qu'on prendra en trois ou quatre fois à quelques minutes d'intervalle. Enfin, s'il s'était écoulé un long temps depuis le repas et que les aliments fussent descendus dans les intestins, on ajouterait aux boissons déjà indiquées l'usage de lavements adoucissants, tels que ceux de décoction de racines de guimauve ou de graine de lin.

Lorsque les symptômes graves se manifestent du côté de la tête, faire appeler un médecin.

Asphyxie. On donne le nom d'asphyxie à la suspension des phénomènes de la respiration, et par suite à celle des fonctions du cerveau, du cœur et de toutes les autres fonctions. Il ne sera question ici que de l'asphyxie par la vapeur de charbon et de celle par la chaleur.

Asphyxie par la vapeur de charbon. Les premiers secours à donner à une personne atteinte de cette asphyxie sont les suivants : exposer le malade au grand air, couché sur le dos, la tête et la poitrine un peu plus élevées que le reste du corps, asperger fortement la surface du corps et surtout le visage et la poitrine avec de l'eau tiède ou même de l'eau froide (si la température n'est pas trop basse), et continuer ces aspersions jusqu'à ce que la respiration commence à se rétablir; frotter le corps, et plus particulièrement la poitrine, avec un linge trempé dans l'eau vinaigrée ou l'eau de Cologne, etc.; au bout d'une à deux minutes essuyer les parties mouillées avec des serviettes chaudes, et recommencer de nouveau les frictions; irriter en même temps la plante des pieds, la paume des mains et tout le trajet de l'épine dorsale avec une flanelle sèche ou une brosse en crin; promener sous le nez des allumettes soufrées et chatouiller les fosses nasales avec la barbe d'une plume; donner un premier lavement d'eau froide mêlée avec un tiers de vinaigre, et au bout de quelques minutes en administrer un second avec trente grammes de sulfate de magnésie. Pendant qu'on donne ces premiers soins, faire appeler un médecin.

Quand le malade est rappelé à la vie, le coucher dans un lit chaud, placé dans une chambre dont les fenêtres soient ouvertes, et lui faire boire quelques cuillerées d'un vin généreux, tel que celui de Madère ou de Malaga

Asphyxie par la chaleur. Cette espèce d'asphyxie réclame les mêmes soins que la précédente.

Empoisonnement. Il y aura grande présomption d'empoisonnement toutes les fois qu'une personne bien portante ou légèrement indisposée éprouvera tout à coup, après avoir mangé ou bu un aliment quelconque, un malaise, de vives douleurs dans le ventre, des vomissements fréquents, des garde-robes abondantes, et bientôt après des syncopes, des spasmes, des mouvements convulsifs ou des convulsions intenses, etc., surtout lorsque ces symptômes persisteront avec ténacité pendant plusieurs heures ou plusieurs jours.

Nous ne parlerons que des empoisonnements déterminés quelquefois par l'usage de certains aliments ou par les substances délétères qui se forment spontanément sur les vases employés à leur préparation, quand on néglige les soins de la propreté.

Empoisonnement par le vert-de-gris. Il est d'autant plus commun que ce sel délétère se forme à la surface des vases de cuivre qui composent les ustensiles de cuisine, *même des casseroles étamées si on y laisse refroidir des mets.*

Les symptômes les plus constants de l'empoisonnement par le vert-de-gris sont les suivants: saveur âcre, sécheresse de la langue, sentiment de strangulation à la gorge, nausées, vomissements abondants ou vains efforts pour vomir, coliques atroces, garde-robes fréquentes, quelquefois sanguinolentes, gonflement du ventre, pouls petit, irrégulier soif ardente, anxiété, difficulté de respirer, sueurs froides, vertiges, etc.; abattement, faiblesse dans les membres, crampes et convulsions.

Aussitôt que les accidents produits par ce poison se manifesteront, on fera boire abondamment au malade de l'eau albumineuse composée avec trois ou quatre blancs d'œufs délayés dans un litre d'eau; à défaut d'eau albumineuse, on le gorgera d'eau pure tiède ou froide, d'une décoction émolliente ou de bouillon, on provoquera les vomissements en chatouillant la luette avec les doigts ou les barbes d'une plume, et si le vomissement n'a pas lieu, on aura recours à l'eau émétisée (un grain d'émétique par verre d'eau). Quand le poison a été avalé depuis longtemps, si le malade a beaucoup vomi et se plaint de violentes coliques, on s'abstiendra d'administrer l'émétique, et on lui donnera une boisson adoucissante, telle qu'une décoction de racines de guimauve, ou mieux encore le lait étendu d'eau; des lavements émollients seront également employés avec beaucoup davantage, et s'il survient des symptômes d'inflammation dans le ventre, on se hâtera d'appeler un médecin.

Empoisonnement par les champignons vénéneux. Les principaux symptômes de cet empoisonnement sont les suivants : douleur vive à la région de l'estomac, coliques et sueurs froides, évacuations par le haut et par le bas, soif inextinguible, chaleur générale, pouls petit, fréquent et dur, gêne de la respiration, crampes dans les membres, convulsions partielles et générales, intégrités des facultés intellectuelles; quelquefois cependant il y a des vertiges, un délire sourd et de l'assoupissement.

Dans cette espèce d'empoisonnement, qui est un des plus fréquents, il faut provoquer de suite des vomissements à l'aide d'un vomitif composé de 4 grains d'émétique dissous dans 3 verres d'eau tiède à laquelle on ajoutera 15 grammes de sulfate de soude (sel de Glauber), et qu'on fera prendre par verrées à un intervalle de dix minutes ou quart d'heure. Si les accidents ne surviennent que plusieurs heures après le repas, comme cela arrive très-souvent, il faudra faire suivre le vomitif de l'administration de 30 ou

60 grammes d'huile de ricin prise par cuillerées rapprochées. Après ces évacuations indispensables, on calmera la douleur et l'irritation produites par le poison en faisant boire au malade une boisson mucilagineuse quelconque, telle que la décoction de riz, de racine de guimauve, etc., convenablement sucrée. Si après ces premiers soins les accidents persistent ou s'aggravent, appeler un médecin pour les combattre. (*Voyez* la note page 622.)

Empoisonnement par les moules. On ne connaît pas encore la véritable cause des accidents produits par les moules, et c'est à tort qu'ils sont attribués à la présence des petits crabes qu'on trouve dans leurs coquilles; l'opinion cependant la plus accréditée aujourd'hui, c'est que les moules en s'attachant à la carène des navires doublés en cuivre y absorbent une certaine quantité de vert-de-gris, qui donnerait lieu aux accidents dont leur ingestion est suivie. Quoi qu'il en soit, l'usage de ces mollusques détermine quelquefois des symptômes d'empoisonnement extrêmement graves, dont les plus constants sont : une vive douleur à la région de l'estomac, des tranchées violentes, un spasme de la poitrine, la fréquence et la petitesse du pouls, la rougeur et le gonflement de la face, une éruption de petites taches rouges sur la peau, des sueurs froides et souvent même des mouvements convulsifs et du délire.

Dès que ces accidents se manifestent, il faut les combattre promptement par l'emploi d'un vomitif (2 grains d'émétique dans un verre d'eau tiède pris en deux fois en dix minutes d'intervalle), et s'il s'est écoulé un assez long temps depuis l'ingestion des moules, faire suivre le vomitif de l'administration d'un purgatif, tel que 60 gram. d'huile de ricin dans une tasse de bouillon léger. Quand les accidents persistent malgré ces moyens, il faut donner au malade des boissons mucilagineuses et appeler un médecin.

Brûlures. Dans les brûlures à un degré faible, il faut immédiatement plonger la partie dans l'eau froide ou glacée avec deux cuillerées d'extrait de saturne par litre, et l'y maintenir pendant longtemps; si l'immersion est impossible, on appliquera sur la partie des compresses imbibées de ce liquide, renouvelées ou arrosées très-souvent, ou du vin rouge, froid en été, chaud en hiver, ou encore y appliquer de l'éther. — *Moyens plus simples.* Appliquer de la gelée de groseilles, ou de la ouate de coton imbibée d'huile d'olive, ou une pâte de farine et eau.

A un degré plus fort, il faut percer les ampoules pour en faire écouler la sérosité, et prendre toutes les précautions possibles pour conserver l'épiderme, seul moyen efficace de modérer la douleur; on recouvrira ensuite les parties avec des compresses trempées dans le liquide indiqué ci-dessus, et si l'épiderme n'a pu être conservé, on pansera la plaie avec un linge fin très-légèrement enduit de cérat et maintenu par une bande. — Les onguents, les cataplasmes de carottes et de pommes de terre doivent être proscrits, parce qu'ils sont plus nuisibles qu'utiles. Pour les brûlures plus graves, appeler un médecin.

Piqûres ou plaies par instruments aigus. Extraire d'abord le corps étranger s'il est resté dans la plaie, faire bien saigner cette dernière en la pressant doucement, la laver avec de l'eau fraîche et envelopper la partie d'un linge propre. S'il survient de l'inflammation, faire des lotions émollientes et appliquer des cataplasmes de mie de pain ou de farine de graine de lin.

Coupures ou plaies par instrument tranchant. Laver la plaie avec de l'eau froide, nettoyer ses bords, les rapprocher si c'est possible, les maintenir réunis au moyen de bandelettes de taffetas d'Angleterre ou de diachylum, appliquer par-dessus une légère couche de charpie et maintenir le tout avec une compresse et une bande. Une précaution très-importante dans le traitement des coupures, c'est d'éviter tout ce qui peut favoriser l'inflammation ou la suppuration, comme le persil, le tabac, l'eau salée, les onguents et toutes les plantes conseillées par l'ignorance. Si ces applications avaient déjà été faites, il faudrait y remédier au moyen de cataplasmes émollients. Quand les coupures ne sont pas très-profondes ni très-étendues, deux ou trois jours suffisent pour obtenir leur guérison.

Piqûres d'insectes. L'abeille, la guêpe, le frelon, etc., sont armés d'un aiguillon qu'ils abandonnent dans la plaie; une vive douleur a lieu instantanément et est bientôt suivie d'une tuméfaction locale accompagnée de pulsations sensibles. Le mal n'a pas de suite, si *à l'instant même* où la piqûre a eu lieu, on applique quelques gouttes d'alcali ou ammoniaque liquide, ou si l'on frotte avec du persil écrasé, ou encore si on enveloppe la partie d'un linge imbibé d'huile d'olive ou de cérat avec quelques gouttes de laudanum. Si l'enflure se déclare, un cataplasme de lait, pain et cerfeuil l'apaisera.

Crevasses ou gerçures des mains. Pour s'en débarrasser on évitera pendant quelque temps de plonger alternativement les mains dans l'eau chaude et dans l'eau froide, ou l'eau de lessive. On se frottera les mains avec un corps gras, tel que l'huile d'olive, le beurre frais sans sel, le cérat, la glycérine, et on les mettra à l'abri de l'air vif.

Engelures. Elles sont le résultat de la mauvaise habitude que l'on a de réchauffer promptement, à l'ardeur d'un foyer, les parties qui ont été soumises à l'action du froid. — Pour les engelures non ulcérées, on emploiera avec avantage les fomentations avec le vin aromatique. — Le vin aromatique se prépare en faisant macérer pendant quatre jours, dans un litre de vin rouge et 60 gram. d'eau vulnéraire spiritueuse, 15 gramm. de feuilles et sommités de chacune des plantes suivantes : absinthe, hysope, menthe poivrée, origan, romarin, sauge, fleurs de lavande. Le vin chaud, l'eau de savon, l'eau saturnée ou l'eau-de-vie camphrée étendue d'un tiers d'eau. Si, malgré l'emploi de ces moyens, les parties malades deviennent très-douloureuses et gonflées, il faudra employer les lotions avec les décoctions émollientes, auxquelles on ajoutera 30 gouttes de laudanum par verre de décoction. — Quand les engelures seront ulcérées, on les pansera soir et matin avec la pommade de concombre, l'huile d'olive ou le cérat.

Verrues. Le moyen le plus efficace est de les cautériser avec l'acide nitrique (eau forte). Pour faire cette cautérisation, on étendra d'abord un corps gras sur la partie de la peau autour des verrues, afin de la protéger, après quoi on touchera légèrement chacune d'elles avec un bout de cure-dent trempé dans l'acide.

REMÈDES QUE L'ON PEUT PRÉPARER A LA CUISINE.

Tisanes. Elles se font par infusion ou par décoction. Les tisanes par *infusion* se préparent en versant de l'eau bouillante sur les substances ou en jetant ces dernières dans l'eau en ébullition et en ayant soin de retirer aussitôt le vase du feu et de bien le couvrir. Les tisanes qu'on doit préparer ainsi sont celles que l'on fait avec les fleurs ou les feuilles, parce que leur ébullition prolongée en altérerait les principes. Les tisanes par *décoction* se préparent en faisant bouillir plus ou moins longtemps les substances pour en extraire les principes fixes qu'elles contiennent (on prépare ainsi les tisanes faites avec les bois, les racines, les fruits ou les graines). L'ébullition doit être prolongée longtemps quand la tisane est préparée avec les bois ou les racines, et un peu moins longtemps lorsqu'elles sont préparées avec des racines émollientes, telles que celles de chiendent, de guimauve, de bardane, etc. Si la tisane doit être préparée par décoction et infusion, on fait d'abord bouillir les substances qui nécessitent une ébullition prolongée; après quoi on ajoute celles qui doivent être seulement infusées. On retire ensuite le vase du feu, on le couvre pendant 15 minutes et on passe à travers une toile serrée.

Cataplasmes. Ils peuvent être émollients, maturatifs ou résolutifs. Les cataplasmes se font en versant peu à peu de l'eau bouillante sur de la farine de graine de lin, en ayant soin de la remuer jusqu'à consistance de bouillie épaisse (ces cataplasmes ainsi préparés sont bien plus émollients qu'en faisant bouillir de la farine); quand ils doivent être appliqués entre deux linges, il faut préférer l'emploi d'une mousseline grossière et claire, et quand ils doivent être placés à nu, ils doivent être étendus sur un linge dont on replie les bords. Les cataplasmes peuvent aussi être faits avec de la mie de pain blanc, du riz cuit, des pommes de terre à moitié cuites et écrasées, des feuilles de mauve, de guimauve, de poirée, de violettes, de mercuriale, de seneçon que l'on applique cuites, des racines de guimauve, des carottes, des ognons de lis blanc, des poireaux cuits et écrasés. Ils doivent être appliqués chauds et renouvelées dès qu'ils commencent à se refroidir. On conserve plus longtemps leur chaleur en les recouvrant d'un taffetas gommé. On les rend maturatifs en ajoutant 30 gram. d'onguent basilicum, et résolutifs en les arrosant de quelques gouttes d'extrait de Saturne.

Sinapismes. Si on n'a pas le sinapisme *Rigolot*, qui agit instantanément, on verse de l'eau tiède sur de la farine de moutarde récente, de manière à en faire une bouillie épaisse qu'on étend sur un linge, comme pour un cataplasme, et qu'on applique ensuite à nu sur la peau pour y produire une rubéfaction (rougeur). Le vinaigre ne doit pas être employé, parce qu'il neutralise en partie l'effet de la moutarde. En un besoin pressant, la moutarde peut être remplacée par un mélange de farine de seigle et de vinaigre ; par de l'ail cru ou de la farine de raifort écrasée. — Pour les enfants, on prépare les sinapismes en arrosant les cataplasmes de farine de graine de lin avec quelques gouttes de vinaigre, ou en les saupoudrant d'une petite quantité de farine de moutarde. Quel que soit le mode de préparation des sinapismes, ils doivent être laissés en place au moins pendant 15 ou 20 minutes.

Cérat simple ou de Galien, pour le pansement des plaies. Faites fondre ensemble au bain-maris de la cire blanche et trois fois autant d'huile d'amande douce ou d'olives fines : triturez-les dans un petit mortier échauffé jusqu'à mélange parfait. Pour le rendre plus *siccatif* (plus prompt dans son effet), on y incorpore de l'extrait de Saturne : un tiers en poids de ce que l'on a employé de cire.

On remplace avantageusement, présentement, le cérat par de légères compresses de *glycérine*, substance qui tient les plaies fraîches sans les graisser et les salir comme fait le cérat.

Jus ou suc d'herbes. Prendre les plantes les plus fraîches, les piler dans un mortier et passer dans un linge, laisser reposer une nuit dans un vase long et étroit, décanter, ou bien filtrer au papier. La chicorée, le pissenlit, la fumeterre, le trèfle d'eau dépurent le sang en fortifiant ; le cochléaria, le cresson, le bécabunga dépurent en excitant ; la laitue, la poirée, le cerfeuil, le pourpier, l'oseille dépurent en rafraîchissent et poussent aux urines.

Bouillon aux herbes. Hachez et faites fondre à la casserole une poignée d'oseille, autant de poirée, de cerfeuil, un grain de sel, un litre et demi d'eau, et gros comme une noix de beurre. Faites jeter quelques bouillons et passez.

Bouillon de poulet et de veau. Voyez page 123. *Jus*, 619.

Lait de poule. Voyez page 659.

Eau d'orge. Faites bouillir et jetez la première eau ; si c'est de l'orge perlé ou mondé, faites crever et passez.

Émulsion d'amandes douces. Jetez-les dans l'eau bouillante et retirez-les pour en enlever la peau : pilez-les ensuite dans un mortier, en ajoutant quelques gouttes d'eau, si cela paraît nécessaire; mêlez-les ensuite à de l'eau et passez pour en faire usage selon l'ordonnance.

Petit-lait. Faites bouillir du lait et y versez une cuillerée à café de vinaigre; filtrez au papier.

Bains froids, à 25 degrés centig. (20 R.). — *Chauds*, de 31 à 38 C. (26 à 30 R.); — trop chauds et nuisibles à 42 C. — 30 deg. R., et 37 C., indiquent la chaleur du sang.

On doit réchauffer l'eau si on prolonge le bain. Il faut tenir du linge bien chaud pour la sortie. Les mêmes règles seront suivies pour les bains de siége ou demi-bains.

DÉFINITIONS DE QUELQUES MOTS.

Cuisine. Lieu où l'on prépare les aliments. Dans les maisons montées au complet, il y a un *cuisinier* en chef, un *rôtisseur*, un *saucier*. Dans ce cas, pour les aides et les domestiques, le cuisinier est désigné sous le titre de CHEF. — Quand il est seul, aidé tout au plus d'une femme et d'un *marmiton*, il n'a que le titre de *cuisinier* et non celui de *chef*, qui ne lui serait donné que par une ostentation ridicule. Aussi un cuisinier digne de ce nom ne dit pas : Je suis chef, mais : Je suis cuisinier. Les maîtres ne doivent jamais dire *le chef*, mais bien *le cuisinier*.

Office. Lieu rapproché de la cuisine, et où l'on prépare la confiserie, les petits-fours, compotes, confitures, conserves, sirops, rafraîchissements, et les hors-d'œuvre dits d'*office*. L'office contient un petit four, une étuve, etc. — L'officier ou chef d'office doit s'entendre avec le cuisinier, et tous deux reçoivent les ordres du maître d'hôtel, lequel doit avoir pratiqué ces deux arts, pour savoir ordonner tout ce qui concerne la *bouche* et les approvisionnements. Les maîtres d'hôtel, cuisiniers et officiers sont désignés sous le titre d'OFFICIERS DE BOUCHE.

Le **Maître-queux** (vieux mot) n'était pas appelé ainsi parce qu'il dirigeait les casseroles. Le mot *queux* est corrompu, ou traduit du mot latin *coquus*, cuisinier, qui a pour synonyme *culinarius*.

Gastronomie. De deux mots grecs : *gastêr*, ventre, et *nomos*, règle. Ce qui veut dire : Maxime pour bien ordonner la nourriture de l'homme.

Gourmand. Qui mange avec avidité et avec excès. — *Goulu* a presque la même signification.

Gourmet. Celui qui sait bien connaître le vin. (*Dict. de l'Acad.*)

Friand. Qui aime, apprécie une chère fine et délicate. — FRIANDISE. Goût pour la chère délicate. — FRIANDISES. Sucreries, petites pâtisseries.

Goinfre. Qui met tout son plaisir à manger.

Glouton. Qui mange avec avidité.

TABLE ALPHABÉTIQUE.

Abatis de dindon. 289.
Abricot à l'eau-de-vie. 518.
— en marmelade. 509.
— en compote. 493.
— en pâte. 504.
— en beignets. 403.
— glacés. 514.
— soupe. 592.
— conservation. 649.
Absinthe. 529, 530.
Acacia, ratafia. 522.
Achards. 107.
Agneau. 224.
Ail (Eau d'). 170.
— (Beurre d'). 172.
Alambic des ménages. 525.
Albran, voyez Canard. 270.
Aliments, propriétés. 617.
Alose. 314.
Alouette. 265.
Aloyau. 187.
Allume-feu. 24, 26.
Amandes mondées. 480.
Ambigu. 88, 100.
Ananas. 653.
Anchois. 316.
— salade. 316.
— sauce. 161.
— canapé. 316.
— beurre. 170.
— essence. 170.
Andouille, Andouillette. 239.
Angélique. 516.
— ratafia. 519.
Anguille. 324.
Anguille de mer. 300.
Anisette. 521, 528.
Apple-cake. 432.
Argenterie. 672.

Artichauts. 314.
Artichauts séchés. 644.
— au verjus en grains. 574.
— conservation. 644, 647.
Asperges. 356.
— à la parmesane. 574.
— à la Pompadour. 358.
— en ragoût. 600.
— à la crème. 357.
— conservation. 648.
Asphyxie. 674.
Aspic. 151.
Assiettes volantes. 3.
Aubergines. 359.
Axonge. 636.
Ayoli. 561.
Baba. 470.
Babka. 609.
Bains. 682. — Maris. 110.
Bar. 295.
Baratte à beurre. 51.
Barbeau, Barbillon. 323.
Barbarin, Barbet. 310.
Barbue. 296.
Bartavelle, Perdrix. 253.
Barszcz. 603.
Batteur français. 18.
Bavarois (fromage). 422.
Bavaroise à l'eau. 659.
— au lait, etc. 659.
Bécasse, Bécassine. 68, 263.
Becfigue. 266.
Béchamel. 154.
Beignets de pommes, abricots et pêches. 403.
— de fraises et framboises. 404.
— d'oseille. 355.

Beignets de bouillie, 404.
— de céleri. 403.
— de pommes de terre. 404.
— en pâte. 403.
— de riz. 410.
— soufflés. 404.
— d'hosties. 578.
— de feuilles de vigne. 578.
— d'épinards. 579.
Betteraves, 364, 603.
— *voyez* Épinards. 355.
Beurre fondu. 635.
— salé. 635.
— frais, conservation. 636.
— pour hors-d'œuvre. 172.
— de Montpellier. 171.
— d'anchois. 170.
— d'écrevisses et de crevettes. 171.
— d'ail. 172.
— de noisettes. 172.
— frisé. 172.
— noir. 158.
Biche. 243.
Bichof. 534, 597.
Biftecks. 189.
— à la Chateaubriand. 189.
Biscuits. 474.
— de mer. 478.
Bisque d'écrevisses. 132.
Bitter. 530.
Blanc. 169.
Blanc-manger. 418.
Blanquette de veau. 204.
— de volaille. 275.
Bleu, Court-bouillon. 290.
Bœuf. 183.
— bouilli et desservi. 185.
— en persillade. 184.
— en miroton. 184.
— à la maître-d'hôtel. 185.

Bœuf au gratin. 185.
— fumé. 186, 588.
— en vinaigrette. 186.
— en grillades. 185.
— à la mode. 191.
— aloyau. 187.
— biftecks. 189.
— entre-côte. 190.
— filet à la broche. 187.
— côte à la flamande. 190.
— aux croûtons. 188.
— à la chicorée, aux tomates. 188.
— aux champignons. 188.
— langue. 192.
— palais. 194.
— queue. 194.
— cervelle. 196.
— rognons. 195.
— foie. 196.
— en roulade. 595.
Boîte à asperges. 37.
Boîte à colonne. 38.
Bonbons dits fondants. 488.
Bordelaise : — écrevisses. 329.
Bouche-bouteille. 547, 548, 552.
Boudins. 237.
— de Nancy. 238.
— de sarrasin. 608.
— à la Richelieu. 239.
Bouff, gâteau. 477.
Bouille-baisse. 134.
Bouillie renversée. 411.
Bouillon à la minute. 123.
— de poulet. 123.
— fait en une heure. 123.
— maigre. 128.
— de poisson. 134.
— de veau. 123.
— de mou de veau. 123.
— aux herbes. 681.

Boulettes. 180.
— potage. 129.
— de hachis. 180, 561
— de godiveau. 180.
— de pommes de terre. 374.
— de pâte. 607.
Bouquet. 110.
Bourride. 134.
Braise. 168.
Brandade de morue. 563.
Bread-sauce. 160.
Bread-pudding. 429.
Brème. 319.
— de mer. 315.
Bridage des volailles. 66.
Brioches. 469.
Brochet. 322, 569.
Brocoli. 342.
Brou de noix. 524.
Brûlures. 677.
Brunoise. 139.
Buanderies. 669.
Bugnes. 407.
Cabillaud. 298, 582.
Café. 658.
Cafetières. 49, 50.
Caille. 265.
Cakes. 433.
Calottes. 413.
Canapé d'anchois. 316.
Canard. 270.
— en salmis. 270.
Caneton. 270.
Cannelle. 543.
Carafes d'eau frappée. 664.
Capilotade de volailles. 275.
Caramel. 111.
Cardes, Cardons. 352.
Carottes. 363.
— potage. 127, 142.
— entremets sucrés. 396.
— conservation. 640.
Carpes. 319.

Carrelet. 309.
Cassis. 521.
Casserole à friture. 37.
Cataplasmes. 680.
Caves (des). 541.
Céleri. 354.
— purée. 175.
— potage. 129.
— en beignets. 403.
— pour les sauces. 148.
Cérat. 681.
Cerf. 243.
Cerfeuil bulbeux. 366.
Cerises, soupe. 402, 592.
— en compotes. 494.
— à l'eau-de-vie. 518.
— confitures. 505.
— au vinaigre. 597.
— leur conservation. 650.
— séchées. 655.
Cervelas fumé. 232.
Cervelles de bœuf. 196.
— de mouton. 222.
— de veau. 210.
Chaîne à rincer. 551.
Chair à saucisses. 240.
Champignons. 376.
— ragoût. 177.
— en purée. 175.
— à la provençale. 565.
— conservation. 648.
Chanfaina. 584.
Chapelure. 639.
Chapon. 285.
— aux pommes. 606.
Charlottes. 397.
— russe, à la crème. 397.
Chartreuse. 257.
— de tendrons de veau. 201.
Chartreuse, liqueur. 530.
Châtaignes, potages. 130.
Chaud-froid. 167.
Chauffe-assiettes. 55, 56.

Cheval. 184.
Chevreau. 224.
Chevreuil. 244.
Chicorée. 349.
Chicorée potage. 139.
— purée. 175.
— conservation. 642.
Chiffonnade. 183.
Chipolata. 254.
Chocolat soufflé. 412.
Chotodriec. 602.
Choucroute. 340, 607.
Choux. 338.
— de Bruxelles. 339.
— rouges. 339, 599, 607.
— potage. 135.
— conservation. 640.
— pâtisserie. 473.
Choux-fleurs. 342.
— potage. 136.
— conservation. 640.
Chrêmes. *Voyez* Liqueurs. 522.
Citrouille. 360, 574.
Civet de lièvre. 248.
— de lapin. 250.
— de chevreuil. 244.
Clarification des jus. 150.
— du sucre. 420.
Cochon. 227.
— oreilles. 227.
— hure. 230.
— rognons. 230.
— queues. 230.
— pieds. 231.
— langues. 232.
— fromage. 229.
— jambon. 233.
— boudin. 237.
— saucissons. 232.
— andouilles. 239.
— rillons. 240.
— petit salé. 241.

Cochon. Gâteau de foie. 241.
— Moyen de lui donner le goût du sanglier. 633.
Cochon de lait. 227.
— en galantine. 228.
Cocido. 579.
Coings, ratafia. 524.
— gelée. 502.
— pâte. 502.
— compote. 492.
Compotes de pommes. 490.
— de poires. 492.
— — au beurre. 400.
— de coings. 492.
— de prunes. 493.
— d'abricots et de pêches. 493.
— de cerises. 494.
— de raisin ou verjus. 494.
— de groseilles. 494.
— de fraises et framboises. 495.
— de marrons. 495.
Concombres. 358.
— potage. 142.
— marinés. 604.
Condé, abricots, pom. 396.
Confiseries. 485.
Confitures de cerises. 505.
— de fraises. 505.
— de framboises. 506
— de raisin. 507.
— de poires. 509.
— leur cuisson. 496.
Congre. 300.
Conserv. des légumes. 640.
— des légumes et des fruits, procédés Appert. 644.
— naturelles des fruits. 651.
Conserves animales. 650.
— végétales. 646 à 650.
Conservatoire. 662.
Consommé. 122.

Coq. 278.
— de bruyère. 261.
Coquilles de champignons. 377.
— de volaille. 275.
Cornichons confits. 642.
Côtes de bœuf. 190.
Côtelettes de chevreuil. 244.
— de mouton. 218, 562, 571.
— de porc frais, 227.
— de veau. 201.
— aux fines herbes. 202.
— de sanglier. 243.
Cotignac. 503.
Coulis de poisson. 134.
— d'écrevisses. 153.
Coupures. 678.
Courges farcies. Voyez Zucchetti et Potiron. 575.
Courlis. 264.
Court-bouillon. 290.
Couteaux. 41, 43, 59, 60, 672.
Crabes. 313.
Crème au chocolat. 415.
— Sambaglione. 417.
— à la vanille. 414.
— au citron. 414.
— à la rose. 416.
— au café. 415.
— à la fleur d'oranger. 416.
— au thé. 415.
— au caramel ou brûlé. 415.
— bachique. 417.
— au céleri. 417.
— renversée. 415.
— fouettée. 423.
— frite. 404.
— pâtissière. 423.
Crème ou Chrême. Voyez Liqueurs. 519, 526.
Crêpes. 408.

Crêpes anglaises. 434.
— polonaises. 608.
Crépinettes. 240.
Cresson en épinards. 355.
Crêtes de coq. 176.
Crevettes. 153, 162, 107.
Croquenbouche. 479, 495.
Croquettes veau. 205, 588.
— de volaille. 275.
— de riz. 410.
— de pommes. 432.
— de lapereau. 252.
Croquignoles. 480.
Croustade. 277. 366.
Croûte au pot. 123.
— aux champignons. 377.
— aux pêches, aux prunes et aux abricots. 400.
— au madère, kirsch, ananas. 401. 402.
Croûtons frits. 179.
Cuisine provençale. 560.
— italienne. 565.
— espagnole. 579.
— anglaise. 587.
— allemande. 590.
— polonaise. 601.
— russe. 610.
— flamande. 598.
— gothique. 612.
— norvégienne. 662.
Cuisses d'oie. 273.
Cuisson à la vapeur. 35, 640.
Curaçao. 522.
Daim. 213.
Dampfnudeln. 593.
Darioles de Lodi. 393.
Daube. 168, 289.
Débondonnoir. 542.
Déjeuner. 3, 100.
Dessert. 17, 91.
Dinde aux truffes. 288.
— en daube. 289.

Dindon. 287.
Dindonneau. 290.
Dissection des viandes. 71.
Dorade. 84, 295.
Duchesses. 375.
Durcelle. Duxelle. 133.
Eau de cuivre. 670.
— d'ail. 170.
— d'orge. 681.
— bénite, sauce. 613.
— de puits. 667.
— de Seltz, de Vichy. 52.
— de-vie : la vieillir. 520.
— de-vie blanche. 520.
— de Cologne. 532.
— de menthe. 532.
— de-vie de Danzig. 529.
— de-vie d'Andaye. 529.
Echaudés. 482.
Ecrevisses. 328.
— de mer. 313.
— beurre. 171.
— (sauce aux). 328.
— coulis. 153.
— potage à la bisque. 132.
Églefin. 295.
Égouttoir 547 à 549.
Émincés de mouton. 216.
Emulsion d'amandes. 681.
Empoisonnement. 675.
Entre-côte. 190, 561.
Entrées. 3, 88.
Entremets. 12, 90.
— sucrés. 396.
— anglais. 426.
Épaule de mouton. 219.
— de veau. 206.
— de chevreuil. 245.
Éperlans. 315.
Épices. 145.
Épigramme d'agneau. 225.
Épinards. 355.
— en beignets. 579.

Épinards en tourte. 460.
Épine-vinette. 505.
Escalopes. 112.
— de veau. 204, 588.
— de saumon. 293.
Escargots. 330.
Espagnole, sauce. 148.
Essence d'anchois. 170.
— d'assaisonnement. 170.
Essences, esprits, extraits. 533.
Esturgeon. 294, 81.
Etiquettes. 532.
Etoffes, nettoyage. 668.
Étuve. 516.
Faïence, raccommod. 671.
Faisan. 260.
— rôti. 260.
Farces. 180.
— d'oseille. 354.
— de poissons ou à quenelles. 180, 181.
— à papillotes. 182.
Fécule. 125, 655.
Feu de cheminée. 672.
Feuilletage. 455.
Fèves. 332. — purée. 174.
— conservation. 642, 647.
Figues. 380.
Filet. 113.
— sautés aux champignons. 188.
— de bœuf. 187.
— à la polonaise. 606.
Financière. 177.
Fines herbes. 153.
Flans. 465, 468.
Fleur d'oranger pralinée. 512.
Foies, ragoût. 176.
— de bœuf. 196.
— de veau. 207.
— pâtés. 273.

Foie de veau, provençale. 562.
— italienne. 571.
— de cochon. 241.
Fondants, bonbons. 488.
Fondus à la ménagère. 393.
— à la moderne. 394.
Four allumeur mobile. 24.
Fourneau à pétrole avec sa marmite. 21.
Four à rôtir. 23.
Fourchettes à légumes. 59.
Fontaine à mains. 36.
— à glace. 661.
Fouetteuse américaine. 48.
Fraise de veau. 209.
Fraises, confitures. 505.
— beignets. 404.
— et framboises en compote. 495.
Framboises, ratafia. 521.
— beignets. 404.
— confitures. 506.
— gelée. 507.
— conservation. 650.
Frangipane. 468.
Fricadelles. 180.
Fricandeau. 203.
Fricassée de lapereau. 251.
— de poulet. 280.
Fritot de volaille. 275.
Friture, la faire. 637.
— mêlée. 575.
Fromage dit d'Italie. 233.
— de cochon. 229.
— sucrés. 423.
— à la crème. 425.
— bavarois. 422.
— fouetté. 425.
Fruitier portatif. 652.
Fruits confits. 496.
— au vinaigre. 513.
— leur conservation. 446, 644, 651

Fûts, contenance. 544.
— (porte). 547.
Galantine de veau. 206.
— d'agneau. 225.
— de cochon de lait. 228.
— de volaille. 276.
— de perdrix. 259.
Galettes. 463.
— pour thé. 483.
— de pommes de terre. 372.
Galimafrée. 614.
Garbure. 132.
Garde-manger. 23.
Garnitures. 176.
Gaspacho. 581.
Gâteau de riz. 409.
— de semoule. 408.
— d'amandes. 410.
— à la Stanley. 477.
— d'œufs à la neige. 387.
— de Pithiviers. 462.
— de foie de cochon. 241.
— de pommes de terre. 371.
— de pommes. 432. 467.
— de plomb. 464.
— de Madeleine. 476.
— de riz et de volaille. 277.
— nantais. 473.
— Savarin. 471.
Gaufres. 471.
Gelée de veau. 206.
— d'entremets. 418.
— de coings. 502.
— de framboises. 507.
— de groseilles. 506.
— d'abricots. 501.
— de pommes. 501.
— d'épine-vinette. 505.
— des 4 fruits. 504.
— de groseilles à froid. 506.
— de Bar. 506.
— de garde en pots. 507.

Gelinotte. 261.
Génoises. 476.
Gibelotte de lapin. 250.
Gibier. 243, 253.
— purée. 130.
— conservation. 634, 631.
Gigot de mouton. 214, 562.
— à l'anglaise. 588.
— à la du Fresnel. 216.
— à la russe. 215.
— à l'eau. 214.
— braisé. 214.
— dans son jus. 215.
— à la provençale. 216.
— de chevreuil. 245.
Gingembre. 146.
Giraumon. 360.
Glace de viande. 150.
— conservée. 661.
Glaces. 663.
Glacer. 114.
Glacière économique. 660.
Godiveau. 180.
Gomme, tablettes. 511.
Gooseberries. 434.
Goujons. 324.
Graisses, épuration. 637.
Gras-double. 196.
Grenouilles. 329.
— (potage de). 133.
Gril Gosteau. 29.
Grillades. 183. 629.
Grives. 266.
Grog. 535.
Grondin. 82. 295.
Groseilles, eau. 534.
— gelée. 500.
— à froid. 506.
— perlées. 495.
— vertes. 435. 594.
— en pudding. 435.
— en compotes. 494.
— sauce. 163.

Groseilles, leur conservation. 650.
— de Bar. 506.
Guignard. 262.
Hachis. 180. 217. 561.
Hareng. 303.
Haricot de mouton. 220.
Haricots. 334.
— en purée. 174.
— potage. 139. 174.
— verts. 334.
— à la provençale. 564.
— conservation. 641. 644.
Hochepot. 220.
Hojaldre. 585.
Homards, sauce. 313. 153.
— à la bordelaise. 314.
Hors-d'œuvre. 3. 88. 106.
Huile de rose. 522. 528.
Huîtres. 310. 573. — hachis. 573.
— sauce. 157.
— leur ouverture. 41.
Hure de cochon. 230.
— de sanglier. 230. 244.
Hydromel. 616.
Hypocras. 616.
Ile flottante. 433.
Issues d'agneau. 226.
Jambon. 233 à 236.
Jambonneau. 237.
Jardinière. 178.
Julienne. 138. 139.
— languedocienne. 560.
Jus, 150. leur clarific. 206.
Presse-jus. 33.
— de groseilles. 500.
— d'herbes. 681.
Kari. 147. 160.
Kirsch. 520.
Kloes. 594.
Kluskis. 607.
Koulbac. 611.

Lactomètre. 51.
Lait de poule. 659.
Lait, garde-lait. 50. 51.
Laitues. 350.
— (potage aux). 139.
Lampes. 671.
Lamproie. 327.
Langouste. 313.
Langue de bœuf. 192.
— de mouton. 221.
— de veau. 213.
— fumée et fourrée. 232.
Lapin, lapereau. 250, 589.
— en pâté. 452.
— à l'anglaise, 589.
Lardons dessalés. 243.
Lasagnes et brochets. 569.
Laurier en poudre. 148.
Légumes. 330.
— leur conservation. 640 à 648.
Lentilles. 337.
— en purée. 174.
— potage. 127.
— la provenç. 564.
Levraut. 249.
Levain. 469.
Levûre. 469.
Liaisons. 154.
Liebig. 122.
Lièvre. 246.
— en pâté 452.
— à l'anglaise. 589.
Limande. 309.
Limonade. 534.
— gazeuse. 52.
Liqueurs, ratafias. 519 à 531.
Loches. 324.
Lotte. 327.
Macaroni. 395.
— à la napolitaine. 568.
— potage. 127.
Macarons. 479.

Macédoine. 178.
— de fruits. 421.
Macis. 146.
Madeleine, gâteau. 476.
Magnonnaise (sauce). 163.
Magnonnaise de perdreaux. 256.
— de volaille. 277.
— de saumon. 293.
— de turbot. 297.
Maître-d'hôtel. 157.
Manche à gigot. 59, 60.
Maquereau. 301.
— à l'italienne. 572.
— salé. 303.
Marasquin. 528, 532.
Marcassin, 243.
Marinade de volaille. 275.
— de poisson. V. Carpe. 319.
— pour rôtis. 630.
— cuite. l'oy. Anguille au soleil. 325.
Marmelade d'abricots. 509.
— de pomm. et poires. 491.
— — sous un rôti. 599.
— de prunes. 509.
Marmite américaine. 122.
— autoclave. 640.
Marrons, bouillis et rôtis. 30.
— potage. 130.
— en compote. 495.
— glacés. 517.
Massepains. 479.
Matelote de lapin. 251.
— normande. 307.
— de poisson. 318.
— de poulet. 283.
— d'anguille. 325.
— vierge. 179, 319.
Matignon. 183.
Mauviettes. 265.
Melon. 380.
— potage. 142.

Menthe, liqueur. 529.
— eau. 532.
Menu. 87.
Meringues. 482.
Merises, suc, 650.
Merlan. 309, 572.
Merles. 266.
Merluche. 300.
Miel, pour remplacer le sucre. 657.
Migas, 581.
Mince-pie. 589.
Mirabelle. 509.
Mirepoix. 183.
Miroton. 115, 184.
Mock-Turtle. Potage. 131.
Morille, mousseron. 378.
Morue. 299.
— brandade. 563.
— à la provençale. 563.
Mou de veau. 209.
Mouches, Destruction. 673.
Moule pâté de Strasbourg. 449.
Moules. 312, 574, 677.
— potage. 133 — sauce. 157.
Moulin à julienne. 40.
— à poivre. 40.
— de table. 82.
— à café. 41, 61.
Mousse italienne. 417.
Mousses. Voy. Soirées. 100.
Moutarde. 656.
Mouton. 213.
— gigot. 214.
— émincé. 216.
— hachis aux œufs. 217.
— filet. 217.
— carré. 217.
— selle. 217.
— poitrine. 217.
— côtelettes. 218.
— épaule. 219.

Mouton, haricot. 220.
— rognons. 221.
— langues. 221.
— cervelles. 222.
— queues. 222.
— pieds. 223.
— moyen de lui donner le goût du chevreuil. 633.
— de pré salé. 633.
Mulet. 295. 84.
Mulet. Voy. Bœuf. 184.
Mûres. 436.
Nalesnikis. 608.
Navarin, Voyez Hochepot. 220.
Navets. 361.
— potage. 127. 142.
— leur conservation. 640.
Nettoyage des étoffes. 668.
— des lampes. 671.
— des ustensiles. 670.
Nœuds languedociens. 406.
Noix de veau. 204.
— confites. 517.
— ratafia. 524.
— et noisettes conservées fraîches. 653.
Nougats. 480
Nouilles. 125.
Noyau, ratafia. 524.
Œufs. 381.
— à la coque. 381.
— au miroir. 381.
— aux asperges. 381.
— mollets. 382.
— à la Béchamel. 382.
— en matelote. 383.
— pochés. 382.
— frits. 383.
— aux fines herbes. 383, 388.
— brouillés. 384.
— au verjus. 384.
— au beurre noir. 385.
— aux petits pois. 384.

Œufs à la tripe, à l'Aurore. 384, 385.
— au lait. 386.
— à l'eau. 386.
— en caisse. 385.
— à l'ardennaise. 388.
— à la neige. 386.
— aux macarons. 392.
— en surprise. 418.
— en filets. 576.
— au fromage. 576.
— en fricassée. 576.
— en croûte. 577.
— en caisses. 577.
— à l'ail 577.
— petits œufs. 577.
— conservation. 634.
— leur poids. 442.
Ognons. 355.
— glacés, garnitures. 178.
— purée. 174.
— potage. 138.
— brûlés. 639.
Oie. 272. — pâtés. 273.
— en salmis. 165. 272.
Olla podrida. 579.
Omelettes. 388.
— aux fines herbes. 388.
— aux rognons. 388.
— au lard et jambon. 390.
— au from. d'Italie. 388.
— à l'ognon. 389.
— aux asperges. 388.
— aux truffes. 388.
— aux champignons. 388.
— aux morilles. 388.
— à la Célestine. 389.
— au thon. 391.
— au fromage. 390.
— au macaroni. 391.
— au pain. 392.
— aux écrevisses. 391.
— aux macarons. 392.

Omelettes au sucre. 392.
— aux confitures. 393.
— soufflée. 393.
— au rhum. 393.
— de toutes couleurs. 389.
— en macédoine, 390.
— au lait. 392.
— aux pommes. 392.
— aux huîtres. 390.
— aux moules. 390.
Orangeade. 534. 532.
Oranger, fleurs, 512. 521. 529
Oranges glacées. Voy. Croquenbouche. 479. 495.
— salade. 493.
Oreilles de veau. 213.
— au fromage. 570.
— de cochon 227.
Orgeat, sirop. 539.
Orly. 306.
Ortolan. 266.
Oseille. 354. — potage. 137. 141. — conservat. 642. 648.
Ourson. 244.
Pain perdu. 407.
— de viande. 454.
— d'épice. 484.
— de Milan. 478.
Pallash. 559.
Palais de bœuf, 194.
Palombes. 262.
Panade royale. 127.
Pancakes (pancquets). 434.
Panure. 638.
Paon revêtu. 615.
Parfait au café. 666.
Parfait amour. 528.
Pastilles. 488.
Patates. 366.
Pâte à dresser. 442.
— à frire. 346.

Pâtes à beignets. 403.
— brisée. 463.
— d'abricots. 504.
— de coings. 502.
— à choux. 473.
Pâté russe. 611.
— de Pithiviers. 462.
— d'Italie. 125. 568.
— froids. 443 à 446.
— de lièvre et de lapin. 452.
— de foies gras. 448.
— de carême. 452.
— chauds. 456.
— petits pâtés chauds. 461.
— au jus. 461.
— de campagne. 463.
— de groseilles. 436.
— de Noël. 589.
— à la broche. 572.
— de Strasbourg. 449.
Pâtisserie. 437.
Pêches glacées. 508. 514.
— à l'eau-de-vie. 518.
— en compotes. 493.
— leur conservation. 649.
— tranches au sucre. 493.
— en beignets. 403.
— croûtes aux pêches. 400.
Perche. 321.
Perdrix et perdreaux. 253.
Persico. 528
Persil et céleri pour les sauces. 148.
Petits-fours, pâte. 475.
Petit-lait. 682.
Petit salé. 241.
Petits pains dits de 4 livres, voyez Milan, 478.
Pets de nonne. 404.
Pieds de cochon. 231.
— de mouton. 223.
— de veau. 213.

Pigeons. 267.
Pilau à la turque. 124.
Piment. 146. 147.
Pintade. 261.
Piquage. 116.
Piroski. 608.
Pissenlit. 350.
Plie. 309.
Plum-cake. 433.
Plum-pudding. 428.
Pluvier. 262.
Poêle. 168.
Poireaux, potage. 141.
— en hachis. 356.
Poirée. 350.
Poires à l'eau-de-vie. 518.
— à l'allemande. 400.
— confitures. 509.
— compote. 492.
— glacées. 514.
— tapées. 654.
Pois. 330.
— en purée. 173.
— potage. 127. 137.
— leur conservation. 647.
Poisson de mer. 290.
— d'eau douce. 317.
— moyen de le préserver de la corruption. 633. 634.
— moyen de rendre mangeable celui qui se corrompt. 634.
— (soupe). 134.
— (bouillon ou coulis). 134
— (farce de). 181.
— (sauce pour le). 160.
— à la bretonne. 302.
Poitrine de mouton. 217.
— de veau. 200.
— à la marengo, 201.
Poivrade, sauce. 162.
Poivre. 146.

Poivre de Cayenne. 147.
Pommade à l'ognon. 561.
— pour les lèvres. 659.
Pommes de terre. 367.
— potage. 127. 130. 141.
— à la maître-d'hôtel. 367.
— à la parisienne. 368.
— à l'anglaise, 368.
— à la sauce blanche. 369.
— blonde. 369.
— à la crème. 369.
— au lard. 369.
— à l'étuvée. 370.
— à la lyonnaise. 370.
— à la provençale. 370.
— en purée. 370.
— farcies. 371.
— gâteau. 371.
— en galette. 372.
— en pyramide. 372.
— frites. 373.
— en coques. 373.
— sautées au beurre. 373.
— en salade. 374.
— de terre en boulettes. 374.
— en soufflé. 412.
— en beignets. 404.
— à la barigoule. 564.
— sur le gril. 564.
— à l'allemande. 596.
— à la polonaise. 608.
— à l'italienne. 368.
— au fromage. 371.
— en place de pain. 367.
— en chemise. 374.
— duchesses. 375.
— au beurre. 373.
Pommes en compote. 490.
— en charlotte. 397.
— (gelée de). 501.
— meringuées. 399.
— flambantes. 399.

Pommes en beignets. 403.
— au riz. 398.
— en marmelade. 599.
— en pudding. 431.
— croquettes. 432.
— gâteau. 432. 467.
— suédoise. 397.
— à la portugaise. 398.
Porc frais. 227.
Porcelaine, raccom. 671.
Porte-écrevisses. 57.
— (bouteilles). 546 à 549.
Porte-fûts. 557.
Porte-plats, réchaud. 64.
Potages. 120.
— au riz. 124.
— à la semoule, fécule, tapioca, sagou, salep. 125.
— au lait. 126.
— à la Monaco. 126.
— aux jaunes d'œufs. 126.
— à la Chantilly. 128.
— au céleri. 129.
— de purées. 127, 128.
— au macaroni. 127.
— aux vermicelle et petites pâtes. 125.
— aux choux. 137, 135.
— à la Condé. 129.
— à la Crécy. 129.
— aux boulettes, 129.
— aux marrons. 130.
— anglais. 131.
— d'écrevisses. 132.
— aux grenouilles. 133.
— aux moules. 133.
— Sévigné. 126.
— au fromage. 135.
— de chasseur. 136.
— aux choux-fleurs. 136.
— riz à l'ognon. 138.
— vermicelle à l'ognon. 138.
— aux petits pois. 125.

Potages aux haricots. 139.
— à l'ognon. 137, 567.
— à la julienne. 138.
— à la Faubonne. 139.
— à la Brunoise. 139.
— au thé. 138.
— au potiron. 140.
— aux herbes. 137, 567.
— aux laitues. 139.
— printanier. 139.
— à la chicorée. 139.
— de garbure. 132.
— aux poireaux. 141.
— aux pommes de terre. 127, 130, 141.
— à l'oseille. 137. 141.
— aux navets. 127. 142.
— et aux pois. 142.
— aux carottes. 127. 142.
— au melon. 142.
— aux concombres. 142.
— aux tomates. 143.
- à la Colbert. 143.
— à la flamande. 142.
— aux croûtons. Voy. Potages de purée. 127.
— à la purée de gibier ou de volaille. 130.
— à la Reine. 131.
— aux riz, choux et fromage. 567.
— russe. 611.
— de poisson. 598.
— à la Parisienne. 144.
— au nid d'hirondelle. 144.
— à la Molton. 143.
Pot-au-feu. 120.
Potiron. 360.
— potage. 140.
— à la parmesane. 574.
— au four. 574.
— au kirsch. 411.
Pouding. Voy. Pudding. 428.

Poularde. 286.
Poule. 287.
— d'eau. 272.
Poulet. 278.
— rôti. 279.
— à l'estragon. 283.
— aux olives. 284.
— en matelote. 283.
— au beurre d'écrevisses. 284.
— grillé. 284.
— fai. 279
— à la tartare. 282.
— la Marengo. 284.
— en fricassée. 280, 282.
— frit. 282.
— sauté. 283.
— aux truffes. 279, 286.
— à la diable. 285.
— à la 5 clous. 285.
— au fromage. 571.
— d'Inde. 287.
Pourpier. 565, 600.
Poupiettes. 189.
Pralines. 511.
Presse-citrons. 62.
Presse-jus. 33.
Presse-fruits. 33.
Propriétés des aliments. 617.
Pruneaux. 654.
Prunes à l'eau-de-vie. 514, 518.
— à l'eau-de-vie confites entières. 512.
— en marmelade. 509.
— en compote. 409.
— glacées. 514.
— leur conservation. 649
Puddings. 428 à 432.
— de cabinet. 431.
Punch. 533. — A la minute. 532.
— à la romaine. 666.

Purées, potage. 130, 174. 173.
— d'ognons. 174.
— de céleri. 175.
— de champignons. 175.
— de chicorée. 175.
— de fèves. 174
— de choux. 127.
— de navets. 127.
— de pois. 127, 128, 174.
— de lentilles. 127, 174.
— de haricots. 174.
— de pom. de ter. 127, 370.
— de carottes. 127.
— de potiron. 141.
— d'oseille. 354.
— de gibier ou volaille. 130.
— de volaille. 278.
— vertes. 164.
Quasi de veau. 198, 205.
Quatre-quarts. 410.
Quenêfes. 612.
Quenelles. 180.
— de pom. de terre. 130.
Queue de bœuf. 194.
— de veau. 211.
— de mouton. 222.
Quiche. 464.
Radis et raves. 348.
Ragoûts. 176.
— de truffes. 177.
— de choux. 338.
— de foies. 176.
— de champignons. 177.
— de carottes. 363.
— de mouton. 220.
— de veau au roux. 200.
— d'asperges. 600.
Raie. 297, 572.
Raifort. 593, 604.
Raisin confitures. 501.
— en compote. 494.
— conservation. 653.

Raisiné. 512.
Râle. 264
Ramequins italiens. 578.
— allemands. 596.
Ramiers. 262.
Ratafias. 519.
— de fleurs d'oranger. 521.
Ravigote, sauce. 161.
Ravioli. 569.
Relevés de potage. 2, 88.
Remèdes à administrer. 674.
— à préparer à la cuisine. 679.
Rémolade. 161.
— à la provençale. 560.
Rillons de Tours. 240.
Ris de veau. 209.
Risotto à la milanaise. 566.
Rissoles. 463.
— de confitures. 410
Riz à l'ognon. 138.
— en gâteau. 409.
— beignets. 410.
— croquettes. 410.
— soufflé. 411.
— potage. 124, 138, 567.
Roastbeef. 588.
Rocambole. 147.
Rognons de bœuf. 195.
— sautés aux champignons. 195.
— de cochon. 230.
— de mouton. 220, 221.
— de veau. 209.
— de coq. 176.
Romaine. 351.
— potage. 139.
Roses (huile de). 522, 528.
Rosolio. 529.
Rôti aux hussards. 603.
Rôtis. 11, 627.
— manière de les réchauffer. 188.

Rôtissoire automatique. 27.
Rouelle de veau. 204.
Rouelle en thon. 203.
Rouge-gorge. 266.
Rouget. 310, 82, 84.
Rouget-grondin. 295.
Roussettes. 405.
Roux. 153.
Rutabaga. 344.
Sagou. 125.
Saindoux. 636.
Salades. 351.
— *Voy.* chicorée, laitue romaine. 349 à 351.
— macédoine. 352.
— de perdreaux. 256.
— de volaille. 277.
— de saumon. 293.
— de turbot. 297.
— d'anchois. 316.
— de brochet. 323.
— de homard. 313.
— de concombres. 359.
— d'oranges. 493.
— de pommes de terre. 374.
— de poires. 491.
— de choux rouges. 607.
Salé (petit). 241.
Salep (potage). 125.
Salmis. 165.
— de perdreaux. 254.
— de bécasses et bécassines. 263.
— de mauviettes. 265.
— de cailles. 265.
— de canard. 166, 270.
— d'oie. 166, 272.
Salpicon. 176.
Salsifis. 364.
— Conservation. 640.
Sambaglione (crème). 417.
Sandwichs. 590.
Sanglier. 230, 243.

Sarcelle. 279.
Sardine. 316.
Sauces. 145.
— blanche et aux câpres. 155.
— à la béchamel. 154.
— à la crème. 155.
— blonde remplaçant l'espagnole. 157.
— blanquette. 156.
— à la poulette. 157.
— aux huîtres. 157.
— à la maître-d'hôtel. 157.
— au beurre noir. 158.
— froide pour poisson. 160.
— froide pour huîtres. 314.
— à la ravigote. 161.
— à la rémolade. 161.
— indienne au kari. 160.
— piquante. 158.
— à la d'Orléans. 159.
— faute de beurre. 160.
— aux anchois. 161.
— aux écrevisses, crevettes, homards. 162.
— à la poivrade. 162.
— la tartare. 162.
— hachée aux cornich. 162.
— au verjus. 163.
— aux groseilles. 163.
— id. 594.
— hollandaise. 157, 158.
— allemande. 149, 307.
— au pauvre homme. 163.
— Robert. 163.
— magnonnaise. 163.
— verte. 164.
— tomate. 164.
— italienne. 164.
— espagnole. 148.
— genevoise. 165.
— à la provençale. 165.
— aux truffes. 165.
— en matelote vierge. 179.

TABLE.

Sauce à l'huile. 348.
— Périgueux. Voy. Dinde aux truffes. 288.
— au beurre blanc. Voy. Raie. 298.
— bordelaise. 329.
— béarnaise. 159.
— marinade cuite. Voy. Anguille au soleil. 325.
— au vin. 595.
— au vin de Madère. 159.
— enragée. 612.
— cameline. 613.
— de trahison. 614.
— au suprême. 149.
— chaud-froid de volaille. 167.
— de gibier à plumes. 168.
Saucisses. 240. 562.
Saucisson de Lyon. 232.
— en chocolat. 487.
Saumon. 292.
Saumure. 241.
Semoule. 125.
— gâteau. 408.
Scorsonères. 365.
Selle de mouton. 217.
Service de la table. 85.
Sinapismes. 680.
Sirop de cerises. 536.
— de groseilles. 536.
— de mûres. 537.
— d'oranges et citrons. 538.
— d'orgeat. 539.
— de guimauve. 540.
— de vinaigre. 537.
— pour les compotes. 491.
— de sucre. 420. 540.
— de gomme. 541.
Soda-water. 52.
Soirées. 98.
Sole. 305.
Soufflés. 411.

Soupe au poisson. 134.
— à la farine. 591.
— au sagou. 125. 591.
— de chasseur. 136.
— aux abricots. 592.
— aux cerises. 402. 592.
— à la bière. 592.
— à la glace. 602.
— au thé. 138.
— Voy. Potages. 120.
— de la bonne ménagère. 140.
— à la tortue. 131.
— dorée. 408.
Stock-fish. 300.
Suc de groseilles. 650.
— de merises. 650.
Sucre. Clarification. 420.
— Cuisson. 498.
— d'orge. 510.
— de pommes. 510.
— pour limonade. 535.
— (du) : questions : 497.
Suédoise de pom. 397.
Suprême. 149.
Sweet-cake. 434.
Tablettes de gomme. 511.
Taches sur les étoffes. 668.
Tagliati et tagliatelli. 568.
Talmouses. 578.
Tanche. 321.
Tapioca (potage). 125.
Tartare (sauce). 162.
Tarte de fruits. 465. 458.
— aux groseilles. 467.
Tendrons de veau. 201.
Terrines de viandes, etc. 453.
— de lièvre. 249.
Terrine de foie gras. 448.
— de foie de canards. 450.
Tête de veau. 211.
Tetine de vache. 198.
Tétragone. 355.

Thé. 659. — Soupe. 138.
Thon. 291.
Thym et laurier en poudre. 148.
Timbales de viandes, etc. 119. 454.
— de viandes, à la milanaise. 461.
— de macaroni. 395.
Tisanes. 679.
Tomates. 164.
— potage. 143. 360.
— Conservation. 640.
Tonneaux. 542. 545.
Topinambours. 375.
Tortue. 131.
Tôt-fait. 413.
Toulouse. 177.
Tourtas. 615.
Tourne-dos. 188.
Tourterelles. 262.
Tourte d'entrée. 456.
— d'épinards. 460.
— de fruits. 465.
Tranches de cochon. 584.
Tripes de bœuf. 197.
Trois calottes. 413.
Troussage des volailles. 66.
Truffes. 375.
— en ragoût. 177.
— sauce. 165.
— au gratin. 575.
— Leur conservation. 648.
Truite. 293.
Tstchi. 611.
Turbot. 296.
Turbotière. 37.
Ustensiles et appareils. 19.
— Nettoyage. 670.
Vache (tetine de). 198.
Vanille. 425. 522. 486.
Vanneau. 262.
Vapeur : cuisson. 35. 640.

Veau. 198.
— poitrine farcie. 200.
— tendrons. 201.
— côtelettes. 201.
— fricandeau. 203.
— en blanquette. 204.
— en escalopes. 204. 588.
— en croquettes. 205.
— quasi. 205.
— épaule. 206.
— en galantine. 206.
— foie. 207. 571.
— rognons, fraise. 209.
— noix. 204.
— ris. mou. 209.
— cœur, cervelles. 210.
— queue. 211.
— tête. 211.
— oreilles. 213. 570.
— langue. 213.
— pied. 213.
— en roulade. 595.
— moyen de lui donner le goût du thon. 632.
Velours. 668.
Velouté. 149.
Venaison. Voy. Sanglier, Chevreuil, etc. 243
Verjus, compote. 494
— sauce. 163.
— Conservation. 648.
Vermicelle. 125.
— à l'ognon. 138.
Vermouth. 529.
Vert d'épinards. 164.
Viandes grillées. 627.
— temps qu'elles peuvent se conserver. 631.
— les attendrir. 632.
— passées. 632.
Villeroy. 275.
Vinaigre. 656.
— framboisé. 538.

Vinaigrette. 186.
Vin chaud. 534.
— cuit. 655.
— dans les sauces. 169.
— filets. 203.
— mousseux 52.
— Soins. 544. Contenance des fûts. 544.
— leur emploi à table. 557.
Vive. 310.
Volaille. 274.
— blanquette, capilotade. 275.
— quenelles. 180.

Volaille en marinade. 275.
— en croquettes. 275.
— en galantine. 276.
— en gâteau de riz. 277.
— en salade et magnonnaise. 277.
— en croustade. 277
— en purée. 278.
— manière de la préparer et attendrir. 630.
Vol-au-vent. 458.
Waterzoo. 598.
Zeste. 120.
Zrazy. 605.
Zucchetti farcis. 575.

ADDITIONS

Filets de soles à la Joinville. 702.
Gras et maigre. 706.
Homard à l'Américaine. 702.

Koulibiac à la général Duchesne. 704.
Poularde Lamberti. 703.
Sauce mousseline. 705.
Soufflé de foie de veau. 705.

ADDITIONS

Homard à l'Américaine. (Entrée.)

Mettez dans un plat à sauter : trois cuillerées d'huile d'olive, et un demi-quart de beurre; faites chauffer; mettez le homard coupé en morceaux (bien entendu vivant), faites-le sauter des deux côtés; ajoutez un verre de bon madère et deux verres de sauce tomate, sel et poivre de Cayenne en petite quantité; faites bouillir tout doucement dix minutes; dressez votre homard sur un plat creux; ajoutez à la sauce 100 grammes de glace de viande; assurez-vous de l'assaisonnement; versez votre sauce sur le homard et servez bien chaud.

Filets de soles à la Joinville*.

Enlevez les filets des soles, repliez-les chacun en deux, aplatissez-les légèrement avec la batte

---

* Si c'est pour un dîner, vous dressez les filets de soles sur une bordure de farce de poissons quelconque; avec cette farce on fait les quenelles de poissons pour mélanger avec le ragoût qui garnit les filets. Piquez sur chaque filet, du côté de la pointe, une patte d'écrevisse.

en leur donnant la forme d'un filet de volaille; faites-les sauter avec du beurre et du vin blanc, sel et poivre; dressez-les en couronne sur le plat et garnissez le milieu d'un ragout composé de queues d'écrevisses, champignons et quenelles de poissons. Avec les débris des soles et le fond dans lequel vous avez fait cuire les filets, faites un coulis en ajoutant du vin blanc et un peu de bouillon blanc; passez-le et formez votre sauce que vous lierez avec des jaunes d'œufs; avant de saucer les filets vous ajouterez à la sauce du beurre d'écrevisses; une fois saucé, répandez sur la sauce deux cuillerées à bouche de petits pois cuits d'avance.

Poularde Lamberti.

Faites rôtir une belle poularde; une fois bien refroidie, détachez-lui la poitrine complètement avec un couteau en passant tout autour d'un bout à l'autre de la poularde; retirez les poumons ainsi que les débris qui pourraient être restés dans l'intérieur de la poularde, c'est-à-dire qu'après avoir détaché les filets avec l'os de la poitrine, l'intérieur de la carcasse doit se trouver bien propre.

Alors détachez la peau des filets et détachez ceux-ci de l'os; coupez, par lames fines, les filets tout du long. D'un autre côté, prenez un foie gras de conserve de la valeur de six francs; retirez-le de la boîte; enlevez-lui la graisse sans le chauffer; pilez une minute dans un mortier; ajoutez, à ce moment, un demi-litre de crème double, un peu de sel et un peu de poivre; réunissez le tout ensemble et passez dans un tamis de soie; mettez dans une casserole tout ce qui a été passé; travaillez avec une cuillère en bois pour bien le lisser; posez la casserole dans une terrine où il y a de la glace; mélangez-y, à ce moment, un bon demi-litre de crème fouettée bien doucement; vingt minutes avant de servir, reformez l'estomac de la volaille de la façon suivante :

Commencez par une couche de la mousse que vous venez de préparer et une couche des lames de filets que vous avez aussi préparés en lames; ainsi de suite couche par couche, en finissant par les filets.

Décorez le dessus de la poularde avec quelques truffes; croûtonnez le plat avec de la gelée comme on fait d'habitude. Le plat doit être ovale; mettez deux jolies papillotes et servez.

Koulibiac à la général Duchesne.

Retirez la chair complètement du lièvre, ainsi que tout l'épiderme et les nerfs; faites cuire dans une casserole avec jambon et légumes, comme on fait un ragoût; une fois cuits, retirez les morceaux de lièvre et mettez-les de côté.

Allongez, avec du bon jus, la cuisson du lièvre de la valeur d'un litre de liquide, ayez une casserole avec un quart de beurre clarifié; faites revenir dans ce beurre une demi-livre de riz; à ce moment-là, versez votre fond de lièvre; qu'il soit bien assaisonné avec une pointe de Cayenne; une fois cuit, le riz ne doit pas être trop ferme; mettez-le de côté pour le laisser refroidir.

Vous aurez aussi préparé la valeur d'un demi-litre d'oignons et de champignons coupés en dés.

Braisez, avec du bon jus, une fois la cuisson

finie; il doit être bien réduit quand tout cela est bien froid; ayez du feuilletage à huit tours et formez un pâté de la façon dont on fait le koulibiac.

Trois quarts d'heure avant de servir, vous le mettez au four modéré, car, avant de bien colorer la pâte, il faut que ce soit bien chaud à l'intérieur; en le servant vous couperez la pâte que vous aurez marquée en faisant un cordon tout autour de la moitié de la hauteur du pâté avec du feuilletage.

Saucez un peu l'intérieur du pâté avec une bonne sauce brune; coupez le couvercle en plusieurs morceaux. Recouvrez le pâté comme dans son premier état et servez sur une serviette.

Sauce mousseline (pour 4 personnes).

Mettez dans un bain-marie pas trop grand: trois jaunes d'œufs, soixante grammes de beurre par petits morceaux, sel et poivre. Mélangez bien le tout avec un fouet. Dix minutes avant de servir, jetez dedans un verre d'eau tiède. Mettez le bain-marie au feu en ayant soin de ne pas le laisser bouillir; avec le fouet tournez la sauce jusqu'à ce qu'elle prenne. Au moment de servir, versez-y quelques gouttes de bon vinaigre, ainsi que trois bonnes cuillerées de crème fouettée, montée bien ferme. Le mélange de la crème à la sauce devra se faire assez doucement.

Versez dans la saucière le plus chaud possible.

Cette sauce se sert avec du poisson cuit au court bouillon et pour les asperges.

Soufflé de foie de veau.

Faites sauter par petits morceaux, au beurre,

une livre de foie de veau; pilez-le ensuite au mortier; ajoutez deux verres de béchamel; passez au tamis et mettez dans une terrine assaisonné de sel et poivre et une petite truffe hachée très fin; ajoutez quatre blancs d'œufs montés; mélangez tout doucement et versez sur un plat à souffler; faites cuire vingt minutes au four pas trop chaud.

Gras et maigre.

Formez une timbale de riz dans un moule à charlotte avec du riz cuit au bouillon et très épais; mettez sur un plat rond; garnissez le plat autour de la timbale avec du poulet sauté; en haut de la timbale, dressez des œufs mollets en mettant un croûton de pain frit entre chaque œuf et une purée d'artichauts au milieu; saucez avec du beurre fondu et du persil haché.

EXTRAIT DU CATALOGUE
DE LA
LIBRAIRIE AUDOT
LEBROC et Cⁱᵉ, successeurs
8, rue Garancière — Paris

Dans les localités où il n'y a pas de librairies assorties, on pourra recevoir par la poste, aux prix indiqués à chaque article, les livres susceptibles d'être demandés par cette voie. On enverra le payement en MANDATS POSTE.

L'ART
DU
CONFISEUR MODERNE

CONTENANT

Appareils divers et ustensiles, choix des matières, fruits, fleurs, graines. Substances végétales, animales. Acide, sel, couleurs, eaux distillées, alcoolats, falsification, connaissance des substances. Calendrier du confiseur. Vocabulaire des termes techniques. Dictionnaire des substances employées en confiserie. Clarification et cuite du sucre. Composition des liqueurs. Densité des sirops, des parfums, des dragées fines, demi-fines, surfines, superfines, médicamenteuses, anciennes. Du fourneau, sirops composés. Conserves des fruits confits, glacés, sans sucre, au vinaigre, légumes, fruits. Fruits en compote, confitures, gelées végétales. Pâte de fruits, à l'eau-de-vie. Des sucres candis divers, de pomme, sucre cuit. Pralines, bonbons anglais, de fantaisie. Nougats. Pâte de gomme. Jujube. Réglisse. De l'office : principes généraux de la pastille.

Pastilles à la goutte, rafraîchissantes, pectorales, adragantes, tablettes glacées, fondantes, Bonbons au candi, à liqueur, fondants d'office, glacés, décorés, conserve mate, fruits, œufs en conserve, en glace, conservés, soufflés, de fleurs, fruits. Pastillage. Bonbons enveloppés.

Ce livre est indispensable à l'office et peut rendre de grands services pour toutes les personnes qui désirent obtenir de bons résultats en confiserie.

PAR
M. BARBIER-DUVAL, CONFISEUR

Ouvrage de 820 pages, avec 40... res dans le texte.
Prix : 7 francs fra...

LE BON CUISINIER

ILLUSTRÉ

Par Léon SOUCHAY, chef de cuisine

OUVRAGE COMPLET

Joli vol. in-8°, 300 figures intercalées dans le texte, 800 pages.

Prix : broché, 10 fr. — 11 fr. franco.
Cartonné, dos toile, 11 fr. 75 franco.

Voici un livre précieux par la clarté de ses recettes. Il donne d'excellents conseils pour former les sujets qui naissent avec ce don si rare : la faculté géniale de l'art culinaire. Il est écrit par l'un des maîtres de la cuisine parisienne, qui a conquis ses lauriers aux Trois Frères provençaux, chez Champeaux, chez Philippe, alors que ces maisons étaient à l'apogée de leur célébrité. L'auteur a su ne pas s'écarter des règles les plus strictes de nos grands maîtres (tout en tenant compte, bien entendu, de la marche du progrès).

Cet ouvrage sera très apprécié par les gastronomes qui aiment tout ce qui constitue les apprêts d'une nourriture fine et délicate, digne de figurer sur une table bien servie.

Les chefs des grands et petits établissements, maîtresses de maison, cordons bleus et apprentis, trouveront dans son contenu des renseignements précieux et peu connus, non seulement sur la cuisine proprement dite, mais encore sur la pâtisserie, les conserves de fruits et de légumes, les glaces et sorbets, ainsi que sur le service de table.

Ce volume est imprimé avec luxe; rien n'y a été négligé. Nous avons donc lieu d'espérer qu'un succès est réservé à son auteur.

ART
DE
LA CONSERVATION
DES
SUBSTANCES ALIMENTAIRES
PAR PIERRE QUENTIN & BARBIER-DUVAL

Ouvrage orné de gravures intercalées dans le texte

Un volume in-18 jésus, 180 pages. Prix : 2 fr. — 2 fr. 25 franco.

La conservation des substances alimentaires, animales et végétales, est d'une si grande importance dans l'économie domestique, qu'elle a de tout temps été l'objet d'études spéciales, et qu'elle a contribué au bien-être de ceux qui ont su la pratiquer avec soin. Cet art précieux, qui, dans son ensemble, peut être considéré à juste titre comme un des principaux éléments de la fortune privée, fixa de bonne heure l'attention des hommes, et les peuples les plus civilisés l'eurent particulièrement en honneur. Restée longtemps stationnaire, cette branche importante de l'économie domestique a fait, depuis quelques années, d'immenses progrès, et il n'est plus permis d'ignorer les divers procédés mis en usage avec tant de succès. Aussi nous n'avons pas hésité à réunir dans cet ouvrage les préceptes les plus utiles et les recettes les plus usuelles au moyen desquels chaque ménage pourra concilier l'économie avec un accroissement de ressources et de bien-être.

Guidés par le désir de nous rendre utiles, nos lecteurs nous sauront gré des efforts que nous avons faits pour faire de cet ouvrage le livre indispensable de tous les ménages.

SUPPLÉMENT A LA CUISINIÈRE
DE LA CAMPAGNE ET DE LA VILLE

SERVICE DE TABLE
A la Française et à la Russe
ART DE PLIER LES SERVIETTES
Par MM. AUDOT, GRANDI et MOTTON

Entrées, Pose de couvert, Arrangement des fruits,
Service des Vins, Vermouth, Entremets, Dessert, Café, Thé,
Bals, Soirées, Ambigu, Observations générales sur le service des Mets, Relevés,
Hors-d'œuvre, Rôts, Salades, Instructions sur les huîtres, Menus pour saisons,
Déjeuners, Diners, Desserts, Calendrier des ménagères,
Jardin d'utilité, Surveillances, Produits,
Provisions, Notes gastronomiques de chaque mois
sur les fromages avec calendrier,
Potages, Gâteaux, Recettes diverses, Économie domestique.

Cinquième édition.

Un volume in-18 de 214 pages, 43 figures.

PRIX : 2 fr. franco.

Les éloges que nous avons reçus sont une preuve du succès que mérite cet ouvrage. Le grand nombre de recettes utiles et nouvelles pour tout ce qui intéresse la salle à manger et la cuisine, le service de table, y sont très détaillés, ainsi que l'art de plier les serviettes, qui n'existe dans aucun livre, les menus classés par mois, suivis de celui des desserts, que nous ne pouvions faire entrer dans notre ***Cuisinière de la Campagne et de la Ville*** sans en grossir le volume, qui est déjà fort compact.

Dans ce supplément il se trouve plusieurs chapitres vraiment utiles pour la maîtresse de maison : le calendrier des ménagères, les travaux de chaque mois, donnant l'époque des semis, les produits et les conserves, ainsi que les mois économiques et gastronomiques de toute l'année.

Cette quatrième édition renferme des recettes les plus nouvelles et complète ce livre, qui mérite l'attention de toutes nos bonnes ménagères ; il leur sera d'une grande utilité.

LA PATISSIÈRE
DE LA CAMPAGNE ET DE LA VILLE

OUVRAGE COMPLET
RENFERMANT LES MEILLEURES RECETTES POUR FAIRE SOI-MÊME
TOUTE ESPÈCE DE PATISSERIE PAR LES PROCÉDÉS LES PLUS SIMPLES
ET LES PLUS ÉCONOMIQUES,
JUSQU'AU MOYEN D'OBTENIR LA CUISSON SANS FOUR,
MIS A LA PORTÉE DE TOUT LE MONDE.

Par PIERRE QUENTIN
Cinquième Édition

In-18 jésus, avec 110 figures dans le texte. Prix : 3 fr. 50 *franco*.

HYGIÈNE
TRAITÉ DES ALIMENTS
ET DES BOISSONS

LEURS QUALITÉS, LEURS EFFETS, LE CHOIX QU'ON EN DOIT FAIRE SELON
L'USAGE, LE SEXE, LE TEMPÉRAMENT,
LA PROFESSION, LES CLIMATS, LES HABITUDES, LES MALADIES,
PENDANT LA GROSSESSE, L'ALLAITEMENT, ETC., ETC.

Par M. A. GAUTIER, docteur en médecine.

DEUXIÈME ÉDITION, entièrement refondue et considérablement augmentée
Par M. CHAPUSOT, docteur en médecine.

In-18 jésus de 216 pages et figure gravée (*appareil digestif*).
Prix : 2 fr.; 2 fr. 25 *franco*.

OFFICE
L'ART DE CONSERVER ET D'EMPLOYER
LES FRUITS

CONTENANT TOUS LES PROCÉDÉS LES PLUS ÉCONOMIQUES
POUR LES DESSÉCHER ET LES CONFIRE
ET POUR COMPOSER LES LIQUEURS, VINS LIQUOREUX ARTIFICIELS,
RATAFIAS, SIROPS, GLACES, SORBETS, BOISSONS DE MÉNAGE, ETC.

Sixième édition
augmentée des descriptions de plusieurs glacières domestiques et économiques
et d'une fontaine à conserver la glace

Par PIERRE QUENTIN

1 vol. in-12 avec figures. 2 fr. 25 *franco*.

LE GASTROPHILE

ou ART CULINAIRE

Par PAPUT-LEBEAU
CHEF DE CUISINE.

Le Gastrophile s'adresse à tous les amateurs de bonne cuisine. On y trouvera les indications pour préparer un bon dîner, ainsi qu'un modeste repas, puis des menus détaillés pour déjeuners de six à huit couverts, vingt-cinq, trente et plus.

A part les recettes utiles pour les potages, les sauces, les hors-d'œuvre, les entrées, les relevés, les entremets, les rôtis, la pâtisserie, l'auteur a ajouté des recettes précieuses sur les entremets sucrés, ainsi que sur la manière de confectionner soi-même des entremets glacés, plombières, sorbets, punchs, glaces, rafraîchissements; le service pour bals et soirées n'y est pas négligé; des notices sur les vins, ainsi que des recettes d'économie domestique et des termes de cuisine sous forme de dictionnaire, complètent cet ouvrage.

Disons que ce livre sera indispensable à tous; il peut servir de guide au chef d'hôtel de premier ordre, ainsi qu'à la plus petite cuisinière ou ménagère.

Un vol. in-18, 356 pages, contenant 275 recettes choisies, et 60 menus avec les recettes. — Prix : 3 fr. *franco.*

VIENT DE PARAITRE

CUISINE ITALIENNE

OU 100 RECETTES CHOISIES
A l'usage des Amateurs et des Cuisiniers

PAR
Ferdinand GRANDI
CHEF DE CUISINE DE M. LE MARQUIS DE MONTAYNARD

On trouvera à la fin de ce volume deux nouvelles créations de la grande cuisine : **Selle de pré-salé à la Montaynard et Timbale du Tsar.**

Un vol. in-18 jésus. Prix : 2 fr.; 2 fr. 25 *franco.*

PRÉCIS PRATIQUE
DE L'ÉLEVAGE, DE L'ENGRAISSEMENT ET DES MALADIES
DU PORC
RACES, ÉLEVAGE, ENGRAISSEMENT, PRODUITS, PORCHERIES, MALADIES
Par A. GOBIN

Un vol. in-18, 305 pages, 50 grav. Prix : 3 fr. 50 *franco.*

LES NOUVEAUTÉS
DE LA GASTRONOMIE PRINCIÈRE
Par FERD. GRANDI
CHEF DES CUISINES DE S. A. LE PRINCE ANATOLE DEMIDOFF

Ouvrage orné de 24 figures de relevés et de pièces montées
On ne peut signaler ici la liste trop longue de plus de 300 préparations que contient l'ouvrage, telles que — *Chevreuil à la Biche au bois,* — le *Paisan à la Demidoff,* le célèbre *Macaroni à la Rossini,* — le *Filet de bœuf à la Napoléon,* etc. — Le prix de ce beau vol. gr. in-8° est de 2 fr. 50 *franco.*

---

130 RECETTES DIVERSES
POUR
APPRÊTER LES OEUFS
Par Ferdinand GRANDI

Prix : 2 francs *franco.*

LE LIVRE DE LA GROSSE ET FINE
CHARCUTERIE
FRANÇAISE, BELGE, ITALIENNE, ALLEMANDE & SUISSE
Par CAUDERLIER, chef de cuisine

Un vol. in-18, 253 pages .... Prix : 2 fr. *franco.*

Cinquième Édition
DE
LA LAITERIE

ART DE TRAITER LE LAIT
DE FABRIQUER LE BEURRE
ET LES
PRINCIPAUX FROMAGES FRANÇAIS ET ÉTRANGERS

Par A.-F. POURIAU,
Docteur ès sciences, Ingénieur civil,
Ancien Professeur des Ecoles d'agriculture de la Saulsaie et Grignon,
Lauréat de la Société nationale d'agriculture, etc.

Ouvrage de 900 pages, 423 figures intercalées dans le texte.
Honoré de nombreuses souscriptions de MM. les Ministres de l'Instruction publique
(Bibliothèques populaires), de l'Agriculture et du Commerce (Agriculture et Forêts),
et de l'Intérieur.

1895. — Prix : 7 fr. 50. — Cartonné, 8 fr. *franco*.

TROISIÈME ÉDITION

TRAITÉ DES OISEAUX DE BASSE-COUR
D'AGRÉMENT ET DE PRODUIT

RACES — CHOIX — INCUBATION NATURELLE ET ARTIFICIELLE
ÉLEVAGE — PONTE — ENGRAISSEMENT
MALADIES — COMMERCE — VOLIÈRES ET BASSES-COURS
CHAPONS ET POULARDES — ŒUFS ET VIANDES — PLUMES
ENGRAIS — ACCLIMATATION

Par A. GOBIN
PROFESSEUR DÉPARTEMENTAL D'AGRICULTURE DU JURA

Un volume broché de 450 pages et 93 gravures dans le texte........ **3 fr. 50**

DU MÊME AUTEUR :

Les Pigeons de Volière, de Colombier, Messagers, etc. — Sport colombophile, Société Pigeonnière, Colombiers militaires, etc. 200 pages, 46 figures. Prix.......... **3 fr. 25** *franco*.

Précis pratique de l'Élevage des Lapins, Lièvres et Léporides en garenne et clapier. 194 pages et nombreuses figures. Prix................. **2 fr. 25** *franco*.

Précis élémentaire de sériciculture pratique, mûriers et vers à soie................. **3 fr. 50** *franco*.

L'ART DE FAIRE
A PEU DE FRAIS
LES FEUX D'ARTIFICE
Par M. L.-E. AUDOT

SIXIÈME ÉDITION

Revue et augmentée d'un grand nombre de Récréations physiques et amusantes

LUMIÈRES OXHYDRIQUE, AU MAGNÉSIUM, ÉLECTRIQUE
LANTERNES MAGIQUES — FONTAINES LUMINEUSES
PILES — LAMPES A INCANDESCENCE — ALLUMOIRS — BRIQUETS
VEILLEUSES ÉLECTRIQUES — BIJOUX LUMINEUX — SONNERIES
TÉLÉGRAPHES D'APPARTEMENT — PETITS MOTEURS
BOBINES DE RUHMKORFF — EXPÉRIENCES DIVERSES
TUBES DE GEISSLER — MOULIN A LUMIÈRE, ETC.

Un vol. in-18, orné de 128 figures intercalées dans le texte
3 fr. [3 fr. 25 *franco*].

LA PÊCHE RAISONNÉE
ET PERFECTIONNÉE
DU PÊCHEUR FABRICATEUR
Par J. CARPENTIER

VICE-PRÉSIDENT DE LA SOCIÉTÉ DES PÊCHEURS DE CANCHE, DE
LA TERNOISE ET DE LEURS AFFLUENTS

Ouvrage de 420 pages avec 92 gravures. Toutes lignes,
Cinquante pêches différentes.
Prix : 3 fr. 50 *franco*.

LE JARDINIER
DE LA MAISON DE CAMPAGNE

Ouvrage pratique utile aux Propriétaires et Amateurs

Par MM. E.-L.-A. et G. LEBROC

MEMBRES DE LA SOCIÉTÉ NATIONALE D'HORTICULTURE DE FRANCE

Quatrième édition

Cet ouvrage contient tout ce qu'il est utile de connaître pour créer, diriger et entretenir soi-même toute espèce de jardin, soit fruitier, potager ou d'agrément.

Un vol. de 532 pages avec 254 fig. Prix : 3 fr. 50; 4 fr. *franco*.

OEUVRE DE FLAXMAN
268 PLANCHES
GRAVÉES PAR RÉVEIL

ACCOMPAGNÉES D'UNE NOTICE SUR LA VIE DE CE CÉLÈBRE ARTISTE

et d'une analyse de la *Divine Comédie* de DANTE

8 livraisons format in-4°. Prix : 26 fr. franco.

CHAQUE PARTIE SÉPARÉMENT :

Iliade d'Homère, 40 planches....................	4 fr. »
Odyssée, 35 planches...........................	4 fr. »
Tragédies d'Eschyle, 31 planches...............	3 fr. 50
Enfer de Dante, 39 planches....................	4 fr. »
Purgatoire, 38 planches........................	4 fr. »
Paradis, 34 planches...........................	4 fr. »
Œuvres des Jours et *Théogonie* d'Hésiode, 37 planches.	5 fr. »
Statues et bas-reliefs, 44 planches..............	2 fr. 50

LE VIGNOLE DE POCHE
ou
MÉMORIAL DES ARTISTES, DES PROPRIÉTAIRES ET DES OUVRIERS

Neuvième édition

CONTENANT LES PRINCIPAUX MONUMENTS D'ATHÈNES

Par THIERRY, architecte-graveur.

1 volume in-16, avec 55 planches gravées sur acier.
Prix : 3 fr. — 3 fr. 25 franco.

Les planches de ce Vignole sont gravées avec une grande perfection par M. HIBON.

L'ART DU TAUPIER, ou Méthode amusante et infaillible pour prendre les taupes, par M. DRALET; ouvrage publié par ordre du gouvernement. DIX-SEPTIÈME ÉDITION, corrigée et augmentée de *nouvelles observations très importantes sur la taupe*. 1 volume in-12, avec figures dans le texte : 1 fr. 50 franco.

PARIS. — TYP. DE E. PLON, NOURRIT ET Cie, 8, RUE GARANCIÈRE. — 3266

www.ingramcontent.com/pod-product-compliance
Lightning Source LLC
Chambersburg PA
CBHW071706300426
44115CB00010B/1320